Märchen der Dichter

Heyse
Keller
Mörike

Magnus Verlag

Bildnachweis:
Schutzumschlag
Bildarchiv
Preußischer Kulturbesitz
Berlin

Herstellung: Stuttgarter Verlagsservice, Stuttgart
ISBN 3-88400-244-9

Paul Heyse

Die Dryas

Vom Turm der Frauenkirche hatte es eben erst fünf geschlagen. Aber ein Schneesturm tobte durch die Gassen der Stadt und löschte den letzten bleichen Tagesschimmer so völlig aus, als wäre die Nacht schon hereingebrochen. Auch brannten schon seit einer Stunde in dem Atelier des jungen Malers *Ralph* die drei Gasflammen, die ihm zu einer eiligen Arbeit hatten leuchten müssen. Es galt, an einer großen Landschaft die letzten Striche zu tun, um sie »Punkt Heiligabend«, wie der Besteller sich ausgedrückt hatte, seiner Frau ins Weihnachtszimmer hängen zu können. Er war vormittags selbst gekommen, um den Meister an sein Wort zu mahnen, hatte die ansehnliche Summe, die ausgemacht war, in blanken Doppelkronen auf den Tisch gezählt und nachmittags zwei handfeste Packträger geschickt, das Werk wie es gehe und stehe von der Staffelei zu holen. Die Leute hatten sich noch eine Weile gedulden müssen; immer noch konnte die letzte Hand sich nicht genugtun. Endlich hatte der Künstler, von seiner eigenen Erschöpfung bezwungen, da er seit dem ersten Tagesschein nicht von der Staffelei gewichen war, das Bild den Boten ausgeliefert und war dann wohl eine halbe Stunde auf dem Stuhl vor dem leeren Gestelle sitzen geblieben, mit geschlossenen Augen in sich hineinstarrend. Es war ihm jedesmal eine peinliche Empfindung, eine seiner Arbeiten in fremde Hände geben zu müssen. Wenn er seinem Werk dann am dritten Ort in schlechtem Licht, unter gemütlosem Luxus von seelenlosen Augen begafft, wiederbegegnete, beschlich ihn eine peinliche Reue und Scham, als hätte er ein eigenes Kind in die Sklaverei verkauft und müßte mitansehen, wie es mißhandelt würde.

Nun vollends dieses Bild, an das er sechs Wochen lang all seine Liebe verwendet hatte. Die Skizze dazu, nach der Natur gemalt und unter anderen Entwürfen an die Wand geheftet, hatte dem reichen Kunstfreund in die Augen gestochen, und als Ralph äußerte, er könne sich nicht von diesem Stück trennen, hatte jener nicht nachgelassen und einen so hohen Preis geboten, daß der Maler in einem Augenblick der Schwäche auf den Antrag eingegangen war, ein großes Bild danach zu malen. Hundertmal hatte er seine Nachgiebigkeit, seinen Geiz verwünscht. Was für Erinnerungen an dieser Waldszenerie hingen, warum jeder Blick auf die sanft ansteigende grüne Halde, von hohen Fichten abgeschlossen, auf das schlanke Stämmchen vorn neben dem Wildbach und die kleine Bank im Schatten darunter ihm das Herz in süßen und bitteren Gefühlen aufwallen machte, hatte er dem Besteller freilich nicht verraten. Und doch war es ihm wie eine Entweihung, daß er dieses Fleckchen Erde, wo ihm so wohl und weh geworden war, wie nie in seinem Leben, den gleichgültigen Blicken wildfremder Menschen preisgeben sollte.

Es war nun geschehen. Er gelobte sich im stillen, keinen Fuß je in das Haus des Mannes zu setzen, dem er für schnödes Geld ein Stück seiner Seele verhandelt hatte. Und hätte ihn noch die Not dazu getrieben! Aber so jung er war, sein Ruf hatte sich schon dergestalt verbreitet, daß ihm jede Leinwand zu jedem Preis, den er machen wollte, frisch von der Staffelei weggekauft wurde.

Ein heftiger Windstoß, der an dem großen Fenster rüttelte, riß ihn endlich aus seinem Brüten. Er stand mühsam, wie aus einem schweren Schlaf sich ermunternd, auf, trug die Staffelei in einen dunklen Winkel seines Studios und begann überhaupt ein wenig aufzuräumen. Es war ja Heiligabend, er erwartete seinen einzigen vertrauten Freund, um unter vier Augen mit ihm sich über die Stunden hinwegzuhelfen, die schwersten des ganzen Jahres für einsam Lebende, zumal in der Jugend. Dennoch hatte er verschiedene Einladungen in töchtergesegnete Familien höflich abgelehnt und sich ebensowenig entschließen können, an den lustigen Veranstaltungen teilzunehmen, welche die jüngeren Künstler in ihrer Kneipe vorbereitet hatten. Er wußte, daß sich unter den Fröhlichen und Ausgelassenen die Schwermut nur drückender ihm auf die Seele legen würde.

Denn freilich, im Sommer hatte es so ausgesehen, als ob er diesen heiligen Abend froher als je feiern würde. Daß er das verscherzt hatte – wenn auch ohne seine Schuld, wie er meinte, – mußte ihm jede andere Festfreude vergällen.

Er war es aber sehr zufrieden, daß auch sein langer Freund, den sie wegen seiner ungeschlachten Glieder *Enak* nannten, die gleiche Abneigung gegen eine lärmende Weihnachtsfeier empfand und versprochen hatte, auf ein Glas Punsch und einen stillen Schwatz bei ihm vorzusprechen. Dem guten Menschen, der übrigens auch ein guter Maler war und eine besondere Virtuosität in Jagdstücken nach Snyders Vorbild besaß, sollte es heute abend so heimlich und behaglich werden, wie ein paar einsame Menschen sich's irgend zu bereiten vermöchten.

Im eisernen Ofen summten und glühten noch die Kohlen, und das hohe Gemach war trotz des wütenden Dezembersturmes leidlich durchwärmt. Ralph aber entfachte noch zum Überfluß ein Feuerchen im Kamin, den er neben dem Ofen eigens hatte anbringen lassen, da er nichts lieber tat, als in Zwielichtstunden in das helle Feuer schauen und dem Flug der springenden Funken folgen. Er schob das breite Ruhebett, über das ein persischer Teppich geschlagen war, in die Nähe der Feuerstätte, breitete das Bärenfell davor aus und trug ein Tischchen herbei, auf dem etwas kalte Küche und alles zum Punsch Erforderliche einladend beisammen stand. Daneben stellte er den großen Schaukelstuhl, in welchem Enak seine gewaltige Figur lang auszustrecken liebte, und nachdem er einen zufriedenen Blick über diese Zurüstung geworfen, wandte er sich dem Fenster zu, wo in den Winkel gepflanzt die dritte Hauptperson des heutigen Heiligabendfestes stand: ein herrlich gewachsenes, frischgrünes Fichtenbäumchen, das mit seinem obersten, kerzengerade aufstrebenden Wipfelzweig bis genau an die Decke des hohen Raumes reichte.

Schon gestern, als er nach der hastigen Arbeit durch die Stadt geschlendert war, um sich ein wenig zu erfrischen, war ihm auf einem der Plätze, wo Weihnachtsbäume feilgeboten wurden, der stolze Wuchs dieses jungen Stämmchens aufgefallen, das seine ansehnlichsten Genossen um etliche Haupteslängen überragte. Er hatte dann die Nacht davon geträumt und war in grauer Morgenfrühe wieder hingegangen, besorgt, andere möchten ihm zuvorgekommen sein. Damit habe es keine Gefahr, versicherte ihm der Händler. So hohe Bäume würden nur selten begehrt, und er wisse selbst nicht, warum er diesen mitgenommen; er habe es ihm aber gleichsam angetan, weil er so schön gewachsen sei und die Zweige so regelmäßig um den Stamm herumständen. Aber weil er ihn sonst doch schwerlich loswerden würde, gebe er ihn dem Herrn Kunstmaler billig und fordere für das Prachtstück nur so und so viel.

Ralph hatte trotz des unverschämten Preises nicht daran gedacht, zu handeln. Auch ihm schien das Bäumchen es angetan zu haben. Und freilich, so ungefähr hob auch jenes, das die kleine Bank an dem Waldbach überschattete, sein kräftiges Haupt – oder war es nur der Trug seines schwermütigen Herzens, das ihn heute so vieles an die schöne verschwundene Sommerszeit erinnern mußte?

Er hatte den Transport des Fichtchens die drei steilen Treppen zu seinem Atelier hinauf selbst geleitet und darüber gewacht, daß keiner der weit ausladenden Zweige geknickt wurde. Über Tag, in jenem Winkel am Fenster, hatte sein Weihnachtsbaum ihm dann Modell gestanden, und die Arbeit nach der lebensgroßen Natur war dem Bilde noch sichtbar zugute gekommen.

Nun trat der Maler zu dem stillen Gefährten seines Fleißes und sog mit vollen Zügen den kräftigen Harzgeruch und die Waldfrische ein, die aus dem Labyrinth des Nadeldickichts ihm entgegenströmte. Nachdenklich vertiefte sich sein Blick in das geheimnisvolle Innere des Astwerks, und seine Hand strich liebkosend an einem der Zweige entlang, ohne auch nur eine der kleinen derben, glatten Nadeln abzustreifen. Du bist schön, sagte er vor sich hin, und hast so jung dein bißchen Leben hingeben müssen, armer Geselle! Dir wäre jetzt wohler draußen in deinem Wald, trotz der Schneelasten, die du tragen müßtest, als hier in der dumpfen Ofenluft. Aber auch anderen geht es nicht besser, denen es noch schärfer in Mark und Bein fährt, wenn sie losgerissen werden, wo sie Wurzel geschlagen zu haben glaubten. Komm, wir beide wollen den Kopf nicht hängen lassen, sondern uns putzen und gute Miene zum bösen Spiel machen!

Wenn er vom Putzen sprach, so hatte er durchaus nicht im Sinn, den schönen dunklen Baum mit allerlei Zierwerk, vergoldeten Nüssen, Gold- und Silberketten zu behängen. Sein Künstlerauge hatte, seitdem er die Knabenschuhe ausgetreten, diesen kindlichen Schmuck der Weihnachtsbäumchen abscheulich gefunden, als eine Entstellung der edlen natürlichen Gestalt, in welcher die Kinder des Waldes aufwachsen. Aber der Glanz des heiligen Abends sollte denn doch auch in dieser Künstlerwerkstatt von dem Baume ausstrahlen. Aus einem hohen geschnitzten Schrank nahm der Maler einen wohl zwei Fuß im Umkreis sich ausbreitenden Stern, dessen gläserne Strahlen in bunten Farben leuchteten. Hinter dem Kern, einer kreisrunden Kapsel aus Rubinglas, war ein Lämpchen angebracht, das teilte sein Licht den farbigen Strahlen mit, die alle davon wie in einem sanften Feuer zu entbrennen schienen. Behutsam stieg der Maler auf einem

Leiterchen bis zur Gipfelhöhe des Baumes hinan und befestigte dort das magische Leuchtwerk, das schon bei manchem Künstlerweihnachtsfest eine Rolle gespielt hatte. Auch heute goß es seinen Schimmer so freundlich herab, daß die oberen Zweige wie in Korallen oder Smaragden verwandelt schienen und Ralph sich eine Weile oben auf der Leiter an dem märchenhaften Anblick weiden mußte, ehe er wieder herunterstieg. Er löschte dann sogleich die Gasflammen; nun war eine reizende Dämmerung ringsum, – die Glut im Kamin schien nach dem Stern hinaufzuwinken und die Strahlen droben das verwandte Element in der Tiefe zu grüßen. Nur eine dreiarmige römische Messinglampe trug der Maler noch auf das Kredenztischchen; er wollte sie aber erst anzünden, wenn der Gast sich eingestellt hätte.

* * *

Es war nun so heimlich in dem hohen, halbdunklen Gemach, von den Wänden blickten die schönen Studien aus dem ernsten Norden und dem lachenden Süden den jungen Meister, der sie auf die Leinwand gebannt, so vertraulich an: die helle Brandung an den Nordseeklippen, die stille blaue Flut an dem hochgetürmten Strand von Amalfi, die leuchtenden Seen der Lombardei und die Buchenwälder und dunklen Marschengelände Holsteins. Seine Augen aber kehrten immer wieder zu der kleinen Skizze von jener grünen Halde am Wildbach zurück und blieben an den Zweigen der jungen Fichte hängen, die das Bänkchen unten im hohen Grase beschatteten. Draußen wurde das Unwetter immer ärger; der Sturm trieb den Schnee in große Massen geballt gegen die klirrenden Scheiben und fuhr sausend durch den Schlot herab, daß die Flammen hoch aufprasselten. Den Maler überfiel ein fröstelnder Schauer. Er ging, die Hände in den Taschen vergraben, eine Weile mit halb zugedrückten Augen im Kreise herum, schwer atmend, mit brennender Stirn und klopfenden Schläfen, bis die Ermüdung ihn stillzustehen zwang. Da nahm er aus dem Geigenkasten, der neben seiner Palette lag, das alte schwärzliche Instrument heraus, das in seiner Familie schon vom Urgroßvater herab sich vererbt hatte, und tat ein paar Bogenstriche. Aber das kräftige Beschwichtigungsmittel versagte heute; auch war die gute Freundin bedenklich verstimmt. Mechanisch machte er sich daran, die reine Stimmung wiederherzustellen; als es ihm aber gelungen war, legte er die Geige auf seine Pinsel und wandte sich mit einem tiefen Seufzer ab, dem Kamin zu. Da stand er und starrte lange in das Geflacker und schürte den Brand und warf sich dann auf das Ruhebett und seufzte wieder. In diesem Augenblick fühlte er sich so unselig und verlassen, als könne es auf der weiten Welt keinen Menschen geben, der einen trostloseren heiligen Abend erlebte.

Auf dem Kaminsims lagen neben allerlei kleinen antiken Figürchen in Bronze etliche Skizzenbücher aufgeschichtet. Das oberste haschte seine Hand, von selbst schlug das Blatt sich auf, das er unzähligemal betrachtet hatte: der Umriß eines schönen Mädchenkopfes halb vom Rücken gesehen, das Profil mit einem reizenden Lächeln zurückgewendet, das Haar in einen starken Knoten hoch aufgebunden, so daß ein kleiner Kranz krauser Löckchen über dem Nacken sichtbar wurde. Ein Zug von Mutwillen und junger Schelmerei belebte Mund und Augen des lieblichen Gesichts, und die Unterlippe schien von einem schalkhaften Trotz geschwellt, daß man sich zugleich angezogen und gewarnt fühlte, mit dieser gefährlichen Person sich in kein Herzensabenteuer einzulassen, da sie selbst von ihrem Herzen noch nicht das mindeste zu wissen schien.

Nur einen raschen Blick warf der Maler auf das Blatt, fast als habe er sich nur versichern wollen, ob das Gesicht noch immer den gleichen unbarmherzig lustigen Ausdruck habe. Dann ließ er das Buch aus der Hand gleiten und lehnte sich auf dem Diwan zurück. Die strenge Arbeit des Tages machte sich fühlbar, auch konnte er den Freund noch vor einer Stunde kaum erwarten. So schloß er die Augen und versank in einen dumpfen Halbschlummer.

* * *

Nicht lange aber konnte er so geruht haben, da rüttelte ihn ein tobender Windstoß auf, der mit solcher Macht gegen das Haus fuhr, daß es in seinen Grundfesten erzitterte und in allen Fugen erkrachte. Der junge Maler öffnete schlaftrunken die Augen, aber was er sah, war dazu angetan, ihn sofort zu hellem Wachen zu ermuntern.

Das Ungestüm der Windsbraut hatte die mittlere große Scheibe seines Atelierfensters aufgerissen und trieb den Schnee in einer dichten weißen Wolke mitten in das Gemach. Da aber, wo auf dem Teppich die schweren Flocken nach und nach zu einem kleinen Hügel anschwollen, blieb es nicht lange regungs- und gestaltlos. In dem Schneehäuflein wurde es lebendig, ein wunderliches Zucken und Schwellen begann, und plötzlich hob sich aus der schimmernden feuchten Masse eine lustige Gestalt, die aus der Nebelhülle sich herauswand und nun frei auf winzigen Füßchen sich zu bewegen begann.

Der Maler, den der Wunderanblick völlig zur Bildsäule erstarrt zu haben schien, folgte mit weitgeöffneten Augen jeder Regung des sonderbaren Wesens. Es schien ihm die Größe eines etwa zehnjährigen Mädchens zu haben, zugleich schlanker und mächtiger und doch mit den voll ausgereiften Formen eines jungen Weibes. Die aber blickten nur hin und wieder bei einer hastigeren Bewegung aus dem Schleier hervor, den das wallende aschgraue Haar, das bis zu den Knien reichte, rings um die zarte Gestalt flattern ließ. Das Gesicht konnte er nicht gleich erkennen. Denn ohne auf ihn zu achten, schritt oder schwebte vielmehr der zierliche Spuk auf das Bäumchen am Fenster zu und stand dort eine Weile still, zu dem Stern hinaufschauend, während kleine weiße Hände aus dem Lockenmantel hervortauchten und eifrig die glatten Nadeln der unteren Zweige zu streicheln begannen.

So gespenstig das alles sich ausnahm, so fühlte der heimliche Zeuge der wunderlichen Szene doch nicht das geringste Grauen, nur ein gewisses Befremden darüber, daß es ihm mit keiner Gewalt möglich war, sich von seinem Sitz zu erheben oder nur einen Laut von den Lippen zu bringen. Er meinte, nie etwas Anmutigeres gesehen zu haben, als die zierliche weiße Gestalt, die dort das Bäumchen liebkoste, und das Verlangen regte sich in ihm, wenigstens mit ein paar flüchtigen Strichen die Erscheinung in seinem Büchlein festzuhalten. Da wandte die kleine Fremde sich plötzlich nach ihm um und kam mit gelassenen Schritten, immer den Boden kaum berührend, auf ihn zu.

Nun sah er auch ihr Gesicht. Soviel er bei dem Zwielicht und dem Feuerschein aus dem Kamin unterscheiden konnte, waren die weichen, kinderhaften Züge von einem leidvollen Ausdruck beseelt, der dem schmalen Gesichtchen, noch dazu in der wunderlichen Umrahmung der grauen Haare, etwas anziehend Frauenhaftes gab. Der kleine blutlose Mund schien nie gelächelt zu haben, aber auch nie durch einen bösen Hauch von Haß oder Tücke entstellt worden zu sein. Das Wunderbarste aber waren die großen, ruhigen Augen von smaragdenem Glanz, mit langen Wimpern umsäumt, die niemals auf und nieder gingen. Und doch blickten diese grünen Sterne nicht starr und seelenlos. Wie eine innere Flamme zuckte es zuweilen in ihnen auf, die dann wieder zusammensank, so daß der grüne Schein plötzlich zu erlöschen schien.

Sie war nun ganz nah an den jungen Maler herangeglitten, da schienen die Flammen im Kamin ihre Aufmerksamkeit abzulenken. Leise wandte sie sich nach der Glut, kauerte davor nieder, den grauen Haarschleier dicht um ihre Schultern und den jungen Busen gezogen, und schüttelte dann ein paarmal wie in tiefer Betrübnis das kleine Haupt. Dann erhob sie sich wieder und trat dicht vor den Regungslosen hin.

Eine leise Kühle wehte ihn an, zugleich ein feiner Duft wie von frisch abgerissenen Fichtenzweigen. Er wollte etwas sagen, aber noch immer war er wie verzaubert.

Ein Weilchen stand sie vor ihm. Dann sagte sie mit einer zarten Frauenstimme, die ungemein lieblich klang: Schläfst du, Ralph?

Jetzt erst fiel der Bann von ihm. Aber aufzustehen vermochte er noch immer nicht.

Ich schlafe nicht, sagte er. Siehst du nicht, daß ich die Augen offen habe und alles sehen kann, was du tust? Aber woher weißt du meinen Namen? Und wer bist du? Und warum bist du zu mir gekommen?

Deinen Namen hab' ich ja draußen im Walde gehört, erwiderte sie, ohne eine Miene zu verändern. Entsinnst du dich nicht mehr? Es war ein schöner Tag, die Sonne schien, und der Kukkuck rief, und die Mücken spielten über meinem Bach. Damals schon gefiel dir mein Baum. Hast du ihn nicht darum zu dir genommen, weil dir's leid tat, wie er abgehauen draußen unter den häßlichen Menschen stehen mußte und alle gingen an ihm vorbei? Warum fragst du nun, wer ich bin und warum ich zu dir gekommen bin?

Er sah sie mit erstaunten Augen an. Dein Baum? fragte er. Aber wer bist du denn, und was hast du mit jenem Baum zu schaffen?

Ich bin ja seine Dryas, sagte sie, einen traurig zärtlichen Blick nach dem Fichtenbäumchen werfend.

Seine Dryas? wiederholte er mit ungläubigem Lächeln. Kind! du willst mir ein Märchen aufbinden.

Ihre großen grünen Augen funkelten. Wir sind immer wahr, sagte sie. Aber ihr habt grobe Sinne, ihr Menschen von heute.

Meine Mutter, als sie noch neben mir stand – vor drei Wintern haben die grausamen Männer ihren Stamm gefällt – oft hat sie mir erzählt, was sie von ihrer Mutter gehört hatte, und die von der ihren, und so fort: einst sei eine Zeit gewesen, da habe man auch uns in Ehren gehalten, uns und all unsere Verwandten, die im Wald, in Felshöhlen, Bächen und Weihern leben, und damals seien wir auch frommen Menschen sichtbar geworden. Der Hirt habe uns gesehen, wenn wir am heißen Mittag aus dem Wipfel unseres Baumes hervorgeschlüpft seien, oder uns zu der Quellnymphe geneigt hätten, ein Stündchen zu verplaudern und unser heißes Gesicht zu kühlen. Und in hellen Nächten, wenn die schöne Mondgöttin durch den Hain gefahren, hätten wir uns ganz hinausgewagt aus unserm Gezweig und Reigen getanzt auf der Waldwiese, daß der Jäger am Morgen noch die Spuren gesehen, wo unser langes Haar im tauigen Grase nachgeschleift war, während wir uns neigten und beugten. Es sei aber schon lange her, daß fremde Götter ins Land gekommen und die alten vertrieben hätten. Die seien traurig geflüchtet und wohnten nun – niemand wisse, in welchem dunklen Versteck. Wir Kleinen aber, die wir an unseren Ort gebannt seien und ihnen nicht hätten folgen können, würden seitdem Menschenaugen nimmer sichtbar, und nur selten sei es einem Begnadeten, einem Künstler oder Poeten vergönnt, etwa eine Dryas leibhaftig zu schauen oder die schönen Nymphen, die in den Waldbächen hausen. Und so kannst auch du mich mit Augen sehen und hören, was ich sage. Ist es dir nicht lieb? Gefalle ich dir nicht?

Sie schmiegte sich an seine Knie und hob die schlanken, blassen Ärmchen zu seinem Nacken auf, als ob sie sich an ihn hängen wolle. Er empfand aber nur ein kühles Wehen, wie wenn ein Nebelstreif seine Brust umwallte.

Wie solltest du mir nicht gefallen? stammelte er, da es ihm nicht ganz geheuer war, sie sich so nah zu fühlen. Aber wenn das alles wahr ist, wie kommt es, daß du meine Sprache sprichst, und warum bist du überhaupt hier hereingekommen?

Oh, sagte sie, das ist doch einfach. Ich stand ja draußen nah am Wege, und auf der Bank unter mir ließen sich täglich wandernde Menschen nieder, alte und junge, Männer und Frauen, und führten oft lange Gespräche. Da habe ich die Ohren gespitzt und bald verstanden, was sie sagten; denn wir Waldgeister sind klüger als ihr. Wie es gemeint war, wußte ich nicht immer, denn sie redeten oft von Dingen, die ich nie gesehen. Manches aber erklärte mir die Mutter, manches auch die Quellnymphe, die weiter hinaus ins Land reisen konnte, und in der Mühle unten, wenn die Bauern und Jäger dort sich trafen, vieles erfuhr, wie's in den Dörfern und großen Städten zugeht. Da hörte ich auch, warum allemal um Winters Mitte die Holzleute mit ihren blanken Äxten zu uns kommen und meine jungen Geschwister an der Wurzel umhauen, damit sie dem neuen Gott geopfert werden. Schon darum haßte ich ihn, wenn er auch nicht all die anderen verjagt hätte. Denn du mußt wissen, Ralph: unser Leben ist an das unseres Baumes gebunden. Nur wenn wir uns durch Zufall gerade zu der Zeit, wo das Eisen unsern Stamm verwundet, von ihm entfernt haben, flackert in uns noch ein Weilchen die Lebensflamme, bis der Stamm und die Zweige verdorrt oder – und sie warf einen düsteren Blick nach dem Kamin – von dem gefräßigen Feuer verzehrt sind.

Nun schlafen wir Jungen meist in der kalten Zeit, und so trifft uns die Axt erbarmungslos, ohne daß wir noch einen Seufzer dem schönen Leben nachschicken. Ich aber – ich weiß nicht, wie es kam, – vor drei Tagen wachte ich auf aus einem hellen Frühlingstraum und wunderte mich, daß es schon an der Zeit sein sollte zu neuem Blühen, und stieg leise zum Wipfel hinauf, zu sehen, ob die Quellnymphe ihre starke Decke schon abgeschüttelt habe und die Wiese grün werde. Da war's noch tiefer Winter ringsum, kein Vogelruf erscholl, aber nahe bei mir die Axtschläge der bösen Männer, die meine kleinen Brüder und Schwestern fällten: Bisher hatten sie mich immer verschont, vielleicht weil ich dem Bänkchen und den Leuten, die darauf rasteten, Schatten gab. An jenem Morgen aber hörte ich einen sagen: Warum soll die Große da stehen bleiben? Die Wiese wird doch nächstens wieder zu Ackerland gemacht, der Talmüller hat sie gekauft, der nutzt den Boden anders aus. – So kamen sie zu mir, und mein Glück war's, daß ich schon das Haus geräumt hatte. War's denn aber wirklich ein Glück? Wär's nicht besser gewesen, ich hätte zu leben aufgehört, als sie meinen lieben Baum von der Wurzel trennten? Ich fühlte doch jeden Axthieb wie einen Schlag auf mein Haupt, und wie von Sinnen vor Schmerz flog ich dem Schlitten nach, auf dem sie meinen Baum in die Stadt schleiften. Da saß ich in seinen Zweigen, und niemand konnte mich sehen, und ich kam fast nicht zur Besinnung vor all dem Neuen und Wunderlichen, was sich da um mich her bewegte. Nur immer weher und trauriger wurde mir zumute, und ich wünschte nur eins, daß es bald ganz zu Ende gehen möchte. Das einzig Hübsche, was ich sah, waren die vielen Kindergesichter mit den roten Backen und blanken Augen, die zu mir hinaufstaunten, und ich wünschte nur in ein Haus zu kommen, wo recht viel lustiges Kindervolk um micht herumtanzte, und wenn ich dort endlich in Feuer aufginge – ich meine, mein Baum – wollte ich mich nicht beklagen.

Statt dessen aber bist du gekommen, und ich kannte dich gleich wieder, weil du einmal so lange auf meinem Bänkchen gesessen hattest, und nicht allein; und hernach bist du noch zweimal wiedergekommen. Weißt du es noch? Und wie du mein Bäumchen kauftest, flog ich dir ganz vergnügt nach. Aber in das dunkle, dumpfe Haus, die enge Treppe hinauf dir zu folgen, konnt' ich mich nicht überwinden. Da umflatterte ich die hohen Fenster, bis ich das deine fand und sah, wie mein Baum von dir dorthin gestellt wurde, und hing draußen an den Scheiben, sehnsüchtig, denn ich wäre gern zu ihm und zu dir hineingekommen. Und endlich riß der Sturm das Fenster auf, und da bin ich nun!

* * *

Sie schwiegen darauf eine Weile, denn die lange Rede schien sie erschöpft zu haben, und ihm schwirrte alles, was er gehört, so wunderlich durch den Sinn, daß er Mühe hatte, sich's zurechtzulegen. Er betrachtete sie, wie sie vor ihm auf dem Bärenfell kauerte, die lange, aschfarbene Mähne, die wie die Bartflechten alter Tannen herabhing, mit ihren silberweißen Händchen strahlend, wie ein spielendes Kind. Denn sie dachte nicht daran, sich vor ihm zu verhüllen, und sein Malerauge konnte sich an den feinen Linien weiden, mit denen der jugendliche Leib aus dem spinnewebenen Schleier hervorschimmerte.

Wie es nur möglich ist, daß du in dem schmalen Stämmchen wohnen kannst! sagte er, vor sich hinsprechend.

Ich weiß es selbst nicht, erwiderte sie und sah nach dem Fichtchen hin. Aber es geht ganz leicht. Wir werden wie ein dünner Rauch und schlüpfen zwischen den Jahresringen durch ins Innere. Wenn wir aber an die Luft hinaufsteigen, schwillt unsere Gestalt sofort zu der Fülle an, wie du mich siehst. Es ist aber viel hübscher, wenn die Wohnung uns so dicht und warm umschließt, als wie ihr Menschen in den weiten, leeren Räumen haust.

Willst du meine Wohnung dir ein wenig ansehen? fragte er

und stand auf. Er öffnete die Tür zu dem Nebenzimmer, wo sein Bett stand, sie aber warf nur einen gleichgültigen Blick hinein. Sie wußte offenbar nicht, was sie aus all dem Gerät und den Möbeln, die da herumstanden, machen sollte. Dagegen schienen die Skizzen an den Wänden des Ateliers sie zu fesseln, aber sie hörte alles, was er darüber sagte, mit einem dumpfen Staunen an. Was ist das, was du das Meer nennst? fragte sie. Und Pinien und Zypressen, von denen hab' ich nie gehört. – Er sah, daß es vergebene Mühe sein würde, ihr so viel Fremdartiges zu erklären. Komm hierher! sagte er. Erkennst du das? – Es war die Skizze der Berghalde mit ihrem eigenen Baum und dem Bänkchen davor, und sie erkannte es nach einigem Sinnen. Aber es ist tot! sagte sie. Es rauscht nicht und duftet nicht. Wie ist das Bild da an die Wand gekommen? Wenn ich mich im Bach spiegelte, sah ich alles viel schöner, obwohl die Wellen es kraus und wirr machten. Nein, hier möchte ich nicht wohnen. Es ist wärmer hier als draußen, aber es macht die Brust beklommen und ist nicht, wie wenn das Sonnenlicht durch meine Zweige rieselte.

Dann sah sie die Geige liegen und fuhr mit den Händen darüber hin. Was ist das? fragte sie. Er nahm das Instrument auf und begann leise darauf zu spielen. Da wurde sie erst sehr ernst, aber nach und nach verklärte sich ihr Gesicht, ihre Augen leuchteten, und sie horchte wie verzückt. Mehr, mehr! hauchte sie. Es ist, wie wenn der Winter vergeht und das Eis schmilzt, und nun wachen alle Vögel auf, und der Bach fängt wieder an zu rauschen, und oben in den hohen Wipfeln unserer Alten säuselt und saust es – oh, wie süß!

Und ihre Ärmchen über dem kleinen Haupt zusammenschlingend, begann sie mitten im Zimmer auf dem Teppich zu tanzen, in dem Schnee, der durch das aufgerissene Fenster hereingedrungen war, zartverschlungene Figuren mit den Spitzen ihrer schlanken Füße zeichnend, dazwischen sich wie ein flatterndes Wölkchen aufschwingend und in der Luft herumwirbelnd und dann wieder herabschwebend, von der grauen Mähne umflogen, ähnlich einer Möve, die auf dem weißen Wellenschaum schwebt, sich hin und wieder aufschwingt und in die Flut zurücksinkt. Während er all seine Kunst aufbot in den lieblichsten Tanzmelodien, hingen seine Augen entzückt an der reizenden Gestalt, und er hätte bis an den lichten Morgen so fortspielen und ihrem Herumgaukeln zuschauen mögen. Da sprang plötzlich eine Saite, und wie er einen Augenblick innehielt, sah er die Tänzerin in die Knie sinken und ihn mit flehenden Augen anblicken.

Was hast du? rief er erschrocken und eilte zu ihr hin.

Es ist nichts, hauchte sie. Mir ward so wunderlich, es fuhr mir wie ein Blitz durch alle Glieder. Aber spiele nicht mehr. Mir ist, als könnte ich nicht ruhig sterben, wenn ich solche Musik höre, als fühlte ich zum ersten Male, wie süß das Leben ist, und wie bitter der ewige Schlaf.

* * *

Sie erhob sich langsam und glitt nach dem Kamin.

Er sah, wie sie davor niederhockte und in die Glut starrte, die jetzt bis auf wenige zuckende Flämmchen zusammengesunken war. Dann schüttelte sie sich und wandte sich nach dem Diwan, wo sie sich lang ausgestreckt zum Schlafen anzuschicken schien. Doch dauerte es nur wenige Augenblicke, so schnellte sie wieder in die Höhe. Ihr Blick war auf das Skizzenbuch gefallen, das er vorhin weggeworfen hatte; das Blatt mit dem Mädchenkopf war noch aufgeschlagen, sie senkte ihre Augen dicht darauf und rief mit einer munteren Stimme, wie er sie in der ganzen Zeit nicht von ihr gehört hatte: Da ist sie ja! Warum hast du sie mir nicht längst gezeigt? Und warum ist sie nicht selber hier?

Wer? fragte er verwirrt. Wer sollte hier sein?

Sie antwortete nicht. Sie strich nur mit der Hand über die Zeichnung, als ob sie den schönen Mädchenkopf liebkosen wolle. Dann schüttelte sie die Haare von der Stirn zurück und sah den Maler mit einem mißbilligenden Blick an.

Du warst nicht gut zu ihr. Weißt du's nicht mehr? Und es war doch ein so schöner Tag. Ich hatte den heißen Mittag verschlafen. Als die Luft sich verkühlte, stieg ich in meinen Wipfel und sah mich um und freute mich an den hellgrünen jungen Sprossen, die an all meinen Zweigen vorgedrungen waren. Auch die Nymphe kam aus dem Bach hervor; mit halbem Leibe tauchte sie aus dem Wasser und nickte mir zu, und wir plauderten in unserer Sprache miteinander.

Wovon? fragte er.

Von unsern Geheimnissen. Die würdest du nicht verstehen. Bald aber horchten wir auf die Menschenstimmen, die droben im Wald unter den alten Bäumen lautwurden. Wir sahen einen fröhlichen Schwarm gelagert, sie hatten Tücher auf das Moos gebreitet, blanke Geräte standen darauf, wir konnten deutlich sehen, wie sie aßen und tranken, und hernach sangen sie. Auch eine Musik erklang, ungefähr wie dein Spiel auf dem kleinen braunen Holz.

Ich war's, der spielte! warf er dazwischen und senkte seine Stirn mit einem düsteren Ausdruck.

Freilich warst du's, fuhr sie fort. Und damals sah ich dich auch zum ersten Male, du aber konntest mich nicht sehen, weil heller Tag war, und du warst auch zu fern von mir. Und Kinder sah ich, die droben auf dem Hang Ball spielten und jauchzten, und die Alten lagerten im Schatten und schauten ihnen zu. Einige liefen über den Rasen und andere ihnen nach, sie zu haschen, und es gab viel Gelächter, und ich mußte heimlich seufzen, da ich eure Lust sah und selber einsam war. Denn die Nachbarin war wieder in ihre Wellen hinabgetaucht.

Und auf einmal sah ich ein schönes Mädchen, das kein Kind mehr war, sich unter die Kleinen mischen und zwei an den Händen nehmen und mit ihnen tanzen. Du aber warst an den Saum des Waldes getreten und blicktest immer auf die Schöne, und wie sie dann ein Tanzliedchen zu singen anfing, nahmst du dein braunes Spielgerät und begleitetest ihre Stimme, daß alle Kinder zu lärmen aufhörten und ganz still herankamen, um auch zuzuhören. Das Mädchen aber verstummte plötzlich, drehte sich im Kreis, daß ihr Röckchen flog, und rief dir etwas zu, was ich nicht verstand. Ich sah aber, wie sie auf einmal zu laufen anfing, und du ihr nach, und erst huschte sie oben zwischen den Stämmen durch und lachte, da du ihr nicht nachkommen konntest, und als sie's so eine Weile getrieben hatte, während die Kinder lachten, daß du sie nicht fangen konntest, tauchte sie jetzt aus dem Waldschatten hervor und sauste den grünen Abhang herunter, gerade auf mich zu, und warf sich atemlos auf das Bänkchen unter mir, das liebe Gesicht ganz rot von der hastigen Jagd, und dabei blitzten ihr die schwarzen Augen vor Lebensfreude und Schelmerei. Du aber – du wirst wohl noch wissen, wie du dann atemlos nachgestürmt kamst und dich neben sie setztest, und was du ihr ins Ohr sagtest, mit heimlicher Stimme, obwohl niemand als ich in der Nähe war, dich zu belauschen, und meine Zweige euch auch gegen die Blicke der anderen beschirmten. Oder hast du's vergessen, du böser, wunderlicher Mensch?

Er war auf einen Sessel gesunken und bedeckte das Gesicht mit den Händen.

Schone mich! stammelte er. Warum mahnst du mich an die süßeste und traurigste Stunde meines Lebens?

Ich habe seitdem oft daran denken müssen, sagte sie, das Köpfchen ernsthaft wiegend.

Ich wußte schon so manches von euch Menschen; vierzehn Jahre lang hatte ich hören können, was man auf dem Bänkchen plauderte. Aber so zärtliche Worte hatte ich nie gehört, wie du sie dem schönen Mädchen ins Ohr rauntest. Ich sah auch, wie ihr das Lachen verging, und wie schwer sie atmete, daß sie kaum ein Wörtchen zu erwidern vermochte. Du aber schienst auch keine lange Rede erwartet zu haben, du stießest einen Freudenruf aus und wolltest das Liebchen stürmisch in deine Arme schließen. Aber sie wehrte dir und sagte: Laß mich! Wir sind hier nicht allein. Was würden die Eltern denken und die andern, wenn sie uns sähen! Ist dir's nicht genug, daß ich dir gesagt habe, ich wolle dein sein? – Da runzeltest du die Stirn. Ist es denn auch kein Traum? riefst du. Hat mich nicht der Mittagszauber zum besten, und wenn es Abend wird, erlischt all mein Glück, und ich bin so arm wie zuvor? Wie soll ich glauben, daß du mich wirklich liebst, wenn du mir nicht einmal den ersten Kuß gönnen willst, und auch sonst habe ich kein sichtbares Zeichen, das meine Zweifel beschwichtigt! – Da lächelte sie schalkhaft und sagte: Du Ungläubiger! Wart, ich will dich trösten! – und aus einer kleinen Tasche, die sie am Gürtel trug, zog sie ein Scherchen hervor und sagte: Ich werde dir eine der jungen Sprossen von diesem Bäumchen abschneiden, die sollen dir dafür bürgen, daß ich eine immergrüne Liebe zu dir trage. – Du aber ergriffst ihre Hand und sagtest: Was soll mir der kleine stachlige Zweig! Wenn du es ernstlich meinst, was ich immer noch nicht glauben kann, da ich dich immer lachen sah, während ich selbst so betrübt und hoffnungslos dich anschaute – so gib mir ein Pfand, das mir eine bessere Bürgschaft leistet: laß mich eines der krausen Löckchen abschneiden, hier hinten an deinem Nacken, die nur einmal anzurühren ich mich so toll gesehnt habe. Wenn ich so ein Stück von dir selbst besitze, werde ich nicht mehr zweifeln, daß du dich mir ganz schenken willst.

Sagtest du nicht so, du Wunderlicher? Und sahst das liebe Kind mit glühenden Augen dabei an, als wolltest du sie zu Asche versengen, wenn sie dir nicht den Willen täte? Sie aber fürchtete sich nicht. Sie schüttelte mit einem leisen Lächeln den Kopf und sagte: Wenn du das Fichtenzweiglein nicht willst, bekommst du nichts. Eines von meinen Löckchen darf ich dir nicht eher geben, als bis meine Eltern mich dir verlobt haben. Es sind genau gezählt ihrer sieben. Die Mutter zählt sie jeden Abend nach, und wehe mir, wenn eines fehlte! Also sei lieb und vernünftig! Und gedulde dich fein!

Du aber warst gar nicht zur Vernunft und Geduld aufgelegt. Wenn du mir dies Kleine verweigerst, in der ersten Stunde, da du mir dein Herz ergeben hast, wie soll ich glauben, daß du es redlich meinst, daß du überhaupt ein Herz besitzest?

Oh, rief sie und lachte, zu einer richtigen guten Frau gehört nicht bloß ein Herz, sondern auch ein bißchen Verstand, und der meine warnt mich, dir nicht gleich zu viel nachzugeben. Du mußt wissen: in diesen Nackenlöckchen steckt meine ganze Stärke und Selbständigkeit. Wenn ich eines davon verliere, muß ich deine Sklavin werden, und dazu habe ich keine Lust, wenigstens für jetzt noch nicht. Hernach, wenn wir Mann und Frau sind, kannst du sie mir alle abschneiden, und wenn sie mir nicht wieder wachsen, mußt du freilich mein Herr sein, setzte sie schalkhaft hinzu. Für heute aber begnüge dich mit dem Zweiglein, das grün ist wie die Hoffnung.

Damit stand sie auf und schnitt wirklich eine der frischen Sprossen ab und reichte sie dir. Du aber sahst sie mit einem wilden Blick fast feindselig an, nahmst das Zweiglein und zerrissest es. Ich sehe, was ich dir wert bin, riefst du. Es war ein Wahnsinn, zu denken, du trügst ein Herz in der Brust, und dies Herz könne mir gehören. Zu einem Spiel bin ich dir gut genug, aber im Ernst willst du mir nicht das kleinste Opfer einer eigensinnigen Laune bringen. – Da sah die Liebliche dich mit großen traurigen Augen an. Das kann dein Ernst nicht sein, Ralph! sagte sie gelassen. – Mein bitterster Ernst! riefst du dagegen und standst nun ebenfalls auf. Und es ist besser, es entscheidet sich gleich zwischen uns, als daß du dein übermütiges Spiel ferner mit mir treibst, wie bisher. – Ich spiele nicht! antwortete sie, und ihre Stimme zitterte. Auch wäre mir der Einsatz zu hoch. Wenn du mir nicht vertrauen kannst, so ist es besser, wir bleiben beide frei. – Du weißt, womit du mich ewig binden kannst, sagtest du da. – Dann war's eine ganze Weile still zwischen euch, und ihr standet mit abgewendeten Gesichtern. Ich sah, wie es feucht unter ihren langen schwarzen Wimpern vorquoll, aber sie blieb fest. Sie steckte die kleine blanke Schere wieder in die Tasche, fuhr sich mit der Hand über die Stirn und sagte: Wir wollen zu den andern gehen. Sie werden unruhig sein, wo wir geblieben sind.

Dann schritt sie langsam die Halde hinauf, ohne sich nach dir umzusehen. Du aber sankst auf das Bänkchen, und ich glaube, die Hände, die du vor das Gesicht drücktest, sollten der Sonne droben verbergen, daß du großer Mensch in Tränen ausbrachst, wie ein krankes Kind.

* * *

Er hatte sie reden lassen, ohne einen Laut von sich zu geben. Nur zuweilen fuhr ein schmerzliches Zucken durch seine Brust, und er drückte die geschlossenen Lider fester zu, als ob er einer unbequemen Erleuchtung, die sich ihm aufdrang, wehren wolle. Eine ganze Weile war es so still in dem weiten Raum, daß man das leise Geräusch der zu Asche sinkenden Kohlen im Kamin vernehmen konnte. Da fühlte er auf einmal ein kühles Wehen an seinen Schläfen, wie wenn ein Lüftchen drüber hinführe, und als er die Augen aufschlug, sah er seinen geheimnisvollen Gast auf seinen Knien sitzen, mit dem rechten Händchen sein Gesicht streichelnd, während das linke ihm über die feuchte Wimper fuhr. Er fühlte aber keinen Druck eines körperlichen Wesens auf seinem Schoß, nur wieder der seltsame Harzduft umspielte ihn.

Was träumst du nun, du armer Narr, hörte er sie flüstern. Damals im Walde war ich höchlich erstaunt, wie töricht du es getrieben. Denn du mußt wissen, so jung ich dir erscheine, ich bin kein Kind mehr, das noch nichts vom Lieben wüßte. Nur verstehen wir im freien Walde es anders, als ihr Menschen in den steinernen Häusern. Wenn wir unsere Reife erlangt haben und in der Mondnacht mit den andern unseren Reigen tanzen, finden wir uns zusammen mit denen, die uns benachbart sind, und vermählen uns, wie es uns beliebt. Wir sind nicht so töricht, von Herrschen und Dienen zu plaudern und ein Pfand zu fordern für unsere Treue, uns das junge Leben zu verbittern mit eigensinnigen Grillen. Auch ich hatte schon einen schönen Geliebten und Gemahl, er stand nur wenig Schritte aufwärts am Bache neben mir, und ich hätte ihm, wenn er so töricht gewesen wäre, es zu verlangen, all meine grünen Sprossen geopfert. Vorm Jahr hat man ihn gefällt, seitdem bin ich einsam geblieben. Aber eben, weil ich weiß, was man da leidet, habe ich nicht begriffen, wie ihr jungen Menschenkinder, die ihr euch soviel klüger dünkt als unsereins, euch so plagen und narren mögt. Denn, wie ich sehe, noch immer bist du nicht zur Vernunft gekommen, und diesen Abend, der in allen Häusern fröhlich gefeiert wird, verbringst du allein, und hätte ich dich nicht besucht, wer weiß, du hättest dich erst spät in den Schlaf geweint. Wenn ich schadenfroh wäre, hätte ich geschwiegen, zur Rache dafür, daß mein Leben dahin ist, da ihr meinen Baum umgehauen habt. Aber wir Waldgeister sind gut und mitleidig. Und darum dauerst du mich, und ich möchte dich glücklich sehen.

Glücklich! rief er. O Dryas, ich kann es nie wieder werden. So gut du es meinst, du verstehst das nicht, was mich all meiner Hoffnungen beraubt. Sie ist kalt wie ein Stein geblieben, all die langen Monate, sie hat mir nicht das kleinste Zeichen gegeben, daß es ihr leid tue um mich. Ich habe nur eine Hoffnung, daß ich sie mit der Zeit vergessen lerne!

Sie wiegte nachdenklich das Köpfchen und legte die kleine Hand über die Augen, wie um ungestört nachzusinnen. Nach einer stummen Pause sagte sie: Du warst blind damals. Ich aber hatte die Augen offen. Ich sah, daß eine schöne, stille Flamme in ihrem Herzen loderte, du aber streutest Asche darauf durch deinen unsinnigen Trotz. Nur ein Hauch von deinen Lippen, und die Glut schlägt ihr wieder hell aus den Augen. Willst du sagen, du liebtest sie, und bist so ungroßmütig? Und bestehst auf deinem herrischen Willen, daß du sie von dir zurückschreckst, statt sie mit holder Milde vertraulich zu machen? Schäme dich, du großer, törichter Mensch, und mache wieder gut, was du verdorben hast. Heut ist eben die rechte Zeit. Ich flog an einem hohen Hause vorbei, da stand ein Greis mitten unter vielen Menschen und sprach zu ihnen von Engeln, die in dieser Nacht eine Friedensbotschaft vom Himmel gebracht hätten. Willst du nun taub dagegen bleiben und nicht auch Frieden schließen? Nein, verliere keine Zeit, geh zu dem schönen Lieb und zause sie an ihren Löckchen, und freue dich, daß sie alle sieben so kraus um den schlanken Nacken stehen. Und bring ihr einen Gruß von der Dryas, die ihr wünscht, daß sie ihres Glückes sich länger freuen möge, als es mir beschieden war. Auf, du Träumer! Wenn du wiederkehrst, wirst du mich nicht mehr finden. Ich kehre in meinen Baum zurück und will dort einschlafen, um nie mehr zu erwachen.

Sie neigte ihr weißes Gesichtchen gegen ihn, und er empfand den kühlen Hauch ihrer Lippen an den seinen. Dann glitt sie von seinen Knien herab und wandte sich nach dem Baum. Er hatte sich erhoben und blickte ihr nach, und wie er sie zwischen den Ästen hinaufklimmen sah und das reizende Spiel der weißen Glieder zwischen dem Gezweig bemerkte, kam ihm plötzlich die Lust, die schwindende Erscheinung festzuhalten.

Er nahm das Skizzenbuch zur Hand, setzte sich auf den Diwan und bat sie, ihm nur ein kurzes Weilchen stillzuhalten. Sofort blieb sie ruhig im Astwerk hängen, auf einen der breitesten Zweige hingelagert, den einen Arm um den Stamm geschlungen, den anderen über ihr schlankes Haupt gelegt. Sie schien einzuschlummern in dieser Lage; zuweilen kam ein Laut wie ein tiefer Seufzer von ihren Lippen, und nur die Augen blieben weit geöffnet und schienen dem jungen Freunde liebreich zuzuwinken.

Der aber sputete sich, die reizenden Linien nachzuzeichnen, und die Sorge, sie möchte ihm entschwinden, drängte sein Verlangen zurück, gleich auf der Stelle fortzueilen und zu beweisen, daß er darauf brenne, Frieden auf Gnad' und Ungnade zu schließen. So zeichnete er immer hastiger, der Schweiß trat ihm vor die Stirn; er hielt den Atem an, als könne jeder Hauch das Bild verschwinden machen; nun begann er schon, die Zweige um ihre lieblich hingegossene Gestalt hinzustricheln, der Stern zackte sich über ihrem Kopf in großen, hellen Strahlen, noch eine kleine Geduld, und auch der Stamm, an den sie lehnte, war im Umriß vollendet – da erschollen drei kräftige Schläge an die Tür des Ateliers, der Zeichner fuhr in die Höhe, das Buch glitt ihm von den Knien, und wie er nach dem Fichtenbäumchen hinübersah, war der weiße Spuk aus den dunklen Zweigen drüben verschwunden.

* * *

Die Tür ging auf, ohne daß das Herein! abgewartet wurde. An der Schwelle stand eine hohe Gestalt in langem Kapuzenmantel, über und über beschneit, und stampfte den Schnee von den derben Stiefeln. Teufel auch, ist's hier ungemütlich! rief eine tiefe Baßstimme. Ich glaube gar, die Höhle ist leer, oder das Murmeltier schläft seinen Winterschlaf!

Du bist's, Enak? klang jetzt die Stimme des Malers vom Diwan her. Ich habe dich schon lange erwartet.

Es sieht nicht gerade danach aus, erwiderte der Ankömmling und trat vollends herein, den triefenden Hut auf einen Schemel werfend und den Mantel lüftend. Wenigstens hast du dich nicht sehr angestrengt mit den Vorbereitungen zu meinem festlichen

Empfang. Eine sibirische Temperatur und die schönste ägyptische Finsternis, und da schneit es noch dazu ganz frech zum Fenster herein. Erlaube, daß ich die Luftscheibe schließe und dann vor allem die Beleuchtung verbessere. Denn bei dem zweifelhaften Glimmen des Weihnachtssterns da oben hätten weder die Hirten auf dem Felde noch die heiligen drei Könige den Weg zur Krippe finden können. Oder möchtest du noch weiter in den heiligen Abend hineinschnarchen?

Er war zu dem Gaslüster getreten, der von der hohen Decke des Ateliers herabhing, und im Nu leuchteten sämtliche Flammen auf und warfen ihren Schein über die Gestalt des jungen Malers, der sich jetzt schwerfällig von dem Ruhebett erhob.

Guten Abend, Enak! sagte er und streckte dem Freund die Hand entgegen. Du bist sehr im Irrtum, wenn du meinst, daß ich geschlafen hätte. Ich habe vielmehr Besuch gehabt, sehr angenehmen – Damenbesuch!

Nun, dann begreif' ich, lachte Enak mit seinem dröhnenden Baß, daß du's hier warm genug gefunden hast, und daß dir auch die Beleuchtung genügte. Am Ende habe ich gestört, und das verschämte Fräulein hat sich wie ein aufgescheuchtes Hühnchen ins Nebenzimmer geflüchtet, als ich anklopfte. Ruf sie nur wieder herein, ich bin kein Spielverderber, und übrigens weißt du, daß ich immer den Kopf geschüttelt habe, wie du dein junges Leben vertrauest hast, seit du mit deiner *Toni* auseinandergekommen bist. Teufel auch! du hättest froh sein sollen, daß du noch beizeiten den Kopf aus der Schlinge ziehen konntest. Wenn's Ernst geworden wäre mit dieser Liebschaft – wie ich das Mädel kenne, wärst du furchtbar unter den Pantoffel gekommen. Aber wenn es die Vorsehung gnädig mit dir gemacht und dir deine Freiheit erhalten hat, mußt du darum das Ewig-Weibliche ein für allemal dir vom Leibe halten? Komm! Laß uns Feuer im Ofen und im Kamin machen und einen süßen und feurigen Punsch brauen, und wenn es dann hier gemütlich zu werden anfängt, laden wir deinen verstohlenen Damenbesuch ein, an unserem frugalen Tisch vorliebzunehmen, und ich werde mich so unwiderstehlich liebenswürdig betragen, daß ich sie dir abspenstig mache, eh' sie das zweite Glas ausgetrunken hat. Wer ist's denn? Kenn' ich sie? Etwa die kleine blonde Hexe mit den Taubenaugen, die neulich bei dir war, um zu fragen, ob du kein Kopfmodell brauchen könntest?

Während der Freund diese lange Rede im seinem humoristisch

brummigen Ton von sich gab, war Ralph wie ein Träumender im Zimmer herumgegangen, in alle Winkel spähend, als suche er etwas schmerzlich Vermißtes; zuletzt war er an dem Bäumchen neben dem Fenster stehengeblieben und hatte seinen Blick in das Dunkel der grünen Zweige gesenkt.

Nun wandte er sich zu dem langen Gefährten um, der bemüht war, in dem erloschenen Ofen die Kohlen wieder in Brand zu bringen.

Wer bei mir gewesen ist, sagte er langsam, erzähle ich dir nachher. Ich habe jetzt – du wirst mich entschuldigen – aber ich muß vor allem einen eiligen Gang machen. Spätestens in einer halben Stunde bin ich zurück. Indessen magst du dafür sorgen, daß es hier warm wird, und wenn du mittlerweile unsern Schlaftrunk präparieren willst – da auf dem Tisch findest du alles Nötige. Also auf Wiedersehen, mein Alter! rief er, indem er sich in großer Eile, als fürchte er zurückgehalten zu werden, den Mantel umhing und den Hut aufstülpte. Frage mich jetzt nicht! Hernach – wenn ich hoffentlich ein leichteres Herz mitbringe – sollst du alles erfahren.

Der Freund sah in höchstem Erstaunen von seinem Heizgeschäft, das er kniend verrichtete, auf. Aber ehe er noch den Mund zu einer Frage öffnen konnte, war Ralph schon aus der Tür, und der Zurückgebliebene hörte brummend und kopfschüttelnd, wie er die steile Treppe in weiten Sätzen hinunterstürmte.

* * *

Die halbe Stunde war aber noch kaum vergangen, da hörte Enak dieselben beflügelten Schritte die Treppe wieder heraufsausen; die Tür ward aufgerissen, und der Träumer, der vor kurzem hier herumgewankt war, trat mit strahlenden Augen und elastischem Gang ins Zimmer.

Da bin ich wieder! rief er. Nein, nicht ich, sondern ein neuer Mensch, ein glücklicher, selig wie ein junger Gott! Ahnst du, wo ich war, mein Alter? Bei ihr, bei dem geliebten, einzigen Mädchen, gegen das ich mich so sträflich vergangen habe. Die Dryas hatte recht: es war eine kindische Torheit, an ihrem Herzen zu zweifeln. Wie ich in ihrer Wohnung ankam – mein Herz klopfte so laut, ich meinte, sie müßten es drinnen hören, ohne daß ich klingelte. Aber dann öffnete mir das Dienstmädchen; ich drückte ihr einen Taler in die Hand, daß sie schweigen möchte, wer da sei, und nur das Fräulein herausrufen. Und nun stand ich in dem

Flur, wo nur ein schwaches Lämpchen brannte, und hörte im Wohnzimmer drinnen die Stimmen von Tonis jungen Geschwistern und dachte, wie auch ich jetzt unter ihnen Weihnachten feiern könnte, wenn ich nicht ein so verzweifelter Starrkopf gewesen wäre. Und jetzt ging eine Seitentür auf, und ich sah meine Liebste eintreten – nein, ich sah sie kaum, denn ohne daß ich wußte, wie es geschah, hielt ich sie in den Armen und drückte sie an mich, und wir hatten uns auf den Mund geküßt, so lang und fest, wie ich es im schönsten Traum nie erlebt hatte. Als wir aber ein wenig zur Besinnung kamen, stammelte ich von der langen trefflichen Rede, die ich mir unterwegs ausgedacht, nichts weiter als: Toni, ich war ein großer Narr! Kannst du mir vergeben? Und sie drückte mir ihr kühles, zitterndes Händchen auf den Mund und flüsterte: Und ich erst, Ralph, was für eine Närrin ich gewesen bin! – und gleich darauf hörte ich ihr süßes schalkhaftes Lachen, und sie sagte: So wäre ja alles in Ordnung, da der Narr und die Närrin ineinander vernarrt sind! – Dann sprachen wir noch ein paar Augenblicke vernünftiger miteinander, und wir waren beide einverstanden, daß ich nicht jetzt in ihren heiligen Abend hineinschneien, sondern morgen früh ganz ehrbar bei ihren Eltern um sie anhalten sollte. Die Hauptsache ist doch, sagte sie, daß wir uns jetzt einander selbst beschert haben fürs ganze Leben. – Und nun wollte ich fort, damit wir nicht überrascht würden, aber: Warte noch einen Augenblick! raunte sie mir zu und ließ mich im Vorplatz stehen. Nicht drei Minuten, so huschte sie wieder herein und gab mir ein verschlossenes Briefkuvert. – Was hast du mir noch zu schreiben gehabt, Schatz? fragt' ich. – Nur ein ganz kleines Liebesbriefchen. Aber lies es erst, wenn du zu Hause bist, sagte sie, und drückte mich noch einmal an sich und drängte mich dann hinaus. Wie ich den Weg zurückgefunden, weiß ich wahrhaftig nicht. Hier aber ist der Brief.

Er zog das kleine Kuvert aus der Tasche und öffnete es beim Schein der römischen Messinglampe. Ein zusammengelegtes Papier war darin enthalten, unbeschrieben. Als er es aber auseinanderfaltete, kam eine kleine braune Haarlocke zum Vorschein.

Das herrliche Kind! rief er. Siehst du nun, Enak, wie unrecht du ihr getan hast? Sie denkt nicht daran, ihre Macht über mich zu mißbrauchen. Sie liefert mir selbst den Zauber aus, in welchem sie ihre Stärke verborgen glaubt.

Und er drückte das seidene Pfand demütiger Liebe an seine Lippen.

Armer Junge! brummte der Freund. Du wirst deinem Schicksal nicht entgehen. Meinst du, ein Frauenzimmer verzichte je auf ihre Herrschaft über uns Mannsbilder? Aber ich merke, daß all meine Weisheit heut an dir verschwendet wäre. Laß uns lieber darauf trinken, daß dir die Augen nie aufgehen, daß du aus dem Traum, den du heute träumst, nie unsanft geweckt werden möchtest.

Er schenkte beide Gläser voll. Auf das Wohl deiner Braut, rief er, wenn's denn einmal nicht anders sein soll!

Und auf das der Dryas, der ich sie verdanke! setzte Ralph andächtig hinzu, indem er das Glas auf einen Zug leerte.

Was ist's mit der Dryas? fragte der andere. Du hast schon vorher den Namen genannt.

Das ist eine lange, seltsame Geschichte, sagte der glückliche Bräutigam, indem er sich auf den Diwan setzte. Aber da ich versprochen habe, dir von meinem Damenbesuch zu berichten –

Und er erzählte, was ihm begegnet war.

Als er geendet hatte, sagte der andere ruhig: Das hast du geträumt, mein Sohn, und ich könnte dich darum beneiden. Man träumt nicht immer so artige Sachen.

Geträumt! Aber wenn ich dir sage, daß ich es nur ihr verdanke, zur Vernunft gekommen zu sein und meiner Liebsten das erste gute Wort gegeben zu haben! Und übrigens, ich kann dir's ja beweisen, daß es keine Einbildung war, daß sie mich wirklich leibhaftig besucht hat, Gott weiß freilich, wie es damit zugegangen ist. Da liegt ja noch das Buch, in das ich meine Skizze von ihr gemacht habe, wie sie sich oben zwischen den Zweigen ihres Baumes so malerisch hingestreckt hatte. Deinen eigenen Augen wirst du doch glauben müssen.

Er hob das Skizzenbuch auf und blätterte darin herum. Er wußte ganz genau, auf die linke Seite, Tonis Porträt gegenüber, hatte er seinen lieblichen Gast abkonterfeit. Aber wie er jetzt die Seite aufschlug, sah ihn nur das Gesicht seiner jungen Braut schalkhaft über die Schulter an; – die Seite gegenüber war leer!

Das Märchen vom Herzblut

Es war einmal ein junger Mensch, wenn den die Leute fragten, was er einmal werden wolle, so antwortete er, ohne sich zu besinnen: ein Dichter. So hatte er schon als Knabe gesprochen, da er erst ein paar Jahre in die Schule gegangen war, Gesangbuchlieder auswendig gelernt und aus seinem Lesebüchlein Gellertsche Fabeln aufgesagt hatte. Damals lachten die Leute und fanden es artig, daß *Hans* Lutz – so hieß der junge Schüler – allerlei Reime verfaßte und zu Geburtstagen und Neujahr seinen Eltern in Versen Glück wünschte. Als er aber das zwanzigste Jahr erreicht hatte und immer noch auf die Frage, welchen Beruf er sich erwählt habe, nichts anderes zu erwidern wußte als: er wolle ein Dichter werden, schien seinem lieben Vater die Sache außer Spaß, und er erklärte dem Hänschen, der nun schon ein großer Hans geworden war, das Dichten sei eine brotlose Kunst, bei der schon die trefflichsten Leute verhungert seien. Hierauf erwiderte der Sohn mit einem seltsamen Feuer in seinen Augen: es stehe ja geschrieben, der Mensch lebe nicht vom Brot allein, und was er sonst zum Leben brauche, werde ihm der liebe Gott ja wohl zukommen lassen, der ja auch die Lilien auf dem Felde kleide, so daß sie lustig fortblühten und so lieblichen Duft aushauchten, als ob es die schönsten Gedichte wären.

In solchen aberwitzigen Gedanken bestärkte ihn ein Jugendfreund, der sich schon in frühen Jahren zu ihm gefunden und seitdem immer treue Kameradschaft mit ihm gehalten hatte. Es war das ein munterer Geselle, von dessen Herkunft und Sippschaft man nichts Sicheres wußte, auch nicht, wo er wohnte und wovon er seinen Unterhalt gewann. Nur seinen Namen, *Phantasus*, hatte er dem Freunde vertraut. Zwar besuchte er die Schule nicht, schien aber von allem Wissenswürdigen seinen Teil genascht zu haben und war ein so witziger Geselle, daß er, was er nicht wußte, sich zusammenträumte.

Der war nun dem jungen Dichter ein unzertrennlicher Gefährte, außer in den Schulstunden, obwohl die Eltern diesen

Umgang, der ihren Sohn in seinen törichten Schwärmereien bestärkte, sehr ungern sahen und nur duldeten, weil der Jüngling erklärte, es werde sein Tod sein, wenn er von diesem Freunde sich trennen sollte. So mußten sie es erlauben, daß dieser Phantasus ihren Hans auf langen Spaziergängen begleitete, sogar neben ihm saß, wenn er seine lateinischen Exerzitien und mathematischen Aufgaben machte, die dadurch nicht eben besser wurden, und manche Nacht in *einem* Bette mit ihm schlief. Niemand erfuhr, was die beiden miteinander zu plaudern hatten; nur daß sie zuweilen lachten, zuweilen traurige Mienen machten, war ihnen anzusehen. Das schlimmste war, daß Phantasus seinen Freund in der üblen Gewohnheit, Verse zu machen, bestärkte, ihm auch allerlei Geschichten erzählte, die jener dann in Reime brachte, und wenn sie irgendwo hinkamen, wo sich junge Mädchen befanden, ihm zuraunte, die oder die sei die Hübscheste und wohl wert, von ihm angesungen zu werden.

Dies vergnügliche Leben hatte nun die längste Zeit gedauert, da tat der Vater einen Machtspruch und bestand darauf, daß sein Hans auf der großen rheinischen Hochschule sich einem richtigen Brotstudium widmen sollte. Er dachte ihn auf diese Art zugleich von dem gefährlichen Freunde zu trennen und die poetischen Mücken zu verscheuchen, die ihm dermaßen im Hirn summten, daß kein vernünftiger Gedanke darin aufkommen konnte.

Hierin aber hatte er sich getäuscht. Denn da Junker Phantasus frei war wie der Vogel in der Luft, hinderte ihn nichts, seinem Freunde nachzufliegen und ihm dort, wo er ohne jede Aufsicht war, noch ungebundener zur Seite zu bleiben als bisher.

Obwohl nun aber der junge fahrende Schüler die schönste Freiheit hatte, es mit dem Brotstudium nicht allzu ernst zu nehmen, und der phantastische Freund bei Tag und Nacht ihm Gesellschaft leisten konnte, wollte es doch mit dem Dichterwerden nicht so recht vorwärts gehen. Das Büchlein zwar, in das er seine Verse schrieb, erhielt einen beträchtlichen Zuwachs, da an »blondem Wein und braunen Mädchen« in Stadt und Umgegend kein Mangel war; aber eine innere Stimme raunte dem jungen Dichter zu, mit all diesem Singsang sei noch nichts Erhebliches geleistet, und der Ruhm bei Mit- und Nachwelt, um den es ihm zu tun war, werde so im Spazierengehen nicht zu erlangen sein.

Also steckte er eines Tages, was er von seinen poetischen Erstlingen für besonders gelungen ansah, zu sich und trug es zu einem gelehrten alten Literaturprofessor hin, ihn bescheidentlich um sein Urteil bittend. Der empfing den schüchternen Jüngling ganz freundlich, blätterte in den dicken Heften, las hin und wieder ein Gedicht oder eine Seite in dem Trauerspiel »Konradin, der letzte Hohenstaufe«, und nach manchem Hum! und Hem!, das dem harrenden Scholaren das Blut ins Gesicht trieb, erklärte er ihm, die Sächlein seien ganz hoffnungsvolle Talentproben, alle aber noch so grün und unerheblich, daß er dringend rate, sie doch ja vor Druck zu bewahren. Er müsse, wenn er was Rechtes schaffen wolle, sich vor allem des leeren Phantasiegeflunkers enthalten, ins volle Menschenleben hineingreifen oder sich einen schon hinlänglich präparierten Stoff suchen, ihn mit Fleiß und Liebe zu bearbeiten.

Hiermit entließ er den ziemlich verdutzten Musenjünger, indem er ihn noch unter der Tür seines Wohlwollens versicherte. Hans aber trug seine poetische Habe sehr niedergeschlagen nach Hause, warf das ganze Bündel in den Ofen, in dem gerade, da es schon stark herbstete, ein helles Feuer brannte, und ließ sich mit einem schweren Seufzer auf das Bett sinken, da er in Tristram Shandy gelesen hatte, jeden Kummer könne der Mensch in der horizontalen Lage am besten überwinden.

* * *

So fand ihn sein Freund, der indessen ein Bad im Rhein genommen hatte. Siehst du nun wohl, rief er, nachdem der junge Poet ihm das Urteil des Professors mitgeteilt hatte, siehst du, wie recht ich hatte, dich vor diesen alten Pedanten zu warnen, die nichts können, als mit der Schere ihrer grämlichen Vorurteile einem munteren Talent die Flügel beschneiden? Ins volle Menschenleben greifen – als hätten wir zwei nicht schon genug Mädchen geküßt und tolle Suiten gemacht! Und was sollen das für Stoffe sein, die du »hinlänglich präpariert« bearbeiten müßtest? Habe ich dir nicht die schönsten Schnaken und Schnurren aus der Luft gegriffen und kann dir noch tausend Abenteuer erfinden, eines immer wundersamer als das andere? Aber ich sehe schon, mein Rat gilt dir nichts mehr, unsere Freundschaft hat sich etwas abgekühlt. Nun, so tue, was dieser weise Meister dir geraten hat. Es ist gerade Jahrmarkt und Kirchweih in der Stadt, da kannst du das sogenannte Menschenleben im schönsten Flor finden. Was die Stoffe betrifft, mußt du dir freilich auch darin selber helfen. Auf alten Plunder und Trödlerware versteh' ich mich nicht.

Er wandte ihm schmollend den Rücken und rief ihm nicht einmal ein Ade! nach, als Hans sich aufmachte, seinem Rat zu folgen.

Auf einer Wiese vorm Tor der Stadt waren die Buden und Zelte des Jahrmarkts aufgeschlagen, und ein buntes Gewimmel von Stadtleuten und Landvolk trieb sich in den breiten Gassen dazwischen herum. Der junge Dichter gab sich die beste Mühe, etwas Poetisches unter den Gaffenden, Schwatzenden und Feilschenden zu entdecken, fand aber nur, was er auch sonst alle Tage gesehen hatte. In einem Glückshafen blieb er stehen und beobachtete die Hoffnungen und Begierden, mit denen die Bauernbuben und -dirnen in den Lostopf griffen, die meisten, um eine Niete zu ziehen, die Glücklicheren, um einen Gewinn heimzutragen, der ihnen unnütz war. Er selbst gewann auf den ersten Griff einen blanken zinnernen Löffel. Wenn es nun Brei regnet, sagte er tiefsinnig vor sich hin, indem er ihn in die Tasche steckte, so fehlt mir wenigstens nicht der Löffel. – Ein paar hübsche junge Mädchen, die untergefaßt verstohlen miteinander flüsternd an ihm vorbeistrichen, warfen ihm einen aufmunternden Blick zu. Er folgte ihnen und fing einen kleinen galanten Diskurs mit ihnen an. Als sie aber ziemlich freche und einfältige Antworten gaben, machte er sich bald wieder von ihnen los, worauf sie ihm ein schnödes Hohnwort nachriefen. Aus einer Trinkbude rief ihn ein Rudel bekannter Studenten an; er entschuldigte sich aber, daß er sich nicht zu ihnen setzen könne wegen eines wichtigen Ganges. Was hätte er dort erfahren können, das er nicht längst schon wußte? So ging er in mißtröstlichen Betrachtungen weiter und sagte sich, hier betrage sich die liebe Menschlichkeit so höchst prosaisch, daß für einen Poeten, der aus der Wirklichkeit schöpfen wolle, nichts zu holen sei. Er bereute schon, sich mit Freund Phantasus überworfen zu haben. Seine erste Liebe, bei der jener ihm so hübsche Gedanken eingegeben, war doch was anderes als die Gunst dieser albernen Grasaffen, und andere aufregende und doch anständige Abenteuer ließen sich hier im Marktgewühl schwerlich erjagen.

So war er an das Ende der Budenstadt gelangt und dachte schon daran, für einmal den Griff ins volle Menschenleben aufzugeben, als er etwas abseits unter einigen hohen Weidenbäumen eine Bude erblickte, auf deren Schild in Goldbuchstaben geschrieben stand: Stoffhandlung. Das Wort fesselte ihn, obwohl er nichts weniger als ein Lager solcher Stoffe dahinter vermutete, wie der alte Professor sie ihm gewünscht hatte. Vor der halb offenen Tür des ganz verwitterten Bretterhäuschens saß ein uraltes Weib, das eifrig an einem großen Gestrick mit langen hölzernen Nadeln arbeitete. Was strickt ihr da, Mütterchen? fragte der junge Dichter und blieb bei ihr stehen. Die Alte blickte mit Augen, die seltsam leuchteten, zu ihm auf. Nichts für Euch, junger Herr, sagte sie. Ich stricke einen Romanstoff für Familienblätter, aus weißer Lammwolle, die Figuren werden hernach mit bunten Lappen aufgenäht. Aber drinnen im Laden hab' ich die rarsten Stoffe, wie sie für die besten Dichter taugen. Ich seh's Euch an, auch Ihr gehört zu dieser Gilde. Wenn Ihr meine Ware sehen wollt – hoffnungsvollen jungen Leuten geb' ich sie zu herabgesetzten Preisen.

Damit rollte sie ihr Gestrick zusammen und stand von dem niederen Bänkchen auf, ihm voranzugehen. Woran habt Ihr erkannt, daß ich auch dichte? fragte der Jüngling. – Ha, weil ihr mehr in die Luft starrt als auf die Erde und über den Strohhalm dort gestolpert seid. Aber nun tretet ein und sagt, ob ich geprahlt habe. Hier haben schon ganz andere Leute Mund und Nase aufgesperrt und mir ihre Kundschaft zugetragen.

In der Tat sah es im Innern der Bude so bunt und schimmernd aus, wie man's von außen nicht vermutet hätte. Die seltensten Stoffe vom feinsten Gewebe, seiden und samten, mit eingestickten Figuren und alten Sinnsprüchen hingen an den vier Wänden herum, daß einem die Wahl wehtun konnte. Das Weibchen weidete sich eine Weile an dem Starren und Staunen des Jünglings. Was für ein Zeug wünscht Ihr, mein Sohn? fragte sie endlich. Da sind uralte ägyptische Muster, die sind seit einiger Zeit wieder in die Mode gekommen. Daneben altgriechische und römische, werden weniger mehr begehrt. Auch nach den mittelalterlichen ist nicht mehr so viel Nachfrage wie noch vor dreißig, vierzig Jahren. Die allerneuesten möchte ich Euch nicht empfehlen, die sind nicht eben sauber, sondern werden gerade wegen ihrer Schmutzfarben gesucht von sonderbaren Schwärmern. Überhaupt aber müßt Ihr mir zunächst erklären, welche Gattung Ihr wünscht. Ich habe eine Menge historisch gut beglaubigte, andere, die nur von Chroniken und Novellenbüchern verbürgt sind.

Nein, sagte der Jüngling, ich will nichts Historisches. Mein

»Konradin« liegt mir noch in den Gliedern. Wenn Ihr einen recht soliden Stoff hättet für ein leidenschaftliches Trauerspiel mit viel Liebe, Mord und Totschlag und dazwischen eine Menge holder Gefühle, der wäre mir der liebste. So etwas wie »Romeo und Julie« von Shakespeare. – Bei diesem Namen nickte die Alte mit einem eigenen Zwinkern ihrer hellen Augen still vor sich hin. Den hab' ich gut gekannt, sagte sie; er war einer meiner besten Kunden, ein sehr lieber Herr, der sich immer freundlich nach meinem Befinden erkundigte. Ich muß lachen, wenn ich jetzt höre, er sei gar nicht er selbst gewesen, sondern ein vornehmer Herr und großer Gelehrter. Daß er viel studiert hatte, bezweifle ich, aber auf Stoffe verstand er sich wie wenige, und es war ein Vergnügen, ein Geschäft mit ihm zu machen, weil er aus allem, was er mir abkaufte, was Rechtes zu machen wußte, während so mancher andere hochmütige Herr die schönsten Stoffe jämmerlich verschneidet. Nun, da Ihr ihn auch verehrt – da hab' ich gerade noch einen schönen Rest von einer Sorte, die auch der Herr Shakespeare besonders liebte, es ist alter italienischer Goldbrokat, die Motten sind nicht hineingekommen, nur von Staub und Sonne ist er ein bißchen abgeblaßt. Darauf kommt es aber nicht an, das sind hernach die dauerhaftesten.

Sie nahm ein altes, gelbliches Stück Zeug vom Nagel und hielt es ausgebreitet gegen das kleine Fenster. Ist es nicht ein Prachtstück? sagte sie, indem sie es schüttelte, daß ein leichtes Staubwölkchen daraus aufwallte. Die Goldfäden sind ein bißchen rostig geworden, aber die Zeichnung noch ganz wohlerhalten. Wenn sie Euch nicht deutlich genug ist, braucht Ihr nur ein paar Tropfen Herzblut daranzuspritzen, und sogleich wird jede Figur in ihren frischen natürlichen Farben Euch entgegenglänzen.

Freund Hans hätte gern gestanden, daß er in dem alten Gobelinrest nicht viel mehr erkannte als ein verschossenes Arabeskenmuster, aus welchem einige verblichene Püppchen aufzutauchen schienen. Er wollte doch aber nicht verraten, wie schlecht es um seine Kennerschaft stand, und die Autorität des großen Dichters, der diese Sorte bevorzugt hatte, schüchterte ihn vollends ein. Also fragte er nur etwas beklommen nach dem Preis, ob die Rarität auch nicht für seinen bescheidenen Studentenwechsel unerschwinglich sei.

Ihr braucht sie mir gar nicht gleich zu bezahlen, versetzte das alte Weibchen, während sie den kostbaren Stoff zusammenrollte und in ein großes Zeitungsblatt verpackte. Anfängern gegenüber bin ich immer kulant. Wenn Ihr mich fernerhin mit Eurer Kundschaft beehrt, werde ich schon sehen zu meinem Schaden zu kommen.

Damit schob sie das Paketchen dem jungen Dichter unter den Arm, begleitete ihn hinaus, und als er, sich langsam entfernend, noch einmal nach ihrer Hütte umblickte, saß sie schon wieder auf dem Bänkchen und regte eifrig die langen Nadeln an ihrem Gestrick.

* * *

Zu Hause angelangt, fand er den Freund am Fenster sitzend und blaue Wölkchen aus seiner kurzen Pfeife hinausblasend, die allerlei Figuren bildeten, eine Weile im Winde schwankten und dann zerflatterten.

Nun, junges Genie, rief ihm Phantasus entgegen, hast du den wahren Weg zum ewigen Ruhm entdeckt oder den Lorbeerkranz wohl gar schon fix und fertig auf dem Jahrmarkt erhandelt? Laß sehen, was du eingeheimst hast!

Er sprang auf, nahm dem anderen die Rolle weg und wickelte sie auf. Weiter nichts als diesen alten Fetzen? rief er und wollte den Stoff in den Winkel schleudern. Der junge Poet aber fiel ihm in den Arm. Sachte! brummte er, erst wollen wir ihn in Augenschein nehmen. Damit breitete er ihn sorgfältig auf dem Tisch aus, indem er dem Freunde erzählte, wie er dazu gekommen war. Der, als er hörte, er sei von der Sorte, die der große Dichter bevorzugt hatte, war ganz still geworden, beugte sich über den Tisch und stierte auf das verblichene Prunkstück. Nach einer Weile brach er in ein helles Gelächter aus.

Da hast du dich schön anführen lassen, teures Kind! rief er. Ich habe doch gute Augen, aber wenn ich auf diesem alten Lumpen etwas anderes sehe als krause Schnörkel, ein paar Arme und Beine und verdrehte Köpfe dazwischen, will ich Hans heißen.

Auch ich, sagte sehr kleinlaut jener, der wirklich so hieß, kann aus diesem Stoff nicht klug werden; aber das alte Handelsweibchen hat gesagt, ich brauchte ihn nur mit ein paar Tropfen Herzblut zu netzen, so würden alle Linien deutlich hervortreten und die Farben frisch zu leuchten anfangen. – Und du wolltest die Tollheit begehen, auf das Wort einer verschmitzten Hexe hin, die einen Ladenhüter an den Mann bringen wollte, einen Aderlaß zu riskieren? Nun, das ist Geschmackssache. Ich aber, als dein

Freund, kann dir nur raten, den Plunder in denselben Ofen zu stecken, in dem du heute morgen deine Jugendsünden verbrannt hast.

Damit wandte er ihm den Rücken und fuhr in seinem lustigen Spiel mit der dampfenden Pfeife fort. Der gute Junge, den es nicht wenig verdroß, zum Schaden auch noch den Spott zu erfahren, sagte kein Wort mehr, beschloß aber im stillen, morgenden Tages seinen Kauf der alten Stoffhändlerin zurückzubringen und zu verlangen, daß sie ihn gegen einen anderen, besser erhaltenen umtauschte, wenn sie ihren Kredit bei jungen und alten Dichtern nicht verlieren wollte.

Als er aber am andern Tage sich wieder nach ihrer Bude aufmachte, hatte er doch nicht den Mut, sogleich seinen Kauf wieder einzupacken, da er den Versuch mit dem Herzblut noch nicht gemacht hatte. Er ließ den Stoff also zu Hause, um zunächst mit der Alten darüber zu verhandeln, ob das Blut gerade vom Herzen kommen müsse, oder ob es genüge, wenn er sich in den Finger schnitte. So schlenderte er nachdenklich durch die Budenstadt, war aber sehr erstaunt, als er an ihrem Ende die Stoffhandlung nicht mehr erblickte. Auf seine Erkundigung bei den benachbarten Händlern wollte niemand ein altes Mütterchen, wie er es beschrieb, und ihre Hütte gesehen haben. Nun glaubte er sich erst recht angeführt und das Opfer eines schlauen Schwindelgeschäfts zu sein und schämte sich gewaltig, seinem Stubenburschen wieder vor die Augen zu treten.

Indem er so darüber nachsann, wo er die Zeit hinbringen könnte, bis er sicher wäre, Phantasus schlafend in seinem Bett zu finden, hörte er von der anderen Seite der Marktwiese nahe am Fluß ein Trompetengeschmetter, das zum Eintritt in eine große Reiterbude einlud.

Er fühlte zwar nicht die geringste Lust, Pferde herumlaufen zu sehen und alberne Clownsspäße zu hören, ging aber doch nach dem runden Bretterbau, dem heute, da gerade Sonntag war, ein dichtes Menschengewühl zuströmte. Die unteren Plätze waren schon alle besetzt, er fand nur einen Sitz in einer letzten noch freien Loge, wo er sich mißmutig niederließ und gedankenlos auf den dunklen Krautacker von Menschenköpfen hinabsah. Die schrille Blechmusik betäubte ihn, und an den ersten Stücken des langen Programms fand er so wenig Gefallen, daß er schon im Begriff war, sich wieder davonzumachen, als ein Trompetentusch eine Glanznummer ankündigte, das Auftreten der weltberühmten »Fee Delibab, der ersten Equilibristin und Schulreiterin der Alten und Neuen Welt«.

Sogleich öffnete sich die Schranke, zu deren Seiten ein Häuflein Offiziere sich aufgestellt hatte, und an der Hand eines rotbefrackten Stallmeisters erschien ein Mädchen, das mit einem schallenden Händeklatschen von der militärischen Verehrergarde begrüßt wurde. In diese Huldigung stimmte das laute Herzklopfen des jungen Dichters mit ein. Denn wirklich war's eine Erscheinung, die ihren überschwenglichen Namen mit allem Rechte trug, ein schlank und doch kräftig gegliedertes Fräulein, ganz in ein silbern schimmerndes Trikot gekleidet, die volle Brust von einem blau atlassenen Mieder umspannt, um die Hüften bis zu den Knien hinab ein weitbauschiges Röckchen von derselben Farbe, mit Sternen übersät. Das Bezauberndste an ihr war aber der kleine Kopf, das längliche blasse Gesichtchen, ungeschminkt, aus dem zwei tiefschwarze Augen vorglänzten, alles umrahmt von einer wilden Flut dunkler Haare, die über der niederen Stirn von einem schmalen Goldreif gebändigt war, dann aber frei bis über die Hüften herabwallte.

Mit einem flüchtigen Lächeln dankte sie, sich rechts und links verneigend, ihren Verehrern, griff dem starken isabellfarbenen Pferde, das ihr nachgeführt wurde, in die dichte Mähne und lief dann eine Strecke weit neben ihm her, während das Tier, die rosenroten Nüstern blähend, von der wieder anhebenden Musik und den Hieben ihrer Reitpeitsche befeuert im Kreise herumzugaloppieren begann. Auf einmal hatte sie sich hinaufgeschwungen und wiegte sich, die Arme über der Brust gekreuzt, frei auf der weichen Decke sitzend, eine Weile nach dem Takt der Tanzweise, indem sie ihre funkelnden Augen gleichgültig über die Menge schweifen ließ.

Der Jüngling in der einsamen Loge droben folgte jeder ihrer Bewegungen in atemloser Verzückung. Sie erschien ihm wie ein Geschöpf aus einer anderen Welt, und es hätte ihn nicht in Erstaunen gesetzt, wenn ihr plötzlich an dem schlanken Rücken Flügel gewachsen wären und sie durch die Lücke des Leinwanddaches in den freien Himmel hinausgetragen hätten. Die Lampen an den Pfeilern ringsum warfen spielende Lichter über die geschmeidige Gestalt und erhellten auch das reizende Gesicht hinlänglich, so daß er deutlich einen finsteren Zug an ihrem streng geschlossenen Munde bemerken konnte und ein zorniges Blitzen der Augen, wenn ihr galoppierendes Pferd, von ihrem wilden

Zuruf gespornt, einen ungeschickten Sprung machte. Immer rasender jagte sie im Kreise herum, sprang durch die vorgehaltenen Reifen, sauste durch die mit Seidenpapier bespannten Ringe, die Haare flogen ihr wie ein schwarzer, sturmgepeitschter Mantel nach, so daß ihr weißer Nacken darunter vorschimmerte; ein Taumel ergriff das sämtliche Publikum bei dem sinnverwirrenden Wirbeltanz, bis plötzlich, mitten im tollsten Jagen, die wilde Jägerin vom Pferde glitt, ohne eine Spur von Erregung sich nach allen Seiten verneigte und blitzschnell mit ein paar leichten Sprüngen durch die Schranke verschwand.

Der Beifallssturm, der ihr nachbrauste, rief sie noch einmal zurück. Aus einigen der oberen Logen fielen Kränze und Blumensträuße zu ihr hinab, von denen sie nur einen einzigen aufhob, ihn an die Brust drückte und, mit einem bezaubernden Lächeln sich verneigend, mit hinwegnahm. Der übrige bunte Kram wurde ihr von einem der Bajazzi unter lächerlichen Gebärden nachgetragen.

Der junge Zuschauer droben, der sich die Hände zerklatscht hatte, war tief beschämt, daß er keine Blume ihr hatte zuwerfen können. Wie in einem seligen Rausch verließ er seinen Platz, um für ihr Wiederauftreten besser versorgt zu sein. Die Händlerin draußen hatte aber ihren ganzen Vorrat bereits an die Herren Offiziere verkauft. Nur ein paar dunkle Rosen waren ihr geblieben, nach denen der Jüngling begierig griff. Dann ging er, ohne sich zu beeilen, die heiße Stirn in der Nachtluft kühlend, eine ganze Weile um den Zirkus herum, da ihm die folgenden Produktionen bis zu ihrem Wiederauftreten sehr gleichgültig waren.

Als er dann seinen Sitz wieder eingenommen hatte, dauerte es nicht lange, so sprengte auf einem stolzen kohlschwarzen Hengst, der einen weißen Stern an der Stirn hatte, die junge Fee wieder durch die Schranke herein, in so ganz anderer Gestalt, daß die Zuschauer unten, die meist aus geringeren Stadtleuten und bäuerlichen Marktbesuchern bestanden, sie nicht sogleich erkannten, während ihre militärische Leibgarde sie mit erhöhter Begeisterung empfing. Sie trug ein enganschließendes dunkelgrünes Reitkleid, die Haare nicht mehr frei flatternd, sondern in einem schweren Knoten in Nacken aufgesteckt, auf dem kleinen Haupt einen glänzenden Zylinderhut, mit einem grauen Schleierchen umsäumt. Langsam, ihren Verehrern gnädig zunickend, begann sie dann ihren Umritt, mit einem leichten Gertenschlag, einem Zügeldruck oder einem leisen Schnalzen der Zunge das feurige Tier nach ihrem Willen lenkend.

Auch jetzt hing das Auge des jungen Dichters wie gebannt an ihrer Gestalt, obwohl ihm die Geheimnisse der hohen Schule, die den Leutnants das helle Entzücken bereiteten, durchaus fremd waren. Als sie aber endlich ihre sämtlichen Künste gezeigt und mit der Reitpeitsche salutierend wieder hinausgesprengt war, mischte er seine Stimme in den tobenden Ruf der Menge und war überglücklich, daß es ihm gelang, da sie gelassen wieder hereinritt, seine beiden Rosen so geschickt zu werfen, daß die eine gerade an ihre Brust, die andere vor ihr auf den Sattelknauf fiel.

Sie warf in die Loge, aus der dieser bescheidene Gruß gekommen war, einen leuchtenden Blick, neigte leise den Kopf und lenkte dann das schaumbedeckte Tier durch die Schranke zurück. Dem glücklichen Hans war zumut, als wäre ihm ein Funke aus diesen schwarzen Augen geradewegs ins Herz gefahren. In einer seltsamen Betäubung blieb er auf seinem Sitz, die Wimpern eingedrückt, von Zeit zu Zeit beklommen seufzend, immer das reizende junge Wesen vor seinem inneren Auge. Was da unten noch vorging, würdigte er keines Blicks. Delibab! sagte er vor sich hin. Er entsann sich, daß dies der Name der ungarischen Fee Morgane ist. Ein dichterisches Motiv, dieses Erlebnis mit jener Mythe zusammenzufügen, dämmerte in ihm auf. Eben wollte er sich erheben, um draußen im Freien den Traum weiterzuspinnen, da öffnete sich leise die Tür seiner Loge und mit einem kurzen Gruß trat sie selbst zu ihm ein, noch in dem Reitanzug, wie sie eben die hohe Schule geritten hatte.

Er war aufgesprungen, mit heftigem Herzklopfen, das ihn kein Wort hervorbringen ließ. Sie deutete aber, ihm freundlich zunickend, mit einer Gebärde an, daß er sich nicht stören lassen solle, und setzte sich auf einen Stuhl in der zweiten Reihe, ein wenig hinter ihn. Auch er schob nun seinen Stuhl zurück und fand so viel Atem, ein Wort des Entzückens über ihr Auftreten zu stammeln. Hier in nächster Nähe erschien sie ihm noch viel schöner, so zart ihre etwas gelbliche Haut, die langen schwarzen Wimpern leicht am Rande umgebogen, ein ganz leiser Anflug von feinen Härchen an ihrer Oberlippe. Und wie ihre Zähne glänzten, als sie jetzt zu sprechen anfing! Ob er auch ein Liebhaber und Kenner von Pferden sei? Nein? Was er denn sei? Ein Dichter! Dergleichen seien ihr schon öfter vorgekommen, aber sie hätten alle kümmerlich ausgeschaut, und er sei ein so schmukker junger Mann. Ob er auch ein Gedicht auf sie machen und in die Zeitung setzen wolle? Nein, von ihm verlange sie das gar nicht. Er gefalle ihr auch ohne schöngereimte Worte, er habe so was Besonderes in seinem Wesen, das habe sie gleich weggehabt, als er ihr die Rosen zugeworfen, und sie habe sich vorgesetzt, seine Bekanntschaft zu machen. Denn sie werde so gelangweilt von den anderen Anbetern da unten, die immer nur dieselben überschwenglichen Redensarten vorbrächten, während sie – er solle nicht denken, daß sie immer vergnügt sei (das sagte sie mit einem tiefen Seufzer, und ihre feinen schwarzen Brauen zogen sich finster zusammen) – nein, außer wenn sie auf ihrem Almansor reite, fühle sie sich unglücklicher, als ein Mensch ahne, da sie keinen wahren Freund habe, und der Ruhm – pah! der Ruhm – –

Er ließ sie reden, ohne sie zu unterbrechen, hingerissen von der eigenen Manier und dem fremdartigen Akzent, in dem sie alles vorbrachte, und mehr noch von dem Vertrauen, das sie ihm gleich in der ersten Viertelstunde schenkte, wie einem alten Freunde. Sie blickte dabei aufmerksam, trotz ihrer Melancholie, in den Zirkus hinab und ließ zuweilen ein tadelndes oder anerkennendes Wort fallen, je nachdem ihre Kollegen es verdienen mochten. Endlich stand sie auf.

Sie werden bis zu Ende bleiben. Ich aber bin müde und möchte nach Hause. Gute Nacht! – Eifrig erklärte er, auch er habe von dem Schauspiel genug, und es würde ihm eine hohe Freude und Ehre sein, wenn sie ihm erlaube, sie zu begleiten. – Wie Sie wollen, sagte sie. Es ist übrigens nicht weit. Aber kommen Sie schnell, eh' die geschniegelten Gecken da unten merken, daß ich mich zurückziehe.

Sie schlüpften eine enge dunkle Holzstiege hinab und traten ins Freie. Wie schön die Sterne funkeln! sagte sie, indem sie sich ungezwungen an seinen Arm hing. Wenn ich die große Bärin seh', denk ich immer an den Himmel über meiner Heimat. Ich bin nämlich in einer Hütte auf der Pusta geboren, mein Vater hatte eine kleine Schafherde und ein paar Pferde; schon als winzig kleines Mädel ritt ich über die weite Heide ohne Sattel und Zaum, das war meine einzige Freude, denn im übrigen hatt' ich wenig gute Tage, da meine Mutter krank war. Der Vater hatte sie einmal im Rausch so hart geschlagen, daß sie nie wieder ganz gesund wurde. Da mußt' ich alle schwere Arbeit im Hause tun. Und endlich – ich war vierzehn Jahr – hielt ich's nicht mehr aus und entfloh mit einem jungen Zigeuner, wir beide auf den Pferden meines Vaters; so konnte er uns nicht einholen. Denken Sie sonst nichts Schlimmes von mir. Ich liebte meinen Gefährten nicht; in der Stadt ersah ich mir bald die Gelegenheit, ihm zu entwischen, dann nahm eine gute Frau mich in ihr Haus zu ihren kleinen Kindern, bis mir auch das langweilig wurde. Und als eines Tags eine Reitergesellschaft in die Stadt kam, lief ich aus dem Dienst weg und dachte, ich käme in den Himmel, wie ich zum erstenmal wieder auf ein Pferd kam. Nun, seitdem bin ich dabeigeblieben. 's ist mit unserer Kunst wie mit allem, was Menschen tun: viel Weh und wenig Wonne. Ich weiß nicht, ob es mit dem Dichten besser steht. Sie schauen auch nicht gerade sehr lustig aus Ihren hübschen Augen.

* * *

Sie waren unter diesen Reden bei der Wohnung der »Künstlerin« angelangt, einem niedrigen Hause, das einsam an der Straße lag. Hier muß ich Sie verabschieden, sagte die Fee Delibab. Meine alte *Maruscha* wird sich schon wundern, wie lange ich heut ausbleibe, da ich sonst gleich nach meiner letzten Nummer weggehe. Haben Sie Dank für Ihre Begleitung; ich darf wohl »auf Wiedersehen!« sagen?

Sie zog den Reithandschuh aus und reichte ihm ihre kräftige, bleiche Hand. Als er sie küssen wollte, zog sie sie zurück. Nein, sagte sie, für einen Dichtermund ist sie zu gering, der darf sich höher hinaufwagen. Damit umfing sie ihn rasch und drückte ihm einen leichten Kuß auf die Lippen. Und nun schlafen Sie wohl, nein, schlaf wohl! Wen ich geküßt habe, der ist mir kein Fremder mehr, zu dem muß ich du sagen. Also gute Nacht und träume was Hübsches von der Delibab oder vielmehr von *Irma*, denn so bin ich getauft, und den anderen Namen führe ich nur auf den Plakaten.

Sie zog die Klingel am Hause; sogleich öffnete sich die Tür, und ein altes Weibchen erschien auf der Schwelle, in dem Hans Lutz die Verkäuferin der Stoffhandlung zu erkennen glaubte. Doch wurde er wieder zweifelhaft, da sie ihn aus ihren scharfen alten Augen fremd und sonderbar anstarrte.

So ging er, von allem Erlebten verwirrt und aufgeregt, langsam die Straße zurück und über den jetzt totenstillen Jahrmarkt nach Hause. Der Freund lag schon zu Bette, war aber noch wach und begrüßte ihn mit einem forschenden Blick. Du bist lange ausgeblieben, Hans, rief er. – Ich erzähle dir morgen alles, versetzte der Jüngling. Jetzt bin ich zu müde dazu. Gute Nacht!

Er warf sich aufs Bett, aber der Schlaf wollte nicht kommen. Auf seinen Lippen fühlte er noch immer den sanften Druck des reizenden Mundes, die schwarzen Augen glühten ihn an, als ob es taghell in seinem Schlafgemach wäre. Irma! – wie oft sagte er sich den fremdklingenden Namen vor und rief sich die schlanke, schimmernde Gestalt mit ihren kecken Sprüngen und dem schwankenden Wiegen auf dem Rücken des Pferdes zurück. Das Blut klopfte ihm ungestüm in den Adern. Daß es ein solches Geschöpft auf Erden gab und er so vertraulich ihm begegnen durfte – was waren all seine »ersten Lieben«, deren er drei bis vier zählen konnte, mit ihren zahmen Freuden und Leiden gegen dieses bezaubernde Gefühl einer ersten, allgewaltigen Leidenschaft!

Am frühen Morgen saß er schon am Schreibtisch und mühte sich ab, Verse an sie zu dichten. Das war ihm sonst, wenn er ein schönes Mädchen ansingen wollte, so leicht von der Hand gegangen. Heute versagte ihm jedes Wort; jede zierliche Wendung schien ihm armselig gegen das stürmische innere Gefühl. Phantasus, der mit halb spöttischer, halb mitleidiger Miene um ihn herumstrich, hörte endlich auf, etwas aus ihm herauslocken zu wollen. Da macht einmal wieder einer einen dummen Streich! zitierte er – denn er war wohlbelesen in seinem Goethe. Dann sah er, wie der stumme Freund das angefangene Blatt zerriß und aus dem Hause lief.

Den Gedanken, seiner Schönen einen Morgenbesuch zu machen, gab er bald wieder auf. Er fürchtete, sie möchte im hellen Tageslicht sich wundern, was sie gestern unter dem Sternenhimmel Besonderes an ihm gefunden habe. In seine Sehnsucht vertieft, schlenderte er durch die Stadt – an der Universität stahl er sich hurtig vorbei –, und da er im Schaufenster eines Juweliers ein Paar seltsame Ohrringe sah, trat er ein, sie zu kaufen. Es waren ziemlich große und breite Goldreifen, die sich irgendwie aus dem Süden, wo dergleichen üblich sind, hierher verirrt hatten, oben mit einem Rubin geschlossen. Hans erinnerte sich, daß Irma nur ganz kleine verbogene Ringlein in den Ohren getragen hatte, und dachte, wie hübsch die roten Steine funkeln müßten, wenn die dunkle Mähne darüber hinwehte. Der Preis überstieg freilich weit sein Vermögen, denn es seien echte Steine und sehr kostbar, versicherte der Händler. Endlich kam der Kauf doch zustande, da Hans seine Uhr aus schwerem Golde, ein Erbstück vom Großvater, dazu gab – nur vorläufig als Pfand, beruhigte ihn der Juwelier. Er könne das Familienstück nach und nach durch Abzahlungen wieder in seinen Besitz bringen.

So zog der junge Verliebte sehr zufrieden mit seinem Handel ab und verbrachte den Rest des Tages in ziellosen Wanderungen, ungeduldig den Abend herbeisehnend. Als endlich das Trompetensignal ihm ankündigte, daß die Stunde seines Glücks angebrochen sei, versicherte er sich hastig desselben Platzes in der Loge, den er gestern eingenommen. Heut aber war der Zudrang nur gering, die unteren Bänke zur Hälfte leer, in den Logen nur hie und da einer der Honoratioren mit seiner Familie. Es war dem verliebten Jüngling unbegreiflich, daß nicht jeder, der sie einmal gesehen, Abend für Abend unwiderstehlich in den Zirkus zurückgezogen würde. Und wirklich, trotz des leeren Hauses, übertraf sie sich heute selbst, in noch viel verwegneren Künsten und einem Kostüm, das noch ausgesuchter all ihren Reiz zur Schau brachte. Nur an den Schranken unten die jungen Offiziere waren ihr treu geblieben und huldigten ihr noch lärmender als gestern. Hans aber war mit seinem Herzen so ganz in den Augen, daß er sogar das Klatschen vergaß; das schien ihm nur ein verächtlicher Beifallsausdruck, wo sich die höchsten Wunder der Kühnheit und Anmut offenbarten.

So entschuldigte er sich auch gegen sie selbst, als sie richtig wieder nach ihrer letzten Nummer zu ihm in die Loge trat. Du bist ein dummes Kind, sagte sie und gab ihm einen sanften Schlag auf die Wange; wir können an Händen, die uns beklatschen, nie genug haben. Doch ausnahmsweise laß ich mir deine stumme Begeisterung gefallen. Nun aber komm! Wir wollen gleich nach Hause. Ich habe dir viel zu sagen.

Sie zog ihn hinaus, und er folgte ihr in seliger Beklommenheit. Als sie unten aus der Türe traten, stand einer ihrer eifrigsten Anbeter Schildwacht davor. Sie sollen mir heute nicht wieder entschlüpfen, reizende Fee! rief er. Ich beanspruche das Recht, Sie nach Ihrer Behausung zu eskortieren. – Dies Recht habe ich bereits jemand anders eingeräumt, erwiderte sie kurz und kühl. Adieu, Herr Leutnant! Damit nahm sie Hansens Arm und ging an dem Lästigen vorbei. Der aber rief ihr nach: Über den Geschmack soll man bekanntlich nicht streiten. Daß Sie mir aber diesen grünen dummen Jungen vorziehen, ist denn doch pyramidal.

Sofort stand Hans still und sagte: Verzeih einen Augenblick. Ich habe dem unverschämten Gesellen etwas ins Ohr zu sagen. – Um Gottes willen! hauchte sie – er weiß nicht, was er spricht – ich beschwöre dich –! Hans aber war zu dem Beleidiger getreten und hatte ein paar leise Worte mit ihm gewechselt, worauf er zu der erschrockenen Freundin zurückkehrte. Obwohl er ihr sagte, um sie zu beruhigen, der Angreifer habe das Schimpfwort zurückgenommen, blieb sie doch ungläubig und so wortkarg, daß nun ihm sich die Zunge löste und er ihr erzählte, wie er diese vierundzwanzig Stunden nur im Denken an sie hingebracht hatte.

Sie erwiderte nichts, als daß sie leise seinen Arm drückte. Zu Hause angelangt, gab sie der alten Dienerin – nein, es war kein Zweifel möglich, er fand hier wirklich die »Stoffhexe« wieder – in einer fremden Sprache einen Auftrag und zog sich dann in ein Zimmer nebenan zurück. Nach zehn Minuten erschien sie wieder in einem losen, hellen Schlafrock, statt des Gürtels eine rote Schärpe um die Mitte geschlungen, die Haare wieder aufgelöst. Sie lächelte ihm entgegen, da seine leuchtenden Augen ihr sagten, wie sehr sie ihm auch in diesem Kostüm gefiel. O, sagte sie, Fee Delibab hat noch mancherlei Verkleidungen, in soviel Farben wie der Regenbogen. Aber nun komm, Hänschen, ich habe starken Hunger und noch mehr Durst. Du mußt aber mithalten.

Sie setzten sich an den Tisch, auf dem die Alte ein paar Schüsseln mit kalter Küche und eine Flasche mit rotem ungarischem Wein aufgetragen hatte. Irma füllte zwei feine venezianische Gläser und reichte ihm das eine. Auf gute Freundschaft! sagte sie und stieß mit ihm an. Aber da er heftig sein Glas dem ihren näherte, zersprang dieses, und die rote Flut ergoß sich über das Tischtuch. Kehre dich nicht daran! rief sie, seine Bestürzung gewahrend. Das bedeutet nur, daß wir besser tun, aus *einem* Glase zu trinken. Und nun nahm sie ihm das seine aus der Hand und leerte es auf einen Zug.

Die Alte hatte murrend und vor sich hinraunend das Tischtuch weggenommen. Wenn man ein bißchen nachhilft, Mütterchen, könnt Ihr einen blutigen Romanstoff daraus machen, wagte er zu sagen, wobei er sie prüfend ansah. Sie stellte sich aber, als verstände sie nicht, was er meinte, und verließ kopfschüttelnd das Gemach.

Nun sind wir allein, sagte Irma, nun wollen wir uns zusammensetzen und ernsthaft allerlei besprechen. – Vorher möchte ich dir noch ein bescheidenes Andenken überreichen, stammelte er und zog den kleinen Schmuck hervor. – O du großer Kindskopf, rief sie, was fällt dir ein! Meine Ohrringerln scheinen dir zu dürftig für eine in der Alten und Neuen Welt gefeierte Künstlerin. Aber du mußt wissen, ich trüge nie andere, und wenn mir der Schah von Persien Diamanten groß wie Taubeneier in die Ohren stecken wollte. Denn diese meinen hat mir mein armes Mutterl geschenkt, als ich zur ersten Kommunion gegangen bin, das einzige, was ich von zu Hause mitgenommen habe. Übrigens sollst du mir gar nichts Kostbares schenken, denn ich bin viel reicher als du. Da schau! – und sie lief zu einem alten Schrank an der Wand und nahm ein Blechkästchen heraus, das sie aufschloß – schau, was für hübsche blanke Dingerln da beieinander liegen, alles Präsente von meinen Verehrern, aber wenn ich einem einzigen anders dafür gedankt habe, als mit einem freundlichen Kopfnicken, will ich auf der Stelle so alt und krummbuckelig werden, wie meine Maruscha. Trag deine schönen Ohrringe nur wieder in den Laden zurück, wenn du kein Schwesterchen hast, dem du sie schenken kannst; für deinen guten Willen aber laß dich küssen. Ich weiß nicht, wie du's anfängst, aber je länger ich dich anschau', desto mehr gefällst du mir.

Sie schlang ihm die Arme um den Hals und küßte ihn, heute weit süßer und feuriger als gestern nacht, daß ihm der Kopf schwindelte vor übergroßem Glück. Als er sie aber gar nicht wieder aus seiner Umarmung entlassen wollte, machte sie sich kräftig los und sagte: Basta für diesmal! Wir dürfen unsere Zeit nicht mit solchen süßen Narrheiten vertändeln, ich hab' dir etwas sehr Wichtiges vorzutragen.

Dabei setzte sie sich auf seinen Schoß, so unbefangen wie ein Kind, strich ihm das dichte braune Haar aus der Stirn und sagte: Höre, wenn du mich so lieb hast wie ich dich, so mußt du mir einen großen Dienst leisten. Ich bin entschlossen, nicht länger bei der Gesellschaft auszuhalten. Man behandelt mich ja soweit nicht schlecht, und ich habe meinen Almansor – versteh, das Schulpferd – und auch die anderen Pferde so lieb, daß mir der Abschied schwer werden wird. Aber du weißt noch nicht – (sie sah düster in ihren Schoß) – da ist nämlich jemand, der mich als sein Eigentum betrachtet – ein wilder, gefährlicher Mensch, ein Vetter des Direktors, der so riesenstark ist, daß er auf dem ausgestreckten Arm ein ausgewachsenes Pferd tragen kann – der gebärdet sich, als ob er mein Mann wäre, obwohl wir nie getraut worden sind. Wenn ich mich ihm widersetzen will, droht er, mich zu erwürgen, und da er rasend in mich verliebt ist, weiß der Himmel, was er noch einmal tut. Augenblicklich ist er nach Köln gereist, um dort alles zu besprechen für unser Auftreten. Aber übermorgen soll er zurückkommen, und es überläuft mich kalt, wenn ich daran denke. Nun, Hans, mein Geliebter, da du ein freier Mann und ein Dichter bist, denn ich denke, alle Dichter sind vogelfrei – nun sollst du mich von hier entführen, gleichviel wohin. Wir verstecken uns in irgendeinem heimlichen Nest, wo der *Barbogio* – so heißt der Wilde – uns nicht auffinden kann. An Geld fehlt mir's nicht, ich nehme auch all meinen Schmuck mit – ja, wenn ich's recht bedenke, wir könnten schon diese Nacht – wart, noch etwas! Ich will dir zeigen, daß ich ein kluges Schätzchen bin, das an alles denkt.

Sie glitt von seinen Knien herunter und huschte aus der Tür. Nicht lange, so trat ein junger Mann ins Zimmer in einem schmucken dunklen Anzug, ein Mäntelchen umgehängt, einen breiten Künstlerhut tief in die Stirn gedrückt. Guten Abend Kamerad! tönte eine tiefe Stimme ihm entgegen. Wohnt hier Fräulein Irma, genannt Fee Delibab? Im nächsten Augenblick flogen Hut und Mantel in den Winkel, und das reizende Geschöpf schlang die Arme wieder um den nun vollends bezauberten Freund. Gelt, ich kann Komödie spielen? rief die Übermütige. Mit mir kannst du überall wagen, dich ehrbar sehen zu lassen, und wenn ich mich unter vier Augen wieder auf meine Mädchenschaft besinne, soll's dein Schade nicht sein!

Du Einzige, Himmlische, süßeste Geliebte! rief er, ihre Küsse erwidernd, aber heute nacht schon? Nein, das ist unmöglich. Ich habe morgen noch –

Ich weiß, was du sagen willst, unterbrach sie ihn. Du mußt dich von dem frechen Menschen erst noch ein bißchen totschießen lassen. Aber daraus wird nichts. Jetzt gehörst du mir, ich habe ältere Rechte auf dich, um ganze vierundzwanzig Stunden ältere. Hernach, wenn du deiner armen kleinen Irma überdrüssig geworden bist, dann ist immer noch Zeit genug, den »dummen Jungen« in deinem oder seinem Blut abzuwaschen. Heute aber und die nächste Zeit, solang' es reicht, gehört jeder deiner Blutstropfen mir. Verstehst du? Hast du den Mut, das nicht ganz in der Ordnung zu finden?

* * *

Wieder war sie ihm auf die Knie gesprungen und hatte den einen Arm um seinen Hals gelegt. Siehst du, sagte sie, auch der Himmel ist mit uns verschworen, es ist eine ganz sternlose Nacht. Wenn Mitternacht geschlagen hat, machen wir uns leise davon. Ich kann den Stall öffnen; da hole ich uns zwei der geringeren Pferde heraus, und wir reiten bis an die Morgendämmerung, denn mit der Eisenbahn wärs' gefährlich, da wissen sie gleich, wohin wir entwischt sind. Sobald es dann ohne Gefahr geschehen kann, schicken wir die Gäule zurück und reisen zu Fuß oder zu Schiffe weiter, vielleicht nach Belgien hinein, wo ich schon einmal gewesen bin. O die Welt ist weit, und zwei Liebesleute finden überall gutes Quartier, und bis mir wieder die Sehnsucht kommt, mich auf ein Pferd zu schwingen – aber horch, was war das?

Sie blickte nach dem Fenster, doch der Vorhang ließ sie nicht erkennen, was sich draußen regte. Im nächsten Augenblick aber wurde der leichte Riegel, der die beiden Flügel verschloß, von einer kräftigen Faust gesprengt, und ein riesenhafter Mann schwang sich mit einem lauten Fluch ins Zimmer herein.

Sie hatte nur eben Zeit, sich von dem Schoße des Jünglings herabgleiten zu lassen. An allen Gliedern zitternd, doch mehr vor Zorn über die Störung, als vor Schrecken, stand sie, ihren Geliebten mit ihrem Leibe deckend, vor dem Eingedrungenen. Hinaus! rief sie ihm zu und deutete mit dem ausgestreckten Arm nach der Tür. Was hast du hier zu suchen? Ich gehöre dir nicht an, ich bin frei und kann mir Freunde wählen, wie es mir beliebt!

Der ungeschlachte Geselle antwortete nicht sogleich, sondern betrachtete das Paar mit einem höhnischen Grinsen. Auch Hans war aufgesprungen; er konnte nicht zweifeln, wen er vor sich hatte. Zu anderer Zeit wäre ihm der Riese mehr spaßhaft als furchtbar erschienen. Denn mit dem schwarzen Bart, der fast bis an die Augen reichte, den vorgequollenen wasserblauen Augen und dem gewaltigen Munde, aus welchem zwei Reihen blanker Wolfszähne hervorglänzten, sah er aufs Haar einem Nußknacker ähnlich.

Der Hut war ihm rücklings vom Kopf gefallen, auf dem kurzgeschorene schwarze Borsten sich emporsträubten. So stand er eine Minute lang, die schweren Fäuste wiegend, wie zu einem Boxerkampf. Dann: Aus dem Weg, elende Dirne! knirschte er. Mit dir rechne ich hernach ab. Erst will dich diesem deinem erbärmlichen Milchbart einen Denkzettel geben, daß er das Wiederkommen für ewige Zeiten vergißt!

Er trat einen Schritt näher und hob die Hand, um sie beiseite zu schleudern. Sie aber hatte blitzschnell aus dem Knoten ihres dicken Haars einen langen, schmalen Dolch von spanischer Arbeit gerissen und hielt ihn dem Feinde entgegen. Rühre ihn nicht an! rief sie. Ich bin aufs Äußerste gebracht, und wenn du ihm nur ein Haar krümmst –

Im nächsten Augenblick hatte der Wütende ein Messer ergriffen, welches neben ihrem Teller lag – ein paar Sekunden lang rangen die beiden miteinander, jedes bemüht, dem andern die Waffe zu entreißen; plötzlich aber fuhr die breite, stumpfe Klinge des Mannes seiner verzweifelt kämpfenden Gegnerin in den Hals, ein heller Blutstrahl schoß heraus, und mit einem leisen Ach brach die junge Gestalt vornüber zusammen.

Auch der Jüngling, zu blinder Raserei gestachelt durch diesen Anblick, hatte nach einem Tischmesser gegriffen. Doch ehe er noch dem Feind damit zu Leibe rücken konnte, traf ihn selbst ein sicher gezielter Stoß in die linke Brust, und lautlos stürzte er neben dem hingestreckten Leibe seiner Geliebten zu Boden.

* * *

Der November war herangekommen, ein erster leichter Schnee rieselte vom dunklen Himmel, da schlug der junge Dichter in seinem stillen, warmen Zimmer, wo er drei Wochen im Wundfieber gelegen, zum erstenmal mit leise aufglimmendem Bewußtsein die Augen wieder auf und blickte staunend um sich.

Guten Morgen, Hänschen! rief der Freund, der an seinem Bette stand. Endlich ausgeschlafen? Die Nacht war ein bißchen lang, und manchmal dachte ich und wohl auch der Doktor, sie würde erst am Jüngsten Tage ein Ende nehmen. Jetzt aber heißt's fein stille bleiben und langsam sich wieder ans Wachen gewöhnen. Da trink von diesem kühlenden Tränkchen. Bis zum Rheinwein mußt du dich noch eine Weile gedulden.

Hab ich denn das alles nur geträumt? fragte der Jüngling mit schwacher Stimme. Nein, Lieber, du mußt mir alles sagen. Ich falle sonst wieder in meine Fieberglut zurück. Ich bin stark genug – und wenn ich nicht weiß, was aus ihr geworden ist – ob auch sie sich wieder erholt –

Um sie brauchst du nicht zu sorgen, versetzte der andere mit einem verhaltenen Seufzer. Es geht ihr vortrefflich, und bleibt ihr nichts zu wünschen. Euren Feind, den Mordgesellen, hat man freilich nicht fassen können, der hat das Weite gesucht, als die Alte, die Stoffhexe, weißt du, hereinstürzte und das holde Liebespaar in seinem Blute liegen sah. Ich kam zum Glück gerade an dem Hause vorbei, sah den Kerl aus dem Fenster springen, und wie ich neugierig herantrat, erschrak ich gewaltig, als ich die Teufelei, die er in dem Zimmer angerichtet hatte, überblickte. Ich habe dann dafür gesorgt, daß du gleich hierhergeschafft wurdest, das arme Liebchen überließ ich der Alten; ein paar Tage später ist die Gauklerbande still davongezogen, vermutlich haben sie ihre Fee Delibab mitgenommen, wenn ihr Name auch nicht mehr auf dem Programm stehen wird. Du siehst aber, lieber Sohn, in was für Mordgeschichten man sich verirrt, wenn man sich der Führung eines so weisen Pädagogen, wie ich bin, entzieht.

Der Kranke ließ das Haupt in das Kissen zurücksinken und lag eine Weile mit geschlossenen Augen. Diesen ganzen Tag versuchte er noch mehrmals, Genaueres von dem Freunde zu erfahren. Der aber verschanzte sich hinter den Befehl des Arztes, jedes aufregende Gespräch zu vermeiden.

Erst ein paar Tage später, als Hans zum erstenmal das Schmerzenslager verlassen konnte, sagte jener, ihn zu dem Tische führend, auf dem der alte Brokatfetzen ausgebreitet lag: Du wirst Augen machen, lieber Sohn! Denk, mit dem Taschentuch, das ich auf deine Wunde drückte, um das hervorstürzende Blut zu hemmen, habe ich hernach die Muster des alten Lumpens betupft. Ich erinnerte mich während der Nachtwache, daß die Stoffmuhme das Mittel empfohlen hatte, um die verschossenen Farben aufzufrischen. Nun schau, wie trefflich das Rezept sich bewährt hat.

Der Jüngling starrte, beide Hände auf den Tisch gestützt, in tiefem Sinnen auf das alte Gewebe. Da erkannte er wirklich eine wundersame, süßtraurige Historie in wechselnden Bildern abgeschildert, von einem Liebespaar, das nebeneinander auf einem Ruhebett saß, ein Büchlein auf den Knien des Jünglings, in welchem sie gelesen zu haben schienen. Aber ein reizvolleres Geschäft hatte ihre Wißbegierde unterbrochen, ihre Arme hatten sich umfangen und die Lippen, statt die geschriebenen Worte nachzusprechen, aus dem Stegreif allerlei süße Laute gestammelt, bis auch die verstummten. Und dann war ein wilder Geselle hereingestürmt und hatte beide Glücklichen in eine Welt geschickt, in der niemand ihre zärtliche Zwiesprache mehr zu stören vermochte.

Deutlich sah der Dichter die Augen der jungen Frau glänzen und das Lächeln, mit dem sie ihren schönen, blühenden Mund dem Freunde bot. Wie ist mir denn, sagte er. Habe ich diese Geschichte nicht schon irgendwo gelesen und verstehe sie jetzt zum erstenmal? Diese Dame ist lange nicht so schön wie eine andere, die ich gut kenne, und wenn ich die nicht bald wiedersehe, werde ich nicht ganz genesen. Ich bitte dich, Phantasus, sage mir, wo sie hinverschwunden ist. Warum schweigst du? Du willst mir doch nicht das Gräßlichste verhehlen, daß sie –

Der Freund wandte sich ab. Als er sich wieder umkehrte, lag der kaum Genesene bewußtlos am Boden. Seine Wunde hatte sich wieder geöffnet, ein frischer Strahl war über den Tisch gespritzt.

* * *

Auch über diesen Rückfall hob ihn seine Jugendkraft hinweg.

Zu Anfang des März war er soweit erstarkt, daß er, auf den Arm des Freundes gestützt, langsam den Friedhof betreten konnte. Da standen sie lange vor einem Hügel, den ein einfacher Stein bedeckte, und die Augen des Jünglings hafteten fest auf dem Namen »Delibab«, der statt jeder anderen Inschrift in den Stein gemeißelt war, bis ein Schleier heißer Tränen ihm den Blick verdunkelte.

Als er von dieser ersten Ausfahrt wieder nach Hause gekommen war, fing er sofort zu dichten an, ein seltsam trauriges und wonnevolles Spiel, das die Geschichte jenes alten Liebespaars da unten im welschen Land behandelte. Freund Phantasus stand ihm dabei mit gutem Rat zur Seite, und sie förderten das Werk so rasch, daß Hans es schon nach vier Wochen beendet hatte.

Er trug es, da die Tinte noch kaum trocken war, zu dem alten Professor hin, der es sogleich zu lesen versprach. Als der schüchterne junge Poet sich wieder meldete, wurde er aufs freundlichste empfangen. Ihr Trauerspiel ist noch kein Meisterwerk, junger Freund, sagte der alte Kenner. Aber wie weit ist die Kluft zwischen Ihren früheren poetischen Exerzitien und dieser Arbeit! Hier ist Leben und Wahrheit. Und wenn Sie noch zuweilen sich ungeschickt anstellen, so ist's – verzeihen Sie den Vergleich – wie der unbeholfene Lauf eines jungen Neufundländers; die Rasse ist edel. Und dann – mit einem feinen Blick in das noch immer bleiche Gesicht des Jünglings, von dessen Abenteuer er wohl gehört haben mochte – man sieht es jeder Zeile dieser Dichtung an, daß sie mit ihrem Herzblut geschrieben ist.

Lilith

Im dunklen Mittelalter lebte einmal eine Frau, die hatte, da der Vater ihres Kindes sie hilflos verlassen, einen so großen Haß auf alle Menschen, insonderheit die Männer, geworfen, daß sie einen Pakt mit dem Gottseibeiuns schloß, um sich von ihm in aller schwarzen Magie und Hexenkunst unterrichten zu lassen.

In dem Dorf, wo ihre arme Hütte stand, war dies bald ruchbar geworden, da vielerlei Unheil, Hagelschlag, Viehsterben und Feuersbrünste, die Gegend heimsuchte, was niemand anders als eine gelernte Hexe verursachen konnte. Und da die *Marthe*, die vorzeiten eine schmucke Dirne gewesen war, seit ihrem Kindbett erschreckend rasch alterte und jedermann mit feindseligen Blikken ansah, zweifelte niemand daran, daß all das Unwesen ihr in die Schuhe zu schieben sei. Gleichwohl hatte man nicht das Herz, die gefährliche Person dem geistlichen Gericht anzuzeigen, da man fürchtete, sie möchte, ehe sie auf den Holzstoß käme, die Angeber ihre Rache noch fühlen lassen. Auch gab es, zumal unter den Weibern, gläubige Seelen genug, die in allerlei schwierigen Fällen, bösen Krankheiten, hoffnungsloser Verliebtheit, Kinderlosigkeit oder Verkalben der Kühe, sich an das unheimliche Weib wendeten, das denn auch zu helfen bereit war, wenn nicht etwa ein besonderer Grund des Hasses sie antrieb, ein Mittel darzureichen, das das Übel nur ärger machte.

Ihr Kind, ein Mädchen, das nach Adams erster Frau, einer bösen Teufelin, *Lilith* genannt war, wuchs ebensosehr zur Freude aller Menschen heran, wie ihre Mutter den Nachbarn verhaßt und beschwerlich war. Auch sie wurde freilich von ihren Altersgenossen gemieden; der Lehrer wollte sie in der Schule nicht dulden; wenn sie sich den Spielplätzen der Dorfkinder zu nähern wagte, trieben diese das unschuldige Ding mit Schimpfworten und Steinwürfen hinweg als einen Hexenbalg, mit dem sich einzulassen Unglück brächte. Die Erwachsenen aber, obwohl es nur grobe Bauern waren, spürten, daß dies holde Wesen etwas Vornehmeres sei als sie; die Weiber bemitleideten sie, daß sie eine solche Mutter habe; die Männer, zumal die jungen, gafften ihr nach, wenn sie vorüberging, oder suchten mit ihr ein Gespräch anzuspinnen, wenn sie sie vor ihrer Hütte sitzend antrafen, ein zerrissenes Gewand flickend oder den Rocken schwingend, wobei sie schwermütige Liedchen sang. Ihre schwarzen Augen und roten Lippen aber lachten zu den närrischen Reden, mit denen die Burschen ihr schönzutun sich bemühten. Denn diese Holdseligkeiten gingen ihr ebensowenig zu Herzen wie die Unbilden, die sie von der Dorfjugend erfuhr. Sie kümmerte sich um niemand in der Welt als um ihre finsterblickende, hartherzige Mutter, die ihr wenig gute Worte und gute Bissen gab und sie mit zum Werkzeug ihrer Menschenfeindlichkeit erzog. Als es immer häufiger geschah, daß einer der Bauernsöhne in rasender Verzweiflung, da er keine Gegenliebe fand, sich ein Leids antat oder aus der Gegend verschwand, loderte eine wilde Schadenfreude in dem alten Hexengesicht auf, und sie lobte ihre schöne Tochter und das Unheil, das sie anstiftete.

Die aber hatte die frevelhafte Sinnesart der Mutter nicht geerbt, sondern nahm es sich sehr zu Herzen, daß ihre Schönheit Verderben brachte. Sie bemühte sich auch in ihrer Einfalt, die Gefahr abzuwenden, indem sie sich in ihrem Anzug verwahrloste und ihr goldrotes Haar wild ums Haupt fliegen ließ. Durch ihre Lumpen aber schimmerte die schneeweiße Haut ihres jungen Leibes verführerisch durch, und wenn ihr die dicken Strähnen über Stirn und Augen fielen, funkelten die schwarzen Sterne nur um so süßer und feuriger, so daß niemand sie sehen konnte, ohne im Herzen eine Brandwunde davonzutragen.

Sie aber fragte nach keinem, wußte auch von Gott und der Welt noch nichts, als sie bereits siebzehn Jahr alt geworden war und längst die Kinderschuhe vertreten hatte. Denn da sie weder in die Schule noch auch je zur Kirche gegangen war und nie eine Gespielin gehabt hatte, auch die Mutter nicht viele Worte liebte, war sie ganz auf ihre eigenen träumerischen und unbeholfenen Gedanken angewiesen. Sie hatte freilich einen Freund, mit dem sie sich manchmal unterredete, den Hahn auf ihrem Hofe, *Alektryo* genannt, einen für seinen Stand sehr weltklugen und scharfsinnigen Herrn, dem auch die Gabe der Rede verliehen war. Doch in menschlichen Angelegenheiten war er nur unvollkommen bewandert und hatte auch genug damit zu tun, zwischen seinen Hennen Frieden zu stiften und das Eiergeschäft zu überwachen, so daß zum Plaudern mit der Hexentochter nicht viel Zeit übrig blieb.

* * *

Nun war es in einer schwülen Neumondnacht im Hochsommer, daß die Mutter zu ihrer Tochter sprach: Du bist jetzt in die Jahre gekommen, wo das Blut in Weiberadern gärt, wie im Frühling der Saft in den Bäumen, und ein armes, dummes Mutterkind wehrlos ist gegen die Tücken und Fallstricke der Mannsbilder. Darum ist es hohe Zeit, daß du fest gemacht werdest gegen Mannesliebe, von der unsereinem nur Jammer und Elend kommt. Also wirst du mich heute nacht bei einer Ausfahrt begleiten, daß ich dich zu unserm Herrn und Meister führe, der Macht hat, dein Herz zu feien, daß es gegen die feurigen Blicke der jungen Galgenstricke hart wird wie Stein und Asbest. Dann wirst du sie alle nach deiner Liebe verschmachten sehen und helfen, deine alter Mutter an dem ruchlosen Männergeschlecht zu rächen, und wirst lachen, wenn die Mücken ins Licht taumeln und verbrannt zu Boden sinken.

Das Kind, das die Mutter sehr liebte und von anderer Liebe noch nichts wußte, hatte hiergegen nichts einzuwenden, ließ es auch willig geschehen, daß die Alte sie entkleidete, sie mit Hexensalbe bestrich, die die Kraft hat, Menschenglieder so leicht zu machen wie Vogelleiber, und den Hexensegen über sie sprach, der dem Mägdlein ein wenig schauerlich klang. Als sie dann aber so splitternackt, wie sie war, sich auf einen Besenstiel setzen sollte, weigerte sie sich heftig unter vielen Bitten und Tränen, so schamlos auf die Reise zu gehen, also daß die Mutter darein willigen mußte, daß sie wieder in ihr Hemdlein schlüpfte, während die Alte selbst, wie Gott sie geschaffen hatte, ihren Besen bestieg und der Tochter voran durch den Schornstein hinausfuhr.

Als Lilith, der das Abenteuer trotz heimlichen Grauens doch auch lustig erschien, ihr eben folgen wollte, hörte sie ihren Freund, den Hahn, der zum offenen Fenster hereingeflogen war, mit heiserer Stimme rufen: Lilith, Lilith! Nimm mich mit, nimm mich mit! – Narr, sagte das Mädchen, was hast du auf dem Hexenbühel zu suchen? Sie werden dich wegjagen, da du nicht mit eingeladen bist. Aber auf deine Gefahr hin magst du mitreisen, wenn du dich artig betragen willst. Setz dich hinter mich auf den Besen und dann – hupla!

So setzte sich der kluge und treue Alektryo hinter das Hexenkind, da ihm schwante, seine Freundin möchte in allerlei Not geraten, wo ihr ein verständiger Freund erwünscht wäre. Als sie dann die Alte einholten, die oben in der freien, dunklen Luft auf sie wartete, merkte diese nichts von dem blinden Passagier, den die wehenden Falten von Liliths Hemd ihrem Blick verbargen. Also sausten sie durch die Nacht, und Lilith fürchtete sich gar nicht, obwohl sie zum erstenmal diesen halsbrechenden Ritt machte, denn sie saß fester auf ihrem hölzernen Rößlein, als manches Edelfräulein auf einem kostbar geschirrten Zelter.

Auch flogen sie so geschwind, wie ein Raubvogel fliegt, und erreichten in kurzer Zeit ihr Ziel, einen kahlen Felshügel mitten im dichten Walde, der mehrere Stunden von ihrem Dorf entfernt lag. Schon von weitem hörten sie einen wüsten Lärm ihnen entgegenschallen, Singen und Lachen und gellendes Pfeifen, mit dem die Hexenzunft, die dort versammelt war, die Ankunft ihres Meisters begrüßte. Als Mutter und Tochter sich in den schauerlichen Kreis hineinschwangen und von ihren Gäulen abstiegen, fiel dem jungen Neuling freilich das Herz in die Knie, und sie wünschte, sie hätte ihre Hütte nie verlassen. Denn um das hohe Feuer, das in der Mitte des Hügels brannte, saßen oder kauerten wohl ein halb Hundert junger und alter Weiber, alle ohne einen Fetzen Gewand an ihren Leibern, über die nur die langen, im Winde flatternden Haare herabhingen. Sie winkten der alten Marthe mit Augen und Händen Grüße zu, warfen aber gehässige Blicke auf ihr Kind, das in so unanständiger Tracht in die Gesellschaft eingeführt wurde, ja einige liefen auf die Mutter zu und machten ihr Vorwürfe, in einer seltsamen Sprache, die Lilith nicht verstand. Die Alte zuckte die Achseln und erwiderte etwas, was die Aufgebrachten beschwichtigte. Die meisten schienen auch nicht mehr bei nüchternen Sinnen zu sein. Denn über dem Feuer hing ein großer Kessel, in dem ein blutroter Wein dampfte. Von dem schöpfte eine nach der anderen und goß das glühende Getränk begierig hinunter, so daß man es rot durch die weißen Hälse fließen sah.

Auch die alte Marthe trank, Lilith aber stieß den Becher fort, den die Mutter ihr reichte. Ihre weitgeöffneten Augen waren wie gebannt auf den Meister des wilden Schwarms gerichtet, der ruhig mitten im Kreise stand und sich von einer nach der anderen die Hand küssen ließ, dabei aber über alle hinweg nur nach der neu eingeführten Novize hinblickte. Es war ein hoher, gebieterisch aussehender Mann, ganz schwarz gekleidet, bis auf die rote Feder, die auf seinem Barettlein schwankte, das Gesicht leichenfahl, von einem dünnen rötlichen Bart umrahmt, die Augen glühend und funkelnd, daß, wer hineinsah, die Blicke nicht wieder davon abwenden konnte. Auch er stürzte einen Becher des zischenden und schäumenden Weins hinunter. Dann umfaßte er eine der Hexen, die sich schmeichelnd an ihn drängten, und wirbelte sie in einem rasenden Tanz um den Flammenherd herum, griff dann eine andere und wieder eine andere, bis er mit jeder die Runde gemacht hatte, während zugleich die übrigen sich an den Schultern faßten und in einem weiten Ringelreihen, gottlose Tanzliedchen singend, das in der Mitte sich drehende Paar umschlangen.

Nur Lilith hatte man nicht in den Kreis gezogen, da sie ihres unschicklichen Anzuges wegen dieser Gemeinschaft nicht würdig schien. Das Kind hatte sich auf einen Stein niedergekauert, den Hahn in ihrem Schoß an ihren Busen drückend, und sah mit wachsendem Grauen und schwindelnden Sinnen in den rasenden Reigen hinein. Auf einmal stockte der lärmende Wirbel. Der Meister hatte die letzte Tänzerin fahren lassen und dreimal in die Hände geklatscht. Sofort wurde es totenstill im Kreise, man hörte nur das Sausen des Mitternachtwinds, der durch die Wipfel strich. Dann sah das entsetzte Mägdlein den düsteren Gewaltigen gerade auf sich zukommen, mit einem Grinsen der bleichen Lippen, das ihr das Blut in den Adern erstarren machte. Schon streckte er die haarigen schwarzen Arme nach ihr aus, sie zum Tanz aufzuziehen, die eine Hand näherte sich dem oberen Saum ihres Hemdes, um ihr die Hülle vom Leibe zu reißen, da fuhr sie mit glühenden Wangen in die Höhe und schrie in Todesangst: Gelobt sei Jesus Christus! In demselben Augenblick krähte der Hahn, der aus ihrem Schoße aufgeflattert war, und flog dem Versucher unerschrocken ins Gesicht, als wolle er ihm die Augen auskrallen. Der Gottseibeiuns aber, der sich für einmal besiegt erkennen mußte, stieß eine schauerliche Lache aus, schleuderte das wütende Tier zurück, daß es gegen den Felsen taumelte, und fuhr, mit dem Huf den Boden stampfend, in die Tiefe hinab, aus der eine hohe gelbe Flamme aufloderte, ringsum einen erstickenden Schwefeldampf verbreitend.

Als Lilith von dem Schrecken dieses jähen Auftritts zur Besinnung kam, war die gesamte Hexengesellschaft verschwunden, das Feuer in der Mitte zusammengesunken, niemand ringsum zu sehen, als ihre Mutter und der Hahn, der mit zerzausten Federn und einigen Brandwunden kläglich herangehinkt kam. Sie sollte aber nicht lange von der ausgestandenen Angst aufatmen. Denn mit wild verzerrtem Gesicht fuhr die Mutter auf sie los: Du albernes Ding, du tückische Kröte! Deiner Mutter die Schmach anzutun vor all ihren Freundinnen und dein Glück für ewige Zeiten zu verscherzen! Wie hast du wagen können, unseren Herrn und Meister zurückzustoßen, der es gut mit dir meinte und dich vor allen anderen, die dich beneideten, zu seiner Liebsten erkor? Wer aber einmal diese Gnade erfahren hat, der verlangt nie mehr nach Menschenliebe und hat ein Herz wie Stein und Asbest! Nun magst du's ebenso erfahren, wie deine Mutter, was Weiberschicksal ist, wenn man gegen die Liebe sich nicht hat feien lassen. Ich ziehe meine Hand von dir ab und verwünsche die Stunde, wo ich einer so einfältigen Gans das Leben gegeben habe!

Damit fing sie an, da sie sich immer mehr in die helle Wut hineingeredet hatte, den zarten, jungen Leib ihres Kindes mit dem Besenstiel zu bearbeiten und hätte sie wohl gar totgeschlagen, wenn Alektryo ihr nicht auf den Kopf geflogen wäre und sie an ihren grauen Haaren so lange zurückgezerrt hätte, bis sie von ihrer unmenschlichen Züchtigung abließ. Da bestieg sie schnaubend und keuchend den Besenstiel und sauste davon, ohne sich nach dem leise weinenden und wimmernden Kinde umzusehen.

* * *

Das raffte sich endlich mühsam vom Boden wieder auf, zog das Hemd fester um seine fröstelnden Glieder und trocknete sich mit den langen Haaren die nassen Wangen. Es schauderte ihr zwar jetzt vor dem Teufelsritt durch die Luft. Da aber der weite Weg auf bloßen Füßen durch die finsteren Wälder der armen Verlassenen noch unheimlicher erschien, griff sie doch wieder nach ihrem Besen, der Hahn hockte hinten auf, und so flog das betrübte Paar in hohem Bogen über die Wälder weg, dem heimatlichen Dorfe zu.

Das Mädchen hatte sich eines bösen Empfangs von der Mutter versehen. Die aber lag, da sie dem Teufelswein gierig zugesprochen hatte, in tiefem Schlaf, und ihr Schnarchen klang wie das scharfe Kreischen einer Sägemühle. Auch am anderen Morgen gab sie der Tochter kein böses Wort, sah vielmehr über sie hin, als wäre sie nicht in der Welt für sie, und hielt es auch die nächsten Tage und Wochen nicht anders, so daß das arme Kind aufatmete und ihrem Freunde Alektryo zuraunte, sie hoffe nun für alle Zeit vor dem greulichen Hexenspuk der Mutter Ruhe zu haben.

Da indessen ihre zerschlagenen Glieder und der blutrünstige Hals wieder geheilt waren und sie, wie früher, im Sonnenschein vor ihrer Hütte saß, den Rocken schwingend und ein Liedchen auf den unschuldigen Lippen, kam eines Tages der Sohn des Königs mit seinem Jagdgefolge vorbeigeritten und hielt, wie vom Blitz getroffen, vor ihrer Schwelle an. Denn er glaubte, vom Glanz ihres goldroten Haars geblendet, ein Märchenwesen zu erblicken, dergleichen ihm in seinem jungen Leben noch nie begegnet war.

Das Mädchen aber, das die Augen des schönen Prinzen voll Bewunderung auf ihre blanke Schulter und den blühenden Hals gerichtet sah, erschrak, daß sie sich in ihrem armen Hausröckchen hatte überraschen lassen, erglühte bis an die Schläfen und schoß wie ein Pfeil ins Haus, dessen Tür sie mit klopfendem Herzen verriegelte. Zum Glück war der Königssohn selbst zu sehr bestürzt durch die wundersame Erscheinung, um sogleich vom Pferd zu steigen und der Entflohenen nachzuspüren. Als er aber am nächsten Tag wiederkam, diesmal nur von einem Jägerburschen begleitet, fing er es klüger an. Auch saß das schöne Kind in einem reputierlicheren Gewande mit sorgfältig aufgestecktem Haar auf seinem Schemelchen, errötete freilich wieder, dachte aber nicht daran, vor dem ritterlichen Besucher auch heut die Flucht zu ergreifen. Teils, weil ihr eigenes Herz sie zu ihm hinzog, teils, weil die Mutter ihr zugeredet hatte, sich gegen den hohen jungen Herrn artig zu betragen. Denn eine wilde Freude brannte in ihrem tückischen Herzen auf, wenn sie dachte, ihr Kind könne den Thronerben ins Netz locken, und das Land müsse sich noch darein ergeben, der Tochter der verachteten Hexe als seiner Königin zu huldigen.

Sie war daher auch wieder freundlich zu ihr, gab ihr gute Lehren, wie sie sich höflich ausdrücken müsse und durch kluge Zurückhaltung den feurigen Bewerber nur mehr in Flammen setzen, und half sie aufs beste herausputzen. Lilith aber hatte in ihrem Herzchen keinen Raum für ehrgeizige Wünsche und Träume, sondern dachte nur immer das eine, wie schön er sei und die beseligend sein Gruß, und daß es schon eine hohe

Wonne sei, ihn lieben zu dürfen, auch wenn sie niemals hoffen dürfe, daß er sie aus ihrer Niedrigkeit zu sich hinaufhöbe.

Daß dies unmöglich wäre, fiel dem guten Prinzen nicht ein. Er wußte, eines Tages werde er ans Regiment gelangen und dann niemand zu fragen haben, was er tun und lassen solle. Einstweilen mußte er sich freilich damit begnügen, Tag für Tag von der Stadt herüber ins Dorf zu reiten, um ein Stündlein mit der holden Geliebten zu plaudern. Da es seine erste Liebe war, stellte er sich ziemlich ungeschickt und schüchtern dabei an und wagte nichts Kühneres, als beim Kommen und Gehen ihr Händlein zu küssen, da sie ihm die roten Lippen nicht versagt haben würde. Auch versuchte er nie, in ihr Haus zu treten, um die zärtliche Zwiesprache drinnen unbelauscht und zwangloser fortzusetzen. Denn er wußte wohl, daß ihre Mutter ein verrufenes Weib war, mit dem er keine Gemeinschaft haben mochte.

Nun aber konnte es nicht fehlen, daß alle Dirnen im Dorf das glückliche Hexenkind um die Ehre beneideten, den Sohn des Königs zu ihrem erklärten Liebhaber gewonnen zu haben. Auch die jungen Burschen gerieten in einen eifersüchtigen Grimm und Groll und machten ihrem Herzen in heftigen Reden Luft, die endlich auch zu den Ohren der königlichen Eltern gelangten. Eines schönen Tages erwartete Lilith ihren hohen Freund vergebens. Statt seiner kam eine junge Nachbarin zu ihr, um ihr mit hämischem Bedauern zu erzählen, der Prinz sei in seinem Zimmer eingeschlossen worden, und der Leibarzt habe ihn ausgiebig zur Ader gelassen, um ihm das Liebesfieber aus dem Blut zu treiben.

Das arme verliebte Kind erschrak heftig, stellte sich aber, als ob sie die zärtliche Huldigung des jungen Herrn nie ernst genommen hätte, und erst als sie wieder allein war, weinte sie ihre bitterlichen Tränen, da sie wohl fühlte, diese Liebe werde erst mit ihrem Leben enden, weil sie selbst der tiefste Quell ihres Lebens war. Ihre Mutter konnte sich's nicht versagen, zu höhnen: da sehe sie nun, wie töricht es gewesen sei, daß sie ihr Herz von dem Fürsten der Hölle nicht habe wollen verhärten lassen. Nun müsse sie diese Qualen dulden. – Heimlich aber war sie des festen Vertrauens, es werde noch alles nach den Wünschen des jungen Paares ausgehen, zumal der König schon ein alter Herr war, der bald Krone und Zepter seinem Sohn vererben würde.

* * *

Hieran aber dachte das Mädchen nicht, dem immer nur das Bild des gefangenen Geliebten vor Augen stand, wie er in seinem goldenen Kerker sein Blut lassen mußte, um das Liebchen, das man ihm nicht gönnen wollte, zu vergessen. Sie brachte ihre Tage in dumpfer Traurigkeit hin und weinte nachts ihr Kissen naß, so daß selbst die Mutter Mitleid mit ihr fühlte, es sich aber nicht merken ließ, um sie endlich mürbe zu machen, daß sie bei dem nächsten Hexensabbat sich nicht wieder so zimperlich betrüge.

Bei ihrem Freund, dem Hahn, fand die Tochter auch keinen Trost. Er erklärte ihr, daß er eine so heftige Leidenschaft für ein Geschöpf nicht verstehe. Er selbst liebe zwar alle seine Hennen. Wenn aber eine von ihnen geschlachtet werde, weine er ihr keine Träne nach, da dies Hennenlos sei. Wenn ihr Prinz ihr versagt würde, so gebe es andere hübsche Freier genug, von denen sie endlich einen wählen solle. Um glücklich zu sein, bedürfe es keines Thrones. Er sei mit dem Düngerhaufen hinter der Hütte vollauf zufrieden.

Sie zermarterte sich das einsame Herz mit ratlosen Gedanken, wie dem Liebsten zu helfen wäre, und da sie von ihrer Mutter einige Kenntnis der Kräuter und Wurzeln erhalten hatte, die Fieber zu stillen und Wunden zu heilen kräftig sind, ging sie eines Abends in den Wald, um die Pflanzen zu pflücken, die ihr zur Wiederherstellung des Prinzen nötig schienen.

Als sie zurückkehrte, fand sie zu ihrem Schrecken die Hütte leer. Alektryo berichtete ihr, es seien Männer aus der Stadt gekommen, die ihre Mutter fortgeführt hätten, da sie angeklagt worden sei, durch ihre Teufelskunst den Thronerben behext zu haben, aus Rache, weil er ihrer Tochter das Herz berückt und den Kopf verdreht habe. Der Prinz aber befinde sich in einem kläglichen Zustand, und die Ärzte fürchteten, er werde keine drei Tage mehr leben.

Als Lilith dies hörte, warf sie das Körbchen mit den Heilkräutern weg und ging mit einem feierlich-ernsten Gesicht nach der Truhe, in der die Mutter das mancherlei Gerät aufbewahrte, dessen sie sich zum Hexen bediente. Sie nahm aber nichts heraus, als das Büchschen, in welchem sich die Hexensalbe befand. Alektryo, sagte sie, und ihr Gesicht war totenblaß geworden, nun hilft es nichts, nun muß ich doch selbst zu dem gottlosen Mittel greifen, ob auch meine Seele dadurch verlorenginge. Denn hier hilft kein Tränkchen und Wundbalsam, hier muß ich selbst mich als Heilmittel an das kranke Herz legen, da ich weiß, daß es sonst nicht genesen kann. Zudem wird meine Mutter nicht eher wieder freigegeben werden, als bis der Prinz von seinem Siechtum geheilt und vom Tode errettet ist. Gott im Himmel wird mir verzeihen, daß ich Teufelswerk treibe aus brennender Liebe und Barmherzigkeit, denn die Qualen unglücklicher Liebe sind heißer als alle Höllenflammen.

Unter diesen Worten hatte sie schon begonnen, sich auszukleiden, bestrich sich sorgfältig vom Kopf bis zu den Füßen mit der Hexensalbe, schlüpfte dann aber doch wieder in ihr Hemd und sprach den Hexensegen über sich, den sie noch gut im Gedächtnis behalten hatte. Dann griff sie nach dem Besenstiel und schwang sich auf den Herd. Willst du mich nicht wieder mitnehmen? fragte der Hahn. – Nein, sagte sie, du bleibst hier, du verstehst nichts von Liebessachen. Hüte indessen das Haus!

So fuhr sie zum Schornstein hinaus und schlug den luftigen Weg nach der Stadt ein, in der das Königsschloß lag. Der Mond stand im goldensten Glanz am veilchenblauen Himmel, und die Leute drunten auf der Erde, als sie zu ihm aufschauten, wunderten sich, da sie die weiße Gestalt darunter hinschießen sahen wie ein sturmgejagtes Wölkchen, da doch ringsum an den Bäumen kein Laub sich rührte. Sie kam ihnen aber bald aus den Augen, flog über die Wipfel der hundertjährigen Ulmen weg, die das Schloß umstanden, und schwebte zu dem Lichtschein hinauf, der aus einem Fenster des obersten Geschosses drang. Denn sie hatte gehört, man habe den kranken Prinzen dorthin gebettet, damit er nicht auf Flucht denken könnte. Als sie nun das helle Fenster erreicht hatte, klammerte sie sich mit beiden Händen am Gesimse fest und spähte hinein. Da sah sie nur den Schattenriß vom Gesicht ihres Geliebten, den sein Nachtlämpchen an die Wand geworfen hatte, und das Herz wollte ihr brechen, da der Umriß so viel hagerer erschien als vor seinem Erkranken, und jetzt auch das Antlitz selbst, das er, im Fiebertraum sich herumwerfend, nach ihrer Seite kehrte, so daß der Mondschein es erhellen konnte. Mit zitternden Händen versuchte sie das geschlossene Fenster zu öffnen. Komme, was kommen wolle, sie mußte hinein, und da der Kranke ihr Pochen nicht hörte, war sie drauf und dran, eines der Gläser einzustoßen, um sich ins Zimmer zu schwingen.

In diesem Augenblick gewahrte sie der Wächter, der hinter den Turmzinnen auf und ab schritt und bis an den lichten Morgen weit ins Land hineinspähte, ob nichts Feindliches sich heranschleiche. Er erkannte sofort, daß es nur eine Hexe sein konnte, die an dem Fenstersims hing, und da er wußte, daß die Marthe freilich gefangen saß, eine Hexe jedoch sich durch die kleinste Luke ins Freie schwingen kann, glaubte er nicht anders, als es sei die verruchte Alte, die dem Königskind das Leben rauben wolle. In seinem Schrecken griff er nicht nach seinem Horn, Hilfe herbeizurufen, sondern nach der Reliquie, die er an einer ledernen Schnur am Halse trug, einem Fingerknöchlein des heiligen Florian, das gegen Feuersgefahr schützen sollte. Hastig riß er sich die kleine silberne Kapsel vom Halse und schleuderte sie gegen das weiße Gespenst, so gut gezielt, daß die Schnur der Schwebenden über den Kopf und die Kapsel zwischen ihre jungen Brüste hinabglitt.

Im Augenblick war durch die Berührung des heiligen Kleinods der Hexenzauber gebrochen. Der Besenstiel verlor seine Kraft, die Hände des armen Kindes lösten sich von dem Fensterrand, und der junge Leib stürzte haltlos aus der schwindelnden Höhe hinab und zerschmetterte unten auf den glatten Steinen, mit denen der Sockel des Königsschlosses umgeben war.

* * *

Am andern Morgen wurde die alte Marthe aus ihrem Kerker auf den Platz vor dem Schloß geführt, wo ein mächtiger Holzstoß aufgeschichtet war. Oben darauf hatte man bereits das arme Häufchen weißer Gliedern in dem dürftigen Hemde niedergelegt, das man am Morgen unter dem Fenster des kranken Königssohnes aufgelesen hatte. Als die Mutter, gleichfalls barfuß und nur mit dem Armsünderhemde bekleidet, den Scheiterhaufen erklommen hatte und die armen Reste ihres vordem so holdseligen Kindes gewahrte, lachte sie grimmig auf und stieß greuliche Verwünschungen aus, während sie an den Pfahl gebunden wurde. Gleich danach loderten die Flammen ringsumher auf und schlugen über ihrem grauen Haupt zusammen. Dann aber geschah etwas Wundersames. Als der Brand sich ausgetobt hatte und die Lohe einsank, sah man eine schwarze Krähe sich aus der Glut emporschwingen, die mit einem Krächzen, ähnlich einer teuflischen Lache, hoch in die Luft flatterte und dann in der Richtung nach dem Hexenbühel verschwand. Dicht hinter ihr flog eine weiße Taube aus dem Scheiterhaufen hervor, die wandte sich aber nach dem Balkon des Schlosses, auf dem der

Prinz zwischen seinen hohen Eltern dem grausigen Schauspiel zuschauen mußte. Sie flog ihm auf die linke Schulter, schlug ein paarmal mit den Flügeln und erhob sich dann, mit ihrem rosigen Schnabel seinen Mund zu berühren, ehe sie sich von ihm trennte und gleichfalls in weiter Ferne verschwand.

Der Prinz aber, laut den Namen Lilith rufend, fiel jählings um, und alle Bemühungen seiner tieferschrockenen Eltern und der erfahrensten Ärzte waren nicht imstande, ihn ins Leben zurückzurufen.

Das Märchen von Niels mit der offenen Hand

Es war einmal in uralter Zeit ein mächtiger Seekönig, *Klas Eisenzahn* genannt, da man von ihm sagte, er könne eine Kokosnuß, die man sonst nur mit der Axt zu öffnen vermag, mit den Zähnen aufbeißen. Dessen Schloß stand auf der hohen Düne an einer Nordseebucht, in der in friedlicher Zeit seine Drachenschiffe vor Anker lagen. Oft aber fuhr er auf ihnen weit in die See hinaus, sei es, um wehrlose Kauffahrer zu überfallen und ihrer Waren zu berauben, sei es in Fehde mit Nachbarkönigen, die ihm den Zins weigerten. Denn er war ein gewaltiger Kämpfer und duldete nicht, daß auf viele hundert Meilen ein Fürst größer und reicher war als er. Dazu übte er aufs grausamste das Standrecht an elenden Schiffbrüchigen, und obwohl seine Untertanen arme Schiffer waren, deren hölzerne Häuser das Königsschloß so nieder und unscheinbar umstanden, wie Haselbüsche im Wald den Stamm einer hundertjährigen Eiche, gönnte er ihnen doch keinen Anteil an der Beute, die zu gewinnen sie ihre Haut zu Markte tragen mußten, und bestrafte mit dem Abhauen der rechten Hand und dem Tode am Galgen jeden, der sich aus den Trümmern eines gescheiterten Schiffes etwa nur ein Tönnchen mit Wein oder einen angeschwemmten Beutel mit Kupfergeld angeeignet hatte.

Dieser gewalttätige Herr hatte eine sanfte, schüchterne Frau besessen, die ihm niemals Grund zur Klage gab, da sie sich jeder seiner herrischen Launen demütig unterwarf. Gleichwohl ging das Gerücht, ihren frühen Tod habe der Jähzorn ihres Gemahls verschuldet, der im Rausch die Hand gegen die zarte Wehrlose erhoben, weil sie ihm einmal ein Fischgericht nicht nach seinem Geschmack bereitet hatte. Das hatte seinen wilden Sinn noch mehr verdüstert, und niemand konnte sich rühmen, um seinen breiten Mund jemals den Schimmer eines Lächelns hervorgelockt zu haben, als seine einzige Tochter, Prinzessin *Stina*, die in allem das Widerspiel des Vaters war, doch auch der allzu gefügigen Mutter nicht nachartete. Denn sie hatte nur deren reiches goldenes Haar und die meerblauen Augen geerbt und die schlanke, biegsame Gestalt. Auf dieser aber saß ein eigener und eigensinniger Mädchenkopf, der nur dann seinen Willen nicht durchsetzte, wenn er mit dem Eisenkopf des Vaters zusammenstieß. Da sie aber in dem finsteren Schlosse einsam aufwuchs und viel Zeit hatte, sich über das Leben und die Menschen Gedanken zu machen, auch das klägliche Schicksal ihrer Mutter ihr gegenwärtig blieb, wurde sie früh klug genug, die Sturmzeichen, die auf der Stirn des Vaters standen, zu erkennen, wie ein erfahrener Schiffer auf offener See die Schrift am Himmel zu deuten versteht, um beide dann dem Ausbruch des Unwetters beizeiten auszuweichen.

Nun war es an einem warmen Sommersonntag, daß die junge Königstochter Lust bekommen hatte, in der See zu baden, in einer kleinen Bucht, die tief zwischen schroffe Uferfelsen hineintrat. Auch war zum Überfluß oben am Strande in weitem Umkreis ein Seil gespannt, damit kein neugieriger Späher bei Todesstrafe den eingefriedigten Bezirk betreten sollte, und nur die Möwen zuschauen konnten, wenn die Prinzessin ihren weißen jungen Leib in der hochaufspritzenden Brandung kühlte.

Nachdem sie dieses vergnüglichen Spiels eine Stunde lang sich erfreut hatte, ließ sie sich von ihrer alten Magd wieder ankleiden, und nur das goldene Haar, das ihr weit über den Rücken hinabfloß, frei im Winde spielen, damit die Mittagssonne es trockne. So schritt sie langsam, hoch aufatmend in der würzigen Seeluft, unten am Strand dahin, mit den kleinen weißen Füßen unbeschuht auf den reinen, warmdurchsonnten Ufersand tretend, die goldenen Schühlein in der Hand, in dem wonnigen Nachgefühl der eben genossenen Erquickung. Zuweilen blieb sie einen Augenblick stehen, eine seltsame Muschel zu betrachten, die die Flut ans Land gespült hatte, oder eine der perlmutterfarbenen durchsichtigen Quellen, die mühsam atmend von der Ebbe zurückgelassen waren und sich wieder in ihr Element heimsehnten. Dies alles aber war ihr zu bekannt, um lange dabei zu verweilen.

Als sie aber die äußersten Hütten des Schifferdorfs erreicht hatte, fiel ihr etwas ins Auge, das ihren Schritt hemmte, da es sich gar absonderlich ausnahm. Die Düne lag um diese Zeit, wo alle Leute bei Tisch saßen und ihr dürftiges Mahl verzehrten, völlig still und menschenleer, da des Sonntags wegen auch alle Boote auf den Strand gezogen waren und selbst die Kinder und Hunde sich beflissen, den Feiertag zu heiligen. Vor der niedersten Hütte aber, aus deren Schornstein ein fadendünner Rauch in die stahlklare Luft hinaufwirbelte, saß ein junger Mensch, der nicht über zwanzig Jahre sein mochte, in einem reingewaschenen, aber vielgeflickten Anzug, weiten leinenen Schifferhosen, einem groben Hemd, das vorn offen die breite gebräunte Brust freiließ, eine blaue Jacke aus dickem Fries leicht über die Schulter geworfen. Er hatte den Kopf gesenkt und betrachtete mit sinnenden Augen eine Perlenschnur in seiner Hand, deren große Kugeln, in zartem Irisglanz spielend, er langsam an ihrer Schnur auf und ab rollen ließ. Um sein Bänkchen her hatte sich eine wunderliche Gesellschaft versammelt, gleich ihm in den Anblick des kostbaren Geschmeides vertieft: ein großer, häßlicher Hund, der seine struppigen Tatzen auf das Knie des Jünglings gelegt hatte, die Perlenschnur beroch und, enttäuscht den schweren Kopf schüttelnd, ihn dann zwischen die Tatzen legte; ein Kätzchen, das auf dem andern Knie saß und mit dem roten Züngelchen die Perlen beleckte, sich aber prustend abwandte, da es sie nicht genießbar fand; endlich ein alter Rabe, der dem Jüngling auf der Schulter saß und gleichfalls seine Enttäuschung zu erkennen gab, da er vergebens daran gepickt hatte.

Diese sichtbare Verstimmung seines Hausgesindes schien den jungen Schiffer zu belustigen. Er hielt dem Raben die Perlenschnur dicht vor den Schnabel, schüttelte die Kügelchen dem Hunde spielend auf den groben Kopf und ließ sie dem Kätzchen über das weiche Fell gleiten. Unter diesen Neckereien blickte er erst auf, als die Prinzessin dicht vor ihm stand. Da stieg ihm eine dunkle Röte ins Gesicht, er warf die dichte Mähne blonder Haare, die ihm über die Stirn gefallen war, heftig zurück, zog das Hemd über der Brust zusammen und fuhr mit einem so raschen Ruck von der Bank in die Höhe, daß Hund und Katze erschrokken zurückschnellten, der Rabe aber mit einem vorwurfsvollen heiseren Krächzen aufflatterte und sich auf das Schindeldach der Hütte zurückzog.

Von Prinzess Stinas Lippen war ein kleines silbernes Lachen erklungen, sogleich aber wurde sie wieder ernsthaft, als sie sah, wie unbehilflich der schöne große Junge ihr gegenüberstand.

Es tut mir leid, daß ich dich aufgeschreckt habe, sagte sie freundlich. Ich bin die Prinzessin Stina. Und wer bist du?

Ich heiße *Niels*, erwiderte er mit stockender Stimme. Er kannte die Prinzessin wohl, doch hatte er sie immer nur aus der Ferne gesehen und hätte sich nie getraut, sie anzureden. Sie aber sah ihn zum erstenmal, und er gefiel ihr gut mit seinem offenen, treuherzigen Gesicht, den dunkelgrauen Augen und roten Lippen. Er wäre ihr auch sonst wohl aufgefallen unter seinen gröberen Kameraden. Ihr Vater aber hatte ihr verboten, sich mit dem Schiffervolk gemein zu machen, ja selbst mit den Mädchen durfte sie sich in kein Geplauder einlassen.

Sie schickte daher einen raschen Blick hinaus nach dem Königsschloß. Da sie aber sah, daß es noch zu weit entfernt war, um von dort aus gesehen zu werden, warf sie den kleinen Kopf in den Nacken, wie um ihren Willen anzudeuten, einmal nach diesem ihrem Kopfe zu handeln, und sagte mit einem gnädigen Lächeln: Du hast da eine wundervolle Perlenschnur, Niels. Wie bist du dazu gekommen?

Ich habe sie aus dem Meer gefischt, Prinzessin, antwortete Niels, so sehr in den Anblick des reizenden jungen Gesichts vertieft, daß ihm nichts Besseres einfiel und er das Halsband recht tölpelhaft vor sich hin hielt.

Laß sie mich einmal näher betrachten, Niels! Nein, wie groß und vollkommen rund die Perlen sind, eine wie die andere! Dergleichen hat mein Vater nicht in seinem Schatz. Viele tausend Taler mag das Kleinod wert sein.

Er reichte es ihr hin, mit einer so gleichgültigen Gebärde, als ob er ihr nur einen Apfel böte. Wenn du Gefallen daran findest, so nimm sie, sagte er. Ich kann doch nichts damit anfangen.

Sie hatte den Schmuck in ihre schlanken Fingerchen genommen und lachte über das ganze Gesicht, während sie die Perlen hin und her drehte, um sie in der Sonne blinken zu lassen. Wie schön! sagte sie, ganz hingerissen. Aber geschenkt kann ich sie nicht nehmen. Kleine Geschenke erhalten die Freundschaft, dies aber ist ein gar zu großes, und wir zwei sind noch nicht einmal Freunde.

* * *

Drinnen in der Hütte hörten sie jetzt eine Weiberstimme rufen: Wo bleibst du, Niels? Das Essen ist fertig.

Er rührte sich aber nicht.

Du mußt hinein, Niels, sagte die Prinzessin. Ist das deine Frau, die dich gerufen hat?

Meine Mutter. Ich habe noch keine Frau.

Indem wurde die Tür der Hütte aufgerissen, und eine kleine alte Frau mit einem vielgefurchten Gesicht unter den silbernen

Haaren erschien auf der Schwelle. Sie hatte schon den welken Mund zu einer Scheltrede geöffnet. Als sie aber die Prinzessin erblickte, tat sie die Augen groß auf, machte einen unbeholfenen schiefen Knicks und rief: Die gnädigste Prinzeß! Nein, die Ehre! Hält sie sich nicht zu vornehm, mit einem armen Schifferjungen zu reden, der noch dazu so ein Tölpel ist, ihr nicht einmal einen Sitz anzubieten? – Dann, die Perlenschnur in der Hand des Königskindes erblickend: Ah, fuhr sie fort, du hast ihr den Schmuck gezeigt, Niels, und sie hat Lust bekommen, ihn zu kaufen. Ja, schöne Prinzessin, sowas ist nur für Euresgleichen. Die Perlen sind so groß und kostbar, nur ein König kann seinem Töchterchen einen solchen Schmuck umhängen.

Ich habe der Prinzessin die Schnur geschenkt, sagte Niels.

Die Alte fuhr zurück und starrte den Sohn an, ob er etwa plötzlich den Verstand verloren hätte.

Geschenkt? stammelte sie. Einen Schatz, der uns für immer aus aller Not helfen könnte? Bist du denn ganz von Sinnen, Niels? O ich ärmstes Weib! Mit einem solchen Sohn geschlagen zu sein!

Seid nur ruhig, Frau, sagte die Prinzeß. Ich habe ihm schon erklärt, ich nehme kein so großes Geschenk, ich werde meinen Vater bitten, mir die Perlen zu kaufen.

Nein, murrte Niels heftig, ich nehme nichts dafür! Was ich einmal verschenkt habe, lasse ich mir nicht bezahlen.

Damit wandte er sich der Türe zu, und um alles weitere abzuschneiden, trat er in die Hütte hinein und verschwand drinnen in dem dunklen Herdraum.

Die Alte sah ihm mit kummervollem Kopfschütteln nach. Da siehst du, Prinzessin, wie er ist. Sage selbst, ob ich über einen so ungeratenen Sohn mich nicht schämen und grämen soll. Aber freilich, er kann nichts dafür, daß nicht mehr Vernunft unter seinem dicken Haarschopf wohnt, es ist ihm eben schon in der Wiege angetan, und das bringt nun kein Bitten und Schelten aus ihm heraus.

Die Prinzessin sah sie fragend an. Wie meinst du das, Frau?

Ja, schon in der Wiege, fuhr die Alte eifrig fort. Denn du mußt wissen, er ist mein siebentes Kind, das einzige, das mir noch übriggeblieben ist – die andern sechs sind alle tot, teils im Meer ertrunken, teils in den Kämpfen unter deinem Herrn Vater umgekommen. Als aber mein Niels auf die Welt kam, waren sie alle noch zu Hause, und ich wußte nicht jeden Tag, wie ich sie sattmachen sollte, die gefräßigen jungen Seehunde. Darum war die Freude nicht groß über den siebenten, obwohl er von seinen Brüdern schon als ganz kleine Krabbe der schönste war. Sein Vater aber, was mein Mann war, hätte ihn am liebsten mit in die See genommen und den Fischen vorgeworfen. Denn wir waren blutarm und hatten nicht einmal einen Paten zu dem Neugeborenen. Also sitz' ich vor der Hütte in schweren Gedanken, und neben mir in der Wiege schläft der arme Wurm; und ich flickte gerade an einem Netz, da seh' ich *Jens* mit einer schönen, vornehmen Dame daherkommen, gerade auf mich zu, und mir schwante gleich etwas ganz Absonderliches, denn so etwas Herrliches, wie diese Fremde, hatte ich noch nie gesehen. Ein langes, luftiges Kleid hatte sie an, mit silbernen Blumen gestickt, und einen blauen Schleier, der ihr hinten über den Rücken wehte, und ein Gesicht – du bist doch gewiß schön, Prinzessin, aber sie war weit schöner, so daß ich gleich merken konnte, sie war gar kein Menschenkind, sondern was Übermenschliches, eine der Feen, von denen man erzählt, die man aber nie zu sehen bekommt, da sie weiter ins Land hinein wohnen, wo es Wälder und Wiesen gibt, sie aber getrauen sich nie ans Meer hinaus. Und richtig, so eine war sie, und denk, es hatte sie die Neugier angewandelt, auch einmal das viele Wasser zu sehen, und um ein Haar hätte sie es hart büßen müssen. Denn sie hatte der Lust nicht widerstehen können, sich ins Wasser zu tauchen, da es gerade ein heißer Tag war, hatte ihr Gewand und den Schleier abgeworfen und war in die Brandung hineingestiegen. Das war eben an der Stelle, wo auch du zu baden pflegst, und damals war noch kein Tau um die Bucht gespannt, Unberufene abzuhalten.

Da war ein junger Schiffer dazugekommen, der hatte das fremde Wesen unten im Wasser plätschern und ihr Kleid auf den Klippen liegen sehen und war so tückisch gewesen, nach dem kostbaren Gewand zu greifen und ihr zu drohen, er werde den Raub nur gegen schweres Lösegeld wieder herausgeben. Die Fee aber hatte keine Macht, wenn sie ihren Schleier nicht auf dem Haupte trägt, also daß sie sich verzweifelt in der Gewalt des frechen Burschen sah und kläglich um Hilfe zu schreien anfing. Zum Glück kam da Jens eben des Weges, hörte die Klage des armen Feenfräuleins und jagte dem Räuber seine Beute wieder ab. Er dachte an keinen Lohn, sondern entfernte sich stillschweigend, nachdem er das Gewand wieder hingelegt hatte. Die Fee aber holte ihn ein und sagte, wer sie sei und daß sie ihm ihre

Rettung schulde, und er möchte sich irgendeine Gunst von ihr ausbitten.

Erst weigerte er sich hartnäckig, bis ihm einfiel, daß sein kleiner Sohn noch keinen Paten habe, und da die schöne Überirdische sogleich willens war, uns diesen Dienst zu leisten, folgte sie ihm zu unserem Hause, wo wir dann den Kleinen in die beste Windel wickelten und zur Taufe trugen. Jens hatte mir alles erzählt, so war ich voller Freuden und dachte, eine so mächtige Patin werde dem Täufling etwas sehr Kostbares ins Taufkissen stecken. Aber ich hatte mich schwer getäuscht. Nichts anderes tat sie, als daß sie das Jüngelchen auf den Arm nahm, es auf die großen Augen küßte und dann, da das Kind mit beiden Fäustchen nach ihrem blanken Schleier griff, ihn lachend aus seinen Fingerchen losmachte. Darauf ergriff sie die kleine rechte Hand und sagte: Diese Hand soll immer offen sein und keine Gabe versagen können. Und dann strich sie über das linke Händchen: Und diese Hand, sagte sie, soll nicht wissen was die andere Hand tut. So, nun habe ich eurem lieben Kind ein Glückslos eingebunden, das mehr wert ist, als wenn ich ihm Gold und Edelsteine in die Wiege gelegt hätte. Und nun mögen es alle guten Christen behüten und zur Freude seiner Eltern aufwachsen lassen!

Und dann war sie verschwunden.

* * *

Die Prinzessin hatte sich während dieser Erzählung auf das Bänkchen neben der Tür gesetzt. Sie hielt die Perlenschnur immer noch in der Hand, doch ohne daraufzublicken, da sie gespannt und ganz heiß vor Aufmerksamkeit der Alten zuhörte. Ihre Magd stand ein paar Schritte abseits, so daß sie nicht alle Worte verstand. Der Hund und das Kätzchen aber hatten sich wieder herangemacht, und nur der Rabe schien dem Landfrieden nicht zu trauen, sondern schlug auf dem Dachfirst zuweilen mit den struppigen Flügeln und krächzte, wie wenn er sehr ungehalten darüber wäre, daß das Königskind seinen Herrn von der Bank verdrängt hatte.

Und wie ging es dann weiter? fragte die Prinzessin, während die Alte ihre Augen trocknete, die bei der Erinnerung an die getäuschte Hoffnung übergegangen waren.

O Prinzessin, rief sie, schlecht genug ist's gegangen, ja schlimmer, als wir uns damals träumen ließen. Denn während seine Brüder schon ganz jung wacker mithalfen, etwas zu verdienen, hat der unnütze Wicht uns nur immer auf der Schüssel gelegen, und das tüchtig, da er von allen der stärkste und größte wurde. Nicht daß er zum Arbeiten zu faul gewesen wäre, vielmehr zeigte er sich anstellig und gutwillig zu allem, wozu sein Vater ihn brauchen wollte. Aber da ihn die tückische Patin verhext hatte, war kein Segen dabei; denn was er verdiente, hielt er mit keiner Hand fest, sondern verschenkte und verschleuderte alles an jeden ersten besten, der sich seine dumme Gutherzigkeit zunutze machte. Solange mein Jens und unsere anderen Jungen noch lebten, konnt' ich mich darüber trösten, daß ich an diesem jüngsten keine Freude erlebte und man ihm den Spitznamen aufgebracht hatte: *Niels mit der offenen Hand.* Denn wir hatten das mit dem Patengeschenk der geizigen Fee nicht geheimgehalten. Wie ich nun aber Witwe geworden war und hatte von meinen sieben nur den einen, den Nichtsnutz, übrigbehalten, da sah ich, wie ich mit ihm gestraft war, statt daß ich an ihm einen Versorger gehabt hätte. Denn er rührt sich freilich bei Tag und Nacht, wo's eine Arbeit gibt, und ist der geschickteste Fischer weit herum. Aber wenn er mit einem schweren Netz von seinem Fang zurückkehrt – im Umsehen ist ihm die ganze Beute durch die Finger geglitten. Zuerst schon auf der See. Denn sogar die Möwen kennen ihn und wissen, daß er ihr Schreien und Betteln um sein Boot nicht hören kann, ohne ihnen ein paar Fische hinzuwerfen. Und dann am Strand, wenn er eben gelandet ist, stehen schon in Haufen die armen Leute und zerlumpten Kinder und brauchen nur die Hand auszustrecken, so haben sie ihren Teil weg von seinem Fang. Dabei ist er immer noch ein so guter Sohn, daß er ein Weniges zurückbehält, um mich nicht Hunger leiden zu lassen, wenn auch für ihn nichts übrigbleibt, so daß ich mich oft wundere, wie er sich nähren mag, um doch immer gesund und stark zu bleiben. Daran aber denkt er nicht, daß wir aus unserer Armut uns herausreißen könnten, wenn er seine Fische zur Stadt trüge und auf dem Markt verkaufte, statt sie an Tagediebe und Lumpengesindel zu verschenken. Sieh nur das Dach unserer Hütte an, wieviel Löcher es hat, und die Wand dort wird nächstens zusammenbrechen. Aber wir haben's nicht dazu, den Dachdecker und Maurer zu bezahlen, und was Niels daran flickt, reißt bald wieder ein. Du hast ihn gesehen, Prinzessin, in seinem schlechten Anzug, obwohl Sonntag ist. Aber wie soll er anständiger einhergehen, da er überhaupt keine anderen Kleider hat, als die er auf dem Leibe trägt, und mit denen er in Wind und Wetter aufs Meer hinausfährt? Wenn sein Hemd gewaschen oder seine Hose geflickt werden muß, legt er sich zu Bett und wartet, bis ich alles notdürftig zustande gebracht habe. O du mein Heiland, welch ein Kreuz hast du mir armem Weibe mit diesem Sohne aufgeladen.

Sie weinte still vor sich hin, daß es die Prinzessin recht erbarmte, aber sie wußte ihr keinen besseren Trost, als daß sie sagte: Er ist noch jung, und Verstand kommt nicht vor Jahren.

Die Alte aber schüttelte heftig den Kopf.

Nein, Prinzessin, dazu ist keine Hoffnung. Ja, wenn er nicht von der Fee verwunschen worden wäre! So aber ist es ihm schon als kleinem Balg ins Blut gegangen. Selbst den Tieren, wenn sie ihn anbetteln, kann er nichts abschlagen. Wie oft hat er seinen letzten Bissen mit dem Hund *Thor* und dem Kätzchen *Mimir* geteilt oder dem Raben *Hugin* einen gebratenen Fisch in den Schnabel gesteckt. Und einmal betraf ich ihn sogar, wie er die Mäuse fütterte, die unter dem Herde pfiffen, und lachte, als ich ihn ausschalt, daß er solche Diebe uns noch recht ins Haus gewöhnen wollte: sie seien gar zu lustige Narren und hätten so gut Hunger, wie andere Geschöpfe. Nein, er wird sich nie bessern. Hat er nicht eben erst eine so himmelschreiende Torheit begangen, da er das kostbare Geschmeide an dich wegschenkte, die du ja sonst schon schöne Sachen in Fülle hast? Als er gestern abend die Perlen von seiner Fahrt mit nach Hause brachte, war ich in heller Freude und sagte ihm: dafür gibt uns der Händler in der Stadt einen Haufen Geld, und wir können uns endlich ein bißchen regen. Ich kaufe dir einen neuen Anzug und mir einen Mantel, denn mein alter ist nachgerade nur noch ein mürber Fetzen. Ich wollte auch die Schnur in Verwahrung nehmen, da ich ihm nicht traute, er aber sagte: Laß sie mir nur noch, Mutter! Ich freue mich so an dem Glanz. Und so war ich einfältig genug, sie ihm zu lassen, denn ich fürchtete nicht, er möchte das königliche Geschmeide an Schifferkinder oder Bettelweiber verschenken. Dir, Prinzessin, hätt' ich es wohl gegönnt, dein Vater hätte es nach seinem Werte bezahlt. Daß er aber nichts dafür nehmen will, weil er es dir einmal freiwillig verehrt hat –

Sei unbesorgt, Frau, fiel ihr die Prinzessin ins Wort. Ich habe ihm schon gesagt, ich nehme so etwas Kostbares nicht geschenkt. Nun will ich es nur gleich dem König, meinem Vater, zeigen und schicke dir das Geld dafür, du magst es für euch verwenden, wenn Niels nichts davon hören will.

Damit winkte sie ihrer Magd, warf noch einen Blick in die Hütte, ob Niels nicht wieder zum Vorschein käme, und ging, der Schiffersfrau gnädig zunickend, auf ihren bloßen Füßchen hinweg dem Königsschloß zu.

* * *

Es war aber noch keine Stunde vergangen, die Mutter hatte die Schüsseln, aus der sie ihr dürftiges Mahl eingenommen, soeben abgespült und das Herdfeuer gelöscht, Niels lag lang ausgestreckt auf der Bank in halbem Traum, durch den das Goldhaar und die blanken Füßchen einer schlanken jungen Schönheit schimmerten, da kam vom Schlosse daher ein finster blickender Mann mit einem breiten Schwert im Gurt und einem großen Spieß in der Hand, fragte nach dem Schiffer Niels und sagte, er habe selbigen vor das Angesicht des Königs zu führen.

Die Mutter, die nicht anders dachte, als ihr Sohn werde bei Hofe besonders geehrt und mit einem schweren Beutel voll Gold entlassen werden, wurde ganz rot vor Freuden, kämmte ihrem Niels erst noch das Haar und strich ihm die Falten aus der Jacke. Dann sah sie ihm, der wie in einem Traum dem Abgesandten folgte, so lange nach, als ihre Augen ihn erreichen konnten. Endlich einmal, dachte sie, wird er mit voller Hand zu mir zurückkehren, und daß er sie nicht gleich wieder auftut, dafür will ich schon sorgen.

Auch Niels, obwohl Vorausdenken sonst nicht seine Sache war, erhoffte sich einen freundlichen Empfang und war nicht wenig bestürzt, als er, vor den König geführt, der in einer großen düsteren Halle beim Becher saß, dessen strafenden Blick auf sich gerichtet sah. Neben dem grimmigen Vater saß freilich seine Tochter, die jetzt ihr Haar geflochten und wie ein goldenes Diadem um den feinen Kopf geschlungen, auch ihre Füße wieder beschuht hatte, übrigens aber mit einem halb schmollenden, halb bekümmerten Gesicht vor sich hinsah, als ob sie dem Jüngling nie im Leben begegnet wäre.

Der König musterte ihn erst vom Kopf bis zu den Füßen und sagte dann mit einer rauhen Stimme und etlichem Knirschen seiner starken Zähne: Du hast der Prinzessin eine kostbare Perlenschnur geschenkt. Wie bist du in ihren Besitz gekommen? Daß du sie, wie du sagst, aus dem Meere gefischt hättest, klingt wie ein erlogenes Märchen. Wahrscheinlich hat die Flut sie von einem gescheiterten Schiff an den Strand gespült, wo du sie gefunden hast. Weißt du nicht, welche Strafe darauf steht, wenn jemand sich Strandgut aneignet, statt es dem König auszuliefern?

Herr König, sagte Niels, indem er die Augen furchtlos erhob, obwohl die Anklage ihm das Blut in die Wangen trieb, es verhält sich nicht so, wie du mir schuld gibst. Die ganze Wahrheit aber habe ich freilich auch der Prinzessin Stina nicht gesagt, weil sie nicht weiter danach fragte. Nun aber will ich dir nichts verhehlen. Du wirst dich entsinnen, daß vor zwei Nächten ein gewaltiger Sturm an unserer Küste getobt hat. Wie ich aber am anderen Morgen mit meinem Boot hinausfuhr, um nach den Netzen zu sehen, die ich tags zuvor gelegt hatte, war das Wasser glatt wie meine Hand, die Luft so still, daß ich das Segel reffen und mich in die Riemen legen mußte. Ich war wenig froh, denn ich fürchtete, ich würde die Netze zerrissen finden und keinen Fang machen. Und so war's auch; und auch sonst, soweit ich in die stille Flut hinabschauen konnte, kein Fisch ließ sich blicken. So fuhr ich immer weiter in die See hinaus, bis zu der Klippe, die du kennst, die mit den oberen Zacken wie mit zwei Hörnern mannshoch aus dem Wasser herausragt, und man nennt sie darum die Teufelsklippe. Da wollt' ich, da es schon Mittag geworden war, anlegen und ein wenig rasten, auch einen Bissen Brot essen, weil ich Hunger bekommen hatte. Wie ich mich aber über den Bootsrand beuge, um zu sehen, wie es drunten war, damit ich nicht auf eine Felsenzinke aufliefe, sehe ich unten etwas blitzen wie einen goldenen Reif. Und ohne mich zu besinnen, spring' ich über Bord, tauche hinunter und fasse das blanke Ding, und da ich, wieder hinaufgekommen, es oben im Licht betrachte, war's ein Krönlein vom feinsten Golde, nur daumensbreit, doch an jedem seiner Zacken ein funkelnder Stein, wie ich so Herrliches nie zuvor gesehen hatte.

Ich band nun mein Boot an der Klippe fest und stieg selbst hinaus, um in der Sonne meine Kleider zu trocknen. Ich hatte aber nur erst eine kleine Weile da oben gesessen, immer das goldene Ding hin und her wendend, um es in der Sonne blitzen zu lassen, da sah ich fern übers Meer etwas herankommen, wie einen Wagen, den Rosse mit silbernen Mähnen zogen, und in dem Wagen saß eine Frau, deren Haar hinter ihr drein flatterte und tausend Perlen ringsumher versprühte. Als sie aber ganz nahe herangekommen war, erkannte ich, daß sie nicht in einem Wagen saß, sondern in der hohlen Welle schwamm, und daß die silbernen Mähnen nichts waren als die schäumenden Flutkämme.

Die letzte Woge hob sie auf meine Klippe hinauf, unweit von meinem Sitz, und ich sah jetzt, daß es keine andere als die Meerfrau war, die mir freundlich zunickte, so daß ich keine Furcht empfand.

Verwegener Lügenbold! herrschte ihn der König an. Wagst du mir alte Schiffermären aufzutischen? Hundertmal bin ich übers Meer gefahren, und keine Meerfrau ist mir je begegnet.

Verzeiht, Herr König, erwiderte der Jüngling bescheiden, mein Vater, der nie eine Lüge sagte, hat mir erzählt, daß er selbst sie einmal gesehen habe, auch wie ich am hohen Mittag in der hellen Sonne, und hat sie mir beschrieben, ganz wie ich sie jetzt neben mir sah, eine schöne Frau, nicht übermenschlich groß, in einem langen Gewande, grün wie Seegras, aber ganz leicht und durchsichtig, denn die Meerspinne habe es ihr gesponnen, sagte der Vater. Und ihr langes Haar, das sie umfloß wie ein Mantel, sei ganz mit Perlenschnüren durchflochten gewesen, und zuoberst sei ihr ein goldener Kronreif gesessen. So sei sie vor ihm aufgetaucht, aber da sie ihn gewahrte, gleich wieder in die Tiefe geschossen, wie ein aufgeschreckter Seehund von einer Klippe. Nun, diesmal floh sie nicht, sondern schien sich in der starken Sonnenglut ganz wohl zu behagen, so daß ich sie genau betrachten konnte. Es war alles an ihr, wie der Vater gesagt hatte, nur viel schöner, als ich mir's vorgestellt, zumal die Augen der Frau so groß und glänzend, daß ich immer nur hineinsehen mußte, als hätten sie mich verzaubert. Und so rührte ich mich nicht, und das Brot, von dem ich gegessen hatte, fiel mir aus der Hand und rollte die Klippe hinab ins Meer. Da lachte die schöne Frau und sagte: Laß dir's nicht leid sein; ich will dir den Verlust reichlich vergüten.

Wieder eine verdammte Lüge! brauste der König auf. Weiß man nicht, daß alle Necken und Nixen, Meerweiber und Wassermänner stumm sind wie die Fische?

Es mag wohl sein, Herr König, versetzte Niels, indem er den wilden Blick des Gewaltherrn ruhig aushielt. Ich kann nur sagen, was sich mit mir zugetragen hat, und das war, daß die Meerfrau jene Worte sprach, in einer Mundart, die ich nicht allzu gut verstand; es klang fast wie die Rede der Matrosen auf den engelländischen Schiffen, die zuweilen an unserer Küste anlaufen. Auch habe ich nicht alle ihre Worte behalten, nur daß sie mir klarmachte, die Krone, die ich heraufgeholt, gehöre ihr, und ich solle sie ihr wiedergeben. Der furchtbare Sturm gestern habe das

Meer bis zum Grunde aufgewühlt, obwohl es sonst in der Tiefe immer still und klar sei, und habe ihr den Goldreif vom Kopf gerissen und so jählings weggetrieben, daß sie ihn nicht habe wiederfinden können. Sie brauche aber ihre Krone, denn an der hänge ihre Herrschgewalt.

Nun war ich nicht sehr zufrieden damit, daß ich den Schatz herausgeben sollte. Denn ich wußte wohl, was er wert war, und daß ich, wenn ich ihn dem Goldschmied verkaufte, viel Geld dafür bekommen würde, genug, um uns eine neue Hütte zu bauen, meiner Mutter einen Mantel zu kaufen für den Winter und ein neues Gewand für mich selbst. Da sie aber darum bat und mich so beweglich mit den glänzenden Augen dabei anblickte, das Krönchen ja auch ihr gehörte, besann ich mich nicht weiter, sondern reichte es ihr hin. Sie griff danach mit beiden Händen, setzte sich's auf ihr schwarzes Haar und schlang eine Strähne desselben durch den Reif, ihn so zu befestigen. Dabei lächelte sie mich gütig an und sagte: Du sollst nicht bloß Dank haben, sondern auch deinen Finderlohn. Damit band sie sich eine Perlenschnur vom Halse – diese da, die auf dem Tische liegt, – und gab sie mir, indem sie sagte: Du magst deine Liebste damit schmücken. Ich habe keine Liebste, antwortete ich. *Annlieschen*, die ich geliebt habe, ist tot. Nun, sagte sie, du findest wohl eine andere, die schön genug ist, daß sie solchen Halsschmuck tragen kann. Und dann lachte sie, nickte mir noch einmal zu und winkte mit den weißen Armen zur Flut hinab. Sogleich fing es unten, wo es bis dahin spiegelglatt gewesen war, mächtig an zu wallen und zu schäumen, eine hohe Sturzwelle schwang sich bis zur Höhe der Klippe hinauf und ergriff die Meerfrau wie mit einem starken Arm, so daß sie ganz darin eingehüllt wurde und alsbald vor meinen erstaunten Augen in der Tiefe verschwand.

* * *

Während Niels dies erzählte, hatte die Prinzessin ihn unverwandt angeblickt. Jetzt aber, da der König mit der Faust auf den Tisch schlug, daß die Schüsseln und Becher klirrten, wandte sie ihre Augen zu ihrem Vater, dem die Ader an der Stirn blutrot angelaufen war, und wollte zu sprechen anfangen. Der König aber fuhr in die Höhe und rief: Man werfe diesen frechen Lügner in den Turm! Hat er geglaubt, uns mit einem Kinder- und Ammenmärchen zum Narren halten und so den Kopf aus der Schlinge ziehen zu können? Bis morgen früh soll er Zeit haben, sich zu besinnen, ob er die Wahrheit gestehen will, wo er die Perlenschnur gestohlen hat, oder ob er vorzieht, sich ein anderes Halsgeschmeide umknüpfen zu lassen.

Damit wollte er die Halle verlassen, während der Gewappnete schon zu Niels herantrat, ihn abzuführen. Die Prinzessin aber hielt den grimmigen Vater am Ärmel seines Rockes fest. Vater, sagte sie mit ganz nachdrücklicher Stimme, tu das nicht! Du würdest eine Gunst und Gabe, die man deiner Tochter erwiesen, mit schnödem Undank lohnen. Wenn nicht alles so wäre, wie der junge Schiffer gesagt, würde er seinen Raub dann nicht sorgsam verwahrt und eilig zu Gelde gemacht haben, statt am hellen Tage seine Augen daran zu weiden? Und wenn er mir die Schnur geschenkt hat, ist das nicht ein Zeichen, daß er nicht an Geldgewinn denkt, da er sich weigerte, sich sein Geschenk bezahlen zu lassen? Du zuckst ungläubig die Achseln, Vater, als gäbe es nicht so uneigennützigen Sinn unter deinem Volk. Mögen die anderen sein, wie sie wollen, in diesem aber hat von Geburt an ein besonderer Geist gewohnt, denn eine Fee hat ihn in der Wiege verwunschen, und seitdem hat er sich so betragen, daß man ihn mit gutem Grunde Niels mit der offenen Hand nennt.

Sie sah dem Vater während dieser Rede furchtlos ins Gesicht und streichelte ihm zugleich mit bittender Gebärde den Arm. Er aber stieß sie von sich weg, nun vollends in hellem Zorn.

Hat er dich angesteckt mit seinen Lügenkünsten, rief er, daß du nun auch auf Fabeln und Phantastereien sinnst, um ihn vor der verdienten Strafe zu bewahren? Du selbst hättest Strafe verdient, da du meinem Gebot zuwider dich mit diesem gemeinen Schiffergesellen eingelassen und ein Geschenk von ihm angenommen hast. In deine Kammer, zuchtloses Ding, und laß dich nie wieder auf einem ähnlichen Ungehorsam betreffen! Den Burschen aber bindet mir gut und werft ihn in die festeste Zelle. Da mag er sehen, ob eine Fee sich findet, die ihn befreien will!

Während dieses ganzen Auftritts hatte Niels keinen Blick von der Prinzessin verwandt und hätte ihr jetzt gern gedankt, daß sie seine Fürsprecherin gemacht hatte. Dazu aber ließ ihm der Büttel keine Zeit, der ihn bei den Armen ergriff und aus der Halle hinausstieß. Er führte ihn über den weiten Hof der Königsburg zu einem Türmchen in der Ecke, wo er ihm eine enge Zelle aufschloß und ihn allein ließ, nachdem er ihm mit festen Stricken die Füße gefesselt und die Hände auf den Rücken gebunden hatte.

Nicht lange darauf kam er wieder, stellte einen Krug mit Wasser auf einen Stein und legte ein Stück Brot daneben, worauf er den Riegel draußen klirrend wieder vorschob. Diese karge Atzung war aber nur ein Hohn, da der Gefangene die Hände nicht rühren konnte, danach zu greifen. Auch machte ihm der Hunger nicht zu schaffen. Er saß auf seiner Schütte von halbverfaultem Seegras, die ihm zum Lager dienen sollte, und bedachte sein betrübsames Abenteuer und die nahe Todesgefahr. Gleichwohl war er ganz vergnügten Sinns und hätte nichts anderes gewünscht, als sich's ereignet hatte. Denn wenn auch das Geschenk der Meerfrau eine bedenkliche Gabe gewesen war, hatte sie ihm doch die Bekanntschaft der schönen Prinzessin eingetragen, deren tapfere Worte zu seiner Verteidigung ihm noch jetzt wie eine liebliche Musik in den Ohren klangen.

Also saß er wohlgemut in seinem düsteren Loch und horchte um sich her. Bald wurde es draußen am Turm lebendig, er hörte Weinen und Wehklagen von Weiber- und Kinderstimmen, darunter die Stimme seiner Mutter, die ihm einen Stich ins Herz gab. Sie allein würde ihn vermissen, wenn er morgen vom Meister Hämmerling aus der Welt geschafft würde. Er hoffte aber, die gütige Königstochter werde sich ihrer annehmen, daß sie nicht elend verschmachten und verderben müßte.

Dann verstummte das Klagen seiner guten Freunde draußen. Die Knechte des Königs hatten den Schwarm hinweggescheucht, nur sein treuer Hund war geblieben, der lag heulend und winselnd auf der Schwelle und wies jedem knurrend die Zähne, der ihn von dort vertreiben wollte.

Als es nun gegen die Nacht ging, regte sich endlich doch in dem Gefangenen ein Hunger, der durch den Anblick des unerreichbaren Brotes nur verschärft wurde. Eben besann er sich, ob er sich nicht bis zu dem Steintisch hinwälzen und das Brot wie ein Hund mit den Zähnen fassen sollte. Da hörte er hinter sich einen leisen Ton, ein Knuspern und Nagen, dazwischen zuweilen ein Pfeifen, das ihm sagen zu wollen schien, welch eine lebendige Gesellschaft sich in seine Zelle geschlichen hatte. Auch merkte er, daß sich die hänfene Fessel an seinen Handgelenken lockerte und endlich ganz abfiel. Sogleich sprangen die beiden grauen Mäuse, die das Samariterwerk verrichtet, hinter seinem Rücken hervor und machten sich eifrig an den Strick, mit dem die Füße umknotet waren.

Niels sah ihnen lächelnd zu. Wenn die Mutter hier wäre, sagte er, würde sie mir recht geben, daß die paar Krumen, die ich den kleinen Gesellen streute, nicht verschwendet gewesen waren.

Er bückte sich, den fleißigen Tierchen das graue Fell zu streicheln, und half ihnen dann bei der Arbeit, so daß er bald frei auf seinen Füßen stand und seine Freunde mit einem Vergelt's Gott! entlassen konnte. Denn von dem Brote, das er mit ihnen teilen wollte, nahmen sie nicht das kleinste Bröckchen an und schlüpften hurtig zu ihrem Mausloch hinaus.

Ihm selbst wollte die Speise nicht munden, da das Brot gar zu hart und muffig war. Wie er aber so saß und die Bissen mit dem klaren Wasser hinunterspülte, fiel plötzlich etwas Weißes neben ihm zu Boden, das durch das enge vergitterte Fensterchen geworfen worden war. Als er aufblickte, sah er den Raben Hugin zwischen den Eisenstäben sitzen und seinen Schnabel daran wetzen, und erkannte, daß das Weiße, das er ihm zugeworfen, ein Käse war, den sein alter Freund irgendwo entwendet und sich selbst vom Schnabel abgespart hatte, obwohl Käse seine Leibspeise war.

Diese Großmut rührte Niels gar sehr. Er nickte seinem Wohltäter dankbar zu und ließ sich dann in aller Gemütsruhe die gute Gabe schmecken. Denn obwohl er wußte, daß es seine Henkersmahlzeit sein sollte, war er doch nicht betrübt und bangen Herzens, da er sich keines Verbrechens bewußt war.

Als er dann den Käse verspeist hatte, legte er sich auf das modrige Lager und schickte sich zur Nachtruhe an. Doch warf er sich lange hin und her, ohne Schlaf zu finden. Der Mond schoß einen blanken Lichtpfeil durch die kleine vergitterte Luke, und in der silbernen Dämmerung sah der Gefangene beständig das Gesicht der Prinzessin vor sich, mit der traurig mitleidsvollen Miene, mit der sie ihn während der grimmigen Reden ihres Vaters betrachtet hatte. Auch hörte er draußen am Turm seinen getreuen Thor winseln, der es nicht anders wußte, als daß ihm nachts in der Kammer seines Herrn gebettet sein mußte.

Endlich aber fielen ihm doch die Augen fest zu, und er träumte einen schönen, lustigen Traum von der Meerfrau, mit der er auf der Klippe wieder zusammen war, und da aus den Wellen ringsum eine liebliche Harfenmusik ertönte, forderte sie ihn auf, mit ihr zu tanzen. Es gelang aber schlecht, da er schwere Holzschuhe trug, auch das Tanzen nicht gelernt hatte, so daß sie ihn plötzlich stehen ließ, ihm einen Schlag auf die Wange gab und lachend sagte: Geh, du plumper Geselle! Ich sehe, ich muß dir eine andere Tänzerin suchen, die es besser versteht, dich herumzuschwingen. Und da stand plötzlich an Stelle der Meerfrau Prinzessin Stina vor ihm, nickte ihm zu und fragte mit einer süßen Stimme: Willst du's mit mir versuchen? Damit faßte sie ihn an den Schultern und drehte ihn im Kreise, und obwohl er aufzuhören bat, da ihm schwindlig wurde, ließ sie ihn nicht los, sondern wirbelte ihn immer rascher herum und zuletzt über den Rand der Klippe hinaus auf das Meer, das war aber fest und glatt wie ein Tanzboden, und er konnte auch ganz leichte die Füße setzen und umfing nun seinerseits die schlanke Königstochter mit seinen starken Armen, bis sie atemlos bat, sie freizugeben, da sie ersticken müsse. Nein, sagte er, du mußt mit mir tanzen bis an den lichten Morgen; du weißt ja, es ist meine letzte Freude im Leben, denn morgen werde ich gehängt, und wenn meine Füße dann zwischen Himmel und Erde tanzen, wird es mir, fürcht' ich, wenig Spaß machen.

Aus diesem Traum aber weckte ihn plötzlich eine Stimme, die seinen Namen rief, und da er in die Höhe fuhr, sah er wirklich die Prinzessin leibhaftig vor sich stehen, hell vom Mond beschienen. Zugleich aber fühlte er sich von den rauhen Tatzen seines Hundes an den Schultern gepackt und hörte Thors freudiges Heulen nahe an seinem Gesicht, so daß er Mühe hatte, die ungestüme Liebkosung abzuwehren und sich vollends aufzurichten. Das Herz pochte ihm heftig, als er nun zur Besinnung kam und sah, daß es kein Traum mehr war. Er brachte aber kein Wort mehr über die Lippen.

Niels, sagte das Königskind, das über und über errötet war, ich bin gekommen, dir die Fesseln zu lösen und dich vom Tode zu retten. Denn mein Vater ist willens, seine Drohung wahrzumachen, wenn du nicht sagen kannst, daß ein anderer als die Meerfrau dir die Perlenschnur geschenkt hat. Da du aber nicht lügen kannst, so würde dies deine letzte Nacht gewesen sein, wenn du dich nicht eilig aus dem Turm davonmachst und dich hier im Lande fürs erste nicht mehr blicken läßt. Ich habe dir auch in diesem Beutelchen etwas Geld gebracht, soviel ich mir von meinem Taschengeld erspart habe. Nun sieh mich nicht länger so verträumt an, sondern mach, daß du fortkommst. Im Schloß schlafen alle. Eh' der Morgen scheint, kannst du schon viele Meilen weit und in Sicherheit sein. Ich aber werde mir nicht vorwerfen müssen, deinen kläglichen frühen Tod verschuldet zu haben.

Der Gefangene aber rührte sich nicht. Erst als sie ungeduldig wurde und nach seiner Hand haschte, ihn hinauszuführen, trat er einen Schritt zurück und sagte: Du bist gut und mitleidig, Prinzessin, wie ein himmlischer Engel. Ich kann aber nicht tun, was du von mir verlangst. Der König hat mich einen Dieb gescholten. Wenn ich mich aus dem Turm heimlich wegstehlen wollte, würde er ja mit seinem Vorwurf recht behalten, und auf mir bliebe der Verdacht, daß ich auch zu der Perlenschnur nicht auf ehrliche Weise gekommen wäre. Du aber trägst keine Schuld an meinem Schicksal, ich habe dir den Schmuck freiwillig geschenkt, und die Bitterkeit meines letzten Stündleins wird es nur versüßen, daß du mir ein freundliches Herz gezeigt hast und daß ich überhaupt dir begegnet bin und mich an deinem hellen Antlitz gefreut habe.

Er schwieg plötzlich, denn es war ihm selber wundersam, wie ihm die Rede so leicht von den Lippen geflossen war, da er sonst wortarm und schüchtern zu sein pflegte, sooft er mit einem Vornehmeren zu reden hatte. Als aber die Prinzessin mit seiner Antwort sich nicht zufriedengab, sondern immer lebhafter in ihn drang, da die Zeit verstrich, blieb er stumm und schüttelte nur immer eigensinnig den Kopf, so daß sie endlich ganz ärgerlich ausrief: Ich sehe, du bist auch nur ein dummer Fischerjunge, und wem nicht zu raten ist, dem ist nicht zu helfen.

Damit wandte sie sich heftig ab, als wollte sie ihn verlassen, blieb aber stehen und sagte: Du hast da einen silbernen Ring am Finger. Würdest du mir den nicht zum Andenken schenken?

Er betrachtete mit einem stillen Seufzer die Hand, an der das verbogene alte Reifchen steckte. Es tut mir leid, Prinzessin, sagte er, diesen Wunsch kann ich dir nicht gewähren. Den Ring gab mir das Annlieschen, als wir uns verlobten, sie war sechzehn Jahre alt und ich siebzehn, und wir waren Nachbarskinder und hatten uns von klein auf gern gehabt, und ich gab ihr ein Korallenringlein dagegen, das hat sie dann mit ins Grab genommen, als sie ein Jahr darauf gestorben war, weil sie eine zu zarte Brust hatte und den rauhen Winter nicht ertrug. Der Ring aber, den sie mir geschenkt hat, der soll nun mit mir begraben werden, daß, wenn ich dem Annlieschen im Himmel begegne, sie gleich sieht, daß ich ihr die Treue gehalten habe.

Die Prinzessin besann sich einen Augenblick.

Wenn du wirklich am Galgen sterben mußt, kommst du nicht in den Himmel, sagte sie, oder wenn du dem Annlieschen doch begegnest, kannst du ihr ja sagen, daß du ihren Ring mir gegeben hast zum Dank dafür, daß ich dich habe befreien wollen. Sieh, ich habe hier einen viel schöneren, mit einem blitzenden roten Edelstein, den will ich dir dafür geben.

Damit der Meister Hämmerling ihn mir vom Finger zieht, eh' er mir die Schlinge um den Hals legt? Das wäre dir selber zur Unehre, denn man würde gleich wissen, das kostbare Kleinod könne nur dein Geschenk gewesen sein.

Nun denn, sagte die Prinzessin mit leiser Stimme und trat dicht an ihn heran, wirst du mir auch meine Bitte versagen, wenn ich dir für den Ring einen Kuß gebe?

Es war ganz still im Turm auf diese heimlich hingehauchten Worte. Der Gefangene sah einen Augenblick das schöne, helle Gesicht des Königskindes vom Mond überglänzt ganz dicht an dem seinen, die blauen, zärtlichen Augen und den halbgeöffneten roten Mund, der ihn mit holder Verschämtheit anlächelte. Dann fuhr er mit der Ringhand an sein klopfendes Herz, seufzte tief auf und kehrte sich dem Fenster zu. Da stand er unbeweglich, am ganzen Leibe zitternd, und hörte nur noch, wie hinter seinem Rücken die Prinzessin zornig sagte: Du verdienst nicht deinen Namen ›Niels mit der offenen Hand‹, denn ich sehe, daß du doch geizig bist. Es tut mir leid, daß ich mir so viel Mühe mit dir gegeben. Gute Nacht!

Damit ging sie hinaus und warf die Türe hinter sich zu.

* * *

Als er dann wieder allein war, atmete er noch eine Weile schwer und ging in dem engen Raum mit glühenden Adern umher wie ein Eichhörnchen in seinem Bauer, Thor immer an seinen Fersen. Zuletzt streckten sie sich beide auf das niedere Lager hin und schliefen ein, wobei der Hund seinen rauhen Kopf dicht an die Brust seines Herrn gedrückt hielt.

Der erste rote Morgenschein fiel durch das Gitterfenster auf die Schlafenden, da wurde der Riegel draußen zurückgeschoben, und der König trat ein, in einem langen schwarzen Hausrock, statt der Krone eine Eisenkappe auf dem gewaltigen Kopf. Noch einmal richtete er an den sofort sich ermunternden Niels die Frage, ob er die Wahrheit gestehen wolle, und als er die Antwort hörte, er habe nichts anderes ausgesagt, als was die Wahrheit sei, gab der König dem Büttel einen Wink, den Gefangenen zum Tode abzuführen.

Über Nacht war unweit vom Schloß auf der hohen Düne ein Galgen errichtet worden, bei welchem der Nachrichter bereits des armen Sünders harrte. Doch hatte sich trotz der frühen Stunde auch noch eine andere Gesellschaft hinzugefunden, alle Weiber und Kinder aus den Schifferhütten am Strande und von den Männern so viele, als nicht auf die See hinausgemußt hatten, nach ihren Netzen zu schauen: Oben auf dem Galgen aber saß ein dichtes Volk weißer und grauer Möwen, schreiend und sich raufend um einen Platz auf dem Querbalken und immer wieder heranfliegend, sooft auch der Henker mit einer schweren Stange in das Gewimmel hineinschlug.

Der Himmel hatte sich, nachdem das erste Morgenrot verglommen war, dich überzogen, und als der Gefangene jetzt, zwei bewaffnete Knechte an seinen Seiten, Thor hinter ihm in seinen Fußstapfen, auf der Stätte des Gerichts erschien, fing es an, droben aus den Wolken zu rieseln und schwer herabzurauschen. Zugleich aber erhob sich unter der Menge, die Kopf an Kopf gedrängt im Kreise stand, ein Jammergeheul, das der Sturm nicht zu übertönen und die Kriegsknechte mit ihren geschwungenen Hellebarden nicht zu hemmen vermochten. Erst als man den König Klas Eisenzahn den Platz betreten und auf einem erhöhten Sitz sich niederlassen sah, verstummte der laute Wehruf, als fürchtete ein jeder, das Auge des grausamen Herrn auf sich zu lenken, wenn er seinem Mitleiden mit dem zum Tode Geführten Luft machte. Man raunte nur untereinander, Prinzessin Stina habe sich noch in der letzten Stunde dem Vater zu Füßen geworfen, um Gnade flehend, aber nichts anderes erreicht, als daß der König sie mit Füßen von sich gestoßen, dann aber vom Boden aufgegriffen und in ihre Kammer gezerrt habe, wo er sie unter lauten Drohungen und Verwünschungen eingeschlossen habe.

Die einzigen, die in dieser bangen Stunde gleichmütig erschienen, waren der arme Sünder und der in ein rotes Wams gekleidete finstere Mann, der ihn mit des Seilers Tochter vermählen sollte.

Ganz gelassen zerbrach er auch das Stäbchen und nahm die Schlinge zur Hand, indem er Niels und seine Begleiter näher heranwinkte. Der Jüngling hob frei das Haupt, daß sein dichtes Haar im Winde flog, und bot sein Gesicht den sprühenden Regentropfen, wie um die letzte Lebensglut sanft zu kühlen. Dann streckte er grüßend beide Arme über die Köpfe der Menge weg nach der Gegend aus, wo die Hütte seiner Mutter lag, und bestieg mit festem Schritt ohne weiteres Zögern die Sprossen der Leiter, die ihn geradewegs zu Annlieschen in den Himmel führen sollte.

Da aber ereignete sich etwas Wunderbares.

Denn kaum hatte der Henker die hänfene Schlinge dem armen Sünder um den entblößten Hals gelegt, so stürzten zwei große Möwen vom Galgenbalken herab und hieben, bissen und zerrten mit ihren scharfen Schnäbeln so heftig an dem Strick, daß er in zwei Stücken auseinanderfiel.

Ein großes Freudengeschrei aus viel hundert Kehlen erhob sich, da die Menge sah, wie die wilden Vögel sich dankbar dafür bewiesen, daß Niels auch an ihnen seine offene Hand bewährt und von seinem Fang ihnen mitgeteilt hatte. Der König allein hatte den Vorgang mit einem Zornesblitz seiner kleinen Augen begleitet. Er winkte heftig zu dem Gerüst hinauf, wo jetzt der Henker ruhig in die lederne Tasche griff und einen zweiten Strick hervorholte. Als es diesem nicht anders erging als dem ersten, so daß er vom Nacken des Verurteilten mit zwei schlaffen Enden herabglitt, machte der in seiner Kunst so schmählich gestörte Mann eine verlegen fragende Gebärde zu seinem Herrn hinab, was er nun beginnen solle.

Häng den Schurken in Ketten an den Galgen und laß ihn dort, bis der Hunger ihm seine verlogene Seele aus dem Leibe treibt! rief Klas Eisenzahn, indem er, die Fäuste ballend, von seinem Sitz auffuhr. Er hatte aber seine wütende Rede kaum geendet, da begab sich ein neues Wunder. Die See, die bisher mit sanfter Brandung gegen das Ufer geschlagen hatte, wurde plötzlich in ihren Tiefen aufgewühlt, ein furchtbarer Orkan fuhr vom Himmel herab und schleuderte eine haushohe Springflut gegen die Düne, so daß alles Volk in einem Nu bis auf die Haut durchnäßt schreiend nach allen Seiten auseinanderstob, das bedrohte Leben zu retten. Der Hochsitz des Königs stürzte um, in gewaltigen Stößen unterwühlte die See die Pfosten des Galgens, so daß sie sich knirschend neigten und niederstürzten samt der Leiter und den beiden Gestalten, die darauf gestanden. Der Henker, ein schwerfälliger Mann, wurde von den wütenden Wellen verschlungen, Niels aber arbeitete sich mit kräftigen Armen aus dem Schwall in die Höhe und schwamm munter davon wie ein Fisch, der aus dem Netz entwischt, während hoch in der Luft die Vögel mit schadenfrohem Gekreisch über dem Haupte des entsetzten

Königs schwirrten, der aus dem salzigen Bad mit Not sich gerettet hatte.

Gleich darauf legte sich der Ungestüm der empörten Flut. Die Sturzsee fiel zusammen und zog sich mit hochaufspritzendem Schaum vom Lande zurück. Auf der höchsten Höhe der Wogen aber, vom Gischt umsprüht, der in den sieben Farben des Regenbogens schimmerte, sah man die Gestalt der Meerfrau, die, ihres Sieges sich freuend, ein helles Lachen erschallen ließ, mit ihrem blauen Schleier dem geretteten Jüngling zuwinkte und dann in der Tiefe verschwand.

* * *

Die Luft hatte sich plötzlich geklärt. Im strahlenden Sonnenschein schritt Niels, vom frohlockenden Volk umringt, seiner Hütte zu, sein Gesicht aber war still zu Boden gesenkt, denn er trug in den Armen seinen treuen Gefährten, den alten Hund, der in den Wellen ertrunken war.

Sein leichtes Gewand war bald wieder getrocknet, sowie die Tränen seiner Mutter, die, während man ihren Sohn zum Tode führte, in herzzerschneidendem Jammer am Herde gekauert und nur gewünscht hatte, diese grauenvolle Stunde möchte auch ihre letzte sein. Nun wußte sie vor Freuden nicht, was sie anfangen sollte, umhalste immer wieder ihr gerettetes Kind, fragte die Nachbarn unermüdlich aus, wie alles sich zugetragen, da Niels in seiner seltsamen Schwermut stumm vor sich hinstarrte, und nötigte ihn immer wieder, von dem Fischgericht zu essen, das sie ihm bereitet hatte. Er aber schüttelte verträumt den Kopf, ging in seine Kammer und warf sich auf sein Bett, um da stundenlang mit offenen Augen zur Decke hinaufzuschauen.

So wunderlich blieb er auch die nächste Zeit, als wäre er dem Leben noch immer nicht ganz zurückgegeben. Noch am nämlichen Tage hatte der tiefverstörte König ihm einen schweren Beutel voller Goldstücke gesendet, als Bezahlung für die Perlenschnur und Buße für die erlittene Todesangst. Er hatte sich heftig geweigert, ihn anzunehmen, und ihn endlich dem Boten vor die Füße geworfen, so daß die Mutter hinter seinem Rücken sich beeilte, ihn aufzuheben, um den König nicht zu erzürnen, wenn seine Gnade verschmäht wurde. Sie hütete sich auch wohl, den Schatz anzugreifen, da sie den Eigensinn ihres Sohnes kannte, sondern verschloß das Gold in ihrem Kasten, um abzuwarten, bis er sich etwa besinnen und das rechtmäßig erworbene Gut in Besitz nehmen möchte.

So vergingen etliche Wochen, da fiel es den Leuten auf, daß Prinzeß Stina sich nicht mehr blicken ließ, auch nicht zum Baden vom Schloß herabkam, obwohl es die heißeste Zeit des Sommers war. Bald verbreitete sich dann das Gerücht, sie liege krank darnieder und der Arzt wisse nicht zu helfen, da er mit seinem Latein zu Ende sei. Die Kranke weigere sich, Nahrung zu nehmen, durchwache lange Fiebernächte und sei zum Schatten abgezehrt, so daß der König, ihr Vater, schier verzweifeln wolle. Denn dies Kind war außer seinem Geld das einzige, was er auf Erden je geliebt, und wenn sie ihm durch den Tod geraubt würde, hätten all seine Truhen voll Gold und Edelsteinen keine Macht gehabt, ihn zu trösten.

Dann verlautete auf einmal, die Prinzessin habe erklärt, sie könne nur wieder gesund werden durch einen silbernen Ring, den sie aber nicht genauer beschrieb. Da ließ der König bekanntmachen, wer einen solchen Ring besäße und ihn der Prinzessin brächte, solle von ihm verlangen können, was ihm beliebe, und wenn er von fürstlicher Geburt wäre, würde er ihm auch die Hand seiner Tochter nicht weigern.

Nun sah man in Scharen alte und junge Männer, Vornehme und Niedriggeborene zu Klas Eisenzahns Schlosse pilgern, alle im Besitz eines silbernen Ringes, von dem sie die Heilung der Prinzessin und die Erfüllung ihrer kühnsten Wünsche erhofften. Alle diese Ringe wurden der Kranken vorgelegt, sie schob sie aber stets mit ihrer abgemagerten weißen Hand zurück und kehrte ihr fieberheißes Antlitz nach der Wand. Der rechte Ring war nicht unter diesen unzähligen.

Alles das war natürlich auch Niels zu Ohren gekommen, seine Schwermut aber hatte es nur noch tiefer verdüstert. Doch eines Tages, als man sich in den Schifferhütten mit Kummer erzählte, der Zustand der armen Königstochter habe sich dermaßen verschlimmert, daß sie vielleicht die nächste Nacht nicht überleben werde, trat Niels vor seine Mutter hin und bat sie, ihm das neue Gewand zu geben, das sie für ihn angeschafft und das zu tragen er sich bisher geweigert hatte, weil es mit dem Gelde des Königs bezahlt worden war. Als er sich dann sauber angekleidet und seinen Haarschopf gestrählt hatte, ging er, ohne von seinem Vorhaben etwas zu verraten, nach dem Schloß hinauf und sagte dem Torwart, er sei gekommen, der Prinzessin einen Ring zu bringen, der ihr vielleicht die Krankheit verscheuchen könne.

Der Mann maß ihn mit verächtlichem Blick. Was so vielen mächtigen und angesehenen Herren, darunter Söhne der Nachbarkönige, nicht geglückt sei, werde ein schlechter Schifferbursch wohl auch nicht zustande bringen.

Immerhin ging er, Niels zu melden, und kehrte mit sehr verändertere Miene zurück, winkte, ihm zu folgen, und geleitete den Jüngling in das Gemach, wo die Prinzessin nun schon viele Wochen zwischen Leben und Tod geschwebt hatte. Als Niels aber über die Schwelle trat, blieb er in einer wundersamen Beklommenheit stehen. Denn sie hatte sich in ihrem weißen seidenen Hemdlein, das ihr bis an die Füße reichte, erhoben und stand, sich auf ihren Vater stützend, der mit finsterem Gesicht nur widerwillig ihrem Winke gefolgt war, an ihrem Bette, die großen Augen mit einem rührenden Glanz auf den Eintretenden gerichtet, dem sie wie ein himmlisches Wesen erschien, so sehr war durch das Leiden alle muntere Frische von ihren Zügen gewichen. Als er nun aber scheu sich ihr näherte und den Ring von seinem Finger streifte, ihn ihr hinhaltend, ohne ein Wort hervorzubringen, überflog plötzlich eine liebliche Glut ihre zarten Wangen. Sie nahm den Ring aus seiner Hand und sagte mit einem still verschämten Lächeln: Du hast lange auf dich warten lassen, Niels. Fast wäre mir's zu lang geworden, da ich dachte, Annlieschen gäbe dich nimmer frei. Jetzt aber darfst du dich auch nicht weigern, meinen Ring für den deinen anzunehmen, und mein Herr Vater muß schon erlauben, daß ich dir auch den Kuß gebe, den du trotziger Mensch damals im Turm verschmäht hast.

Damit ließ sie den König los und sank, von ihrer Schwäche und dem unverhofften Glück überwältigt, dem Jüngling an die Brust. Der hielt sie eine Weile sprachlos in seinen starken Armen, bis er sie behutsam zu dem Sessel am Bette führte, wo vorhin der König gesessen hatte. Da ließ er sie nieder und sank selbst zu ihren Füßen und sah zu ihr hinauf, und sie beide vergaßen, daß der Vater nahe bei ihnen stand und noch nicht gesagt hatte, daß er nichts dagegen habe, sein einziges Kind einem geringen Schiffer zur Frau zu geben. Auch machte er Miene, als ob er Einspruch tun wollte, aber ein flehender, aber glückseliger Blick seiner Tochter versiegelte ihm den Mund. So knurrte er nur ein paar wilde Worte in den Bart und schritt hinaus, die Tür mit dröhnendem Schalle hinter sich zuwerfend.

* * *

Weiter ist nun von den beiden Glücklichen nichts zu berichten, als daß nach Verlauf einer Woche, in der die Todkranke wie durch ein Wunder schöner als zuvor wieder aufgeblüht war, die Hochzeit gefeiert wurde, und daß es eine Hochzeit war, wie sich die ältesten Leute keiner ähnlichen entsinnen konnten. Denn der Gemahl der Königstochter hatte alle seine alten Freunde zum Fest geladen, nicht bloß die menschlichen Bewohner der niederen Hütten, sondern auch die Haustiere und die Vögel in den Lüften, und der treue Rabe spazierte feierlich auf der Tafel herum und pickte dann und wann einen Bissen von den Tellern auf. Nur ein unfroher Gast saß an dem reichbeladenen Tische, das war der Brautvater Klas Eisenzahn, der es nicht verwinden konnte, daß seine Tochter eines Schiffers Gemahlin geworden, und daß bei der Hochzeit so viel draufging, da alles Bettlervolk auf zehn Meilen in der Runde herzugeströmt war, um sich an den beiden gedeckten Tafeln im Schloßhof gütlich zu tun.

Um seinen Grimm und Gram zu betäuben, schüttete er so viel heißen Grog in sich hinein, daß man ihn am Abend besinnungslos in sein Gemach tragen mußte. Da wachte er um Mitternacht wie von Höllenflammen durchlodert auf und lief, den inneren Brand zu kühlen, an den Strand hinaus. Hier aber erfaßte ihn die Brandung und spülte erst am anderen Morgen seinen entseelten Leib ans Ufer zurück.

Sein Eidam aber bestieg den Thron und führte ein so wackeres Regiment, den Feinden wehrend, wenn sie sein Reich bedrohten, seinen Untertanen ein milder Herr, der alle Not nach Kräften zu lindern trachtete, also daß alle Welt seines Lobes voll war, und nachdem er hochbetagt das Zeitliche gesegnet hatte, sein Ruhm ihn noch lange überlebte und die Urenkel noch zu singen und zu sagen wußten von den glücklichen Zeit des guten Königs Niels mit der offenen Hand.

Die Nixe

An einem schönen, hellen Flusse mitten im wilden Wald wohnte der junge Fischer *Tobias*, weitab von allen Menschen. Denn zu der nächsten Stadt hatte er zwei Stunden zu wandern, wenn er seine Fische dorthin zum Verkauf trug.

Er konnte sich aber von der alten Hütte nicht trennen, die sein Vater hier in der Wildnis gebaut hatte, da er in dem tiefen Wasser reichlicheren Fang machte, als weiter unten, am Fluß, wo der Wald sich lichtete und die Gegend wohnlicher war. Beide Eltern waren vor mehreren Jahren gestorben, als der Sohn kaum den Knabenschuhen entwachsen war. Da hatten sich gute Leute in der Stadt des Verwaisten annehmen wollen. Er aber hatte sich eigensinnig dagegen gewehrt und, so übel es anfangs gehen wollte, sein einsames Wesen fortgetrieben, die Netze gestellt und den Überfluß, den er nicht zu seiner eigenen Nahrung brauchte, am Freitag jeder Woche in die Stadt geliefert. Dagegen tauschte er dann etwas Brot und Salz und Butter ein und das wenige, was er etwa an Kleidern und Schuhen brauchte. Denn er ging am liebsten barfuß, und in seinem Wald begnügte er sich mit einem groben Hemd und einer leinenen Hose, die nur bis zu den Knien reichte. Zur Winterszeit oder auf seinen Stadtgängen fuhr er in ein altes Wams, das er vom Vater her noch besaß, und breitete auf dem dürftigen Lager, das mit den Jahren immer zerrissener und härter wurde, eine derbe Decke aus Ziegenfellen über seine jungen Glieder.

Von seinen Eltern war er weder zur Schule angehalten noch irgend sonst unterrichtet worden, also daß er mit seinen zwanzig Jahren von Gott und der Welt nicht viel wußte, auch kein Verlangen trug zu irgendeiner Wissenschaft über sein Tagewerk hinaus. Auf dieses aber verstand er sich meisterlich und zog seine Netze selten heraus, ohne daß es darin von den schönsten Fischen zappelte.

Dann konnte er auch stundenlang an einer lichten Stelle am Ufer sitzen, wo der Fluß tiefer ins Land hereintrat und eine kleine Bucht gebildet hatte. Hier war die Welle wie in einem Hafen zur Ruhe gekommen und lag ganz still mit einer blanken, spiegelnden Fläche, so daß man bis zum Grunde hinabschauen konnte. Sich dahinein zu versenken, sei es zum Bade mit dem ganzen Leibe, oder mit seinen Gedanken – wenn Träumereien eines ungelehrten Wildlings für solche gelten konnten – war ihm in seinen müßigen Stunden ein Zeitvertreib, der keine Langeweile aufkommen ließ.

Doch fehlte es auch nicht ganz an einem anderen.

Etwa zwei oder drei Bolzenschüsse von seiner Hütte entfernt hauste ein alter Einsiedler, mit dem unser junger Fischer einen kleinen nachbarlichen Verkehr unterhielt. Schon vor hundert Jahren hatte ein anderer Waldbruder diese Stelle im Föhrendikkicht sich zu einer frommen Siedelei erwählt, mit großer Mühe aus weit herbeigeschleppten Steinen ein Kapellchen errichtet, daneben ein Blockhäuschen an einen Felsen gelehnt und ringsumher den Wald so weit ausgerodet, daß für einen kleinen Gemüsegarten Luft und Sonne gewonnen wurde. Mit dem Tode dieses Biedermanns war die fromme Gründung in einigen Verfall geraten. Bis – ungefähr um die Zeit, wo die Eltern des Tobias sich hier ansiedelten, – ein neuer Weltflüchtling sich der herrenlosen Besitzung annahm, die Kapelle vorm Zusammensturz rettete, die Hütte ausflickte und das verwahrloste Gärtchen neu anpflanzte.

Es war dies ein ehemaliger Kriegsmann, der bei seinen vielen Fahrten und Abenteuern im Gold großer Herren wohl manches Blutige und Gottlose begangen hatte, das auf seine alten Tage ihm das Gewissen ängstigte. Also war er in einen Mönchsorden eingetreten als Pater *Peregrinus* – die Tonsur hatte ihm schon die Zeit geschoren, da sein mächtiger Schädel blank und glatt war wie die Kugel der Fortuna –, hatte es aber unter den beständig in dumpfen Zellen hockenden oder in der Kirche psalmodierenden Klosterbrüdern nicht lange ausgehalten, sondern war der geistlichen Haft entsprungen, um sein gottseliges Büßerleben wenigstens in freier Luft zu führen.

Die Siedelei am Flusse aber hatte ihn schon um deswillen gelockt, weil in der Stadt jenseits des Waldes das einzige Menschenkind lebte, das ihm von aller Welt noch angehörte, ein ganz junges Mägdlein, die Tochter seines einzigen Kindes, das er damals nach dem Tode der Mutter sträflich verlassen hatte, um sich seinem Hang nach einem wilden Kriegsleben hinzugeben.

Diese seine Enkelin hatte er, als er endlich wieder in seiner Heimat sich umsah, im Dienst bei einer Schneiderswitwe gefunden, wo sie alle häusliche Arbeit versah, dazu die Kinder hütete, und dann oft bis in die Nacht hinein an der Näharbeit helfen mußte. Das gute, muntere Kind hätte sich nichts Besseres verlangt, als dieser Fron entledigt zu werden, zum Großvater zu kommen und ihn bis an sein seliges Ende zu versorgen. Der Alte aber war dermaßen in seinen Büßerberuf verbissen, daß er sich von dem artigen Geschöpf kurz abwandte und höchstens ihm gestattete, zweimal im Jahr ihn in seiner Siedlerhütte zu besuchen, zu Weihnacht und an seinem Namenstage. Da er sich aller Üppigkeiten und Wollüste streng enthielt, seine Nahrung nur aus dem Gemüsebau zog und kaum freitags sich ein paar Fische vergönnte, durfte ihm das Kind, das ihm gern all sein Erspartes hingegeben hätte, bei diesen Besuchen auch keine kostbareren Geschenke machen, als etwa ein neues Hemd, ein Säckchen mit Gemüsesamen oder eine Tüte mit Schnupftabak, die einzige, sündhafte Leidenschaft, der er nicht ganz zu entsagen vermochte.

Doch freilich – noch eine andere Schwachheit war ihm aus seinem Lagerleben nachgegangen, die Lust am Würfel- und Kartenspiel. Da es ihm aber nicht mehr um schnöden Geldgewinn dabei zu tun war, hielt er es nicht für einen Bruch seines Gelübdes, an den langen dunklen Winterabenden ein Päckchen unsäuberlicher und halbzerfetzter Spielkarten zu seinem jungen Nachbarn hinüberzutragen und beim Schein des Herdfeuers ihn in die Geheimnisse verschiedener Landknechtsspiele einzuweihen.

Außer dieser bescheidenen Unterhaltung, bei der sich der Alte oft erbärmlich wand und wehrte gegen die Versuchung, in lästerliches Fluchen auszubrechen, fand aber zwischen den beiden Nachbarn kein weiterer Verkehr statt. Denn auch das Fischgericht an den Freitagen lieferte der Jüngling schweigend in der Siedlerhütte ab und nahm dagegen die Handvoll Rüben oder zwei Kohlhäupter in Empfang, die der Alte ihm in das Netz steckte. Denn dieser hütete sich wohl, den Sinn des unverdorbenen Knaben durch die Erzählung seiner bunten Kriegsläufte zu vergiften, oder ihm gar von seinen böslichen Streichen mit allerlei Weibern zu berichten. Im stillen verwunderte er sich, daß ein so frisch aufgewachsener junger Mensch in seinen Saftjahren nicht das geringste Verlangen zeigte, sich etwas liebliches Langzöpfiges in der einsamen Hütte zuzugesellen. Denn auch bei seinen Marktgängen in die Stadt schien er mit gesenkten Augen an allem, was Weiberröcke trug, vorbeizugehen, da er nie von einem zärtlichen Abenteuer zu erzählen wußte. Und als der Alte ihn ein einziges Mal gefragt hatte, ob er nicht dem Beispiel seines Vaters folgen und eine gute Frau heimführen wolle, hatte er mit über und über erglühendem Gesicht hastig erwidert: Diejenige werde er für blöden Geistes halten, die einem unwissenden Tölpel, wie er, zuliebe ihr junges Leben in dieser Wildnis vergraben möchte.

* * *

So hatten die beiden ungleichen Nachbarn mehrere Jahre nebeneinander hingelebt, als eines Frühlingsabends, da der Alte sich eben nach seinem täglichen Pensum an Vaterunser- und Englischen-Gruß-Gebeten auf sein Strohlager werfen wollte, der Jüngling noch an seine Tür pochte.

Er sagte mit einigem Stocken und Stammeln, daß er komme, dem heiligen Manne eine Beichte abzulegen und zugleich seinen Rat zu erbitten. Als sie nun miteinander auf dem Bänklein vor der Hütte sich niedergelassen hatten, und rings im Walde kein Laut sich rührte, nur unfern von ihrem Sitz der Fluß, der mit leisem Rauschen vorüberzog, hub der Jüngling in großer Beklommenheit an, er glaube, er habe sich verliebt, wenn anders man einen Zustand so nennen müsse, wo man beständig eine einzige weibliche Person vor Augen habe und nichts anderes wünsche, als selbige in seinen Besitz zu bringen. – Mit diesen Worten habe er das Wesen der Verliebtheit treffend bezeichnet, erwiderte der Alte, indem er sich seine wenigen dünnen Härchen am Hinterkopf kraute und dann tiefsinnig seinen langen, grauen Bart strich. Hierbei aber, fuhr er fort, sei keine Sünde, da der Herrgott selbst zu seinen weisen Zwecken diese Einrichtung getroffen habe. Auch des Tobias Vater habe etwas Ähnliches in sich gespürt, als er seine nachmalige Frau, des Tobias Mutter, kennengelernt. – Da sei nur leider ein Unterschied! bemerkte der Jüngling mit einem Seufzer. Seine Mutter sei die christlich getaufte Tochter christlicher Eltern gewesen. Die es aber ihm angetan, sei nie getauft worden, ja schlimmer als ein Heidenkind, da sie nicht einmal eine Seele habe. – Was er da für Torheit rede! Eine Seele hätten ja, wie manche Kirchenväter behaupteten, sogar die unvernünftigen Tiere, wenn auch keine unsterbliche. –

Hiervon wisse er nichts, aber seine Mutter habe ihm erzählt, die Wasserweibchen und Nixen hätten keine Seele und könnten einer solchen nur teilhaftig werden, wenn sie einen Menschen liebten und der sie wiederliebe und zu seinem ehelichen Weibe mache. Und da er sich nun in ein solches Fabelwesen vernarrt habe und darauf verzichten müsse, sich eine richtige Frau mit rotem Menschenblut in dieser Wildnis beizugesellen, denke er allen Ernstes daran, die Nixe trotz ihres Fischblutes heimzuführen, falls der Pater ihm nicht sage, daß er dadurch sein ewiges Heil verscherzen würde.

Der gute Alte, der zwar die niederen Weihen empfangen, von den höheren kanonischen Gesetzen aber kaum einen dunklen Begriff hatte, geriet in eine peinliche Verlegenheit. Nachdem er lange gesonnen und durch beharrliches Krauen aus seinem Schädel keine sonderliche Erleuchtung herausgelockt hatte, verfiel er auf eine ausweichende Antwort, indem er sagte: Zum Heiraten, lieber Sohn, gehören allemal zwei, auch bei so ungleicher Paarung, wie du sie im Sinne hast. Wie kannst du glauben, dem Wasserwesen werdest du eine Seele in die schuppige Brust einpflanzen, da du nicht weißt, ob es die Bedingung deiner guten Mutter erfüllt und dich wiederliebt?

Oh, versetzte Tobias noch tiefer errötend, was seinem hübschen, trübsinnigen Gesicht besonders gut stand, hierfür habe ich sichere Zeichen. Ihr müßt nämlich wissen, ehrwürdiger Vater, daß ich schon oft, wenn ich meinen Nachen stromaufwärts lenkte, um oberhalb unter den Stromschnellen die Reusen zu legen, unter mir in der hellen Flut eine schöne, schlanke Nixengestalt habe schwimmen sehen, die zu mir emporschaute und mir zublinzelte. Ich sah auch, daß sie gar keine Schuppenhaut um die Brust hat, sondern bis zum halben Leibe gebildet ist wie ein menschliches Fräulein, das heißt, wie ich mir's denke; denn ich selbst habe ein solches nur in seinem Gewande gesehen. Sie gefiel mir aber ausnehmend. Auch die untere Hälfte ging nicht in einen Fischschwanz aus, sondern zwei natürliche Beine ruderten flink durch das tiefe Wasser, nur hie und da glänzte es daran wie silbergrüne Schüppchen, und die Füße – ja freilich, die waren wie Entenfüße gestaltet. Sie hatte ein so eigenes Lächeln auf den Lippen, daß mir das Herz vor Sehnsucht entbrannte, sie heraufzuholen. Doch immer, wenn ich ihr winkte und mit dem Ruder nach ihr langte oder ein Netz auswarf, zog sie die Brauen feindselig zusammen und schoß in die dunkle Tiefe, daß sie meinem Blick entschwand.

Woraus du sehen kannst, mein Sohn, daß sie dir nicht wahrhaft geneigt ist. Obwohl freilich auch zuweilen Menschinnen, die man heranlockt, sich zuerst spröde stellen. Einem schlichten Wassergeschöpf aber traue ich dergleichen verschmitzte Tücken und Ränke nicht zu. Und darum ist's besser, sagte der Alte, du schlägst dir diese Verirrung aus dem Kopf.

Ich habe es wohl versucht, seufzte der Jüngling, aber es war mir unmöglich. Und denkt, gestern, als ich am Ufer sitze und auf meiner Rohrpfeife ein Stücklein blase, taucht sie kaum zwanzig Schritt von mir aus dem Wasser auf, schwingt sich auf einen Weidenstumpf, schlägt die Arme unter der weißen Brust zusammen und blickt beständig horchend zu mir hinüber. Zuletzt fängt sie an aus Schilf und Wiesenblumen sich einen Kranz zu flechten, den setzt sie sich auf den Kopf, von dem die schwarzen Haare ihr weit bis an die Hüften über die Schultern fallen, und dann wiegt sie die Arme gegen mich und lacht über das ganze Gesicht. Als ich aber sacht aufstehe, um zu ihr hinzugehen, runzelt sie wieder finster, fast wie wenn sie mich bedrohte, die Stirn, reißt sich den Kranz von der Stirn, und gleitet in den Fluß zurück, wie ein großer Fisch, der sich aus dem Netz gewunden hat. Den Kranz aber hab' ich aufgehoben, und hier ist er.

Er zeigte jetzt das seltsame kunstlose Gewinde dem Alten, der es kopfschüttelnd betrachtete, daran roch und dann wie etwas, das aus der Hölle stammte, auf die Erde warf.

Du siehst, lieber Sohn, sagte er, sie will sich nicht fangen lassen. Mag sein, daß du ihr wohlgefällst, wie du ja auch ein stattlicher Bursch bist und einem solchen Teufelsweibe wohl einleuchten magst. Aber auf eine ehrbare eheliche Verbindung steht ihr der Sinn gewiß nicht, und da ich nur zu oft erlebt habe, daß selbst richtige Evastöchter, die etwas von Schlangen- oder Nixenart an sich haben, einem guten Jungen große Not bereiten können und ihn doch nur an der Nase herumführen – hierbei entrang sich ein tiefer Seufzer der eingeschrumpften Brust des ehemaligen Landsknechts –, so kann ich dir nur väterlich raten, dir den ganzen Spuk, hinter dem eine höllische List des Erzversuchers steckt, aus dem Sinn zu schlagen und doch endlich einmal dein Glück bei einem richtigen Menschenkind zu versuchen.

* * *

Hiermit stand der Alte auf, zog die Kutte fester um seine Glieder, da ihn in der späten Nachtluft fröstelte, gab dem Jüngling seinen Segen und zog sich in die dunkle Hütte auf sein Lager zurück.

Tobias aber fand sobald keinen Schlaf. Er wälzte sich auf seinem harten Bette hin und her und grübelte darüber nach, wie er der schönen Undine habhaft werden könne. Denn er zweifelte nicht, wenn er sie erst in seiner Macht und sie ihn näher kennengelernt und gesehen hätte, was für ein harmloser Mensch er sei und wie gut er sie halten würde, könne sie in ihrer Sprödigkeit unmöglich verharren, und dann werde sich auch mit der Zeit die Seele bei ihr einfinden, die einer christlichen Ehefrau unentbehrlich ist.

Zuletzt, da es schon gegen das Frührot ging, hatte er einen Einfall, der ihm ungemein schlau und hoffnungsvoll schien. Nach dieser glücklichen Eingebung schlief er beruhigt noch eine Stunde und ging dann sofort daran, seinen Anschlag auszuführen.

Er verfertigte nämlich ein großes längliches Netz aus den stärksten Schnüren, die er besaß, weit genug, einen Fisch von fünf Fuß Länge darin zu fangen. Am Ende desselben befestigte er ein Stück Spiegelglas, zwei Handbreit im Geviert, vor welchem seine gute Mutter ihr dünnes Zöpfchen geflochten hatte. Das war so künstlich angebracht, sobald jemand im Netz daran stieß, fiel eine Klappe zu, die den Eingang fest verschloß. Damit aber die Gefangene sich nicht etwa befreien könnte, indem sie die Maschen des Netzes durchbiß, umgab er die ganze riesige Nixenfalle mit festen Drahtreifen, und trug sein Kunstwerkchen, als es zu dämmern anfing, an die kleine Bucht hinab, wo er den langen Stecken, an dem das Netz hing, sorgfältig mit großen Steinen beschwert am Ufer befestigte.

So erwartete er in glühender Ungeduld den anderen Morgen.

Als er dann aber mit klopfendem Herzen beim ersten Tagesschein nach dem Flusse ging, sah er schon von weitem, wie die Stange sich bog und bebte, ein Zeichen, daß etwas ins Netz gegangen war und zappelte, um sich zu befreien. Und dann erblickte er wirklich in dem langen durchsichtigen Gestrick den weißen Leib des gefangenen Schätzchens, das richtig, wie er gehofft, an den Köder angebissen hatte und in die Falle gegangen war, um seine neugierige Lust zu büßen und in dem Spiegelchen sich besser zu beschauen, als bisher in dem unruhig fließenden Wasser möglich gewesen war.

Sehr erfreut und doch ein wenig beklommen lud er sich das schwere Netz auf die Schulter, ohne der Wutblicke und des grimmigen Zähnefletschens zu achten, mit denen die Überlistete ihn begrüßte. Auch hatte er Mühe, den Fang in Sicherheit zu bringen, da die Wilde in ihrem Maschenkäfig sich wie rasend gebärdete und so gefährlich krallte und stieß, immer ganz lautlos, daß er alle Kraft aufbieten mußte, sie von der Stelle zu schaffen.

In seiner Hütte angelangt, schob er aufatmend den Riegel vor, ließ das Netz auf den Boden nieder und öffnete den Verschluß. Sofort schlüpfte die Nixe heraus, richtete sich auf und versuchte, hastig auf ihren Entenfüßen herumwatschelnd, an den vier Wänden entlang einen Ausweg zu finden. Doch auch die hintere Tür, die in einen Schuppen führte, war verschlossen, und mit dem Brauch eines Riegels war sie nicht vertraut. Zwei kleine schmale Fenster, bei Nacht mit Holzläden verschlossen, erleuchteten den weiten Raum, in welchem durch eine Bretterwand ein Verschlag für die Lagerstätte abgezäunt war. Diese Luftöffnungen aber, zu denen sie sich hinaufklammerte, waren zu schmal, um selbst ihren geschmeidigen Leib durchzulassen. Also wurde sie nach einiger Zeit des vergeblichen Irrens und Tobens müde und ließ sich mit einem sonderbaren Zischen zwischen den zusammengebissenen Zähnen auf einer alten Truhe nieder, die im dunkelsten Winkel des Gemaches stand, die Arme unter der Brust gekreuzt, aus den Augen argwöhnische Blicke herumschießend, während ihr Atem flog und sie am ganzen Leibe zitterte.

Ihr junger Räuber hatte, mitten im Zimmer stehend, ihrem verzweifelten Rundlauf und dem Rütteln an den festen Türen zugeschaut und fing jetzt an, ihr freundlich zuzusprechen, daß sie zwar gefangen sei, er aber nichts Böses gegen sie vorhabe, vielmehr einzig von Sehnsucht nach ihr getrieben sie in seine Gewalt gebracht habe. Er hoffe, wenn sie den ersten Schrecken verwunden, werde sie sich darein finden, seine Gefährtin zu bleiben, und mit der Zeit auch eine Seele bekommen, so daß zu ihrem Glück dann nichts mehr fehlen werde.

Während sie ihm, ohne sich zu rühren, zuhörte, scheinbar durch seine sanfte Stimme ein wenig gebändigt, konnte er sie mit aller Muße betrachten und fand sie nun noch reizender und freilich auch seltsamer gebildet, als sie ihm von fern erschienen war. Ihr Gesicht war bis auf die etwas geschlitzten Augen und den breiten Mund, aus dem kleine, spitze Hechtzähne vorschimmerten, ganz anmutig und wie eines Mädchens von sechzehn Jahren, die Öhrchen aber ausgefranst und sehr beweglich, wie auch das gerade stumpfe Näschen bei jeder Erregung mit den blassen Flügeln zitterte. Vom Kinn abwärts war's ein tadellos gewachsener, voll ausgereifter Frauenleib, die Arme sehr rund und die Hände schlank und weiß, die Finger aber durch blaßrote Schwimmhäutchen verbunden. Doch glichen die Hände, wenn sie geschlossen waren, immerhin noch zierlichen Frauenhänden, während die Füße in der Tat richtige Entenfüße waren, und die schlanken Beine von grünlichen Silberschuppen glänzten.

Ob sie seinen tröstlichen Zuspruch verstand, war aus ihrer Miene nicht zu erkennen, und da ihr Zwingherr einsah, daß er am klügsten täte, sie eine Weile sich selbst zu überlassen, wandte er sich dem Herde zu, seine Morgensuppe zu kochen, wozu er ein wenig Mehl und Butter in ein Pfännchen tat.

Inzwischen hatte sich sein Kätzchen, das beim ersten Anblick des fremden Gastes entsetzt auf einen hohen Schrank geflüchtet war, von der Harmlosigkeit des nackten Fräuleins überzeugt und war sacht wieder herabgekommen, mit erhobenem Schweif und leisem Schnurren die seltsame Erscheinung umschleichend. Zuletzt ermutigte es sich so weit, daß es auf die schuppigen Knie hinaufsprang. Aber ein Stoß mit beiden Hände belehrte es, daß man von solchen Vertraulichkeiten nichts wissen wolle. So zog es sich prustend und den Bart sträubend in sein Winkelchen zurück.

* * *

Indessen hatte Tobias ein kleines Feuer angezündet und rührte gedankenvoll in dem brodelnden Süppchen herum, als plötzlich hinter ihm eine weiße Hand über den Herd weglangte und er einen eigentümlichen Laut wie von behaglichem Staunen vernahm. Sich umwendend sah er, daß die Nixe, von dem ungewohnten Anblick des Feuers gelockt, sich herangeschlichen hatte, das flackernde rote Wunder in der Nähe zu sehen. Und wie Kinder nach allem greifen, was ihnen gefällt, wollte sie nun die Flammen packen, zog aber mit einer Schmerzensgebärde und einem Zucken des ganzen Leibes die verbrannten Finger zurück und schnellte, da er sie beruhigend umfangen wollte, von ihm weg wieder auf ihre Truhe, wo sie die schmerzenden Finger in den Mund steckte und blasend und zischend daran sog.

Er hatte nun seine Morgensuppe fertig gekocht und stelle sie auf den Tisch, der mitten in der Hütte stand. Als sie sich hinlänglich verkühlt hatte, schöpfte er einen tiefen Löffel voll und trug ihn der stummen Gesellin hin. Er hatte aber kaum ihre Lippen damit berührt, so schlug sie ihm den Löffel aus der Hand und feixte ihn so feindselig an, daß er sich kopfschüttelnd zurückzog.

Nun überlegte er, während er aß, was er anfangen sollte, um ein freundlicheres Verhältnis zwischen ihnen herzustellen.

Zuletzt fiel ihm ein, daß es geraten sein würde, seinen geistlichen Nachbar zu Hilfe zu rufen. Von dem wußte er, daß er sich auch auf alles Weiberwesen besser verstand als er, und wenn in dem seelenlosen Geschöpf etwa gar ein Teufel steckte, selbigen auch auszutreiben wissen werde. Also sagte er kein Wort weiter, sondern verließ die Hütte, die er sorgfältig von außen versperrte, und lief zu dem Alten hinüber, den er in dem Kapellchen bei irgendeiner selbstauferlegten gemächlichen Bußübung fand. Er berichtete ihm seine gelungene List, zugleich seine Verlegenheit, die gemachte Beute wirklich in seine Gewalt zu bringen. Es scheine ein böser Geist in ihr zu wohnen, den der ehrwürdige Pater beschwören möge.

Hierzu war der alte Kriegsmann, der am liebsten den Teufel bei den Hörnern faßte, durchaus willig, schon aus Neugier, das Fabelwesen, an das er so recht nicht geglaubt hatte, leibhaftig vor sich zu sehen. Holte also das einzige lateinische Buch, das er aus dem Kloster mitgenommen und von dem er kein Wort verstand, aus seiner Hütte, zugleich einen Weihwedel und ein Kübelchen mit geweihtem Wasser, und folgte dem Jüngling nach der Fischerhütte.

Als er den glatten, blanken Leib des Flußweibchens gewahrte, begriff er wohl, wie sein junger Freund sich von diesem Anblick hatte betören lassen. Sie grinste ihn aber erst ingrimmig an, und dann, seinen Kahlkopf und die schwere Kutte betrachtend, brach sie in lautloses, doch so unverkennbar höhnisches Gelächter aus, daß der Alte, der sich immer noch für einen ganz ansehnlichen Mann hielt, in seiner gekränkten Eitelkeit heftig ergrimmte und nun anfing, aus dem lateinischen Buche vorzulesen, was er für eine Bannformel hielt, obwohl es nur eine Aufzählung verschiedener Länder- und Meeresnamen war, da das Buch eine Art Orbis piktus enthielt. Zugleich tauchte er den Wedel in das geweihte Wasser und besprengte Gesicht und Brust des Heidenmägdleins, das sich auf seiner Truhe diesen feuchten Gruß wohlgefallen ließ und behaglich mit der Zunge schnalzte. Schon glaubte der fromme Beschwörer, etwas ausgerichtet und den bösen Feind in ihr gezähmt zu haben, als sie plötzlich mit beiden Händen ihm den Kübel entriß, ihn bis auf den letzten Tropfen austrank und das Gefäß dem Alten dann vor die Füße schleuderte.

Hierin erblickte der Mann Gottes eine freche Verhöhnung des Heiligsten, donnerte ihr ein *Apage, Satanas!* ins Gesicht und verließ eilends die Hütte. Tobias lief ihm nach, zu fragen, was er von dem Erlösungswerk und der ganzen seltsamen Person denke, ob sie ihm nicht auch der Mühe wert scheine, allen Fleiß an ihre Bekehrung zu wenden. Der Alte aber erwiderte: Daß sie den Teufel im Leibe hat, ist gewiß. Selbigem bin ich in jungen Jahren auch mehr als einmal in einer üppigen Weibsgestalt begegnet und weiß, daß mit ihm nicht gut Kirschen essen ist. Jedoch sieht sich die Sache glimpflicher an, wenn solch ein vom Bösen besessenes Geschöpf auf natürlichen Menschenfüßen wandelt. Dein Schätzchen aber mit seinen Schwimmhäuten solltest du dir je eher je lieber wieder vom Halse schaffen. Auch wenn mit der Zeit die sogenannte Seele sich einfinden sollte, was Gescheites kommt bei eurer Ehe doch nicht heraus; sie hat nichts gelernt von all den häuslichen Künsten, die eine gute Frau verstehen muß, um ihrem Mann das Leben leicht und lieblich zu machen, und wenn sie Kinder zur Welt bringt, so werden sie weder Fisch noch Fleisch sein und sich mühselig durchs Leben helfen.

Damit verließ er seinen jungen Nachbar, der mit gesenktem Kopf in sein Haus zurückging. Er fand drinnen alles, wie er es verlassen hatte, die hellen, scharfen Augen seines Gastes folgten lauernd all seinen Bewegungen und schossen Blitze des Zorns und Hasses, als er sich auf sein Bett setzte und das große Netz, in das sie richtig vielfache Löcher gebissen hatte, auszubessern begann. Um sie zu beschäftigen, verfiel er auf den Gedanken, ihr den kleinen Spiegel in die Hand zu geben, mit dem er sie gefangen hatte. Damit traf er das Rechte. Denn nun saß sie ganze Stunden lang, lachte sich in ihrem Spiegelbilde an, fletschte die Zähne und schnitt die tollsten Gesichter. Alsdann lehnte sie die blanke, schon vielfach am Rücken beschädigte Scheiben gegen die Wand und beschäftigte sich damit, ihr langes, grünlich schimmerndes Haar zu flechten und in immer neuen Manieren aufzustecken. Das stand ihr nun wieder so seltsam anmutig, daß er ihr all ihr wildes Wesen verzieh und nichts sehnlicher wünschte, als sie sich ganz zu eigen zu machen.

Sie zu füttern, gelang ihm auch mittags so wenig wie bei seinem Frühstück. Den Kohl und die Rüben, die er ihr in den Mund steckte, spie sie mit heftigem Widerwillen aus. Nur ein Trunk Wasser aus seinem zinnernen Becher erquickte sie. Dann hob sie sich leise auf und ging nach dem Kätzchen, das auf dem Herd zusammengerollt lag und aus dem Traume spann. Sie wollte es haschen und als Spielzeug gebrauchen, ließ es sich aber entschlüpfen und stellte nun eine atemlose Jagd nach ihm an, rundum in der Hütte, da sie nur unbeholfen sich im Gehen bewegte. Bis das gejagte Tier seinen Vorteil ersah und zu einem der beiden Fensterchen hinaussprang. Da stand die Verfolgerin mit einem heftigen Zischen vor der schmalen Öffnung still, spie der Entsprungenen wütend nach und schien sie um ihre Freiheit zu beneiden.

Sie dauerte aber ihren Zwingherrn, wie sie dann wieder so still und geknickt auf ihrer Truhe saß. Da er nun auf keine andere Weise sich mit ihr unterhalten konnte, fiel ihm ein, auf seiner Rohrflöte ein wenig Musik zu machen, wovon sie sich ja als eine Liebhaberin gezeigt hatte. Und wirklich, schon bei den ersten Tönen schien ein anderer Geist über sie zu kommen. Sie begleitete die Weise mit leisem Neigen des Kopfes, indem sie im Takt mit den Füßen gegen die Truhe schlug, und dabei sah sie ihn zum erstenmal mit einem freundlichen Grinsen an. Das machte ihm Mut, sich ihr zu nähern, und als sie ruhig sitzen blieb, obwohl er sich dicht neben ihr niederließ, hüpfte ihm das Herz vor Freuden, da er glaubte, nun das Spiel gewonnen zu haben. Er blies immer sanfter und schmelzender und ließ endlich das Instrumentlein sinken. Sogleich griff sie danach und setzte es an ihren Mund. Als sie aber mit allem Hineinhauchen keinen Ton hervorlockte, schleuderte sie die Flöte zu Boden, daß die einzelnen Röhren sich lösten und das Band zerbrach.

Er zürnte ihr aber nicht. Er hatte den Arm sacht um ihren Nacken gelegt und mit der Hand ihre Schulter berührt. Die fühlte sich kühl und seltsam trocken an, wie ein glattes Leder, und so auch ihre Wange, auf die er einen flüchtigen Kuß zu drücken wagte. Sie sah sich rasch nach ihm um, nicht grollend, nur wie verwundert, was er für törichte Dinge treibe. Und als ob sie noch unter dem Zauber der Musik stünde, hob sich ihre Brust lebhafter, wie von einer sehnsüchtigen Regung geschwellt. Im nächsten Augenblick hatte sie sich dicht zu ihm hingeneigt und in seine Schulter, an der das Hemd sich verschoben, ihre scharfen Zähne eingegraben.

Das Blut sprang hervor und rieselte über das grobe Linnen. Sie aber bückte sich, mit ihrem rauhen, blaßroten Züngelchen die dunklen Tropfen aufzusaugen, bis er sie heftig zurückstieß und, von der Truhe aufspringend, sie um den Leib faßte, mit ihr ringend wie mit einem Raubtier, das ihn überfallen hätte. Da er sehr stark war und sie wie in eine eiserne Klammer gespannt aufhob, konnte sie sich nicht wehren, nur mit ohnmächtigen Bissen in sein dichtes Haar und wildem Prusten und Fauchen, so daß er sie ohne Mühe in den finsteren Schuppen trug, zu dem er die Tür mit dem Ellenbogen aufklinkte.

Hier stand außer verschiedenem Gerät in der Mitte ein großer, tiefer Kübel voll frischem Wasser, in welchem er seine Fische lebendig aufbewahrte, bis er sie zum Verkauf in die Stadt trug. Sein Vater hatte klüglich die Einrichtung gemacht, daß von dem hellen Bächlein, das neben der Hütte nach dem Flusse zulief, eine Röhre Tag und Nacht die Welle in diesen Zuber leitete, aus dem sich durch eine zweite Röhre an der anderen Seite wieder abfloß, an beiden Seiten durch ein enges Drahtgitter geschlossen, das selbst das schmächtigste Fischlein nicht entschlüpfen ließ. In diesen hölzernen Behälter warf er die zappelnde und sich ohnmächtig windende Nixe und ließ sie dort in der Dunkelheit allein, in Gesellschaft der Fische, die in dem Zuber wimmelten. Dann verriegelte er hinter sich die Tür zu dem Schuppen. Denn seit sie Geschmack an Menschenblut gefunden, schien es ihm nicht ratsam, die Nacht über das Zimmer mit ihr zu teilen.

* * *

Lange aber konnte er keinen Schlaf finden. Er empfand ein Grauen vor dem Geschöpf, das er so sehnsüchtig zu besitzen gewünscht hatte, und überlegte, wie er es auf gute Art wieder loswerden könnte.

Doch schien ihm das nicht allzuschwer zu sein; er brauchte ihr, da sie sich ja in seinem Hause nicht wohlfühlte, nur Gelegenheit zu geben, aus ihrer Haft wieder zu entschlüpfen. Also öffnete er früh am andern Morgen die Tür der Hütte und schob dann den Riegel des Schuppens zurück. Da sah er sie auf dem Rande des großen Fischbottichs sitzen, die Beine in das kühle Wasser hinabhängend, einen dicken Fisch in den Händen, den sie eben mitten durchgebrochen hatte und mit den spitzen Zähnen zu zerbeißen begann. Schon gestern abend schien sie an den Fischen, die sie umspielten, ihren Hunger gestillt zu haben und eben im Zuge zu sein, nun auch ihr Frühstück einzunehmen. Kopf und Schwanz hatte sie abgebissen und warf sie dem Kätzchen hin, das furchtsam herangeschlichen kam. Da es aber an gesottene und gebratene Kost gewöhnt war, beroch es die rohen Überbleibsel mit gerümpftem Näschen und schob sie dann mit der Pfote verächtlich zurück.

Die schmatzende und schluckende Gefräßige aber ließ sich in ihrem Schmausen nicht stören, lachte nur ihren Kerkermeister freundlich an und winkte ihm, während sie schon wieder aus dem Zuber einen Fisch herausgriff, mit der anderen Hand, als ob sie ihn einladen wollte, mitzuhalten und gleich ihr selbst an dem feuchten Tische sich's wohlsein zu lassen. Er sah nun mit Schrekken, daß sie sich aufs Dableiben eingerichtet und zugleich in seinem Fischvorrat eine so große Verheerung angerichtet hatte, daß für den Verkauf nur etliche schlechte Weißfische und Gründlinge übriggeblieben waren.

Da es nun aber ein Freitag war und er durchaus in die Stadt mußte, neue Wocheneinkäufe zu machen, lief er ans Ufer hinunter und fand dort in seinen Netzen genug frischen Fang, mit dem er sich dann belud, die Wanderung durch den Wald anzutreten. Als er zu seiner Hütte zurückkehrte, saß das Flußweibchen auf der Schwelle, den Spiegel vor sich, eifrig beschäftigt, ihr Haar zu strählen und wieder aufzustecken. Sie grinste ihn auch jetzt zutraulich an und nickte ihm zu, wie eine gute Hausfrau, die ihrem Manne zu verstehen gibt, er möge nur seinen Geschäften nachgehen, indessen werde sie ihm das Haus behüten.

Seufzend wandte er sich hinweg, mit einer schwachen Hoffnung, wenn sie ihn weit entfernt glaube, werde sie dennoch dem Triebe, sich in ihr richtiges Element zu flüchten, nicht widerstehen. Also ging er in unruhigen Gedanken nach der Stadt, handelte dort gegen seine schuppige Ware ein, was er für die Küche brauchte, und trat, ohne sich aufzuhalten, den Heimweg an.

Er hatte mit seinen langen Schritten bereits den halben Wald durchmessen, als er auf der schattigen Straße vor sich eine Mädchengestalt erblickte, die munter singend vor ihm herschritt. Er erkannte nicht sogleich, daß es die *Christel* war, das Enkelkind des Pater Peregrin. Denn noch bei ihrem letzten Besuch in der Klausnerzelle, wo er sie von fern gesehen, war sie ihm als ein halbwüchsiges unreifes Ding erschienen, während die da vor ihm sich als ein voll herangeblühtes Jüngferchen darstellte. Sie trug eine lose Jacke um die schlanken Schultern, darunter ein rotes Röckchen, das nicht bis zu den Knöcheln hinabreichte, also daß der junge Fischer ihre bräunlichen nackten Füße sehen konnte, die ihm weit reizender schienen, als die Entenfüße seiner Nixe. Ein weißes Tuch, das sie über den Kopf gebunden, hinderte sie, sein Heranschreiten hinter ihr zu vernehmen, bis er sie erreicht hatte. Da stand sie still, hörte mit Singen auf, grüßte ihn aber unverlegen mit ihren großen braunen Kinderaugen, während die blonden Härchen um ihre reine Stirn lustig im Winde wehten.

Auch er nickte ihr zu, sagte aber nicht viel, sondern betrachtete sie nur mit einem scheuen Seitenblick und setzte seinen Gang neben ihr schweigsam fort. Sie selbst brach endlich die verlegene Stille, fragte, ob er einen guten Verkauf gehabt habe, welche Fische am häufigsten im Fluß drunten vorkämen, zuletzt, ob es ihm nicht unheimlich sei in seiner einsamen Hütte. – Nein, er sei daran gewöhnt. Nur im Winter freilich, wenn der Fluß mit Eis treibe und oft ganz zufriere, leide er an Langeweile. Doch habe er ja an ihrem Großvater eine Gesellschaft. – Ach der! lachte sie, der ist alt und grau. Ich selbst hielte es nicht lange bei ihm aus. Ich komme zwar auch nicht viel unter die Leute, meine Frau ist sehr streng, aber wenn ich sonntags die Kinder zu Bett gebracht habe, geh' ich in den Garten und horche von fern auf die Tanzmusik, wo junge Burschen und Dirnen sich drehen, und es ist doch immer besser, als von der lustigen Welt so weit abgeschieden sein wie du. Die Leut' wundern sich, daß du nicht längst eine Frau genommen hast.

Er runzelte düster die Stirn. Du sagst es ja selbst, versetzte er, man muß wenigstens aus der Ferne das lustige Leben miterleben, eine Frau verginge in meiner Wildnis ohne jede Lustbarkeit. Auch bin ich nicht so beschaffen, daß ich einem jungen Mägdlein gefallen könnte, da ich nie gelernt habe, so glatte Redensarten zu drechseln, wie's Brauch ist unter Liebesleuten. Ich habe mir darum eine andere Gesellin ins Haus zu gewöhnen gedacht, bin aber damit schmählich in die Brüche geraten.

Da sie nun, um einer anderen Antwort auf seine Klage auszuweichen, nach dieser mißglückten Brautwerbung sich erkundigte, erzählte er ihr treuherzig das Abenteuer des vorigen Tages, und wie seine letzte Hoffnung sei, er werde bei der Heimkunft das blanke Ungetüm nicht mehr im Hause vorfinden.

Wenn er sie auf irgendeine Art losgeworden, verschwöre er's für alle Zeiten, je wieder seine Einsamkeit zu verwünschen und mit seinem Leben in der Wildnis unzufrieden zu sein.

Hierauf erwiderte die Christel ein Wort, obwohl sie vieles zu sagen gehabt hätte. Sie bekam aber eine ordentliche Furcht vor ihrem Begleiter, der verwegen genug gewesen war, eine so unheimliche Liebschaft anzubändeln, und so sehr sie ihm wünschte, daß er von dem Scheuel und Greuel erlöst sein möchte, so hätte sie doch für ihr Leben gern das Wasserweibchen noch gesehen. Wie es so eigentlich gestaltet sei, wagte sie nicht zu fragen, und er versank, je näher sie dem Ziele kamen, immer tiefer in sein dumpfes Schweigen.

Da endlich traten sie aus dem Föhrendunkel heraus auf die Lichtung, wo die Fischerhütte stand. Aber mit einem Ausruf des Schreckens hemmte der Jüngling den Schritt, nach dem Hause hinstarrend, an welchem die Christel zunächst nichts Besonderes wahrnahm. Als sie aber länger hinsah, erblickte auch sie etwas Verwundersames. Denn aus dem offenen Fensterchen quoll in einem dicken Guß eine helle Wasserflut, die an der Balkenwand herabschoß und in ein Bächlein verwandelt durch das Gras zu Tale lief.

Mit drei mächtigen Sprüngen war Tobias ans Fenster geeilt und sah ins Innere der Hütte. Das glich einer tiefen, hoch mit Wasser gefüllten Badewanne, in der die Nixe fröhlich herumschwamm, über das ganze Gesicht lachend und mit einem vergnügten Schnalzen des rauhen Züngelchens. Um sie her trieb der graue Leib des Kätzchens, das ertrunken war, und als die Unholdin das entgeisterte Gesicht des Hausherrn draußen vor dem Fenster erblickte, haschte sie nach dem kleinen Leichnam und schleuderte ihn durch die Öffnung dem Späher ins Gesicht, offenbar über diesen nassen Scherz hochauf frohlockend.

Christel war hinter den Jüngling geschlichen und hatte ihm erschrocken über die Achsel ins Haus geblickt. Dann traten sie beide zurück und sahen einander ratlos an.

Es ist wahr, knirschte er, sie hat in der großen Kufe das Gitter verstopft, wodurch sonst das Wasser ablief, und ihre boshafte Lust daran gehabt, wie sich nun erst der Schuppen ganz anfüllte und dann die Hütte selbst, deren Tür sie vorher zugeschlagen hat. Nun hat sie das Haus nach ihrem Geschmack und Gefallen zu einem kleinen See zurechtgemacht und beschlossen, darin zu bleiben. An Futter für ihre Gier würde ich's ja nicht fehlen lassen, und vielleicht hat sie sich auch in ihrer Einsamkeit gelangweilt und möchte jemand um sich haben, dem sie zuweilen das Blut aussaugen kann. Ich bin ein verlorener Mensch und möchte mich am liebsten in *ihr* Reich zurückziehen, da ich sie aus meinem nicht vertreiben kann!

Er fuhr sich in die Haare und stöhnte. Christel aber war um die Hütte herumgegangen und hatte das große Netz gesehen, die Nixenfalle, die außen neben der Tür zum Trocknen hing. Höre, Tobias, sagte sie mit einem raschen Aufleuchten ihrer munteren Augen, ich meine, du könntest sie dir am besten vom Halse schaffen, wenn du sie in dasselbe Netz locktest, in dem du sie hergebracht hast. Nimm es vom Pflock herab und halte es mit der offenen Seite gegen die Tür; die reiße ich dann rasch auf, und wenn die Wassermenge drinnen plötzlich herausschießt, muß die Nixe mit und fährt, ohne sich's zu versehen, wieder in das tiefe Netz hinein. Dann klappst du es hinter ihr zu und trägst es zum Fluß hinab, und du sollst sehen, du bist sie los für alle Zeiten.

Der Jüngling sah sie mit einem Blicke an, in welchem Bewunderung und Hoffnung aufleuchteten. Du bist ein kluges Kind, sagte er, und wenn der Anschlag gelingt, danke ich dir mein Leben.

Sogleich nahm er das schwere Fangnetz herab, setzte das Spiegelchen wieder hinein, das die Nixe zum Glück draußen zurückgelassen hatte, und stellte sich vor der Türschwelle auf, während das Mädchen die leichtverwahrte Tür aufriß. In demselben Augenblick wogte die innen angesammelte Flut in mächtigem Schwall ins Freie, mit ihr der ahnungslose große Fisch, der von der Sturzgewalt unaufhaltsam in die Falle hineingerissen wurde.

* * *

In raschem Lauf hatte der gerettete Jüngling seine unheilvolle Beute dahin zurückgetragen, von wo er sie gestern früh im Triumph in sein Haus geholt hatte. Mit einem Blick des Vorwurfs und fast zärtlicher Wehmut war das schlanke Halbgeschöpf in die klare Tiefe hinabgefahren, was aber den Jüngling nicht im mindesten rührte. Er trocknete sich, während er langsam das Ufer wieder hinaufstieg, den Schweiß von der Stirn und atmete tief auf. Droben in der Hütte fand er die Christel schon beschäftigt, die Spuren der Überschwemmung, so gut es gehen wollte, zu beseitigen. Sie hatte die Kissen und Decken des Lagers an die Sonne getragen, die paar Siebensachen, die in der Truhe verwahrt lagen, zum Trocknen auf die kleine Wiese gebreitet, vor allem den dicken Pfropfen aus dem Zuber gezogen, der den Abfluß des Wassers verstopft hatte. Mit einem feuchten Lumpen fegte sie den Schmutz und Schlamm vom Herd und Estrich weg, also daß nach einiger Zeit nur noch ein leichter Nixendunst in dem gelüfteten Zimmer schwebte, sonst aber alles wieder ein menschliches Ansehen gewonnen hatte.

Der junge Hausherr sah ihrem Tun und Treiben gedankenvoll zu, seufzte ein paarmal und fuhr sich durchs Haar. Als sie ihn fragte, warum er seufze, da ja sein Herzenswunsch erfüllt sei, erwiderte er, es gebe mehr als *einen* Herzenswunsch, auch unerfüllbare, und übrigens habe er einen heftigen Schmerz an der Schulter, wo die Bißwunde noch immer nicht sich schließen wolle. Sofort sprang sie zu ihm hin, zog ihm das Hemd vom Halse weg und betrachtete das Mal aufmerksam. Man sieht deutlich sieben spitze Zahnspuren, sagte sie, und ganz schwarzes Blut tropft heraus. Am Ende ist solch ein Nixenbiß giftig. Aber wart, ich weiß schon, was dafür gut ist.

Damit sprang sie in den Wald und kam in kurzem mit einer Handvoll Kräuter zurück, deren Saft, nachdem sie die Wunde sorgsam ausgewaschen hatte, sie in die dunkelroten Löcher träufelte. Dabei murmelte sie halblaut einen Wundsegen, daß er in all seinen Schmerzen lächeln mußte und sagte: Du bist am Ende selbst eine Zauberhexe, und ich komme vom Regen in die Traufe! – Das machte sie tief erglühen, aber sie erwiderte nichts, sondern nahm ihn wie ein unbehilfliches Kind beim Arm und führte ihn zu einer Stelle neben der Hütte, wo weiches Gras wuchs. So, sagte sie, nun legst du dich hier hin und schläfst einmal. Ich spring' indes zum Großvater hinüber und laß' mir Feuerzeug geben, daß ich dir eine Suppe kochen kann, und wenn du aufwachst, mußt du auch von dem Wein trinken, den ich im Körbchen mitgebracht habe. Denn heut ist ja Sankt Peregrin, dem Großvater sein Namenstag, den wollen wir dann zusammen feiern und dem Herrgott für deine Befreiung vor dem Heidengreuel danken.

* * *

Von dem Süpplein aber, das Christel auf dem wieder gereinigten Herde kochte, sollte Tobias nichts kosten. Denn als sie es ihm in Gesellschaft des frommen Großvaters zu seiner grünen Lagerstatt hinausbrachte, fanden sie ihn in einem heftigen Wundfieber, so daß er sie nicht erkannte und ihnen Scheltworte zurief, weil sie duldeten, daß das Nixengeschmeiß ihn im Schlafe störe.

Dieser Zustand hielt drei Tage und drei Nächte an, obwohl der Einsiedel aus seinem Vorrat einen Balsam hervorholte, der ihm manche Hieb- und Stichwunde sänftlich geheilt hatte. Auch ließ weder er noch sein Enkelkind es an Gebeten für den armen Verwundeten fehlen, der auch in den Nächten, wo er wieder in seinem Bett hinter dem Verschlage lag, wenn er mit halben Bewußtsein aus dem Traum hinaushorchte, einen leisen Schritt im dunklen Raum vernahm, da seine junge Pflegerin immer gleich zur Hand war, ihm einen kühlen Trank zu reichen oder das heiße Kissen zu lockern.

Am Morgen nach der dritten Nacht aber, der ersten, in der er wieder fieberlos geschlafen hatte, vermißte er ihre Nähe. Er hatte sich vor die Hütte in die junge Frühlingssonne gesetzt, da kam sie von der Klausnerzelle daher, wieder ganz, wie er sie im Walde getroffen, nur barhaupt, da sie ihr Kopftüchlein zu Verbandzwecken zerschnitten hatte. Er sah sie freundlich an, und sein Herz wallte ihr entgegen, ahnte aber nichts Arges.

Wohin sie so früh mit ihrem Korbe wolle? Am Ende gar in die Stadt, neue Salben und Tränkchen für ihn zu holen, deren er nun nicht mehr bedürfe.

Freilich in die Stadt, sagte sie, aber um mir einen neuen Dienst zu suchen. Denn die Schneidersfrau wird mich nimmer annehmen wollen, weil ich ihr drei Tage weggelaufen bin, und hier bei dir bin ich nimmer nötig. Was noch zu tun ist, besorgt der Großvater. Also leb wohl! Zu Weihnacht komm' ich wohl wieder.

Sie hatte es aber nicht gar eilig mit dem Fortgehen. Und als er ihre Hand ergriff und sagte, ein wenig stockend und schwer atmend: Ich bin schuld, daß du den Dienst verloren hast, Christel, und würde dir gern vorschlagen, hier bei mir zu bleiben, – versteh, für immer – wenn du mich erstens nicht zu tölpelhaft und unhold fändest, und dann – du hast mir ja selbst gesagt, wenn man auch nicht mittanzt, habe man doch Verlangen danach, wenigstens von fern zu hören, wie lustig die Welt klingt.

Oh, unterbrach sie ihn errötend, was das betrifft –! Diese letzte Nacht, als ich hier auf der Schwelle deiner Hütte saß und hörte im Tann das Käuzchen schreien und drunten den Fluß rauschen, und vor allem – und hier lachte sie ein wenig und wurde noch röter – wie ich dich drinnen auf deinem Lager so herzhaft und gesund schnarchen hörte – keine Tanzmusik, dacht' ich bei mir selbst, kann schöner klingen. Aber nun muß ich wirklich fort.

Nein, nun bleibst du wirklich hier, rief er und stand auf und zog sie in seine Arme. Und jetzt laß uns gleich zum Großvater hinübergehen, daß er uns zusammengibt.

* * *

Das geschah denn auch ohne große Umstände noch an dem nämlichen Tage, wobei der fromme Pater einiges aus seinem lateinischen Schmöker vorlas, was weder er noch das Brautpaar verstand, und darauf einen kurzen Spruch in ihrer Sprache über den Text hielt: Es ist nicht gut, daß der Mensch allein sei, absonderlich in jungen Jahren, doch auch in höherem Alter! worauf er mit einem Seufzer ihre Hände ineinanderlegte.

Sie saßen dann den Rest des Tages fröhlich beisammen, und die junge Frau richtete ein schlecht und rechtes Hochzeitsmahl her, wobei der Namenstagswein das Beste tat. Als der letzte Tropfen der Flasche getrunken, der Alte den Segen über das glückliche junge Paar gesprochen und sich dann seufzend entfernt hatte, saßen die beiden Hand in Hand ganz still und selig noch ein Weilchen am Tisch und sahen das Mondlicht zu dem Fensterchen hereinfluten. Auf einmal wurde der Schein verdunkelt, ein Gesicht hatte sich vor die Öffnung gedrängt, sie erkannten die Nixe, die, ob sie gleich keine Seele hatte, doch etwas von Haß aus verschmähter Liebe und grimmiger Eifersucht empfand und mit einer bösen Neidgebärde, die eine Faust ballend, in das Hochzeitsgemach hereingrinste. Der junge Ehemann aber stand ruhig auf und schlug ihr den Laden vor der Nase zu.

Seitdem hat der arme Heidengreuel in dieser Gegend sich nicht mehr blicken lassen.

Holdrio

oder
Das Märchen vom wohlerzogenen Königssohn

Es war einmal ein junger Königssohn, Prinz *Florio* genannt, den seine Mutter, da ihr hoher Gemahl früh verstorben war, mit absonderlicher Liebe und Sorgfalt erziehen ließ. Als er das neunzehnte Jahr erreicht hatte, war er denn auch ein so ausbündig wohlerzogener Jüngling geworden, daß die Mütter im ganzen Reich ihn ihren minder tugendhaften Söhnen zum Vorbild aufstellten, während die Väter heimlich den Kopf schüttelten und flüsterten, der hochselige Monarch würde seinem Thronerben wohl etwas mehr Freiheit gegönnt haben, den Most seiner Jugend verbrausen zu lassen.

Denn die überzärtliche Mutter hatte ihrem einzigen Kinde, damit sein Fuß nie über ein Steinchen strauchle, zwei treue Hüter beigesellt, die Tag und Nacht nicht von seiner Seite wichen, einen Kriegs- und einen Friedens-Hofmeister. Diese beiden ehrwürdigen Herren hatten die wissenschaftliche und sittliche Bildung des jungen Prinzen zu leiten, bis er mit Vollendung des zwanzigsten Jahres den Thron besteigen würde. Außerdem daß ihre Unterweisung den größten Teil der Tagesstunden ausfüllte, wurde der hohe Zögling auch noch in allen körperlichen Künsten und Fertigkeiten durch besondere Lehrmeister unterrichtet, und zu dem Fecht-, Tanz- und Reitlehrer kam noch ein gelehrter Professor, der ihm in der Menschenkenntnis Lektionen gab, einer Wissenschaft, die für einen Königssohn, der in Zukunft Land und Leute regieren soll, wichtiger ist als selbst eine genaue Kenntnis des Gothaischen Kalenders. Auch pflegt das Studium derselben eine vergnügliche Sache zu sein, wenn es nur in der richtigen Art betrieben wird. Leider aber, statt das Lehrbuch der wirklichen Welt und des menschlichen Lebens vor dem Jüngling aufzuschlagen, bestand der Unterricht einzig im Auswendiglernen gewisser Regeln und Maximen und im Vorzeigen eines dikken Bilderbuches, in welchem die verschiedenen menschlichen Leidenschaften, Triebe, Laster und Tugenden in fratzenhaften Charakterköpfen dargestellt waren, so daß der Erfolg dieser

Lehrstunden nicht viel besser war, als wenn man einem Knaben auf dem trockenen Lande das Schwimmen beibringen will.

Zudem hatte die besorgte Mutter verfügt, daß bei diesem Unterricht ein Hauptkapitel des ganzen Lehrstoffes überschlagen werde: die Wissenschaft vom weiblichen Geschlecht, vielleicht in der richtigen Erkenntnis, daß die Weisheit aller Weisen an den unergründlichen Rätseln dieser schwachen und doch unüberwindlichen Wesen zu Schanden werde und es niemand zu ersparen sei, erst durch Schaden klug zu werden. Davor aber ihr Söhnchen so lange als möglich zu behüten, duldete sie in ihrem Hofstaat nur Frauen und Fräuleins von gesetzten Jahren, die eine Häßlichkeitsprobe zu bestehen hatten, ehe sie in ihren Dienst treten durften. Daß es außer diesen noch anmutigere Geschöpfe des anderen Geschlechts gebe, war dem Prinzen nur dadurch bekannt geworden, daß er zuweilen am Fenster des königlichen Schlosses durch ein Opernglas in die Stadt hinaussah, wo hübsche junge Kinder allein oder mit ihren Familien über den Marktplatz gingen und manchmal auch einen neugierigen Blick nach den Fenstern des Schlosses emporsandten, hinter denen der schöne Königssohn wie ein gefangener Paradiesvogel in seinem Käfig ihre Gedanken beschäftigte.

Ins Freie durfte er nur zu den körperlichen Übungen, auch dann nur in den Hofraum oder Garten, so lockend auch über die Mauer desselben die Wipfel des weiten Parks herüberwinkten. Nur eine einzige Stunde nach Tische war ihm freigegeben, ohne Aufsicht sich im Garten zu ergehen, da der Professor der Menschenkenntnis der Königin-Mutter vorgestellt hatte, ein junger Mensch müsse auch Gelegenheit haben, sich im richtigen Gebrauch der Freiheit zu üben. Diese Freiheit bestand freilich nur darin, daß er sich selbst entscheiden konnte, welchen der abgezirkelten Gartenwege er wandeln und von welchen Bäumen er sich zum Nachtisch einige reife Früchte pflücken wolle. Doch schon die Versuchung, die in jungen Gemütern mächtig ist, gerade in unreife Äpfel und Birnen zu beißen, war ihm als sündhaft so kräftig dargestellt worden, daß er nicht wagte, ein solches Gelüst zu befriedigen.

Nun geschah es an einem dieser Nachmittage im Sommer, daß das gute junge Herrlein bei seinem Gartenspaziergang an das Ende des Hauptweges gelangte und zum ersten Mal die schwere eiserne Gittertür offen fand. Vielleicht hätte ein ausdrückliches Verbot, die Schwelle nicht zu überschreiten, so viel Macht über sein wohlerzogenes Gemüt gehabt, um die Neugier, wie es wohl da draußen aussehe, zu ersticken. Da aber niemand an einen solchen Fall gedacht hatte, regte sich auch in unserm Prinzen keine Sorge, als ob es ein Mißbrauch seiner knapp bemessenen Freiheit wäre, sich etwas weiter vom Schlosse zu entfernen.

Wie er nun vollends in die Schattenwege des Parks eingetreten war und bald von der breiten Straße abbiegend sich in wildwüchsige Seitenpfade verirrte, wurde ihm das Herz so weit und der Sinn so fröhlich, daß er ein Schelmenliedchen zu singen anfing, das er von einer der Kammerfrauen seiner Mutter gelernt hatte. Ihm war, als habe er nie den Himmel so hoch und die Lüfte so balsamisch gefunden, und sein Blut stürmte ihm so heiß zum Herzen, daß er zuweilen stehen bleiben mußte, um Atem zu schöpfen.

Herrgott! sagte er vor sich hin, hätte ich doch nie geglaubt, daß die Welt so schön und das Leben so lustig sei! Ich will die Mutter bitten, daß sie mich öfters in den Wald hinausläßt. Wie hier alles so fröhlich durcheinander wächst: kein Zweig wird beschnitten, die Blätter liegen auf dem Weg, und die Brombeeren wuchern darüber hin. Und dazu singen alle Vögel weit heller als in unserm Schloßgarten!

Unter solchen glücklichen Betrachtungen war er immer tiefer in den Wald hineingeschritten, als er auf einmal stutzte und still hielt. Auf einer grasbewachsenen Lichtung nämlich sah er einen jungen Menschen sitzen, mit übereinandergeschlagenen Beinen auf einen moosigen Baumstumpf hingekauert, der ihn mit einem lustigen Zwinkern der kleinen schwarzen Augen und einem nachlässigen Nicken des Hauptes begrüßte, doch ohne das schief aufs linke Ohr gedrückte Hütchen zu lüften.

Das befremdete ein wenig den wohlerzogenen Königssohn, der gewohnt war, daß jedermann mit abgezogenem Hut ihm begegnete. Da ihm aber der wunderliche Geselle im übrigen gefiel, nickte auch er ihm herablassend zu und fragte:

Wer bist du und wie kommst du in diesen Wald?

Von der Landstraße her, entgegnete der muntere Bursche, da ich nach deinem Schlosse wollte und die Wachen am großen Tor mich zurückwiesen. Ich wünschte dich zu sprechen und habe hier auf dich gewartet.

Und was hast du von mir gewollt? fragte der Prinz, der an dem schlanken, verwegenen Fremdling immer mehr Gefallen fand.

Wie heißest du übrigens, und was für eine Kunst oder Gewerbe treibst du?

Mein Name ist *Holdrio*, sagte der andere, der sich auf seinem Sitz hin und her wiegte, und da du nach meinem Gewerbe fragst, sollst du wissen, daß ich Prinzenerzieher bin.

Du? spottete der Königssohn. Und darum willst du zu mir, der ich bereits sehr wohlerzogen bin, während du selbst eine so mangelhafte Erziehung genossen hast, daß du nicht einmal weißt, wie ungehörig es ist, einen Prinzen mit du anzureden, statt mit Königliche Hoheit?

Ich nehme mir diese Freiheit, sagte der Fremde, weil der Erzieher immer eine Respektsperson ist, der ohne solchen devoten Schnickschnack mit seinem Zögling verkehrt. Wenn du aber meinst, deine Erziehung sei vollendet, so muß ich dir sagen, daß sie in einem hochwichtigen Punkt völlig vernachlässigt worden ist.

Der wäre –?

Du hast noch nicht gelernt, dumme Streiche zu machen; eine Kunst, ohne der aus einem jungen Menschen nie etwas Rechtes werden kann.

Der Prinz sah ihn mit großen Augen an. Dumme Streiche? sagte er. Was ist das?

Das ist, daß einer auch einmal die Courage hat, über die Schnur zu hauen, etwas zu tun, wonach seinem Herzen gelüstet, auch wenn es ihm die Frau Mutter und hundert Hofmeister verboten haben. Verstehst du, was ich meine?

Der gute Königssohn blickte einigermaßen verdutzt in die Wolken hinauf und dann wieder auf den grünen Rasen.

Etwas tun, was verboten ist, ist ja eben – verboten! stammelte er.

Ja, aber es braucht darum noch keine Sünde zu sein. Alte Leute wissen nicht mehr, was junge Menschen zu ihrem Seelenheil bedürfen. Das müssen diese in ihrem eigenen Herzen spüren und sich herausnehmen, danach zu handeln, wenn sie nicht ewig am Gängelbande bleiben wollen. Darum aber ist es gar nicht so dumm, das zu tun, was die weisen Alten dumme Streiche nennen, sondern vielmehr eben das Klügste, was ein guter Juvenil anstellen kann, um sich mündig zu machen, zumal ein Königssohn, der späterhin viel weniger als andere Sterbliche seinem Herzen folgen darf, da alle Welt auf ihn blickt und die sogenannte Staatsraison ihm die Brust einschnürt.

Hierauf entstand eine kleine Pause, während deren der Fremde von seinem Sitz heruntergleitt und einen Tannenzapfen nach einem Eichhörnchen schnellte, das der Unterredung neugierig zugehört hatte.

Dann sagte der Prinz: Ich hätte wohl Lust, Holdrio, dich in dieser Kunst zum Lehrmeister anzunehmen. Denn in der Tat, es ist mir oft vorgekommen, als hätte ich einen eisernen Reifen um die Brust, der immer, wenn mein Herz schneller und heißer schlagen wollte, es zurückzwang. Und heut zum ersten Mal, als ich über die Schwelle des Gartens in die Wildnis trat, ist mir's zumut gewesen, als fiele mir eine Kette von den Füßen und jene eiserne Klammer vom Herzen. Wenn du mich in die Lehre nehmen und in dem unterweisen willst, was du dumme Streiche nennst, soll's dein Schade nicht sein, vorausgesetzt, daß die Mutter nichts dagegen hat.

Ja, wenn du *die* fragen willst, achselzuckte Holdrio, bin ich nicht dein Mann. Niemand macht dumme Streiche mit Erlaubnis der Vorgesetzten. Nein; du mußt die Lektionen bei mir geheim halten, und wegen des Honorars sei ohne Sorgen. Es ist mir Lohn genug, einen talentvollen Schüler zu haben, und wenn du willst, können wir den Unterricht gleich jetzt anfangen.

Die Augen des Prinzen leuchteten.

Ich verlange mir nichts Besseres. Aber wie?

Das laß meine Sorge sein. Zunächst wollen wir noch ein wenig weiter schlendern. Du weißt noch gar nicht, wie wundervoll die Welt jenseits deiner Gartenmauer ist!

* * *

Indem er das sagte, schob er seinen Arm zutraulich in den seines Zöglings und schlug einen Seitenpfad ein, der sie bald aus dem Dickicht hinausführte. Als sie den Waldrand erreicht hatten, blieb der Königssohn mit einem Ausruf des Entzückens stehen. Vor ihm breitete sich im goldenen Sonnenlicht eine weite Landschaft aus mit blühenden Tälern, sanften Höhenzügen, Wäldern und Kornfeldern, dazwischen verstreut kleine Gehöfte schimmerten, von Schwalben umflogen. Ein breiter Fluß, der hier und da einen Bach mit blinkenden Wellen aufnahm, zog durch das lachende Land und trug kleine Schiffe, deren Segel sich im Winde blähten.

Nein, wie schön! rief der Prinz. Wo sind wir hier?

In dem glücklichen Lande deiner Königlichen Hoheit, antwortete Holdrio lachend. Deine weisen Erzieher haben dir's bisher nur auf der Landkarte gezeigt, damit du nicht zu früh danach verlangtest, in deinem Reich herumzufahren und dich als Herrn zu fühlen. Aber hier wollen wir nicht einwurzeln, auch heute noch nicht deine getreuen Untertanen inkognito begrüßen. Es ist heiß, und wir werden wohl tun, uns im Schatten dieser hohen Buchen und Eichen zu halten.

So gingen sie weiter, wieder Arm in Arm, und der Königssohn schaute dabei unverwandt in die lachende Ferne, während ihm die Stirn glühte und die Glieder taumelten, als wandle er im Traum, oder ein feuriger Wein habe ihm das Blut erhitzt. Als sie daher an eine Stelle kamen, wo zu Füßen eines dichtbewaldeten Hügels ein Weiher lag, dessen tiefe, klare Flut ihnen Kühle entgegenhauchte, blieb Holdrio stehen und sagte: Hier wollen wir ein wenig rasten und dann uns durch ein Bad erfrischen.

Wo denkst du hin! sagte Florio. Unten in jenem Dorfe hat es schon fünf Uhr geschlagen. Mein Professor der Menschenkenntnis erwartet mich zur Lektion.

Die zu schwänzen ist einer der klügsten dummen Streiche, die du heute noch machen kannst.

Aber im Freien zu baden ist mir nie erlaubt worden.

Und hast du dich nicht zuweilen danach gesehnt? So folge heute deinem Herzen. Niemand wird uns hier überraschen. Und sieh nur, wie blank und rein der Grund durch die helle Flut heraufsieht.

Also fügte sich der Prinz mit einigem Herzklopfen. Als sie aber aus dem Bade wieder herausstiegen und auf dem sonnigen Ufer gelagert sich langsam trockneten, überkam den wohlerzogenen jungen Herrn ein solches Wonnegefühl, zum ersten Mal seine blanken Gliedmaßen auf einem kräftig duftenden Mooslager auszustrecken, statt auf dem seidenen Ruhebett neben der silbernen Badewanne, daß er seinem neuen Mentor erklärte, er fühle sich als einen neuen Menschen, und wenn das die Frucht dummer Streiche wäre, werde er diese Kunst eifriger studieren als irgendeine andere.

Darauf schlüpften sie wieder in ihre Kleider, Holdrio in sein graues Wams, der Prinz in sein fürstliches Habit von weißer, goldgestickter Seide, und vertieften sich von neuem in das liebliche Waldrevier, während Holdrio allerlei übermütige Melodien pfiff und der wohlerzogene Königssohn sich im Stillen über sich selbst wunderte, daß er noch immer gehorsam neben seinem neuen Lehrmeister hinwandelte, obwohl man ihn im Schlosse längst vermißt haben mußte. Er ließ seine Augen wieder wie in einem glücklichen Traum herumgehen, und auf einmal hafteten sie an einem überaus herrlich hochgewachsenen Baum, der seine Zweige über eine Waldwiese ausbreitete, in so bequem zum Aufstieg einladenden Abständen, daß große Vögel und Eichhörnchen dieser natürlichen Leitersprossen sich fleißig bedienten.

Möchtest du auch hinauf? fragte Holdrio. Ich sehe, du besinnst dich nur, weil deine ängstliche Mutter dir das Klettern verboten hat. Aber versuch es dreist! Wenn du herunterfällst, sollst du in meine Arme fallen.

Alsbald machte der Prinz sich daran, sein Gelüst zu befriedigen, und da er ein gelenker Springinsfeld war, klomm er vergnüglich durch die aufgescheuchten Waldtiere bis in den obersten Wipfel, wo er einen Jubelruf erschallen ließ, dem sein Mentor unten ein kräftiges Echo entgegensandte. Im Hinabsteigen aber blieb der Unbedachte mit seinem weiten Beinkleid an einem vorstehenden spitzen Ast hängen, und da er sich losmachen wollte, fuhr ein langer Riß in die schimmernde Seide, so daß sein Begleiter, der ihn unten empfing, in ein fröhliches Gelächter ausbrach.

Du wirst noch ganz anderes Lehrgeld in meiner Schule zahlen, als einen Schlitz im Gewand, rief er. Doch die Frau Mutter soll dich nicht mit Schelten empfangen, wenn du ihr so vor die Augen trätest. Ich weiß, wie wir den Schaden ausbessern, und du sollst mir noch danken, daß ich dich dazu verleitet habe.

* * *

Damit faßte er ihn wieder unter und führte ihn aus dem Walde hinaus zu einer offenen Halde, auf der ein sauberes Häuschen stand. Auf einem Schilde über der Tür las man die Worte: »Zur Waldschenke«, und einige Tische und Bänke auf beiden Seiten ließen erkennen, daß es nicht an Leuten fehlte, die sich hier im Freien an einem kühlen Trunk zu erquicken liebten. Heute sah man keinen Menschen dort sitzen, nur aus den offenen Fenstern der Trinkstube drinnen drang Lärm von streitenden Stimmen, da gerade ein paar Bauern mit einem Jagdgehilfen beim Kartenspiel saßen und beständig mit den harten Knöcheln der derben Fäuste ihre Karten auf den Tisch hintrumpften.

Als aber die beiden jungen Leute sich der Türe näherten, trat ein Mädchen heraus, das Holdrio wie eine alte Bekannte mit einem »Guten Tag, Ännchen!« begrüßte. Das schlanke junge Kind, das kaum siebzehn sein mochte, sah ihn wie einen Wildfremden groß an, nickte auch dem Königssohn ohne viel Umstände zu und fragte, was die Herren begehrten.

Wein, Ännchen! sagte Holdrio, vom besten, der in eurem Keller ist, und bring ihn uns hier ins Freie.

Damit ließ er sich an einem der Tische nieder, die Beine lang auf die Bank gestreckt und mit seinem lustigen Lächeln den guten Königssohn betrachtend, der dem Ännchen, das im Hause verschwunden war, wie einer Fee oder Engelserscheinung nachstarrte.

Ich sehe, das gute Ding findet Gnade vor deinen hochprinzlichen Augen, sagte Holdrio. Auch ist sie ein braves Kind, das dem Vater, der ein Trunkenbold ist, ganz allein mit einem einzigen Knechtlein das Haus versieht und die Wirtschaft führt. Wer die einmal zum Weibe bekommt, ist gut versorgt, nur darf er freilich kein Königssohn sein, denn höfische Manieren kennt sie nicht.

Was redest du! brauste Florio auf. Keines von allen Hoffräuleins meiner Mutter bewegt sich nur halb so zierlich; und wie sie dich anblickte, als du so vertraut mit ihr tatest, – sie ist das Reizendste, was ich je gesehen habe!

Nun, wie du meinst, warf Holdrio gleichmütig hin. Jedenfalls wird sie's nicht übel nehmen, wenn du's ihr sagst.

Indem trat das Ännchen wieder zu den beiden hinaus, eine blanke Flasche, in der es wie Gold schimmerte, nebst zwei Gläsern auf einem zinnernen Teller tragend. Sie setzte das Geschirr auf den Tisch, schenkte die Gläser voll und wollte sich mit einem Wohl bekomm's! wieder entfernen. Holla! sagte Holdrio, sie bei dem runden nackten Ärmchen packend, so geschwind entwischest du uns nicht, kleine Hexe! Da, nimm das Glas und kredenz es erst dem Herrlein, in welchem du einen hochgeborenen und wohlerzogenen Prinzen, deinen künftigen Landesherren, verehren sollst. Er ist im Zuge damit, zu lernen, wie man dumme Streiche macht, und du tätest ein gutes Werk, ihm dabei ein bißchen an die Hand zu gehen. Zunächst aber hole dein Nähzeug und verbinde ihm die klaffende Wunde an seinem Schenkel. Wenn es in guter Absicht geschieht, braucht eine getreue Untertanin sich nicht zu scheuen, ihrem Souverän etwas am Zeuge zu flicken.

Das Mädchen, das schon das eine Glas ergriffen und sich dem

Prinzen genähert hatte, erschrak nicht wenig, da es hörte, welch hohen Gast es vor sich hatte. Da aber jedes hübsche Kind im Stillen sich seiner Macht und Ebenbürtigkeit dem hochgeborensten Mannsbild gegenüber bewußt ist, faßte sie sich rasch, nippte mit ihrem Schelmenmündchen an dem Glase und reichte es dann zierlich knixend dem Königssohn, der, weit verlegener als sie, das Glas in Empfang nahm und, die Lippen an die Stelle setzend, wo sie getrunken hatte, das goldene Feuer auf einem Zug hinunterstürzte.

Holdrio, sagte er, während das Ännchen flink wie ein Vogel wieder ins Haus huschte, die oder keine muß meine Königin werden.

Hierüber wird ja wohl noch ein Mehreres zu reden sein, versetzte der andere sehr gleichmütig. Einstweilen genügt es, wenn du dich am Feuer dieser schwarzen Augen ein wenig versengst. Das ist alles, was ich fürs erste von meinem gelehrigen Schüler verlange. – Der Tausend! Sieh nur, wie der Grasaff sich herausgeputzt hat, seitdem er erfahren, daß dir das blaueste Blut in den Adern rinnt.

Es war aber kein großer Aufwand, den das Ännchen in der Eile mit seinem Anzug gemacht hatte, bloß daß es sein Haar, das vom schönsten Braun war, ein wenig sorgsamer gestrählt und eine frische Krause um das schlanke Hälschen geknüpft hatte. Nun kam es mit einem lieblichen Erglühen des ganzen Gesichts auf den Prinzen zu, Nadel und Faden in der einen Hand und eine große Schere in der andern. Mit einer verlegenen Gebärde lud sie ihn ein, sich auf die Bank zu setzen und ihr das verwundete Beinkleid zuzuwenden. Dann kniete sie an seiner Seite nieder und begann flink und geschickt mit einem langen Seidenfaden den klaffenden Schlitz zusammenzuheften. Während ihrer Arbeit sprach keines ein Wort. Der Königssohn sah unverwandt auf ihren zierlichen Kopf herab, den die krausen goldbraunen Löckchen umflogen, und auf die kleinen von Sonne und Arbeit gebräunten Finger, die längs der weißen Seide nur so zu tanzen schienen.

Es hält nun wohl, sagte das Ännchen, da es sich mit einem kleinen Seufzer von den Knien erhob. Aber bitte, Herr Prinz, laßt niemand wissen, daß ich die Stiche gemacht habe, ich schämte mich zu Tode, denn meine Hände sind zu grob für so feine Arbeit, auch habe ich mir nicht getraut, da ich es Eurer

Majestät am Leibe machen mußte, so langsam daran zu sticheln, wie es nötig gewesen wäre.

Du hast das so herrlich zustande gebracht, der Hofschneider könnt' es nicht besser! sagte der Prinz in großer Verwirrung. Dann aber fiel ihm ein, daß er sich dem lieben Kinde für diesen Liebesdienst in keiner Weise erkenntlich zeigen, ja nicht einmal den Wein bezahlen konnte, da er kein Taschengeld bekam. Leihe mir deinen Beutel! raunte er Holdrio zu. Der aber zuckte mit den Achseln.

Ich bin ein Vagabund, sagte er, und trage nie Geld in der Tasche. Für diesmal aber sei unbesorgt. Auch das Schuldenmachen gehört zu den dummen Streichen, die ein junger Mensch verüben muß, und ich denke, du bist nicht zum letzten Mal in der Waldschenke gewesen. Gelt, Ännchen, dein zukünftiger Landesherr hat soviel Kredit bei dir, daß er dir heute die Zeche schuldig bleiben kann?

Statt aller Antwort haschte das schöne Kind nach der Hand des Prinzen, einen ehrfurchtsvollen Kuß darauf zu drücken. Der Jüngling aber entzog ihr die Hand, umfaßte ihr schlankes Gestältchen, und da sie sich erschrocken ihm entwand, konnte er mit seinen sehnsüchtigen Lippen nur eben die Härchen an ihrer Stirne streifen. Dann flog sie zitternd und in rote Glut getaucht ins Haus zurück.

* * *

Für heute wollen wir die Lektion beschließen, sagte Holdrio, indem sie den Rückweg antraten. Aller Anfang ist schwer, ich bin aber mit deinem Eifer und deinen guten Fortschritten zufrieden und denke, wenn du dich ferner befleißigst, einen Musterschüler an dir zu haben. Ich bringe dich nun nach dem Schloß zurück. Natürlich wirst du deiner Frau Mutter nicht auf die Nase binden, wie gut du diese Stunden angewandt hast. Frauen haben Vorurteile, und deine beiden Gouverneure sind nichts besseres als alte Weiber.

So plauderte er munter an seinen Zögling hin, der mit gesenktem Kopf wieder wie ein Träumender neben ihm herschritt, während immer die funkelnden schwarzen Augen und krausen Härchen von der Waldschenke vor seiner Seele tanzten. Er wachte erst auf, als er von vielen Stimmen seinen Namen rufen hörte und Fackelschein durch die Stämme des Waldes glimmen sah. Es waren die Boten, die die Königin ausgesandt hatte, nach dem verlorenen Sohn zu spähen. Dieser besann sich jetzt erst, wie er der erzürnten Mutter gegenübertreten sollte. Doch da er sich nach seinem Lehrmeister umsah, dessen Rat zu erbitten, bemerkte er zu seinem Erstaunen, daß Holdrio spurlos verschwunden war.

Er hatte aber nicht lange Zeit, sich hierüber Gedanken zu machen. Denn der ganze Schwarm seiner Erzieher und viele Würdenträger des Hofes umringten ihn und bestürmten ihn mit Glückwünschen wie einen Geretteten und mit Fragen, wohin er sich denn verloren habe. Hierüber gab er erst seiner Mutter Bescheid, indem er die erste Lüge seines Lebens hervorstotterte, nämlich, er habe sich, da er das Gartentor offen gefunden, in den Wald gewagt und dort müde gelaufen, bis er endlich in Schlaf gesunken sei und allerlei schöne Träume gehabt habe.

Die Königin Mutter schickte ihn sogleich zu Bett, damit er nicht etwa die feuchte Waldesluft mit einem Fieber zu büßen hätte. Vor dem Fieber freilich, das ihn noch lange nach Mitternacht wach hielt, konnte sie ihn nicht bewahren.

Das verließ ihn auch nicht, als er am hellen Tage wieder nach seinem Lektionsplan Stunde um Stunde hinschleichen ließ, so unaufmerksam, wie seine Lehrer sich's nicht entsinnen konnten, da er nur den einen Gedanken hatte, wie er den Unterricht seines Freundes Holdrio ferner genießen möchte.

Als aber die Nacht gekommen war, litt es ihn nicht in seinem Zimmer. Er stieg sacht über den Lakaien hinweg, der vor seiner Türe schnarchte, nickte den beiden schlafenden Pädagogen im zweiten Vorzimmer ein Gute Nacht! zu und schlich sich auf den Zehen nach der Schatzkammer, zu der er sich am Tage zuvor den Schlüssel mit List zu verschaffen gewußt hatte. Als er drin war, öffnete er hastig die Schränke und Truhen, so daß der Mond auf die Pracht der goldenen Geschmeide und blitzenden Steine sein Licht werfen konnte. Er achtete aber nicht auf die Kronjuwelen, das hohe Diadem, den Zepter und Reichsapfel, noch auf alle Prunkgeräte und kostbaren Kleinodien. Nur eine Schnur großer bläulicher Perlen, mit einem goldenen Schlößchen, darin ein schöner Rubin funkelte, wählte er aus all dem Reichtum und ließ sie in seine Tasche gleiten. Dann schlüpfte er aus dem Gemach ins Freie, verschloß es hinter sich und stieg in den mondbeglänzten Garten hinab.

Daß er diesmal das Gitter nicht offen finden würde, wußte er wohl, das schreckte ihn aber nicht. Er hatte sich in ein dunkles, enganschließendes Gewand gekleidet, das ihm nicht hinderlich war, als er am Pfirsichspalier der Gartenmauer hinaufklomm. Wie er aber die Höhe erreicht hatte und nun hinuntersprang, erschrak er im ersten Augenblick wie ein ertappter Dieb und frohlockte im nächsten, da er an einen Baum gelehnt seinen Lehrmeister Holdrio stehen und lustig das Hütchen schwenkend ihn begrüßen sah.

Bravo! So gefällst du mir! rief der Meister seinem Schüler entgegen. Wer es in unserer Kunst zu etwas bringen will, muß auch die Nachtarbeit nicht scheuen, da gerade die allerschönsten dummen Streiche von jeher bei Mondschein verübt worden sind. Ich weiß, es hat dir keine Ruhe gelassen, deine Schulden zu bezahlen. Mit deiner Erlaubnis aber will ich dich ein wenig begleiten, da du sonst im dicken Walde von Irrlichtern genarrt werden könntest.

Er faßte ihn wieder unter den Arm, und sie wanderten in leisen Gesprächen dahin, wie wenn sie den schlafenden Wald nicht aufwecken wollten. Als sie endlich zu der Waldschenke kamen, sahen sie das Haus wie verzaubert im Mondschein liegen; im Gärtchen auf der einen Seite dufteten alle Blumen, und die Vögel in ihren Nestern zirpten verschlafen aus dem Traum; auf der anderen Seite, wo ein Grasanger, mit etlichen Fruchtbäumen bestanden, sich bis zum Walde hinzog, sahen sie ein lichtgelbes Pferd friedlich weiden, neben ihm ein junges Fohlen, das bei den nahenden Schritten scharf die Ohren spitzte und in ängstlichen Sprüngen an dem niederen Stacket, das die Wiese umgrenzte, dahinflog, während seine Mutter nur wie fragend den Kopf hob und ihn dann wieder in das duftende Futter zwischen ihren Hufen eintauchte.

Nun müssen wir die Hexe heraustrommeln, sagte Holdrio. Er schien mit der Örtlichkeit wohlbekannt, denn er klopfte gleich an das richtige Fenster, dessen Laden sich ein wenig öffnete, um das schlanke weiße Näschen der jungen Wirtstochter in dem Spalt erscheinen zu lassen. Der wohlerzogene Königssohn harrte indes mit Herzklopfen, welchen Erfolg die eifrige Zwiesprach haben würde, die sein Freund und Meister mit dem Mädchen pflog. Er hatte aber nicht lang sich zu gedulden. Denn nach fünf Minuten wurde der Laden vollends aufgestoßen, und das Ännchen, nur mit einem roten Rock und weißen Kamisol bekleidet, übrigens barfuß und mit lose zusammengestecktem Haar, schwang sich über den Sims in die Nacht hinaus.

Um Gotteswillen, ihr Herren, sagte sie, weckt nur den Vater nicht! Er schlüge mich tot, wenn er merkte, ich hätte noch so spät in der Nacht Besuch. Auch bin ich nur herausgeflitzt, euch zu bitten, daß ihr gleich wieder fortgeht. Ich könnt' euch nicht einmal zu einem Trunk Wein verhelfen.

Schau nur deinen Prinzen an, lachte Holdrio, der ist ohnehin schon mehr, als gut ist, berauscht. Und nun höre, was er dir zu sagen hat. Ich unterhalte mich indes mit der braven Lise, der auch unter den Bäumen dort wohler ist als in ihrem dumpfen Stall.

Ännchen, sagte jetzt der Prinz, ich bin dir noch das Geld für den Wein von gestern und den Lohn für deine Schneiderei schuldig geblieben. Ich habe aber kein Geld, und so mußt du dies Geschmeide von mir annehmen. Da ich doch bald den ganzen Kronschatz mein nennen werde, darf ich diese kleine Perlenschnur wohl heute schon verschenken.

Er zog sie aus der Tasche und wollte sie ihr um den Hals legen. Aber sie wehrte ihn mit beiden Händen beharrlich ab, und als er Miene machte, sie mit Gewalt gegen die Mauer zu drängen und ihr so das Geschmeide aufzunötigen, entwand sie sich kräftig seiner Umschlingung und flüchtete über das niedere Stacket in die Baumwiese, wo Holdrio bei der Stute stand und ihr liebkosend über Hals und Nüstern strich.

Willst du einmal reiten, Kind? raunte er. Sie nickte und sah sich dabei fragend nach dem Prinzen um, der ihr mit schwermütiger Miene nachkam. Holdrio aber lief in den Stall, holte eine wollene Decke und einen leichten Zaum, und nachdem er beides dem frommen Tier auf- und angelegt hatte, hob er das flinke Mädchen hinauf und führte die Lise am Zügel sacht in der Baumwiese herum, während der wohlerzogene Königssohn mißmutig hinterdreinschlich und das Füllen, den dicken Kopf am Fell der Mutter reibend, immer an ihrer Seite blieb. Dann blieb Holdrio stehen und sagte:

Wie wär's, Prinz Florio, wenn du dich hinter das Ännchen hinaufschwängest? Es ist Platz für zwei auf der weichen Decke, und es könnte dann eine lustige Reiterei geben.

Das ließ sich der Verdrossene, dessen Gesicht sich auf einmal aufhellte, nicht zweimal sagen. Im Nu saß er auf dem breiten Rücken des Pferdes, so daß das Ännchen, das sich fest an die Mähne geklammert hatte, einen leisen Schrei ausstieß. Hupla! schnalzte Holdrio mit der Zunge und gab der Stute einen kräftigen Schlag auf den Schenkel. Mit einem raschen Sprung setzte das Pferd über das niedere Stacket, das Junge kletterte etwas unbeholfen der Mutter nach, und so trabten die Paare, sobald sie im Freien waren, munter die Straße entlang, die am Waldsaum hinführte. Hinter ihnen drein klang Holdrio's lustiges Lachen.

* * *

Dem Prinzen aber war wunderlich zumut. Das Ännchen hatte die Mähne fahren lassen und stattdessen die schlanke Gestalt des Reiters umklammert. Die Scheu, sich so nah an ihren künftigen Landesherrn zu schmiegen, verlor sich bald, da ihr war, als hätte sie nie in ihrem Leben so weich und warm gesessen. Dem Prinzen aber, der auf den braunen Schopf und den weißen Nacken des jungen Kindes herabsah, klopfte das Blut in den Schläfen, und so gern er ein kleines Zwiegespräch angefangen hätte, konnte er das erste Wort nicht finden. Erst als sie eine Weile so fortgeritten waren, während nur die Lise von Zeit zu Zeit mit fröhlichem Wiehern die Stille unterbrach, faßte er sich ein Herz, zu fragen, ob sie auch bequem sitze. Sie nickte nur und drückte dabei ihr Näschen noch dichter gegen seine Brust. Manchmal blieb die Lise stehen, um ein würziges Kraut am Wege abzurupfen oder sich nach ihrem Sprößling umzusehen, der sie in drolligen Capriolen umsprang. Dann hob auch das Ännchen den Kopf, sah aber nicht zu ihrem Kavalier empor, sondern in die weite Landschaft hinaus, die im Mondnebel sich in silbernem Duft ausbreitete. Die Wälder und reifen Kornfelder standen ganz still, nur die Wellen, die in dem sanft rauschenden Fluß hie und da aufblitzten, ließen erkennen, daß noch Leben in der schlummernden Weite sei.

Was seufzest du? fragte der Prinz leise und berührte mit seinen heißen Lippen das Haar des jungen Kindes.

Weil es so schön ist in der Welt! hauchte sie kaum hörbar. Aber wir müssen wieder zurück. Wenn der Vater aufwachte – –

Statt aller Antwort drückte der Prinz dem Pferde die Fersen in die Weichen, und sie trabten weiter. Wie lange noch, wußte keines. Am liebsten wären sie ohne Aufhören bis ans Ende der Welt geritten. Die Lise aber schien es endlich doch müde zu werden, zwei Menschen auf ihrem Rücken zu tragen, zumal sie bisher nicht zum Reiten erzogen, sondern nur in den Pflug oder vor einen Wagen gespannt worden war. Auf einmal stand sie still und war durch kein Zureden oder Fersenstupfen zum Weitergehen zu bewegen.

Wir müssen sie wohl ein wenig rasten lassen, sagte der Prinz, sprang hinab und hob das Mädchen sorgsam von seinem hohen Sitz zur Erde nieder. Sofort kam das Füllen herangesprungen und steckte den Kopf unter den Leib der Mutter, an ihrem Euter seinen Durst zu löschen. Das Ännchen aber sagte lächelnd: Jetzt sollt' ich in unsern Keller hinuntersteigen und Euch einen frischen Trunk holen können. Aber wartet; es duftet hier nach Erd- und Himbeeren. Ich will Euch rasch eine Handvoll pflücken.

Damit lief sie ins Dickicht hinein, und der Prinz hörte sie im Laube rascheln, saß im Gras nieder und sah in die lichten Wipfel hinauf, durch die das goldene Mondlicht hereinquoll. Eine Nachtigall sang ganz nahe in einem weißblühenden Holderbusch, das machte sein Herz so sehnsüchtig schwellen, daß er seine Krone darum gegeben hätte, hier im Verborgenen mit dem Ännchen bis an sein seliges Ende hausen und träumen zu können. Da trat sie wieder aus den Zweigen heraus, in ihrem Röckchen tragend, was sie an Beeren gesammelt hatte. Sie wollte vor ihm stehen bleiben, daß er die Früchte aus ihrem Schoß naschen könnte. Er aber ergriff ihren schlanken braunen Arm und zog sie neben sich nieder, und da sie sagte: Alles ist für Euch! steckte er ihr, redlich teilend, eine Beere um die andere zwischen die lachenden roten Lippen, bis die letzte verspeist war.

Dann stand er auf, wieder nach ihrem Pferde zu sehen, das aber keine Lust bezeigte, sie wieder aufsitzen zu lassen. Die Decke war ihm dabei von dem breiten Rücken geglitten; die hob der Königssohn auf und brachte sie zu seiner Gefährtin. Die Lise will noch eine Weile grasen, sagte er. Inzwischen sollst du ein wenig schlafen. Komm! Der Tau fällt kühl. Ich will dich in die Decke wickeln, dann bewach' ich deinen Schlaf, daß keine Kröte oder Schlange dir übers Gesicht kriecht.

So tat er, obwohl die Errötende sich erst gewaltig sträubte. Als sie dann wehrlos wie ein Wickelkind auf dem grünen Lager ruhte, kniete er neben ihr hin, band ihr jetzt die Perlenschnur um den Hals und sagte: Schlaf wohl, meine kleine Königin! Darauf bückte er sich zu ihr hinab und küßte sie einmal herzlich auf den Mund, der noch von den Himbeeren duftete. Sie litt es geduldig, drückte dabei die Augen vor Seligkeit ein und seufzte leise. Und so, da rings die Blätter säuselten und die Nachtigall immerfort ihr Schlummerlied flötete, blieben die Augen des jungen Kindes geschlossen, und sie war bald in festen Schlaf gesunken.

Florio aber saß noch eine Weile neben ihr und weidete sich an ihrem Anblick, der ihm das Holdeste schien, was die Erde je getragen habe. Es war ihm ganz Ernst damit, daß er sie seine Königin genannt hatte. Er meinte, wenn die Mutter sie sähe, wie liebreizend und unschuldig sie sei, werde auch sie nichts dagegen haben, daß er dies einfache Kind neben sich auf den Thron setze. In solchen glücklichen Gedanken überfiel auch ihn endlich eine weiche Müdigkeit. Er streckte sich neben der Schläferin ins Gras, schob sanft seinen Arm unter ihren Nacken, damit der kleine Kopf bequemer ruhte, küßte noch einmal behutsam ihre halbgeöffneten roten Lippen und versank gleichfalls in einen traumlosen Schlaf.

* * *

Als die helle Sonne am Morgen ihm endlich die Augen öffnete und er sich mit taumelnden Sinnen aufrichtete, durchfuhr ihn ein heftiger Schrecken: die Schläferin an seiner Seite war verschwunden, mit ihr die Lise und ihr Junges; vor ihm aber standen seine beiden Hofmeister nebst einigen Lakaien, und auf der Straße am Walde erblickte er eine Hofkutsche mit vier Pferden bespannt. Er öffnete eben den Mund zu der Frage, was mit Ännchen geschehen sei, als einer der Hofmeister sich vor ihm verneigte und ihm das Wort abschnitt, indem er ihm einen guten Morgen wünschte und ihn einlud, in den Wagen zu steigen und nach dem Schlosse zurückzufahren, wo seine königliche Frau Mutter schon wegen seines Ausbleibens in schwerer Sorge gewesen sei.

Willenlos, da er ernstlich darüber nachgrübelte, ob er nicht am Ende vom Ännchen und dem nächtlichen Ritt bloß geträumt hätte, ließ er sich von den beiden Alten in die Mitte nehmen und nach Hause zurückgeleiten. Er verriet aber der Mutter gegenüber, die ihn mit heftigen Vorwürfen wegen seines nächtlichen Abenteuers empfing, mit keinem Wort den wahren Hergang. Nur als er hörte, man habe eine leichtsinnige Person mit ihm gefunden, und da sie eine Perlenschnur aus dem Kronschatz gestohlen, sei sie in den Turm gesteckt worden, brauste er auf und erklärte, das arme Kind sei unschuldig, da er selbst ihr das Geschmeide geschenkt habe, und er sei fest entschlossen, sich mit ihr zu vermählen, weshalb er darauf bestehe, daß sie sofort aus der Haft entlassen werde.

Die Königin sah die beiden Hofmeister mit einem vorwurfsvollen Blicke an, daß ihre Erziehung keine bessere Frucht getragen habe. Dann erwiderte sie ihrem so gänzlich verwandelten Sohn, das Mädchen werde erst in Freiheit gesetzt werden, wenn er sich auf die Brautfahrt an den benachbarten Hof begeben habe, mit dessen einziger Tochter er sich nach festbeschlossener Verabredung mit ihren Eltern binnen weniger Monate vermählen solle.

Zu ihrem bittern Erstaunen aber fand die Mutter ihren Sohn nicht mehr so gefügig wie sonst, da er schon durch Holdrio's Lehre und Umgang ein wenig verwildert war. Das einzige, wozu er sich nach langen, ernsten und liebevollen Vorstellungen herbeiließ, war, zu versprechen, daß er auf das Ännchen verzichten und die ihm bestimmte Braut in Augenschein nehmen wolle, wenn das liebe Kind sofort aus der Haft entlassen, ihm auch die Perlenschnur nicht abgenommen würde, da es schimpflich für einen Königssohn wäre, ein Geschenk zurückzufordern. Hierein willigte endlich die Mutter widerstrebend, nachdem der Sohn ihr gelobt hatte, keinen Versuch zu machen, die angesponnene Liebschaft heimlich fortzusetzen.

Er hielt auch sein Versprechen, doch mit so schwerem Herzen, daß es einen Stein erbarmen konnte, wie er darüber alle Munterkeit verlor und so blaß und mager wurde wie ein gemalter junger Heiliger in der Schloßkapelle. Um ihn auf andere Gedanken zu bringen, beeilte die Mutter die Brautfahrt, und schon acht Tage nach jenem Mondscheinritt setzte sich vom Schlosse aus ein glänzender Zug in Bewegung, in dessen Mitte die Kutsche mit dem Brautwerber fuhr, der eine Miene zeigte, als ob er eher zu einer Hinrichtung als zu hochzeitlichen Festen reiste.

* * *

Sie waren aber noch eine Stunde Weges von der fremden Hauptstadt entfernt, als der Kutscher anhielt, und da die beiden Gouverneure, die auf dem Rücksitz mitfuhren, nach der Ursache fragten, erwiderte er, ein junger Herr, der am Wege gesessen, habe ihm zugewinkt und befohlen, zu halten, bis er mit der jungen Königlichen Hoheit ein Wort geredet habe.

Sogleich erschien denn auch der Fremde am Wagenschlag und war niemand anders als der heimliche Freund und Lehrmeister des Prinzen, jetzt in einer schmucken Hoftracht, in der ihn selbst sein Zögling nicht sogleich erkannte. Er verneigte sich tief vor dem erstaunten Florio und fragte dann ganz unbefangen, ob nicht noch ein Platz im Wagen frei sei; da er desselben Weges reise, wäre es ihm lieb, mitgenommen zu werden.

Die beiden Hofmeister sahen einander ratlos an. Da sie aber für diesen Fall keine Vorschrift hatten, auch der Prinz sofort den Wagenschlag öffnete, mußten sie es geschehen lassen, daß der Fremde ohne weiteres einstieg und sich sogar neben den Prinzen setzte. Worauf er dem Kutscher zurief, jetzt nur geschwinde fortzufahren.

Als sie dann die Grenze des benachbarten Königreichs erreichten, fanden sie dort einen schönen Triumphbogen, an welchem in goldenen Buchstaben die Inschrift »Willkommen!« angebracht war. Hier wartete ihrer der Kronprinz des Landes, ein langer blonder Jüngling, der zu seinem künftigen Schwager in den Wagen stieg und mit ihm nach dem königlichen Schlosse fuhr. Unten am Portal desselben empfing ihn der König in Person mit allen Würdenträgern, und nachdem Prinz Florio dem dicken alten Herrn, dem seine Krone auf dem kahlen Kopf wackelte, sein Gefolge vorgestellt hatte, darunter auch seinen Freund Baron Holdrio, stiegen sie die breite Marmortreppe hinauf in den Thronsaal, wo die Königin mit ihrer Tochter und sämtlichen Hofdamen den Schwiegersohn aufs Huldvollste empfing und ihn sofort seiner jungen Braut vorstellte.

Der Prinz aber hatte kaum einen Blick auf das Prinzeßchen geworfen, als er am liebsten kehrt gemacht hätte und eilig wieder nach Hause gereist wäre.

Denn Prinzessin *Blandine* erschien ihm mehr wie eine mit Goldschmuck und kostbaren Steinen aufgeputzte Wachsfigur denn wie ein lebendiges junges Menschenkind. Die Züge ihres Gesichtes waren zwar nicht unlieblich, aber so regungslos wie ein geschnitztes Bild, dazu ihre kleine Gestalt schon jetzt von so übermäßiger Fülle, daß man fürchten mußte, schon in wenigen Jahren werde sie ihrer Mutter gleichen, die infolge des sorgenfreien und müßigen Stillsitzens auf dem Thron zu einem unförmlichen Umfang gediehen war. So stand die Tochter neben ihr, wie ein Tönnchen neben einem Oxhoftfaß, wenn bei so hohen Personen ein so unehrerbietiger Vergleich gestattet ist.

Daß aber der Schreck dem Brautwerber die Rede verschlug und er sich nur mit einer gezwungenen Gebärde vor seiner Zukünftigen verneigte, wurde ihm in den Augen des gesamten Hofstaates nicht zum Nachteil ausgelegt. Vielmehr fanden es die

Herren nur begreiflich, daß die Reize der Prinzessin ihren Freier verwirrten, während die Damen unter sich flüsterten, er sei ein entzückender junger Mann und rechtfertige den Ruf vollkommener Wohlerzogenheit, der ihm vorangegangen.

Bei der Galatafel nun, zu der man sich sofort verfügte, kam der Prinz natürlich neben seiner hohen Braut zu sitzen. Doch alle seine Bemühungen, nachdem er sich von der ersten Bestürzung erholt hatte, ein Gespräch mit ihr anzuknüpfen, scheiterten an dem fast feierlichen Ernst, mit dem die Prinzessin sich den aufgetragenen Gerichten widmete, so daß sie nur ein kaum hörbares Danke! von sich gab, wenn ihr Nachbar ihr das Glas von neuem vollgoß.

Je länger das Mahl dauerte, je unseliger wurde dem gefeierten Gast zumut. Zudem beneidete er immer glühender seinen lustigen Mentor Holdrio, der ihm gerade gegenüber an der Seite einer in Schönheit und Frische glänzenden jungen Dame saß, der Frau des alten Hofmarschalls, die oft zu ihm hinüberblickte und ihrem Nachbarn allerlei boshafte Anmerkungen ins Ohr zu flüstern schien. Als die Tafel endlich aufgehoben wurde und der Ball begann, schritt Florio, nachdem er die Prinzessin zu ihrer Mutter zurückgeführt hatte, auf die reizende Frau zu und bat sie um den nächsten Tanz. Sie sah ihm mit einem spitzbübisch feinen Lächeln in die Augen und legte ihren weißen Arm in den seinen, worauf sie mit ihm nach den Klängen der Musik durch den Saal schwebte. Doch hatte sie dabei noch Atem übrig, ihn zu fragen, welchen Eindruck seine hohe Braut auf ihn gemacht habe, und als er errötend schwieg, setzte sie eifrig hinzu: man könne die Prinzessin nicht auf den ersten Blick nach ihrem wahren Werte schätzen. Wenn ihm daran liege, sie näher kennen zu lernen, wolle sie ihm gern ein getreues Bild ihres Gemüts und Wesens entwerfen, unter vier Augen, da hier nicht der Ort dazu sei. Sie pflege täglich am frühesten Morgen im Park spazieren zu gehen. Wenn er sie dort aufsuchen wolle –

Hier brach die Musik ab, und sofort näherte sich der Hofmarschall dem Prinzen und erlaubte sich, Seiner Königlichen Hoheit in tiefster Ehrfrucht zu bemerken, daß der erste Tanz nach der Etikette mit der königlichen Braut zu tanzen gewesen wäre. Diesen Fehler nachträglich so gut es ging zu verbessern, forderte der Bräutigam, heimlich sein Geschick verwünschend, die Prinzessin zum nächsten Tanze auf und hatte nicht geringe Mühe, das schwerfällige Figürchen, das sich schläfrig an ihn hing, mit Anstand durch den weiten Saal zu schleifen. Dann aber, sich die Stirne trocknend, bat er die Majestäten für heut um Urlaub, da er von der Reise angegriffen sei und sich in seine Gemächer zurückziehen möchte.

Kaum fand er sich hier allein, nachdem er seine beiden Hofmeister verabschiedet hatte, als »Baron« Holdrio bei ihm eintrat. Er fand den Prinzen auf einem Ruhebett liegend, mit der Miene der tiefsten Niedergeschlagenheit, wie einen Menschen, der über verzweifelten Entschlüssen brütet.

Da brauchst mir kein Wort zu sagen über deinen Seelenzustand, lieber Zögling, rief er ihm entgegen. Hier handelt es sich nur darum, was du zu tun gedenkst, ob du willens bist, dies Püppchen, das mit seinen haferblonden Haaren, der weißen Haut und den geröteten Augenlidern wie ein fettes weißes Kaninchen aussieht, trotz alledem zu deiner Königin zu machen, oder ihr den Verlobungsring zurückzugeben.

O Holdrio, stöhnte der Prinz, versetze dich in meine Lage! Die Mutter hat mir erklärt, wenn ich dies seit langem beschlossene Ehebündnis nicht einginge, werde es zwischen den beiden Höfen zu einer Todfeindschaft und zwischen den beiden Reichen zu einem mörderischen Kriege kommen. Und ich –

Und du, als ein wohlerzogener Sohn, wirst dich knirschend unter das Joch fügen, da du in meiner Schule noch nicht lange genug gesessen bist, um den Hals aus der Schlinge zu ziehen. Dies habe ich vorausgesehen und bin dir eben darum hierher gefolgt, um dir im Notfall den Rücken zu stärken. Übrigens haben deine künftigen Schwiegereltern einen Koch, der seine Sache versteht, und wenn sie dir den in deine junge Ehe mitgeben, ließe sich manches verschmerzen.

Du hast gut spotten! rief der Unglückliche. Deine liebenswürdige Tischgefährtin hat dich bei guter Laune erhalten. Auch sie aber scheint sich über mich lustig zu machen, da sie mir morgen früh im Garten von all den verborgenen Gaben und Tugenden meiner Zukünftigen ein Loblied singen möchte. Daß ich ein Narr wäre, ihr dazu Gelegenheit zu geben!

Mit deiner Erlaubnis, lieber Prinz, versetzte Holdrio sehr ernsthaft, du wärest ein Narr, es nicht zu tun. Versprich mir, dich morgen früh zu dem Stelldichein im Garten einzufinden, um das ich dich übrigens beneide. Ich bürge dir dafür, daß all deine Nöte dadurch gehoben werden und du für diesmal noch mit einem blauen Auge davonkommst.

Damit verließ er seinen Zögling, der die Nacht in schweren Träumen verbrachte, da ein weißes Kaninchen sich ihm beständig auf den Schoß setzte und mit Kohlblättern gefüttert sein wollte. Als endlich der Morgen heraufdämmerte, entschloß er sich nach langem Zweifeln und Schwanken, dem Rate seines getreuen Meisters und Freundes zu folgen und sich in den Garten hinabzuschleichen.

Im Schlosse begegnete er erst wenigen schläfrig herumschwankenden Lakaien, die ihn verwundert anstarrten, da die Majestäten noch nicht aufgestanden seien und Prinzessin Blandine vor drei Stunden nicht sichtbar sein würde.

Florio aber ging in sich gekehrt die hohen Treppen hinab und betrat den taufrischen Garten, in welchem schon alle Vögel ihr Morgenlied anhoben. Auch war er noch nicht weit in die schöngepflegten Anlagen vorgeschritten, als er ein weißes Kleid zwischen den Taxushecken und Rosenbeeten schimmern sah und sofort die schlanke Gestalt der jungen Hofmarschallin erkannte.

Guten Morgen, Prinz! rief sie ihm entgegen, wobei ihre blanken Zähnchen lustig zwischen den roten Lippen hervorblitzten. Schön, daß Ihr Wort haltet. Denn wahrlich, mir liegt viel daran, Euch eine gute Meinung von unserer Prinzeß beizubringen, da, falls Ihr Euch nicht entschließen könntet, sie heimzuführen, auch ich hier zurückbleiben müßte, wo es zum Sterben langweilig zugeht. Folge ich aber meiner jungen Königin an Euern Hof, so hoff' ich, da Ihr ein ritterlicher junger Herr seid, wir werden ein vergnügliches Leben führen. Die junge Hoheit freilich ist von etwas bequemer Komplexion, schläft gern lang in den Tag hinein, liebt eine gute Tafel und hat bis jetzt nur Interesse für ihre Hunde, deren sie ein ganzes Dutzend von allen Arten und Unarten besitzt, und die zu füttern bisher ihr einziges ernstes Geschäft war. Das wird alles anders werden, wenn sie erst einen lieben Gemahl hat und einen Haufen kleiner Kinder, die zu füttern, zu waschen und zu kämmen ergötzlicher ist als die kleinen Kläffer zu versorgen. Und da sie im übrigen alles gehen läßt, wie's Gott gefällt, und die gute Stunde selber ist, werdet ihr eine recht behagliche Ehe miteinander führen.

Der Prinz hatte all diese Reden nur mit halbem Ohre gehört, da ihn die Anmut der eifrigen Sprecherin völlig gefangen hielt. Sogar das Bild des armen Ännchens verblaßte neben dieser reifen und übermütigen Schönheit, die in ihrem losen Morgengewande nur noch verführerischer aussah. Als sie sich daher an einer traulichen Stelle auf eine Bank niederließ und ihn einlud, sich neben sie zu setzen, fing er, gleichsam um seiner ersten Liebe Treue zu halten, vom Ännchen zu reden an, und daß er überhaupt keine Neigung spüre, sich mit einer anderen zu vermählen und nur der Staatsraison gehorcht habe, als er um Prinzessin Blandine warb. Die kluge Frau bezeigte das tiefste Mitgefühl mit seinem jungen Herzeleid, äußerte mit einem Seufzer, auch anderen werde oft nicht zuteil, was sie in ihrem Herzen ersehnten, und für das versagte volle Glück müßten sie sich dann mit guter Freundschaft trösten. Das griff der mehr und mehr verliebte Königssohn begierig auf, faßte die zarte Hand der schönen Frau und fragte schüchtern, ob er hoffen dürfe, durch ihre Freundschaft getröstet zu werden, und als sie mit geheuchelter Verwirrung erwiderte, sie zweifle, ob sie dessen würdig sei, raunte er ihr ins Ohr, sie sei das zauberhafteste Wesen, das ihm je begegnet, und wenn sie in seiner Nähe bleibe und ihn ein wenig lieb haben könnte – ob sie das können würde? – Gewiß! hauchte sie. Auch ich bin ja nicht glücklich, und ein so liebenswürdiger Freund, wie Ihr, könnte mir wohl über manche schwere Stunde hinweghelfen. Nur freilich –

Nein, keine Bedenken! rief der glühende junge Herr, indem er den Arm um ihren Nacken schlang, und laßt uns gleich auf der Stelle den Freundschaftsbund mit einem brüderlichen Kuß besiegeln.

Damit neigte er sich dicht zu ihr und berührte feurig ihre Lippen, um die ein feines Lächeln schwebte. Aber wie vom Blitz gerührt fuhr er jählings zurück, denn hinter dem nächsten Busch hervor trat kein Geringerer als sein königlicher Schwiegervater in eigener Person, in einem langen Morgenrock von Goldbrokat; statt der Krone ein samtenes Käppchen, an dem eine goldene Troddel hing, auf dem blanken Schädel.

Im ersten Augenblick standen sich die drei wortlos gegenüber. Der König aber fand zuerst die Sprache wieder, zog die weißen Brauen in die Höhe und überschüttete seinen Eidam mit Vorwürfen, daß er am ersten Morgen, nachdem er seiner Braut vorgestellt worden, einer anderen Dame den Hof zu machen sich habe erlauben können. Dieses Vergehen werde er nur wieder gut machen, wenn er die Hochzeit beschleunige, dagegen seine Mitschuldige für immer den Hof werde verlassen müssen.

Seid getrost, schöne Freundin, versetzte der Prinz, da er sah, daß die Marschallin weinend auf die Bank zurücksank; ich würde es als eine schimpfliche Felonie betrachten, wenn ich Euch nicht hielte, was ich Euch soeben gelobt habe. Eher würde ich auf die Ehe mit der Prinzessin verzichten, als auf unseren Freundschaftsbund, was ich Eurer Königlichen Majestät hiermit in aller Ehrfurcht als mein letztes Wort verkünde. Und nun gebt mir Euern Arm, holde Frau, und laßt Euch ins Schloß führen.

Sie erhob sich zögernd. Der König aber, der vor Entrüstung kirschrot im Gesicht geworden war, rief: Wenn dies Euer Liebden letztes Wort ist, sind Hochdieselben unwürdig, die Hand meiner Tochter zu erhalten. Also überlegt wohl, was Ihr tut.

Hier ist nichts mehr zu überlegen, erwiderte der Prinz, sich hoch aufrichtend. Ich verzichte hiermit auf die Ehre, Eurer Majestät Schwiegersohn zu werden, und bitte, mich der hohen Gemahlin und Prinzessin Tochter zu Gnaden zu empfehlen, da ich noch in dieser Stunde Euer Liebden Schloß und Reich verlassen werde.

* * *

Als der Prinz dann wirklich mit den beiden höchst bestürzten Hofmeistern, denen er über seinen plötzlichen Entschluß keinerlei Aufklärung gab, den Reisewagen wieder bestieg, trat aus der Volksmenge, die sich trotz der frühen Stunde vor dem Schlosse versammelt hatte, Baron Holdrio an den Wagenschlag heran, verneigte sich mit einem feinen Zwinkern der klugen Augen vor dem jungen Herrn und sagte: Ich beurlaube mich für diesmal von Eurer Königlichen Hoheit und erkläre Hochdemselben meine allerhöchste Zufriedenheit.

Im nächsten Augenblick war er verschwunden.

Von seiner Frau Mutter wurde der Brautwerber, der ohne Braut heimkehrte, mit den heftigsten Vorwürfen empfangen. Wenn er übrigens gedacht habe, seine Liebschaft mit der Dirne aus der Waldschenke jetzt wieder anspinnen zu können, so habe er sich verrechnet. Das Mädchen sei inzwischen mit einem Förster aus der Nachbarschaft verheiratet worden, der es sich höflich verbitten werde, wenn der hohe Herr geruhen wollte, sich fernerhin zu seiner jungen Frau herabzulassen.

Hierüber verfiel Prinz Florio in eine schwarze Melancholie, der er jedoch nicht lange nachzuhängen Zeit hatte. Denn ihm auf dem Fuße folgte die Kriegserklärung des benachbarten Königs, der für den Schimpf, den man seiner Tochter angetan, blutige Sühne zu nehmen drohte.

Dem Prinzen kam dies nur erwünscht, um seinem Liebeskummer in wilden Taten Luft zu machen. Als aber der Heereszug zum Abmarsch gegen den Feind bereit stand, berief ihn die Königin in ihr Gemach, setzte ihm einen zierlichen goldenen Helm aufs Haupt, gürtete ihm einen feinen Hofdegen um und las ihm einen Paragraphen des Staatsgrundgesetzes vor, in welchem verordnet war, daß die Prinzen des königlichen Hauses sich unter keinen Umständen in ein Gefecht zu mischen, sondern dem Gang der Schlacht nur durch ein Fernrohr zu folgen hätten.

In tiefer Beschämung hörte der wohlerzogene Thronerbe diese Vorlesung an, verabschiedete sich schweigend von seiner zärtlichen Mutter und folgte mit gesenktem Kopf auf seinem zahmen Pferde dem ausrückenden Heer, von seinem Kriegshofmeister und dem kommandierenden General in die Mitte genommen.

Als sie aber an dem Ort angelangt waren, wo das Lager aufgeschlagen wurde und am nächsten Tage die entscheidende Schlacht geschlagen werden sollte, erschien plötzlich in der Rüstung eines einfachen Soldaten der wohlbekannte junge Freund, der um die Gnade bat, dem Prinzen als Schildknappe zur Seite bleiben zu dürfen. Hiergegen hatte der Hofmeister nichts einzuwenden. Holdrio aber flüsterte dem trübsinnigen Herrlein zu, er solle gutes Mutes sein, es werde sich schon Gelegenheit finden, seiner strengen Überwachung zu entwischen und etliche rühmliche dumme Streiche zu machen.

Dazu kam es denn auch gleich am nächsten Tage. Denn in dem Zelt auf einer Anhöhe, von der aus man den Gang der Schlacht beobachten konnte, war neben dem Prinzen nur sein Lehrer in der Kriegskunst zurückgeblieben, der, während draußen die Geschütze donnerten, die Trompeten schmetterten und die Pferde wieherten, über eine Landkarte gebückt seinem hohen Schüler die Stellungen beider Heere und den strategischen Plan erläuterte. Da der wackere Mann schon bejahrt war und die letzte Nacht nicht sonderlich geschlafen hatte, nickte er über seinem Vortrag ein. Da erschien Holdrio geräuschlos am Eingang des Zeltes, winkte dem Prinzen, sein Fernrohr niederzulegen und herauszukommen, und sagte ihm draußen mit einem Blick auf das Schlachtfeld, die Sache scheine schief zu gehen, die Seinigen seien auf beiden Flügeln ins Weichen gebracht, jetzt sei es Zeit, mitten ins Getümmel hineinzureiten und durch den Anblick ihres künftigen Königs die gesunkenen Geister von neuem anzufeuern.

Im Nu hatte der Prinz, dessen Augen leuchteten, sich in die Waffenrüstung seines Freundes geworfen und dessen starkes Roß bestiegen. Als er dann mit hochgeschwungenem Degen die Anhöhe hinuntersprengte, wurde er schon von weitem von seinen Landeskindern erkannt und mit brausendem Jubel begrüßt. Sofort wandte sich das Glück. Der General erschrak zwar, daß der Prinz all seine weisen Anordnungen über den Haufen warf und mitten in das Gewühl hineinritt, eine Fahne schwingend, die er dem verwundeten Bannerträger aus der Hand genommen hatte. Als aber nach wenigen Stunden der Sieg erfochten, der feindliche Thronfolger von Prinz Florio mit eigener Hand gefangengenommen und sein Heer in die Flucht geschlagen war, ritt er auf den ganz mit Blut und Staub bedeckten jungen Sieger zu, salutierte tief mit dem Degen und brachte ihm ein Hurrah aus, in das alles Kriegsvolk begeistert einstimmte.

* * *

Die Folge dieses denkwürdigen Tages war, daß der besiegte Monarch gegen die Auslieferung seines Sohnes sich zum Frieden bequemte und eine ansehnliche Kriegsentschädigung zu zahlen gelobte. Prinz Florio aber sollte des Triumphes, mit dem er in seine Hauptstadt einzog, nicht lange froh werden. Denn bei dem bloßen Bericht, welchen Gefahren ihr Söhnchen sich ausgesetzt hatte, wurde seiner Frau Mutter so wind und weh ums Herz, daß sie in eine Ohnmacht sank, aus der sie nicht wieder zum Leben erwachte.

Ihr guter Sohn betrauerte sie mit aufrichtigem Herzen, da die Strenge, mit der sie ihn erzogen hatte, nur aus liebevollen Vorurteilen entsprungen war. Von dem prunkvollen Begräbnis aber, das er ihr veranstaltete, zog er sofort in die Kirche, sich daselbst zum König krönen zu lassen, denn das Reich durfte keinen Tag lang seines sichtbaren Herrschers entbehren.

Auch diese feierliche Handlung wurde mit allem Pomp vollzogen, nur daß der Hochaltar, von dem der junge König die Krone nahm, dicht umflort war. Als der Gekrönte dann aus dem Portal hinausschritt und durch das Spalier, das die unabsehliche Volksmenge gebildet hatte, sich nach dem königlichen Schlosse begab, erblickte er in der vordersten Reihe das vertraute Gesicht seines Lehrmeisters Holdrio, der huldigend vor der jungen Majestät ein

Knie beugte. Es machte kein geringes Aufsehen, daß der König bei diesem unbekannten, unscheinbaren Fremdling stehen blieb, ihn aufrichtete und in die Arme schloß. Folge mir ins Schloß, sagte er leise zu ihm. Hinfort sollst du in meiner Nähe bleiben, und ich will dich mit Ehren und Würden reich belohnen für alles, was du an mir getan hast.

Eure Majestät wolle verzeihen, erwiderte Holdrio mit einem leisen Lächeln, von jetzt an würde mein Dienst und guter Rat unnütz, ja verderblich sein. Ein König, der seinem Volke voranleuchten soll, darf sich, auch wenn er noch jung an Jahren ist, keine dummen Streiche mehr erlauben. Auch wäre ich für ein seßhaftes Leben nicht geschaffen, da ich überhaupt kein gewöhnlicher guter Staatsbürger sein kann, sondern eine Art landstreichender Kobold bin, der durch die Welt ziehen und überall, wo er guten jungen Leuten aus der Enge ihrer Zucht und Überwachung heraushelfen kann, ihnen seine Unterweisung anbieten muß. Und so entlasset mich in Gnaden, und möge es Euch bis ans Ende Eurer Tage wohlergehen!

Damit verneigte er sich vor seinem Zögling, ihn noch einmal vertraulich auf die Schulter klopfend, zum Zeichen, daß er mit ihm zufrieden sei. Dann war er zum größten Erstaunen aller Umstehenden so spurlos verschwunden, als ob der Erdboden ihn eingeschluckt hätte.

* * *

Von dem weiteren Leben, den Kämpfen und Siegen des jungen Königs soll hier nichts berichtet werden. Wer Näheres darüber erfahren will, möge die Chroniken und Geschichtsbücher jenes Reiches nachschlagen. Hier sei nur soviel gesagt, daß er eine lange und gesegnete Regierung führte, eine Gemahlin nahm, mit der er in friedlicher Ehe lebte, und die ihm seine Kinder weiser und freier erziehen half, als seine eigene Mutter es für heilsam befunden hatte.

Als er dann aber endlich gleichfalls der Zeitlichkeit den Zoll bezahlen mußte und auf seinem Sterbebette mit ruhiger Seele von allen Seinigen und dem gesamten Hofstaat Abschied nahm, sah er mit schon halb erlöschendem Auge bescheiden neben der Tür seinen alten Freund Holdrio stehen, der sich mit einem Tüchlein die Augen trocknete. Da richtete er sich noch einmal in den Kissen auf, winkte die vertraute Gestalt zu sich heran und reichte ihm die Hand. Lieber Alter, sagte er, ich danke dir, daß du noch einmal gekommen bist, mir Fahrwohl zu sagen, damit ich dir noch einmal danken kann. Denn soviel Gutes und Großes mir auch in meinem langen Leben durch die Gnade des Herrn zuteil geworden, nichts hat mich wieder so bis ins innerste Herz erfreut und beseligt, wie die dummen Streiche, zu denen du in meiner fröhlichen Jugend mich angeleitet hast.

Da überflog das Gesicht des Greisen noch einmal ein verklärtes Lächeln, wie wenn er in eine weite, im Mondlicht schimmernde Landschaft blickte und einem süßen Vogelgesang lauschte. Dann sank ihm das Haupt in die Kissen zurück, und er lag still und friedlich, wie ein Mensch, der nach einem mühevollen Tagewerk sich den Schlummer gönnen darf, in dem tröstlichen Bewußtsein, daß nichts Menschliches ihm fremd geblieben.

Die vier Geschwister

(Fragment)

Es waren einmal vier Geschwister, drei Brüder und eine Schwester, die wohnten, seit sie denken konnten, in einem Hause. Doch das alte Sprüchlein: Siehe wie fein und lieblich ist es, wenn Brüder einträchtiglich beieinander wohnen! konnte auf sie nicht angewendet werden. Nicht, daß sie sich nicht herzlich zugetan gewesen wären. Sie waren aber von so gänzlich verschiedener Gemütsart, daß in den meisten Fällen ihre Meinungen und Wünsche sich befehdeten und der Friede nur darum immer wieder hergestellt wurde, weil sie endlich ermattet vom fruchtlosen Streit ablassen mußten.

Wie sie mit ihren Taufnamen hießen, war in Vergessenheit geraten, da sie selbst sich zuletzt nur noch mit den Spitznamen nannten, die ihnen die Nachbarn angehängt hatten, jedem nach seiner absonderlichen Sinnesart. Der Älteste, ein hochgewachsener, gewaltig dreinblickender Mann mit rötlichem Haar und Bart, dem bei dem geringsten Anlaß die Zornader an der Stirn anschwoll, führte den Namen *Jachmuth*. Er war in allen kriegerischen Künsten wohlerfahren, ein gefährlicher Duellant, von Herzen aber weich geschaffen, also daß ihn die Aufwallungen seines Zorns, sobald er ihn gekühlt, bitterlich zu gereuen pflegten. Seines Zeichens war er ein Fechtmeister und unterrichtete auch junge Rekruten in allem, was zum Heerwesen gehörte, wodurch er sich schlecht und recht seinen Unterhalt verschaffte.

Der zweite Bruder war in allem des ältesten vollkommenes Widerspiel, ein behagliches, sanftmütiges Männchen, das schon in jungen Jahren sich ein Bäuchlein zugelegt hatte und selbiges durch seinen bequemen Wandel ansehnlich heranpflegte. Man hieß ihn *Gleichmuth*, weil er durch nichts aus seiner Ruhe zu schrecken war, sondern alles gehen ließ, wie's Gott gefiel. Er hatte sich in einem kleinen Kornhandel ein bescheidenes Vermögen erworben, auch, da er ein trefflicher Rechner war, späterhin ein städtisches Amt erhalten, wo er wegen seines vorzüglichen Kanzleistils allgemein geachtet wurde. Nur an Sonn- und Feiertagen frönte er der einzigen Leidenschaft seiner Seele, dem Angeln, das bekanntlich für beschauliche Naturen einen mächtigen Reiz hat. Hier allein konnte es ihm begegnen, daß ihm ein Tröpfchen Galle ins Blut schoß, wenn ein großer Fisch, der angebissen hatte, sich von dem Haken wieder losmachte. Doch lief auch diese Aufregung auf einen jener drolligen kleinen Flüche hinaus, mit denen selbst die gesittetsten Sterblichen ihrer gepreßten Seele zuweilen Luft machen.

Auf diesen Biedermann folgte die Schwester, Fräulein *Schwermuth* geheißen, eine Dame von ungewissem Alter, doch noch immer anziehendem Äußeren, nur schon ein wenig zur Fülle neigend, was ihr, da sie beständig in schwarzen Kleidern ging und einen schmerzlichen Zug im Gesicht hatte, das Ansehn einer trauernden Witwe gab. Über die Ursache ihres beständigen Grames liefen verschiedene Gerüchte um. Das wahrscheinlichste darunter war, daß sie in der Blüte ihrer Jahre eine schwere Enttäuschung in der Liebe erfahren hatte, was sie nicht nur dem gesamten Männergeschlecht, sondern auch allen Einrichtungen der Welt zur Last legte. Da sie auf ein richtiges Herzensglück hatte verzichten müssen, war sie eifrig bemüht, in der Bildung ihres Geistes einen Ersatz zu finden, und hatte es darin so weit gebracht, daß sie für eine sehr bedeutende Dame galt und im Verdacht stand, die heimliche Verfasserin vieler anonymer Romane und Gedichte zu sein, in denen die weiblichen Figuren stets den Männern gegenüber die glänzendere Rolle spielten. Junge Dichter wußte sie besonders zu bezaubern, indem sie ihnen Unterweisungen im Weltschmerz und in der Verskunst gab und ihre schüchternen Bewerbungen um ihre Gunst in Schranken hielt, ohne sie gänzlich zu entmutigen. Daneben war sie eine tüchtige Haushälterin und führte ihren Brüdern so musterhaft die Wirtschaft, daß diese sich's gern gefallen ließen, wenn die Schwester mittags die guten Gerichte mit einem Seufzer auftischte, als ob sie selbst keine irdische Speise mehr genießen könne.

Nur der jüngste Bruder, *Leichtmuth* genannt, erlaubte sich hin und wieder eine harmlose Neckerei, die aber den dunklen Trübsinn der um vieles älteren Jungfrau so wenig aufzuheitern vermochte, wie eine Rakete, die gegen den Gewitterhimmel abgeschossen wird. Dieser Benjamin der Familie war der liebenswürdigste des ganzen Kleeblatts, dem man auch wegen seiner törichten Streiche und unbesonnenen Unternehmungen nicht gram sein konnte. Er hatte, da er so ziemlich alle Instrumente spielte, eine Anstellung im Hoforchester erhalten, daneben verdiente er sich einen Zuschuß durch die Anfertigung von Porträts in Pastellfarben, die stets eine sehr schmeichelhafte Ähnlichkeit zeigten. Oft aber verschwand er wochenlang aus dem geschwisterlichen Hause, da, wie er sagte, kein Fenster darin groß genug war, um seine redlich verdienten Moneten durch dasselbe hinauszuwerfen.

Da nun diese vier wunderlichen Geschwister über Tag ihre eigenen Wege gingen, wäre kein Anlaß zu täglichen Zerwürfnissen gewesen, wenn es nicht die alte Hausordnung mit sich gebracht hätte, daß sie nach Feierabend wieder zusammenkamen, Jachmuth, da er wegen seines rauflustigen, reizbaren Wesens in keiner der Trinkstuben der Stadt mehr geduldet wurde, Gleichmuth aus Trägheit, Leichtmuth, weil ihn die philisterhaften Bierbankgespräche langweilten. Jungfer Schwermuth's Haushüten bedarf natürlich keiner Erklärung; sie hatte für das Nachtessen zu sorgen, zudem waren die Zwielichtstunden zu wehmütigem Sinnen und Dichten geeigneter als der helle Tag.

Sobald aber das Mahl vorüber war, bei dem es stets friedlich zuging, und nun das allabendliche Kartenspiel begann, dauerte es nicht lange, bis die Geister aufeinander platzten. Jachmuth schlug mit der Faust auf den Tisch, wenn Gleichmuth, als sein Partner, ihn das Spiel hatte verlieren machen, nicht sowohl über den Verlust aufgebracht, als über die Unfähigkeit seines Bruders, sich zu ärgern und wild zu werden. Wenn dann die Schwester, so oft sie schlechte Karten hatte, sich über das Schicksal, das sie beständig verfolge, beklagte, oder, falls ihr einmal ein hoher Trumpf gestochen wurde, in ihren Lieblingsseufzer ausbrach: So etwas kann nur mir passieren! – ließ Leichtmuth sich zu anzüglichen Scherzen verleiten, es müsse mit ihrem Unglück in der Liebe doch nicht so schlimm stehen, da sie sonst mehr Glück im Spiel haben würde.

Zuweilen ereignete sich's auch, daß die vier Spieler mitten in einer Partie aufstanden, die Karten mehr oder weniger heftig hinwarfen und mit dem Schwur, nie wieder sich an diesen Tisch zu setzen, jeder zu einer andern Tür hinaus und zu Bette ging.

Am andern Morgen war jede Spur des abendlichen Ungewitters verweht. Nur daß die Schwester sich später als die andern zum Frühstück einfand, da sie erst noch ein Gedicht über das

Spiel des Lebens, das sich in bitteren Ernst zu verwandeln pflege, in ihr schwarz eingebundenes Album schreiben mußte.

* * *

Mehr als einmal hatte der leichtsinnige Jüngste den Vorschlag gemacht, daß seine Brüder oder Schwesterchen Schwermuth heiraten sollten. Er selbst fühle sich zu einem soliden Ehemann nicht geschaffen, da ihm jeden Tag eine andere am besten gefalle, er auch ein zu schlechter Wirtschafter sei, um eine Familie standesgemäß unterhalten zu können. Doch würde es ihrem Zusammenleben einen neuen Reiz und Halt geben, wenn ein oder ein paar fremde Gesichter sich dazufänden, vor denen man sich auch etwas mehr Zwang auferlegen müsse, als es unter Brüdern nötig scheine.

Diese Zumutung hatte der älteste mit einer heftigen Gebärde weit von sich gewiesen. Er würde die Frau für die unglücklichste ihres Geschlechts halten, die sich mit ihm unter das Ehejoch spannen ließe, da er nicht dafür stehen könne, nicht schon in den Flitterwochen ihr das Leben zur Hölle zu machen, wenn das hitzige Blut mit ihm durchginge. Bruder Gleichmuth erklärte, seine Bequemlichkeit sei ihm lieber als die hundert Weiber des Großsultans, und die Schwester erwiderte gereizt, sie verbitte sich ein für allemal auch nur die entfernteste Äußerung, als ob sie ihren Grundsätzen den Männern gegenüber untreu werden könnte.

Nun, Kinder, sagte der Jüngste lachend, so bleibt wirklich nichts anderes übrig, als daß ich selbst in den sauern Apfel beiße. Nicht sowohl um das zweifelhafte Vergnügen zu genießen, mein Herz in Fesseln schlagen zu lassen, als weil ich ein Kindernarr bin und mir auch für euren unausstehlichen Humor eine glückliche Wandlung verspreche, wenn hier ein Häuflein ausgelassener kleiner Geschöpfe herumtollt. Mit deren Erziehung werdet ihr euch dann nach Feierabend befassen, da ich selbst ein schlechter Pädagoge bin, und das verwünschte Kartenspiel wird nicht mehr wie bisher der Anlaß sein, daß wir uns in die Haare geraten.

Die andern fanden seinen Entschluß sehr dankenswert, und jeder versprach, zum Unterhalt des jungen Hausstandes beizutragen, falls, wie bei seinem Unbedacht vorauszusehen sei, die Wahl des Bruders gerade auf das ärmste Mädchen im ganzen Lande fallen würde.

Sie sollten aber nicht dazu kommen, dies großmütige Anerbieten auszuführen. Denn als Leichtmuth, der am frühen Morgen auf die Brautschau ausgezogen war, schon am Abend desselben Tages zurückkehrte, brachte er einen zierlichen Korb mit nach Hause, keinen freilich, den eine spröde Schöne geflochten hatte, sondern einen ähnlichen, wie die Tochter Pharao's ihn am Ufer des Nil gefunden, worin in reinliche Windeln gebettet ein nacktes Knäblein lag, das durch seine rosige Hilflosigkeit sofort aller Herzen eroberte.

Diese liebliche Bescherung hatte Leichtmuth am Saum eines Wäldchens neben der Landstraße vorgefunden, aus grünem Moose ihn anlachend. Schon manche Wanderer mochten achtlos daran vorübergegangen sein. Der wackere Brautwerber aber, da es ihm mehr um ein Kind als um die Mutter zu selbigem zu tun war, hatte den Fund frohlockend aufgehoben und erklärte nun den Geschwistern, der Zweck seines frühen Auszugs sei erreicht, er werde das Knäblein an Kindes Statt annehmen und ihm Vater und Mutter ersetzen.

Zum Vater möge er allenfalls das Zeug haben, sagte die Schwester, die sofort den Kleinen aus seinen Wickelbanden befreit und den munter Zappelnden an ihr Herz gedrückt hatte. Zur Mutter aber fühle *sie* sich berufen, nicht nur als ein Weib, sondern weil dieser kleine Erdenbürger schon so früh an sich selbst das Weltelend erfahren habe und die Schwermut über seine Verstoßung durch herzlose Erzeuger ihm lebenslang nachgehen werde.

Du irrst, Schwester, murrte Jachmuth, ihr den Knaben aus den Armen reißend. Sieh nur, wie er die kleinen rosigen Fäuste ballt, wie ein junger Herkules, der Lust hat, Schlangen zu erwürgen. Der wird sich einmal nicht mit nutzlosem Winseln und Wehklagen befassen, sondern gehörig dreinschlagen, und darum gehört er mir.

Er legte das Kind in den Korb zurück, wo es sich behaglich ausstreckte. Liegt er nicht wie ein kleiner Weiser, der vor allem seine Ruhe liebt? sagte Gleichmuth und streichelte mit seinem dicken Finger die runden Wangen des Knäbleins. Was wetten wir, daß er mir nachschlachtet? Jedenfalls verlange ich, da wir in Gütergemeinschaft leben, meinen Pflichtteil an ihm, wie ich auch zu den Erziehungskosten das Meinige beitragen werde.

Seht nur, wie er lacht! rief Leichtmuth und ließ vor den weit geöffneten Augen des Kleinen die Daumen schnalzen. Wenn ich mir irgendeiner ernstlicheren Liebschaft im letzten Jahre bewußt wäre, würde ich schwören, daß er mein richtiges Fleisch und Blut sei. Aber zanken wir uns nicht darum! Zunächst müssen wir beraten, wie wir ihn nennen wollen.

Hierüber machten nun die Geschwister die verschiedensten Vorschläge, jeder nach seiner Gemütsart, da sie meinten, der Name sollte zugleich den künftigen Charakter des Täuflings andeuten. Zuletzt einigten sie sich darüber, die Frage gleichsam offen zu lassen und den gemeinsamen Sohn einstweilen *Freimuth* zu nennen. Worauf die Schwester sich seiner bemächtigte, ihn zunächst zu baden, obwohl seine kleinen Gliedmaßen wie aus dem Ei geschält erschienen, und ihm dann ein Milchsüpplein zu bereiten, das der artige junge Herr, der die gute Stunde selber war, mit größtem Behagen sich einlöffeln ließ.

Von diesem Tage an ging es friedlicher und verträglicher im Hause der vier Geschwister zu. Es bewährte sich wieder einmal, daß kleine Menschen die besten Erzieher der großen sind. Selbst Jachmuth mäßigte seine hitzige Natur, und wenn er im Unglück beim Kartenspiel Miene machte, mit der Faust den Tisch in Stücke zu schlagen, brauchte seine Schwester nur mit dem Finger nach der Kammertür zudeuten, hinter welcher der Findling in seiner Wiege schlief, um jeden lauten Zornesausbruch im Keim zu ersticken.

Als der Kleine dann die Kinderschuhe vertreten hatte, wurde seine Erziehung freilich wieder der Anlaß zu heftigen Zwisten, da jedes der Geschwister ihn am liebsten ganz nach seinem Sinne gemodelt hätte. Anfangs ließ es sich noch leidlicher an. Freimuthchen zeigte früh eine besondere Lust am Soldatenspielen und fuchtelte mit dem kleinen Schwert, das Onkel Jachmuth ihm geschenkt, tapfer herum, wenn er sich mit seinen Kameraden auf der Gasse tummelte. Zum Schreiben und Rechnen, worin ihn Gleichmuth unterwies, hatte er nicht die gleiche Lust, machte aber trotzdem auch in diesen Künsten gute Fortschritte. Besonderes Talent zeigte er für die Musik, und Onkel Leichtmuth, der ihm früh auf einer kleinen Geige Unterricht gab, erklärte, es würde ein Leichtes sein, ein musikalisches Wunderkind aus ihm herauszudressieren, wenn es nicht schade wäre um seine frischen Backen. Auch seien bekanntlich solche frühreifen Genies nicht viel besser als Gänse, die man auf die Leber gemästet habe. Diese sei dann wunderbar entwickelt, gehöre aber einer kranken Gans.

Im übrigen war der Findelsohn seinen Pflegeeltern allen gleichmäßig in Liebe zugetan, konnte sich sogar zuweilen stundenlang in Tante Schwermuth's florverhangenes jungfräuliches Zimmer zu ihr einsperren und geduldig ihren Jammer über das Weltelend mit anhören. Als er etwas älter wurde, lernte er sogar selbst auf dieser verstimmten Leier klimpern und allerlei schluchzende Liedlein dichten, die er aber sofort vergaß, wenn er wieder an den hellen Tag hinauskam.

* * *

So war er denn zur Freude der Seinigen und aller guten Menschen herangeblüht bis zu der Zeit, wo es Ernst wurde mit der Frage, welchem Beruf er sich widmen solle.

Seine Erzieher, so weit sie sonst in ihren Wünschen und Meinungen auseinandergingen, waren doch in *einem* Punkte miteinander einverstanden, daß niemand wahrhaft glücklich werden könne, der nicht in die Lage komme, die Kräfte und Anlagen anzuwenden, mit denen ihn die Natur vorzüglich ausgestattet habe. Nun aber schien ihr Zögling die verschiedensten Begabungen seiner liebevollen Lehrmeister in sich zu vereinigen. Er schlug auf dem Fechtboden eine so glänzende Klinge, daß Onkel Jachmuth selbst zuweilen den kürzeren gegen ihn zog. Was mit seßhafter Mühe zu erreichen war in den verschiedenen Wissenschaften, hatte er sich zu höchster Befriedigung Onkel Gleichmuth's angeeignet, geigte und malte daneben weit über den Dilettanten hinaus und zeigte ein schönes Talent für pessimistische Philosophie und schwärmerische Lyrik. Seltsam war es nur, daß er diese verschiedenen Gemütsanlagen hervorkehrte, wo man das Entgegengesetzte hätte erwarten sollen, daß er traurig wurde, wo andere Grund zur Lustigkeit sahen, heftig, wo man den Grund dazu nicht einsah, und dann wieder höchst gleichgültig, wenn ein Mensch von Onkel Jachmuth's Charakter aufgebraust hätte.

Dieser rätselhafte Widerspruch kam in besonderer Schärfe an dem Tage zum Vorschein, der seinem Eintritt in die Hochschule voranging, dem letzten also, an welchem noch eine Frist zur Entschließung über seine Berufswahl verstattet war.

Am Abend dieses Tages spazierte er mit Onkel Jachmuth in den Anlagen um die Stadt und hörte schweigend zu, wie jener ihm die Vorzüge der kriegerischen Laufbahn vor allen anderen pries, als er einem jungen Paar begegnete, dem er am liebsten ausgewichen wäre.

Es war das ein schönes junges Fräulein aus einem reichen

Hause, das eine Zeitlang sich's hatte gefallen lassen, von dem hoffnungsvollen jungen Manne abwechselnd in übermütigen oder melancholischen Liedern gefeiert zu werden; dann aber hatte sie, da er ihr als Freier wegen seiner Jugend und dunklen Herkunft nicht ernstlich in Betracht kam, einem solideren Bewerber den Vorzug gegeben, der sie nun eben mit der ganzen Hoffahrt eines begünstigten Rivalen am Arme führte und auf den Abgewiesenen einen höhnischen Blick warf, von einem verächtlichen Lachen begleitet, das dem Jüngling das Blut ins Gesicht trieb.

Onkel Jachmuth, der die unglückliche Liebesgeschichte kannte, blieb mit zornfunkelnden Augen stehen, maß den Beleidiger von oben bis unten und raunte seinem Zögling zu: Du wirst dem Wicht doch deine Handschrift ins Gesicht schreiben? – Statt dessen erwiderte Freimuth das höhnische Grinsen seines Gegners nur mit Achselzucken und einem stillen, ernsten Blick und ließ das Paar vorübergehen, ohne mit einem Wort oder einer Gebärde den Schimpf zu ahnden.

Zum Teufel! knirschte sein väterlicher Freund, sind das die Manieren, die ich dir beigebracht habe? Statt den frechen Gecken mit der Faust zu zermalmen, gaffst du ihn an, als ob du noch eine besondere Hochachtung für ihn empfändest, da er dir das Mädel abspenstig gemacht hat? Oder hast du dich nur bezwungen, um vor den Leuten keinen Skandal zu machen, und wirst die Sache morgen früh zum Austrag bringen? Daß du auf mich als Kartellträger zählen darfst, brauche ich nicht zu versichern.

Nein, lieber Onkel, versetzte der Jüngling gelassen, ich danke dir für dein Anerbieten, gedenke es aber nicht anzunehmen. Daß er triumphiert, weil sie ihm vor mir den Vorzug gegeben, kann ich ihm nicht verdenken. Wenn er unedel genug ist, es mich empfinden zu lassen, kann ich ihn nur im Stillen verachten und das Mädchen bedauern, das an keinen besseren Mann gekommen ist. Daran aber würde ein Kampf zwischen uns nichts ändern, und wenn ich ihn besiegte, wäre mein Kummer um die verlorene Liebe um nichts geringer.

Der Alte sah ihn mit großen Augen an, als ob er eine fremde Sprache spräche. Eine dunkle Röte stieg ihm bis hoch in die Stirn hinauf, er suchte eine Weile nach Worten, dann stammelte er in heftigster Erregung: Ist das dein letztes Wort? Nun, dann bedaure ich, daß ich so viel Zeit verschwendet habe, dich in den Grundsätzen der Ehre und Mannestugend zu unterweisen, da dir

Milch statt des Bluts in den Adern fließt und du dich nicht schämst, für dein mattherziges Betragen elende Ausflüchte zu suchen. Ich ziehe meine Hand von dir und empfehle dich Bruder Gleichmuth, der einen biedern Krämer oder Kanzleisekretär aus dir machen möge. Gott befohlen!

Damit zog er seinen Arm aus dem des bestürzten Jünglings und ging mit großen Schritten von ihm weg, mit seinem Stecken wütend durch die Luft fahrend, als ob er an einem unsichtbaren Gegner Quarten und Terzen probieren wollte.

* * *

Eine Weile später kam Leichtmuth in diese Gegend der Anlagen, da er sich gern des Abends unter die auf und ab wandelnden Spaziergänger mischte, um trotz seiner nicht mehr jugendlichen Jahre allen Schönen unter den Hut zu sehen.

Er fand den Pflegesohn auf einer einsamen Bank sitzend, in tiefer Verdüsterung. Ja es schien, als ob seine Augen noch von verhaltenen Tränen feucht waren.

Auf die besorgte Frage, warum er sich einer so leidenschaftlichen Trauer überlasse, erzählte ihm der Jüngling, was sich soeben zwischen ihm und Onkel Jachmuth zugetragen hatte. Narr! lachte der andere. Weißt du nicht, wie schnell das lodernde Feuer in meines Bruders tollem Hirnkasten verflackert, und wie er hernach der Erste ist, sich anzuklagen, daß er trotz seines reifen Alters noch immer ein unverbesserlicher Hitzkopf und Feuerteufel ist? Du wirst sehen, daß er schon heute nacht sich seines rohen Betragens schämt und dir die besten Worte gibt.

Nein, Onkel Leichtmuth, erwiderte der Jüngling seufzend, es wird etwas zwischen uns bleiben, das mich ewig schmerzen muß. Wir denken und fühlen in einem wichtigen Punkt verschieden, und er wird mich des Undanks zeihen, da ich mich seiner Ansicht nicht unterordnen kann. Oder soll ich gar, um den Verdacht der Feigheit von mir abzuwälzen, ihn selbst vor die Klinge fordern? Ihm würde das nicht einmal ungehörig scheinen. Ich aber stieße mir lieber selbst das Schwert ins Herz, als es gegen meinen Wohltäter zu zücken.

Sie saßen eine Weile beisammen, aber die muntere Weltklugheit des Älteren vermochte den Trübsinn des Jungen nicht zu zerstreuen. Zuletzt, da sich das Gewühl um sie her verlaufen hatte, gingen sie nach Hause, Freimuth in Sorgen, wie er dem erzürnten Onkel dort unter die Augen treten solle.

Sie fanden ihn aber noch nicht vor, nur die beiden anderen, auch den Tisch zum Nachtessen noch nicht gedeckt. Denn Tante Schwermuth saß in einem fassungslosen Zustand halber Verzweiflung im dunkelsten Winkel und rief einmal über das andere: Das kann nur mir passieren! während Gleichmuth auf einem Schemelchen neben ihr hockte und mit seiner langsamen Stimme sie zu beschwichtigen suchte.

Er berichtete dann den andern, was der Ärmsten zugestoßen war. Sie hatte sich, wie sie es liebte, bei einbrechender Nacht in den Schloßpark begeben, um dort unter einer Trauerweide den Mond heranzuwarten, in schmerzlichen Gefühlen zu schwelgen und an einer Elegie zu feilen. Ein junger Mann war zu ihr getreten, hatte um die Erlaubnis gebeten, sich neben sie zu setzen, und ein Gespräch angeknüpft, zuerst ganz ruhig und anständig, bald aber in so zügellose Reden ausartend, daß sie entrüstet sich erhob, ihn zu verlassen. Da hatte er sie am Arm ergriffen, die Sträubende an sich gezogen und ihr einen Kuß auf die Wange gedrückt; dann erst habe sie sich losreißen und entfliehen können.

Es sei der Sohn des Ministers gewesen, der durch seinen sittenlosen Wandel berüchtigt und auch als Trinker und Spieler bekannt war.

Nun, versetzte Leichtmuth, indem er ihre erhitzte Wange streichelte, hiervon würde ich nicht so viel Aufhebens machen, Schwesterchen. Das widerwärtige Abenteuer beweist nur, daß du trotz deiner hier und da ins Graue spielenden Haare noch immer reizend genug bist, um Eroberungen zu machen.

Ich Unglückliche! rief die schwer Gekränkte. Ich sehe, daß ich sogar von meinen Nächsten nicht verstanden werde, und daß mir nichts übrig bleiben wird, als mich aus dem Jammertal dieser mit Wölfen und Affen bevölkerten Welt in ein Kloster zurückzuziehen.

Freimuth hatte kein Wort gesagt. Sie achteten nicht darauf, daß er den Stock, den er trug, so heftig gegen den Boden stieß, daß er zersplitterte. Dann verließ er das Zimmer, in welchem die drei Geschwister sich in unendlichem Hin- und Herreden über den bösen Fall ergingen, ohne zu einer Verständigung zu gelangen.

Noch keine Stunde war vergangen, so öffnete sich wieder die Tür, und Freimuth trat ein, einen bloßen Degen in der Faust, mit der andern Hand einen jungen Menschen hereinführend, bei dessen Anblick das Fräulein einen leisen Schrei ausstieß und die Hände vors Gesicht drückte. Hier bringe ich dir, liebe Tante, den Beleidiger deiner Frauenehre, sagte der Jüngling mit fester Stimme. Der Herr wird dir feierlich auf den Knien Abbitte leisten für die Unverschämtheit, mit der er dir zu begegnen gewagt hat.

Auf den Knien? stammelte der arme Sünder, der sich vergebens aus dem eisernen Griff seines Führers loszuwinden suchte. Dazu hatte ich mich nicht verstanden.

So werdet Ihr Euch jetzt dazu verstehen, oder ich durchbohre Euch auf der Stelle mit dieser Klinge! – Er hob den Degen und blitzte den anderen mit so drohendem Blicke an, daß dieser zitternd ein Knie beugte, vor der gekränkten Unschuld die Bitte um Verzeihung stammelte und erst, als ein leises Nicken sie ihm gewährt hatte, sich wieder erhob. Mit Euch aber rechne ich morgen ab! knirschte er, zu Freimuth gewandt, der sich stumm verneigte. Dann verließ der so tief Gedemütigte das Zimmer.

Freimuth aber, alle überschwenglichen Dankesworte der guten Tante abschneidend, berichtete kurz, die Sache sei sehr einfach abgelaufen, er habe den zuchtlosen Gesellen, seinen Rausch ausschlafend, auf einem Ruhebette gefunden und durch einen Krug Wasser, den er ihm über den Kopf geschüttet, zu einem halben Bewußtsein gebracht. Von seinem gebieterischen Wort und der blanken Klinge eingeschüchtert, vielleicht auch im Gefühl seines Unrechts habe er dann nach einigem Sträuben eingewilligt, mit ihm zu gehen. Was der Morgen bringen werde, erwarte er in großer Ruhe. Und da morgen auch die Entscheidung über seine Berufswahl getroffen werden solle, bitte er um die Erlaubnis, sich jetzt zurückziehen zu dürfen, zumal er Onkel Jachmuth heute nicht mehr zu begegnen wünsche.

* * *

Nachdem er gegangen, blieben die Geschwister noch lange beisammen in ernsten Erwägungen, an denen auch der Älteste teilnahm, dessen Unmut gegen den aus der Art geschlagenen Zögling rasch verflog, als die anderen ihm seine ritterliche Tat berichteten. Gleichwohl schien er ihm zum kriegerischen Beruf jetzt nicht mehr geeignet, da er sich das Recht vorbehielt, immer selbst zu entscheiden, wann er vom Leder zu ziehen habe und wann nicht. Auch über einen anderen Lebensberuf konnten sie sich nicht einigen, und so beschlossen sie, am anderen Tage sich Rat zu erholen bei einem uralten weisen Manne, zu dem in ähnlichen zweifelhaften Fällen besorgte Eltern ihre Zuflucht nahmen. Derselbige hatte nicht eigentlich ein Amt, aber den Verstand, der vielen zu ähnlichen Pflichten Berufenen zu fehlen pflegt, und auch den Titel eines Geheimen Educationsrats hatte ihm nur die dankbare Verehrung seiner Mitbürger beigelegt.

Als sich nun die vier Geschwister am anderen Tage bei diesem Orakelspender einfanden und ihm den Fall vortrugen, jeder nach seiner besonderen Ansicht, ließ er sie geduldig ausreden, wiegte dann das kahle Haupt und sagte:

In meinem langen Leben ist mir schon oft ein junger Mensch begegnet, in dessen Natur die Elemente sich wunderlich mischen, so daß er selbst ratlos ist, welches die Oberhand behalten und sein Leben am besten regieren möchte. Nie aber fand ich die vier Grundmächte der sterblichen Seele so rein und erstaunlich vereinigt, wie es nach eurer Schilderung bei eurem Zögling der Fall ist. Statt aber darob zu erschrecken und wegen der Zukunft dieses Jünglings in Sorgen zu sein, solltet ihr euch glücklich preisen, einen so herrlich begabten Sohn auferzogen zu haben. Denn wenn ihr selbst, meine lieben Herrschaften, mit eurer Erlaubnis sei es gesagt, nur einseitige und unvollkommene Menschen seid, so darf man ihn einen *ganzen* Menschen nennen, wenn auch der Name eines *vollkommenen* nur einmal einem unter der Sonne Wandelnden zukam, jenem hohen und ganz herrlichen Menschensohn, den wir als den Erlöser verehren. Auch in ihm waren die vier scheinbar feindlichen Elemente vereinigt, da er gleichmütig die härtesten Martern und Beschimpfungen ertrug, schwermütig wurde, sobald er die Bosheit der Welt und den Wankelmut selbst der eigenen Jünger betrachtete, und in hellem Zorn die Geißel schwang, die Wechsler und Krämer aus seines Vaters Hause hinauszujagen. Daneben lag ihm auch ein leichtmütiger Tropfen im Blut, da er das Himmelreich nah herbeigekommen wähnte, das doch noch bis auf den heutigen Tag nicht erscheinen will.

Nun, meine Lieben, das sei fern, euren Zögling jenem erhabenen Vorbilde aller Vollkommenheit gleichzustellen, denn er ist von einem Geschlecht, dem die Erbsünde anhaftet, und nichts Menschliches wird ihm fern sein. Darüber hinaus aber ist er von der Natur mit einem so lieblichen Einklang aller Kräfte ausgestattet, daß jeder es als ein Glück empfindet, ihm zu begegnen, auch wenn er nichts anderes von ihm empfängt als den Anblick eines harmonischen Gebildes. Ein solcher seltener Mensch braucht in keinerlei Beruf, keiner Kunst oder Wissenschaft seine Nebenmenschen zu überbieten, ja die großen Erfinder und schöpferischen Geister entbehren meist dieser gleichgewogenen Seelenfülle. Dennoch ist er ein Genie zu nennen, ein Genie der reinen Menschlichkeit, das auf dieser armen Erde eine Ahnung des Göttlichen erweckt wie eine ragende Palme, die mitten im Wüstenbrand ihren fruchtreichen Wipfel erhebt.

Und so möchte ich euch bitten, wegen der Zukunft eures Zöglings außer Sorge zu sein, mir aber den Jüngling herzuschikken, um mich an seinem Anblick zu erquicken und, statt ihn zu segnen, mich von ihm segnen zu lassen.

* * *

Von dieser schönen, langen Rede hatten die Geschwister nicht alles verstanden, bis auf die Schwester, die sich, wie wir wissen, mit philosophischen Grübeleien vertraut gemacht hatte. Sie gingen aber gleichwohl sehr frohgestimmt von dem weisen Manne hinweg und waren desto bestürzter, als sie, zu Hause angelangt, die Kammer ihres Lieblings leer und statt seiner einen Brief von ihm auf seinem Tische fanden.

Der Brief lautete folgendermaßen:

»Meine teuren Pflegeeltern!

»Vergebt mir, wenn ich von Euch scheide, ohne Euch noch einmal mündlich auszusprechen, wie tief ich die große Liebe und Treue, die Ihr dem armen Findling bewiesen, in meinem Herzen empfinde und Euch ewig danken werde. Ich erkenne aber, daß ich durch mein Bleiben Anlaß zu vielem Zwist unter Euch geben würde, zumal ich entschlossen bin, fürs erste mich überhaupt für keinen einzelnen Beruf zu entscheiden, sondern das Leben noch eine Weile kennen zu lernen und mich zu prüfen, wo ich am wirksamsten unter der regen Menschenwelt ihr zu ihrem Glücke mithelfen könnte. Um mein äußeres Fortkommen ist mir nicht bange. Ihr habt mich so vielerlei lernen lassen, daß ich überall Arbeit und Brot finden werde.

»Das einzige, was mich hätte zurückhalten können, wäre gewesen, wenn ich hätte abwarten müssen, wie der Handel mit dem Ministerssohn noch ausgehen möchte. Auch dieser Ungewißheit bin ich überhoben durch einen artigen Brief des jungen Herrn, in welchem er mir dankt, daß ich ihm dazu verholfen, ein Unrecht gegen eine edle Dame zu sühnen. Statt mir mit der Waffe in der Hand zu begegnen, bitte er um meine Freundschaft.

»Dieses gute Wort sei das letzte auch in meinem Abschiedsbrief an Euch. Lebt wohl, Ihr Lieben, und denkt freundlich wie bisher Eures Euch ewig liebenden Pflegesohnes.

Freimuth.«

Über diesen Abschiedsbrief äußerte sich jedes der vier Geschwister je nach seiner Gemütsart, am tröstlichsten Leichtmuth, der überzeugt war, der verlorene Sohn werde eines schönen Tages als etwas Großes und Besonderes zu ihnen zurückkehren. Fräulein Schwermuth aber brach in Tränen aus und rief: Daß ich auf meine alten Tage wieder kinderlos sein soll, nachdem ich meinen Herzenssohn mit so großer Liebe auferzogen habe, das ist wieder eine von den Schicksalstücken, wie sie nur mir begegnen können!

Der Jungbrunnen

Es waren einmal zwei alte Eheleute, *Jörgel* und *Hanne*, die hatten vierzig Jahre in Liebe und Treue miteinander gelebt und, soweit die Unvollkommenheit alles Irdischen es zuließ, vollauf Grund gehabt, mit ihrem Lose zufrieden zu sein.

Erst als sich die Plagen und Nöte des hohen Alters auch bei ihnen einstellten, wurde, zumal bei dem Manne, die gute Laune getrübt, gleichwie mit der Zeit sein leibliches Augenlicht sich zu verdunkeln begann. Dies war auch die Ursache gewesen, weshalb er seine Försterstelle nicht länger versehen konnte, da er nicht mehr wie sonst auf hundert Schritt einen Rehbock von einer Geiß zu unterscheiden vermochte. Der Fürst, in dessen Diensten er stand, hatte ihm freilich bei seiner Pensionierung die silberne Denkmünze verliehen und ihm zur Wohnung mit seiner alten Frau ein hübsches Häuschen am Waldrande angewiesen, da im Forsthause nunmehr sein Nachfolger wohnen mußte; doch da dieser zugleich der Mann seiner einzigen Tochter war, durfte der in Ruhstand versetzte Vater sich nicht über die Härte seines Schicksals beklagen. Er war aber trotz seiner fünfundsechzig Jahre noch immer von so rastloser Gemütsart, daß er die notgedrungene Untätigkeit als eine unbillige Kränkung ertrug und sich seiner guten, geduldigen Frau gegenüber oft in bitteren Klagen erging. Wenn er des Abends auf der Bank vor seinem Hause saß und das Wild aus dem Eichendunkel auf die mondhelle Wiese herauskommen sah, glaubte er nicht anders, als daß die schönen, arglosen Tiere, die so ruhig nahe bei ihm ästen, ihm zum Hohn sich so dicht heranwagten, da sie wußten, daß sie jetzt vor seiner Kugel sicher seien. In der Brunstzeit vollends, wenn nachts der wilde Ruf der kämpfenden Hirsche aus der Tiefe des Forstes zu ihm herüberschallte, konnte er bis an den frühen Morgen keinen Schlaf finden. Er gestand niemand den wahren Grund seines Unmuts ein, sondern beklagte sich nur über die gichtischen Schmerzen, die seinen wetterharten Körper befallen hatten, seit er einmal eine eisige Sturmnacht im Freien zugebracht hatte, einem Wilddiebe aufzulauern. Auch machte ihm sein Magen zu schaffen, der vorzeiten Kieselsteine hätte verdauen können, jetzt aber so empfindsam geworden war, daß keine Mahlzeit verging, bei der der Alte nicht seinem treuen Weibe über irgendein Versehen ihrer Kochkunst Vorwürfe gemacht hätte.

Die gute Frau hätte wohl auch mancherlei zu klagen gehabt, da auch sie die Last der Jahre empfand. Sie dachte aber, es sei schon genug, wenn in einer alten Ehe der eine Teil beständig seinem Mißmut Luft mache, und suchte ihrerseits die mancherlei kleinen und großen Beschwerden, unter denen sie litt, durch erprobte Hausmittel insoweit zu lindern, daß sie zu jeder Zeit bereit sein konnte, ihrem stöhnenden oder fluchenden Eheherrn die nötige Pflege zu leisten.

* * *

So saßen die beiden alten Leutchen wieder einmal eines schönen Herbstabends vor der Tür; die Schüssel, aus der sie ihr Nachtessen eingenommen hatten, stand noch auf dem Tisch, Hanne hatte ihr Strickzeug in den Händen, da sie ihrem Manne für seine gichtgeschwollenen Füße nie genug weite und warme Strümpfe stricken konnte, Jörgel saß gegen die Wand des Hauses gelehnt, die Beine mit einer Pferdedecke umwickelt, aus einem Maserkopf rauchend ihr gegenüber, und da gerade seine Schmerzen ein wenig nachgelassen, hätte er sich wohl in der reinen Abendluft seines alten Lebens freuen können, wenn er sich nicht in der Gewohnheit, sich unzufrieden zu fühlen, allzusehr verhärtet hätte.

Da sahen sie auf der Straße am Waldsaum eine Reiterin heransprengen, eine schlanke Dame in einem silberglänzenden Kleide, ein Hütchen mit hohen, weißen Federn auf den blonden Locken, hinter ihrem braunen Zelter ein Knäbchen in der Tracht eines Stallknechts auf einem milchweißen Maultier. Die schöne Frau hielt vor dem Hause der beiden Alten, schwang sich von ihrem Pferde herab und trat mit freundlichem Nicken auf das alte Ehepaar zu.

Guten Abend! sagte sie. Ich bin die Fee *Floribunde* und komme, einmal nachzusehen, wie es euch ergeht. Vor langen Jahren, als der jetzige Herr Jörgel ein neugeborenes Kindlein war, bin ich an seiner Wiege gestanden, da mich seine gute Mutter, mit der ich befreundet war, gebeten hatte, Patenstelle bei ihrem einzigen Sohn zu vertreten. Als Patengeschenk habe ich ihm ein Glückslos eingebunden und möchte nun am Abend seines Lebens sehen, wie mein guter Wille sich an ihm bewährt hat.

Der Alte hatte das Käppchen gelüftet, mit seinem gichtischen Bein aber sich nicht zu erheben vermocht, während seine Frau in eilfertiger Bestürzung ins Haus lief, ihren besten Stuhl heraustrug und mit der Schürze ihn abwischte, zum Sitz für ihren vornehmen Besuch.

Ihr sehet selbst, Frau Pate, sagte der Alte, wie es um mich steht. Ich bin ein hilfloser alter Krüppel, von Kopf bis Fuß mit Gebresten behaftet und ganz wie ein Wiegenkind wieder zu einem Milchsüpplein verurteilt. Das Leben, das Ihr mir glücklich machen wolltet, verwünsch' ich jeden Tag hundertmal und würde die elenden Jahre, die mir noch beschieden sein mögen, gern hingeben, wenn ich damit nur wieder ein einziges Jahr meiner frischen Jugend eintauschen könnte.

Ei, Jörgel, sagte die Fee, indem sie den Löffel in die Schüssel tauchte und einen Brocken herausfischte, der in der fetten Milch schwamm, ein solches Süpplein ist nicht zu verachten, wenn man es in Ruhe und Frieden am stillen Abend mit seinem lieben Weibe verzehrt. Alle guten Dinge nehmen einmal ein Ende, und der hat Ursach, sein Glück zu preisen, der auf ein langes Leben voll rechtschaffener Arbeit und schuldloser Freude zurückblikken kann. So viel ich weiß, sind dir sowohl schwere Schicksalsschläge als auch sündhafte Verirrungen erspart geblieben, wenn du auch, wie alle sterblichen Menschen, den Wechsel von hellen und trüben Tagen an dir erfahren hast. Es sollte dir also, wenn jetzt deine Altersgebrechen dich seßhaft machen, eine heitere Unterhaltung sein, den Erinnerungen an die früheren Zeiten nachzuhängen, in denen du als eine Art König über das Wild in deinem Walde geherrscht hast, wenn du auch jetzt vom Thron hast steigen müssen.

Eine schöne Herrschaft über das zahme Getier! murrte der Alte. Aus der Haut könnt' ich fahren vor Ingrimm, wenn ich denke, wie einförmig mein Leben verflossen ist, wie ich in dieser Abgeschiedenheit meine jungen Kräfte vergeudet habe an alltägliche Geschäfte, während andere durch die Welt streiften, Gefahren bestanden und herrliche Siege davontrugen. Die mögen, wenn sie alt und grau geworden sind, sich gern an ihre Abenteuer erinnern, an die fremden Länder, durch die sie gereist, die

Meere, die die durchschifft, die schönen Frauen, deren Gunst sie genossen haben. Ich dagegen – nun ja, mein Weib hat treu bei mir ausgehalten, und es ist richtig, daß ich sie aus Liebe geheiratet habe. Aber das war auch keine Kunst, da wir außer uns beiden kaum noch einen jungen Mann oder ein hübsches Jüngferchen gekannt haben, und so werden wir in die Grube fahren, ohne recht zu wissen, was es mit dem Erdenleben eigentlich auf sich habe, und nur froh sein, endlich von unserer Gicht und Magenschwäche erlöst zu werden.

Die Fee hatte ihm mit einem stillen Lächeln zugehört und sagte endlich: Also meinst du, du habest dein wahres Glück verfehlt und würdest es weit klüger einrichten, wenn du noch einmal jung sein könntest und nicht unter den Wipfeln dieses Waldes dein letztes bißchen Leben hinzubringen brauchtest? Nun, dazu kann ich dir ja wohl verhelfen. Ich möchte nur erst wissen, ob deine Hanne gleich dir gesinnt ist und froh wäre, wieder siebzehn Jahre alt zu sein, so hübsch wie damals, als du sie kennen lerntest.

O gnädige Fee, rief die Alte, tut mir nur das nicht an! Ich habe gerade genug an dem einen Leben, das, wie Ihr sagtet, voll Müh' und Arbeit und allerlei Schmerzen und Herzensfreuden war. Drei Kinder habe ich geboren, der älteste hat nicht gut getan und ist in die Welt gegangen und gestorben und verdorben, ich weiß nicht einmal, wo er begraben liegt. Die Tränen, die er mich gekostet hat, möcht' ich nicht noch einmal weinen. Seinen Bruder dann, der ein herrlicher Junge war und unser ganzer Stolz, den haben wir früh begraben müssen, da er ein zartes Pflänzchen war und die rauhen Winterstürme im Walde nicht ertrug. Ich dachte, den Kummer um ihn würd' ich nicht verwinden können, bis ich dann noch spät unser kleines Mädchen zur Welt brachte, an der mich Gott so viel Freude erleben ließ. So hab' ich nach seinem Willen Liebes und Leides reichlich erlebt und wünsche mir nur noch so viel Kraft zu beidem, daß ich meinem Jörgel einmal die Augen zudrücken kann. Denn wenn ich früher abgerufen würde, wär's allzu hart für ihn, der sich nicht allein zu helfen weiß. Noch einmal jung zu werden aber trag ich nimmer Verlangen. Noch einmal so herzbrechende Stunden, wie damals am Sterbebette unseres Knaben, möchte ich nicht erleben, und alle Freuden und Seligkeiten einer zweiten Jugend würden mich nicht darüber trösten können.

Nun wohl, sagte die Fee und stand auf, jedem geschehe nach

seinen Wünschen. Hier in diesem Fläschchen – und sie zog eine schmale silberne Phiole aus ihrem Busen – ist ein Zaubersaft aufbewahrt, von dem du, alter Freund, kurz vorm Schlafengehen drei Tropfen in einem Glase Wasser trinken sollst. Alsdann wirst du um Mitternacht das Weitere erfahren und nach dem Jungbrunnen gelangen, aus dem du als ein neuer, junger Mensch, nur mit der Erinnerung an dein erstes Leben, heraussteigen sollst. Um deine alte Lebensgefährtin brauchst du nicht in Sorgen zu sein; derer werde ich mich annehmen. Und nun gehab dich wohl, und viel Glück auf den Weg!

Damit grüßte sie, immer mit ihrem klugen, freundlichen Lächeln, die beiden alten Leute und schwang sich wieder aufs Pferd. Im nächsten Augenblick war sie mit ihrem kleinen Begleiter davongesaust, von einem Schwarm bunter Waldtauben begleitet, die ihre silberne Stimme, während sie mit den Alten sprach, aus allen Zweigen herangelockt hatte.

* * *

Um Mitternacht erwachte Jörgel aus einem leichten Schlaf, in den ihn die drei Tropfen aus dem Fläschchen der Fee versenkt hatten. Er hörte ein leises Schellengeklingel und Hufgetrappel in der Ferne, das sich rasch näherte und vor seinem Hause anhielt. Sofort fiel ihm wieder ein, daß seine Patin versprochen hatte, ihn abholen und nach dem Jungbrunnen fahren zu lassen, und lieber wäre er nun im warmen Bette liegen geblieben, statt sich in die rauhe Herbstnacht hinauszubegeben mit seinen schmerzhaften Beinen und ohne das Geleit seiner treuen Pflegerin. Er sah das feine alte Gesicht neben sich, das so friedlich schlummerte, und überlegte, ob er die Gute nicht wecken und doch noch versuchten sollte, sie zu dem vergnüglichen Abenteuer zu bereden. Da pochte es sacht an die Tür, und er rappelte sich mühsam auf, zog seine Kleider an und hinkte hinaus. Draußen fand er den kleinen Stallmeister der Fee neben einem leichten Wägelchen, vor welches das weiße Maultier gespannt war, das ungeduldig den Boden scharrte und mit seinen Schellen klingelte. Ohne ein Wort zu sprechen, half ihm das Bürschchen auf den Sitz hinauf, schwang sich neben ihn, und fort ging's in die dämmernde Nacht, an dem äsenden Wild vorbei, das verwundert die Köpfe hob und dem vorbeirollenden Wagen nachblickte.

Dem Alten schwebten allerlei Fragen auf der Zunge, ob es noch weit sei, das Bad sehr kalt, die Wunderkur keine Schmerzen mache. Aber das Wiegen und Schweben des Gefährts und das Herumstarren in die fremden Gegenden, durch die sie fuhren, umnebelte ihm die Gedanken, so daß er bald wieder in Schlaf gelullt wurde und immer nur im Traum das Klingeln der Schellen und das leise Sausen der geschwungenen Peitsche hörte.

Er wachte erst auf, als der Wagen hielt, rieb sich die Augen und sah verwundert um sich. Die Morgensonne stand über einem weiten, lachenden Tal, auf dessen Grunde zwei große Weiher ihre rötlichen Strahlen widerspiegelten. Über ihren Ufern stieg eine dunkle Felswand empor, mit immergrünem Gebüsch, Myrthen und Oleandersträuchern bewachsen, zwischen denen, obwohl es spät im Jahre war, die schönsten Rosen von allen Farben blühten. Inmitten derselben ragte ein riesiges steinernes Löwenhaupt hervor, das in mächtigem Schwall ein silberhelles Wasser ausströmte, von dem beide Weiher gespeist wurden. Das klang wie eine wundervolle Musik, und die Vögel in dem dichten Laube zwitscherten und flöteten mit hinein. Vor jedem Weiher war eine offene Halle errichtet, in der es trotz der frühen Stunde von alten Männern und Frauen wimmelte, die kümmerlich sich durcheinander bewegten, einige auf Krücken, andere in Rollstühlen, ächzend und hüstelnd und ihre bresthaften Glieder reibend, in den mannigfachsten Trachten, da aus aller Herren Länder zitternde Urgreischen hierher gewallfahrtet waren, die Last ihrer hohen Jahre abzuschütteln.

Sofort kam ein Badewärter gelaufen, Jörgel vom Wagen herabzuhelfen, wobei dieser nicht wenig stöhnte und wehklagte; denn es war ihm unheimlich, in diese fremde Gesellschaft sich mischen zu sollen. Er griff in seine Tasche, dem kleinen Kutscher ein Trinkgeld zu geben, da war der schon samt Wagen und Maultier verschwunden. Auf den Arm des Dieners gestützt, wankte der Alte dann nach der Halle und sorgte sich heimlich, ob er auch Geld genug haben würde, die Kosten des Bades zu bestreiten. Davon war aber überhaupt nicht die Rede. Man führte ihn in eine Zelle, wo er eingeladen wurde, sich zu entkleiden, alles mit stummen Gebärden, doch überaus freundlich, also daß ihm die Sache mehr und mehr behaglich erschien und er nur bedauerte, seine Hanne nicht dennoch mitgenommen zu haben.

Aus der Zelle führte ein Treppchen ins Freie des großen Bassins, in welchem schon viele, die vor ihm gekommen waren, herumplätscherten, mit dem halben Leibe herausragend, so daß es ein lächerlicher Anblick war, so viele teils zaundürre, eingeschrumpfte Männlein, teils unförmlich aufgeschwemmte Dickbäuche beieinander zu sehen, die alle ächzten, prusteten und sich mit zitternden Händen die welken Gliedmaßen wuschen. Ein mannshoher Zaun trennte das Männerbad von dem der Frauen. Doch fühlte Jörgel auch nicht die geringste Neugier, wie es da drüben aussehen möchte, stieg vielmehr zaghaft in die kristallklare Flut hinab, die mit weicher Wärme seine gichtischen Schenkel umspielte, und empfand schon nach kurzer Zeit die Wohltat des erquickenden Bades.

Man hatte ihm eingeschärft, langsam das weite Wasserbecken zu durchschreiten und fleißig unterzutauchen. Das befolgte er so gehorsam, daß er weder rechts noch links blickte, bis er in die Mitte des Weihers gelangt war, wo die Flut ihm bis an den Hals ging. Da sah er umher und erstaunte, über dem Wasserspiegel keine Glatzen und Grauköpfe mehr auftauchen zu sehen, sondern blonde, braune und schwarzgelockte Häupter rüstiger Männer; griff dann an seinen eigenen Kopf und faßte zu seiner Freude einen dichten Schopf triefender Haare, wie er ihn in seiner frischen Manneskraft besessen hatte. Zugleich fühlte er seinen Leib von einem regen, warmen Blut durchströmt und jede Spur seiner Schmerzen verschwunden. Am liebsten wäre er nun sogleich aus dem Bade herausgestiegen und hätte es mit diesem Gewinn an neuer Lebenskraft bewenden lassen. Aber eine leise und doch mächtige Strömung der Flut trieb ihn vorwärts mit allen andern, bis er endlich das jenseitige Ufer erreichte. Da aber traute er seinen Augen kaum, als wieder ein Badewärter ihn in Empfang nahm und in eine Zelle führte, wo er in einem großen Spiegel seine verwandelte Gestalt betrachten konnte. Glich er doch aufs Haar dem Bildchen, das in seiner Bräutigamszeit ein herumziehender Maler von ihm gemacht, der an dem schmucken Forstgehilfen Gefallen gefunden hatte. Er konnte nicht genug sich von oben bis unten betrachten, seine kräftigen, schlanken Arme recken, mit der Hand durch das krause Haar fahren und sich mit offenem Munde anlachen, um sich seiner festen, blanken Zähne zu erfreuen. Auch als er dann das kleidsame, neue Gewand angelegt hatte, das für ihn bereit lag, gefiel er sich ausnehmend. Es glich ein wenig seinem eigenen Jägeranzug, wie er ihn mit vierundzwanzig Jahren getragen hatte; auch darin, daß sich in allen Taschen kein roter Heller fand. Als er aber dem Diener verlegen seine Armut gestand, schüttelte dieser den Kopf, es sei schon alles berichtigt, und er habe sich weiter keine Sorgen zu machen.

* * *

So trat er fröhlich wie ein junger Hirsch aus seiner Zelle heraus und fand es nun ganz in der Ordnung, daß auch aus den anderen Zellen junge Leute zum Vorschein kamen, die jeder nach seiner Art ihrer neuerworbenen Lebenslust Luft machten. Doch fühlte er kein Verlangen, sich irgendeinem von ihnen anzuschließen, nur eine leider hoffnungslose Sehnsucht, jetzt seinem Hänschen – wie er die Hanne vor Zeiten genannt hatte – wieder zu begegnen. Denn es schmerzte ihn sehr, denken zu müssen, daß sie jetzt als ein runzliges, welkes Mütterchen in dem einsamen Hause herumirren werde, während er so rank und schlank mit rüstigen Gliedern in die Welt hineinwanderte. Er blickte wie suchend nach dem Frauenbade hinüber, aus welchem zu gleicher Zeit eine bunte Schar frischverjüngter Weibchen und Jüngferchen herauskam, mit munteren Augen nach den Jünglingen spähend und untereinander lachend und kichernd. Aber so hübsch sie alle waren und so lustig ihre goldenen oder dunklen Haare, die sie zum Trocknen aufgelöst hatten, im Morgenwinde wehten, keine reichte ihm an das stille, züchtige Bauernkind heran, dem seine erste und einzige Liebe gehört hatte.

Doch schlug er sich mit dem Leichtsinn seiner neuen Jugend diese Erinnerung bald aus dem Sinn und wanderte wohlgemut auf der breiten Straße vorwärts, die vom Jungbrunnen aus nach einer großen Stadt führte. Was er zunächst beginnen sollte, um sich rechtschaffen durch die ihm unbekannte Welt zu schlagen, bekümmerte ihn nicht sonderlich. Er vertraute auf sein Glück und seine rüstige Kraft, pfiff sich ein Liedchen und dachte, irgendetwas würde sich schon finden, was für ihn passend wäre. Zunächst fand sich freilich nichts anderes als eine von den eben Verjüngten, der er in die Augen stach, da sie sich einmal nach ihm umsah, und die nun langsamer ging, und da er sie erreicht hatte, ihm lustig zunickte und fragte, ob er nichts dagegen hätte, wenn sie sich in seinen Schutz begäbe, da sie so mutterseelenallein unter der Menge sich verloren und verlesen fühlte. Sie lachte ihn dabei so spitzbübisch verlockend an und war eine so anmutige kleine Person, daß er ihr nicht widerstehen konnte. Also hing sie sich an seinen Arm, und während sie weitergingen, erzählte sie ihm, wie sie gestern noch eine alte verhutzelte Greisin gewesen sei, in ihrem Dorf als Hexe verschrien, obwohl sie nie mit dem Teufel im Bunde gestanden habe. Man habe sie denn auch verbrennen wollen, und mit genauer Not sei sie entwischt und die ganze Nacht durch gelaufen, bis sie zu ihrem Glück den Jungbrunnen erreicht habe. Und jetzt wolle sie es klüger anfangen, nicht mehr so rechtschaffen ihr Lebelang arbeiten und sich plagen, um doch zuletzt den bösen Mäulern zu verfallen, bloß weil sie nur einen Zahn im Munde und eine spitze Nase gehabt habe. Sie wolle sich lauter gute Tage machen und hübsche Männer behexen, wie er einer sei, wozu man keine anderen Teufelskünste brauche, als ein Paar roter Wangen und blanker junger Augen.

Dies brachte sie so zierlich übermütig vor, daß man ihr im Grunde nicht gram sein konnte; auch daß sie sich dabei immer fester an ihren Begleiter schmiegte, mußte man ihrer Hilfsbedürftigkeit in der fremden Welt zugute halten. Gleichwohl wurde dabei dem Jörgel schwül unterm Hut, und er hätte das üppige Geschöpf am liebsten wieder abgeschüttelt, um das ihn mancher, der ihnen begegnete, beneiden mochte. Zum Teil war ihm darum nicht ganz geheuer bei der neuen Freundschaft, weil ihm heimlich unter der rosigen Larve des jungen Hexchens die scharfen, spitzen Züge der Alten vorschimmerten, die mit genauer Not dem Holzstoß entlaufen war. Doch mochte er auch nicht mit rauher Hast eine Vertraulichkeit zurückstoßen, die sich ihm so unbefangen aufgedrängt hatte. Und so setzten die beiden unter dem Schwarm der anderen, die ebenfalls sich fast alle gepaart hatten, die Wanderung auf der Landstraße fort.

* * *

Als sie sich endlich der Stadt näherten, hörten sie schon von weitem ein Summen und Brausen wie von einer großen Volksmenge, dazwischen das Knallen von Büchsenschüssen, und erfuhren von Vorübergehenden, daß dort vor dem Tore ein Fest gefeiert werde zu Ehren der Soldtruppen, die morgen in den Krieg ziehen sollten.

Sie fanden denn auch bald die Zelte und Buden, die von einer bunt durcheinanderwimmelnden Menge geputzter Bürger mit ihren Frauen und Kindern umschwärmt wurden. Viele hatten sich schon auf den Bänken vor den Marketenderzelten niedergelassen, trinkend und schmausend, andere umdrängten den Schießplatz, auf dem zum unblutigen Zeitvertreib die Waffen um den Preis kämpften, die bald gegen den Feind gerichtet werden sollten.

Jörgel hatte sich von seiner klettenhaft an ihm hängenden Gesellin zu einem der Schenktische führen lassen und halb widerwillig neben ihr Platz genommen. Er habe kein Geld, sie zu traktieren, erklärte er. Sie lachte, indem sie ihn in den Arm kniff, und flüsterte: Du lieber, dummer Mensch, ich habe genug für zwei und werde dich frei halten. Doch konnte er sich nicht überwinden, von dem Wein zu trinken, den sie bestellte, und da sie selbst ein großes Glas auf einen Zug leerte und, indem sie den Arm um ihn schlang, Miene machte, in vor allen Leuten zu küssen, schob er sie ein wenig unsanft weg, stand auf und sagte, er wolle erst einmal nach der Schützenhalle gehen und sehn, ob er etwa einen Becher herausschießen könne, damit er sich nicht ganz als einen Bettler und Abgebrannten fühlen müsse.

Sie nahm das mit einem schmollenden Rümpfen ihrer roten Lippen hin, die sich aber gleich wieder zu einem leichtfertigen Lächeln verzogen, als ein schmucker Bürgerssohn sich ihr näherte und fragte, ob noch Platz an ihrem Tische sei.

Jörgel atmete auf, als er sie nach ihren Wünschen versorgt sah, und schlenderte durch das Gewühl nach der Stätte, von der her die lustigen Schüsse knatterten. Auf seine bescheidene Bitte wurde ihm eine Büchse geliehen, die er mit leuchtenden Augen, wie man einen verloren geglaubten Freund begrüßt, an die Wange drückte, um sogleich mit ihr einen Kernschuß zu tun. Nach langer Zeit erfreute er sich zum ersten Mal wieder seines falkenhellen Augenlichts und vergaß darüber alles andere, was um ihn her vorging, dergestalt, daß er, immer schießend und wieder ladend, den ganzen Tag eifrig bei diesem einen Geschäft verblieb und sich kaum so viel Muße dazwischen gönnte, einen Bissen Brot und einen Trunk Wein zu sich zu nehmen. Als am späten Nachmittag die Sonne sich neigte, stellte sich's heraus, daß er von allen Mitbewerbern um den Preis das Beste getan hatte, so daß man nicht umhin konnte, so gern der Neid der Einheimischen und der Soldateska es ihm vorenthalten hätte, den hergelaufenen Unbekannten zum Schützenkönig auszurufen.

Als solcher wurde er vor das mit wehenden Wimpeln und vielen Kränzen geschmückte Zelt geführt, in welchem das schönste Mädchen der Stadt, die Tochter des Bürgermeisters, mit den Ehrenjungfrauen saß. Dem glücklichen Sieger flimmerte es vor den Augen, und seine festen Knie wankten ein wenig, als die schöne Jungfrau sich lächelnd und errötend erhob, ihm die Preise zu überreichen: einen silbernen Becher, bis zum Rand mit blanken Goldgulden gefüllt, und eine neue Doppelbüchse, deren Schaft zierlich mit Elfenbein und Perlmutter ausgelegt war. Sie hatte eine kleine Rede einstudiert, ihn als König zu begrüßen und sich ihm als seine Königin vorzustellen. Als sie aber seine treuherzig feurigen Augen so hingerissen auf ihr junges Gesicht gerichtet sah, verwirrte sie sich und vergaß plötzlich das Beste von ihrem Spruch, so daß ihr Vater ihr zu Hilfe kommen und das Hoch auf den Schützenkönig ausbringen mußte, der seine Krone keiner hohen Geburt, sondern dem eigenen Verdienst zu verdanken habe.

In dem Tusch, den die Hörner bliesen, und dem Lärm der tausendstimmigen Jubelrufe wurde der schlichte Dank überhört, den der Gekrönte hervorstammelte. Er beugte sich dann auf die weiße Hand hinab, die ihm die köstlichen Gaben gereicht hatte, und drückte einen bescheidenen Kuß darauf, der ihm doch mehr ins Blut ging als der Festwein, den man ihm von allen Seiten zutrank. Dann führte er seine Königin mit freiem Anstande durch sein getreues Volk, das ihm ehrerbietig huldigte, und wurde nach und nach seiner Befangenheit so weit Meister, daß er mit der reizenden jungen Person an seiner Seite ein Gespräch anknüpfen konnte, bald so vertraulich, als schritten sie beide einsam durch einen dunklen Wald, wo kein Lauscher in der Nähe wäre.

Zuvörderst fragte er nach ihrem Namen. *Sibylla Feingold* heiße sie, war die Antwort. Dann nach ihrer Familie. Sie sei ihrer Eltern einziges Kind, die Mutter schon seit einigen Jahren verstorben. Als dann sie zu wissen verlangte, wer er sei und woher er gekommen, gab er ausweichende Antworten, und da sie fragte, ob er in der Stadt zu bleiben gedenke, hatte ihm der Rausch des Sieges und der reichlich genossene Wein so viel Mut gemacht, daß er erwidern konnte: er werde nur wieder von dannen ziehen, wenn sie ihm jede Hoffnung raube, jemals ihr Herz und ihre Hand zu gewinnen.

Das schöne, stolze Fräulein zeigte sich über diese dreiste Rede nicht im mindesten erstaunt oder erzürnt, schien vielmehr auf eine so vom Zaun gebrochene Erklärung als auf etwas Selbstverständliches gefaßt zu sein und erwiderte, indem sie in gespielter Verschämtheit die Augen niederschlug, sie fühle sich durch diesen Antrag des Herrn Königs sehr geehrt, zumal sie auch ihm wohlgeneigt sei, doch habe sie ein Gelübde getan, nur mit einem Manne vor den Altar zu treten, der in dem bevorstehenden Kriege Ruhm erworben und sich um das Vaterland verdient gemacht habe.

Jörgel, der nicht ahnte, daß dies nur eine listige Ausflucht war, da das verwöhnte Prinzeßchen einen namenlosen Fremdling tief unter sich sah, so wenig sie gegen seine Person einzuwenden hatte, nahm diesen kühlen Bescheid wie eine feste Versicherung künftigen Glückes hin. Er verlange sich nichts Besseres, als morgen mit zu Felde zu ziehen, und die Lorbeeren sollten ihm nicht zu hoch hängen, um mit seiner Preisbüchse danach zu zielen. Nur bitte er inständig, ihm eine Bürgschaft mit in den Krieg zu geben, daß sie es ernst mit ihrer Aussage gemeint. Und da er immer inständiger sie umschmeichelte und sein Jugendfeuer auch ihr kühles Blut schließlich zu erwärmen begann, ließ sie sich endlich dazu bewegen, ihm bei ihrer Seelen Seligkeit zu schwören, daß sie auf seine Rückkehr warten und die Seine werden wolle, wenn er im Felde sich Ehre gemacht und einen höheren Rang erworben habe.

Hiermit war vorläufig der kühnste Wunsch des verliebten jungen Königs erfüllt, und er bezeigte sich in seinem Glück so heiter und liebenswürdig, daß er alle seine Untertanen, so viele sich ihm näherten, bezauberte, auch seine heimliche Halbverlobte, da er sie unter dem Sternenhimmel durch die dunklen Gassen nach ihres Vaters Hause geleitete, zum Abschied unter der Haustür ihm einen herzlichen Kuß auf ihren zarten Mund nicht versagen konnte.

* * *

Seine Hoffnung aber, am anderen Morgen, ehe er als frisch angeworbener Landsknecht mit der gesamten Heeresmacht ausmarschierte, noch einen Abschiedsgruß von der Geliebten zu erhalten, ging nicht in Erfüllung. Das weichliche Fräulein ließ sich durch den Trommelschlag und das Schmettern der Drommeten im Morgenschlummer nicht stören, und wenn sie an den gestrigen Festtag zurückdachte, wiegte sie sich mehr in der Erinnerung an den Triumph, den ihre Schönheit gefeiert, als daß sie sich Sorge darüber machte, einen guten Menschen, der sich ihr ganz ergeben, vielleicht in den Tod geschickt zu haben.

Ihn dagegen begleitete ihr Bild auf Schritt und Tritt, und die Hoffnung, sie zu erringen, befeuerte ihn zu den kühnsten Wagnissen. Mit dieser ausbündig schönen jungen Bürgerin konnte auch das Dorfkind Hänschen nicht entfernt den Vergleich aushalten, und er dankte seiner gütigen Patin tausendmal, daß sie ihn in den Stand gesetzt hatte, eine so stolze und überschwengliche Leidenschaft einmal zu erleben.

Einstweilen freilich muß er alle Mühsal und Gefahr eines harten Feldzugs bestehen, der sich bis tief in den Winter hineinzog. Doch da er fortfuhr, Wunder von Tapferkeit zu tun, wurde er schon nach der ersten Schlacht zum Feldleutnant befördert, nach der zweiten rückte er zum Hauptmann auf und nahm als solcher an der Belagerung der feindlichen Hauptstadt teil, die sich bis ins Frühjahr hinein hartnäckig zur Wehr setzte. Da aber gelang es unserm Jörgel, dem die Sehnsucht nach seiner Sibylla keine Ruhe ließ, durch einen tollkühnen Handstreich die Verteidiger an einem schwachen Punkt zu überrumpeln und mit seinem Fähnlein tapferer Leute in die Stadt zu dringen, so daß nicht lange nachher die Kapitulation erfolgte und hiermit der Krieg zu Ende war.

Zur Belohnung für diese denkwürdige Tat wurde Jörgel am nämlichen Tage, da man den Friedensvertrag unterzeichnete, zum Obristen ernannt. Auch sandte man ihn als Überbringer der frohen Botschaft an den Landesfürsten zurück, der ihn mit allen Ehren empfing und ihm einen hohen Orden an die Brust heftete. All dieses Glück jedoch erschien ihm gering gegen die Wonne des Wiedersehens mit seiner Geliebten, die ihm noch schöner erschien, als ihr Bild ihm in seinen Träumen am Biwachtfeuer vorgeschwebt hatte. Er empfand freilich, daß sie seiner stürmischen Freude ein wenig gar zu sehr zurückhaltend begegnete, ahnte aber nicht, daß sie im Stillen bitter bereute, sich durch ihren Eid an ihn gebunden zu haben, da sein Kriegsruhm ihr wenig galt gegenüber seiner dunklen Herkunft. Statt seiner hätte sie sich nun gern mit einem ihrer Vettern vermählt, die gleich ihr den Geschlechtern der Stadt angehörten, obwohl diese geschniegelten Herrlein sich gehütet hatten, ihr seidenes Wams mit dem Harnisch zu vertauschen. So erschien sie an ihrem Hochzeitstage als eine ziemlich mißmutige Braut, was jedoch jedermann zu ihren Gunsten als ein Zeichen übermäßiger jungfräulicher Züchtigkeit auslegte.

Vollends aber wuchs ihre üble Laune, als ihr Eheherr, nachdem die Feste verrauscht waren und die Zeit zu ruhigen Erwägungen sich eingestellt hatte, ihr rund heraus erklärte, er werde seinen Abschied nehmen und hinfort sich einem bürgerlichen Berufe widmen. Das Elend, das der Krieg mit sich führe, der Anblick der Verwundeten, die er zu Hunderten hilflos auf der blutigen Wahlstatt habe liegen sehen, verfolge ihn jetzt noch im Traum, und alle Ehren, die mit dem Schwert zu erkämpfen seien, könnten ihm dieses Grauen nicht aufwiegen.

Die junge Frau, die in ihrem Hochmut sich vielleicht darein gefügt hätte, die Gemahlin eines Generals oder Feldmarschalls zu sein, wenn dieser auch keinen Adelsbrief aufzuweisen hatte, empörte sich in ihrem Innersten dagegen, einen Mann zu haben, der noch unter ihrem Vater, dem Bürgermeister, stand, und als Jörgel wirklich ein bescheidenes Ämtchen erhielt, mit einem Anfangsgehalt, ließ sie ihn ihren Unmut unzweideutig empfinden. Er entschuldigte diese ihre Schwäche bei sich selbst mit der weiblichen Eitelkeit, die immer dem Glanz nachstrebe, gedachte dabei freilich manchmal seiner guten, bescheidenen Hanne, die ihn um seiner selbst willen geliebt hatte. Übrigens nahm er sich in seinem Amt so wacker zusammen, daß er auch hier rasch befördert wurde und ihm die Würde des Bürgermeisters dereinst nicht entgehen konnte. Das alles aber schien auf sein Weib nicht den geringsten Eindruck zu machen.

Sie betrug sich gegen ihren liebevollen Gatten, als wenn er nur ein Hausverwalter wäre, den man aus Gnaden im Dienst behalte, ließ es an scharfen Anspielungen auf seine geringe Geburt und Armut nicht fehlen und führte neben ihm ein Leben auf ihre eigene Hand, indem sie mit ihren Vettern zu Banketten und Tänzen ging, in Karussellen mitritt und ein unsinniges Geld für Juwelen und reiche Kleider ausgab.

Das alles, so tief es ihn kränkte, hätte Jörgel noch hingehen lassen und vor sich selbst damit beschönigt, daß sie von früh an, verwöhnt und meisterlos, einen Götzendienst mit ihrer eigenen Schönheit getrieben hatte. Als er aber sah, daß sie auch die beiden kleinen Mädchen, die sie ihm geboren, über ihrem eitlen Treiben vernachlässigte, und da die zarten Würmlein, in einer Krankheit nur den Dienstleuten überlassen, beide an demselben Tage starben, kaum eine Träne ihnen nachweinte, vielmehr wenige Wochen später an einem rauschenden Feste teilnahm, dessen Königin sie war, – da verhärtete sich in der Brust ihres Mannes das Herz gegen sie, das einst durch den ersten Blick ihrer Augen geschmolzen war, und er beschloß, eine Fessel zu zerreißen, die ihm den Lebensodem zu ersticken drohte.

* * *

Also stand er am Morgen nach jener Festnacht vor Tau und Tage auf, nahm nichts mit sich als die Doppelbüchse, die er bei dem Preisschießen erhalten, und den Beutel, in dem er die damals gewonnenen Goldgulden bewahrt hatte, und während seine Frau, vom Tanz ermüdet, in tiefem Schlafe lag, sagte er den Dienern, er wolle auf die Jagd gehen und werde vor dem späten Abend nicht wiederkehren.

Er wandte sich aber nicht dem Walde zu, sondern schritt zum Tore hinaus, kaufte sich draußen auf einem Bauernhof ein Pferd und ritt in die Welt hinein, entschlossen, dieser Stadt und seinem Hause darin für immer den Rücken zu kehren.

Da hast du es nun weit gebracht, sagte er bei sich selbst, daß du nun wieder amt- und heimatlos herumirrst, und der ganze Gewinn deines neuen Lebens ist die Erfahrung, daß du durch alle Kriegs- und Friedensabenteuer nicht glücklicher geworden bist und an der Seite eines vielbegehrten, glänzenden Weibes dich nach deiner guten alten Hausehre zurückgesehnt hast. Wenn du nun auch jetzt den Weg zu ihr zurückfändest, würde das vorige stille Glück sich doch nicht wieder einstellen, da du als ein frischer Mann in den besten Jahren neben dem alten Mütterchen eine sonderbare Figur machen würdest. Deine Patin, die Fee, hat dir einen schadenfrohen Streich gespielt, als sie dir deinen frevelhaften Wunsch in Erfüllung gehen ließ. Nun sieh zu, wie du ferner mit dem so unliebsam verjüngten Leben zurechtkommst.

Unter solchen trübseligen Selbstanklagen setzte er seine Flucht ohne Aufenthalt fort, blieb die Nacht in einer abgelegenen Köhlerhütte und sprengte, ehe die Sonne aufgegangen war, schon wieder davon, nur bedacht, die Grenze des Landes zu erreichen, da er sich erst jenseits derselben vor allen Verfolgungen sicher fühlen durfte.

Er war aber erst wenige Stunden geritten, als er zu einem Schlosse kam, das einem der reichsten gräflichen Geschlechter gehörte. Der jetzige Träger des erlauchten Namens war ihm wohlbekannt, da er im Kriege unter ihm gedient und von ihm die Abzeichen des Hauptmannsranges auf dem Schlachtfelde erhalten hatte. Trotzdem wünschte er ihm nicht wieder zu begegnen. Denn so sehr sich der Graf durch Tapferkeit und Feldherrngaben ausgezeichnet hatte, war er doch im Heere gefürchtet wegen seiner grausamen Sinnesart und wilden Strenge gegen jeden, der sich das geringste Versehen zuschulden kommen ließ.

Daher erschrak der Flüchtling nicht wenig, als er den hohen Herrn vor dem Gitter seines Schloßgartens stehen sah in Gesellschaft seiner beiden riesigen Wolfshunde, die ihm auch in der Schlacht stets zur Seite geblieben waren. Ehrerbietig den Hut lüftend, wollte Jörgel vorbeireiten, der Graf aber rief ihn an, nötigte ihn als einen werten Kriegskameraden abzusteigen und fragte mit ungewohnter gütiger Herablassung, wohin die Reise gehen solle.

Ehe er sich recht fassen und ein unscheinbares Geschichtchen erfinden konnte, hatte der seltsam Eingeschüchterte die ganze Wahrheit gestanden und konnte schließlich seinen finsteren Zuhörer nur bitten, reinen Mund zu halten und etwaige Verfolger auf eine falsche Fährte zu schicken.

Er wolle noch weit besser für ihn sorgen, versetzte der Graf, indem er seinen langen schwarzen Bart zerzauste. Vor einer Stunde habe er seinen Verwalter weggejagt, der sich als einen ungetreuen Knecht erwiesen. Nun schlage er Jörgel vor, in dessen Stelle einzutreten, nur bis sich etwas Besseres für ihn fände. Die großen Güter, die zu dem Schlosse gehörten, würden ihm keine übermäßige Mühe machen, da sie durch Pächter bewirtschaftet würden, auf die der Verwalter nur ein scharfes Auge zu haben brauche. So bleibe diesem Muße genug, in den ausgebreiteten Waldungen dem Jagdvergnügen nachzugehen, was einem so trefflichen Schützen doch wohl verlockend sein werde. In dieser Stellung habe er von seiner verlassenen Gattin nichts zu befürchten, die sich ohnehin, nach Art eitler und herzloser Weiber, in ihrer Strohwitwenschaft bald zu trösten wissen werde.

Ohne Jörgel nur eine kurze Bedenkzeit zu lassen, nahm er ihn bei der Hand und führte ihn wie einen überrumpelten Kriegsgefangenen durch das eiserne Tor, das er hinter ihnen verschloß. Dann rief er mit einem silbernen Horn, das er umhängen hatte, seine gesamte Dienerschaft und die leibeigenen Knechte aus den Wirtschaftsgebäuden und Ställen zusammen und stellte ihnen unter einem fremden Namen den Ankömmling als den neuen Verwalter vor, dem sie den unbedingtesten Gehorsam zu leisten hätten.

Jörgel wußte nicht recht, ob er wache oder träume, als er in seinem Häuschen neben der Gärtnerwohnung sich endlich allein fand. So ehrenvoll und für seine Sicherheit ersprießlich dieser

Zufluchtsort erschien, so hatte sich doch seine alte Abneigung gegen den Schloßherrn sofort wieder geregt, und etwas in ihm raunte ihm zu, daß es auch mit dieser Herrlichkeit nicht allzu lange dauern werde.

Sein Amt freilich erwies sich leichter, als er sich's vorgestellt, da alle, mit denen er zu tun hatte, vor dem Grafen wie vor dem bösen Feinde zitterten und in knechtischer Furcht sich befleißigten, ihre verfluchte Schuldigkeit zu tun. Das aber hatte auch zur Folge, daß eine schwere, drückende Luft wie ein graues Gewölk über dem ganzen weiten Gebiete hing, nirgend unter den Feldarbeitern ein lautes Lachen oder munteres Singen sich vernehmen ließ und die Leute mit schiefen Blicken umeinander herumgingen, als argwöhne ein jeder in seinem Nächsten einen Aufpasser und Angeber im Dienste des Schloßherrn.

Auch den Namen der Gräfin sprachen die Diener untereinander nur mit scheuen Mienen aus, so daß Jörgel, der die junge Frau viele Tage hindurch nur selten und von fern etwa auf ihrem Balkone erblickte, nicht anders dachte, als daß auch sie ein strenges, mitleidloses Hausregiment führe. So war er nicht wenig überrascht, eines Morgens, da er früher als sonst aufgestanden war, zwischen den Taxuswänden des Ziergartens einem sanften, blassen Frauenbilde zu begegnen, das seinen bescheidenen Gruß mit einem lieblich traurigen Lächeln erwiderte.

Er wagte aber nicht, das Wort an sie zu richten, auch nicht an den folgenden Morgen, wo er sich's angelegen sein ließ, sich ihr wieder in den Weg zu stellen. Nur das holde junge Gesicht zu sehen trieb es ihn immer unwiderstehlicher, und eines Morgens wagte er endlich, ihr einen Strauß der schönsten Rosen anzubieten, den er sorgfältig zusammengestellt hatte. Sie dankte ihm errötend, blieb bei ihm stehen und wechselte einige freundliche Worte mit ihm, deren weicher, dunkler Klang ihm das Herz höher schlagen machte. Als sie ihn dann aber mit einem huldvollen Neigen des blonden Hauptes verabschiedet hatte, sah er den alten Gärtner auf sich zukommen mit einer so wunderlich aufgeregten Miene, daß er sich schon auf eine Scheltrede wegen der entwendeten Rosen gefaßt machte. Der Alte aber zog ihn erst, ohne ein Wort zu sagen, in seine Stube, verschloß dort Tür und Fenster und eröffnete ihm dann, daß er ihn dringend warnen müsse, sich je wieder eine solche Freiheit der Herrin gegenüber herauszunehmen. Wegen einer ähnlichen, nicht bedenklicheren Huldigung sei sein Vorgänger Knall und Fall entlassen worden.

Denn der Graf gebärde sich bei dem geringsten Vorfall, der seine Eifersucht reize, wie ein Rasender, halte seine unglückliche Gemahlin über Tag in ihren Zimmern eingeschlossen, wie ein Vögelchen im goldenen Bauer, und würde ihr auch die kurze Freiheit in den frühen Morgenstunden nicht gönnen, wenn er nicht täglich um Mitternacht sinnlos berauscht sein Lager suche und den bleiernen Schlaf erst abschüttle, wenn die Sonne schon hoch am Himmel stehe. So sei die arme Gräfin eine rechte Kreuzträgerin, auch munkele man, daß sie ihrem Gemahl ohne Liebe ihre Hand gereicht habe, von den ehrgeizigen Eltern dazu gezwungen, die ihrem schönen, aber mitgiftlosen Kinde eine glänzendere Versorgung zu verschaffen gewünscht hätten.

* * *

Diese Eröffnungen hörte der ritterliche Jörgel in wachsender Empörung mit an. Den Zweck aber, den der besorgte Alte im Auge hatte, ihn vor der Rache des Grafen zu warnen, falls ein diensteifriger Späher jemals einem verbotenen Verkehr mit der armen Gefangenen auf die Spur käme, erreichte er nicht. Vielmehr ging ihr Bild mit dem schwermütigen Blick und scheuen Lächeln ihm überall nach, und der Tag dünkte ihn verloren, den er nicht damit begonnen hatte, sie ehrerbietig zwischen den Blumenbeeten und Springbrunnen zu begrüßen und ein flüchtiges Wort von ihren Lippen zu erhaschen.

Vergebens zersann er sich den Kopf, wie er ihr helfen, ihre Haft erleichtern oder gar sie befreien könne. Das aber schien für immer hoffnungslos, so wild er die Fäuste ballte und mit den Zähnen knirschte, wenn sie ihm wieder einmal begegnet war, die Spur ihrer heimlichen Tränen noch an den langen Wimpern.

Nun aber geschah es eines Morgens, daß er sie in fassungslosem Weinen betraf, das zu verbergen sie nicht die Kraft hatte. Lebhafter, als er sonst gewagt hatte, näherte er sich ihr und bat sie mit leiser Stimme, ihm die Ursache ihres Grams zu offenbaren und über seine treuen Dienste zu verfügen, wenn er irgend etwas zu ihrem Frommen zu tun vermöchte.

Sie hatten sich zwischen hohen, dichten Fruchtspalieren getroffen, wo kein Späherauge vom Schloß aus sie erreichen konnte. Da war es, als ob sein warmes Mitgefühl ihr die letzte eigene Kraft erschütterte, sie wankte nach einer Bank, die im Schatten stand, ihr Tüchlein vor die Augen gedrückt, ihr Fuß aber strauchelte, und sie wäre umgesunken, wenn er sie nicht mit seinen starken Armen umfaßt und nach der Bank geführt hätte. Da ließ er sich neben ihr nieder, und da sie fortfuhr, fassungslos zu schluchzen, umfing er sie wie ein weinendes Kind, flüsterte ihr die zärtlichsten Trostworte ins Ohr und drückte seine heißen Lippen wieder und wieder an ihre feuchte Schläfe und Wange.

Das brachte sie endlich so weit zur Besinnung, daß ihre Tränen zu fließen aufhörten und sie entschieden, aber nicht unfreundlich seine stürmischen Liebkosungen abwehren konnte. Als er dann aber vor ihr auf die Knie sank und um Verzeihung für seine Kühnheit flehte, versuchte sie durch Tränen ihn anzulächeln und ihn vor allem aus seiner demütigen Stellung wieder emporzuheben. Sie stand dann auch auf, und indem sie langsam ihren Weg fortsetzte, gestand sie ihm den Grund ihres leidenschaftlichen Jammers: ihr Gemahl hatte sich in der wilden Weinlaune auf einen blinden Verdacht hin an ihr vergriffen, sie an ihren blonden Haaren gepackt und gedroht, ihren weißen Hals mit dem Tischmesser zu durchbohren, wenn sie nur um Haaresbreite ihren Pflichten untreu würde.

Nun werde er freilich, sobald er seinen Rausch ausgeschlafen, vor sich selber all seine rasenden Worte und Taten verleugnen, aber nichts schütze sie vor der Wiederholung solcher Auftritte, die endlich einmal einen blutigen Abschluß finden würden. Denn sie habe keinen Retter und Freund, sie aus diesem schmachvollen Kerker zu erlösen.

Ob sie *ihn* nicht einer solchen Tat fähig und würdig halte? fragte Jörgel, der bei ihrer Erzählung abwechselnd rot und bleich geworden war. Und da sie nicht gleich antwortete, sondern ihn prüfend ansah, faßte er sich ein Herz, ihr seine tiefe, glühende Hingebung zu gestehen und sich hoch und heilig zu verschwören, Leib und Leben an ihre Rettung zu wagen und keinen anderen Lohn zu begehren, als den sie selbst in ihrer Güte und Gnade ihm gönnen wolle.

Dieses schrankenlose Bekenntnis hatte die Tränen der holden Frau vollends getrocknet und ihr Gesicht in tiefe Glut getaucht. Sie gestand ihm nun ihrerseits mit stockenden Worten, daß sich eine zarte Neigung für ihn vom ersten Begegnen an in ihr geregt habe. Auch sei sie überzeugt, niemals einen treueren Freund besessen zu haben, und wolle nicht zaudern, sich seinem Schutz für immer anzuvertrauen. Dies aber müsse ohne Verzug ins Werk gesetzt werden, da sie keine Stunde mehr ihres Lebens sicher sei. Wenn es ihm daher Ernst damit sei, sich ihres unglücklichen Lebens hochherzig anzunehmen, so möge er über Tag die Mittel und Wege dazu ersinnen, um Mitternacht aber sich in der Halle des Erdgeschosses einfinden, zu der sie den Schlüssel ihrem schlafenden Gemahl entwenden werde. Das Weitere überlasse sie ihm und dem barmherzigen Gotte, der seine Hand über der verfolgten Unschuld halten und ihre Flucht und Erlösung aus unerträglichen Banden gelingen lassen werde.

* * *

Hierauf verließ ihn die Gräfin, nachdem sie ihm noch einen innigen, glückverheißenden Blick zugeworfen hatte. Er aber dünkte sich im siebenten Himmel, daß er nun ein so heldenmütiges Abenteuer bestehen und einen Preis davontragen sollte, der kaum in seinen verwegensten Wünschen ihm vorgeschwebt hatte. So verbrachte er den Tag in einem wonnigen Taumel, so daß seine Untergebenen sich zuraunten, er müsse schon am Morgen sich in einem feurigen Wein übernommen haben. Doch so sehr sein Herz schwärmte, blieb doch sein Kopf bei klarer Besinnung. Er bereitete alles und jedes umsichtig vor, was zu der nächtlichen Flucht vonnöten war, bestellte im nächsten Dorf, unter dem Vorgeben, es handle sich um eine Reise im Dienste des Grafen, ein rasches Fuhrwerk, ordnete die Bücher, in denen er Rechenschaft über seine Geschäftsführung abzulegen hatte, und erwartete dann mit fiebernder Ungeduld die Mitternacht.

Als die Stunde endlich geschlagen hatte, schlich er durch die stürmische Nacht, die ihm für sein Vorhaben willkommen war, seine Doppelbüchse umgehängt und das Waidmesser im Gürtel, nach dem Schlosse, und da er durch die Glastür der unteren Halle einen schwachen Lichtschein gewahrte, der ihm anzeigte, daß die Gräfin ihn dort schon erwartete, klinkte er hastig auf und trat hinein. So beherzt er aber war, erschrak er doch gewaltig, als aus dem Sessel neben dem Eichentisch, auf dem das Lämpchen brannte, statt der Erwarteten sich die hohe, dunkle Gestalt des Grafen erhob, zugleich mit ihm seine beiden Hunde, die ein dumpfes Knurren hören ließen, sich aber auf einen Zuruf ihres Herrn gehorsam niederlegten.

Einen Augenblick standen die beiden Männer sich schweigend gegenüber. Dann sagte der Graf mit ganz gelassener Stimme: Ihr sucht meine Frau, Herr Verwalter. Sie wird sehr bedauern, daß sie verhindert ist, Euch zu empfangen. Auch mir ist es unlieb, statt ihrer mit Euch verhandeln zu müssen, doch werde ich mich kurz fassen, wenn Ihr so gütig sein wollt, mir zu sagen, ob Ihr vorzieht, daß ich Tyras und Tiger auftrage, Euch zu begrüßen, wie Ihr es verdient, oder – und hier hob er eine lange Reiterpistole, und die verhaltene Wut brach plötzlich auch in seiner Stimme aus – oder ob ich Euch über den Haufen schießen soll wie einen tollen Hund!

Eins wie das andere, versetzte Jörgel, der seine Kaltblütigkeit wiedergewonnen hatte, würde einem Manne wohl anstehen, der seinen adligen Namen so sehr entehren kann, daß er eine wehrlose, unschuldige Frau mißhandelt. Ich gebe Euch aber zu bedenken, Herr Graf, daß die Sache nicht so einfach ist und nicht so glatt abgehen möchte, wie Ihr glaubt. Ihr würdet, auch wenn Ihr die Hunde auf mich hetztet und zugleich Feuer gäbt, doch vielleicht den Kürzeren ziehen, da das Zielen im Finstern immer unsicher bleibt und in jedem meiner Büchsenläufe eine Kugel und ein scharfes Messer in meinem Gürtel steckt. Wenn also noch ein Rest von Kavaliersehre in Euch wohnt und Ihr Euch erinnert, wie zwei Feinde, die beide Waffen tragen, einen solchen Handel auszumachen pflegen, so kommt ins Freie, wo der Lärm unseres Kampfes den Schlaf der Schloßherrin nicht stören wird.

Der Graf schien einen Augenblick zu sinnen. Dann lachte er laut auf. Um diesen Schlaf brauchtet Ihr nicht besorgt zu sein, sagte er. Aber gleichviel. Da Ihr Soldat gewesen seid, will ich es übersehen, daß Ihr keinen ebenbürtigen Gegner stellt und ich Euch züchtigen könnte wie einen leibeigenen Knecht. Also kommt, und machen wir rasch ein Ende!

Er schritt zu der offenen Glastür, die Hunde immer an seinen Fersen, und wollte Jörgel den Vortritt lassen, was dieser argwöhnisch verweigerte. Dabei brütete er über dem hingeworfenen Wort, daß der Schlaf der Gräfin nicht gestört werden könne, und ein Schauder überlief ihn bei dem Gedanken an die furchtbarste Deutung. Der Graf aber ließ ihm nicht lange Zeit zu der Frage, die ihm schon auf der Zunge schwebte. Als sie zu einem Platz gekommen waren, den in weiter Runde uralte Ulmen umstanden, hielt jener an und sagte: Hier! Die Weite dieses Kreises wird gerade genügen, und der Schein, den der Sternenhimmel durch die Wipfel hereinwirft, erlaubt Euch zu zielen, wie wenn Ihr nach der Scheibe schösset. Dort ist Euer Platz und hier der meine. Damit Ihr seht, daß ich als Kavalier an Euch handle, überlasse ich es Euch, bis drei zu zählen. Kusch, Tyras! Was sich hier zuträgt, geht dich nichts an.

Er stellte sich an den bezeichneten Baum, während sein Gegner den Platz durchschritt. Als jener drei! rief, hoben beide die Waffen. Aber nur ein Schuß flammte auf, aus der Mündung der Pistole. Die Büchse hatte versagt; der sie abgeschossen, lag hingestreckt am Fuß des dunklen Baumes, während sein Blut aus einer klaffenden Wunde im Schenkel in den Sand rieselte.

Gute Nacht, tapferer Ritter! hörte er den Grafen höhnen. Diesmal schenke ich Euch Euer armseliges Leben, da Euch fortan wohl die Lust vergehen wird, geknechtete Edeldamen aus ihrem Kerker zu befreien. Ihr werdet besser tun, für den Rest Eures Lebens Euch einer Krücke zu bedienen, als Euch mit einem Jagdgewehr herumzutreiben, das seinen Dienst versagt, wenn Ihr's am nötigsten hättet. Lebt wohl und grüßt mir Eure alte Frau! Hierher, Tyras – Tiger!

Und mit einem schallenden Gelächter, das das Geheul der beiden Rüden noch übertönte, verschwand die finstere Gestalt zwischen den schwarzen Schatten der hohen Bäume.

* * *

Der so schmählich Besiegte aber lag in der traurigsten Verfassung des Leibes und der Seele auf dem feuchten Kiesgrund und verwünschte die Stunde, die ihn in dieses Schloß geführt, ja sein ganzes verjüngtes zweites Leben mit all seinen süßen und bitteren Ereignissen. Die Schmerzen in seinem zerschossenen Bein, die immer heftiger wurden, und das strömende Blut aus der Wunde ließen ihm keinen Zweifel, daß es mit ihm zu Ende gehe, und nun sollte er dahinfahren mit dem marternden Bewußtsein, den Tod einer edlen Frau verschuldet zu haben. Denn wenn ihr Gemahl sie nicht in der ersten Wut erwürgt hatte, würde er nicht verfehlen, durch verschärfte Haft und neue Mißhandlungen ihr klägliches Ende herbeizuführen. Und er, Jörgel, hatte diese Frau nicht einmal wahrhaft geliebt, sondern sich nur durch ihr Unglück rühren und durch den stolzen Gedanken, den Ritter einer hochgeborenen Dame zu machen, verblenden lassen. Geliebt – das empfand er jetzt wie nie zuvor – hatte er nur seine gute, bescheidene kleine Frau, und die war nun fern von ihm, wenn er jetzt den letzten Odem aushauchte, und er konnte ihr nicht mehr danken für alles Liebe und Gute, das sie ihm in seinem ersten Leben angetan, und sie um Verzeihung bitten, daß er ohne sie die Reise nach dem Jungbrunnen angetreten hatte. O Hanne! rief er mit einem tiefen Seufzer, wenn die gütige Fee, meine Patin, dich nur auf eine kurze Frist zu mir führen könnte, daß ich deine Stimme noch einmal hörte, deine Hand in meiner hielte und dann einschliefe, in der tröstlichen Gewißheit, daß diese liebe Hand mir die Augen zudrücken werde – –

Da hörte er dicht neben sich sagen: Was redest du für wunderliches Zeug, Jörgel! Ich bin ja hier bei dir, ohne daß deine Patin dazu nötig ist, und statt dir die Augen zuzudrücken, solltest du sie lieber endlich aufmachen. Weißt du, wie spät es ist? Bis an den hohen Tag hast du geschlafen auf die magischen Tropfen, und wenn dich die Schmerzen im Bein nicht geweckt hätten, schliefest du wohl noch. Jetzt aber ist's endlich Zeit, dich herauszumachen. Es ist ja Sonntag, unsere Marie kommt mit den Kindern zu uns heraus, bei uns zu essen, hast du das ganz vergessen? und ihr Mann hat gerade noch vorhin einen Hasen geschossen, den er uns in die Küche geliefert hat. Was starrst du mich so an? Sind dir am Ende die Tropfen zu Kopf gestiegen?

Jörgel hatte sich im Bett aufgerichtet und arbeitete heftig daran, zur Besinnung zu kommen. Also das war der Schuß und die Pistole des Grafen! murmelte er vor sich hin. Und die Wunde im Schenkel – ist es wirklich nur meine alte Gicht? O Frau, ich hätte nie gedacht, daß mich's so freuen könnte, das verwünschte Zwicken und Reißen im Bein zu fühlen, wenn nur meine alte Frau und keine junge Gräfin neben mir steht. Laß dich anschauen, Alte! Ich kann dir sagen, Hänschen, daß du mir heute gerade so hübsch vorkommst wie vor vierzig Jahren, wenn du auch nicht so goldene Haare unter der alten Haube hast, wie meine zweite Frau Sibylle, geborene Feingold. Und nun sage mir, daß du mir all meine schlimmen Seitensprünge und Treubrüche verzeihst, und zum Zeichen der Versöhnung gib mir einen Kuß, der mich mehr beglücken wird als die Küsse der blassen Gräfin.

Heiliger Gott! rief die alte Frau, indem sie sich mit halbem Widerstreben von ihrem alten Manne herzen und küssen ließ, ich glaube wahrhaftig, Alter, du bist närrisch geworden! Du treibst es ja so toll und töricht wie in unsrer Brautzeit, als wärest du wirklich in den Jungbrunnen gestiegen, von dem deine Frau Pate dir vorgefabelt hat.

Da gab Jörgel sie frei und erwiderte mit einem feinen Lächeln, indem er sein schmerzendes Bein streichelte: Ja, Hänschen, ja, Mütterchen, allerdings habe ich das Zauberwasser an meinen alten Gliedern gespürt, aber nicht zu meinem Schaden, denn geheilt hat es mich von meiner Narrheit, wofür ich meiner Patin ewig dankbar sein werde. Wie das aber zugegangen, will ich erzählen, wenn wir mit den Kindern den Hasen verspeisen. Denn es kann auch anderen zu Nutz und Frommen dienen, die damit unzufrieden sind, daß jedes Alter seine eigene Plage hat, und nicht wissen, daß man Gott danken soll, wenn einem endlich die Gicht nur in den Gliedern sitzt und nicht als ein nagendes Weh im Gewissen.

Die gute Frau

Eines Morgens war der Teufel in sehr schlechter Laune aufgewacht. Sein Gesinde mußte es entgelten, da er bei dem gewohnten frühen Rundgang durch das finstere Reich noch strenger als sonst jede Nachlässigkeit im Dienst ahndete, so daß sich die verwegensten Höllengeister zitternd zusammenduckten, wenn nur ein Blitz aus den roten Augen ihres Herrn und Meisters auf sie hinfuhr.

Als er dann zu seiner Großmutter kam, erkannte die Greisin, die so alt ist wie die Welt, da sie schon im Paradiese die Menschenmutter in Gestalt der Schlange verführt hat, an den verzerrten Zügen ihres Sohnes, daß ihm übel zumute war. Sie langte eben wieder mit ihren dürren schwarzen Fingern in ein Becken voll glühender Kohlen, die sie in ihren zahnlosen Rachen schob. Denn ihre morschen Glieder fröstelten mitten in der Höllenglut, und sie mußte sorgen, sich von innen zu erwärmen.

Sie schob aber das Becken zurück, als sie ihren Sohn bei sich eintreten sah, der nie versäumte, die Uralte in der Frühe zu begrüßen und sich nach ihrer Nachtruhe zu erkundigen. Denn sie war das einzige Wesen, vor dem er Furcht hatte. Dir ist nicht wohl, mein Sohn, sagte sie. Bist du mit dem linken Fuß zuerst aufgestanden, oder hast gestern abends zu viel schwedischen Punsch getrunken, vor dem ich dich schon oft gewarnt habe, da er süß ist, wie die Sünde, aber selbst dem ausgepichtesten Trinker in die Krone fährt, wenn er ihn kannenweise in sich hineinschüttet? Oder hast du dich wieder einmal im Traum mit einem Engel gebalgt, der dir eins deiner Hörner ausgerissen oder sonst eine Schmach an dir verübt hat? – Nein, Großmutter, versetzte der Enkel, indem er eine wilde Grimasse schnitt, von alledem ist mir nichts begegnet. Der Grimm und Gram, der an mir nagt, rührt nur davon her, daß es seit einiger Zeit hier unten bei uns verdammt langweilig wird, da immer nur das alltäglichste Armsündervolk, gemeine Verbrecher, Mörder, Fälscher und Brandstifter eingeliefert werden, nicht der Kohlen wert, mit denen ihnen hier eingeheizt wird. Du entsinnst dich, Großmutter, es gab bessere Zeiten, wo man an kühnen und ausbündig gescheiten Missetätern seine Lust hatte, Manns- und Weibsbildern, die durch die ärgsten Martern nicht zu beugen und zu bändigen waren und wert gewesen wären, in unsere Zunft aufgenommen zu werden. Ob es daran liegt, daß meine dienstbaren Geister in ihrem Eifer auf Erden nachlassen, oder ob die Menschenwelt zahmer und sittsamer geworden ist – genug, das Gesindel, über das ich täglich Musterung halte, erregt mir nur Ekel und Abscheu, und mich verlangt nach irgendeiner rechten Bestie von einem Menschen oder einem, der lange im Geruch der Heiligkeit gestanden und jählings einen so tiefen Fall getan hat, wie dein eigener lieber Enkel, als der Erzengel ihn auf ewig in den Abgrund schleuderte.

Die Alte sann eine Weile, ihre welken Augenlider halb zugedrückt, wie eine Schleiereule, die ins Licht sieht. Dann sagte sie: Du solltest dich einmal selbst droben unter der Sonne umsehen, wie es damit steht, ob deine Rüden bei der Seelenjagd ihre Schuldigkeit tun oder nicht; denn daß die Menschen sich gebessert haben sollten, glaube ich nicht. Die Erbsünde sitzt ihnen zu tief im Blut, und sie lernen höchstens, ihre Laster und Niedertrachten besser verbergen. Zudem würde es nicht schaden, wenn du dir ein wenig Bewegung machtest. Bei deiner sitzenden Lebensart verdickt sich dein Blut. Ich würde dich gern begleiten, aber ich werde alt, und meine armen Knochen rasseln zu stark, sobald ich mich rühre. Auch muß doch eins von uns beiden hier unten bleiben, damit die Mäuse nicht auf dem Tische herumtanzen, wenn beide Katzen aus dem Hause sind.

* * *

Dieser liebreichen Ermahnung fügte sich der Enkel, der vor der großmütterlichen Weisheit den unbedingtesten Respekt hatte, und fuhr alsbald in die Oberwelt hinauf, nicht auf dem mühsamen Terrassenweg, den jener alte Dichter hinabgewandelt war, sondern indem er seine riesigen Fledermausflügel entfaltete und sich durch den schwarzen Kamin emporschwang. Denn bekanntlich ist die Hölle im Mittelpunkt der Erde gelegen und schon darum von einer heißen, beklommenen Luft erfüllt, da nur ein einziger Schlot die glühenden Schwefeldämpfe ins Freie strömen läßt.

Oben angelangt, begann er seinen langsamen Flug durch mancher Herren Länder, zuerst bis ins Mark erschauernd, da ein scharfer Novemberwind durch Wälder und Fluren strich, bis er sich warm geflogen hatte. Wo er etwas entdeckte, das ihm merkwürdig schien, ließ er sich zur Erde nieder und stapfte gemütlich mit seinem hinkenden Pferdefuß an den Wohnungen der Menschen vorüber, in die kleinen Fenster schielend oder auch in offene Türen tretend, immer für sterbliche Augen unsichtbar. Was er aber suchte, gewaltige, trotzige, dämonische Missetäter, die ihm selbst auf zu raten gegeben hätten, fand er nirgend, überall nur die arme, schwache, von ihren Begierden und kleinen Selbstsüchten verführte Menschheit, bei denen der Ungeschickteste seiner Versucherbande leichtes Spiel gehabt hätte. Noch weniger begegnete ihm eine leuchtende Heiligengestalt, die sich durch den übermächtigen Zauber der Gelegenheit in den Abgrund locken ließ, was dem Teufel stets eine besondere Lust und der höchste Triumph seiner gottlosen Künste ist.

So war er, immer heftiger die laue, flaue Sündenwelt verwünschend, den ganzen Tag erfolglos herumgestrichen, wie ein Jäger, der viele Stunden lang dem Wilde nachgegangen ist, ohne zu Schuß zu kommen, als er in der Abenddämmerung zu einer einsamen Hütte im dichten Eichenforst gelangte, in der, wie er wußte, ein armer Waldhüter mit seiner jungen Tochter wohnte. Er kannte die beiden, da er schon früher einmal sich bemüht hatte, das Mägdlein in seine Gewalt zu bekommen, indem er ihr einen schmucken Jagdgehilfen zuführte, der schon bei anderen sein Glück nicht umsonst versucht hatte. An dieser einsamen Unschuld aber waren die Künste des schlauen Burschen gescheitert, obwohl er sich alles Ernstes verliebt hatte und nur um ihrer blutigen Armut willen nicht daran denken konnte, die Waldhüterstochter zu seinem Weibe zu machen. Das fromme Kind nämlich hatte in einer Ecke seiner Kammer ein geschnitztes und buntbemaltes Muttergottesbild über einem Weihbrunnkesselchen stehen, das die Inwohnerin vor allen sündigen Wünschen und Werken schützte. Also war sie, auch wenn ihr alter Vater weit vom Hause weg im Forst zu tun hatte, in der offenen Hütte so sicher geborgen, wie nicht jedes Nönnchen in seiner Klosterzelle.

Daß hier nichts für ihn zu machen sei, wußte der Teufel nur allzu gut, und nur so verloren schweifte sein Blick nach dem offenen Kammerfenster des jungen Kindes. Plötzlich aber hemmte er den Schritt, denn was er drinnen gesehen hatte, durchzuckte ihn mit einer wilden Schadenfreude.

Es war ein kahles, weißgetünchtes Kämmerchen, das Muttergottesbild an der Wand der einzige Schmuck. Kein Ofen oder Kamin gab auch im Winter ein wenig Wärme, und unter der dünnen Bettdecke mußte es des Nachts, in so rauher Herbstluft, wie heute, nicht eben behaglich sein. Die junge Waldhüterstochter aber war, wie es schien, an herbe Witterung gewöhnt. Sie trug auch jetzt nur ein leichtes Röckchen, die kräftig aufgeblühte Brust durch eine Linnenjacke gegen den Abendwind, der zum Fenster hereinstrich, schlecht verwahrt. Auf dem einzigen Holzstuhl neben dem Bette aber saß ein großer, schöner, stattlicher Mann in einer schmucken Jägertracht, der hatte das Mädchen mit beiden Händen an sich gezogen und hielt es zwischen seinen Knien fest, obwohl es sich mit seitwärts gewandtem Gesicht zurückbog und sich loszumachen strebte. Aber es kämpfte nur schwach gegen die schmeichelnde Gewalt des vornehmen Herrn, der leise und dringend in das holde Kind hineinsprach. Der Teufel kannte ihn wohl; es war der reiche Graf, dem all diese weiten Waldungen bis an sein Schloß hin gehörten, und da der Waldhüter sein Leibeigener war, durfte er auch über dessen Tochter sein Herrenrecht geltend machen.

Warum bist du mir so unhold, *Katherlieschen?* sagte der Verführer und streichelte mit der Hand ihren nackten Arm. Ich weiß ja doch, daß du mir gut bist. Gestern, als ich mit deinem Vater sprach, den ich heute drei Stunden weit verschickt habe, da sah ich wohl, wie deine Veilchenaugen beständig nach mir hin schielten, und du die Kette bewundertest, die ich um den Hals trug. Ich will sie dir schenken, wenn du mich ein wenig lieb haben und tun willst, um was ich dich bitte. Denn ich weiß kein Mutterkind weit und breit, das rötere Lippen hat und die ich lieber küssen möchte, als deine.

Sie atmete schwer, und nur mühsam brachte sie die Worte heraus: Es ist aber Sünde, gnädiger Herr. Die Muttergottes sieht uns und würde mir's nie vergeben.

Närrchen! versetzte er. Was du dir einbildest! Die Muttergottes hätte viel zu tun, wenn sie alle Menschen bestrafen wollte, die sich lieb haben. Aber damit sie uns nicht länger sehen kann – wart! wir wollen ihr die Augen verbinden.

Damit zog er dem erglühenden Kinde das Tüchlein vom Halse, das ihre runden, weißen Schultern bedeckte, stand auf und umhüllte damit das geweihte Bild an der Wand. Als er dann zu dem Mädchen zurückkehrte, stand sie zitternd, die Hände vor die klopfende Brust gedrückt, mitten im Kämmerchen und wehrte ihm nicht, da er die Arme um sie schlang und ihre Augen und Lippen mit leidenschaftlichen Küssen bedeckte.

Mit einem verächtlichen Grinsen wandte der Späher draußen sich weg. Immer die alte Komödie! knirschte er voll Unmut. Ein vornehmer Wolf und ein armes gelüstiges Schäfchen! Großmutter würde höhnen, wenn das die ganze Jagdbeute wäre, die ich mit heimbrächte. Hol's der Kuckuck! Man möchte ein Nachmittagsprediger werden, der noch an jedem solchen philisterhaften Sündenfall ein Ärgernis nimmt. Das würde wenigstens die Galle in Bewegung setzen.

Indem er aber seine schwarzen Fittiche eben wieder entfalten wollte, fuhr ihm ein Gedanke durchs Gehirn, der ihn auflachen machte.

Er kannte die Gemahlin des gräflichen Sünders, den er hier auf verbotenen Wegen ertappt hatte. Diese Frau, jetzt über die erste Jugend hinaus, da sie schon zwanzig Jahre vermählt war, hatte er früher mit tückischen Anschlägen umschlichen und zuletzt ingrimmig von ihr abgelassen. Denn sie war eines von den reinen und hohen Wesen, die keines Kampfes bedürfen, um jeder Versuchung zu widerstehen, und da sie ihren Gemahl seit ihren jüngsten Mädchenträumen einzig und allein im Herzen getragen hatte, war's auch kein verdienstliches Werk, daß sie sowohl unter den Verlockungen des sittenlosen Hofes als in der Einsamkeit ihres Waldschlosses ihre Seele durch keinen Hauch sündiger Gedanken beflecken ließ.

Der einzige neben ihrem Gatten, für den sich ein weicheres Gefühl in ihrer Brust geregt hatte, war ein Vetter gewesen, etliche Jahre jünger als sie, ein schöner, heißblütiger Junker, der sie im Stillen mit wilder Leidenschaft umwarb, bis sie ihn eines Tages für immer aus ihrer Nähe verbannt hatte. Er war in die Welt gezogen und hatte jahrelang nichts von sich hören lassen, also daß sie beruhigt denken konnte, er habe sich seine frevelhaften Wünsche aus dem Sinn geschlagen. So genoß sie ferner ohne jede Unruhe ihr häusliches Glück, da sie nicht ahnte, daß ihr vergötterter Gemahl hin und wieder verstohlenen Freuden nachging, ohne sich daraus ein Gewissen zu machen, da er trotzdem sein edles Weib nach wie vor als die Krone ihres Geschlechts betrachtete und in höchsten Ehren hielt.

Dies alles erwog der böse Feind, als er von der Waldhütte sich langsam entfernte, und im Nu hatte er seinen höllischen Plan darauf gegründet.

* * *

Die Gräfin saß in dem hohen Wohngemach ihres Schlosses, in dessen Kamin ein mächtiges Feuer brannte, und suchte, die Tasten ihrer Zimmerorgel berührend, eine trübe Stimmung, die ihr den ganzen Tag nachgegangen war, durch Musik zu bannen. Als sie am Morgen ihre reichen braunen Haare flocht, hatte sie zum ersten Mal einige weiße Fäden darin bemerkt und sich gesagt, daß ihres Lebens Mittsommer verblüht sei und es nicht lange mehr währen würde, bis über ihre Schönheit der Herbst hereinbräche, wenn auch minder rauh und verheerend als eben draußen im Walde. Und da sie zugleich ihren Gatten bei sich eintreten sah, der, nur ein Jahr älter als sie, sich noch in der Vollkraft seiner Mannesschöne befand, konnte sie sich eines leisen Kummers nicht erwehren, der Sorge, ob das Glück, das ihr seine Liebe und Treue gewährte, noch lange dauern könne.

Sie hatte ihm, da sie ihm all ihre Gedanken vertraute, auch diesen nicht vorenthalten, er aber mit Scherzen und Liebkosungen sie getröstet und ihr so zärtliche Worte gesagt, daß sie wieder lächelte, als er sie verließ. Dann aber war die zweifelnde Stimmung doch wieder mächtig über sie geworden und hatte auch durch den Zauber der geistlichen Hymnen, die sie auf ihrem Harmonium anstimmte, sich nicht ganz verscheuchen lassen.

So empfand sie es als eine Wohltat, daß ihr ein Besuch gemeldet wurde, und selbst der Anblick des Vetters, den sie früher gemieden hatte, war ihr willkommener als die Einsamkeit. Auch sah sie in seiner Rückkehr ein Zeichen, daß er seiner sündigen Leidenschaft Herr geworden sei, ging ihm mit einem herzlichen Gesicht entgegen und reichte ihm die Hand.

Sie fand ihn, der den Verwirrten und Verlegenen spielte, nicht im geringsten verändert, nur daß er den linken Fuß nachschleppte, fiel ihr auf. Doch ehe sie noch danach fragen konnte, erzählte er ihr, in einem Gefecht in Spanien, wo er freiwillig mitgekämpft, habe ihn eine Kugel am linken Knöchel verwundet, und der Schaden sei leider schlecht geheilt worden. Bekanntlich ist es dem Teufel nicht möglich, mag er sich im übrigen in noch so menschliche Gestalt verwandeln, seinen Pferdefuß gänzlich zu verbergen.

Nun setze dich zu mir, *Frank*, sagte die Gräfin, und erzähle mir von deinen Fahrten und Abenteuern. Du hast dich in all der Zeit nicht verändert, nicht ein einziges graues Haar dir wachsen lassen, während ich –

O Base, sagte er, dich finde ich ganz so wieder, wie du mir in meinen trostlosen Gedanken und Träumen vorschwebtest. Doch nicht um dir vorzuklagen, habe ich gewagt, das strenge Verbot der Verbannung zu übertreten. Um deinetwillen, *Cäcilie*, da ich ein tiefes, zorniges Mitleid mit dir fühle –

Mitleid? unterbrach sie ihn. Das magst du für Frauen sparen, die nicht gleich mir von Gott und dem Glück gesegnet sind. Auch daß mir Kinder versagt blieben, hat reichen Ersatz darin gefunden, daß wir diese zwanzig Jahre hindurch wie in einem ewigen Brautstand oder Honigmund gelebt und uns nur fester aneinander geschlossen haben.

So möge es denn auch bleiben! versetzte der vermeintliche Vetter und stand auf. Ich will nicht schuld sein, daß du an deinem ewigen Bräutigam und den Flitterwochen irre wirst, obwohl ich ihn darum hassen könnte, daß er eine solche Gnade des Himmels und des Glücks nicht besser zu schätzen weiß. Grüß ihn von mir und leb wohl!

Nein, Frank! rief sie, und ihre Wangen überflog eine leise Röte, du wirst nicht von mir gehen, ehe du diese schnöde Verdächtigung widerrufen hast. Du sollst die Rückkehr meines Mannes von der Jagd erwarten und dann mit eigenen Augen sehen, daß alles zwischen uns noch ist wie vor zwanzig Jahren.

Deinen Mann erwarten, Bäschen? Das möchte ein wenig lange währen. Denn er ist allzu wohl aufgehoben, wo er sich gerade befindet, um sich so bald nach Hause zu seinem treuen Weibe zu sehnen. Also entlaß mich, da ich nicht gesonnen bin, den Frieden deiner Seele zu stören.

Halt! rief sie, als er sich schon der Tür näherte. Nun wirst du nicht von mir gehen, ehe du diese bösen dunklen Worte mir enträtselt hast. Wo sagst du, daß mein Gatte zu wohl aufgehoben sei, um sich nicht nach seinem Weibe zurückzusehnen?

Sie maß ihn mit einem stolzen Blick, in dem die Empörung ihrer reinen Frauenseele loderte. Er aber schlug die Augen nicht nieder.

Wenn du denn durchaus dein eigenes Unglück willst, versetzte er, so wisse, daß dein edler Gemahl in dieser Stunde sich herabgelassen hat, die junge Tochter eines seiner Untergebenen seiner zärtlichen Huld und Gnade zu versichern. Du wirst dem armen Kinde die Brosamen nicht mißgönnen, die ihr von dem reichen Tische deines ehelichen Glücks in den Schoß fallen.

Hierauf ward eine kleine Stille zwischen den beiden. Man hörte nur die Flammen im Kamin zischen und sprühen, wie wenn das höllische Element sich der Nähe seines Herrn und Meisters freute und ob seines tückischen Anschlages auf die edle Frau frohlockte.

Du lügst! sagte diese, sich hoch aufrichtend. Ich sehe, daß du ungebessert zu uns zurückkehrst, ja in noch schlimmerer Verfassung, da du glaubst, durch niedrige Verleumdung meines Mannes bei mir etwas zu erreichen. Wo sind deine Zeugnisse für eine so schmähliche Anklage?

Hier diese meine zwei Augen, teure Frau. Und wenn du diesen nicht glaubst, wirst du auch deinen eigenen mißtrauen? Ich bin bereit, dich dorthin zu führen, wo du das alltägliche Wunder mit Händen greifen kannst, daß die süßeste Frucht einen verwöhnten Schlemmer zuletzt übersättigt und ihn gelüsten läßt, in eine herbe Schlehe einzubeißen. Soll ich dir aber raten, so ergib dich darein und denke, daß dir nichts Schlimmeres geschieht, als tausenden deines Geschlechts.

Statt aller Antwort schritt die Gräfin zu einem Sessel, über den ein seidener, mit Zobel verbrämter Mantel geworfen war. Sie hüllte sich hastig darein und zog die Kapuze über den Kopf. Ein Schauer lief ihr über den Leib, als ihr der hohe Spiegel ihre Gestalt in dieser Vermummung zeigte. Komm! sagte sie mit rauher Stimme. Und wehe dir, wenn du falsch Zeugnis geredet hast!

So ging sie ihm voran, der mit höhnischem Grinsen sich vor ihr verneigte und die Marmortreppen hinab ihr nachhinkte.

* * *

Draußen angelangt, mußte sie es freilich dulden, daß er neben ihr her schritt, ihr den Weg zu zeigen. Sie sprach aber kein Wort zu ihm, sondern sah mit einem steinernen Gesicht vor sich hin und zog den Mantel fest um ihre Schultern, sich gegen den Wind zu verwahren, der eisig durch den Forst strich. Sie hatte bald wahrgenommen, daß sie nach dem Hause des Waldhüters gingen. Seine Tochter war ihr wohlbekannt. Mehr als einmal hatte sie dem Grafen von dem guten und schönen Kinde gesprochen, und daß sie ihm einen braven Mann wünsche. Ihr Gemahl hatte mit einer gleichgültigen Miene zugestimmt, darum, da sie von den Listen und Tücken der Männer nichts ahnte, schien es ihr auch jetzt undenkbar, daß er sich zu diesem unschuldigen Geschöpf sollte herabgelassen haben. Von Zeit zu Zeit warf der böse Feind einen lauernden Blick in das Gesicht der schönen, stolzen Frau an seiner Seite. Was aber hinter diesen halb zugedrückten Augen lag, blieb ihm ein Rätsel.

Es war volle Nacht geworden, als sie nach einer halben Stunde raschen Gehens das einsame Haus erreichten. Das Kammerfenster liegt an der anderen Seite, raunte ihr der Teufel zu. Sie schien es zu überhören und ging geradewegs auf die Haustür zu, die sie unverschlossen fand. Ein gebieterischer Blick bedeutete ihm, draußen zu bleiben. Sie aber trat ein, durchschritt das erste, größere Zimmer, wo der Vater wohnte, der, einem Befehle des Grafen zufolge, diese Nacht nicht nach Hause kommen sollte, und öffnete mit zitternder Hand die Tür zur Kammer seines Kindes.

Eine schaurige Kühle schlug ihr entgegen, da ein Luftzug das Fensterchen gegenüber geöffnet hatte. Ein schwacher Schimmer des Herbstmondes drang herein, bei dessen Lichte sah sie das Paar auf dem dürftigen Lager schlummern, den schönen Mann, der seinen Arm unter den Kopf des Mädchens gestreckt hatte, während seine Rechte ihre Linke hielt, beide Hände sanft ineinandergelegt auf der dünnen Decke, über die der Nachtwind hinstrich.

Die Frau war an der Schwelle stehen geblieben, das Herz pochte ihr zum Zerspringen, sie hatte all ihre Kraft nötig, nicht zusammenzusinken. War das ein Trug ihrer Sinne, was sie da erblickte, von einem bösen Geist ihr vorgespiegelt, sie im Innersten zu vernichten? Dieser Mann, der ihr Abgott gewesen war, jetzt des schmachvollsten Verrates an ihr überführt – das Mädchen, dem sie so gütig begegnet war, im Bunde mit dem Treulosen – so schamlos beide aller menschlichen und göttlichen Gebote spottend, daß sie es nicht der Mühe wert hielten, sich vor den Augen der Welt zu verschließen, die durch offene Türen und Fenster zu ihnen eindringen konnte?

Ein schneidender Schmerz durchzuckte die Brust der Unglücklichen, die ihre Augen nicht wegzuwenden vermochte von dem, was sie so tief empörte. Aber seltsam; je länger sie hinstarrte, ratlos, was sie beginnen sollte, je wundersamer verwandelte sich ihr Gefühl. Der Haß, der gegen das Mädchen, das ihr das Teuerste entwendet, in ihr auflodern wollte, wich einer Regung des Mitleids. Konnte sie es der unerfahrenen Jugend zum Verbrechen anrechnen, daß sie der Übermacht so großer Versuchungen nicht zu widerstehen vermocht hatte? War sie nicht gestraft genug, wenn sie beim Erwachen ihres Unglücks und ihrer Schande sich bewußt werden mußte? Und er, der sein edles Weib zwanzig Jahre auf Händen getragen, – wenn in einer bösen schwachen Stunde ihn das heiße Blut überwältigt, die frische Mädchenblüte neben seiner alternden Frau ihn seiner Gelübde vergessen gemacht hatte, – würde nicht auch er, aus diesem flüchtigen Rausch der Sinne erwacht, mit einem wunden Gewissen ihr wieder begegnen und sein Vergehen in langer Reue und Scham zu büßen haben?

Je länger sie diesem Gedanken nachhing, je milder wurde das Wehgefühl, je mehr gelang es ihr, was hier geschehen war, als ein unseliges Schicksal, ein unentrinnbares Verhängnis mehr mit Staunen und Trauer als mit Empörung zu betrachten. Als sie dann einen Blick über die kahlen vier Wände des frostigen Gemaches und das armselige Lager warf und dachte, in solcher Umgebung habe sie ihren verwöhnten, stolzen Gemahl angetroffen, regte sich etwas wie ein mütterliches Gefühl in ihr, ein Bedauern darüber, daß ihr Liebling sich so ärmlich gebettet habe. Ohne weiter zu überlegen, nahm sie den weichen, warmen Mantel von ihren Schultern, breitete ihn sanft über die dünne Decke, daß er bis an die beiden zusammengefügten Hände reichte, und verließ lautlos die Kammer.

Der Versucher draußen, als er sie totenbleich, doch in ruhiger Haltung aus dem Hause treten sah, näherte sich ihr mit geheucheltег Beileidsmiene. Du hast nun gesehen, Base, flüsterte er ihr zu, daß du mich mit Unrecht der Lüge und Verleumdung geziehen hast und keinen treueren Freund besitzest als mich. Gebiete über mich, und alles was du von mir heischest, dir zur Rache an dem Treulosen zu verhelfen, der diese Schmach dir angetan –

Meine Rache ist schon vollzogen, unterbrach sie ihn. Niemand als Gott bin ich darüber Rechenschaft schuldig. Du aber verlaß mich sofort und wage nie wieder, vor mein Angesicht zu treten!

Damit wandte sie sich von ihm und trat langsam den Rückweg nach dem Schlosse an. Der böse Feind sah ihr einen Augenblick nach, in wildem Grimm über seinen gescheiterten Anschlag. Was hatte sie mit der Rache gemeint, die sie bereits vollzogen hatte? Es war ihm aufgefallen, daß sie ohne ihre warme Hülle aus dem

Hause wieder herausgetreten war. Hatte sie das ehebrecherische Paar im Schlaf erdrosselt und ihren Mantel darüber gebreitet? Kein Laut drang aus dem Innern des Hauses, es schien die Stille des Todes zu sein. Als er aber hastig eintrat und sah, wie sie es gemeint hatte, schlug er eine ingrimmige Lache auf, daß die Schlummernden erschrocken emporfuhren. Sie sahen aber den höllischen Spötter nicht mehr, der mit dem Huf stampfend in die Tiefe versunken war und nur einen leichten Schwefeldunst zurückgelassen hatte, der wie ein gelbes Wölkchen zu der offenen Tür und dem kleinen Fenster hinauszog.

* * *

Eine Stunde später öffnete sich leise die Tür, die in die Wohnhalle des Schlosses führte. Der Graf trat zögernd ein, über dem Arm den Mantel seiner Gattin tragend. Diese aber stand vor dem großen Kamin, in welchem ein gewaltiges Feuer brannte, die Hände weit der Glut entgegengestreckt, von einem Frostschauer durchrieselt, den sie vergebens zu bezwingen suchte. Als sie die Türe gehen hörte, wandte sie sich halb um und nickte leise mit dem Haupt. Cäcilie –! sagte der Eintretende und blieb hinter ihr stehen. – Du bist's, *Hubert?* erwiderte sie. Willst du dich auch wärmen? Es ist eine böse, kalte Nacht. Komm, ich mache dir ein wenig Platz. Aber nein, sprich nichts! Was könntest du sagen wollen, das ich nicht schon wüßte? Und Gelübde für die Zukunft –? Haben wir nicht erlebt, daß die heiligsten Schwüre schwache Stützen sind, wenn die Leidenschaft daran rüttelt? Wie es nun sein wird, zwischen uns, – ich habe es noch nicht überlegt, mich fror zu sehr im Walde, all mein Denken erstarrte, aber glaube, du wirst kein unholdes Wort von mir hören, nur den Mantel gib mir wieder, den muß ich aus der Welt schaffen, unsern Mitwisser – gib!

Sie nahm dem tief Verwirrten und Verstummten die seidene Hülle vom Arm und warf sie in die Flammenlohe des Kamins. So! sagte sie mit einem Seufzer, nun wird mir leichter. – Dann starrte sie regungslos, die Arme über der der Brust gekreuzt, in das Spiel der Vernichtung, das die prasselnde Glut mit dem kostbaren Gewande trieb. Cäcilie! stammelte er, hinter ihr in die Knie sinkend, du bist eine Heilige! – Da wandte sie sich um, mit einem wehmütigen Lächeln. Nein, mein Freund, sagte sie leise, keine Heilige bin ich, nur ein armes irdisches Weib, das seinen Mann mehr liebt als sich selbst. Aber steh auf! Wir sollen nur vor

Gott knien, und ich – ich bedarf der Hilfe und Stütze. Denn in der Tat, mir ist nicht ganz wohl. Rufe meine Frauen, daß sie mich zu Bett bringen. Ich will morgen zeitig aufstehen, um in die Frühmesse zu gehen. –

In der Nacht brach ein hitziges Fieber aus. Erst nach langen Wochen konnte die edle Frau sich von ihrem Bette wieder erheben. Während dieser ganzen bangen Zeit wich ihr Gemahl nicht von ihrer Seite. Als sie zum ersten Mal an seinem Arm wieder ins Freie ging, sehr lieblich durch die Blässe ihrer Wangen und die vor Freude glänzenden Augen, sagte sie, sich sanft an ihn lehnend: Du bist gut, Hubert, ich habe dir zu danken. Die Kammerfrau hat mir erzählt, daß sich für das arme Kind ein braver Gatte gefunden hat, du aber hast ihm eine gute Stelle gegeben auf unserem fernen Gut und das Mädchen reich ausgestattet.

Sie neigte sich zu ihm, ihm die Stirne zu küssen. Er aber, tief errötend, beugte sich auf ihre Hand hinab, drückte einen ehrfurchtsvollen Kuß darauf und sagte: Ich bin ein großer Sünder. Aber dein überfließender Gnadenschatz, du meine Heilige, soll mich entsühnen!

* * *

Als der Teufel in jener Nacht in die Hölle hinabgefahren war und seiner Großmutter mit Knirschen erzählt hatte, wie all seine Tücke an dieser guten Frau zu Schanden geworden war, wiegte die Uralte langsam den grauen Kopf und versetzte: Auch du wirst alt, mein Sohn, und deine besten Künste versagen. Diese Frau aber – wenn du nicht mit eigenen Augen gesehen hättest, was sie getan, so würde ich glauben, es sei nur ein Märchen, was du mir von ihr erzählt hast, oder du habest es nur geträumt.

Johannisnacht

Die Uhr der kleinen Friedhofskirche hatte kaum ihren zwölften mitternächtigen Schlag getan, als zwei junge weibliche Gespenster aus ihren Gräbern hervorschlüpften, ein wenig gähnten und die Arme reckten und sich dann neugierig in dem mondhellen, stillen Revier umschauten. Das eine, schlank und zart von Gestalt, in ein spitzenbesetztes, wallendes Leichenhemd gehüllt, betrachtete das hohe Monument aus weißem Marmor auf seinem Grabe, dessen Goldinschrift besagte, daß hier die hochgeborene Gräfin *Adelheid auf und zu Warteinweil* in der Blüte ihrer Jahre und ihres Glückes die letzte Ruhe gefunden, tief betrauert von ihrem trostlosen Gatten und dem unmündigen Knäblein, das die beste Mutter verloren habe. Ein Bibelspruch vertröstete auf das himmlische Wiederfinden. Nur um wenige Gräber von diesem prunkvollen Denkmal entfernt erhob sich über einem einfachen, nicht mit eisernem Gitter umzirkten Hügel ein schlichtes hölzernes Kreuz, das nur den Namen Jungfrau *Trude Fürchtegott*, Schulzentochter, trug und die Daten der Geburt und des Todes, aus denen zu ersehen war, daß die hier Bestattete in ihrem zwanzigsten Jahre von der sonnigen Welt hatte scheiden müssen. Gewiß so widerstrebend wie die vornehme Nachbarin. Denn noch in ihrer Geistgestalt zeigte sich, daß sie in Fleisch und Bein ein gesund genaturtes Menschenkind gewesen sein mußte, dessen junge Brust sich gewiß kraftvoller gegen das weiße Fürtuch erhoben hatte, als noch jetzt unter den dünnen Falten des schmucklosen Sterbehemds.

Diese arme Seele hielt sich nicht lange mit der Entzifferung der schon halb verwaschenen Buchstaben an ihrem Kreuzchen auf, sondern setzte sich, die Arme um die Knie geschlungen, auf den Hügel nieder, seufzte ein paar Mal, rieb sich die Augen und schien zu überlegen, was sie nun zunächst unternehmen sollte. Dabei blickte sie zufällig nach dem Grabe der jungen Gräfin hinüber, die ihrerseits soeben entdeckt hatte, daß sie nicht allein hier oben herumspukte. Doch keine wurde darüber klar, wen sie vor sich habe, und so begann die Hochgeborene, nachdem sie sich gleichfalls niedergelassen hatte, mit dem Dorfkind gemütlich zu plaudern, indem sie ihr zunächst einen guten Morgen zurief und dann fragte, ob sie auch schon lange da unten geschlafen habe. – Erst seit sechs Wochen, erwiderte die andere, aber sie liege unbequem, da der Tischler ihr das Maß zu kurz genommen habe, und übrigens werde man ganz steif von dem langen Schlafen, zumal wenn man an Arbeit in freier Luft gewöhnt gewesen sei. – Ihr gehe es nicht besser, versetzte die tote Gräfin; sie habe nichts lieber gehabt als Reiten und Schwimmen. Da sei es eine wahre Wohltat, daß in der Johannisnacht alle abgeschiedenen armen Seelen ihren Ausgang hätten, sich ein wenig zu lüften oder etwas nachzuholen, was sie auf Erden versäumt. Ich, fuhr sie fort, habe es kaum erwarten können, bis diese Nacht kam. Ich habe droben mein Herz zurückgelassen in der Wiege meines Kindes. Davon träumte mir beständig, und ich will hin und nach ihm sehen. Waren Sie auch verheiratet? – Nein, aber verlobt, und da ist mein Herz zurückgeblieben bei meinem Liebsten. Das ließ mir keine Ruhe. – O, erzählen Sie! rief die andere und stand auf, sich der Leidensgefährtin zu nähern. Das ist ja sehr interessant. Wer war denn Ihr Bräutigam? War er von Familie? – Er war Großknecht auf dem herrschaftlichen Gut, der sauberste Bub im ganzen Dorf, zu Michaelis sollte er mich heuern. Wenn Sie den gekannt hätten – – Aber dann sind Sie ja – dann bist du die Trude Fürchtegott! rief die andere sehr enttäuscht und machte eine Bewegung, als ob sie sich wieder zu ihrem Erbbegräbnis zurückziehen wollte. Dann aber schien sie die Gesellschaft des Dorfkindes doch ihrer gräflichen Einsamkeit vorzuziehen, ließ sich auf den nächsten Hügel nieder und sagte: Es freut mich, dich hier zu finden, Trude; du hast mir immer gefallen mit deinen roten Backen und den blanken Zähnen und deinem lustigen Lachen. Was hat dich denn nur so früh in die Grube gebracht?

O, sagte das jungfräuliche Gespenst, nun erkenn' ich die gnädige Gräfin. Ich war noch ganz frisch und gesund, als man unsere Frau Gräfin zu Grabe trug; es war eine schöne Leich', und ich hab' viel geweint und zehn Vaterunser für ihre ewige Ruh' gebetet. Hernach hat's mich selbst getroffen; der Jäger des Herrn Grafen hat bei einer Treibjagd, da ich der Schützenkette zu nah gekommen bin, mich erschossen, ich bin gleich maustot gewesen; nun, um mich war's nicht so schade wie um die Frau Gräfin, bloß um meinen *Hans* hat mir's leid getan, und daß ich nicht erlebt hab', wie's tut, ein Kleines zu säugen. Der Herr Graf hat mich sehr schön begraben lassen, ich könnt' nun recht zufrieden sein und schlafen bis zur Auferstehung, aber ich hab' auch, wie die gnädige Gräfin, mein Herz droben gelassen in der Scheune, wo ich das letzte Mal mit dem Hans zusammengekommen bin. Darum hab' ich keinen festen Schlaf.

Die andere nickte. Der Herr hat's gegeben, der Herr hat's genommen, sagte sie mit einem frommen Blick nach oben. Er hätt's uns aber wohl ein bißchen länger lassen können. Jetzt aber – wir haben nur eine Stunde Zeit, da dürfen wir uns hier nicht lange aufhalten. Komm, Trude, gib mir deinen Arm, – nein, zier dich nicht, hier sind wir alle gleich, und du darfst mich auch du nennen. – Das brächte ich nie über die Lippen, versetzte Trude; ich weiß, was man der Herrschaft schuldig ist; aber den Arm will ich Ihnen gern geben, denn ich seh', die gnäd'ge Gräfin ist ein bissel schwach auf den Beinen. So, und nun hopsa! Da kommt wieder ein Grabstein, und der Mond geht hinter die Wolken. Stützen Sie sich nur dreist auf mich, Frau Gräfin, ich bin gut zu Fuß.

So strichen die beiden Arm in Arm die lange Zeile zwischen den Grabhügeln dahin. Als sie an das Friedhofstor kamen, sahen sie den Tod dort sitzen in seinem Wächterhäuschen. Wohin, ihr Landstreicherinnen? brummte er sie an, indem er aus der kurzen Tonpfeife zwischen den blanken Kiefern eine mächtige Rauchwolke hervorstieß. Als sie ihm sagten, sie wollten nur einmal nach ihren Herzen sehen, die sie droben zurückgelassen, schob er fluchend mit seiner Knochenhand den Riegel am Tor zurück und sagte: Nun so fliegt aus, ihr dummen Gänse, ihr werdet was Rechts davon haben. Aber das sag' ich euch, bleibt mir nicht über den Glockenschlag aus, sonst soll euch ein heiliges Donnerwetter –!

Damit ließ er sie hinausschlüpfen und schlug die Tür dröhnend hinter ihnen zu.

* * *

Als sie ins Freie kamen, umfing sie nach dem schwülen Blumen- und Moderduft der Gräberstätte die reine Luft der Juninacht so erfrischend, daß die armen Gespenstlein tief aufatmeten. Ein schwacher Mondglanz lag über der Gegend, der die fernen Zinnen des Grafenschlosses und die Giebel der Bauernhäuser ein wenig verschleierte. Eben wollten sie ihren Weg die breite Dorfstraße entlang antreten, da sahen sie auf einem Baumstumpf zur Seite ein seltsames Figürchen hocken, ein junges Weib, das nur mit einem dünnen, grauen Florschleier bekleidet war, durch dessen Risse und Löcher ihr weißer Leib hervorschimmerte. Sie war damit beschäftigt, ihr langes schwarzes Haar zu flechten, das ihr über die Schultern floß und über das Gesicht herabhing, aber zwischen den Strähnen blitzten zwei grünliche Augen die beiden armen Seelen mit lauernder Tücke an, und sie lachte, daß all ihre Zähne zu sehen waren, als sie ihnen zurief: Guten Abend, ihr armen Kinder! Seid ihr auch durstig geworden in euren staubigen Betten und wollt einen frischen Trunk tun? Kommt mit! Ich weiß, wo frisches rotes Blut zu haben ist.

O Gott, flüsterte die Gräfin, sich dichter an ihre Gefährtin schmiegend, die da ist ein schreckliches Wesen, ein Vampir, der nachts lebendige Menschen überschleicht und ihnen das Blut aussaugt. Laß uns geschwinde vorbeihuschen!

Die Fremde lachte nur unbändiger. Du magst mich nennen, wie du willst, rief sie, ich tue, wozu ich Lust habe, und bin klüger als ihr beide. Ich will zu meinem Mann, von dem ich so früh weggestorben bin; nun soll er keine Zeit haben, sich darüber zu trösten, sondern mit mir hinunter in meine kühle, dunkle Kammer. Sieben Nächte hab' ich ihn schon besucht und mich immer an ihm satt getrunken, daß er schon ganz bleich und schwach geworden ist. Wenn ich noch einmal sieben Nächte bei ihm war, ist's um ihn geschehen, dann trennt uns nichts mehr. Der alte Wächter am Tor drinnen läßt mich darum auch jede Nacht hinaus, weil ich ihm eine Mühe spare. Ihr aber, wozu seid ihr denn aufgestanden?

Ich will nach meinem Kinde sehen, bei dem ich mein Herz zurückgelassen habe, erwiderte die junge Gräfin.

Und ich nach meinem Hans! sagte Trude.

Hahaha! gellte das Hohngelächter der Wilden. Als ob man droben noch der Toten gedächte, so lang' ein Mensch noch einen Tropfen warmes Blut im Leibe hat! Aussaugen müßt ihr's ihnen, wenn ihr sie nicht freigeben wollt, nur den meinen, den gönn' ich keiner. Überhaupt ist Blut ein Labsal für so arme Seelen, wie wir sind; seht nur, wie frisch und rund mein junger Leib noch geblieben ist, während eure Glieder so schattenhaft in euren Hemden schlottern. Wenn ihr klug seid und doch euer Liebstes am Leben lassen wollt – ich kann euch schmucke Männer anzeigen, an denen ihr euch erfrischen könntet. Ihr wollt nicht? Nun, jeder nach seinem Geschmack. Ade, und ich wünsch' euch viel Vergnügen. Hahaha!

Damit erhob sie sich rasch von ihrem Sitz, und ein Paar kleine Schwingen, die wie spitze Schwalbenflügel aussahen, entfalteten sich ihr plötzlich am Rücken und trugen sie windsschnell die helle Dorfstraße entlang.

Mir graust's! hauchte die Gräfin. Komm, wir wollen ihr nicht nach, auch macht da die Straße einen weiten Bogen um den Erlensumpf; wenn wir den überschreiten, kommen wir geradeaus nach dem Dorf.

Über den Sumpf? erwiderte das gespenstige Jüngferchen. Da ist's gefährlich zu gehen, weil man einsinken kann, und dann – es spukt ja im Erlenmoor!

Närrchen! Was kümmert uns das? Wir schweben leicht darüber hin und brauchen uns auch vor keinem Spuk zu fürchten, da wir jetzt selbst Geister sind. Also halt meinen Arm fest, in zehn Minuten sind wir geborgen.

Sie waren aber kaum zehn Schritt weit in das moosige, mit Heidekraut überwucherte Gebiet eingedrungen, als ihnen zwei unheimliche feurige Gestalten entgegenflogen, zwei wegelagernde Irrwische, die das Sumpfland bei Nacht durchstrichen, unbedachte späte Wanderer ins Verderben zu locken. Als sie die beiden Gespenster erkannten, flackerten sie lustig auf und verneigten sich unter wirbelnden Gebärden vor ihnen, wobei die langen, roten Frackschöße im Winde wehten und die spitzen, feurigen Haarschöpfe aufloderten wie züngelnde Flammen. Sie erboten sich, die Damen sicher nach dem Dorf zu geleiten, der Größere blieb der Gräfin zur Seite, der Kleinere hielt sich zu dem Jüngferchen, dem er zuweilen mit täppischer Zärtlichkeit auf die Schulter klopfte. Den beiden in die Mitte Genommenen war die Sache nicht ganz geheuer. Nur die Gräfin hatte den Mut zu fragen, ob sie am Ende gar am Hexenbühel vorbeikämen, auf dem es in der Johannis- und Walpurgisnacht so unheimlich zugehen solle.

Wir kommen gleich dahin, erwiderte der Irrwisch. Siehst du nicht schon dort zur Linken die Lichter durch die Büsche glänzen?

Richtig hatten sie den verrufenen Hügel schon in der nächsten Minute erreicht. Er stieg in sanftem Abhang aus dem flachen Heideland auf und breitete sich oben zu einer runden Kuppe, auf deren ebenem Grund ein zartes, hellgrünes Gras wucherte, mit bunten Feldblumen durchwirkt. Ringsum aber war eine lebendige Mauer von dichtem Buschwerk aufgewachsen, aus der einzelne Erlen und Ebereschenbäumchen aufragten, die im luftigen Winde ihre schlanken Wipfel wiegten.

Die seltsame Lieblichkeit dieser schönumfriedeten Stätte mitten im unwirtlichen Moorgrund mochte schon seit Urzeiten allerlei elfisches Gelichter angelockt haben, hier seine nächtlichen Feste zu feiern, zumal in geweihten Nächten,und hin und wieder hatte ein verirrter Wanderer sie belauschen können und Wunderdinge davon berichtet. Die beiden armen Seelen aber mit ihren flackernden Begleitern kamen gerade, da der Tanz der kleinen Elementargeister am wildesten war, und so sehr sie Eile hatten, ins Dorf zu gelangen, blieben sie doch wie bezaubert von dem wundersamen Schauspiel hinter einer Weißdornhecke stehen und schauten dem Reigen zu, der, von hundert bunten Elfengestalten getanzt, um die Königin herumwirbelte. Diese ruhte auf einem erhöhten, mit Rosen ausgepolsterten Sitz in der Mitte des Kreises, schien aber von dem entzückenden Schauspiel ermüdet und horchte zerstreut der Musik, die aus den Büschen erklang, wo ein Nachtigallenpaar ein Duett flötete, während weit umher die Grillen dazu geigten und unten im Moor die Glockenfrösche den Baß spielten.

Auf einmal schien die Feenfürstin der fremden Zuschauer gewahr worden zu sein. Sie winkte einer der größeren Elfen, die neben ihr standen, und sagte ihr ein Wort, worauf das zierliche Wesen sich den beiden armen Seelen näherte und höflich die Einladung an sie richtete, am Tanze teilzunehmen. Die Gräfin entschuldigte sich und Trude, ihr Trauerjahr sei noch nicht zu Ende, sie dürften daher keinen Ball besuchen, dankte aber verbindlich für die ihnen zugedachte Ehre und war heimlich froh, eine so triftige Entschuldigung gehabt zu haben. Denn jetzt wurde der Reigen wilder und wilder, die kleinen Tänzerinnen erhitzten sich so sehr, daß sie zuletzt ihre luftigen Gewändlein abwarfen und nun die allerliebsten nackten Gliederchen, vom Mondlicht vergoldet, in rasender Verzückung herumschwangen.

Die Lustbarkeit sollte aber ein Ende mit Schrecken nehmen. Aus dem dichtesten Dunkel des Buschwerks brach plötzlich ein Schwarm kleiner schwarzbehaarter Waldteufel, mit Bocksbeinen und Hörnchen über der niederen Stirn, hervor, jeder haschte die ihm zunächst vorbeiflatternde Elfe und bedeckte das zarte, vom

Schreck verzerrte Gesichtchen mit derben Küssen. Geschrei, Angstgestöhn, grenzenlose Verwirrung, der endlich die Fürstin ein Ziel setzte, indem sie ihren Rosenzweig gegen die wilde Horde schwang. Sofort ließ jeder seine schlanke Beute fahren und starrte die zürnende Herrscherin eingeschüchtert an. Diesen Moment benutzten die befreiten Tänzerinnen, schlüpften wieder in ihre Schleiergewande, und im nächsten Augenblick schwirrte das ganze Elfenheer wie ein aufgescheuchter Schwarm bunter Vögel hoch in die hellen Lüfte davon, während sein Spottgelächter mit silbernem Klang aus der Höhe schallte. Die Waldteufel aber verzogen sich, ohne einen Laut von sich zu geben, und der Hexenbühel lag wieder stumm und einsam da, nur daß die Nachtigallen fort und fort ihren Zwiegesang ertönen ließen.

* * *

Es war ganz hübsch, sagte die junge Gräfin, als ihr roter Galan sie fragte, wie ihr das Fest gefallen habe. Nur zuletzt betrugen sich die Tänzerinnen allzu indezent, und ich war froh, daß es nicht weiter ging. Aber nun laßt uns eilig unseren Weg fortsetzen. Wir haben uns hier schon zu lange versäumt.

So schwebten sie wieder in hastigem Lauf über die Heide dem Dorf zu. Die beiden Irrwische rückten ihnen immer näher, sie betrugen sich überhaupt so zudringlich, daß einmal Trude einen leisen Schrei ausstieß, da ihr Begleiter sie zu küssen gewagt hatte. Nun aber war die Dorfstraße wieder erreicht, und die feurigen Herren, die ihren Moorgrund nicht verlassen durften, mußten zurückbleiben. Die Damen würden sie aber wieder vorfinden, wenn sie zurückkämen, versicherten sie. Ihr Leben sei so einförmig, daß sie glücklich wären, könnten sie Nacht für Nacht eine so liebenswürdige Gesellschaft haben.

Hierauf antwortete die junge Gräfin gar nicht, die ihren Begleiter überhaupt sehr von oben herab behandelt hatte. Alle ihre Gedanken waren einzig bei ihrem Kinde, wie sie es finden und ob es sie noch wiedererkennen würde. Als sie dann mit ihrer Begleiterin die ersten Häuser des Dorfes erreicht hatte, hielt sie einen Augenblick an. Hier erhob sich neben der Straße ein schlichtes Holzkreuz, von dem herab der Gekreuzigte einen mitleidigen Blick nach den armen Seelen warf, die sich ins Leben zurückwagten. Von dem fernen Dorfplatz unter der Linde klang eine mißtönende Musik von Fiedeln und Pfeifen herüber, in die von Zeit zu Zeit der Juhschrei der Burschen und Dirnen hineingellte, die dort die Johannisnacht feierten. Ob mein Toni auch dabei ist? flüsterte das Dorfkind. – Wir wollen uns hier wieder zusammenfinden, sagte die Gräfin. Du gehst nun rechts, ich links. Wir machen dann den Rückweg zusammen.

So trennten sie sich. Trude schwebte die Dorfstraße entlang, die Gräfin den Burgberg hinauf. Sie wurde mit geschlossenen Füßen vom leisen Zuge der Nachtluft getragen, wie ein Rauchwölkchen im Winde dahinzieht. Dabei sah sie weder rechts noch links durch die Stämme der alten Ulmenallee in die Landschaft hinaus, die schlafend im Mondschein sich ausbreitete. Immer rascher flog sie hinan, bis sie endlich oben vor dem alten Schlosse hielt, tief aufatmend. Sie nahm sich aber auch hier nicht die Zeit, all die wohlbekannten Plätze, das hohe, wappengekrönte Portal, die breite Freitreppe und weiter unten den Garten mit seinen vom Mond versilberten Springbrunnen zu betrachten. Unaufhaltsam strich sie um den Eckturm herum nach der Hinterseite des Schlosses, zu den Fenstern des Kinderzimmers, die auf eine Terrasse und die Bäume des Parks hinausgingen. Eines davon war nur angelehnt. Sie spähte in den hohen, luftigen Raum hinein, der durch ein Nachtlämpchen dämmernd erhellt war. Da stand das Bett ihres Knaben neben dem seiner Wärterin, einer treuen alten Dienerin ihres Hauses, die schon bei Lebzeiten der Mutter das Kind gepflegt hatte; damals ließ sich das verwöhnte Herrlein nur widerstrebend vom Schoß der Mutter wegnehmen und von der alten Margret zu Bette bringen. Heut' war es ihr allein überlassen.

Im nächsten Augenblick war die junge Gräfin über den niederen Sims durchs Fenster geglitten und huschte unhörbar an das Bett des Kindes. Jetzt erst sah sie, daß der große Hund, sein steter Begleiter, neben dem Bettchen lag; doch ehe sie noch das Gesicht des schlafenden Kindes deutlicher hatte sehen können, richtete sich der riesige Wächter auf den Vordertatzen auf, mit gesträubtem Fell, die Augen ins Weite gerichtet, und stieß ein dumpfes, feindseliges Knurren aus dem weitgeöffneten Maul. Als sich dann aber das arme Gespenst zum Kissen ihres Knaben hinabneigte, ihm einen Kuß auf die Wange zu hauchen, fuhr auch das Kind mit einem ängstlichen Wimmern aus dem Schlaf in die Höhe, der Hund heulte wie rasend, die Wärterin ermunterte sich und stand auf, das Kind, das nach ihr schrie, in ihre Arme zu nehmen. Sie trug es, während es beständig weinte und der Hund von Zeit zu Zeit ein kurzes Gebell von sich gab, mit leisem Singsang im Zimmer auf und ab, gab ihm die zärtlichsten Namen und erzählte ihm, der Papa, der in der Stadt sei, werde bald wiederkommen und seinem Herzblatt ein schönes Pferdchen mitbringen und andere herrliche Sachen, wenn es jetzt brav sei und wieder einschlafe. Das Kind aber schauerte in sich zusammen, so oft die Mutter sich ihm näherte, und klammerte sich wie in Todesangst an die Wärterin, die auch den Hund umsonst zu beschwichtigen suchte.

Nur eine kleine Weile ertrug die arme abgeschiedene Seele den Schmerz, sich so unhold empfangen zu sehen. Dann huschte sie mit einem tiefen Seufzer nach dem kleinen Bett, zog unter dem Kopfkissen ihres Knaben, der ihr für immer verloren war, etwas hervor, das sie unter ihrem Hemde verbarg, und schwebte dann durch das Fenster wieder hinaus. Sobald sie draußen war, ward es still im Zimmer; das Kind, sorgsam zugedeckt, schlief schon wieder nach wenigen Atemzügen, und der Hund legte den schweren Kopf zwischen die Tatzen, wie ein treuer Wächter, der seine Pflicht getan.

* * *

Als die unglückliche junge Mutterseele das Holzkreuz unten am Weg wieder erreichte, fand sie ihre Leidensgefährtin schon auf dem Holzbänkchen sitzend, den Kopf auf die Brust gesenkt, die eine Hand auf die linke Brust gedrückt, an der sie gleichfalls unter ihrem Sterbehemd etwas verborgen hatte.

Sie stand auf, da die Gräfin zu ihr trat. Ich hätt' es denken können! sagte sie mit einem wilden Ausdruck in dem erloschenen Gesicht. Er ist mit der Ursel durchs Feuer gesprungen und tanzt jetzt mit ihr unter der Linde. Ich hab's nicht lange mit ansehen können und bin nur noch in die Scheune, mein Herz zu holen. Es hätt' auch dort bleiben können, bis es die Hunde gefressen hätten. Aus den Augen, aus dem Sinn. Nur daß es gerade die Ursel ist – !

Sie war so in ihr Herzeleid vertieft, daß ihr nicht einfiel, zu fragen, wie die Gräfin es gefunden habe. Die aber sprach kein Wort, sondern schlug so hastig den Weg nach dem Erlenmoor ein, daß die andere kaum folgen konnte.

Am Rande des Moors trafen sie richtig wieder die beiden langen roten Gesellen, die sich dienstfertig ihnen wieder anschlossen. Aber auf all ihr Geschwätz erhielten sie keine Antwort. Und da sie etwa in die Mitte des Sumpflandes gekommen waren, wo zu den Seiten des schmalen Steges trübe Lachen blinkten, hielt die Gräfin an und fragte, ob es da besonders tief sei. – Es sei eine bodenlose Stelle, wurde geantwortet. Wer da hineinsänke, käme nie wieder zum Vorschein. – Meine Last wird mir immer schwerer, seufzte die Gräfin. Was soll ich sie auch mit ins Grab nehmen? Wenn dir auch so zu Mut ist, Trude, so versenken wir hier unsere armen Herzen, daß wir für ewige Zeiten Ruhe vor ihnen haben. – Die andere nickte nur und trat mit an den Rand der schwarzen Lache. Dann ließen beide, was sie unter ihren Hüllen getragen hatten, in die Tiefe gleiten, die sich mit einem dumpfen Laut über den schweren Herzen schloß.

Wenige Minuten später hatten die Nachtschwärmerinnen das Tor des Friedhofs wieder erreicht. Auch die Blutsaugerin stellte sich pünktlich ein. Sie sah sehr munter aus. Nun, ihr armen Durstigen, rief sie ihnen entgegen, habt ihr euch wenigstens satt *gesehen*? Ich merk' es euch aber an, ihr seid nicht auf eure Rechnung gekommen. Schlagt euch die dummen Herzen aus dem Sinn, man lebt auch im Tode nur lustig ohne Herz, und morgen nacht, wenn ihr meinem Rate folgt –

Da rasselte das Tor auf, und der greise Wächter spähte hinaus, ob die drei Gespenster sich noch nicht wieder zurückgefunden hätten, denn es fehlte nur noch eine Minute an eins, und er wollte endlich seine Ruhe haben. So huschten sie an ihm vorbei, jedes nach seinem Hügel. Gute Nacht, Trude, sagte die Gräfin. Nun stehe ich nicht wieder auf vor dem jüngsten Tage. – Und ich werde so fest schlafen, als ob ich vierundzwanzig Stunden in einem Strich gemäht hätte. Mir ist jetzt ganz leicht. Gnädige Gräfin haben einen guten Einfall gehabt, die Herzen zu versenken. Wir hätten sie überhaupt nicht droben zurücklassen sollen.

Da schlug es eins vom Friedhofskirchlein, beide schlüpften im Nu unter den Rasen, und der grüne Totengarten lag wieder so still und friedlich im Mondschein, als wäre niemals das Seufzen und Jammern armer Menschenkinder in seinem blühenden Bezirk zu hören gewesen.

G. Keller

Spiegel, das Kätzchen

Wenn ein Seldwyler einen schlechten Handel gemacht hat oder angeführt worden ist, so sagt man zu Seldwyla: Er hat der Katze den Schmer abgekauft! Dies Sprichwort ist zwar auch anderwärts gebräuchlich, aber nirgends hört man es so oft wie dort, was vielleicht daher rühren mag, daß es in dieser Stadt eine alte Sage gibt über den Ursprung und die Bedeutung dieses Sprichwortes.

Vor mehreren Jahren, heißt es, wohnte zu Seldwyla eine ältliche Person allein mit einem schönen grau und schwarzen Kätzchen, welches in aller Vergnügtheit und Klugheit mit ihr lebte und niemandem, der es ruhig ließ, etwas zuleide tat. Seine einzige Leidenschaft war die Jagd, welche es jedoch mit Vernunft und Mäßigung befriedigte, ohne sich durch den Umstand, daß diese Leidenschaft zugleich einen nützlichen Zweck hatte und seiner Herrin wohlgefiel, beschönigen zu wollen und allzusehr zur Grausamkeit hinreißen zu lassen. Es fing und tötete daher nur die zudringlichsten und frechsten Mäuse, welche sich in einem gewissen Umkreise des Hauses betreten ließen, aber diese dann mit zuverlässiger Geschicklichkeit; nur selten verfolgte es eine besonders pfiffige Maus, welche seinen Zorn gereizt hatte, über diesen Umkreis hinaus und erbat sich in diesem Falle mit vieler Höflichkeit von den Herren Nachbarn die Erlaubnis, in ihren Häusern ein wenig mausen zu dürfen, was ihm gerne gewährt wurde, da es die Milchtöpfe stehen ließ, nicht an die Schinken hinaufsprang, welche etwa an den Wänden hingen, sondern seinem Geschäfte still und aufmerksam oblag, und, nachdem es dieses verrichtet, sich mit dem Mäuslein im Maule anständig entfernte. Auch war das Kätzchen gar nicht scheu und unartig, sondern zutraulich gegen jedermann, und floh nicht vor vernünftigen Leuten; vielmehr ließ es sich von solchen einen guten Spaß gefallen und selbst ein bißchen an den Ohren zupfen, ohne zu kratzen; dagegen ließ es sich von einer Art dummer Menschen, von welchen es behauptete, daß die Dummheit aus einem unreifen und nichtsnutzigen Herzen käme, nicht das mindeste gefallen und ging ihnen entweder aus dem Wege, oder versetzte ihnen einen ausreichenden Hieb über die Hand, wenn sie es mit einer Plumpheit molestierten.

Spiegel, so war der Name des Kätzchens wegen seines glatten und glänzenden Pelzes, lebte so seine Tage heiter, zierlich und beschaulich dahin, in anständiger Wohlhabenheit und ohne Überhebung. Er saß nicht zu oft auf der Schulter seiner freundlichen Gebieterin, um ihr die Bissen von der Gabel wegzufangen, sondern nur, wenn er merkte, daß ihr dieser Spaß angenehm war; auch lag und schlief er den Tag über selten auf seinem warmen Kissen hinter dem Ofen, sondern hielt sich munter und liebte es eher, auf einem schmalen Treppengeländer oder in der Dachrinne zu liegen und sich philosophischen Betrachtungen und der Beobachtung der Welt zu überlassen. Nur jeden Frühling und Herbst einmal wurde dies ruhige Leben eine Woche lang unterbrochen, wenn die Veilchen blühten oder die milde Wärme des Altweibersommers die Veilchenzeit nachäffte. Alsdann ging Spiegel seine eigenen Wege, streifte in verliebter Begeisterung über die fernsten Dächer und sang die allerschönsten Lieder. Als ein rechter Don Juan bestand er bei Tag und Nacht die bedenklichsten Abenteuer, und wenn er sich zur Seltenheit einmal im Hause sehen ließ, so erschien er mit einem so verwegenen, burschikosen, ja liederlichen und zerzausten Aussehen, daß die stille Person, seine Gebieterin, fast unwillig ausrief: »Aber Spiegel! Schämst du dich denn nicht, ein solches Leben zu führen?« Wer sich aber nicht schämte, war Spiegel; als ein Mann von Grundsätzen, der wohl wußte, was er sich zur wohltätigen Abwechslung erlauben durfte, beschäftigte er sich ganz ruhig damit, die Glätte seines Pelzes und die unschuldige Munterkeit seines Aussehens wiederherzustellen, und er fuhr sich so unbefangen mit dem feuchten Pfötchen über die Nase, als ob gar nichts geschehen wäre.

Allein dies gleichmäßige Leben nahm plötzlich ein trauriges Ende. Als das Kätzchen Spiegel eben in der Blüte seiner Jahre stand, starb die Herrin unversehens an Altersschwäche und ließ das schöne Kätzchen herrenlos und verwaist zurück. Es war das erste Unglück, welches ihm widerfuhr, und mit jenen Klagetönen, welche so schneidend den bangen Zweifel an der wirklichen und rechtmäßigen Ursache eines großen Schmerzes ausdrücken, begleitete es die Leiche bis auf die Straße und strich den ganzen übrigen Tag ratlos im Hause und rings um dasselbe her. Doch seine gute Natur, seine Vernunft und Philosophie geboten ihm bald, sich zu fassen, das Unabänderliche zu tragen und seine dankbare Anhänglichkeit an das Haus seiner toten Gebieterin dadurch zu beweisen, daß er ihren lachenden Erben seine Dienste anbot und sich bereit machte, denselben mit Rat und Tat beizustehen, die Mäuse ferner im Zaume zu halten und überdies ihnen manche gute Mitteilung zu machen, welche die Törichten nicht verschmäht hätten, wenn sie eben nicht unvernünftige Menschen gewesen wären. Aber diese Leute ließen Spiegel gar nicht zu Worte kommen, sondern warfen ihm die Pantoffeln und das artige Fußschemelchen der Seligen an den Kopf, so oft er sich blicken ließ, zankten sich acht Tage lang untereinander, begannen endlich einen Prozeß und schlossen das Haus bis auf weiteres zu, so daß nun gar niemand darin wohnte.

Da saß nun der arme Spiegel traurig und verlassen auf der steinernen Stufe vor der Haustüre und hatte niemand, der ihn hineinließ. Des Nachts begab er sich wohl auf Umwegen unter das Dach des Hauses, und im Anfang hielt er sich einen großen Teil des Tages dort verborgen und suchte seinen Kummer zu verschlafen; doch der Hunger trieb ihn bald an das Licht und nötigte ihn, an der warmen Sonne und unter den Leuten zu erscheinen, um bei der Hand zu sein und zu gewärtigen, wo sich etwa ein Maul voll geringer Nahrung zeigen möchte. Je seltener dies geschah, desto aufmerksamer wurde der gute Spiegel, und alle seine moralischen Eigenschaften gingen in dieser Aufmerksamkeit auf, so daß er sehr bald sich selber nicht mehr gleichsah. Er machte zahlreiche Ausflüge von seiner Haustüre aus und stahl sich scheu und flüchtig über die Straße, um manchmal mit einem schlechten unappetitlichen Bissen, dergleichen er früher nie angesehen, manchmal mit gar nichts zurückzukehren. Er wurde von Tag zu Tag magerer und zerzauster, dabei gierig, kriechend und feig; all sein Mut, seine zierliche Katzenwürde, seine Vernunft und Philosophie waren dahin. Wenn die Buben aus der Schule kamen, so kroch er in einen verborgenen Winkel, sobald er sie kommen hörte, und guckte nur hervor, um aufzupassen, welcher von ihnen etwa eine Brotrinde wegwürfe, und merkte sich den Ort, wo sie hinfiel. Wenn der schlechteste Köter von weitem ankam, so sprang er hastig fort, während er früher gelassen der Gefahr ins Auge geschaut und böse Hunde oft tapfer gezüchtigt hatte. Nur wenn ein grober und einfältiger Mensch daherkam, dergleichen er sonst klüglich gemieden, blieb er sitzen, obgleich das arme Kätzchen mit dem Reste seiner Menschenkenntnis den Lümmel recht gut erkannte; allein die Not zwang Spiegelchen, sich zu täuschen und zu hoffen, daß der Schlimme ausnahmsweise einmal es freundlich streicheln und ihm einen Bissen darreichen werde. Und selbst wenn er statt dessen nun doch geschlagen oder in den Schwanz gekniffen wurde, so kratzte er nicht, sondern duckte sich lautlos zur Seite und sah dann noch verlangend nach der Hand, die es geschlagen und gekniffen, und welche nach Wurst oder Hering roch.

Als der edle und kluge Spiegel so heruntergekommen war, saß er eines Tages ganz mager und traurig auf seinem Stein und blinzelte in der Sonne. Da kam der Stadthexenmeister Pineiß des Weges, sah das Kätzchen und stand vor ihm still. Etwas Gutes hoffend, obgleich es den Unheimlichen wohl kannte, saß Spiegelchen demütig auf dem Stein und erwartete, was der Herr Pineiß etwa tun oder sagen würde. Als dieser aber begann und sagte: »Na, Katze! Soll ich dir deinen Schmer abkaufen?« da verlor es die Hoffnung, denn es glaubte, der Stadthexenmeister wolle es seiner Magerkeit wegen verhöhnen. Doch erwiderte er bescheiden und lächelnd, um es mit niemand zu verderben: »Ach, der Herr Pineiß belieben zu scherzen!« »Mitnichten!« rief Pineiß, »es ist mir voller Ernst! Ich brauche Katzenschmer vorzüglich zur Hexerei; aber er muß mir vertragsmäßig und freiwillig von den werten Herren Katzen abgetreten werden, sonst ist er unwirksam. Ich denke, wenn je ein wackeres Kätzlein in der Lage war, einen vorteilhaften Handel abzuschließen, so bist es du! Begib dich in meinen Dienst; ich füttere dich herrlich heraus, mache dich fett und kugelrund mit Würstchen und gebratenen Wachteln. Auf dem ungeheuer hohen alten Dache meines Hauses, welches nebenbei gesagt das köstlichste Dach von der Welt ist für eine Katze, voll interessanter Gegenden und Winkel, wächst auf den sonnigsten Höhen treffliches Spitzgras, grün wie Smaragd, schlank und fein in den Lüften schwankend, dich einladend, die zartesten Spitzen abzubeißen und zu genießen, wenn du dir an meinen Leckerbissen eine leichte Unverdaulichkeit zugezogen hast. So wirst du bei trefflicher Gesundheit bleiben und mir dereinst einen kräftigen brauchbaren Schmer liefern!«

Spiegel hatte schon längst die Ohren gespitzt und mit wässerndem Mäulchen gelauscht; doch war seinem geschwächten Verstande die Sache noch nicht klar und er versetzte daher: »Das ist so weit nicht übel, Herr Pineiß! Wenn ich nur wüßte, wie ich alsdann, wenn ich doch, um Euch meinen Schmer abzutreten, mein Leben lassen muß, des verabredeten Preises habhaft werden und ihn genießen soll, da ich nicht mehr bin?« »Des Preises habhaft werden?« sagte der Hexenmeister verwundert, »den Preis genießest du ja eben in den reichlichen und üppigen Speisen, womit ich dich fett mache, das versteht sich von selber! Doch will ich dich zu dem Handel nicht zwingen!« Und er machte Miene, sich von dannen begeben zu wollen. Aber Spiegel sagte hastig und ängstlich: »Ihr müßt mir wenigstens eine mäßige Frist gewähren über die Zeit meiner höchsten Rundheit und Fettigkeit hinaus, daß ich nicht so jählings von hinnen gehen muß, wenn jener angenehme und ach! so traurige Zeitpunkt herangekommen und entdeckt ist!«

»Es sei!« sagte Herr Pineiß mit anscheinender Gutmütigkeit, »bis zum nächsten Vollmond sollst du dich alsdann deines angenehmen Zustandes erfreuen dürfen, aber nicht länger! Denn in den abnehmenden Mond hinein darf es nicht gehen, weil dieser einen vermindernden Einfluß auf mein wohlerworbenes Eigentum ausüben würde.«

Das Kätzchen beeilte sich zuzuschlagen und unterzeichnete einen Vertrag, welchen der Hexenmeister im Vorrat bei sich führte, mit seiner scharfen Handschrift, welche sein letztes Besitztum und Zeichen besserer Tage war.

»Du kannst dich nun zum Mittagessen bei mir einfinden, Kater!« sagte der Hexer, »Punkt zwölf Uhr wird gegessen!« »Ich werde so frei sein, wenn Ihr's erlaubt!« sagte Spiegel und fand sich pünktlich um die Mittagsstunde bei Herrn Pineiß ein. Dort begann nun während einiger Monate ein höchst angenehmes Leben für das Kätzchen; denn es hatte auf der Welt weiter nichts zu tun, als die guten Dinge zu verzehren, die man ihm vorsetzte, dem Meister bei der Hexerei zuzuschauen, wenn es mochte, und auf dem Dache spazieren zu gehen. Dies Dach glich einem ungeheuren schwarzen Nebelspalter oder Dreiröhrenhut, wie man die großen Hüte der schwäbischen Bauern nennt, und wie ein solcher Hut ein Gehirn voller Nücken und Finten überschattet, so bedeckte dies Dach ein großes, dunkles und winkliges Haus voll Hexenwerk und Tausendsgeschichten. Herr Pineiß war ein Kann-Alles, welcher hundert Ämtchen versah, Leute kurierte, Wanzen vertilgte, Zähne auszog und Geld auf Zinsen lieh; er war der Vormünder aller Waisen und Witwen, schnitt in seinen Mußestunden Federn, das Dutzend für einen Pfennig, und machte schöne schwarze Tinte; er handelte mit Ingwer und Pfeffer, mit Wagenschmiere und Rosoli, mit Häftlein und Schuhnägeln, er renovierte die Turmuhr und machte jährlich den Kalender mit der Witterung, den Bauernregeln, und dem Aderlaßmännchen; er verrichtete zehntausend rechtliche Dinge am hellen Tag um mäßigen Lohn, und einige unrechtliche nur in der Finsternis und aus Privatleidenschaft, oder hing auch den rechtlichen, ehe er sie aus seiner Hand entließ, schnell noch ein unrechtliches Schwänzchen an, so klein wie die Schwänzchen der jungen Frösche, gleichsam nur der Possierlichkeit wegen. Überdies machte er das Wetter in schwierigen Zeiten, überwachte mit seiner Kunst die Hexen, und wenn sie reif waren, ließ er sie verbrennen; für sich trieb er die Hexerei nur als wissenschaftlichen Versuch und zum Hausgebrauch, sowie er auch die Stadtgesetze, die er redigierte und ins Reine schrieb, unter der Hand probierte und verdrehte, um ihre Dauerhaftigkeit zu ergründen. Da die Seldwyler stets einen solchen Bürger brauchten, der alle unlustigen kleinen und großen Dinge für sie tat, so war er zum Stadthexenmeister ernannt worden und bekleidete dies Amt schon seit vielen Jahren mit unermüdlicher Hingebung und Geschicklichkeit, früh und spät. Daher war sein Haus von unten bis oben vollgestopft mit allen erdenklichen Dingen, und Spiegel hatte viel Kurzweil, alles zu besehen und zu beriechen.

Doch im Anfang gewann er keine Aufmerksamkeit für andere Dinge, als für das Essen. Er schlang gierig alles hinunter, was Pineiß ihm darreichte, und mochte kaum von einer Zeit zur andern warten. Dabei überlud er sich den Magen und mußte wirklich auf das Dach gehen, um dort von den grünen Gräsern abzubeißen und sich von allerhand Unwohlsein zu kurieren. Als der Meister diesen Heißhunger bemerkte, freute er sich und dachte, das Kätzchen würde solcherweise recht bald fett werden, und je besser er daran wende, desto klüger verfahre und spare er im ganzen. Er baute daher für Spiegel eine ordentliche Landschaft in seiner Stube, indem er ein Wäldchen von Tannenbäumchen aufstellte, kleine Hügel von Steinen und Moos errichtete und einen kleinen See anlegte. Auf die Bäumchen setzte er duftig gebratene Lerchen, Finken, Meisen und Sperlinge, je nach der Jahreszeit, so daß da Spiegel immer etwas herunterzuholen und zu knabbern vorfand. In die kleinen Berge versteckte er in künstlichen Mauslöchern herrliche Mäuse, welche er sorgfältig mit

Weizenmehl gemästet, dann ausgeweidet, mit zarten Speckriemchen gespickt und gebraten hatte. Einige dieser Mäuse konnte Spiegel mit der Hand hervorholen, andere waren zur Erhöhung des Vergnügens tiefer verborgen, aber an einen Faden gebunden, an welchem Spiegel sie behutsam hervorziehen mußte, wenn er diese Lustbarkeit einer nachgeahmten Jagd genießen wollte. Das Becken des Sees aber füllte Pineiß alle Tage mit frischer Milch, damit Spiegel in der süßen seinen Durst lösche, und ließ gebratene Gründlinge darin schwimmen, da er wußte, daß Katzen zuweilen auch die Fischerei lieben. Aber da nun Spiegel ein so herrliches Leben führte, tun und lassen, essen und trinken konnte, was ihm beliebte und wann es ihm einfiel, so gedieh er allerdings zusehends an seinem Leibe; sein Pelz wurde wieder glatt und glänzend und sein Auge munter; aber zugleich nahm er, da sich seine Geisteskräfte in gleichem Maße wieder ansammelten, bessere Sitten an; die wilde Gier legte sich, und weil er jetzt eine traurige Erfahrung hinter sich hatte, so wurde er nun klüger als zuvor. Er mäßigte sich in seinen Gelüsten und fraß nicht mehr, als ihm zuträglich war, indem er zugleich wieder vernünftigen und tiefsinnigen Betrachtungen nachging und die Dinge wieder durchschaute. So holte er eines Tages einen hübschen Krammetsvogel von den Ästen herunter, und als er denselben nachdenklich zerlegte, fand er dessen kleinen Magen ganz kugelrund angefüllt mit frischer unversehrter Speise. Grüne Kräutchen, artig zusammengerollt, schwarze und weiße Samenkörner und eine glänzend rote Beere waren da so niedlich und dicht ineinander gepfropft, als ob ein Mütterchen für ihren Sohn das Ränzchen zur Reise gepackt hätte. Als Spiegel den Vogel langsam verzehrt und das so vergnüglich gefüllte Mäglein an seine Klaue hing und philosophisch betrachtete, rührte ihn das Schicksal des armen Vogels, welcher nach so friedlich verbrachtem Geschäft so schnell sein Leben lassen gemußt, daß er nicht einmal die eingepackten Sachen verdauen konnte. »Was hat er nun davon gehabt, der arme Kerl«, sagte Spiegel, »daß er sich so fleißig und eifrig genährt hat, daß dies kleine Säckchen aussieht wie ein wohl vollbrachtes Tagewerk? Diese rote Beere ist es, die ihn aus dem freien Walde in die Schlinge des Vogelstellers gelockt hat. Aber er dachte doch, seine Sache noch besser zu machen und sein Leben an solchen Beeren zu fristen, während ich, der ich soeben den unglücklichen Vogel gegessen, daran mich nur um einen Schritt näher zum Tode gegessen habe! Kann man einen elenderen und feigeren Vertrag abschließen, als sein Leben noch ein Weilchen fristen zu lassen, um es dann um diesen Preis doch zu verlieren? Wäre nicht ein freiwilliger und schneller Tod vorzuziehen gewesen für einen entschlossenen Kater? Aber ich habe keine Gedanken gehabt, und nun da ich wieder solche habe, sehe ich nichts vor mir als das Schicksal dieses Krammetsvogels; wenn ich rund genug bin, so muß ich von hinnen, aus keinem andern Grunde, als weil ich rund bin. Ein schöner Grund für einen lebenslustigen und gedankenreichen Katzmann! Ach, könnte ich aus dieser Schlinge kommen!«

Er vertiefte sich nun in vielfältige Grübeleien, wie das gelingen möchte; aber da die Zeit der Gefahr noch nicht da war, so wurde es ihm nicht klar und er fand keinen Ausweg; aber als ein kluger Mann ergab er sich bis dahin der Tugend der Selbstbeherrschung, welches immer die beste Vorschule und Zeitverwendung ist, bis sich etwas entscheiden soll. Er verschmähte das weiche Kissen, welches ihm Pineiß zurechtgelegt hatte, damit er fleißig darauf schlafen und fett werden sollte, und zog es vor, wieder auf schmalen Gesimsen und hohen gefährlichen Stellen zu liegen, wenn er ruhen wollte. Ebenso verschmähte er die gebratenen Vögel und die gespickten Mäuse und fing sich lieber auf den Dächern, da er nun wieder einen rechtmäßigen Jagdgrund hatte, mit List und Gewandtheit einen schlichten lebendigen Sperling, oder auf den Speichern eine flinke Maus, und solche Beute schmeckte ihm vortrefflicher, als das gebratene Wild in Pineißens künstlichem Gehege, während sie ihn nicht zu fett machte; auch die Bewegung und Tapferkeit, sowie der wiedererlangte Gebrauch der Tugend und Philosophie verhinderten ein zu schnelles Fettwerden, so daß Spiegel zwar gesund und glänzend aussah, aber zu Pineißens Verwunderung auf einer gewissen Stufe der Beleibtheit stehen blieb, welche lange nicht das erreichte, was der Hexenmeister mit seiner freundlichen Mästung bezweckte; denn dieser stellte sich darunter ein kugelrundes, schwerfälliges Tier vor, welches sich nicht vom Ruhekissen bewegte und aus eitel Schmer bestand. Aber hierin hatte sich seine Hexerei eben geirrt und er wußte bei aller Schlauheit nicht, daß wenn man einen Esel füttert, derselbe ein Esel bleibt, wenn man aber einen Fuchsen speiset, derselbe nichts anders wird als ein Fuchs; denn jede Kreatur wächst sich nach ihrer Weise aus. Als Herr Pineiß entdeckte, wie Spiegel immer auf demselben Punkte einer wohlgenährten, aber geschmeidigen und rüstigen Schlankheit stehen blieb, ohne eine erkleckliche Fettigkeit anzusetzen, stellte er ihn eines Abends plötzlich zur Rede und sagte barsch: »Was ist das, Spiegel? Warum frissest du die guten Speisen nicht, die ich dir mit so viel Sorgfalt und Kunst präpariere und herstelle? Warum fängst du die gebratenen Vögel nicht auf den Bäumen, warum suchst du die leckeren Mäuschen nicht in den Berghöhlen? Warum fischest du nicht mehr in dem See? Warum pflegst du dich nicht? Warum schläfst du nicht auf dem Kissen? Warum strapazierst du dich und wirst mir nicht fett?« »Ei, Herr Pineiß!« sagte Spiegel, »weil es mir wohler ist auf diese Weise! Soll ich meine kurze Frist nicht auf die Art verbringen, die mir am angenehmsten ist?« »Wie!« rief Pineiß, »du sollst so leben, daß du dick und rund wirst und nicht dich abjagen! Ich merke aber wohl, wo du hinauswillst! Du denkst mich zu äffen und hinzuhalten, daß ich dich in Ewigkeit in diesem Mittelzustande herumlaufen lasse? Mitnichten soll dir das gelingen! Es ist deine Pflicht, zu essen und zu trinken und dich zu pflegen, auf daß du dick werdest und Schmer bekommst! Auf der Stelle entsage daher dieser hinterlistigen und kontraktwidrigen Mäßigkeit, oder ich werde ein Wörtlein mit dir sprechen!«

Spiegel unterbrach sein behagliches Spinnen, das er angefangen, um seine Fassung zu behaupten, und sagte: »Ich weiß kein Sterbenswörtchen davon, daß in dem Kontrakt steht, ich solle der Mäßigkeit und einem gesunden Lebenswandel entsagen! Wenn der Herr Stadthexenmeister darauf gerechnet hat, daß ich ein fauler Schlemmer sei, so ist das nicht meine Schuld! Ihr tut tausend rechtliche Dinge des Tages, so lasset dieses auch noch hinzukommen und uns beide hübsch in der Ordnung bleiben; denn Ihr wißt ja wohl, daß Euch mein Schmer nur nützlich ist, wenn er auf rechtliche Weise erwachsen!« »Ei du Schwätzer!« rief Pineiß erbost, »willst du mich belehren? Zeig' her, wie weit bist du denn eigentlich gediehen, du Müßiggänger? Vielleicht kann man dich doch bald abtun!« Er griff dem Kätzchen an den Bauch; allein dieses fühlte sich dadurch unangenehm gekitzelt und hieb dem Hexenmeister einen scharfen Kratz über die Hand. Diesen betrachtete Pineiß aufmerksam, dann sprach er: »Stehen wir so miteinander, du Bestie? Wohlan, so erkläre ich dich hiermit feierlich, kraft des Vertrages, für fett genug! Ich begnüge mich mit dem Ergebnis und werde mich desselben zu versichern wissen! In fünf Tagen ist der Mond voll, und bis dahin magst du dich noch deines Lebens erfreuen, wie es geschrieben steht, und nicht eine Minute länger!« Damit kehrte er ihm den Rücken und überließ ihn seinen Gedanken.

Diese waren jetzt sehr bedenklich und düster; so war denn die Stunde doch nahe, wo der gute Spiegel seine Haut lassen sollte? Und war mit aller Klugheit gar nichts mehr zu machen? Seufzend stieg er auf das hohe Dach, dessen Firste dunkel in den schönen Herbstabendhimmel emporragten. Da ging der Mond über der Stadt auf und warf seinen Schein auf die schwarzen bemoosten Hohlziegel des alten Daches, ein lieblicher Gesang tönte in Spiegels Ohren und eine schneeweiße Kätzin wandelte glänzend über einen benachbarten First weg. Sogleich vergaß Spiegel die Todesaussichten, in welchen er lebte, und erwiderte mit seinem schönsten Katerliede den Lobgesang der Schönen. Er eilte ihr entgegen und war bald im hitzigen Gefecht mit drei fremden Katern begriffen, die er mutig und wild in die Flucht schlug. Dann machte er der Dame feurig und ergeben den Hof und brachte Tag und Nacht bei ihr zu, ohne an den Pineiß zu denken oder im Hause sich sehen zu lassen. Er sang wie eine Nachtigall die schönen Mondnächte hindurch, jagte hinter der weißen Geliebten her über die Dächer, durch die Gärten, und rollte mehr als einmal im heftigen Minnespiel oder im Kampfe mit den Rivalen über hohe Dächer hinunter und fiel auf die Straße; aber nur um sich aufzuraffen, das Fell zu schütteln und die wilde Jagd seiner Leidenschaften von neuem anzuheben. Stille und laute Stunden, süße Gefühle und zorniger Streit, anmutiges Zwiegespräch, witziger Gedankenaustausch, Ränke und Schwänke der Liebe und Eifersucht, Liebkosungen und Raufereien, die Gewalt des Glückes und die Leiden des Unsterns ließen den verliebten Spiegel nicht zu sich selbst kommen, und als die Scheibe des Mondes voll geworden, war er von allen diesen Aufregungen und Leidenschaften so heruntergekommen, daß er jämmerlicher, magerer und zerzauster aussah als je. Im selben Augenblicke rief ihm Pineiß aus einem Dachtürmchen: »Spiegelchen, Spiegelchen! Wo bist du? Komm doch ein bißchen nach Hause!«

Da schied Spiegel von der weißen Freundin, welche zufrieden und kühl miauend ihrer Wege ging, und wandte sich stolz seinem Henker zu. Dieser stieg in die Küche hinunter, raschelte mit dem Kontrakt und sagte: »Komm Spiegelchen, komm Spiegelchen!« und Spiegel folgte ihm und setzte sich in der Hexenküche trotzig vor den Meister hin in all seiner Magerkeit und Zerzaustheit. Als Herr Pineiß erblickte, wie er so schmählich um seinen Gewinn gebracht war, sprang er wie besessen in die Höhe und schrie wütend: »Was seh' ich? Du Schelm, du gewissenloser Spitzbube? Was hast du mir getan?« Außer sich vor Zorn griff er nach einem Besen und wollte Spiegelein schlagen; aber dieser krümmte den schwarzen Rücken, ließ die Haare emporstarren, daß ein fahler Schein darüber knisterte, legte die Ohren zurück, prustete und funkelte den Alten so grimmig an, daß dieser voll Furcht und Entsetzen drei Schritt zurücksprang. Er begann zu fürchten, daß er einen Hexenmeister vor sich habe, welcher ihn foppe und mehr könne, als er selbst. Ungewiß und kleinlaut sagte er: »Ist der ehrsame Herr Spiegel vielleicht vom Handwerk? Sollte ein gelehrter Zaubermeister beliebt haben, sich in dero äußere Gestalt zu verkleiden, da er nach Gefallen über sein Leibliches gebieten und genau so beleibt werden kann, als es ihm angenehm dünkt, nicht zu wenig und nicht zu viel, oder unversehens so mager wird, wie ein Gerippe, um dem Tode zu entschlüpfen?«

Spiegel beruhigte sich wieder und sprach ehrlich: »Nein, ich bin kein Zauberer! Es ist allein die süße Gewalt der Leidenschaft, welche mich so heruntergebracht und zu meinem Vergnügen Euer Fett dahin genommen hat. Wenn wir übrigens jetzt unser Geschäft von neuem beginnen wollen, so will ich tapfer dabei sein und drein beißen! Setzt mir nur eine recht schöne und große Bratwurst vor, denn ich bin ganz erschöpft und hungrig!« Da packte Pineiß den Spiegel wütend am Kragen, sperrte ihn in den Gänsestall, der immer leer war, und schrie: »Da sieh zu, ob dir deine süße Gewalt der Leidenschaft noch einmal heraushilft und ob sie stärker ist, als die Gewalt der Hexerei und meines rechtlichen Vertrages! Jetzt heißt's: Vogel friß oder stirb!« Sogleich briet er eine lange Wurst, die so lecker duftete, daß er sich nicht enthalten konnte, selbst ein bißchen an beiden Zipfeln zu schlekken, ehe er sie durch das Gitter steckte. Spiegel fraß sie von vorn bis hinten auf, und indem er sich behaglich den Schnurrbart putzte und den Pelz leckte, sagte er zu sich selber: »Meiner Seel'! es ist doch eine schöne Sache um die Liebe! Die hat mich für diesmal wieder aus der Schlinge gezogen. Jetzt will ich mich ein wenig ausruhen und trachten, daß ich durch Beschaulichkeit und gute Nahrung wieder zu vernünftigen Gedanken komme! Alles hat seine Zeit! Heute ein bißchen Leidenschaft, morgen ein wenig Besonnenheit und Ruhe, jedes ist in seiner Weise gut. Dies

Gefängnis ist gar nicht so übel und es läßt sich gewiß etwas Ersprießliches darin ausdenken!« Pineiß aber nahm sich nun zusammen und bereitete alle Tage mit aller seiner Kunst solche Leckerbissen und in solch reizender Abwechslung und Zuträglichkeit, daß der gefangene Spiegel denselben nicht widerstehen konnte; denn Pineißens Vorrat an freiwilligem und rechtmäßigem Katzenschmer nahm alle Tage mehr ab und drohte nächstens ganz auszugehen, und dann war der Hexer ohne dies Hauptmittel ein geschlagener Mann. Aber der gute Hexenmeister nährte mit dem Leibe Spiegels dessen Geist immer wieder mit, und es war durchaus nicht von dieser unbequemen Zutat loszukommen, weshalb auch seine Hexerei sich hier als lückenhaft erwies.

Als Spiegel in seinem Käfig ihm endlich fett genug dünkte, säumte er nicht länger, sondern stellte vor den Augen des aufmerksamen Katers alle Geschirre zurecht und machte ein helles Feuer auf dem Herd, um den lang ersehnten Gewinn auszukochen. Dann wetzte er ein großes Messer, öffnete den Kerker, zog Spiegelchen hervor, nachdem er die Küchentüre wohl verschlossen, und sagte wohlgemut: »Komm, du Sapperlöter! wir wollen dir den Kopf abschneiden vorderhand, und dann das Fell abziehen! Dieses wird eine warme Mütze für mich geben, woran ich Einfältiger noch gar nicht gedacht habe! Oder soll ich dir erst das Fell abziehen und dann den Kopf abschneiden?« »Nein, wenn es Euch gefällig ist«, sagte Spiegel demütig, »lieber zuerst den Kopf abschneiden!« »Hast recht, du armer Kerl!« sagte Herr Pineiß, »wir wollen dich nicht unnütz quälen! Alles was recht ist!« »Dies ist ein wahres Wort!« sagte Spiegel mit einem erbärmlichen Seufzer und legte das Haupt ergebungsvoll auf die Seite, »o hätt' ich doch jederzeit getan, was recht ist, und nicht eine so wichtige Sache leichtsinnig unterlassen, so könnte ich jetzt mit besserem Gewissen sterben, denn ich sterbe gern; aber ein Unrecht erschwert mir den sonst so willkommenen Tod; denn was bietet mir das Leben? Nichts als Furcht, Sorge und Armut und zur Abwechslung einen Sturm verzehrender Leidenschaft, die noch schlimmer ist, als die stille zitternde Furcht!« »Ei, welches Unrecht, welche wichtige Sache?« fragte Pineiß neugierig. »Ach, was hilft das Reden jetzt noch«, seufzte Spiegel, »geschehen ist geschehen und jetzt ist Reue zu spät!« »Siehst du Sappermenter, was für ein Sünder du bist?« sagte Pineiß, »und wie wohl du deinen Tod verdienst? Aber was Tausend hast du denn angestellt? Hast du mir vielleicht etwas entwendet, entfremdet, verdorben? Hast du mir ein himmelschreiendes Unrecht getan, von dem ich noch gar nichts weiß, ahne, vermute, du Satan? Das sind mir schöne Geschichten! Gut, daß ich noch dahinter komme! Auf der Stelle beichte mir, oder ich schinde und siede dich lebendig aus! Wirst du sprechen oder nicht?« »Ach nein!« sagte Spiegel, »wegen Euch habe ich mir nichts vorzuwerfen. Es betrifft die zehntausend Goldgülden meiner seligen Gebieterin – aber was hilft Reden! – Zwar – wenn ich bedenke und Euch ansehe, so möchte es vielleicht doch nicht ganz zu spät sein – wenn ich Euch betrachte, so sehe ich, daß Ihr ein noch ganz schöner und rüstiger Mann seid, in den besten Jahren – sagt doch, Herr Pineiß! habt Ihr noch nie etwa den Wunsch verspürt, Euch zu verehelichen, ehrbar und vorteilhaft? Aber was schwatze ich! Wie wird ein so kluger und kunstreicher Mann auf dergleichen müßige Gedanken kommen! Wie wird ein so nützlich beschäftigter Meister an törichte Weiber denken! Zwar allerdings hat auch die Schlimmste noch irgend was an sich, was etwa nützlich für einen Mann ist, das ist nicht abzuleugnen! Und wenn sie nur halbwegs was taugt, so ist eine gute Hausfrau etwa weiß am Leibe, sorgfältig im Sinne, zutulich von Sitten, treu von Herzen, sparsam im Verwalten, aber verschwenderisch in der Pflege ihres Mannes, kurzweilig in Worten und angenehm in ihren Taten, einschmeichelnd in ihren Handlungen! Sie küßt den Mann mit ihrem Munde und streichelt ihm den Bart, sie umschließt ihn mit ihren Armen und kraut ihm hinter den Ohren, wie er es wünscht, kurz, sie tut tausend Dinge, die nicht zu verwerfen sind. Sie hält sich ihm ganz nah zu oder in bescheidener Entfernung, je nach seiner Stimmung, und wenn er seinen Geschäften nachgeht, so stört sie ihn nicht, sondern verbreitet unterdessen sein Lob in und außer dem Hause; denn sie läßt nichts an ihn kommen und rühmt alles, was an ihm ist! Aber das Anmutigste ist die wunderbare Beschaffenheit ihres zarten leiblichen Daseins, welches die Natur so verschieden gemacht hat von unserm Wesen bei anscheinender Menschenähnlichkeit, daß es ein fortwährendes Meerwunder in einer glückhaften Ehe bewirkt und eigentlich die allerdurchtriebenste Hexerei in sich birgt! Doch was schwatze ich da wie ein Tor an der Schwelle des Todes! Wie wird ein weiser Mann auf dergleichen Eitelkeiten sein Augenmerk richten! Verzeiht, Herr Pineiß, und schneidet mir den Kopf ab!«

Pineiß aber rief heftig: »So halt doch endlich inne, du Schwätzer! und sage mir: Wo ist eine solche und hat sie zehntausend Goldgülden?«

»Zehntausend Goldgülden?« sagte Spiegel.

»Nun ja«, rief Pineiß ungeduldig, »sprachest du nicht eben erst davon?«

»Nein«, antwortete jener, »das ist eine andere Sache! Die liegen vergraben an einem Orte!«

»Und was tun sie da, wem gehören sie?« schrie Pineiß.

»Niemand gehören sie, das ist eben meine Gewissensbürde, denn ich hätte sie unterbringen sollen! Eigentlich gehören sie jenem, der eine solche Person heiratet, wie ich eben beschrieben habe. Aber wie soll man drei solche Dinge zusammenbringen in dieser gottlosen Stadt: zehntausend Goldgülden, eine weise feine und gute Hausfrau, und einen weisen rechtschaffenen Mann? Daher ist eigentlich meine Sünde nicht allzugroß, denn der Auftrag war zu schwer für eine arme Katze!«

»Wenn du jetzt«, rief Pineiß, »nicht bei der Sache bleibst und sie verständlich der Ordnung nach dartust, so schneide ich dir vorläufig den Schwanz und beide Ohren ab! Jetzt fang an!«

»Da Ihr es befehlt, so muß ich die Sache wohl erzählen«, sagte Spiegel und setzte sich gelassen auf seine Hinterfüße, »obgleich dieser Aufschub meine Leiden nur vergrößert!« Pineiß steckte das scharfe Messer zwischen sich und Spiegel in die Diele und setzte sich neugierig auf ein Fäßchen, um zuzuhören, und Spiegel fuhr fort:

»Ihr wisset doch, Herr Pineiß, daß die brave Person, meine selige Meisterin, unverheiratet gestorben ist als eine alte Jungfer, die in aller Stille viel Gutes getan und niemanden zuwider gelebt hat. Aber nicht immer war es um sie her so still und ruhig zugegangen, und obgleich sie niemals von bösem Gemüt gewesen, so hatte sie doch einst viel Leid und Schaden angerichtet; denn in ihrer Jugend war sie das schönste Fräulein weit und breit, und was von jungen Herren und kecken Gesellen in der Gegend war oder des Weges kam, verliebte sich in sie und wollte sie durchaus heiraten. Nun hatte sie wohl große Lust, zu heiraten und einen hübschen, ehrenfesten und klugen Mann zu nehmen, und sie hatte die Auswahl, da sich Einheimische und Fremde um sie stritten und einander mehr als einmal die Degen in den Leib rannten, um den Vorrang zu gewinnen. Es bewarben sich um sie und versammelten sich kühne und verzagte, listige und treuherzige, reiche und arme Freier, solche mit einem guten und anständigen Geschäft, und solche, welche als Kavaliere zierlich von ihren Renten lebten; dieser mit diesen, jener mit jenen Vorzügen, beredt oder schweigsam, der eine munter und liebenswürdig, und ein anderer schien es mehr in sich zu haben, wenn er auch etwas einfältig aussah; kurz, das Fräulein hatte eine so vollkommene Auswahl, wie es ein mannbares Frauenzimmer sich nur wünschen kann. Allein sie besaß außer ihrer Schönheit ein schönes Vermögen von vielen tausend Goldgülden und diese waren die Ursache, daß sie nie dazu kam, eine Wahl treffen und einen Mann nehmen zu können, denn sie verwaltete ihr Gut mit trefflicher Umsicht und Klugheit und legte einen großen Wert auf dasselbe, und da nun der Mensch immer von seinen eigenen Neigungen aus andere beurteilt, so geschah es, daß sie, sobald sich ihr ein achtungswerter Freier genähert und ihr halbwegs gefiel, alsobald sich einbildete, derselbe begehre sie nur um ihres Gutes willen. War einer reich, so glaubte sie, er würde sie doch nicht begehren, wenn sie nicht auch reich wäre, und von den Unbemittelten nahm sie vollends als gewiß an, daß sie nur ihre Goldgülden im Auge hätten und sich daran gedächten gütlich zu tun, und das arme Fräulein, welches doch selbst so große Dinge auf den irdischen Besitz hielt, war nicht imstande, diese Liebe zu Geld und Gut an ihren Freiern von der Liebe zu ihr selbst zu unterscheiden, oder, wenn sie wirklich etwa vorhanden war, dieselbe nachzusehen und zu verzeihen. Mehrere Male war sie schon so gut wie verlobt und ihr Herz klopfte endlich stärker; aber plötzlich glaubte sie aus irgendeinem Zuge zu entnehmen, daß sie verraten sei und man einzig an ihr Vermögen denke, und sie brach unverweilt die Geschichte entzwei und zog sich voll Schmerzen, aber unerbittlich zurück. Sie prüfte alle, welche ihr nicht mißfielen, auf hundert Arten, so daß eine große Gewandtheit dazu gehörte, nicht in die Falle zu gehen, und zuletzt keiner mehr sich mit einiger Hoffnung nähern konnte, als wer ein durchaus geriebener und verstellter Mensch war, so daß schon aus diesen Gründen endlich die Wahl wirklich schwer wurde, weil solche Menschen dann zuletzt doch eine unheimliche Unruhe erwecken und die peinlichste Ungewißheit bei einer Schönen zurücklassen, je geriebener und geschickter sie sind. Das Hauptmittel, ihre Anbeter zu prüfen, war, daß sie ihre Uneigennützigkeit auf die Probe stellte und sie alle Tage zu großen Ausgaben, zu reichen Geschenken und zu wohltätigen Handlungen veranlaßte. Aber sie mochten es machen, wie sie wollten, so trafen sie doch nie das Rechte; denn zeigten sie sich freigebig und aufopfernd, gaben sie glänzende Feste, brachten sie ihr Geschenke dar, oder anvertrauten ihr beträchtliche Gelder für die Armen, so sagte sie plötzlich, dies alles geschehe nur, um mit einem Würmchen den Lachs zu fangen, oder mit der Wurst nach der Speckseite zu werfen, wie man zu sagen pflegt. Und sie vergab die Geschenke sowohl wie das anvertraute Geld an Klöster und milde Stiftungen und speiste die Armen; aber die betrogenen Freier wies sie unbarmherzig ab. Bezeigten sich dieselben aber zurückhaltend oder gar knauserig, so war der Stab sogleich über sie gebrochen, da sie das noch viel übler nahm und daran eine schnöde und nackte Rücksichtslosigkeit und Eigenliebe zu erkennen glaubte. So kam es, daß sie, welche ein reines und nur ihrer Person hingegebenes Herz suchte, zuletzt von lauter verstellten, listigen und eigensüchtigen Freiersleuten umgeben war, aus denen sie nie klug wurde und die ihr das Leben verbitterten. Eines Tages fühlte sie sich so mißmutig und trostlos, daß sie ihren ganzen Hof aus dem Hause wies, dasselbe zuschloß und nach Mailand verreiste, wo sie eine Base hatte. Als sie über den Sankt Gotthard ritt auf einem Eselein, war ihre Gesinnung so schwarz und schaurig wie das wilde Gestein, das sich aus den Abgründen emportürmte, und sie fühlte die heftigste Versuchung, sich von der Teufelsbrücke in die tobenden Gewässer der Reuß hinabzustürzen. Nur mit der größten Mühe gelang es den zwei Mägden, die sie bei sich hatte, und die ich selbst noch gekannt habe, welche aber nun schon lange tot sind, und dem Führer, sie zu beruhigen und von der finstern Anwandlung abzubringen. Doch langte sie bleich und traurig in dem schönen Land Italien an, und so blau dort der Himmel war, wollten sich ihre dunklen Gedanken doch nicht aufhellen. Aber als sie einige Tage bei ihrer Base verweilt, sollte unverhofft eine andere Melodie ertönen und ein Frühlingsanfang in ihr aufgehen, von dem sie bis dato noch nicht viel gewußt. Denn es kam ein junger Landsmann in das Haus der Base, der ihr gleich beim ersten Anblick so wohl gefiel, daß man wohl sagen kann, sie verliebte sich jetzt von selbst und zum erstenmal. Es war ein schöner Jüngling, von guter Erziehung und edlem Benehmen, nicht arm und nicht reich zur Zeit, denn er hatte nichts als zehntausend Goldgulden, welche er von seinen verstorbenen Eltern ererbt und womit er, da er die Kaufmannschaft erlernt hatte, in Mailand einen Handel mit Seide begründen wollte; denn er war unternehmend und klar von Gedanken und hatte eine glückliche Hand, wie es unbefangene und unschuldige Leute oft haben; denn auch dies war der junge Mann; er schien, so wohlgelehrt er war, doch so arglos und unschuldig wie ein Kind. Und obgleich er ein Kaufmann war und ein so unbefangenes Gemüt, was schon zusammen eine köstliche Seltenheit ist, so war er doch fest und ritterlich in seiner Haltung und trug sein Schwert so keck zur Seite, wie nur ein geübter Kriegsmann es tragen kann. Dies alles, sowie seine frische Schönheit und Jugend bezwangen das Herz des Fräuleins dermaßen, daß sie kaum an sich halten konnte und ihm mit großer Freundlichkeit begegnete. Sie wurde wieder heiter, und wenn sie dazwischen auch traurig war, so geschah dies in dem Wechsel der Liebesfurcht und Hoffnung, welche immerhin ein edleres und angenehmeres Gefühl war, als jene peinliche Verlegenheit in der Wahl, welche sie früher unter den vielen Freiern empfunden. Jetzt kannte sie nur eine Mühe und Besorgnis, diejenige nämlich, dem schönen und guten Jüngling zu gefallen, und je schöner sie selbst war, desto demütiger und unsicherer war sie jetzt, da sie zum ersten Male eine wahre Neigung gefaßt hatte. Aber auch der junge Kaufmann hatte noch nie eine solche Schönheit gesehen, oder war wenigstens noch keiner so nahe gewesen und von ihr so freundlich und artig behandelt worden. Da sie nun, wie gesagt, nicht nur schön, sondern auch gut von Herzen und fein von Sitten war, so ist es nicht zu verwundern, daß der offene und frische Jüngling, dessen Herz noch ganz frei und unerfahren war, sich ebenfalls in sie verliebte und das mit aller Kraft und Rückhaltlosigkeit, die in seiner ganzen Natur lag. Aber vielleicht hätte das nie jemand erfahren, wenn er in seiner Einfalt nicht aufgemuntert worden wäre durch des Fräuleins Zutulichkeit, welche er mit heimlichem Zittern und Zagen für eine Erwiderung seiner Liebe zu halten wagte, da er selber keine Verstellung kannte. Doch bezwang er sich einige Wochen und glaubte die Sache zu verheimlichen; aber jeder sah ihm von weitem an, daß er zum Sterben verliebt war, und wenn er irgend in die Nähe des Fräuleins geriet oder sie nur genannt wurde, so sah man auch gleich, in wen er verliebt war. Er war aber nicht lange verliebt, sondern begann wirklich zu lieben mit aller Heftigkeit seiner Jugend, so daß ihm das Fräulein das Höchste und Beste auf der Welt wurde, an welches er ein für allemal das Heil und den ganzen Wert seiner eigenen Person setzte. Dies gefiel ihr über die Maßen wohl; denn es war in allem, was er sagte oder tat, eine andere Art, als sie bislang erfahren, und dies bestärkte und rührte sie so tief, daß sie nun gleichermaßen der stärksten Liebe anheimfiel und nun nicht mehr von einer Wahl für sie die Rede war. Jedermann sah diese Geschichte spielen und es wurde offen darüber gesprochen und vielfach gescherzt. Dem Fräulein war es höchlich wohl dabei, und indem ihr das Herz vor banger Erwartung zerspringen wollte, half sie den Roman von ihrer Seite doch ein wenig verwickeln und ausspinnen, um ihn recht auszukosten und zu genießen. Denn der junge Mann beging in seiner Verwirrung so köstliche und kindliche Dinge, dergleichen sie niemals erfahren, und für sie ein Mal schmeichelhafter und angenehmer waren als das andere. Er aber in seiner Gradheit und Ehrlichkeit konnte es nicht lange so aushalten; da jeder darauf anspielte und sich einen Scherz erlaubte, so schien es ihm eine Komödie zu werden, als deren Gegenstand ihm seine Geliebte viel zu gut und heilig war, und was ihr ausnehmend behagte, das machte ihn bekümmert, ungewiß und verlegen um sie selber. Auch glaubte er sie zu beleidigen und zu hintergehen, wenn er da lange eine so heftige Leidenschaft zu ihr herumtrüge und unaufhörlich an sie denke, ohne daß sie eine Ahnung davon habe, was doch gar nicht schicklich sei und ihm selber nicht recht! Daher sah man ihm eines Morgens von weitem an, daß er etwas vorhatte, und er bekannte ihr seine Liebe in einigen Worten, um es einmal und nie zum zweiten Mal zu sagen, wenn er nicht glücklich sein sollte. Denn er war nicht gewohnt zu denken, daß ein solches schönes und wohlbeschaffenes Fräulein etwa nicht ihre wahre Meinung sagen und nicht auch gleich zum ersten Mal ihr unwiderrufliches Ja oder Nein erwidern sollte. Er war ebenso zart gesinnt als heftig verliebt, ebenso spröde als kindlich und ebenso stolz als unbefangen, und bei ihm galt es gleich auf Tod und Leben, auf Ja oder Nein, Schlag um Schlag. In demselben Augenblicke aber, in welchem das Fräulein sein Geständnis anhörte, das sie so sehnlich erwartet, überfiel sie ihr altes Mißtrauen und es fiel ihr zur unglücklichen Stunde ein, daß ihr Liebhaber ein Kaufmann sei, welcher am Ende nur ihr Vermögen zu erlangen wünsche, um seine Unternehmungen zu erweitern. Wenn er daneben auch ein wenig in ihre Person verliebt sein sollte, so wäre ja das bei ihrer Schönheit kein sonderliches Verdienst und nur umso empörender, wenn sie eine bloße erwünschte Zugabe zu ihrem Golde vorstellen sollte. Anstatt ihm daher ihre Gegenliebe zu gestehen und ihn wohl aufzunehmen, wie sie am liebsten getan hätte, ersann sie auf der Stelle eine neue List, um seine Hingebung zu prüfen, und nahm eine ernste, fast traurige Miene an, indem sie ihm vertraute, wie sie bereits mit einem jungen Mann verlobt sei in ihrer Heimat, welchen sie auf das allerherzlichste liebe. Sie habe ihm das schon mehrmals mitteilen wollen, da sie ihn, den Kaufmann nämlich, als Freund sehr lieb habe, wie er wohl habe sehen können aus ihrem Benehmen, und sie vertraue ihm wie einem Bruder. Aber die ungeschickten Scherze, welche in der Gesellschaft aufgekommen seien, hätten ihr eine vertrauliche Unterhaltung erschwert; da er nun aber selbst sie mit seinem braven und edlen Herzen überrascht und dasselbe vor ihr aufgetan, so könne sie ihm für seine Neigung nicht besser danken, als indem sie ihm ebenso offen sich anvertraue. Ja, fuhr sie fort, nur demjenigen könne sie angehören, welchen sie einmal erwählt habe, und nie würde es ihr möglich sein, ihr Herz einem anderen Mannesbilde zuzuwenden, dies stehe mit goldenem Feuer in ihrer Seele geschrieben und der liebe Mann wisse selbst nicht, wie lieb er ihr sei, so wohl er sie auch kenne! Aber ein trüber Unstern hätte sie betroffen; ihr Bräutigam sei ein Kaufmann, aber so arm wie eine Maus; darum hätten sie den Plan gefaßt, daß er aus den Mitteln der Braut einen Handel begründen solle; der Anfang sei gemacht und alles auf das beste eingeleitet, die Hochzeit sollte in diesen Tagen gefeiert werden, da wollte ein unverhofftes Mißgeschick, daß ihr ganzes Vermögen plötzlich ihr angetastet und abgestritten wurde und vielleicht für immer verloren gehe, während der arme Bräutigam in nächster Zeit seine ersten Zahlungen zu leisten habe an die Mailänder und venezianischen Kaufleute, worauf sein ganzer Kredit, sein Gedeihen und seine Ehre beruhe, nicht zu sprechen von ihrer Vereinigung und glücklichen Hochzeit! Sie sei in der Eile nach Mailand gekommen, wo sie begüterte Verwandte habe, um da Mittel und Auswege zu finden; aber zu einer schlimmen Stunde sei sie gekommen; denn nichts wolle sich fügen und schicken, während der Tag immer näher rücke, und wenn sie ihrem Geliebten nicht helfen könne, so müsse sie sterben vor Traurigkeit. Denn es sei der liebste und beste Mensch, den man sich denken könne, und würde sicherlich ein großer Kaufherr werden, wenn ihm geholfen würde, und sie kenne kein anderes Glück mehr auf Erden, als dann dessen Gemahlin zu sein! Als sie diese Erzählung beendet, hatte sich der arme schöne Jüngling schon lange entfärbt und war bleich wie ein weißes Tuch. Aber er ließ keinen Laut der Klage vernehmen und sprach nicht ein Sterbenswörtchen mehr von sich selbst und von seiner Liebe, sondern fragte bloß traurig, auf wieviel sich denn die eingegangenen Verpflichtungen des glücklich unglücklichen Bräutigams beliefen? Auf zehntausend Goldgulden! antwortete sie noch viel trauriger. Der junge traurige Kaufherr stand auf, ermahnte das Fräulein, guten Mutes zu sein, da sich gewiß ein Ausweg zeigen werde, und entfernte sich von ihr, ohne daß er sie anzusehen wagte, so sehr fühlte er sich betroffen und beschämt, daß er sein Auge auf eine Dame geworfen, die so treu und leidenschaftlich einen andern liebte. Denn der Arme glaubte jedes Wort von ihrer Erzählung wie ein Evangelium. Dann begab er sich ohne Säumnis zu seinen Handelsfreunden und brachte sie durch Bitten und Einbüßung einer gewissen Summe dahin, seine Bestellungen und Einkäufe wieder rückgängig zu machen, welche er selbst in diesen Tagen auch grad mit seinen zehntausend Goldgulden bezahlen sollte und worauf er seine ganze Laufbahn baute, und ehe sechs Stunden verflossen waren, erschien er wieder bei dem Fräulein mit seinem ganzen Besitztum und bat sie um Gottes willen, diese Aushilfe von ihm annehmen zu wollen. Ihre Augen funkelten vor freudiger Überraschung und ihre Brust pochte wie ein Hammerwerk; sie fragte ihn, wo er denn dies Kapital hergenommen, und er erwiderte, er habe es auf seinen guten Namen geliehen und würde es, da seine Geschäfte sich glücklich wendeten, ohne Unbequemlichkeit zurückerstatten können. Sie sah ihm deutlich an, daß er log und daß es sein einziges Vermögen und ganze Hoffnung war, welche er ihrem Glücke opferte; doch stellte sie sich, als glaubte sie seinen Worten. Sie ließ ihren freudigen Empfindungen freien Lauf und tat grausamerweise, als ob diese dem Glücke gälten, nun doch ihren Erwählten retten und heiraten zu dürfen, und sie konnte nicht Worte finden, ihre Dankbarkeit auszudrücken. Doch plötzlich besann sie sich und erklärte, nur unter einer Bedingung die großmütige Tat annehmen zu können, da sonst alles Zureden unnütz wäre. Befragt, worin diese Bedingung bestehe, verlangte sie das heilige Versprechen, daß er an einem bestimmten Tage sich bei ihr einfinden wolle, um ihrer Hochzeit beizuwohnen und der beste Freund und Gönner ihres zukünftigen Ehegemahls zu werden, sowie der treuste Freund, Schützer und Berater ihrer selbst. Errötend bat er sie, von diesem Begehren abzustehen; aber umsonst wandte er alle Gründe an, um sie davon abzubringen, umsonst stellte er ihr vor, daß seine Angelegenheiten jetzt nicht erlaubten, nach der Schweiz zurückzureisen, und daß er von einem solchen Abstecher einen erheblichen Schaden erleiden würde. Sie beharrte entschieden auf ihrem Verlangen und schob ihm sogar sein Gold wieder zu, da er sich nicht dazu verstehen wollte. Endlich versprach er es, aber er mußte ihr die Hand darauf geben und es ihr bei seiner Ehre und Seligkeit beschwören. Sie bezeichnete ihm genau den Tag und die Stunde, wann er eintreffen solle, und alles dies mußte er bei seinem Christenglauben und bei seiner Seligkeit beschwören. Erst dann nahm sie sein Opfer an und ließ den Schatz vergnügt in ihre Schlafkammer tragen, wo sie ihn eigenhändig in ihrer Reisetruhe verschloß und den Schlüssel in den Busen steckte. Nun hielt sie sich nicht länger in Mailand auf, sondern reiste ebenso fröhlich über den Sankt Gotthard zurück, als schwermütig sie hergekommen war. Auf der Teufelsbrücke, wo sie hatte hinabspringen wollen, lachte sie wie eine Unkluge und warf mit hellem Jauchzen ihrer wohlklingenden Stimme einen Granatblütenstrauß in die Reuß, welchen sie vor der Brust trug, kurz ihre Lust war nicht zu bändigen, und es war die fröhlichste Reise, die je getan wurde. Heimgekehrt, öffnete und lüftete sie ihr Haus von oben bis unten und schmückte es, als ob sie einen Prinzen erwartete. Aber zu Häupten ihres Bettes legte sie den Sack mit den zehntausend Goldgulden und legte des Nachts den Kopf so glückselig auf den harten Klumpen und schlief darauf, wie wenn es das weichste Flaumkissen gewesen wäre. Kaum konnte sie den verabredeten Tag erwarten, wo sie ihn sicher kommen sah, da sie wußte, daß er nicht das einfachste Versprechen, geschweige denn einen Schwur brechen würde, und wenn es ihm um das Leben ginge. Aber der Tag brach an und der Geliebte erschien nicht und es vergingen viele Tage und Wochen, ohne daß er von sich hören ließ. Da fing sie an an allen Gliedern zu zittern und verfiel in die größte Angst und Bangigkeit; sie schickte Briefe über Briefe nach Mailand, aber niemand wußte ihr zu sagen, wo er geblieben sei. Endlich aber stellte es sich durch einen Zufall heraus, daß der junge Kaufherr aus einem blutroten Stück Seidendamast, welches er von seinem Handelsanfang her im Haus liegen und bereits bezahlt hatte, sich ein Kriegskleid hatte anfertigen lassen und unter die Schweizer gegangen war, welche damals eben im Solde des Königs Franz von Frankreich den Mailändischen Krieg mitstritten. Nach der Schlacht bei Pavia, in welcher so viele Schweizer das Leben verloren, wurde er auf einem Haufen erschlagener Spaniolen liegend gefunden, von vielen tödlichen Wunden zerrissen und sein rotes Seidengewand von unten bis oben zerschlitzt und zerfetzt. Eh' er den Geist aufgab, sagte er einem neben ihm liegenden Seldwyler, der minder übel zugerichtet war, folgende Botschaft ins Gedächtnis und bat ihn, dieselbe auszurichten, wenn er mit dem Leben davonkäme: ›Liebstes Fräulein! Obgleich ich Euch bei meiner Ehre, bei meinem Christenglauben und bei meiner Seligkeit geschworen habe, auf Eurer Hochzeit zu erscheinen, so ist es mir dennoch nicht möglich gewesen, Euch nochmals zu sehen und einen andern des höchsten Glückes teilhaftig zu erblicken, das es für mich geben könnte. Dieses habe ich erst in Eurer Abwesenheit verspürt und habe vorher nicht gewußt, welch eine strenge und unheimliche Sache es ist um solche Liebe, wie ich zu Euch habe, sonst würde ich mich zweifelsohne besser davor gehütet haben. Da es aber einmal so ist, so wollte ich lieber meiner weltlichen Ehre und meiner geistlichen Seligkeit verloren und in die ewige Verdammnis eingehen als ein Meineidiger, denn noch einmal in Eurer Nähe erscheinen mit einem Feuer in der Brust, welches stärker und unauslöschlicher ist als das Höllenfeuer, und mich dieses kaum wird verspüren lassen. Betet nicht etwa für mich, schönstes Fräulein, denn ich kann und werde nie selig werden ohne Euch, sei es hier oder dort, und somit lebt glücklich und seid gegrüßt!‹ So hatte in dieser Schlacht, nach welcher König Franziskus sagte: ›Alles verloren, außer der Ehre!‹ der unglückliche Liebhaber alles verloren, die Hoffnung, die Ehre, das Leben und die ewige Seligkeit, nur die Liebe nicht, die ihn verzehrte. Der Seldwyler kam glücklich davon, und sobald er sich in etwas erholt und außer Gefahr sah, schrieb er die Worte des Umgekommenen getreu auf seine Schreibtafel, um sie nicht zu vergessen, reiste nach Hause, meldete sich bei dem unglücklichen Fräulein und las ihr die Botschaft so steif und kriegerisch vor, wie er zu tun gewohnt war, wenn er sonst die Mannschaft seines Fähnleins verlas; denn es war ein Feldleutnant. Das Fräulein aber zerraufte sich die Haare, zerriß ihre Kleider und begann so laut zu schreien und zu weinen, daß man es die Straße auf und nieder hörte und die Leute zusammenliefen. Sie schleppte wie wahnsinnig die zehntausend Goldgulden herbei, zerstreute sie auf den Boden, warf sich der Länge nach darauf hin und küßte die glänzenden Goldstücke. Ganz von Sinnen, suchte sie den umherrollenden Schatz zusammenzuraffen und zu umarmen, als ob der verlorene Geliebte darin zugegen wäre. Sie lag Tag und Nacht auf dem Golde und wollte weder Speise noch Trank zu sich nehmen; unaufhörlich liebkoste und küßte sie das kalte Metall, bis sie mitten in einer Nacht plötzlich aufstand, den Schatz emsig hin und her eilend nach dem Garten trug und dort unter bitteren Tränen in den tiefen Brunnen warf und einen Fluch darüber aussprach, daß er niemals jemand anderm angehören solle.«

Als Spiegel so weit erzählt hatte, sagte Pineiß: »Und liegt das schöne Geld noch in dem Brunnen?« »Ja, wo sollte es sonst liegen?« antwortete Spiegel, »denn nur ich kann es herausbringen und habe es bis zur Stunde noch nicht getan!« »Ei ja so, richtig!« sagte Pineiß, »ich habe es ganz vergessen über deiner Geschichte! Du kannst nicht übel erzählen, du Sapperlöter! und es ist mir ganz gelüstig worden nach einem Weibchen, die so für mich eingenommen wäre; aber sehr schön müßte sie sein! Doch erzähle jetzt schnell noch, wie die Sache eigentlich zusammenhängt!« »Es dauerte manche Jahre«, sagte Spiegel, »bis das Fräulein aus bitteren Seelenleiden so weit zu sich kam, daß sie anfangen konnte, die stille alte Jungfer zu werden, als welche ich sie kennenlernte. Ich darf mich berühmen, daß ich ihr einziger Trost und ihr vertrautester Freund geworden bin in ihrem einsamen Leben bis an ihr stilles Ende. Als sie aber dieses herannahen sah, vergegenwärtigte sie sich noch einmal die Zeit ihrer fernen Jugend und Schönheit und erlitt noch einmal mit milderen ergebenen Gedanken erst die süßen Erregungen und dann die bitteren Leiden jener Zeit, und sie weinte still sieben Tage und Nächte hindurch über die Liebe des Jünglings, deren Genuß sie durch ihr Mißtrauen verloren hatte, so daß ihre alten Augen noch kurz vor dem Tod erblindeten. Dann bereute sie den Fluch, welchen sie über jenen Schatz ausgesprochen, und sagte zu mir, indem sie mich mit dieser wichtigen Sache beauftragte: ›Ich bestimme nun anders, lieber Spiegel! und gebe dir die Vollmacht, daß du meine Verordnung vollziehest. Sieh dich um und suche, bis du eine bildschöne, aber unbemittelte Frauensperson findest, welcher es ihrer Armut wegen an Freiern gebricht! Wenn sich dann ein verständiger, rechtlicher und hübscher Mann finden sollte, der sein gutes Auskommen hat, und die Jungfrau ungeachtet ihrer Armut, nur allein von ihrer Schönheit bewegt, zur Frau begehrt, so soll dieser Mann mit den stärksten Eiden sich verpflichten, derselben so treu, aufopfernd und unabänderlich ergeben zu sein, wie es mein unglücklicher Liebster gewesen ist, und dieser Frau sein Leben lang in allen Dingen zu willfahren. Dann gib der Braut die zehntausend Goldgulden, welche im Brunnen liegen, zur Mitgift, daß sie ihren Bräutigam am Hochzeitmorgen damit überrasche!‹ So sprach die Selige und ich habe meiner widrigen Geschicke wegen versäumt, dieser Sache nachzugehen, und muß nun befürchten, daß die Arme deswegen im Grabe noch beunruhigt sei, was für mich eben auch nicht die angenehmsten Folgen haben kann!«

Pineiß sah den Spiegel mißtrauisch an und sagte: »Wärst du wohl imstande, Bürschchen! mir den Schatz ein wenig nachzuweisen und augenscheinlich zu machen?«

»Zu jeder Stunde!« versetzte Spiegel, »aber Ihr müßt wissen, Herr Stadthexenmeister, daß Ihr das Gold nicht etwa so ohne weiteres herausfischen dürftet! Man würde Euch unfehlbar das Genick umdrehen; denn es ist nicht ganz geheuer in dem Brunnen, ich habe darüber bestimmte Inzichten, welche ich aus Rücksichten nicht näher berühren darf!«

»Hei, wer spricht denn von Herausholen?« sagte Pineiß etwas furchtsam, »führe mich einmal hin und zeige mir den Schatz! Oder vielmehr will ich dich führen an einem guten Schnürlein, damit du mir nicht entwischest!«

»Wie Ihr wollt!« sagte Spiegel, »aber nehmt auch eine andere lange Schnur mit und eine Blendlaterne, welche Ihr daran in den Brunnen hinablassen könnt; denn er ist sehr tief und dunkel!« Pineiß befolgte diesen Rat und führte das muntere Kätzchen nach dem Garten jener Verstorbenen. Sie überstiegen miteinander die Mauer und Spiegel zeigte dem Hexer den Weg zu dem alten Brunnen, welcher unter verwildertem Gebüsche verborgen war. Dort ließ Pineiß sein Laternchen hinunter, begierig nachblickend, während er den angebundenen Spiegel nicht von der Hand ließ. Aber richtig sah er in der Tiefe das Gold funkeln unter dem grünlichen Wasser und rief: »Wahrhaftig, ich seh's, es ist wahr! Spiegel, du bist ein Tausendskerl!« Dann guckte er wieder eifrig hinunter und sagte: »Mögen es auch zehntausend sein?« »Ja, das ist nun nicht zu schwören!« sagte Spiegel, »ich bin nie da unten gewesen und hab's nicht gezählt. Ist auch möglich, daß die Dame dazumal einige Stücke auf dem Wege verloren hat, als sie den Schatz hierher trug, da sie in einem sehr aufgeregten Zustande war.« »Nun, seien es auch ein Dutzend oder mehr weniger!« sagte Herr Pineiß, »es soll mir darauf nicht ankommen!« Er setzte sich auf den Rand des Brunnens, Spiegel setzte sich auch nieder und leckte sich das Pfötchen. »Da wäre nun der Schatz!« sagte Pineiß, indem er sich hinter den Ohren kratzte, »und hier wäre auch der Mann dazu; fehlt nur noch das bildschöne Weib!« »Wie?« sagte Spiegel. »Ich meine, es fehlt nur noch diejenige, welche die Zehntausend als Mitgift bekommen soll, um mich damit zu überraschen am Hochzeitmorgen, und welche alle jene angenehmen Tugenden hat, von denen du gesprochen!« »Hm!« versetzte Spiegel, »die Sache verhält sich nicht ganz so, wie Ihr sagt! Der Schatz ist da, wie Ihr richtig einseht; das schöne Weib habe ich, um es aufrichtig zu gestehen, allbereits auch schon ausgespürt; aber mit dem Mann, der sie unter diesen schwierigen Umständen heiraten möchte, da hapert es eben; denn heutzutage muß die Schönheit obendrein vergoldet sein wie die Weihnachtsnüsse, und je hohler die Köpfe werden, desto mehr sind sie bestrebt, die Leere mit einigem Weibergut nachzufüllen, damit sie die Zeit besser zu verbringen vermögen; da wird dann mit wichtigem Gesicht ein Pferd besehen und ein Stück Sammet gekauft, mit Laufen und Rennen eine gute Armbrust bestellt, und der Büchsenschmied kommt nicht aus dem Hause; da heißt es, ich muß meinen Wein einheimsen und meine Fässer putzen, meine Bäume putzen lassen und mein Dach decken; ich muß meine Frau ins Bad schicken, sie kränkelt und kostet mich viel Geld, und muß mein Holz fahren lassen und mein Ausstehendes eintreiben; ich habe ein Paar Windspiele gekauft und meine Bracken vertauscht, ich habe einen schönen eichenen Ausziehtisch eingehandelt und meine große Nußbaumlade dran gegeben; ich habe meine Bohnenstangen geschnitten, meinen Gärtner fortgejagt, mein Heu verkauft und meinen Salat gesäet, immer mein und mein vom Morgen bis zum Abend. Manche sagen sogar: ich habe meine Wäsche die nächste Woche, ich muß meine Betten sonnen, ich muß eine Magd dingen und einen neuen Metzger haben, denn den alten will ich abschaffen; ich habe ein allerliebstes Waffeleisen erstanden, durch Zufall, und habe mein silbernes Zimmetbüchschen verkauft, es war mir so nichts nütze; alles das sind wohlverstanden die Sachen der Frau, und so verbringt ein solcher Kerl die Zeit und stiehlt unserm Herrgott den Tag ab, indem er alle diese Verrichtungen aufzählt, ohne einen Streich zu tun. Wenn es hoch kommt und ein solcher Patron sich etwa ducken muß, so wird er vielleicht sagen: unsere

Kühe und unsere Schweine, aber –« Pineiß riß den Spiegel an der Schnur, daß er miau! schrie, und rief: »Genug, du Plappermaul! Sag' jetzt unverzüglich: wo ist sie, von der du weißt?« Denn die Aufzählung aller dieser Herrlichkeiten und Verrichtungen, die mit einem Weibergute verbunden sind, hatte dem dürren Hexenmeister den Mund nur noch wässeriger gemacht. Spiegel sagte erstaunt: »Wollt Ihr denn wirklich das Ding unternehmen, Herr Pineiß?«

»Versteht sich, will ich! Wer sonst als ich? Drum heraus damit: wo ist diejenige?«

»Damit Ihr hingehen und sie freien könnt?«

»Ohne Zweifel!« »So wisset, die Sache geht nur durch meine Hand! Mit mir müßt Ihr sprechen, wenn Ihr Geld und Frau wollt!« sagte Spiegel kaltblütig und gleichgültig und fuhr sich mit den beiden Pfoten eifrig über die Ohren, nachdem er sie jedesmal ein bißchen naß gemacht. Pineiß besann sich sorgfältig, stöhnte ein bißchen und sagte: »Ich merke, du willst unsern Kontrakt aufheben und deinen Kopf salvieren!«

»Schiene Euch das so uneben und unnatürlich?«

»Du betrügst mich am Ende und belügst mich, wie ein Schelm!«

»Dies ist auch möglich!« sagte Spiegel.

»Ich sage dir: Betrüge mich nicht!« rief Pineiß gebieterisch.

»Gut, so betrüge ich Euch nicht!« sagte Spiegel.

»Wenn du's tust!«

»So tu' ich's.«

»Quäle mich nicht, Spiegelchen!« sprach Pineiß beinahe weinerlich, und Spiegel erwiderte jetzt ernsthaft: »Ihr seid ein wunderbarer Mensch, Herr Pineiß! Da haltet Ihr mich an einer Schnur gefangen und zerrt daran, daß mir der Atem vergeht! Ihr lasset das Schwert des Todes über mir schweben seit länger als zwei Stunden, was sag' ich! seit einem halben Jahre! und nun sprecht Ihr: Quäle mich nicht, Spiegelchen!

Wenn Ihr erlaubt, so sage ich Euch in Kürze: Es kann mir nur lieb sein, jene Liebespflicht gegen die Tote doch noch zu erfüllen und für das bewußte Frauenzimmer einen tauglichen Mann zu finden, und ihr scheint mir allerdings in aller Hinsicht zu genügen; es ist keine Leichtigkeit, ein Weibstück wohl unterzubringen, so sehr dies auch scheint, und ich sage noch einmal: ich bin froh, daß Ihr Euch hierzu bereit finden lasset! Aber umsonst ist der Tod! Eh' ich ein Wort weiter spreche, einen Schritt tue, ja eh' ich nur den Mund noch einmal aufmache, will ich erst meine Freiheit wieder haben und mein Leben versichert! Daher nehmt diese Schnur weg und legt den Kontrakt hier auf den Brunnen, hier auf diesen Stein, oder schneidet mir den Kopf ab, eins von beiden!«

»Ei, du Tollhäusler und Obenhinaus!« sagte Pineiß, »du Hitzkopf, so streng wird es nicht gemeint sein? Das will ordentlich besprochen sein und muß jedenfalls ein neuer Vertrag geschlossen werden!« Spiegel gab keine Antwort mehr und saß unbeweglich da, ein, zwei und drei Minuten. Da ward dem Meister bänglich, er zog seine Brieftasche hervor, klaubte seufzend den Schein heraus, las ihn noch einmal durch und legte ihn dann zögernd vor Spiegel hin. Kaum lag das Papier dort, so schnappte es Spiegel auf und verschlang es; und obgleich er heftig daran zu würgen hatte, so dünkte es ihn doch die beste und gedeihlichste Speise zu sein, die er je genossen, und er hoffte, daß sie ihm noch auf lange wohl bekommen und ihn rundlich und munter machen würde. Als er mit der angenehmen Mahlzeit fertig war, begrüßte er den Hexenmeister höflich und sagte: »Ihr werdet unfehlbar von mir hören, Herr Pineiß, und Weib und Geld sollen Euch nicht entgehen. Dagegen macht Euch bereit, recht verliebt zu sein, damit Ihr jene Bedingungen einer unverbrüchlichen Hingebung an die Liebkosungen Eurer Frau, die schon so gut wie Euer ist, ja beschwören und erfüllen könnt! Und hiermit bedanke ich mich des vorläufigen für genossene Pflege und Beköstigung und beurlaube mich!«

Somit ging Spiegel seines Weges und freute sich über die Dummheit des Hexenmeisters, welcher glaubte, sich selbst und alle Welt betrügen zu können, indem er ja die gehoffte Braut nicht uneigennützig, aus bloßer Liebe zur Schönheit ehelichen wollte, sondern den Umstand mit den zehntausend Goldgulden vorher wußte. Indessen hatte er schon eine Person im Auge, welche er dem törichten Hexenmeister aufzuhalsen gedachte für seine gebratenen Krammetsvögel, Mäuse und Würstchen.

Dem Hause des Herrn Pineiß gegenüber war ein anderes Haus, dessen vordere Seite auf das sauberste geweißt war und dessen Fenster immer frisch gewaschen glänzten. Die bescheidenen Fenstervorhänge waren immer schneeweiß und wie soeben geplättet, und ebenso weiß war der Habit und das Kopf- und Halstuch einer alten Beghine, welche in dem Hause wohnte, also daß ihr nonnenartiger Kopfputz, der ihre Brust bekleidete, immer wie aus Schreibpapier gefaltet aussah, so daß man gleich darauf hätte schreiben mögen; das hätte man wenigstens auf der Brust bequem tun können, da sie so eben und so hart war wie ein Brett. So scharf die weißen Kanten und Ecken ihrer Kleidung, so scharf war auch die lange Nase und das Kinn der Beghine, ihre Zunge und der böse Blick ihrer Augen; doch sprach sie nur wenig mit der Zunge und blickte wenig mit den Augen, da sie die Verschwendung nicht liebte und alles nur zur rechten Zeit und mit Bedacht verwendete. Alle Tage ging sie dreimal in die Kirche, und wenn sie in ihrem frischen, weißen und knitternden Zeuge und mit ihrer weißen spitzigen Nase über die Straße ging, liefen die Kinder furchtsam davon und selbst erwachsene Leute traten gern hinter die Haustüre, wenn es noch Zeit war. Sie stand aber wegen ihrer strengen Frömmigkeit und Eingezogenheit in großem Rufe und besonders bei der Geistlichkeit in hohem Ansehen, aber selbst die Pfaffen verkehrten lieber schriftlich mit ihr als mündlich, und wenn sie beichtete, so schoß der Pfarrer jedesmal so schweißtriefend aus dem Beichtstuhl heraus, als ob er aus einem Backofen käme. So lebte die fromme Beghine, die keinen Spaß verstand, in tiefem Frieden und blieb ungeschoren. Sie machte sich auch mit niemand zu schaffen und ließ die Leute gehen, vorausgesetzt, daß sie ihr aus dem Wege gingen; nur auf ihren Nachbar Pineiß schien sie einen besonderen Haß geworfen zu haben; denn so oft er sich an seinem Fenster blicken ließ, warf sie ihm einen bösen Blick hinüber und zog augenblicklich ihre weißen Vorhänge vor, und Pineiß fürchtete sie wie das Feuer, und wagte nur zuhinterst in seinem Hause, wenn alles gut verschlossen war, etwa einen Witz über sie zu machen. So weiß und hell aber das Haus der Beghine nach der Straße zu aussah, so schwarz und räucherig, unheimlich und seltsam sah es von hinten aus, wo es jedoch fast gar nicht gesehen werden konnte, als von den Vögeln des Himmels und den Katzen auf den Dächern, weil es in eine dunkle Winkelei von himmelhohen Brandmauern ohne Fenster hineingebaut war, wo nirgends ein menschliches Gesicht sich sehen ließ. Unter dem Dach dort hingen alte zerrissene Unterröcke, Körbe und Kräutersäcke, auf dem Dache wuchsen ordentliche Eibenbäumchen und Dornsträucher, und ein großer rußiger Schornstein ragte unheimlich in die Luft. Aus diesem Schornstein aber fuhr in der dunklen Nacht nicht selten eine Hexe auf ihrem Besen in die Höhe, jung und schön und splitternackt, wie Gott die Weiber geschaffen und der Teufel sie gern sieht. Wenn sie aus dem Schornstein fuhr, so schnupperte sie mit dem feinsten Näschen und mit lächelnden Kirschenlippen in der frischen Nachtluft und fuhr in dem weißen Scheine ihres Leibes dahin, indes ihr langes rabenschwarzes Haar wie eine Nachtfahne hinter ihr her flatterte. In einem Loch am Schornstein saß ein alter Eulenvogel und zu diesem begab sich jetzt der befreite Spiegel, eine fette Maus im Maule, die er unterwegs gefangen.

»Wünsch' guten Abend, liebe Frau Eule! Eifrig auf der Wacht?« sagte er, und die Eule erwiderte: »Muß wohl! Wünsch' gleichfalls guten Abend! Ihr habt Euch lange nicht sehen lassen, Herr Spiegel!«

»Hat seine Gründe gehabt, werde Euch das erzählen. Hier habe ich Euch ein Mäuschen gebracht, schlecht und recht, wie es die Jahreszeit gibt, wenn Ihr's nicht verschmähen wollt! Ist die Meisterin ausgeritten?«

»Noch nicht, sie will erst gegen Morgen auf ein Stündchen hinaus. Habt Dank für die schöne Maus! Seid doch immer der höfliche Spiegel! Habe hier einen schlechten Sperling zur Seite gelegt, der mir heut zu nahe flog; wenn Euch beliebt, so kostet den Vogel! Und wie ist es Euch denn ergangen?«

»Fast wunderlich«, erwiderte Spiegel, »sie wollten mir an den Kragen. Hört, wenn es Euch gefällig ist.« Während sie nun vergnüglich ihr Abendessen einnahmen, erzählte Spiegel der aufmerksamen Eule alles, was ihn betroffen und wie er sich aus den Händen des Herrn Pineiß befreit habe. Die Eule sagte: »Da wünsch' ich tausendmal Glück, nun seid Ihr wieder ein gemachter Mann und könnt gehen, wo Ihr wollt, nachdem Ihr mancherlei erfahren!«

»Damit sind wir noch nicht zu Ende«, sagte Spiegel, »der Mann muß seine Frau und seine Goldgulden haben!«

»Seid Ihr von Sinnen, dem Schelm noch wohlzutun, der Euch das Fell abziehen wollte?«

»Ei, er hat es doch rechtlich und vertragsmäßig tun können, und da ich ihn in gleicher Münze wieder bedienen kann, warum sollt' ich es unterlassen? Wer sagt denn, daß ich ihm wohltun will? Jene Erzählung war eine reine Erfindung von mir, meine in Gott ruhende Meisterin war eine simple Person, welche in ihrem Leben nie verliebt, noch von Anbetern umringt war, und jener Schatz ist ein ungerechtes Gut, das sie einst ererbt und in den Brunnen geworfen hat, damit sie kein Unglück daran erlebe.

›Verflucht sei, wer es da herausnimmt und verbraucht‹, sagte sie. Es macht sich also in Betreff des Wohltuns!«

»Dann ist die Sache freilich anders! Aber nun, wo wollt Ihr die entsprechende Frau hernehmen?« »Hier aus diesem Schornstein! Deshalb bin ich gekommen, um ein vernünftiges Wort mit Euch zu reden! Möchtet Ihr denn nicht einmal wieder frei werden aus den Banden dieser Hexe? Sinnt nach, wie wir sie fangen und mit dem alten Bösewicht verheiraten!«

»Spiegel, Ihr braucht Euch nur zu nähern, so weckt Ihr mir ersprießliche Gedanken.«

»Das wußt' ich wohl, daß Ihr klug seid! Ich habe das Meinige getan und es ist besser, daß Ihr auch Euren Senf dazu gebt und neue Kräfte vorspannt, so kann es gewiß nicht fehlen!«

»Da alle Dinge so schön zusammentreffen, so brauche ich nicht lange zu sinnen, mein Plan ist längst gemacht!« »Wie fangen wir sie?« »Mit einem neuen Schnepfengarn aus guten starken Hanfschnüren; geflochten muß es sein von einem zwanzigjährigen Jägerssohn, der noch kein Weib angesehen hat, und es muß schon dreimal der Nachttau darauf gefallen sein, ohne daß sich eine Schnepfe gefangen; der Grund aber hiervon muß dreimal eine gute Handlung sein. Ein solches Netz ist stark genug, die Hexe zu fangen.«

»Nun bin ich neugierig, wo Ihr ein solches hernehmt«, sagte Spiegel, »denn ich weiß, daß Ihr keine vergeblichen Worte schwatzt!«

»Es ist auch schon gefunden, wie für uns gemacht; in einem Walde nicht weit von hier sitzt ein zwanzigjähriger Jägerssohn, welcher noch kein Weib angesehen hat; denn er ist blind geboren. Deswegen ist er auch zu nichts zu gebrauchen, als zum Garnflechten und hat vor einigen Tagen ein neues, sehr schönes Schnepfengarn zustande gebracht. Aber als der alte Jäger es zum ersten Male ausspannen wollte, kam ein Weib daher, welches ihn zur Sünde verlocken wollte; es war aber so häßlich, daß der alte Mann voll Schreckens davonlief und das Garn am Boden liegen ließ. Darum ist ein Tau darauf gefallen, ohne daß sich eine Schnepfe fing, und war also eine gute Handlung daran schuld. Als er des andern Tages hinging, um das Garn abermals auszuspannen, kam eben ein Reiter daher, welcher einen schweren Mantelsack hinter sich hatte; in diesem war ein Loch, aus welchem von Zeit zu Zeit ein Goldstück auf die Erde fiel. Da ließ der Jäger das Garn abermals liegen und lief eifrig hinter dem

Reiter her und sammelte die Goldstücke in seinen Hut, bis der Reiter sich umkehrte, es sah und voll Grimm seine Lanze auf ihn richtete. Da bückte der Jäger sich erschrocken, reichte ihm den Hut dar und sagte: ›Erlaubt, gnädiger Herr, Ihr habt hier viel Gold verloren, das ich Euch sorgfältig aufgelesen!‹ Dies war wiederum eine gute Handlung, indem das ehrliche Finden eine der schwierigsten und besten ist; er war aber so weit von dem Schnepfengarn entfernt, daß er es die zweite Nacht im Walde liegen ließ und den näheren Weg nach Hause ging. Am dritten Tag endlich, nämlich gestern, als er eben wieder auf dem Wege war, traf er eine hübsche Gevattersfrau an, die dem Alten um den Bart zu gehen pflegte und der er schon manches Häslein geschenkt hat. Darüber vergaß er die Schnepfen gänzlich und sagte am Morgen: ›Ich habe den armen Schnepflein das Leben geschenkt; auch gegen Tiere muß man barmherzig sein!‹ Und um dieser drei guten Handlungen willen fand er, daß er jetzt zu gut sei für diese Welt, und ist heute vormittag beizeiten in ein Kloster gegangen. So liegt das Garn noch ungebraucht im Walde und ich darf es nur holen.« »Holt es geschwind!« sagte Spiegel, »es wird gut sein zu unserm Zweck!« »Ich will es holen«, sagte die Eule, »steht nur so lang Wache für mich in diesem Loch, und wenn etwa die Meisterin den Schornstein hinaufrufen sollte, ob die Luft rein sei? so antwortet, indem Ihr meine Stimme nachahmt: ›Nein, es stinkt noch nicht in der Fechtschul'!‹ Spiegel stellte sich in die Nische und die Eule flog still über die Stadt weg nach dem Wald. Bald kam sie mit dem Schnepfengarn zurück und fragte: »Hat sie schon gerufen?« »Noch nicht!« sagte Spiegel.

Da spannten sie das Garn aus über den Schornstein und setzten sich daneben still und klug; die Luft war dunkel und es ging ein leichtes Morgenwindchen, in welchem ein paar Sternbilder flackerten. »Ihr sollt sehen«, flüsterte die Eule, »wie geschickt die durch den Schornstein heraufzusäuseln versteht, ohne sich die blanken Schultern schwarz zu machen!« »Ich hab' sie noch nie so nah gesehen«, erwiderte Spiegel leise, »wenn sie uns nur nicht zu fassen kriegt!«

Da rief die Hexe von unten: »Ist die Luft rein?« Die Eule rief: »Ganz rein, es stinkt herrlich in der Fechtschul'!« und alsbald kam die Hexe heraufgefahren und wurde in dem Garne gefangen, welches die Katze und die Eule eiligst zusammenzogen und verbanden. »Halt fest!« sagte Spiegel, und »Binde gut!« die Eule.

Die Hexe zappelte und tobte mäuschenstill, wie ein Fisch im Netz; aber es half ihr nichts und das Garn bewährte sich auf das beste. Nur der Stiel ihres Besens ragte durch die Maschen. Spiegel wollte ihn sachte herausziehen, erhielt aber einen solchen Nasenstüber, daß er beinahe in Ohnmacht fiel und einsah, wie man auch einer Löwin im Netz nicht zu nahe kommen dürfe. Endlich hielt sich die Hexe still und sagte: »Was wollt ihr denn von mir, ihr wunderlichen Tiere?«

»Ihr sollt mich aus Eurem Dienst entlassen und meine Freiheit zurückgeben!« sagte die Eule. »So viel Geschrei und wenig Wolle!« sagte die Hexe, »du bist frei, mach' dies Garn auf!« »Noch nicht!« sagte Spiegel, der immer noch seine Nase rieb, »Ihr müßt Euch verpflichten, den Stadthexenmeister Pineiß, Euren Nachbar, zu heiraten auf die Weise, wie wir Euch sagen werden, und ihn nicht mehr zu verlassen!« Da fing die Hexe wieder an zu zappeln und zu prusten wie der Teufel, und die Eule sagte: »Sie will nicht dran!« Spiegel aber sagte: »Wenn Ihr nicht ruhig seid und alles tut, was wir wünschen, so hängen wir das Garn samt seinem Inhalte da vorn an den Drachenkopf der Dachtraufe, nach der Straße zu, daß man Euch morgen sieht und die Hexe erkennt! Sagt also: Wollt Ihr lieber unter dem Vorsitze des Herrn Pineiß gebraten werden, oder ihn braten, indem Ihr ihn heiratet?«

Da sagte die Hexe mit einem Seufzer: »So sprecht, wie meint Ihr die Sache?« Und Spiegel setzte ihr alles zierlich auseinander, wie es gemeint sei und was sie zu tun hätte. »Das ist allenfalls noch auszuhalten, wenn es nichts anders sein kann!« sagte sie und ergab sich unter den stärksten Formeln, die eine Hexe binden können. Da taten die Tiere das Gefängnis auf und ließen sie heraus. Sie bestieg sogleich den Besen, die Eule setzte sich hinter sie auf den Stiel und Spiegel zuhinterst auf das Reisigbündel und hielt sich da fest, und so ritten sie nach dem Brunnen, in welchen die Hexe hinabfuhr, um den Schatz heraufzuholen.

Am Morgen erschien Spiegel bei Herrn Pineiß und meldete ihm, daß er die bewußte Person ansehen und freien könne; sie sei aber allbereits so arm geworden, daß sie, gänzlich verlassen und verstoßen, vor dem Tore unter einem Baum sitze und bitterlich weine. Sogleich kleidete sich Herr Pineiß in sein abgeschabtes gelbes Samtwämschen, das er nur bei feierlichen Gelegenheiten trug, setzte die bessere Pudelmütze auf und umgürtete sich mit seinem Degen; in die Hand nahm er einen alten grünen Handschuh, ein Balsamfläschchen, worin einst Balsam gewesen und das noch ein bißchen roch, und eine papierene Nelke, worauf er mit Spiegel vor das Tor ging, um zu freien. Dort traf er ein weinendes Frauenzimmer sitzen unter einem Weidenbaum, von so großer Schönheit, wie er noch nie gesehen; aber ihr Gewand war so dürftig und zerrissen, daß, sie mochte sich auch schamhaft gebärden, wie sie wollte, immer da oder dort der schneeweiße Leib ein bißchen durchschimmerte. Pineiß riß die Augen auf und konnte vor heftigem Entzücken kaum seine Bewerbung vorbringen. Da trocknete die Schöne ihre Tränen, gab ihm mit süßem Lächeln die Hand, dankte ihm mit einer himmlischen Glockenstimme für seine Großmut und schwur, ihm ewig treu zu sein. Aber im selben Augenblicke erfüllte ihn eine solche Eifersucht und Neideswut auf seine Braut, daß er beschloß, sie vor keinem menschlichen Auge jemals sehen zu lassen. Er ließ sich bei einem uralten Einsiedler mit ihr trauen und feierte das Hochzeitmahl in seinem Hause, ohne andere Gäste als Spiegel und die Eule, welche ersterer mitzubringen sich die Erlaubnis erbeten hatte. Die zehntausend Goldgulden standen in einer Schüssel auf dem Tisch und Pineiß griff zuweilen hinein und wühlte in dem Golde; dann sah er wieder die schöne Frau an, welche in einem meerblauen Sammetkleide dasaß, das Haar mit einem goldenen Netze umflochten und mit Blumen geschmückt, und den weißen Hals mit Perlen umgeben. Er wollte sie fortwährend küssen, aber sie wußte verschämt und züchtig ihn abzuhalten, mit einem verführerischen Lächeln, und schwur, daß sie dieses vor Zeugen und vor Anbruch der Nacht nicht tun würde. Dies machte ihn nur noch verliebter und glückseliger, und Spiegel würzte das Mahl mit lieblichen Gesprächen, welche die schöne Frau mit den angenehmsten, witzigsten und einschmeichelndsten Worten fortführte, so daß der Hexenmeister nicht wußte, wie ihm geschah vor Zufriedenheit. Als es aber dunkel geworden, beurlaubten sich die Eul und die Katze und entfernten sich bescheiden; Herr Pineiß begleitete sie bis unter die Haustüre mit einem Lichte und dankte dem Spiegel nochmals, indem er ihn einen trefflichen und höflichen Mann nannte, und als er in die Stube zurückkehrte, saß die alte weiße Beghine, seine Nachbarin, am Tisch und sah ihn mit einem bösen Blick an. Entsetzt ließ Pineiß den Leuchter fallen und lehnte sich zitternd an die Wand. Er hing die Zunge heraus und sein Gesicht war so fahl und spitzig geworden, wie das der Beghine. Diese aber stand auf, näherte sich ihm und trieb ihn vor sich her in die Hochzeitkammer, wo sie mit höllischen Künsten ihn auf eine Folter spannte, wie noch kein Sterblicher erlebt. So war er nun mit der Alten unauflöslich verehelicht, und in der Stadt hieß es, als es ruchbar wurde: »Ei seht, wie stille Wasser tief sind! Wer hätte gedacht, daß die fromme Beghine und der Herr Stadthexenmeister sich noch verheiraten würden! Nun, es ist ein ehrbares und rechtliches Paar, wenn auch nicht sehr liebenswürdig!«

Herr Pineiß aber führte von nun an ein erbärmliches Leben; seine Gattin hatte sich sogleich in den Besitz aller seiner Geheimnisse gesetzt und beherrschte ihn vollständig. Es war ihm nicht die geringste Freiheit und Erholung gestattet, er mußte hexen vom Morgen bis zum Abend, was das Zeug halten wollte, und wenn Spiegel vorüberging und es sah, sagte er freundlich: »Immer fleißig, fleißig, Herr Pineiß?«

Seit dieser Zeit sagt man zu Seldwyla: Er hat der Katze den Schmer abgekauft! besonders wenn einer eine böse und widerwärtige Frau erhandelt hat.

Dietegen

An den Nordabhängen jener Hügel und Wälder, an welchen südlich Seldwyla liegt, florierte noch gegen das Ende des fünfzehnten Jahrhunderts die Stadt Ruechenstein im kühlen Schatten. Grau und finster war das gedrängte Korpus ihrer Mauern und Türme, schlecht und recht die Rät' und Bürger der Stadt, aber streng und mürrisch, und ihre Nationalbeschäftigung bestand in Ausübung der obrigkeitlichen Autorität, in Handhabung von Recht und Gesetz, Mandat und Verordnung, in Erlaß und Vollzug. Ihr höchster Stolz war der Besitz eines eigenen Blutbannes, groß und dick, den sie im Verlauf der Zeiten aus verschiedenen zerstreuten Blutgerichten von Kaiser und Reich so eifrig und opferfreudig an sich gebracht und abgerundet hatten, wie andere Städte ihre Seelenfreiheit und irdisches Gut. Auf den Felsvorsprüngen rings um die Stadt ragten Galgen, Räder und Richtstätten mannigfacher Art, das Rathaus hing voll eiserner Ketten mit Halsringen, eiserne Käfige hingen auf den Türmen, und hölzerne Drehmaschinen, worin die Weiber gedrillt wurden, gab es an allen Straßenecken. Selbst an dem dunkelblauen Flusse, der die Stadt bespülte, waren verschiedene Stationen errichtet, wo die Übeltäter ertränkt oder geschwemmt wurden, mit zusammengebundenen Füßen oder in Säcken, je nach der feineren Unterscheidung des Urteils.

Die Ruechensteiner waren nun nicht etwa eiserne, robuste und schreckhafte Gestalten, wie man aus ihren Neigungen hätte schließen können; sondern es war ein Schlag Leute von ganz gewöhnlichem, philisterhaftem Aussehen, mit runden Bäuchen und dünnen Beinen, nur daß sie durchweg lange gelbe Nasen zeigten, eben dieselben, mit denen sie sich gegenseitig das Jahr hindurch beschnarchten und anherrschten. Niemand hätte ihrem kümmelspalterischen Leiblichen, wie es erschien, so derbe Nerven zugetraut, als zum Anschaun der unaufhörlichen Hochnotpeinlichkeit erforderlich waren. Allein sie hatten's in sich verborgen.

So hielten sie ihre Gerichtsbarkeit über ihrem Weichbilde ausgespannt gleich einem Netz, immer auf einen Fang begierig; und in der Tat gab es nirgends so originelle und seltsame Verbrechen zu strafen, wie zu Ruechenstein. Ihre unerschöpfliche Erfindungsgabe in neuen Strafen schien diejenige der Sünder ordentlich zu reizen und zum Wetteifer anzuspornen; aber wenn dennoch ein Mangel an Übeltätern eintrat, so waren sie darum nicht verlegen, sondern fingen und bestraften die Schelmen anderer Städte; und es mußte einer ein gutes Gewissen haben, wenn er über ihr Gebiet gehen wollte. Denn sobald sie von irgendeinem Verbrechen, in weiter Ferne begangen, hörten, so fingen sie den ersten besten Landläufer und spannten ihn auf die Folter, bis er bekannte, oder bis es sich zufällig erwies, daß jenes Verbrechen gar nicht verübt worden. Sie lagen wegen ihren Kompetenzkonflikten auch immer im Streit mit dem Bunde und den Orten und mußten öfter zurechtgewiesen werden.

Zu ihren Hinrichtungen, Verbrennungen und Schwemmungen liebten sie ein windstilles, freundliches Wetter, daher an recht schönen Sommertagen immer etwas vorging. Der Wanderer im fernen Felde sah dann in dem grauen Felsennest nicht selten das Aufblitzen eines Richtschwertes, die Rauchsäule eines Scheiterhaufens, oder im Flusse wie das glänzende Springen eines Fisches, wenn etwa eine geschwemmte Hexe sich emporschnellte. Das Wort Gottes hätte ihnen übel geschmeckt ohne mindestens ein Liebespärchen mit Strohkränzen vor dem Altar und ohne Verlesen geschärfter Sittenmandate. Sonstige Freuden, Festlichkeiten und Aufzüge gab es nicht, denn alles war verboten in unzähligen Mandaten.

Man kann sich leicht denken, daß diese Stadt keine widerwärtigeren Nachbarn haben konnte, als die Leute von Seldwyla; auch saßen sie diesen hinter dem Walde im Nacken, wie das böse Gewissen. Jeder Seldwyler, der sich auf Ruechensteiner Boden betreten ließ, wurde gefangen und auf den zuletzt gerade vorgefallenen Frevel inquiriert. Dafür packten die Seldwyler jeden Ruechensteiner, der sich bei ihnen erwischen ließ, und gaben ihm auf dem Markt ohne weitere Untersuchung, bloß weil er ein Ruechensteiner war, sechs Rutenstreiche auf den Hintern. Dies war das einzige Birkenreis, was sie gebrauchten, da sie sich selbst untereinander nicht weh zu tun liebten. Dann färbten sie ihm mit einer höllischen Farbe die lange Nase schwarz und ließen ihn unter schallendem Jubelgelächter nach Hause laufen. Deshalb sah man zu Ruechenstein immer einige besonders mürrische Leute mit geschwärzten, nur langsam verbleichenden Nasen herumgehen, welche wortkarg nach Armensünderblut schnupperten.

Die Seldwyler aber hielten jene Farbtunke stets bereit in einem eisernen Topfe, auf welchen das Ruechensteiner Stadtwappen gemalt war und welchen sie den »freundlichen Nachbar« benannten und samt dem Pinsel im Bogen des nach Ruechenstein führenden Tores aufhingen. War die Beize aufgetrocknet oder verbraucht, so wurde sie unter närrischem Aufzug und Gelage erneuert zum Schabernack der armen Nachbarn. Hierüber wurden diese einmal so ergrimmt, daß sie mit dem Banner auszogen, die Seldwyler zu züchtigen. Diese, noch rechtzeitig unterrichtet, zogen ihnen entgegen und griffen sie unerschrocken an. Allein die Ruechensteiner hatten ein Dutzend graubärtige verwitterte Stadtknechte, welche neue Stricke an den Schwertgehängen trugen, ins Vordertreffen gestellt, worüber die Seldwyler eine solche Scheu ergriff, daß sie zurückwichen und fast verloren waren, wenn nicht ein guter Einfall sie gerettet hätte; denn sie führten Spaßes halber den »freundlichen Nachbar« mit sich und statt des Banners einen langen ungeheuren Pinsel. Diesen tauchte der Träger voll Geistesgegenwart in die schwarze Wichse, sprang mutig den vordersten Feinden entgegen und bestrich blitzschnell ihre Gesichter, also daß alle, die zunächst von der verabscheuten Schwärze bedroht waren, Reißaus nahmen und keiner mehr der vorderste sein wollte. Darüber geriet ihre Schar ins Schwanken; ein unbestimmter Schreck ergriff die Hintern, während die Seldwyler ermutigt wieder vordrangen unter wildem Gelächter und die Ruechensteiner gegen ihre Stadt zurückdrängten. Wo diese sich zur Wehre setzten, rückte der gefürchtete Pinsel herbei an seinem langen Stiele, wobei es keineswegs ohne ernsthaften Heldenmut zuging; schon zweimal waren die verwegenen Pinselträger von Pfeilen durchbohrt gefallen, und jedesmal hatte ein anderer die seltsame Waffe ergriffen und von neuem in den Feind getragen.

Am Ende aber wurden die Ruechensteiner gänzlich zurückgeschlagen und flohen mit ihrem Banner in hellem Haufen durch den Wald zurück, die Seldwyler auf den Fersen. Sie konnten sich mit Not in die Stadt retten und das Tor schließen, welches ihre Verfolger samt der Zugbrücke so lange mit dem verwünschten

Pinsel schwarz bekleckstcn, bis jene sich etwas gesammelt und die lärmenden Maler mit Kalktöpfen bewarfen.

Weil nun einige angesehene Seldwyler in der Hitze des Andranges in die Stadt geraten und dort abgeschlossen, dafür aber auch ein Dutzend Ruechensteiner von den Siegern gefangen worden waren, so verglich man sich nach einigen Tagen zur Auswechslung dieser Gefangenen und hieraus entstand ein förmlicher Friedensschluß, so gut es gehen wollte. Man hatte sich beiderseitig etwas ausgetobt und empfand ein Bedürfnis ruhiger Nachbarschaft. So wurde ein freundnachbarliches Benehmen verheißen; zum Beginn desselben versprachen die Seldwyler den eisernen Topf auszuliefern und für immer abzuschaffen, und die Ruechensteiner sollten dagegen auf jedes eigenmächtige Strafverfahren gegen spazierende Seldwyler feierlich Verzicht leisten, sowie die diesfälligen Rechte überhaupt sorgfältig ausgeschieden werden.

Zur Bestätigung solchen Übereinkommens wurde ein Tag angesetzt und die Berglichtung zur Zusammenkunft gewählt, auf welcher das Haupttreffen stattgefunden hatte. Von Ruechenstein fanden sich einige jüngere Ratsherren ein; denn die Alten brachten es nicht über sich, in Minne mit den Leuten von Seldwyla zu verkehren. Diese erschienen auch wirklich in zahlreicher Abordnung, brachten den »freundlichen Nachbar« mit lustigem Aufwand und führten ein Fäßchen ihres ältesten Stadtweines mit nebst einigen schönen silbernen und vergoldeten Ehrengeschirren. Damit betörten sie denn die jungen Ruechensteiner Herren, denen ein ungewohnter Sonnenblick aufging, so glücklich, daß sie sich verleiten ließen, statt unverweilt heimzukehren, mit den Verführern nach Seldwyla zu gehen. Dort wurden sie auf das Rathaus geleitet, wo ein gehöriger Schmaus bereit war; schöne Frauen und Jungfrauen fanden sich ein, immer mehrere Stäufe, Köpfe, Schalen und Becher wurden aufgesetzt, so daß über all dem Glänzen der feurigen Augen und des edlen Metalles die armen Ruechensteiner sich selbst vergaßen und ganz guter Dinge wurden. Sie sangen, da sie nichts anderes konnten, einen lateinischen Psalm um den andern zwischen die Zechlieder der Seldwyler und endeten höchst leichtsinnig damit, daß sie diese dringend einluden, ihrer Stadt mit ihren Frauen und Töchtern einen Gegenbesuch zu machen, und ihnen den freundlichsten Empfang versprachen. Hierauf erfolgte die einmütige Zusage, hierauf neuer Jubel, kurz die Geschäftsherren von Ruechenstein verabschiedeten sich in vollständiger Seligkeit und hielten sich, Schnippchen schlagend, dazu noch für glückliche Eroberer, als die lachenden Damen ihnen bis zum Tore das Geleit gaben.

Freilich verzog sich das liebliche Antlitz der Sache, als die fröhlichen Herren am andern Tage in ihrer finstern Stadt erwachten und nun Bericht erstatten mußten über den ganzen Hergang. Wenig fehlte, als sie zum Punkte der Einladung gediehen, daß sie nicht als Behexte inhaftiert und untersucht wurden. Indessen fühlten sie auch obrigkeitliches Blut in ihren Adern, und obgleich sie das Ding selbst schon gereute, so blieben sie doch fest bei der Stange, ihr gegebenes Wort zu lösen, und stellten den Alten vor, wie die Ehre der Stadt es schlechterdings erfordere, die Seldwyler gut zu empfangen. Sie gewannen einen Anhang unter der Bürgerschaft, vorzüglich durch ihre Beschreibung des reichen Stadtgerätes, womit die Seldwyler so herausfordernd geprahlt hätten, sowie durch das Herausstreichen ihrer Frauen und deren zierlicher Kleidung. Die Männer fanden, das dürfe man sich nicht bieten lassen, man müsse den eigenen Reichtum dagegen auftischen, der in den eisernen Schränken funkle, und die Frauen juckte es, die strengen Kleidermandate zu umgehen und unter dem Deckmantel der Politik sich einmal tüchtig zu schmücken und zu putzen. Denn das Zeug dazu hatten sie alle in den Truhen liegen, sonst wären ihnen die strengen Verordnungen längst unerträglich gewesen und durch ihre Macht gestürzt worden. Der Empfang der neuen Freunde und alten Widersacher ward also durchgesetzt, zum großen Verdruß der Bejahrteren. Auch beschlossen diese sogleich, den ärgerlichen Tag durch eine vorzunehmende Hinrichtung zu feiern und damit eine zu lebhafte Fröhlichkeit heilsam und würdig zu dämpfen. Während die jüngeren Herren mit den Zurichtungen zum Feste betätigt waren, trafen jene in aller Stille ihre Anstalten und nahmen einen ganz jungen, unmündigen armen Sünder beim Kragen, der gerade im Netze zappelte. Es war ein bildschöner Knabe von elf Jahren, dessen Eltern in kriegerischen Zeitläufen verschollen waren und der von der Stadt erzogen wurde. Das heißt, er war einem niederträchtigen und bösen Bettelvogt in die Kost gegeben, welcher das schlanke, wohlgebildete und kraftvolle Kind fast wie ein Haustier hielt und dabei an seiner Frau eine wackere Helferin fand. Der Knabe wurde Dietegen genannt, und dieser Taufname war sein ganzes Hab und Gut, sein Morgen- und Abendsegen und sein Reisegeld in die Zukunft. Er war erbärmlich gekleidet, hatte nie ein Sonntagsgewand besessen und würde an den Feiertagen, wo alles besser gekleidet ging, in seinem Jammerhabitchen wie eine Vogelscheuche ausgesehen haben, wenn er nicht so schön gewesen wäre. Er mußte scheuern und fegen und lauter solche Mägdearbeiten verrichten, und wenn die Bettelvögtin nichts Schnödes für ihn zu tun hatte, so lieh sie ihn den Nachbarsweibern aus gegen Mietsgeld, um ihnen alle Lumpereien zu tun, die sie begehrten. Sie hielten ihn trotz seiner Anstelligkeit für einen dummen Kerl, weil er sich stillschweigend allem unterzog und nie Widerstand leistete; und dennoch vermochten sie nicht lang ihm in die feurigen Augen zu blicken, wenn er in unbewußter Kühnheit blitzend umhersah.

Vor mehreren Tagen nun war Dietegen gegen Abend zum Küfer geschickt worden, um Essig zu holen, da es seine Pflegeeltern nach einem Salat gelüstete. Der Essig wurde seit alter Zeit in einem kleinen Kännchen gehalten, welches, schwarz angelaufen, wie es war, für schlechtes Blech angesehen wurde und schon von der Mutter der Bettelvögtin einst für einige Pfennige nebst anderem Gerümpel gekauft worden, das aber in der Tat von gutem Silber war. Der Küfer, der den Essig machte, wohnte in einer einsamen Gegend hinter der Stadtmauer. Wie nun der Knabe mit seinem Kännchen so daherkam, schlich ein alter Jude mit seinem Sack vorbei, welcher schnell einen Blick auf das zierlich gearbeitete, obwohl schmutzige Gefäß warf,und es dem Burschen mit schmeichlerischen Worten zur näheren Betrachtung abforderte. Dietegen gab es hin, der Jude schürfte heimlich mit seinem großen Daumnagel daran, und bot dem Erstaunten sogleich eine hübsch aussehende Armbrust dafür zum Tausch an, welche er aus dem Sacke zog, nebst einigen Bolzen in einer Tasche von zerfressenem Otterfell. Begierig griff der Junge nach der Waffe und spannte sie sogleich mit geschickter und kräftiger Hand, während der Hebräer sachte seines Weges ging, ohne daß jener sich weiter um ihn kümmerte. Im Gegenteil fing er alsbald an, nach der Türe eines kleinen Turmes zu schießen, der dort an die Mauer gebaut war, und ohne von jemand gestört zu werden, setzte er, die ganze Welt vergessend, das Spiel fort, bis es dunkelte, und schoß immer fort im Scheine des aufgegangenen Mondes.

Unterdessen hatte der Bettelvogt auch noch einen Gang um die Stadt gemacht und den Juden gefangen, welcher eben aus dem Tore schlüpfen wollte. Als der Sack des Juden untersucht wurde, erkannte der Vogt verwundert sein Essigkrüglein, das er soeben dem Pflegling selbst in die Hand gegeben. Der Jud, in der Angst um seinen Hals, gestand sogleich, daß es von Silber sei, und gab vor, ein junger Mensch habe es ihm mit Gewalt für eine herrliche Armbrust aufgedrängt, die gleichwohl nicht so viel wert sein möge. Jetzt lief der Bettelvogt und holte einen Goldschmied; der prüfte das Kännchen und bestätigte, daß es ein altes feines Ding von Silber sei und von trefflicher Arbeit. Da gerieten der Bettelvogt und sein Weib, das mittlerweile auch herbeigelaufen, in die größte Aufregung und Wut, erstens, weil sie, ohne es zu wissen, ein so kostbares Essighäfelchen besaßen, und zweitens, weil sie fast darum gekommen wären. Die Welt schien ihnen voll des ungeheuersten Unrechtes zu gären, das Kind erschien ihnen als der Erbfeind, der ihre ewige Seligkeit, den Lohn unendlicher Duldungen und Verdienste, beinahe entführt hätte. Sie stellten sich plötzlich, als ob sie von je gewußt hätten, daß die Kanne von Silber sei und als ob sie immer in ihrem Hause dafür gegolten. Mit den tollsten Verwünschungen klagten sie den Knaben des schweren Diebstahls an, und während der Arglose noch immer mit seinen Pfeilen beschäftigt war und mit jedem Schusse das Ziel besser traf, zogen schon zwei Haufen von Häschern aus, den Entflohenen zu suchen; an der Spitze des einen zog der Bettelvogt einher, vor dem andern die Frau, die es sich nicht nehmen ließ. So stießen sie von verschiedenen Seiten bald auf den Schützen, welcher rüstig im Mondlicht hantierte und wie aus einem Traum erwachte, als er unversehens umringt war. Nun fiel ihm erst seine Versäumnis ein und zugleich der Mangel des Kännchens. Aber er glaubte, einen guten Handel gemacht zu haben, reichte auch lächelnd dem Bettelvogt die Armbrust hin, um ihn zu begütigen. Nichtsdestoweniger wurde er auf der Stelle gebunden, ins Gefängnis geschleppt, verhört und er gab den ganzen Hergang zu, ohne sich im mindesten verteidigen zu können.

Dies arme Kind wurde nun zum Galgen verurteilt und die Hinrichtung auf den Tag verlegt, da die Seldwyler zum Besuch kommen wollten.

Sie erschienen denn auch in stattlichem Zuge, in leuchtenden Farben und ihre Stadttrompeter an der Spitze; übrigens waren sie alle mit guten Schwertern und Dolchen bewaffnet, führten aber nichtsdestominder ein Dutzend ihrer kecksten jungen Frauen, reich geschmückt, in der Mitte und sogar einige Kinder in den

Stadtfarben, welche Geschenke trugen. Die jungen Ratsherren von Ruechenstein, ihre Freunde, ritten ihnen eine Strecke vor das Tor entgegen, bewillkommten sie und führten sie etwas kleinmütig in die Stadt. Das Tor war möglichst abgekratzt, frisch übertünkt und mit etwas magerem Kranzwerk behangen. Innerhalb des Tores aber standen die sämtlichen Stadtknechte aufgestellt in voller Rüstung, welche rasselnd und klirrend den Zug durch die schattig dunklen Straßen begleiteten. Die Leute guckten stumm, aber neugierig aus den Fenstern, wie wenn ein Meerwunder sich durch die Gasse gewälzt hätte, und wo ein Seldwyler lustig hinaufsah und grüßte, da fuhren die Weiber scheu mit den Köpfen zurück. Ihre Männer hingegen drückten sich seltsam die Nasenspitzen an den grünlichen Glasscheiben platt, um die ungewohnte Erscheinung bloßer Frauenhälse zu beobachten.

Also erreichte der Zug die große Ratsstube. Die war reich, aber düster anzusehen, Wände und Decke ganz mit schwarz gefärbtem Eichenholz getäfert mit etwas Vergoldung. Eine lange Tafel war mit gewirktem Linnenzeug gedeckt, worein Laubwerk mit Hirschen, Jägern und Hunden mit grüner Seide und Goldfäden gewoben war. Darüber lagen noch feine Tüchlein von ganz weißem Damast, welche bei näherem Hinsehen ein gar kunstreiches Bildwerk von sehr fröhlichen Göttergeschichten zeigte, wie man sie in diesem gravitätischen Saale am wenigsten vermutet hätte. Auf diesem prächtigen Gedecke stand nun alles bereit, was zu einer öffentlichen Mahlzeit gehörte, und darunter besonders eine große Zahl köstlicher Geschirre, welche wiederum in getriebener Arbeit, bald halb erhaben, bald rund, eine glänzende Welt bewegter Nymphen, Najaden und anderer Halbgötter zur Schau trugen; sogar das Hauptstück, ein hoch aufgetakeltes silbernes Kriegsschiff, sonst ganz ehrbar und staatsmäßig, zeigte als Galion eine Galatea von den verwegensten Formen.

Längs dieser Tafel ging eine Anzahl von Ratsfrauen auf und ab, in starre schwarze oder blutrote Seidengewänder gekleidet, von steifem Spitzenschmuck bis an das Kinn verhüllt. Sie trugen vielfache goldene Ketten, Gürtel und Hauben, und über den Handschuhen eine Menge Ringe an allen Fingern. Diese Frauen waren nicht häßlich, sondern eher hübsch zu nennen; wenigstens waren fast alle mit einer zarten durchsichtigen Gesichtsfarbe und zierlichen roten Wänglein begabt; aber sie sahen so unfreundlich, streng und sauer aus, daß man zweifelte, ob sie je in ihrem Leben gelacht, wenn nicht höchstens einmal in dunkler Nacht, wenn sie dem Mann die erste Nachtmütze aufgeschwatzt hatten.

Die Begrüßung war denn auch befangen genug und man war allerseits froh, bald am Tische zu sitzen und die Verlegenheit mit Essen und Trinken zu vertreiben. Die Seldwyler fanden zuerst ihre natürliche Heiterkeit wieder und zwar durch die Bewunderung des reichen Tafelzeuges. Dies gefiel den Ruechensteinern nicht übel und sie schickten sich eben an, ein steifes Gespräch zu führen, als die Sache eine Wendung nahm, die sie sich nie geträumt hätten. Denn die Seldwyler, welche ihre Augen gebrauchten, entdeckten alsbald die heitern und anmutigen Darstellungen der gewirkten Decken sowohl, wie der Trinkgeschirre, ließen die Blicke voll lachenden Vergnügens über die freien und üppigen Szenen schweifen, machten sich gegenseitig aufmerksam und wußten scherzend und zierlich das Dargestellte zu deuten und zu benennen, und die Damen hielten sich so wenig zurück als die Herren. Dies dünkte die Wirte und Wirtinnen doch etwas kindisch und sie sahen jetzt auch näher zu, was denn da so lustig zu betrachten wäre. Wie vom Himmel gefallen, erstarrten sie mit offenem Munde! Sie hatten in ihrem beschränkten Sinne all die Herrlichkeit noch gar nie genauer beschaut und Zierat schlechtweg für Zierat genommen, der seinen Dienst zu tun habe, ohne daß ernsthafte Leute ihn eines schärferen Blickes würdigen. Nun sahen sie mit Entsetzen, welch eine heidnische Greuelwelt sie dicht unter ihren ehrbaren Augen hatten. Aber sie waren empört über die neugierige und ungezogene Art, mit welcher die Seldwyler den unbedeutenden Tand ans Licht zogen, anstatt gesetzt und würdig darüber wegzusehen und nur die Kostbarkeit der Stoffe zu bewundern. Die Herren lächelten sauer und mißvergnügt, wenn hier eine Leda und dort eine Europa entdeckt wurde; die Frauen aber erröteten und wurden blaß vor Zorn, und sie waren eben daran, entrüstet aufzubrechen, als der traurige Klang einer Glocke sie plötzlich beruhigte. Es war das Armensünderglöckchen von Ruechenstein; ein dumpfes Geräusch auf der Straße verkündete, daß der junge Dietegen jetzt zum Galgen hinausgeführt werde. Die ganze Tischgesellschaft erhob sich und eilte an die Fenster, wobei die Ruechensteiner ihren aufgeräumten Gästen mit hämischem Lächeln den Platz freiließen.

Ein Pfaffe, ein Henker mit seinem Knecht, einige Gerichtspersonen und Scharwächter zogen vorbei und an ihrer Spitze ging der gute Dietegen barfuß und nur mit einem weißen, schwarzgesäumten Armensünderhemde bekleidet, die Hände auf den Rükken gebunden und vom Henker an einem Stricke geführt. Das schöne Haar fiel ihm auf den glänzenden bloßen Nacken, verwirrt und flehend sah er, wie Hilfe und Erbarmen suchend, an die Häuser hinauf. Unter dem Portale des Rathauses standen die festlich geputzten Knaben und Mädchen der Seldwyler, welche nach Kinderart vom Tisch gesprungen und ins Freie geeilt waren. Als der arme Sünder diese hübschen und glücklichen Kinder erblickte, dergleichen er noch nie gesehen, wollte er vor ihnen stehen bleiben und die Tränen liefen ihm heiß über die Wangen; doch der Henker stieß ihn vorwärts, daß der Zug vorüberging und bald verschwand. Die Seldwylerinnen oben erblaßten und auch ihre Männer faßte ein tiefes Grauen, da sie überhaupt nicht Liebhaber von dergleichen Vorgängen waren. Es ward ihnen unheimlich bei diesen Menschen, so daß sie dem Drängen ihrer Frauen, welche fort wollten, nachgaben, und sich, so höflich sie konnten, beurlaubten. Die Ruechensteiner dagegen waren mit dem Trumpf, welchen sie ausgespielt, zufrieden und fast heiter geworden; sie führten daher ihre werten Gäste, wie sie sagten, guter Dinge wieder zum Tore hinaus, galant und gesprächig.

Vor dem Tore stieß der Zug auf die zurückkehrenden Richtmenschen, welche mürrisch vorbeigingen. Gleich darauf folgte ein einzelner Knecht, der einen Karren vor sich her stieß, auf welchem der Gerichtete in einem schlechten Sarge lag. Scheu und ehrerbietig hielt der arme Teufel an und stellte sich zur Seite, um die glänzenden Leute vorüberziehen zu lassen, und er rückte den losen Sargdeckel zurecht, welcher stets herabzufallen und den Gehängten zu enthüllen drohte. Nun war unter den Kindern der Seldwyler ein siebenjähriges Mädchen, keck, schön und lokkig, das hatte nicht aufgehört zu weinen, seit es den Knaben hatte dahinführen sehen, und konnte nicht getröstet werden. Wie der Zug jetzt an dem Karren vorbeiging, sprang das Kind wie ein Blitz hinzu, stieg auf das Rad und warf den Deckel hinunter, so daß der leblose Dietegen vor aller Augen lag. In demselben Augenblicke schlug er die Augen auf und tat einen leisen Atemzug; denn er war in der Zerstreuung des Tages schlecht gehenkt und zu früh vom Galgen genommen worden, weil die Beamteten noch etwas von der Mahlzeit zu erschnappen gedachten. Das heftige Mädchen schrie laut auf und rief: »Er lebt noch! Er lebt noch!« Sogleich drängten sich die Frauen von Seldwyla um den Sarg, und als sie den schönen erbleichten Knaben sich regen sahen, bemächtigten sie sich seiner, nahmen ihn vom Karren und riefen ihn vollends ins Leben zurück, indem sie ihn rieben, mit Wasser besprengten, ihm Wein einflößten und ihn auf jede Weise pflegten. Die Männer unterstützten sie dabei, während die Herren Ruechensteiner ganz betroffen umherstanden und nicht wußten, was sie tun sollten. Als der Knabe endlich wieder auf den Füßen stand und sich umschaute, wie wenn er im Paradies erwacht wäre, erblickt' er plötzlich den Henkersknecht, der ihm den Strick umgelegt hatte, und entsetzt, daß auch dieser, wie er meinte, mit in den Himmel gekommen sei, flüchtete und drängte er sich aufs neue in die Frauen hinein. Gerührt baten diese die gestrengen Nachbarn, daß sie ihnen den Buben schenken möchten, zum Zeichen guter Freundschaft; die Männer stimmten ihnen bei und die Ruechensteiner, nachdem sie eine Weile geratschlagt, erklärten, daß sie nichts dagegen einzuwenden hätten, wenn sie den kleinen Sünder mitnähmen, und daß er ihnen, wie er da wäre, geschenkt sein solle samt seinem Leben. Da waren die hübschen Frauen und ihre Kinder voll Freuden, und Dietegen zog, wie er war, in seinem Armensünderhemde mit ihnen davon. Es war aber ein schöner Sommerabend, weswegen, als die Seldwyler auf der Höhe des Berges und auf ihrem Gebiete angekommen waren, sie beschlossen, sich hier in dem abendlichen Sommerwalde auf eigene Rechnung zu belustigen und von dem gehabten Schrecken zu erholen, zumal ihnen aus ihrer Stadt noch ein ansehnlicher Zuzug entgegenkam, voll Neugierde, wie es ihnen ergangen sei. So mußten denn die Musikanten wieder aufspielen und die mitgeführten Becher kreisten erst jetzt in voller Fröhlichkeit.

Dietegen blickte so glückselig, neugierig und harmlos umher, daß man von weitem sah, daß das ein unschuldiges Kind war, was seine Erzählung auch bestätigte. Die Seldwylerinnen konnten sich nicht satt an ihm sehen, flochten ihm einen Kranz von Laub und Waldblumen auf den Kopf, daß er in seinem langen weiten Hemde gar lieblich aussah, und endlich küßten sie ihn der Reihe nach, und wenn ihn die letzte aus den Armen ließ, nahm ihn die erste wieder beim Kopf.

Aber jenes kleine Mädchen, welches den Dietegen eigentlich gerettet hatte, trat jetzt plötzlich aus der Menge hervor und stellte sich zornig zwischen den Knaben und die Frau, welche ihn eben küssen wollte; es nahm ihn eifrig bei der Hand, um ihn in den Kreis der Kinder zu führen, so daß die Gesellschaft in neue Heiterkeit ausbrach und rief: »So ist es recht! Die kleine Küngolt hält ihre Eroberung fest! Und Geschmack hat sie auch, seht nur, wie gut das Männchen zu ihr paßt!« Küngolts Vater aber, der Forstmeister der Stadt, sagte: »Der Bub gefällt mir wohl, er hat sehr gute Augen! Wenn es den Herren recht ist, so nehme ich ihn einstweilen bei mir auf, da ich doch nur ein Kind habe, und will sehen, daß ich einen ehrlichen Weidmann aus ihm mache!«

Dieser Vorschlag erhielt den Beifall der Seldwyler, und so ließ Küngolt, wohl zufrieden, ihren Dietegen nicht mehr von der Hand, sondern hielt ihn fest bei sich. Das Pärchen nahm sich in der Tat höchst anmutig aus; auch das Mädchen trug einen üppigen Kranz auf dem Köpfchen und war in Grün und Rot gekleidet. Deshalb gingen sie wie ein Bild aus alter Märchenzeit vor dem fröhlichen Volke her, als dieses endlich beim glühenden Abendrot berghinunter heimwärts zog. Bald jedoch trennte sich der Forstmeister von dem Zuge und ging mit den Kindern seitwärts nach seinem Forsthause, welches unweit der Stadt im Walde lag. Ein dunkler Baumgang führte zu dem Hause, in welchem die stille Frau des Försters saß und mit Erstaunen die Kinder eintreten sah. Sogleich sammelte sich auch das Gesinde, und während die Frau den müden Kindern zu essen gab, erzählte der Mann das Abenteuer mit dem Knaben. Der war aber jetzt gänzlich erschöpft, auch fror es ihn in seiner allzuleichten Tracht; daher wurde herumgefragt, wer den Ankömmling für die erste Nacht in seinem Bette aufnehmen wolle? Aber die Knechte sowie die Magd wichen scheu zurück und hüteten sich, ein Kind zu berühren, das soeben am Galgen gehangen hatte. Da rief Küngolt eifrig: »Er soll in meinem Bettchen schlafen, es ist groß genug für uns beide!« Als hierüber alles lachte, sagte die Forstmeisterin freundlich »Das soll er, mein Kind!« Und den Jungen liebevoll betrachtend, setzte sie hinzu: »Gleich als der arme Schelm hereintrat, befiel mich eine sonderbare Ahnung, als ob ein guter Engel erschiene, der uns noch zum Heil gereichen würde. Soviel ist sicher nach meinem Gefühle: Unheil wird er uns nicht bringen!«

Damit führte sie die Kinder in das Kämmerchen neben der großen Stube und beförderte sie zu Bette. Dietegen, welcher kaum mehr sah und hörte, was um ihn vorging, machte die gewohnten Bewegungen, um sich zu entkleiden; da er aber sozusagen schon im Hemde war, so machten seine schlaftrunkenen vergeblichen Versuche einen so komischen Eindruck auf das Mädchen, welches inzwischen schon unter die Decke geschlüpft war, daß es vor Vergnügen laut auflachte und rief: »O seht mir den Hemdlemann! Er will sich immer ausziehen und hat doch weder Wämschen noch Stiefelchen an!« Auch die Mutter mußte lächeln und sagte: »Geh in Gottes Namen nur in deinem Armensünderhemdchen zu Bett, du lieber Schelm! Es ist ja ganz neu und dazu von guter Leinwand! Wahrlich, die bösen Leute zu Ruechenstein betreiben ihre Greuel wenigstens mit einem gewissen Aufwand!«

Damit deckte sie die Kinder behaglich zu und konnte sich nicht enthalten, beide zu küssen, so daß nun Dietegen herrlicher aufgehoben war, als er es sich noch am Morgen oder je in seinem Leben geträumt hätte. Aber seine Augen waren schon geschlossen und seine Seele in tiefem Schlafe. »Nun hat er aber gar nicht gebetet!« sagte Küngolt halblaut und bekümmert, worauf die Mutter erwiderte: »So bete du auch für ihn, mein Kindchen!« und in die Stube zurückging. In der Tat sprach das Mädchen nun zwei Vaterunser, eines für sich und eines für seinen Schlafkameraden, worauf es still wurde im dunklen Kämmerlein.

Geraume Zeit nach Mitternacht erwachte Dietegen, weil nun erst ihn sein Hals zu schmerzen begann von dem unfreundlichen Strick. Das Gemach war ganz hell vom Mondschein, aber er konnte sich durchaus nicht entsinnen, wo er war und was aus ihm geworden sei. Nur das erkannte er, daß es ihm, vom Halsweh abgesehen, unendlich wohl ergehe. Das Fenster stand offen, ein Brunnen klang lieblich herein, die silberne Nacht webte flüsternd in den Waldbäumen, über welchen der Mond schwebte: alles dies schien ihm unbegreiflich und wunderbar, da er noch nie den Wald, weder bei Tag noch bei Nacht, gesehen hatte. Er schaute, er horchte, endlich richtete er sich auf und sah neben sich Küngoltchen liegen, welcher der Mond gerade ins Gesicht schien. Sie lag still, aber ganz wach, weil sie vor Freude und Aufregung nicht schlafen konnte. Deshalb glänzten ihre Augen weit geöffnet und ihr Mund lächelte, als ihr der nahe Dietegen ins Gesicht schaute und sich nun besann. »Warum schläfst du nicht? Du mußt schlafen!« sagte das Mädchen; allein er klagte nun, daß ihm der Hals weh täte. Sogleich schlang Küngolt ihre zarten Ärmchen um seinen Hals und schmiegte mitleidig ihre Wangen an die seinigen, und wirklich glaubte er bald nichts mehr von dem Schmerze zu verspüren, so heilsam schien ihm dieser Verband. Nun plauderten sie halblaut; Dietegen mußte von sich erzählen; allein er war einsilbig, weil er nicht viel zu sagen wußte, was ihn freute, und vom erlebten Elend konnte er keine Darstellung machen, weil er noch keinen Gegensatz davon kannte, den heutigen Abend ausgenommen. Doch fiel ihm plötzlich sein Vergnügen mit der Armbrust ein, das er seither ganz vergessen, und er erzählte von dem alten Juden, wie er ihn in die Tinte gebracht, wie er aber herrlich geschossen habe länger als eine Stunde, und wie er sich nur wieder eine solche Armbrust wünsche. »Armbrüste und Schießzeug hat mein Vater genug, da kannst du gleich morgen anfangen zu schießen, soviel du willst!« sagte Küngoltchen, und nun fing sie an herzuzählen, was alles für gute Dinge und schöne Sachen im Hause seien, was sie selbst für Hauptsachen in einer kleinen Truhe besitze, zwei goldene Regenbogenschüsselchen, ein Halsband von Bernstein, ein Legendenbüchlein mit bunten Heiligen und auch einen schönen Schnecken, in welchem eine kleine Muttergottes sitze in Gold und roter Seide, mit einem Glasscheibchen bedeckt. Auch gehöre ihr ein vergoldeter silberner Löffel mit einem gewundenen Stiel, mit dem dürfe sie aber erst essen, wenn sie einst groß sei und einen Mann habe; dann bekomme sie zur Hochzeit den Brautschmuck ihrer Mutter und deren blaues Brokatkleid, welches ganz allein aufrecht stehen könne, ohne daß jemand drin stecke. Hierauf schwieg sie ein Weilchen; dann ihren Schlafgesellen fester an sich schließend, sagte sie leiser: »Du, Dietegen!« »Was?« fragte er, und sie erwiderte: »Du mußt mein Mann werden, wenn wir groß sind, du gehörst mein! Willst du freiwillig?« »Ja freilich«, sagte er. »So gib mir die Hand darauf!« meinte die Heiratslustige; er tat es, und nach diesem Eheversprechen schliefen sie endlich ein und erwachten nicht, bis die Sonne schon hoch am Himmel stand. Denn die gute Mutter hatte absichtlich, um dem Knaben seine Erholung zu gönnen, auch ihr Kind nicht geweckt.

Jetzt aber trat sie sorglich in die Kammer, ein vollständiges Knabengewand auf dem Arme tragend. Vor zwei Jahren war ihr von einer gefällten Eiche ein Sohn erschlagen worden, dessen Kleider, obgleich er ein Jahr älter gewesen als Dietegen, diesem recht sein mochten, da er vollkommen die Größe jenes verlorenen Kindes besaß. Es war das Feiertagskleid, welches sie mit Leid und Weh aufbewahrt; darum war sie mit der Sonne aufgestanden, um einige bunte Bänder davon abzutrennen, welche dasselbe zierten, und die Schlitze zuzunähen, die das seidene Unterfutter durchschimmern ließen. Ihre Tränen waren über dieser Arbeit wieder geflossen, als sie die rote Seide, welche wie ein verlorener Frühling hervorglänzte, allmählich hinter dem schwarzen Tuche des Wämschens und der kleinen Pumphose verschwinden sah. Aber ein süßer Trost beschlich sie, da ihr das Schicksal jetzt ein so schönes, dem Tod abgejagtes Menschenkind zusandte, welches sie mit der dunklen Hülle ihres eigenen Kindes bekleiden konnte, und sie ließ nicht nur aus Eile, sondern absichtlich die helle Seide darunter, wie das verborgene Feuer ihres eigenen Herzens; denn sie meinte es viel besser und lieblicher mit allen Wesen, als sie in ihrer Stille zu zeigen vermochte. Wenn der Junge sich gut anließ, so wollte sie die Schlitze wieder auftrennen; er sollte das Kleid ohnehin nur einige Tage für die Woche tragen, bis ein handfesteres Werkelkleid gezimmert war. Während sie aber dem Knaben Anleitung gab, das ungewohnte Staatskleid sich anzuziehen, war Küngoltchen längst aus dem Bette und hatte unversehens das abgelegte Galgenhemd erwischt und aus Mutwillen sich über den Kopf gezogen, so daß sie jetzt darin herumspazierte und es auf dem Boden nachschleppte. Dazu trug sie die Hände auf dem Rücken, wie wenn sie gebunden wären, und sang: »Ich bin ein armes Sünderlein und habe keinen Strumpf am Bein!« Darüber erschrak die Frau Forstmeisterin tödlich und erbleichte. »Um Christi willen«, sagte sie dennoch sanft und leise, »wer lehrt dich nur solche schlimmen Spässe!« und sie nahm dem vergnügten Kind das böse Hemd. Dietegen aber ergriff es voll Zorn und zerriß es mit wenig Zügen in zwanzig Stücke.

Nun die Kinder angekleidet waren, ging es endlich zum Frühstück in die Stube. Es war in der Frühe Brot gebacken worden, daher gab es frische Kümmelkuchen zu der Milchsuppe, und statt des kleinen Extrabrötchens, das sonst für Küngolt sorglich gebildet und gebacken werden mußte, daß es in seiner Gestalt den großen Broten gleichsah, waren heute zwei gemacht worden und das Mädchen ruhte nicht, bis Dietegen das vollkommenere gewählt hatte. Er aß ohne Schüchternheit alles, was man ihm gab, wie wenn er von fremden bösen Leuten in das Vaterhaus zurückgekommen wäre. Aber er war ganz still dabei und besah sich fortwährend die freundliche milde Frau, die helle Stube und die stattlichen Geräte; als er gegessen, setzte er diese Betrachtungen fort, denn die Wände waren mit Tannenholz getäfert und mit buntem Blumenwerk übermalt und in den Fenstern glänzten zwei gemalte Scheiben mit den Wappen des Mannes und der Frau. Als er auch das Buffet mit dem blanken Zinngeschirr aufmerksam beschaut, erinnerte er sich plötzlich des schmutzigen Silberkännchens, das ihn ins Unglück gebracht, und der unfreundlichen Bettelvogtswohnung, und in der Meinung, er müsse wieder dahin zurückkehren, sagte er ängstlich: »Muß ich jetzt wieder nach Haus gehen? Ich weiß den Weg nicht!«

»Den brauchst du auch nicht zu wissen«, sagte die Mutter gerührt und streichelte ihm das Kinn; »hast du noch nicht gemerkt, daß du bei uns bleiben mußt? Geh jetzt mit ihm herum, Küngoltchen, und zeig' ihm das Haus und den Wald und alles, aber geht nicht zu weit!«

Da nahm ihn Küngoltchen bei der Hand und führte ihn in des Forstmeisters Kammer, wo er seine Waffen bewahrte. Sechs oder sieben schöne Armbrüste hingen dort, ferner Jagdspieße, Hirschfänger, Waidmesser und Dolche; auch des Forstmeisters langes Schwert stand in einer Ecke. Dietegen beschaute alles, ohne ein Wort zu sprechen, aber mit glänzenden Augen; Küngolt stieg auf einen Stuhl, um ihm die Armbrüste herunter zu reichen, von denen einige mit eingelegter Arbeit künstlich verziert waren. Er bewunderte alles mit ehrerbietigen Blicken, wie etwa ein talentvoller Junge sich in der Werkstatt eines großen Malers umsieht, während dieser nicht zu Hause ist. Küngolts Versprechen, eine Schießbelustigung anzustellen, konnte freilich nicht ausgeführt werden, weil die Bolzen in einem Kasten verschlossen waren; dafür gab sie ihm einen schönen kurzen Spieß in die Hand, damit er eine Waffe trage, und führte ihn nun in den Forst hinaus. Zunächst kamen sie durch einen eingehegten Wildgarten, in welchem die Stadt zahmes Rotwild pflegen ließ, damit es ja nie an einem guten Braten fehle zu ihren öffentlichen Schmausereien. Das Mädchen lockte einen Hirsch herbei und einige Rehe; solche Tiere hatte Dietegen bisher nur tot gesehen; er stand deshalb ganz verzückt mit seinem Spieß auf der Schulter und konnte sich nicht satt schauen an dem Stehen und Gehen des schönen Wildes. Begierig streckte er die Hand aus nach dem stolzen Hirsch, um ihn zu streicheln, und als derselbe mit einem Satze seitwärts sprang und lässig davontrabte, lief er ihm aufjubelnd und jauchzend nach und sprang mit ihm in die Wette im weiten Kreise herum. Es war vielleicht das erste Mal in seinem

Leben, daß er auf diese Weise seine Glieder brauchte und seiner Lebenslust inne ward, und der Hirsch, voll Anmut und Kraft, schien den behenden Knaben zu seinem Vergnügen zu verlocken und, indem er vor ihm floh, seine schönsten Sprünge zu üben.

Doch Dietegen wurde wieder still und beschaulich, als sie den Hochwald betraten, in welchem die Tannen und die Eichen, die Fichten und die Buchen, der Ahorn und die Linde dicht ineinander zum Himmel wuchsen. Das Eichhörnchen blitzte rötlich von Stamm zu Stamm, die Spechte hämmerten, hoch in der Luft schrien die Raubvögel und tausend Geheimnisse rauschten unsichtbar in den Laubkronen und im dichten Gestäude. Küngolt lachte wie närrisch, weil der arme Dietegen nichts von allem verstand und kannte, obgleich er in einem Berg- und Waldstädtchen aufgewachsen, und sie wußte ihm alles geläufig zu weisen und zu benennen. Sie zeigte ihm den Häher, der hoch in den Zweigen saß, und den bunten Specht, der eben um einen Stamm herumkletterte, und über alles wunderte er sich höchlich, und daß die Bäume und Sträucher so viele Namen hatten. Nicht einmal die Haselnuß und die Brombeersträucher hatte er gekannt. Sie kamen an einen rauschenden Bach, in welchen, von ihren Füßen aufgescheucht, eben eine Schlange schlüpfte und davon schwamm oder sich in den Steinen verkroch. Schnell riß sie ihm den Spieß aus der Hand und wollte damit in dem Wasser herumstechen, um die Schlange aufzustöbern. Aber als Dietegen sah, daß sie die blankgeschliffene schöne Waffe mißhandeln wollte, nahm er ihr dieselbe stracks wieder aus den Händen und machte sie aufmerksam, wie sie die glänzende scharfe Spitze an den Steinen verderben würde. »Das ist wohlgetan von dir, du wirst gut zu brauchen sein!« sagte plötzlich der Forstmeister, der mit einem Knechte hinter den Kindern stand. Sie hatten ihn wegen des Bachgeräusches nicht kommen hören. Der Knecht trug einen geschossenen Auerhahn an der Hand, denn sie waren in der Morgenfrühe schon ausgezogen. Dietegen durfte den prächtigen Vogel an seinen Spieß hängen und über der Schulter vorantragen, daß die entfächerten Flügel seine schlanken Hüften verhüllten, und der Forstmeister betrachtete voll Wohlgefallen den schönen Knaben und verhieß, einen rechten Gesellen aus ihm zu machen.

Vorderhand jedoch sollte er nur notdürftig etwas lesen und schreiben lernen und mußte zu diesem Ende hin jeden Tag mit Küngoltchen zur Stadt gehen, wo in einem Nonnen- und in einem Mönchskloster für die Bürgerkinder einiger Unterricht erteilt wurde. Aber die Hauptunterweisung erhielt Dietegen auf dem Hin- und Herwege, auf welchem das Mädchen ihm die Welt auftat und ihm Auskunft gab über alles, was am Wege stand oder darüber lief. Hierbei befolgte die kleine Lehrjungfer eine Erziehungsart von eigentümlicher Erfindung. Sie neckte, hänselte und belog den unwissenden und leichtgläubigen Knaben erst über alle Dinge, indem sie ihm die dicksten Bären und Erfindungen aufband, und wenn er dann ihre Lügen und Märchen gutmütig glaubte und sich darüber verwunderte, so beschämte sie ihn mit der Erklärung, daß alles nicht wahr sei; nachdem sie ihm dann seinen blinden Glauben spottend verwiesen, verkündigte sie ihm mit großer Weisheit den wahren Bestand der Welt, soweit er ihrem Kinderköpfchen bekannt war, und er befliß sich errötend eines größeren Scharfsinnes, bis sie ihm eine neue Falle stellte. Nach und nach aber wurde er dadurch gewitzigt, den Weltlauf besser zu verstehen, was ein anderer Junge zu seinem Schrecken erfahren mußte; denn als dieser es dem Mädchen nachtun wollte und den Dietegen mit einem frechen Aufschnitt bewirtete, schlug der ihn unverweilt ins Gesicht. Küngolt, hierüber verblüfft, war neugierig, ob sich ein solcher Zorn auch gegen sie wenden könnte, und probierte den Schüler auf der Stelle, aber sachte, mit neuen Lügen. Von ihr jedoch nahm er alles an, und sie setzte ihren wunderlichen Unterricht kecklich fort, bis sie entdeckte, daß er gutmütig mit ihren Lügen zu spielen anfing und einen zierlichen Gegenunterricht begann, indem er ihre mutwilligen Erfindungen mit nicht unwitzigen Querzügen durchkreuzte, so daß sie manchmal auf ein glattes Eis gesetzt wurde. Da fand sie, daß es Zeit sei, ihn aus dieser Schule zu entlassen und einen Schritt weiter zu führen. Sie begann ihn jetzt zu tyrannisieren, daß er fast in ärgere Dienstbarkeit verfiel, als er einst bei dem Bettelvogt erduldet hatte. Alles gab sie ihm zu tragen, zu heben, zu holen und zu verrichten; jeden Augenblick mußte er um sie sein, ihr das Wasser schöpfen, die Bäume schütteln, die Nüsse aufklopfen, das Körbchen halten und die Schuhe binden; und selbst ihr das Haar zu strählen und zu flechten, wollte sie ihn abrichten; aber das schlug er ab. Da schmollte und zankte sie mit ihm, und als ihn die Mutter unterstützte und sie zur Ruhe verwies, wurde sie sogar gegen diese ungebärdig.

Doch Dietegen erwiderte ihre Unart nicht, gab ihr kein böses Wort und war immer gleich geduldig und anhänglich. Das sah die Forstmeisterin mit großem Wohlgefallen, und um ihn dafür zu belohnen, erzog sie den Knaben wie ihr eigenes Kind, indem sie ihm alle jene zarteren und feineren Zurechtweisungen und unmerklichen Leitungen gab, welche man sonst nur dem eigenen Blute zukommen läßt und durch welche man ihm die schöne Farbe herkömmlicher guter Sitte verleiht. Freilich hatte sie davon den Gewinn, daß sie in dem Pflegling einen kleinen Sittenspiegel für das mutwillige Mädchen schuf, und es war drollig anzusehen, wie die unruhige Küngolt bald beschämt ihrem besseren Vorbild nachzuleben trachtete, bald eifersüchtig und zornig auf dasselbe wurde. Einmal war sie so gereizt, daß sie mit einer Schere leidenschaftlich nach ihm stach; Dietegen fing rasch und still ihr Handgelenk, und ohne ihr weh zu tun, ohne einen bösen Blick wand er die Schere sanft aber sicher aus ihrer Hand. Dieser Auftritt, welchem die Mutter im verborgenen zugesehen, bewegte sie so heftig, daß sie hervortrat, den Knaben in die Arme schloß und liebevoll küßte. Still und bleich vor Aufregung ging das Mädchen hinaus. »Geh, versöhne dich mit ihr und mach' den Trotzkopf wieder gut!« sagte die Mutter; »du bist ihr guter Engel!«

Dietegen suchte sie und fand sie hinter dem Hause unter einem Holunderbaum; sie weinte wild und krampfhaft, zerriß ihre Halsschnur, indem sie dieselbe zusammenzog, als ob sie sich erdrosseln wollte, und zerstampfte die zerstreuten Glasperlen auf dem Boden. Als Dietegen sich ihr näherte und ihre Hände ergreifen wollte, rief sie schluchzend: »Niemand darf dich küssen, als ich! Denn du gehörst mir allein, du bist mein Eigentum, ich allein habe dich aus dem Sarge befreit, in dem du auf ewig geblieben wärest!«

* * *

Da der Knabe gar stattlich heranwuchs, erklärte der Forstmeister eines Tages, daß es nun Zeit für ihn sei, mit in den Wald zu gehen und die Jägerkunst zu lernen. So wurde er von Küngolts Seite genommen und war die meisten Tage vom Morgengrauen bis zur sinkenden Nacht mit den Männern in den Wäldern, auf Moor und Heide. Erst jetzt reckten sich seine Glieder aus, daß es eine Freude war; rasch und gelenksam wie ein Hirsch gehorchte er auf den Wink und lief zur Stelle, wohin man ihn schickte. Schweigsam und gelehrig war er überall zur Hand, trug die Geräte, half die Netze stellen, sprang über Halden und Gräben und erspähte den Stand des Wildes. Bald kannte er die Fährten aller Tiere, wußte den Lockruf der Vögel nachzuahmen, und ehe man sich's versah, ließ er ein junges Schwarzwild auf den Sauspieß rennen. Nun gab ihm der Forstmeister auch eine Armbrust. Mit derselben übte er sich zu jeder Stunde nach der Scheibe sowohl wie nach lebendigen Zielen, kurz, als Dietegen sechzehn Jahre zählte, war er bereits ein junger Weidmann, den man überall hinstellen durfte, und der Forstmeister sandte ihn schon etwa allein hinaus, die Knechte anzuführen und die Stadtforste zu überwachen.

Dietegen war daher nicht nur mit der Armbrust auf dem Rücken, sondern auch mit dem Schreibzeug im Gürtel auf den Bergen zu sehen, und er gereichte mit seinen wachsamen Augen, mit seinem frischen Gedächtnis seinem Pflegvater zu guter Aushilfe. Da er sich nun so gut anließ, gewann ihn der Forstmeister täglich lieber und sagte, er müsse ihm gänzlich ein ehr- und wehrbarer Stadtmann werden.

Es war begreiflich, daß Dietegen dem Forstmeister mit Leib und Seele anhing; denn nichts gleicht der Neigung eines Jünglings zu dem Manne, von welchem er weiß, daß er ihm sein Bestes zuwenden und lehren will und den er für sein untrügliches Vorbild hält.

Der Forstmeister war ein Mann von etwa vierzig Jahren, groß und fest, von breiten Schultern und schönen Ansehens. Sein goldblondes Haar war bereits von einem Silberschimmer überflogen, dagegen die Gesichtsfarbe frisch gerötet und die blauen Augen groß, offen und voll Feuer. In seiner Jugend war er denn auch der lustigste und wildeste der Seldwyler gewesen, der stets die wunderlichsten Streiche angegeben; als er aber seine junge Frau heimgeführt, änderte er sich augenblicklich und blieb seit der Zeit der gesetzteste und ruhigste Mann von der Welt. Denn die Frau war von äußerst zarter Beschaffenheit, von einer wehrlosen Herzensgüte, und obgleich nicht unwitzig, hätte sie doch mit keinem scharfen Worte einer Unbilde zu widerstehen vermocht. Eine rüstige Streitbare würde den lebhaften Mann wahrscheinlich zu weiterem Tun gereizt haben; gegen die anmutige Schwäche der zarten Frau aber benahm er sich wie die wahre Stärke; er hütete sie wie seinen Augapfel, tat, was ihr Freude gewährte, und blieb nach vollbrachtem Tagwerk ruhig an seinem Herde.

Nur bei den wichtigsten Festlichkeiten der Stadt, des Jahres etwa drei- oder viermal, ging er unter die Rät' und Bürger, führte dort mit frischer Kraft den Reigen, und nachdem er die Alltagszecher einen um den andern unter den Tisch getrunken, ging er als der letzte aufrecht von der Ratsstube und stieg fröhlich in den Wald hinauf.

Aber die Hauptlustbarkeit ergab sich jedesmal am andern Tag, wenn ihm dann doch der Kopf gelinde summte und der Mann mit einer halb verdrießlichen, halb heiteren Löwenlaune erwachte, welche sich in der Tat zu dem kleinen Katzenjammer der Heutigen verhielt, wie der Löwe zur Katze. Zeitig in der hellen Morgensonne erschien er beim Frühstück, und das Unwohlsein bezwingend, eröffnete er dasselbe mit einem mürrischen Scherzworte, einem drolligen Einfall. Seine Frau, welche stets hungrig nach den Witzen ihres sonst schweigsamen Mannes war, lachte sogleich mit so hellem Geklingel, wie man hinter dem sanften Wesen nie gesucht hätte; es lachten die Kinder, die Jäger und das Gesinde. Auf diese Art ging es fort; unter allgemeinem Gelächter wurden die Geschäfte getan, der Forstmeister immer voran, die Axt schwingend oder Lasten hebend. An einem solchen Tage war einst Feuer in der Stadt ausgebrochen; über brennenden Dächern ragte ein unzugängliches hölzernes Fachwerk, in welchem eine vergessene alte Frau jammerte und auf deren Schulter ein zahmer Star sich kläglich und drollig gebärdete. Niemand wußte ihr beizukommen, als der Forstmeister zur Stelle kam. Der erklomm einen Absatz an einer gegenüberstehenden hohen Mauer, zog mit gewaltiger Kraft eine Leiter nach sich, schwenkte sie in der Luft und legte sie nach dem Fenster der Verlassenen hinüber. Auf dieser Schwindelbrücke ging er hin und schritt wieder herüber, das Weib auf den Armen, den Vogel auf dem Kopfe und das leckende Feuer unter sich. Alles dies tat er wie zum Scherze, mit launigen Ausdrücken und Bewegungen.

War dann ein tüchtiges Stück Arbeit getan, so bewirtete er sein Haus auf das beste und hielt eine lustige Nachfeier mit den Seinen. Dabei war er ungewöhnlich zärtlich gegen seine Frau, nahm sie wohl auf die Knie, zum großen Vergnügen der Kinder, und nannte sie sein Weißkehlchen und seine Schwalbe, und sie, die Arme übereinandergelegt in selbstvergessener Behaglichkeit, verwandte lachend kein Auge von ihm.

An einem solchen Tage war es auch, daß er einen Tanz veranstaltete, da es gerade der erste Mai war. Er ließ einen Spielmann holen und einige junge Leutchen aus der Stadt dazu laden. So wurde denn auf dem glatten Rasen unter den blühenden Bäumen zunächst des Hauses zierlich getanzt, und der Forstmeister eröffnete den Reigen mit seiner Frau, die sich bescheiden geschmückt hatte, aber ihre feine Gestalt lächelnd herumdrehte. Da sah auch Dietegen, welcher sich die letzten Jahre eifrig zu den Männern gehalten, daß Küngolt ein schönes Weib zu werden begann. Ihr Gesicht, von zarten und lieblichen Zügen, erinnerte an die Mutter; der Wuchs aber artete dem Vater nach; denn sie schoß wie eine junge Tanne in die Höhe, die Brustknochen waren so kühn gewölbt, daß sie trotz ihrer vierzehn Jahre fast vollbusig schien; goldgelbes Ringelhaar fiel üppig über den Rücken und verhüllte die noch eckigen aber schön und fest geformten Schulterblätter. Sie ging grün gekleidet, trug um den bloßen Hals ihr Bernsteinband und auf dem Haupte, gleich den andern Mädchen, nach damaliger Sitte ein Rosenkränzchen. Ihre Augen leuchteten offen und freundlich umher; aber unversehens blitzten sie einmal mutwillig auf und streiften wie Pfeile über die Jünglinge hin, bis sie einen Augenblick auf Dietegen ruhten und dann wieder weiter fuhren. Dietegen sah unverwandt hin, sie flüchtig noch einmal zurück, worauf er den Blick errötend niederschlug und Küngolt sich an ihrem Haar zu schaffen machte. Das war das erste Mal, daß sie sich nicht mehr unbefangen ansahen; aber bald darauf waren sie wieder in der Nähe und fanden sich Hand in Hand in einem Ringreihen. Ein neues süßes Gefühl durchströmte ihn und verließ ihn auch nicht mehr, als der Ring sich wieder löste. Küngolt aber ging von ihm wie von einer Sache, die einem zu eigen gehört und deren man sicher ist; nur zuweilen warf sie einen Blick über ihn, und wenn er etwa in die Nähe anderer Mädchen geriet, war sie unversehens da und stand dazwischen.

Dergestalt herrschte ein glückseliges Leben bis in die Nacht; die Jungen wurden so munter und flügge wie die jungen Holztauben und taten es bald dem lustigen Forstmeister zuvor, und dieser spiegelte sich wohlgemut in dem fröhlichen Nachwuchs, gab aber vor allen seiner Frau die Ehre, deren Wohlgefallen ihn höchlich zu erquicken schien, besonders da sie nun anfing, ihm auch allerlei lustige Spitznamen anzuhängen. So ehrbar nun all die Lustbarkeit war, so hätte sie doch der Bürger einer andern Stadt vielleicht um ein kleines Maß zu warm befunden; der Würzwein, welchen die Leutchen tranken, war untadelhaft gemischt, aber in ihnen selbst war ein klein bißchen zuviel Zucker und in ihrer Freude um ein weniges zuviel Süßigkeit. Die Hände der jungen Mädchen lagen fortwährend auf den Schultern der Jünglinge, und das Völkchen nahm sich auf den Schoß und küßte sich gelegentlich, ohne ein Pfänderspiel vorzuschützen wie die heutigen Philister. Kurz, es fehlte ihnen das Glas und der Kristall einer gewissen Sprödigkeit, mit welcher Dietegen dafür zu reichlich gesegnet war als ein Abkömmling von Ruechenstein. Denn obgleich er bereits verliebt war, floh er das Liebkosen, welches ziemlich allgemein begonnen hatte, wie das Feuer und hielt sich vorsichtig außerhalb der gefährlichen Linie. Desto kekker und zutulicher wurde Küngolt, welche in kindlicher Unwissenheit, nach Art unerwachsener Mädchen, sich nicht beherrschte, sondern den spröden Knaben aufsuchte, der im Schatten dunkler Bäume saß, und sich neben ihn setzte, seine Hand ergreifend und halb kindlich mit seinen Fingern spielend. Als er dies geschehen ließ und ihr mit der Hand gönnerhaft und sanft, fast wie wenn er ihr Pate wäre, durch das Ringelhaar fuhr, legte sie sogleich den Arm um seinen Hals und liebkoste ihn mit der Unbefangenheit, aber auch mit all dem rückhaltlosen Ungestüm eines Kindes, während es doch schon die Jungfrau in ihr war, die sie bewegte. Dietegen, der kein Kind mehr war, wollte für beide Verstand brauchen und war ängstlich beflissen, sich aus ihren Armen loszumachen, als die fröhlich erregte Forstmeisterin herbeikam und mit Vergnügen die Kinder beisammen sah.

»Das ist recht, daß ihr auch zusammenhaltet«, sagte sie, indem sie beide zumal in die Arme schloß, »sei nur dem Dietegen recht gut, mein Kind! Er verdient es, daß er eine Heimat nicht nur in unserem Hause, sondern auch in deinem Herzchen behält; und du, Dietegen! sei meinem Küngoltchen allezeit ein treuer Wächter und Beschützer und laß es nie aus deinen Augen, denen ich alles Gute zutraue!«

»Er gehört niemand als mir, und das schon lange!« sagte Küngolt fast trotzig und küßte ihn keck und leichthin auf die Wange, halb wie einen Bräutigam und halb wie ein Kind ein junges Kätzchen küßt. Jetzt ward dem armen Burschen zu heiß und unheimlich zwischen Tochter und Mutter; er machte sich ziemlich unsanft von ihnen los und trat einige Schritt weit hinweg, Küngolt verfolgte ihn mutwillig, und als er fliehend wieder in die Nähe der hübschen Mutter kam, fing ihn diese scherzend auf, hielt ihn fest und rief: »Hier hast du ihn, mein Töchterchen! Komm und halt ihn fest!«

Als er aufs neue so gefangen war, klopfte ihm das Herz vor

großer Aufregung, und indem er sich so wohl geborgen sah, empfand er erst recht seine Einsamkeit in der Welt. Er kam sich vor wie eine vom Baume des Lebens geschüttelte verlorene Seele, welche, von weichen Händen aufgehoben und gepflegt, nun für immer des eigenen freien Daseins beraubt wäre. Deshalb, wie nun das Gefühl der persönlichen Freiheit mit der zärtlichen Zuneigung in ihm rang, stand er zitternd und schweigend, halb in Empörung gegen die eigenmächtige Zutulichkeit der Frauen, halb in Versuchung, das Mädchen ungestüm an sich zu ziehen und beim Kopf zu nehmen. Er liebte die Mutter mit der treusten und dankbarsten Anhänglichkeit, aber ihre unbefangene Aufmunterung zum Kosten machte ihm wunderlich und schwül zu Mute; er betrachtete sich als dem Töchterchen ganz zu eigen gehörig; aber höchst ernsthaft war er um ihre gute Sitte besorgt, und als ihn Küngolt nun heftig auf den Mund küssen wollte, hielt er plötzlich die Hand dazwischen und sagte wohlwollend, aber mit dem Tone eines alten Schulmeisters: »Du bist noch zu jung zu diesem! Das schickt sich nicht für dich!«

Das Mädchen wurde blaß vor Unmut und Beschämung; plötzlich ging sie hinweg und mischte sich wieder unter die Gesellschaft, wo sie mit zorniger Ausgelassenheit einigemal herumsprang und sich dann finster zur Seite setzte. Die Forstmeisterin streichelte dem jungen Sittenprediger lächelnd die Wange und sagte: »Ei du bist ja ein gar gestrenger Gespan! Aber umso treuer wirst du um mein Kind sorgen! Versprich mir, es nie zu verlassen! Sieh, wir sind alle ein lustiges Völklein und es mag sein, daß wir zu wenig an die Zukunft denken!«

Dietegen gab ihr mit nassen Augen die Hand und sie führte ihn ebenfalls zu den Leuten zurück. Doch Küngolt kehrte ihm schnöde den Rücken und schaute mit wirklichem Kummer und Zorn in die Mainacht hinaus.

Wunderbar! Nun war das Kind auf einmal groß genug, dem spröden Jüngling Liebessorge zu machen; denn traurig und betreten stand er auch zur Seite und war noch mehr beschämt als das Mädchen. »Was ist das? Was gibt's da zu grämen?« sagte der vergnügte Forstmeister, als er es bemerkte, und leidenschaftlich fing Küngolt an zu weinen und rief vor aller Welt: »Er ist mir geschenkt worden von den Richtern, da er nichts als ein Leichnam war, den ich zum Leben erweckt habe! Drum hat nicht er über mich zu richten, sondern ich allein über ihn, und er muß tun alles, was ich will, und wenn ich ihn gern küsse, so habe ich es allein zu verantworten und er hat nur still zu halten!«

Alles lachte über diese wunderliche Äußerung; die Forstmeisterin aber nahm den Dietegen bei der Hand, führte ihn zu dem Kinde hin und sagte: »Komm! Versöhne dich mit ihr und laß dich diesmal noch küssen! Nachher sollst du auch deinen Willen haben und ihr Vorgesetzter sein in solchen Sachen!« Errötend wegen der vielen Zuschauer bot Dietegen dem Mädchen halbwegs den Mund hin; sie ergriff ihn herrisch bei den Locken, küßte ihn, und nachdem sie noch einen Blick voll Zorn auf ihn geworfen, ging sie so rasch und trotzig hinweg, daß der goldene Flug ihres Ringelhaares in der Nachtluft wehte und Dietegens Gesicht im Vorübergehen streifte. Jetzt glühte auch in ihm ein leidenschaftliches Wesen an; er verließ bald nach ihr den Kreis und suchte die wilde Küngolt schnell und schneller, bis er sie auf der anderen Seite des Hauses fand, wie sie träumerisch am Brunnen saß und mit der Bernsteinkette an ihrem Halse spielte. Dort ergriff er ihre beiden Hände, preßte sie in seine rechte Hand, faßte mit der linken ihre Schulter, daß das glänzende, noch unvollkommene Gebilde unter seiner festen Hand zusammenzuckte, und sagte hastig: »Höre, du Kind! Ich lasse nicht mit mir spielen! Von heut an bist du so gut mein Eigentum, wie ich das deinige, und kein anderer Mann soll dich lebendig bekommen! Daran denke, wenn du einst groß genug bist!«

»O du großer und alter Mann!« sagte Küngolt leise lächelnd, indem sie etwas erblaßte: »Du bist mein und nicht ich dein! Aber das hat dich nicht zu kümmern; denn ich werde dich wohl niemals fahren lassen!«

Damit stand sie auf und ging, ohne den Gespielen weiter anzusehen, um das Haus herum.

Die gute Forstmeisterin aber erkältete sich in der kühlen Mainacht und trug eine tödliche Krankheit davon, welcher sie in wenigen Monaten erlag. Auf dem Todbette war sie sehr bekümmert um ihren Mann und um das Kind; auch suchte sie hartnäkkig die Ursache der Krankheit zu leugnen; denn sie fühlte wohl, daß das nicht die rechte Todesart für eine Hausmutter sei, die von Unvorsichtigkeit in der Freude herrührt.

Weil sie nun tot im Hause lag, waren alle sehr traurig und die ganze Stadt bedauerte sie, da sie keinen einzigen Feind hatte. Der Forstmeister selbst weinte des Nachts in seinem Bette; des Tages sprach er kein Wort und ging nur ab und zu vor den Sarg und besah sich die stille Leiche, worauf er kopfschüttelnd wieder wegging.

Er ließ einen schweren Kranz von jungem Tannengrün binden und legte ihn auf den Sarg; Küngolt häufte noch ein Gebirge von Waldblumen darauf, und dergestalt wurde die Leiche von der Höhe hinunter zur Kirche getragen, gefolgt von den Verwandten und Freunden und den Jägerknechten.

* * *

Als sie in der kühlen Erde lag, führte der Forstmeister das Leichenbegleit in die Herberge, wo er ein reichliches Totenmahl hatte anrichten lassen. Das Wildbret dazu, einen Rehbock und zwei prächtige Auerhähne, hatte er eigenhändig geschossen, voll Schmerz über seinen Verlust, und als die schön gefiederten Vögel nun auf dem Tische prangten, gedachte er abermals des hohen Bergwaldes, in welchem sie gesessen und welchen er in den jungen Jahren seiner Liebe so oft durchstreift hatte, das Bild der Toten im Sinne tragend. Doch durfte der Forstmeister nicht lange solchen Gedanken nachhängen; denn als der Claret und der Malvasier nun kredenzt und die Tafel mit einem großen Korbe voll vermischten Zuckerwerkes überschüttet wurde, belebten sich die Gäste und der Traueranlaß war bald von einem Taufmahle nicht mehr zu unterscheiden.

Der Forstmeister saß zwischen Küngolt und Dietegen, die sich wegen seiner großen Gestalt nicht sehen konnten, ohne sich vornüberzubeugen oder hinter ihm durch, und dies mochten sie nicht tun, da sie allein in der erwachenden Fröhlichkeit traurig und ernst blieben. Ihm gegenüber saß eine Person von vielleicht bald dreißig Jahren, eine Base des Forstmeisters namens Violande. Diese Dame fiel auf wegen ihrer ausgesuchten, sonderbaren Kleidung, welches nicht die Kleidung einer Zufriedenen und Glücklichen, sondern eher einer Unruhigen und Hohlherzigen zu sein schien. Sie war schön und wußte anmutig zu blicken, wenn nicht gerade etwas unselig Verlogenes und Selbstsüchtiges über ihr Wesen zuckte.

Als vierzehnjähriges Mädchen schon war sie in den nachmaligen Forstmeister verliebt gewesen, weil er just der größte und schönste junge Mann war unter denen, die ihr zu Gesicht kamen. Er merkte aber nichts von dieser frühen Leidenschaft, da er überhaupt auf das kleine Bäschen nicht achtete und seinen Sinn mehr auf erwachsene Personen richtete, die ihm gefielen. Voll

Neid und Eifersucht und ebenso schon voll Ränke wußte das junge Wesen nun zwei oder drei Liebesverhältnisse des Forstmeisters zu zerstören, indem es durch fast unbemerkbare Zwischenträgereien die Dinge entstellte und verwirrte. Wenn er eine Schöne zu gewinnen im Begriffe war, so erfand und verbreitete das verschlagene Kind unter der Hand ganz unbefangen Züge und Tatsachen, woraus hervorzugehen schien, daß er eigentlich die in Rede stehende Person gar nicht leiden könnte, vielmehr eine andere im Auge habe und überhaupt ein hinterlistiger und verstellter Mensch sei. So wußte er wiederholt nicht, wie es kam, daß die, welche er liebte, sich plötzlich und mißtrauisch von ihm abwandte, während eine andere, an die er nie gedacht, ihn unversehens mit ihrer Gunst beehrte und, einmal im Zuge, nicht mehr nachließ, bis er mit ihr im Gerücht war. Dann pflanzte er in Ungeduld und Verwirrung die eine wie die andere hin und ergab sich auf kurze Zeit der Freiheit. Auf diese Weise verdarb ihm, obgleich er ein schöner und tüchtiger Gesell war, alles, bis er an die nun verstorbene Forstmeisterin geriet. Diese hielt ihn fest, da sie so ehrlich war wie er selbst, und alle Künste der kleinen Hexe waren vergeblich, ja sie bemerkte dieselben nicht einmal, weil sie nur auf die Augen des Geliebten sah. Hierfür war er ihr auch dankbar und treu geblieben und hielt sie für eine teure Errungenschaft, solang sie lebte.

Violande dagegen, als sie den Mann endlich versorgt sah, übte die erworbenen Geschicklichkeiten, um sie nicht brach liegen zu lassen, nun auch anderwärts aus, und je älter sie wurde, mit desto mehr Einsicht und Erfolg, aber ohne Glück für sie selber; denn sie blieb unverheiratet und die Männer, welche sie ihren Freundinnen abspenstig machte, wendeten sich deswegen nicht zu ihr, da sie eher Haß und Verachtung für sie empfangen. Da wandte sie sich dem Himmel zu und sagte, sie wolle eine Nonne werden; doch überlegte sie sich das Ding noch in der letzten Stunde und trat statt in ein Kloster in ein solches Ordenshaus, aus welchem sie allenfalls wieder herausgehen, und sogar noch heiraten konnte. Sie verschwand nun aus den Augen der Leute, da sie von einem Haus ins andere in verschiedenen Städten herumzog und nirgends Ruhe fand. Plötzlich, als die Forstmeisterin auf dem Krankenbette lag, erschien sie wieder in weltlicher Tracht zu Seldwyla, und so fügte es sich, daß sie am Totenmahle dem trauernden Witwer gegenübersaß.

Sie bezwang ihre Unruhe und sah manche Augenblicke bescheiden und kindlich aus, und als die Frauen sich erhoben und unter sich umhergingen, während die zechenden Männer am Tisch blieben, ging sie auf Küngolt zu, küßte sie und schloß Freundschaft mit ihr. Das Mädchen fühlte sich geehrt durch diese Annäherung einer halbgeistlichen Frau, die weit herumgekommen war und voll Weltkenntnis schien; sie führten sogleich ein langes und vertrautes Gespräch, als ob sie seit Jahren bekannt wären, und beim allgemeinen Aufbruch bat Küngolt ihren Vater, er möchte Violanden in sein Haus berufen, dasselbe zu besorgen, denn sie selbst fühle sich noch zu jung und unerfahren dazu. Der Forstmeister, dessen Stimmung jetzt aus einer wunderbaren Mischung von Trauer und Weinlaune bestand und dessen Gedanken weit abwesend bei der Toten waren, gab ohne weiteres Nachdenken seine Zustimmung, obgleich er sich nicht viel aus der Base machte und sie für eine schnurrige Person hielt.

Sie zog also in den nächsten Tagen ins Fortshaus und stellte sich mit gutem Anstand und nicht ohne Rührung an dessen Herd, an welchem ihr endlich, nach langem Irrsal, die Wünsche ihrer frühsten Jugend in ruhige Erfüllung zu gehen schienen. Sie öffnete bescheiden die Schränke ihrer Vorgängerin und sah das Linnen und die Vorräte wohlgeordnet und im tiefen Frieden liegen; zierlich gereiht sah sie die Töpfe und die Kessel, die Krüge und die Büchsen und lauschig hingen die Flachsbüschel unter dem Dache. In diesem Frieden ließ sie alles ein paar Wochen bestehen; dann aber begann sie allmählich die kleinen Töpfe zwischen die großen zu stellen, die Leinwand durcheinander zu werfen, den Flachs zu zerzausen, und bis sie damit zu Ende war, hatte sie auch die menschlichen Dinge im Hause in beginnende Unordnung gebracht.

Da sie beabsichtigte, endlich doch noch des Forstmeisters Frau zu werden, um sich wenigstens zu versorgen, so galt es vor allem, sein Kind und den jungen Dietegen, deren Lage sie bald inne geworden, auseinander zu bringen und für immer zu trennen. Denn sie dachte richtig, daß Dietegen, wenn er das Mädchen zur Frau bekäme, als des Forstmeisters Nachfolger im Hause bleiben und dieser, bei seiner Anhänglichkeit an seine tote Frau, dann nicht mehr heiraten würde, was dagegen leichter geschehen dürfte, wenn beide Kinder fortkämen und er sich in seinem Hause vereinsamt sähe.

Wie nun Küngolt mit jedem Tage zusehends sich entwickelte und schöner wurde, weckte sie in ihr das frühzeitige Bewußtsein dieser Schönheit und den Geist einer wenn auch noch kindischen Buhlsucht, indem sie, ohne daß es jemand merkte, das Mädchen mit wenigen Worten zu allen jungen Leuten in ein befangenes Verhältnis zu bringen wußte, so daß das Kind jeden drum ansehen lernte, ob er seine Schönheit auch fühle und anerkenne, und hinwieder jeder vermeinte, er sei dem jungen hübschen Mädchen besonders ins Auge gefallen.

Dann zog Violande noch andere junge Frauenzimmer herbei, daß da öfter gute Kompanie beisammen war und unter ihrer Führung immer gelinde courtoisiert wurde.

So kam es, daß Küngolt, noch ehe sie völlig sechzehn Jahre zählte, schon einen Kreis unruhiger Gemüter um sich versammelt sah.

Es gab allerlei kleine und größere Festlichkeiten, Geschichtchen, Streitigkeiten, Geräusch und Gesang, und wie es zu gehen pflegt, machten sich vorwitzige oder törichte Leutchen unangenehm und wurden dabei am ehesten gelitten.

Hierüber wurde Dietegen nicht glücklich. Im Anfang sah er mit einer gewissen scheuen Wehmut zu, welche heranwachsenden Jünglingen nicht sonderlich geschickt ansteht; als aber die Gesellschaft davon eher belustigt als gerührt schien und Küngolt selbst es kalt beachtete, wollte er sich gegen solche Unlust mit linkischem Schmollen und Trotz erwehren. Allein das brachte ihn noch weniger auf einen grünen Zweig und endigte damit, daß er eines Tages zu bemerken glaubte, wie Küngolt allein in einem Kreise von spöttisch aussehenden Jünglingen saß und mit Wohlgefallen die Mißreden mit anhörte, die sie offenbar über ihn führten.

Da wendete er sich ab und mied von nun an schweigend die Gesellschaft. Er war ohnehin in das Alter getreten, in welchem die kräftigeren Knaben sich wehrbar zu machen begannen. Auf dem Grundstücke der Försterei ruhte von alters her die Verpflichtung zum Bereithalten von drei oder vier Mannsrüstungen, und der Forstmeister hatte immer darauf gesehen, eigene Leute dazu stellen zu können. Mit Wohlgefallen fand er, daß Dietegen, schlank und wohlgebaut aufwachsend, bald in einen zierlichen Harnisch taugen würde, in dem er einst seinen eigenen Sohn zu erblicken gehofft hatte.

So ging denn Dietegen mit andern jungen Knechten an den langen Winterabenden in die Fechtschule, wo er die kürzeren Waffen führen lernte nach heimischer Kriegsart; und im Frühjahr, den Sommer hindurch, weilte er manchen Sonn- und Feiertag auf dem weiten Felde oder in Waldlichtungen, wenn die Jünglinge sich im behenden Marsch und im festgeschlossenen Vordrange übten, an ihren langen Spießen über breite Gräben setzten und die Körper in jeder Weise sich dienstbar machten, oder endlich der Kunst der Büchsenschützen oblagen.

Da durch alles dies das Leben im Hause sich änderte und besonders das weibliche Treiben ihn störte, ohne daß er recht beachtete, wie es eigentlich damit beschaffen war, so nahm seinerseits der Forstmeister öfter, als zu Lebzeiten seiner Frau geschehen, den Weg in die Trinkstuben seiner Stadtgenossen. Fern von der kindischen Torheit des Hauses lag er der reiferen Torheit der Männer ob und trug sein Haupt zuweilen beladen, aber immer aufrecht den Forst hinan, wenn die Mitternachtsglocke verhallte.

So gingen die Dinge ihre verschiedenen Wege und die Zeit vorüber, bis an einem sonnenhellen Johannistag allerlei Geschicke sich zu erfüllen begannen.

Der Forstmeister ging in die Stadt auf seine Zunft, welche ihr Hauptgebot mit großem Jahresschmaus abhielt, und er gedachte, bis in die Nacht zu zechen.

Dietegen ging zeitig ins Schützenhaus, da er einmal einen langen Sommertag hindurch nach Herzenslust schießen wollte. Die übrigen Knechte gingen auch ihres Weges, der eine über Land zu den Seinigen, der andere zum Tanz mit seinem Schatz, der dritte auf einen Markt, um sich Tuch für Gewand zu erstehen, oder ein Paar neue Schuhe.

So saßen nun die Frauen allein im Forsthause, einerseits wenig erbaut über die schnöde Art, wie die Männer an diesem Freudentage alle davongegangen, ohne sich zu kümmern, wie jene ihre Zeit vertreiben sollten, andererseits aber äugelten sie in das webende Sonnenlicht hinaus und spähten, wie sie sich auch eine Lustbarkeit schaffen möchten.

Zunächst fingen sie an, Kuchen zu backen und allerhand Süßwerk zu bereiten; auch brauten sie einen großen, gewürzten Wein für alle Fälle und um den heimkehrenden Männern einen Nachttrunk bieten zu können, wie sie meinten. Dann kleideten sie sich feiertäglich und schmückten sich mit Blumen, während andere Jungfräulein, die sie zu einer Frauenlust hatten entbieten lassen, eins nach dem andern ebenso geschmückt herankamen, und auch das letzte Dienstmägdlein im Hause geputzt und fröhlich dreinsah.

Unter schönen Lindenbäumen, die vor dem Forsthause standen, war der Tisch gedeckt, als der Abend nahte und goldenes Licht über der Stadt und dem Tale ruhte.

Da saßen nun die Frauen um den Tisch gereiht, taten sich gütlich und sangen bald mit wohlklingenden Stimmen vielstrophige Lieder mit sehnsüchtigem Ton, von Liebesglück und Herzeleid, von den zwei Königskindern oder »Es spielt ein Ritter mit einer Maid« und dergleichen. Der Gesang tönte lockend ins Land hinaus; die Vögel in den Linden und im nahen Walde, die erst ein wenig zugehört, sangen wetteifernd mit. Aber bald ließ sich noch ein dritter Chor vernehmen, indem vom Berge her Geigen und Pfeifen erklangen, vermischt mit Männerstimmen. Ein Trupp Jünglinge war von Ruechenstein herübergekommen, trat jetzt aus dem Holz hervor und beschritt den Weg, der mitten durch die Försterei in das Tal führte, ein paar Spielleute an der Spitze. Es war der Sohn des Schultheißen von Ruechenstein, ein halbwegs fröhlicher Gesell, der aus der Art schlug; von der Schule nach Hause gekehrt, hatte der einige wilde Studenten mitgebracht, worunter ein paar geistliche Schüler und dabei auch ein junger Mönch, sowie Hans Schafürli, der Ratsschreiber von Ruechenstein, eine buckelige, gebogene Gestalt mit einem langen Degen, der letzte im Zuge, da sie wegen der Schmalheit des Weges einer hinter dem andern daher kamen.

Als sie jedoch der sangbaren Frauen ansichtig wurden, stellten sie die eigene Musik ein und schienen das Ende des Liedes abwarten zu wollen, welches jene sangen. Indessen verstummten die Frauen ebenfalls; sie waren überrascht und lächelten zugleich erwartungsvoll den Dingen entgegen, die jetzt geschehen würden. Violande zeigte sich nicht betroffen, sondern trat auf den Schultheißensohn zu, welcher sie höflich begrüßte und erklärte, wie er mit seinen Freunden einen kurzweiligen Besuch in der fröhlichen Nachbarstadt habe machen wollen, um den Johannistag nicht allzu trostlos zu verleben, wie nun aber hier noch ein schönerer Aufenthalt winke, sofern es gestattet sei, den Jungfrauen einen ehrbaren Tanz anzubieten.

In weniger als drei Minuten war die Angelegenheit geordnet, und sie tanzten alle auf dem großen Flur des Forsthauses, Küngolt mit dem Schultheißensohn, Violande mit dem Mönch und die übrigen mit den Schülern; aber am gewandtesten und leidenschaftlichsten tummelte sich der Ratsschreiber herum, der trotz seines Buckels mit seinen Beinen weiter ausgriff als alle andern, da sie gleich unter dem Kinn schon sich zu spalten schienen.

Küngolt war nicht froh und wußte nicht, was ihr fehlte. Als daher Violande ihr zuflüsterte, sie sollte es auf das Schultheißenkind absehen, damit sie Schultheißin von Ruechenstein würde, blieb sie kalt und teilnahmslos, bis sie plötzlich den Buckligen mit seinem gewaltigen Tanzen sah und hoch auflachte. Sie begehrte sofort mit ihm zu tanzen, und es sah aus wie ein Märchen, als ihre schöne Gestalt in grünem Kleide und das Haupt mit dunkelroten Rosen geschmückt am Arme des spukhaften Schreibers dahinflog, der seinen Höcker in Scharlach gehüllt trug.

Doch unversehens änderte sie ihre Laune und geriet an den Mönch, von diesem an einen der Studenten, und eh' eine halbe Stunde vergangen, hatte sie mit allen anwesenden jungen Männern sich gedreht, so daß alle seltsam aufgeregt die Blicke an ihr haften ließen, indessen die übrigen Frauen allmählich auch wieder zu den Ihrigen zu kommen suchten. Damit das geschehe, rief Violande die Gesellschaft zum Tische unter den Linden, um sich dort auszuruhen und zu erquicken, indem je ein Jüngling neben eine Jungfer zu sitzen kam und Küngolt zu dem Schultheißensohn.

Küngolt aber war von einer Sehnsucht gequält, alle diese Jünglinge sich unterworfen zu sehen. Sie rief, sie wolle die Schenkin sein, und eilte ins Haus, noch mehr Wein zu holen. Dort schlich sie schnell in Violandes Kammer und suchte etwas in deren Kleidertruhe. Violande hatte ihr einst im geheimen ein kleines Fläschchen gezeigt und anvertraut, das sei ein Philtrum oder Liebestrank, »Gang mir nach« genannt; wer es von der Hand einer Weibsperson zu trinken bekomme, der sei derselbigen ohne Gnade verfallen und müsse ihr nachgehen. Es sei in dem Fläschlein zwar nicht das starke und gefährlichere Gift Hippomanes, aus dem Stirngewächs eines erstgeborenen Füllens gebraut, sondern das Tränklein sei aus den Gebeinlein eines grünen Frosches gemacht, welcher in einen Ameisenhaufen gelegt und von diesen zernagt und zierlich präpariert worden sei. Aber es sei immerhin noch stark genug, um einem halben Dutzend unbotmäßiger Männer die Köpfe zu verdrehen. Sie habe das Fläschlein von einer Nonne geschenkt bekommen, deren Geliebter vor der Anwendung plötzlich an der Pest gestorben, so daß sie entsagend ins Kloster gegangen sei. Violande selbst getraue sich weder dasselbe zu gebrauchen, noch es wegzuwerfen, weil hieraus ein unbekanntes Unheil entstehen könnte.

Dieses Fläschchen fand Küngolt und goß seinen Inhalt schnell und verstohlen in eine frische Kanne Wein, mit welcher sie klopfenden Herzens hinauseilte. Sie hieß die Jünglinge alle ihre Gläser leeren, weil sie ihnen einen neuen süßen Trunk einschenken wolle, und sie wußte es so einzurichten, daß in dem Kruge nichts übrig blieb, nachdem sie alle Gläser der Männer gefüllt und jedem nachträglich etwas zugegossen hatte, während sie ihn wie ein Wetterleuchten süß und schalkhaft anblickte.

In diesen gleichmäßig und unparteiisch verteilten Blicken lag das Zaubergift, welches nebst dem starken Wein jetzt die Knaben betörte, daß alle voll Verblendung und Leidenschaft das glänzende Mädchen umwarben mit jener Selbstsucht, welche sich allaugenblicklich stets dahin wendet, wo sie ein von anderen gewünschtes oder allgemein erstrebtes Gut locken sieht. Alle ließen die übrigen Frauen stehen, welche blaß aus Ärger vor sich niedersahen oder ihre Verlegenheit unter lautem Geplauder zu verbergen suchten. Selbst der Mönch ließ plötzlich ein braunes Dienstmägdlein fahren, das er soeben kosend umfangen hatte, und Schafürli, der Ratsschreiber, drängte sich mit einem langen Schritte vor den Schultheißensohn, der die Küngolt sponsierend an der Hand hielt.

Diese aber ließ keinen aufkommen; kalt wie Eis gegen jeden einzelnen in ihrem Herzen, wußte sie wie eine Schlange sich unter ihnen umzutun, und als sie sah, daß sie alle umstrickt hielt, selbst die anderen Frauen wieder freundlich zu machen und herbeizulocken.

Es war nun dunkel geworden. Die Sterne funkelten am Himmel und die Mondsichel stand über dem Walde, erbleichte jedoch bald hinter einem hellen Johannisfeuer, das von einer Anhöhe aufflammte, vom jungen Landvolke angezündet.

»Laßt uns zum Feuer gehen!« rief Küngolt, »der Weg ist kurz und lieblich durch den Wald! Aber wie es sich geziemt, die Frauen voran und die Knaben hinten drein!« So geschah es und sie zogen mit angezündeten Kienfackeln durch den Wald mit lautem Gesange.

Nur Violande blieb zurück, das Haus zu hüten und den Forstmeister zu erwarten; denn auch sie gedachte heute ihren Fang zu tun. Es dauerte auch nicht lange, bis er ankam, in starker Stimmung und mit umflorten Sinnen. Als er die Tische unter den

Linden sah, setzte er sich hin und verlangte wohlgelaunt einen Schlaftrunk von Violanden, die ihm denselben davoneilend zu bereiten ging.

Aber auch sie schlüpfte vorher schnell in ihre Kammer hinauf, das lang gehütete Fläschlein mit dem »Gang mir nach« zu holen, und sie fand es nicht. Sie konnte es auch auf dem Wege nicht finden, den sie verlegen und sinnend zurückkam; denn dort wo es Küngolt hastig und achtlos hingeworfen, hatte es bereits das vom Mönche zur Seite gestellte Mägdlein aufgehoben, das sich grollend ins Haus zurückgezogen.

Doch Violande besann sich nicht lange. Sie machte den Trank umso süßer und stärker und gesellte sich, als er ihn trank, nahe zum Forstmeister. Es strömte ein zärtlich-trautes Wesen von ihr aus; auch trug sie ein blaßgelbes Kleid, das überall rot eingefaßt war und ihr untadelig weißes Fell, wie man damals sagte, am Halse wohl sehen ließ. Die Blumen hatte sie aus dem Haar getan, um nicht kindisch zu erscheinen, und sie wand ihre starken dunklen Zöpfe frisch um den Kopf.

»Ei Base«, sagte der Forstmeister, als er sie über den Becher weg von ungefähr erblickt hatte, ganz nah bei ihm, »wie seht Ihr gut aus!«

Da lächelte sie wie selig und sah ihn mit süß funkelnden Augen unverhohlen an, indem sie sagte: »Gefall' ich Euch endlich so spät? Wenn Ihr wüßtet, wie gern ich Euch schon gesehen habe, als ich noch ein Kind war!«

Das ging dem guten Mann ein, stärker als ein Liebestrank von Froschbeinchen; wunderliche Vorstellungen, eine dunkle Erinnerung an ein schönes Mädchenkind zogen durch seine Sinne, während das Kind jetzt als lange schön bleibende Weibesgestalt in Lebensreife bei ihm war, wie aus weiter Ferne unversehens herangetreten. Sein großmütiges Herz stieg in das aufgeregte Hirn empor und schaffte dort in aller Eile an allerlei Bildwerk herum. Violande erschien ihm plötzlich als eine durch Leiden und viele Erfahrung höchst wertvoll gewordene Person, mit der man ein bedeutendes und geheimnisreiches Stück Leben in die Arme schlösse und welcher Heimat und Ruhe zu geben dem Schenker selbst ein goldenes Gut verleihen würde.

Er nahm ihre Hand, streichelte ihr die Wangen und sagte: »Wir sind nicht alt, Violande, liebe Base! Wollt Ihr noch meine Frau werden?« Und da sie ihm die Hand ließ und sich näher zu ihm neigte, von wirklicher Glückesgüte erglänzend, machte er den Brautring seiner ersten Frau, den er seit ihrem Tode an einer Verzierung seines Dolchgriffes trug, los und steckte das Kleinod an Violandes Finger. Sie drückte ihr Gesicht in sein breites blondgraues Löwenantlitz, sie umfingen und küßten sich zärtlich unter den rauschenden Nachtlinden, und der kluge Mann glaubte den Stein der Weisen gefunden zu haben.

In diesem Augenblicke kam Dietegen mit seinen Waffen nach Hause. Da er quer über den Rasen daherging, hörten ihn die Kosenden nicht und er schaute in höchster Betroffenheit, was er da vor sich sah. Beschämt und errötend zog er sich so still als möglich zurück und umging das Haus, um die hintere Tür zu gewinnen. Dort aber hörte er mit einemmal vom Walde her ein lautes Schreien und Rufen, wie wenn Menschen in Streit oder Gefahr wären. Ohne Zögern ging Dietegen dem Lärmen nach. Bald fand er die so fröhlich ausgezogene Gesellschaft in schrecklichem Zustande. Von Wein und allgemeiner Eifersucht toll geworden, waren die jungen Männer auf dem Rückwege vom Johannisfeuer, als sie mit den Weibern vermischt gingen, hintereinander geraten und hatten sich mit ihren Dolchen angegriffen, so daß mehr als einer blutete. Gerade aber, als Dietegen ankam, hatte der krumme Ratsschreiber wütend den jungen Schultheißen mit seinem Degen niedergestochen, der, gleichfalls das Schwert in der Hand, im grünen Kraute lag und eben den Geist aufgab, während die übrigen sich schön paarweise noch an den Gurgeln gepackt hielten und die Weiber entsetzt um Hilfe schrien, mit Ausnahme Küngolts, die totenblaß, aber neugierig und mit offenem Munde in das schreckhafte Schauspiel starrte.

»Küngolt, was ist das?« sagte Dietegen zu ihr, als er sie rasch erblickt; es war das erste Wort, das er seit langem an sie gerichtet. Sie zuckte zusammen, sah ihn aber wie erleichtert an. Doch sprang er jetzt ohne Aufenthalt unter die Streitenden und es gelang ihm mit einigen kräftigen Anstrengungen, die tollen Jünglinge auseinander zu bringen und ihnen den Toten zu zeigen, worauf sie stracks die Arme sinken ließen und ganz vernichtet bald auf die Leiche, bald auf den grimmigen Schafürli schauten, der wie wahnsinnig um sich stierte.

Inzwischen waren Bauern und auch die heimkehrenden Knechte herbeigekommen, welche die Ruechensteiner einstweilen gefangen nahmen und den Schafürli banden.

Das war nun ein schlimmer Morgen, der darauf folgte. Der Forstmeister war mit der bösen Violande verlobt, sein Kopf summte sehr unleidlich, ein toter Ruechensteiner lag im Hause, die andern waren eingetürmt, und eh' es Mittag war, erschien eine Abordnung aus Ruechenstein mit dem alten Schultheißen selbst, um nach dem Unglücke und dessen Entstehung zu fragen und alle Rechenschaft zu fordern.

Aber schon hatte im Turm der gefangene Ratsschreiber, der wußte, daß es ihm als Mörder des Schultheißensohnes an den Kragen ging, grimmige Klage gegen die Weiber von Seldwyla und hauptsächlich gegen Küngolt erhoben, die er der Zauberei und Behexung beschuldigte.

Jenes grollende Mägdlein hatte dem Mönch, dem es nun verzieh, das Fläschlein mit einigen Worten zuzustecken gewußt und dieser es dem Schafürli gegeben.

Zum Schrecken der Seldwyler drehte sich der Handel noch am gleichen Tage gegen das Kind des Forstmeisters und gegen dessen Haus; denn jedermann, in Seldwyla sowohl als in Ruechenstein, glaubte an die Wirkung der Zaubertränke, und die anwesenden Ruechensteiner traten so drohend auf, daß das Ansehen und die Beliebtheit des Forstmeisters die Gefangensetzung der Küngolt nicht abwenden konnten, zumal er sich in seinen Gedanken wie gelähmt fühlte.

Sie gestand die Tatsache alsbald ein, halb bewußtlos vor Schrecken, und der Schafürli mit seinen Gesellen wurde freigelassen. Die Ruechensteiner verlangten nun, die Zauberhexe, welche ihre Angehörigen geschädigt und den Tod eines ihrer Bürger verursacht habe, solle ihnen zur Bestrafung ausgeliefert werden. Dies wurde nicht gewährt und jene zogen grollend mit der Leiche des Schultheißensohnes von dannen. Als sie aber nachher vernahmen, daß die Seldwyler das Mädchen nur zu einer einjährigen milden Gefängnisstrafe verurteilt hätten, erwachte die alte Feindschaft wieder, welche eine Reihe von Jahren geschlafen, und es wurde für jeden Seldwyler gefährlich, ihren Bann zu betreten.

Die Stadt Seldwyla hielt nun für Vergehen, die sie nach ihrer Lebensanschauung zu den leichteren zählte und nach Umständen mit Nachsicht behandeln wollte, kein Gefängnis, sondern verdingte die Verurteilten, besonders wenn es sich um Frauen und jugendliche Personen handelte, an irgendeine Haushaltung zur Haft und Pflege. So sollte denn die arme Küngolt auf die Ratstube gebracht und dort zu einer öffentlichen Steigerung ausgestellt werden.

Der Forstmeister, dessen Fröhlichkeit dahin war, sagte seufzend zu Dietegen, es sei ein saurer Gang für ihn, aufs Rathaus zu gehen und bei dem Kind zu wachen; denn es müsse jemand von den Seinigen bei ihm sein während dieser bittern Stunde. Da erwiderte Dietegen: »Ich will es schon tun, wenn ich Euch gut genug dazu bin!« Der Forstmeister gab ihm die Hand. »Tu's«, sagte er, »du sollst Dank dafür haben!«

Dietegen ging hin, wo die Abgeordneten des Rats saßen und einige Steigerungslustige sowie ein Häuflein Neugieriger sich sammelten. Er hatte sein Schwert umgetan und sah mannhaft und düster blickend aus.

Als nun Küngolt hereingeführt wurde, blaß und bekümmert, und sie vor dem Tische stehen sollte, zog Dietegen rasch einen Stuhl herbei und ließ sie darauf sitzen, indem er sich hinter den Stuhl stellte und die Hand auf dessen Lehne stützte. Sie hatte ihn überrascht angeblickt und sah noch mit einem schmerzlichen Lächeln nach ihm zurück; allein er schaute scheinbar ruhig und streng über sie hinweg.

Der erste, welcher ein Angebot auf ihre Gefangenhaltung tat, war der Stadtpfeifer, ein vertrunkener Mann, der von seiner Frau hergeschickt war, um mit dem Erwerbe die zerrütteten Umstände etwas zu verbessern, insonderlich weil zu hoffen war, daß der Gefangenen aus ihrem elterlichen Hause offen oder heimlich allerhand Gutes zufließen würde, dessen man sich bemächtigen oder wenigstens teilhaftig machen könnte.

»Willst du zum Stadtpfeifer?« fragte Dietegen die Küngolt kurz, und sie sagte nein! nachdem sie den beduselten und rotnasigen Musikus angesehen. Der rief lachend: »Ist mir auch recht!« und schwankte ab.

Hierauf bot ein alter Seckler und Pelzkappenmacher auf Küngolt, welcher sie tapfer zum Nähen anzuhalten gedachte, um einen schönen Nutzen aus ihr zu ziehen. Er hatte aber einen offenen Schaden am Bein, welchen er den ganzen Tag salbte und pflasterte, und auf dem Kopf ein Gewächs wie ein Hühnerei, welches Küngolt als Kind schon gefürchtet hatte, wenn sie in die Schule und an seiner Werkstatt vorbeigegangen. Als daher Dietegen fragte, ob sie zu diesem wolle, sagte sie wiederum nein, und er zog keifend davon.

Nunmehr trat ein Geldwechsler hervor, der einererseits wegen seines wucherischen und häßlichen Geizes und anderseits wegen seiner widerwärtigen Lüsternheit verrufen war. Kaum hatte der aber seine roten Augen auf Küngolt gerichtet und den schiefen Mund zum Angebote geöffnet, so winkte ihm Dietegen, ihn drohend anblickend, mit der Hand hinweg, ohne das erschrokkene Mädchen zu befragen.

Jetzt kamen nur noch einige ordentliche Leute, gegen welche nicht wohl etwas einzuwenden war, und diese wurden nun zur eigentlichen Versteigerung oder Gant zugelassen. Am mindesten forderte für ihre Aufnahme und Ernährung der Totengräber an der Stadtkirche, ein stiller, ehrbarer Mann, welcher eine brave Frau und auch, nach seiner Meinung, ein geeignetes Lokal besaß und schon einige Sträflinge dieser Art beherbergt hatte.

Diesem wurde Küngolt von der Ratsabordnung zugeschlagen und sofort in sein Haus geführt, das zwischen dem Kirchhof und einer Seitengasse gelegen war. Dietegen ging mit, um zu sehen, wo sie untergebracht würde. Das war in einer offenen kleinen Vorhalle des Hauses, welche unmittelbar an den Totengarten grenzte und von demselben durch ein eisernes Gitter abgeschlossen war. Dort pflegte nämlich der Totengräber in der wärmeren Jahreszeit seine Gefangenen einzusperren, während er sie über den Winter einfach in die Stube nahm und mit einer leichten eisernen Kette an einen Fuß des Ofens band.

Als aber Küngolt in ihrem Gefängnis war und sich nur durch ein Eisengitter von den Gräbern der Toten getrennt sah, überdies in nächster Nachbarschaft das alte Beinhaus bemerkte, das mit Schädeln und andern Gebeinen angefüllt war, fing sie an zu zittern und bat flehentlich, man möchte sie nicht da lassen, wenn es Nacht werde. Die Frau des Totengräbers dagegen, welche eben einen Strohsack und eine Decke herbeischleppte, auch eine Art Vorhang an dem Gitter anbrachte, sagte, das könne nicht sein und der ernste Aufenthalt gereiche ihr nur zur wohltätigen Buße für ihren sündigen Sinn.

Da sagte Dietegen: »Sei ruhig, ich fürchte mich nicht vor den Toten und Gespenstern und will des Nachts so lange hierher kommen und vor dem Gitter wachen, bis du dich auch daran gewöhnt hast!«

Das sagte er aber so zu ihr, daß die Frau es nicht hören konnte, und begab sich hierauf nach Hause. Dort fand er den traurigen Forstmeister, wie er sich eben mit Violanden verständigt hatte, daß sie ihre Hochzeit erst halten wollten, wenn Küngolts Strafzeit vorüber und die schlimme Sache einigermaßen ausgeglichen wäre. Violande hielt sich dabei mäuschenstill, zufrieden, daß sie als die eigentliche Urheberin der unglücklichen Hexerei und ihrer Folgen so gut davongekommen war. Bei dem strengen Verhör, dem sie auch unterworfen gewesen, hatte man ihrer Aussage, daß sie jenen Liebestrank nur verwahrt, damit er nicht in unrechte Hände gerate, zur Not geglaubt und sie entlassen.

Als nun die Dämmerung vorüber und die Mitternacht im Anzuge war, machte sich Dietegen ungesehen auf, nahm sein Schwert und ein kleines Fläschchen mit gutem Wein und stieg wieder in die Stadt hinunter, wo er unverweilt sich über die Kirchhofmauer schwang und furchtlos über die Gräber hin vor Küngolts unheimliche Wohnstätte ging. Sie saß lautlos auf ihrem Strohsack zusammengekauert hinter dem Vorhang und lauschte zitternd jedem Geräusche; denn sie hatte, ehe die Geisterstunde gekommen, schon einige Schrecknisse erlebt. Im Beinhause war eine Katze über die Knochen weggestrichen, so daß dieselben sachte etwas geklappert hatten. Dann wurden vom Nachtwind die Sträucher über den Gräbern bewegt, daß sie leise rauschten, und der Hahn auf dem Dachreiter der Kirche gedreht, welches einen seltsamen Ton gab, den man im Tagesgeräusch nie vernahm.

Als daher Küngolt die nahenden Schritte hörte, erschrak sie von neuem und fuhr zusammen; als er aber durch das Gitter griff und den Vorhang zurückschob, daß der Vollmond den Raum erhellte, und sie leise anrief, da stand sie eilig auf, lief ihm entgegen und streckte beide Hände durch das Gitter.

»Dietegen!« rief sie und brach in Tränen aus, die ersten, die sie seit dem Unglückstag vergießen konnte; denn sie hatte bis jetzt wie in einer starren Betäubung gelebt.

Dietegen gab ihr aber die Hand nicht, sondern das Weinfläschchen und sagte: »Nimm einen Schluck Wein, es wird dir gut tun.« Sie trank und nahm auch von dem guten Brot ihres Vaterhauses, das er ihr gebracht. So wurde es ihr besser zu Mut, und als sie sah, daß er nicht weiter mit ihr sprechen wollte, zog sie sich schweigend auf ihr Lager zurück und weinte leise, bis sie in einen ruhigen Schlaf versank.

Dietegen aber hielt sie nach seinen jugendlich spröden Begriffen und in seiner Unerfahrenheit für ein bös gewordenes Wesen, das nicht recht tun könne, und er wachte bei ihr, indem er sich auf einen an der Wand lehnenden alten Grabstein setzte, ihrer toten Mutter zuliebe und weil er ihr selbst sein Leben verdankte.

Küngolt schlief, bis die Sonne aufging, und als sie erwachte, sah sie, daß Dietegen still weggegangen war.

Dergestalt kam er eine Nacht um die andere, bei ihr zu wachen; denn er hielt nach seinem Glauben den Ort für in der Tat gefährlich für jemand, der kein gutes Gewissen habe und voll Furcht sei. Jedesmal brachte er ihr etwas zur Labung mit und frug sie etwa, was sie sich wünschte, und er brachte ihr alles, was ihm recht schien. Er kam auch, wenn es regnete und stürmte, und versäumte keine Nacht, und wenn es nach damaligem Volksglauben in Ansehung der Toten und ihres Treibens besonders verrufene Nächte waren, so erschien er umso pünktlicher.

Küngolt ihrerseits richtete sich unvermerkt so ein, daß sie während des Tages ihren Vorhang zog, um sich vor den Neugierigen zu verbergen, wie sie sagte, wenn Leute auf den Kirchhof kämen, in der Tat aber, um zu schlafen; denn sie liebte es während der Nacht munter zu sein, kein Auge von der dunklen Gestalt ihres Wächters zu verwenden, und über ihn und sich und wie alles gekommen sei, nachzudenken, während er sie schlafend wähnte.

Sie fühlte sich von einem neuen, ungeahnten Glücke umflossen, sobald er kam und sie ihren Gedanken in seiner Gegenwart still und stumm nachhängen konnte. Sein hartes Urteil ahnte sie nicht und hoffte ihr Anrecht an ihn wieder erringen zu können, da er sich so treu erwies. Nicht so dachte ihr Vater, der sie jede Woche einmal besuchte; wenn sie dann fast jedesmal schüchtern auf irgendeine Weise Dietegens Namen nannte und er wohl merkte, daß sie sich ihm wieder zugewendet, seufzte er innerlich, weil er wohl wünschte, daß das halb verlorene Kind durch den braven Pflegesohn gerettet werden möchte, aber fürchtete, der werde schwerlich eine angehende und schon eingesperrt gewesene Hexe erwerben wollen.

Mittlerweile hatte sich auch noch anderer Besuch bei Küngolt eingestellt. Der Ratsschreiber von Ruechenstein, der gewalttätige Krummbuckel Schafürli, konnte das schöne Wesen nicht vergessen und fühlte sein stark durch die Krümmungen des Körpers strömendes Blut von ihrem Bilde bewohnt und befahren, nach seinem Glauben wie von einer Hexe, welche nächtlich einsam auf einem Strome in dunklem Kahne dahin schieße.

Er gedachte daher, da er ein verwegener Kerl war, statt bei den Kapuzinern, bei der Urheberin selbst seine Heilung und Befreiung zu versuchen und wanderte in dunkler Nacht über den

Berg und bis auf den Kirchhof, wo sie gefangen saß. Da es noch nicht die Zeit war, um welche Dietegen zu erscheinen pflegte, und auch seine Schritte fremd klangen, so erschrak Küngolt und duckte sich hinter ihren Vorhang. Schafürli aber zündete ein kleines Licht an, das er mitgenommen, riß das Tuch zurück und leuchtete in den vergitterten Raum hinein, bis er sie entdeckte.

»Komm heran, Hexenmädchen!« flüsterte er heftig und halblaut, »und gib mir beide Hände und deinen Mund, denn du mußt mir heilen, was du verdorben hast!«

Sie erkannte ihn an seiner Gestalt, und die Erinnerung an all das geschehene Unheil, sowie die Gegenwart des Mannes erfüllten sie mit solcher Angst, daß sie, ohne einen Laut zu geben, zitterte wie Espenlaub.

Da begann der Ratschreiber an dem Gitter zu rütteln, und weil es keineswegs besonders fest war, vielmehr nur für schwächere Gefangene zu dienen hatte, schickte er sich an, es mit Gewalt aus den Angeln zu heben. In demselben Augenblicke kam aber Dietegen, sah den Vorgang und packte den Schafürli an der Schulter. Der schrie wild auf und wollte seinen Dolch ziehen. Doch Dietegen hielt ihm die Hände fest und rang mit ihm, bis er ihn bezwungen hatte. Er besann sich, ob er ihn gefangennehmen und anzeigen, oder ob er ihn bloß verjagen solle, und weil er den Zusammenhang des Vorfalls noch nicht kannte und nicht eine neue Verwicklung für Küngolt herbeiführen wollte, ließ er den krummen Mann laufen, indem er ihm bei Sicherheit seines Lebens verbot, je wieder an den Ort zu kommen. Zugleich aber ging er in das Haus hinein und veranlaßte den Totengräber, die Gefangene nunmehr in die Stube zu nehmen, da ohnehin der Herbst vor der Tür sei und die Nächte zu kühl würden für den bisherigen Aufenthalt.

Küngolt wurde also noch in dieser Nacht mit der herkömmlichen leichten Kette am Fuße an den Ofen gefesselt. Es war das ein schlankes Gebäude von grünen Kacheln, welche in erhabener Arbeit die Geschichte der Erschaffung des Menschen und des Sündenfalls darstellten; an den vier Ecken des Ofens standen die vier großen Propheten auf vorstehenden gewundenen Säulchen, und das Ganze bildete ein nicht unzierlich gegliedertes Monument, an welches hingeschmiegt nun Küngolt auf der Ofenbank saß.

Sie freute sich der geschützteren Lage und der Rettung, welche sie dem Dietegen dankte, und schrieb alles seiner treuen

Gesinnung für sie zu, obgleich er in dieser Nacht kein Wort mit ihr gesprochen und sich nach getaner Sache ohne weiteres hinwegbegeben hatte.

Als nun aber die gute Küngolt dergestalt installiert war, fand sich ein neuer Liebhaber ihrer Schönheit ein in der Person eines Kaplans, welcher allerhand kleine Priestergeschäfte an der Kirche besorgte und auch den geistlichen Beistand bei den Siechen und Gefangenen auszuüben hatte. Dieses Pfäfflein kam nun, da Küngolt in der warmen Stube saß, fleißig zu ihr, um ihr Zusprache zu halten, ihr die Neigung zur Zauberei und Spendierung von Liebestränken auszutreiben und sich dabei ihres schönen Anblickes und lieblichen Wesens zu erfreuen. Denn seit der Zeit ihres Leidens war eine neue Art von Schönheit über sie gekommen; sie war ein reifes, schlankes, obgleich blasses Frauenbild geworden, dessen Augen in sanftem und lieblichem Feuer strahlten, von einem Trauerschatten umgeben. Sie wurde, vom Anbinden abgesehen, wie ein Glied des Hauses gehalten, in dem auch einige Kinder sich befanden, und wenn der Kaplan kam, so wurde er mit einem Glase Wein oder Bier bewirtet, für welches der Forstmeister etwa sorgte. Wenn nun der Geistliche sein Sprüchlein getan hatte, seine Erfrischung zu sich nahm und ersichtlich nur noch blieb, um die getröstete Sünderin ein bißchen anzugucken und etwa bescheidentlich ihre Hand zu streicheln, so überließ sich Küngolt einer aufwachenden, kleinen anmutigen Heiterkeit, indem sie bedachte, welch einen prächtigen Liebhaber sie, nach ihrer Meinung, diesem Pfäfflein gegenüber in Dietegen besaß.

So kam es, daß das Mädchen in seiner bescheidenen Fröhlichkeit, nachdem sie den Tag über von der besseren Zukunft geträumt hatte, des Abends der Liebling der Totengräbersleute war und sie den Tisch zu ihr an den Ofen rückten. Auch in der Neujahrsnacht, die nun gekommen, ging es so, und der Priester gesellte sich hinzu, so daß der Totengräber, seine Frau und Kinder und der Kaplan bei der angebundenen Küngolt um den Tisch herum saßen, mit Nüssen spielten und Küngolt eben laut über etwas lachte, was der Pfaffe gesagt hatte, während er ihre Hand hielt, als Dietegen hereintrat, um seinem Schützling und Kind seines Herrn einige gute Sachen von Hause zu bringen. Ein unbewußter Zug des Herzens, das eingeschlafene Heimweh nach ihr hatte ihn doch den Vorsatz fassen lassen, etwa eine Stunde dort zu verweilen, damit Küngolt, welche die erste Neujahrsnacht ihres jungen Lebens außer dem Hause zubrachte, jemand von den ihrigen bei sich hätte.

Als er aber den fröhlichen Auftritt und den Priester sah, der die Hand der lachenden Küngolt streichelte, ergriff ihn eine eisige Kälte, daß ihm das Blut beinahe erstarrte, und er ging, nachdem er dem Mädchen die Sachen mit zwei Worten als Sendung des Vaters übergeben, ohne weiteren Aufenthalt wieder fort, während zwischen seinen Zähnen sich die Worte lösten: »Hin ist hin!« Jetzt ahnte Küngolt plötzlich den Inhalt dieses Augenblickes und auch ihr trat alles Blut zum Herzen zurück. Sie sank erbleichend an den Ofen hin und die Leutchen gingen betreten auseinander; das Licht in der Totengräberwohnung erlosch, noch eh' die erste Stunde des neuen Jahres angebrochen war.

Küngolt blieb nun fast wie vergessen von den ihrigen, zumal in diesen Tagen die Eidgenossenschaft immer lauter von Kriegslärm ertönte und jene Ereignisse sich folgten, welche man den Burgunderkrieg nennt. Als das Frühjahr da war und der Tag von Grandson nahte, zogen auch die Städte Seldwyla und Ruechenstein, wie andere ihrer Nachbarorte, mit ihren Fähnlein in das Feld, und es war für den Forstmeister sowie für Dietegen eine Erlösung, aus dem gestörten Hause hinauszutreten und die frische rauhe Kriegesluft zu atmen.

Festen Schrittes gingen sie mit ihrem Banner, obwohl schweigsamer als die anderen, und stießen mit den übrigen herbeieilenden Scharen zu dem Gewalthaufen der Eidgenossen, welcher den schon im Streite Stehenden zu Hilfe kam.

Wie ein eiserner Garten stand das lange Viereck geordnet und in seiner Mitte wehten die Fahnen der Länder und Städte. Mann an Mann standen die Tausende, jeder in Zuverlässigkeit und Furchtlosigkeit wieder eine Welt für sich, und alle zusammen doch nur ein Häuflein Menschenkinder.

Da harre der Leichtsinnige und der Verschwender neben dem Geizigen und dem Sorgenfreund seiner Stunde; der Zanksüchtige und der Friedliebende hielten mit gleicher Geduld ihre Kraft bereit; wer schweren Herzens war, hielt sich so still wie der Prahler und der Redselige; der Arme und Verlassene stand ruhig und stolz neben dem Reichen und Gebietenden. Ganze Gassen sonst im Streite liegender Nachbarn stand gedrängt; aber Neid und Mißgunst hielten den Spieß oder die Hellebarde so fest, wie die Großmut und die Leutseligkeit, und der Ungerechte richtete wie der Gerechte sein Auge auf die nächste Pflicht. Wer mit seinem Leben abgeschlossen und einen Rest seiner Kraft unbeweint zu opfern hatte, galt nicht mehr oder weniger als der aufblühende Knabe, auf dessen Auge die Hoffnung der Mutter und einer ganzen Zukunft stand. Der düster Gesinnte ertrug ohne Murren die halblauten Einfälle des Possenmachers und dieser wiederum ohne Gelächter die kleinen heimlichen Vorkehrungen des Spießbürgers, der neben ihm stand.

Neben dem Banner von Seldwyla ragte dasjenige von Ruechenstein, so daß die Reihen der grollenden Nachbarstädte sich dicht berührten und der Forstmeister, der einen Teil seiner Mitbürger führte und ihren Eckstein bildete, der Nachbar des Ratsschreibers von Ruechenstein war, welcher am Ende einer Rotte der Seinigen stand; allein keiner von ihnen schien dessen zu gedenken, was vorgefallen. Dietegen ging mit den Schützen und verlorenen Knaben außerhalb des Gewalthaufens und lebte schon mitten im furchtbaren Getümmel, als dieser sich jetzt plötzlich in Bewegung setzte und in die Schlacht ging, um einen der ersten Kriegsfürsten mit seinem in Glanz und Üppigkeit strahlenden Heerzuge wie einen Fabelkönig in die Flucht zu schlagen.

Im Drange des harten Streites war der Forstmeister mit einigen seiner Knechte durch burgundische Reiterei von seinem Banner getrennt worden und schlug sich durch die Reiter hindurch, aber nur, um einsam unter feindliches Fußvolk zu geraten; in diesem arbeitete er sich getreulich ein Kämmerlein aus wie ein fleißiger Bergmann; aber eben, als er sich auch ein Pförtlein in dasselbe gebrochen hatte, kam durch diese Öffnung eine verspätete verirrte Stückkugel Karls des Kühnen und zerschlug ihm die breite Brust, also daß er in einem kurzen Augenblick im Frieden der ewigen Ruhe dalag und nichts ihn mehr beschwerte.

Als Dietegen frisch und gesund aus dem Kampfe und von der Verfolgung der fliehenden Burgunder zurückkam und nach kurzer Nachfrage den gefallenen Freund und Vater fand, begrub er ihn samt seinem Schwerte selbst zwischen die Wurzelarme einer mächtigen Eiche, welche unweit des Schlachtfeldes am Rande eines Haines stand.

Dann zog er mit dem Heere nach Hause und wurde von der Stadt wegen seiner Tapferkeit und Tüchtigkeit für einstweilen in das Forsthaus gesetzt, um dort die Aufsicht zu führen. Mit dem Tode des Forstmeisters war dessen Hausstand aufgelöst. Sein

Gut war in den letzten Jahren wegen Unachtsamkeit geschwunden, und Küngolt hatte nichts mehr auf dieser Welt als sich selbst und die Vorsorge Dietegens, soweit er etwa sorgen konnte, da er selbst ein armes Blut war.

Sie saß unbewegt an ihrem Ofen, die Wangen an die rauhen Bildwerke desselben gelehnt, welche den Verlust des Paradieses darstellten in vier oder fünf Bildern, die sich um den ganzen Ofen herum immer wiederholten; die Erschaffung Adams, diejenige der Eva, der Baum der Erkenntnis und die Verstoßung aus dem Garten. Wenn das Gesicht sie von dem Drucke schmerzte, so löste sie es ab und kehrte es gegen die harten Darstellungen, dieselben immer wieder von neuem betrachtend, indessen ihr Tränen entfielen, wenn sich hierzu etwa wieder so viel Kraft gesammelt hatte. Ja, wenn sie zuweilen zu demjenigen Bildwerke kam, welches die Verstoßung aus dem Garten vorstellte, so empfand sie sogar einen Lachreiz. Denn durch die Unaufmerksamkeit des Töpfers oder Bildners hatte auf dieser Platte Adam statt eines vertieften Nabels ein erhabenes rundes Knöpfchen auf dem Bauche, welches regelmäßig auf jeder Verstoßung wiederkehrte.

Wenn dann aber Küngolt lachen sollte über diese harmlose Erscheinung, so schnürte ihr dagegen das Elend das Herz und die Kehle zusammen, so daß ein erbärmliches Ringen und ein körperlicher Schmerz daraus entstand für einen Augenblick, bis ihr die Augen übergingen und sie das Gesicht verzog, wie jemand, der niesen sollte und nicht kann. Sie vermied daher zuletzt, dieses Bild anzuschauen.

Indessen war auch die Schlacht von Murten geschlagen worden und um die gleiche Zeit die Strafdauer Küngolts zu Ende. Dietegen hatte angeordnet, daß sie in das Forsthaus kommen solle, um dort mit Violanden vorderhand zu hausen, welche jetzt bescheiden, traurig und ziemlich ordentlich geworden war; denn sie hatte in der späten Verlobung mit dem Forstmeister und seinem Tode doch noch etwas Rechtes erlebt und einigen Halt daran genommen. Dietegen selbst aber kam nicht nach Hause, sondern tummelte sich bis ans Ende jener Kriegszüge im Felde herum.

Damit aber auch er nicht ohne Fehl und Tadel aus diesen Schicksalsläufen hervorgehe, hatten die Gewohnheiten des Krieges, verbunden mit dem stummen Schmerze wegen des Verlorenen, eine gewisse Wildheit in ihn gebracht. Er schloß sich jenen rauhen jungen Gesellen an, welche unter dem Namen des Törichten Lebens sich aufgemacht hatten, um die der Stadt Genf im Friedensvertrage auferlegte und von ihr hinterhaltene Brandschatzung auf eigene Faust einzutreiben. Aus burgundischen Beutestücken, die ihm zugefallen, hatte er sich Prunkkleider machen lassen; er trug, hinter der tollen Eberfahne herziehend, Gewand von blaßrotem Burgunderdamast; das eidgenössische Kreuz auf Brust und Rücken war von Silberstoff und mit Perlen besetzt. Den Hut überragte rings eine breite Last von wogenden Straußfedern, den in eroberten Lagern zerstreuten Ritterhüten entnommen. Dolch und Schwert trug er reich an kostbarem Wehrgehänge und neben der Feuerbüchse einen langen Speer, an welchem seine tannenschlanke breitschulterige Gestalt sich lässig lehnte und wiegte, wenn er drohend unter seinem Hute hervorschaute, um einen feigen Lärmmacher oder eine Dirne zu schrekken. Er liebte es, etwa eine schreiende Magd bei den Zöpfen zu packen, ihr einen Augenblick forschend ins Gesicht zu sehen und die Erschrockene oder auch Lachende dann wieder laufen zu lassen.

In solcher Tracht war er, ehe er sich zu dem Zuge des Törichten Lebens gesellt hatte, auch einen Augenblick auf dem Försterhofe zu Seldwyla erschienen, einem Abkömmling aus uraltem reinem Volksstamme gleichend, so kühn, sicher, stark und zugleich gelenk bewegte er sich.

Als Küngolt ihn so sah, der er im Vorübergehen ein kaltes wildes Lächeln zugeworfen, wie er es sich im Felde angewöhnt, waren ihre Augen wie geblendet. Während er nun in Welschland lag, war es ihr einziges Tun, über die Vergangenheit zu grübeln und in den glücklichen Tagen der verlorenen Kindheit zu leben. Besonders verweilte ihr Sinnen fast zu jeder Stunde auf jener Waldhöhe, wo die Seldwyler Frauen das vom Tod errettete Kind Dietegen einst in seinem Armensünderhemde gekost und mit Blumen geschmückt hatten, und sie eilte, sooft sie konnte, hinauf und schaute voll Sehnsucht nach dem fernen Südwesten, wo man sagte, daß die drohende Schar der unbezwinglichen Jünglinge sich gelagert habe.

Aber in der gleichen Berggegend, welche vom Ruechensteiner Grenzbanne durchschnitten war, kreiste der Ratsschreiber Schafürli herum, der stetsfort nach Heilung des ihm angetanen Schadens oder aber nach Rache dürstete; denn es waltete in Ruechenstein trotz der vermeintlichen Hexerei wegen der Tötung des Schultheißensohnes doch ein offener und geheimer Haß gegen ihn, den er durch den Tod der von den Seldwylern nach Ruechensteiner Ansicht unbestraft gelassenen Küngolt zu sühnen hoffte. Als daher eines Tages die arme Küngolt achtlos gerade auf einem Grenzsteine saß, und zwar so, daß ihre Füße auf dem Ruechensteiner Boden ruhten, trat Schafürli unversehens mit einem Ratsknechte aus den Bäumen hervor, nahm sie gefangen und führte sie gebunden nach seiner Stadt, wo ihr wegen des durch ihre Zauberei herbeigeführten ungesühnten Todes des Schultheißensohnes sofort von neuem der Prozeß gemacht wurde.

In Seldwyla war, zumal in diesen aufgeregten Zeitläufen, niemand mehr, der sich ihrer angenommen hätte, auch wenn ein Erfolg in Aussicht gewesen wäre. Es hieß daher bald, ihr Leben werde wohl dahin sein. Nun war es die einst so schlimme Violande, welche, von Reue und Mitleid erschüttert, sich aufraffte und die einzige Hilfe aufsuchte, die ihr denkbar schien. Sie machte sich auf und wanderte Tag und Nacht gegen Westen, um die Bande des Tollen Lebens und Dietegen zu finden. Das Gerücht von dem Treiben der verwegenen Schar leitete sie auch bald auf den rechten Weg und sie fand den Gesuchten, wie er eben mit einigen Gefährten in einer Schenke gleichgültig um Geld würfelte.

Sie gab ihm Kunde von dem neuen Unglücke Küngolts und er hörte ihr wider Erwarten aufmerksam zu, sagte aber dann: »Hier kann ich nichts machen! Das ist eine Rechtssache, und da die Seldwyler selbst nichts tun, so würde ich keine zehn Gesellen finden, die mir folgen würden, um das Kind zu befreien!«

Violande aber, welche von ihrem früheren Wesen und Treiben her alle möglichen Heiratsfälle im Gedächtnisse hatte, erwiderte: »Gewalt ist auch nicht nötig. Die Ruechensteiner haben seit altem her die Satzung, daß ein zum Tode verurteiltes Weib von jedem Manne gerettet werden kann und demselben übergeben wird, der sie zu ehelichen begehrt und sich auf der Stelle mit ihr trauen läßt!«

Dietegen schaute der Sprecherin verwundert und wunderlich ins Gesicht, nicht ohne sein spöttisches Soldatenlächeln.

»Ich soll also eine Art Dirne zur Frau nehmen, meint Ihr?« sagte er, indem er seinen hervorsprossenden Schnurrbart drehte und sich sehr ungläubig anstellte, obgleich es ihm durch das Antlitz zuckte. »Sag' nicht Dirne«, antwortete Violande, »sie ist es nicht!«

Und plötzlich in Tränen ausbrechend, ergriff sie Dietegens Hände und fuhr fort: »Was sie gefehlt hat, ist meine Schuld, laß es mich bekennen; denn ich wollte euch trennen und beide aus dem Hause bringen, um den Vater zu bekommen! Darum habe ich das Kind zu allen seinen Torheiten verleitet!«

»Sie hätte sich nicht sollen verleiten lassen«, rief Dietegen, »ihre Eltern sind von guter Art gewesen; aber sie ist nicht geraten!«

»Und ich schwöre dir bei meiner Seligkeit«, rief Violande, »es ist alles wie vom Feuer weggebrannt, was sie verunziert hat; sie ist gut und sanft und liebt dich so, daß sie schon längst sich ein Leid angetan hätte, wenn du nicht in der Welt zurückbleiben würdest. Übrigens gedenke doch dessen, was du ihr schuldest! Würdest du jetzt in deiner Kraft und Schönheit dastehen, wenn sie dich nicht aus dem Sarge des Henkers genommen hätte? Und gedenke auch der Mutter Küngolts und ihres braven Vaters, die dich erzogen haben wie ihr eigenes Kind. Und bist denn du der einzige Richter über den Fehl eines schwachen Kindes? Hast du selbst noch nie unrecht getan? Hast du keinen Mann erschlagen in deinen Kriegen, dessen Tod nicht gerade nötig gewesen wäre? Hast du keine Hütten von Armen und Wehrlosen verbrannt? Und wenn du auch dies nicht getan, hast du immer Barmherzigkeit geübt, wo du es gekonnt hättest?«

Dietegen errötete und sagte: »Ich will nichts geschenkt haben und niemandem etwas schuldig bleiben! Wenn es sich verhält, wie Ihr sagt, mit dem Ruechensteinischen Rechtsbrauche, so will ich hingehen und das Kind zu mir nehmen! Möge Gott mir und ihr dann weiter helfen, wenn sie nicht mehr recht tun kann!«

Sogleich gab er der gänzlich erschöpften Frau, die ihm nicht hätte folgen können, einiges Geld, womit sie sich etwas pflegen und zur Rückreise stärken sollte. Er selbst ging augenblicklich, seine Waffen ergreifend, auf und davon, quer durch das Land, und ruhte nicht, bis er die finstere Stadt Ruechenstein erblickte.

Dort hatten sie nicht lange Spaß gemacht, sondern nach wenig Tagen die Küngolt, die im kalten Turme saß, zum Tode verurteilt, und zwar wegen ihres unbescholtenen Vaters, der für das Vaterland gefallen sei, aus besonderer Milde zum Tode durch Enthauptung, statt durch Feuer oder Rad oder eine andere ihrer üblichen Praktiken.

Sie wurde demgemäß zum Tore hinausgeführt nach dem Richtplatze, barfüßig und mit nichts als dem Armensünderhemde bekleidet, Nacken und Rücken von dem schweren flatternden Haare bedeckt. Schritt für Schritt ging sie ihren Todespfad, inmitten ihrer Peiniger, zuweilen strauchelnd, aber gefaßten Mutes, da sie sich ergeben und aller weiteren Lebens- und Glückeshoffnung entschlagen hatte. »So kann es einem ergehen!« dachte sie mit einem fast merklichen Lächeln, und erst als sie wieder an Dietegen dachte, entfielen ihren Augen süße Tränen; denn sie bedachte auch, daß er ihr sein blühendes Leben danke, und sie fühlte sich durch dieses Erinnern getröstet, so selbstlos und gut war ihr Herz geworden.

Schon saß sie auf dem Stuhle und war gewissermaßen froh, daß sie nur sitzen und ausruhen konnte von dem mühseligen Gang. Sie schaute zum letztenmal über das Land hin und in den blauen Schmelz der Ferne. Da verband ihr der Henker die Augen und schickte sich an, ihr das reiche Haar abzunehmen, soweit es unter der Binde hervorquoll, als Dietegen in einiger Entfernung zum Vorschein kam und mächtig rufend seinen Hut und seinen Spieß schwenkte. Gleichzeitig aber, um die Handlung aufzuhalten, riß er seine Büchse von der Schulter und sandte eine Kugel über den Kopf des Henkers weg. Überrascht und erschreckt hielten die Richter inne und alles griff zu den Waffen, als der reisige Jüngling in weiten Sätzen heran und auf das Blutgerüst sprang, daß dasselbe von der Wucht seines Sprunges beinahe zusammenbrach. Die sitzende Küngolt bei der Schulter fassend, da ihre Hände auf dem Rücken gebunden waren, suchte er eine Weile nach Atem, eh' er sprechen konnte. Die Ruechensteiner, als sie sahen, daß er allein war und kein weiterer Überfall erfolgte, harrten der Dinge, die da kommen sollten, und als er endlich sein Begehren erklären konnte, traten sie zur Beratung der Angelegenheit zusammen.

Sowohl ihre Art, an den einmal herrschenden Rechtsgewohnheiten unverbrüchlich festzuhalten, als das Ansehen, welches Dietegen in diesen kriegerischen Tagen und mit seiner ganzen Erscheinung behauptete, ließen den Handel ohne Schwierigkeit beilegen, nachdem der grämliche Verdruß über die ungewöhnliche Störung einmal überwunden war. Selbst der Ratsschreiber, der sich nicht versagt hatte, sein Amt in dieser Sache selbst zu versehen und sich von dem Untergange der Hexe zu überzeugen, verbarg sich, so gut er konnte, um den wilden Kriegsmann, dessen Hand er trotz seines Mutes fürchtete, nicht auf sich aufmerksam zu machen.

Der gleiche Priester, der vorher mit der Verurteilten gebetet hatte, mußte nun stehenden Fußes die Trauung auf dem Gerüste vornehmen. Küngolt wurde losgebunden, auf die schwankenden Füße gestellt und befragt, ob sie diesem Manne, der sie zu ehelichen begehre, als seine rechte Ehefrau folgen und ihm ihre Hand geben wolle.

Stumm blickte sie zu ihm auf, der das erste war, was sie nach abgenommener Augenbinde von der Welt wieder sah, und sie blickte wie in einen Traum hinein; doch um, auch wenn es ein solcher wäre, nichts zu verfehlen, nickte sie, da sie nicht reden konnte, mit Geistesgegenwart und geisterhaft drei- oder viermal, und gleich darauf noch ein paarmal, so daß selbst die düstern Ratsmänner gerührt wurden und die Zitternde stützten, als sie hierauf in aller Form mit dem Manne verbunden wurde.

Erst jetzt wurde sie ihm mit Leib und Leben, wie sie stand und ging, ohne Nachwähr noch irgendeinen Anspruch auf Gut oder Schadenersatz, übergeben, gegen Erlegung der Gebühr für den Trauschein dem Pfaffen und Bezahlung von zehn Kopf Weins für den Scharfrichter und seine Knechte, als Hochzeitgabe, auch drei Pfund Heller für ein neues Wams dem Scharfrichter.

Als er alles bezahlt hatte, nahm Dietegen sein Weib bei der Hand und verließ mit ihr den Richtplatz. Weil er sie aber nehmen mußte, wie sie stand und ging, und sie barfuß und mit nichts als dem Totenhemde bekleidet, auch die Jahreszeit noch früh und kühl war, so befand sie sich nicht gut und konnte nicht wohl neben dem Manne fortkommen. Er hob sie daher vom Boden auf den Arm, schob seinen Hut über die Schultern zurück, sie schlang sogleich ihre Arme um seinen Nacken, legte ihr Haupt auf das seinige und schlief nach wenigen Schritten ein, die er mit dem Speer in der anderen Hand zurücklegte. So wandelte er rüstig weiter auf einsamer Höhe und fühlte, wie sie im Schlafe leise weinte und ihr Atem in süßer Erlösung freier wurde, und als ihre Tränen seine Stirne benetzten, da wurde es ihm zumute, als ob er vom seligen Glücke selbst getauft würde, und dem rauhen starken Gesellen rollten die eigenen Tränen über die Wangen. Sein war das Leben, das er trug, und er hielt es, als ob er die reiche Welt Gottes trüge.

Als sie auf der Stelle anlangten, wo er selbst als Kind im Sünderhemdchen unter den Frauen gesessen und kürzlich Küngolt gefangen worden war, schien die Märzensonne so hell und warm, daß ein kurzes Ausruhen erlaubt schien. Dietegen setzte sich auf den Grenzstein und ließ seine reiche Last sachte auf seine Knie nieder; der erste Blick, den die Erwachende ihm gab, und die ersten armen Wörtchen, die sie nun endlich stammelte, bestätigten ihm, daß er nicht sowohl eine Pflicht treu erfüllt, als eine neue eingegangen habe, nämlich diejenige, so gut und wacker zu werden, daß er des Glückes, das ihn jetzt beseelte, auch allezeit wert sei.

Der Boden um den Markstein her war schon mit Maßliebchen und anderen frühen Blumen besäet, der Himmel weit herum blau, und kein Ton unterbrach die Nachmittagsstille, als der Gesang der Buchfinken in den Wäldern.

Weiter sprachen sie nun nichts, sondern atmeten einträchtiglich in die laue Luft hinaus; endlich aber erhoben sie sich, und weil der Weg nur noch über weichen Moosboden durch die Buchenwaldung abwärts führte nach dem Forsthause, so gingen sie nun nebeneinander hin.

Unversehens griff Küngolt an ihr Goldhaar, welches sie erst jetzt abgeschnitten glaubte, und da sie es noch fand, wie es gewesen, stand sie still und sagte zu Dietegen, indem sie ihn treuherzig ansah: »Kann ich nicht noch ein Brautkränzchen bekommen?«

Er sah sich um und gewahrte eine glänzend grüne Stechpalme. Rasch schnitt er einen starken Zweig von dem Strauche, machte einen Kranz daraus und setzte ihr denselben sorgsam aufs Haupt mit den Worten: »Es ist ein rauher Brautkranz, aber wehrhaft, wie unsere Ehre es jederzeit sein soll! Wer sie mit Wort oder Tat beleidigen will, wird die Strafe fühlen!«

Er küßte sie hierauf ein einziges Mal fest unter ihrem Kranze und sie ging zufrieden weiter mit ihm.

Das Forsthaus stand leer und verlassen, als sie es erreichten. Das Gesinde hatte sich wegen der vermeintlichen Hinrichtung teils aus Trauer, teils aus ungetreuem Leichtsinn verlaufen und niemand kehrte an diesem Tage mehr zurück. Umso traulicher wurde das rasch auflebende junge Weib mit jedem Augenblick. Sie eilte von Schrank zu Schrank, von Kammer zu Kammer, und bald erschien sie in dem köstlichen Brautkleid ihrer Mutter, von welchem sie ihrem jetzigen Manne in jener Nacht erzählt, als sie zusammen im gleichen Kinderbettchen gelegen. Dann deckte sie den Tisch mit festlichen Linnen und trug auf, was sie an Speise und Wein hatte finden und bereiten können.

In tiefer Stille und Einsamkeit saßen sie nun nebeneinander, sie in ihrem Kranze und er mit abgelegten Waffen, und nachdem sie ihr einfaches Mahl genossen, gingen sie zur Ruhe. »So kann es einem ergehen!« sagte Küngolt heute zum zweiten Male und mit leichterem Herzen leise vor sich hin, als sie zufrieden an der Seite ihres Mannes lag; denn es blieb immer ein Restchen von Schalkheit in ihr.

Dietegen wurde ein angesehener Mann durch das Kriegswesen, nicht besser als andere jener Zeit, vielmehr den gleichen Fehlern unterworfen. Er wurde ein Feldhauptmann, der für oder wider die fremden Herren Partei nahm, Söldner warb, Gold und Beute raffte und so von Krieg zu Krieg sein Wesen trieb, gleich den ersten seines Landes, so daß er emporkam und einen oft gewalttätigen Einfluß übte. Allein mit seiner Frau lebte er in ununterbrochener Eintracht und Ehre und gründete mit ihr ein zahlreiches Geschlecht, das jetzt noch in Blüte steht in verschiedenen Ländern, wohin der kriegerische Zug der Zeiten die Vorfahren einst getrieben.

Violande ihrerseits war bald nach der Hochzeit Dietegens und Küngolts, die ihr zum Troste gereicht hatte, in ein wirkliches Kloster gegangen und eine wirkliche Nonne geworden, welche den Kindern Küngolts zuweilen allerlei Backwerk und Näschereien sandte. Auch gefiel sie sich darin, wenn Herr Dietegen auf der Höhe seines Ansehens etwa große Gasterei hielt und mit langem Bart und goldener Ritterkette dasaß, als geistliche Frau auf Besuch zugegen zu sein und mit einem goldenen Kreuze auf der Brust, und intrigante höfliche Reden mit den Kriegsherren zu wechseln.

Wie Küngolt im Anfange des sechzehnten Jahrhunderts ausgesehen, ist noch aus dem Bilde eines guten Malers zu entnehmen, welches in einer bekannten Galerie hängt und laut Inschrift ihr Bildnis ist. Man sieht da eine schlanke feine Patrizierfrau, deren schöne Gesichtszüge einen gewissen tiefen Ernst verkünden, durchblüht aber von sanfter kluger Laune.

Auch sie starb noch in guten Jahren an einer Erkältung, gleich ihrer Mutter, der Forstmeisterin, als nämlich ihr Mann in einem der Mailänder Feldzüge endlich ums Leben kam und auf dem Friedhofe eines lombardischen Kirchleins begraben wurde. Sie eilte hin, in der Absicht, ihm ein Grabmal zu errichten, in der Tat aber, um ungesehen eine lange Regennacht hindurch auf seinem Grabe zu sitzen, so daß ein Fieber sie in zwei Tagen dahinraffte und sie an der Seite Dietegens ihre Ruhestatt fand.

Eduard Mörike

Der Schatz

Im ersten Gasthofe des Bades zu K. verweilte eines Abends eine kleine Gesellschaft von Damen und Herrn im großen Speisesaale, der nur noch sparsam erleuchtet war. Der Hofrat Arbogast, ein munterer, kurzweiliger, obgleich etwas eigener Mann von imposanter Gestalt, schon in den Fünfzigern, schickte sich an, eine Geschichte zu erzählen.

Er war, durch rätselhafte Umstände begünstigt, vom Goldschmied aus sehr schnelle zur Bedienung des damals sogenannten königlichen Schatzmeisteramtes in Achfurth gelangt, und eine Zeitlang gingen im höhern Publikum seltsame Sagen darüber, indem man nicht umhin konnte, die Sache mit einer auf keinen Fall ganz grundlosen Gespenstergeschichte, welche den Hof zunächst anging, in Verbindung zu bringen.

Nun wurde man auch gegenwärtig wieder durch eine lustige Wendung, die das Gespräch genommen hatte, von selbst auf diesen Gegenstand geführt, und da man dem Hofrat mit allerlei Späßen und Anspielungen stets näher auf den Leib rückte, versprach er der Gesellschaft auf die Gefahr hin Genüge zu tun, daß man Unglaubliches zu hören bekommen und sich am Ende ganz gewiß bitter beklagen würde, als wenn er sie mit einem bloßen Kindermärchen hätte abspeisen wollen. »Es ist einerseits schade«, fügte er bei, »daß meine Frau sich heute so früh zurückgezogen hat. Da das, was Sie vernehmen sollen, ein Stück aus ihrem wie aus meinem Leben ist, so könnten wir uns beide füglich in die Erzählung teilen, Sie hätten jedenfalls sogleich die sicherste Kontrolle für meine Darstellung an ihr. Auf der andern Seite gewinnt aber diese vielleicht an Unbefangenheit und historischer Treue.« – »Nur zu! nur angefangen!« riefen einige Damen. »Wir sind nicht allzu skrupulös, und die Kritik, wer Lust zu zweifeln hat, steht nachher jedem frei.«

Wohlan! In Egloffsbronn, einer der ältesten Städte des Königreichs, lebte mein Vater, ein wackerer Goldschmied. Ich, als der einzige Sohn, sollte dieselbe Kunst dereinst bei ihm erlernen, allein er starb frühzeitig, und für das größte Glück war es daher zu halten, daß mich Herr Vetter Christoph Orlt, der erste Goldarbeiter in der Hauptstadt, umsonst in die Lehre aufnahm. Ich hatte große Lust an dem Geschäft und war so fleißig, daß ich nach fünf Jahren als zweiter Gesell in der Werkstatt saß.

Mein gutes Mütterlein war indes auch gestorben. Wie gern gedacht' ich ihrer, wenn ich in Feierstunden oft an meinem Eckfenster allein zu Hause blieb, mit welcher Ehrfurcht zog ich dann zuweilen ein gewisses Angebinde hervor, welches ich einst aus ihrer Hand empfing! Es war am Tag der Konfirmation. Ich hatte nach der Abendkirche mit den andern Knaben und Mädchen einen Spaziergang gemacht – wie das so Sitte bei uns ist, daß die festliche Schar mit großen Blumensträußen an der Brust zusammen vor das Tor spaziert – und war nun eben wieder heimgekommen, da holte meine Mutter aus dem Schrank ganz hinten ein kleines wohlversiegeltes Paket hervor, worauf geschrieben stand: »Franz Arbogast am Tage seiner Einsegnung treulich zu übergeben.« Die Mutter versicherte mir, sie wisse nicht, woher es eigentlich komme, ich sei noch ein kleiner Bube gewesen, als sie es eines Morgens auf dem Herd in der Küche gefunden. Mir klopfte das Herz vor Erwartung; ich durfte den Umschlag mit eigenen Händen erbrechen, und was kam heraus? Ein Büchlein, schwarz in Korduan gebunden, mit grünem Schnitt, die Blätter schneeweiß Pergament, mit allerlei Sprüchen und Verslein, von einer kleinen, gar niedlichen Hand fast wie gedruckt beschrieben.

Der Titel aber hieß:

Schatzkästlein,
zum Nutzen und Frommen
eines
Jünglingen,
so als ein Osterkind geboren ward,
in 100 Reguln allgemeiner Lehr,
nebst einer Zugab
für sondere Fäll in Handel und Wandel;
wahrhaftig abgefasset
von
Dorothea Sophia von R.

Ich meinerseits war freilich insgeheim in meiner Hoffnung ein wenig getäuscht; die Mutter aber legte vor freudiger Verwunderung ihre Hände zusammen. »Ach Gott!« rief sie aus, »es ist die Wahrheit, ja, am Ostersonntag mittags zwölf Uhr hast du zum erstenmal das Licht der Welt erblickt!« Sie pries und segnete mich. »Mein Sohn«, sagte sie, »du wirst im Leben viel Glück haben, wenn du dich christlich hältst und auf die Weisungen in diesem Büchlein merkst.« Sie unterließ auch nicht, mir meine Pflichten wiederholt ans Herz zu legen, als sie mir bald darauf mein Wanderbündel schnürte, darin das wunderliche Schatzkästlein den besten Platz erhielt.

Ich könnte gerade nicht sagen, daß ich die nächsten Jahre einen absonderlichen Segen von diesem seltenen Besitztum spürte, obwohl ich gar bald die sämtlichen Sprüche von vorn und von hinten auswendig wußte; ja zu einer gewissen kritischen Zeit, wo ich gerade angefangen hatte, Wirtshaus, Tanzboden, Kugelbahn öfter als billig zu besuchen, da waren es, wie mir deuchte, nicht sowohl die hundert Regeln als vielmehr die Erinnerung an meine gute Mutter, die Vorstellungen meines ehrlichen Meisters, was mich bald wieder ins Geleise brachte. Hier sei es übrigens gelegentlich bemerkt, daß mir von allen Arten der Versuchung just die am wenigsten gefährlich war, die sonst in jenen Jahren die allergewöhnlichste ist, die Neigung zu dem weiblichen Geschlechte. Es hatten deshalb meine Kameraden das ewige Gespött mit mir, ich hieß ein kalter Michel hin und her, und weil ich doch zuletzt um keinen Preis der Tropf sein wollte, der nicht wie jeder andere brave Kerl sein Mädchen hätte, nahm ich etlichemal einen tüchtigen Anlauf, kam bei ein Stück drei oder vieren herum, darunter ein Paar Goldfasanen, die redlich ihren Narren an mir fraßen; allein es tat nicht gut; nach vierzehn Tagen wollte ich schon Gift und Galle speien vor lauter Langerweile und heimlichem Verdruß. Kurzum, auf diesen Punkt schien wohl mein Schatzkästlein recht zu behalten – »Dein erstes Lieb, dein letztes Lieb.« Ich konnte dieses Wort lediglich nur auf eine Kinderliebschaft mit einem guten armen Geschöpfe beziehen, das ich als das Opfer eines frühzeitigen Todes von Herzen beweinte.

Mein Vetter schenkte mir sofort ein immer größeres Vertrauen. Er schickte mich manchmal auf kleine Geschäftsreisen aus, er fing nichts Neues von Bedeutung an, eh' er mit mir es erst besprochen hatte, und als er den Befehl erhielt, auf die Vermählung Seiner Majestät des Königs mit einer Prinzessin von Astern den Krönungsschmuck für die Durchlauchtige Prinzessin Braut zu fertigen, so konnte er mir wohl keine größere Ehre erzeigen, als daß er das Hauptstück des wichtigen Auftrags, nämlich eine Krone von durchaus massiver, doch zierlicher Arbeit, wie sie sich in die Haare einer schönen, blutjungen Königin geziemt, mir größtenteils allein zu überlassen dachte. Die Zeichnung war gemacht und höchsten Orts gebilligt. Bevor man aber an das Werk selbst ging, war noch Verschiedenes zu tun. Besonders fehlte es noch an einigen Steinen, die man im Lande nicht nach Wunsch erhalten konnte, daher mein Vetter sich nach reifer Überlegung zuletzt dahin entschied, ich sollte selbst nach Frankfurt gehn, die Steine auszuwählen. Es handelte sich nur darum, auf welche Art ich am sichersten reise, denn leider waren die Posten damals noch nicht so vortrefflich als jetzt eingerichtet; indessen fand sich doch Gelegenheit, die ersten Stationen mit ein paar Kaufleuten zu fahren. Der Vetter zählte mir vierhundert blanke Goldstücke vor; wir packten sie sorgfältig in mein Felleisen, und ich reiste ab.

Den zweiten Tag, in Gramsen, wo das Gefährt einen andern Weg nahm und mich daher absetzte, fiel Regenwetter ein; ich mußte mich bis zu Mittag gedulden, da ich es mir denn gern gefallen ließ, daß mir der Gramsener Bote ein Plätzchen ganz hinten in seinem Wagen gab, den eine Bläue gegen Wind und Wetter schützte. Ein junger Mann, ein Jude, wie mir schien, war meine einzige Gesellschaft. Wir waren gar bequem zwischen Wollsäcken gelagert, nur ging die Fahrt etwas langsam. Es wurde Nacht, bis man Schwinddorf erreichte, wo der Jude sich absetzen ließ, indes wir noch drei gute Stunden bis zu dem Städtchen Rösheim vor uns hatten. Als ich nun so allein in meiner dunkeln Ecke lag und an Verschiedenem herumdachte, war mir, als hätt' ich längst einmal gehört, daß diese Gegend nicht im besten Rufe stehe; besonders schwebte mir die sonderbare Geschichte eines Galanteriehändlers vor, welchem sein Kasten während des Marschierens auf ganz unbegreiflich listige Art, Schubfach für Schubfach, soll ausgeleert worden sein. Mein Fuhrmann wollte zwar so eigentlich nichts von dergleichen wissen, doch konnte ich mich nicht enthalten, von Zeit zu Zeit durch die Tuchspalte hinten mit *einem* Aug' hinauszuschauen. Der Himmel hatte sich wieder geklärt, man konnte jeden Baum und jeden Pfahl erkennen, man hörte auch nichts als das Klirren und Ächzen des Wagens; inzwischen ließ ich doch die Hand nicht von meinem Gepäck und tröstete mich mit des Fuhrmanns großem Hund; nur kam es mir ein paarmal vor, als wenn die Bestie sonderbar winsle, das ich aber zuletzt mitleidig dem puren Hunger zuschrieb.

»Jetzt noch ein Viertelstündchen, Herr, so hat sich's!« rief mir der alte Bursche zu und ließ zum erstenmal die Peitsche wieder herzhaft knallen. »Die Wahrheit zu gestehn«, fügte er bei, »sonst ist es auch gerade nicht mein Sach', so spät wegfahren: ein Fuhrmann aber, wißt Ihr wohl, hat es halt nicht immer am Schnürlein. Nu –

›'s Löwenwirts Roter
Ist allzeit hell auf!‹«

Es schlug halb zwölfe, als man vor das Städtchen kam. Am nächsten Wirtshaus hielten wir. Es schien kein Mensch mehr auf zu sein. Ich hob indes getrost mein Gepäck aus dem Wagen. Aber – Hölle und Teufel! wie wurde mir da! – das Ding war so leicht, war so locker! Den Angstschweiß auf der Stirn eil' ich ins Haus, ein Stallknecht, halb im Schlaf, stolpert mit einer Laterne heraus, ein zweites Licht reiß' ich ihm aus der Hand, und jetzt in der Stube gleich atemlos wie der Feind übers Felleisen her! Das Schlößlein find' ich unverletzt, ganz in der Ordnung – weiter – Allmächtiger! mein Gold ist fort! Der Schlag wollte mich treffen. »Nein, nein, ums Himmels willen, nein! es ist nicht möglich!« rief ich in Verzweiflung und wühlte, zauste alles durcheinander. Das Schatzkästlein fiel mir entgegen (ich hatte es nur gleichsam aus Erbarmen so mitlaufen lassen): im Wahnsinn meiner Angst hielt ich es einen Augenblick für möglich, das Büchlein habe mir meine Dukaten verhext. – Halb mit Wut, halb mit Grauen warf ich den schwarzen Krüppel an die Wand; allein wie schnell verschwand der vermeintliche Zauber, da sich ein Messerschnitt, vier Finger breit, in meinem Felleisen entdeckte! Jetzt wußt' ich vorderhand genug: der Jude hat dich bestohlen!

Soeben wollte ich hinaus, die Hausleute, die Nachbarschaft aufschreien – da muß mein Fuß zufällig nochmals an das arme Büchlein stoßen, und wie ein Blitz schießt der Gedanke in mir auf: Halt! wie, wenn heut' *Sankt Gorgon* wäre? Mechanisch nehm' ich es vom Boden; indem tritt der Kellner herein, grüßt, fragt, ob ich noch zu trinken verlange. Ich nicke stumm, gedankenlos und sehe mich dabei nach einem Wandkalender um.

»Was ist gefällig? neuer? alter? Dreiundachtziger? Vierundachtziger?«

»Versteht sich, einen neuen!« rief ich mit Ungeduld und meinte den Kalender; »den heurigen, nur schnell! nur her damit!«

Der Kellner lächelte hochweise: »Wir haben hierzuland noch keinen heurigen!«

»Wie was? um diese Zeit? verflucht! so bringt ins Kuckucks Namen einen alten! Das ist mir aber doch, beim Donner, eine Wirtschaft, wo man – ei daß dich, da hängt ja doch einer!« Ich riß den Kalender vom Nagel, ich blätterte mit bebender Hand – richtig! Gorgonii, der 9. September! Und daß ich jetzt nicht wie ein Narr vor Freuden in der Stube herumtanzte, den Gläserschrank zusammenschlug, den Kellner umarmte, war alles. Von nun an wußte ich, was für ein herrliches Kleinod mein Schatzkästlein sei. Stand nicht ein Verslein drin, ein Reimlein, ach, mehr wert, als alle Reime in der Welt? (der siebente war's in der Zugab' für sondere Fäll'):

Was dir an Gorgon wird gestohlen,
Vor Cpyrian kannst's wieder holen;
Jag nit darnach, mach' kein Geschrei,
Und allerdings fürsichtig sei.

Ich zweifelte nicht einen Augenblick an der Unfehlbarkeit dieses prophetischen Rates. Denn, dacht' ich, wär' es überhaupt nicht richtig mit dem Büchlein, wie konnte es denn wissen und mir so treulich melden, daß man mich just auf Gorgonstag bestehle: und dann – und kurz, es war in mir ein unwiderstehlicher Glaube: vor Cyprian kannst's wieder holen. Bis dorthin waren's freilich noch immer siebzehn Tage; nun, meinte ich, das ist der äußerste Termin, wer weiß, es kann so gut auch morgen und übermorgen glücken. Wart' Mauschel, wart' Halunk'! es wird sich bald ausweisen, wo deine Krallen es eingescharrt haben; drei Schritt von deinem Galgen, hoffe ich.

Franz Arbogast setzte sich hinter den Tisch mit einer Empfindung, mit einem Gesicht, wie ungefähr ein Kaufmann haben mag, wenn er gerade einen Brief aus Nordamerika bekam, des Inhalts: »Mein Herr! Ich habe die Ehre zu melden, daß Ihr sehr wackeres Schiff, die ›Faustina‹, nachdem wir sie bereits in der Gewalt der Seeräuber geglaubt, soeben wohlbehalten im Hafen eingelaufen ist.«

Ich aß und trank nach Herzenslust, schenkte besonders auch dem Fuhrmann tapfer ein, der mir gestand, der Kellner habe ihm vorhin ins Ohr gesagt, ich müsse wohl ein Wiedertäufer sein, ein Separatiste oder dergleichen, ich hätte mein Gebetbuch so närrisch geküßt. »Gut«, habe er darauf gesagt, »wenn's nur kein Jude ist; denn der, den ich gefahren, der Spitzbub', stiehlt mir ein Paar nagelneue Handschuh' weg! Ich hatte sie am Reif im Wagen hängen. Und das war nicht genug, beim Abschied im Finstern was tut er? drückt mir den breiten nichtsnutzigen Knopf da in die Hand statt einem Fünfzehner! Aber, nur stät! es gibt allerhand Knöpf', ganz besondere Sorten. Wißt Ihr wohl, Herr, welches die besten Knopfmacher sind, will sagen, die flinksten, und macht doch einer lang kein Dutzend im Jahr? Ihr ratet's nicht. Die Henkersknecht'! Mein' Seel', wenn mir der Jud' wieder begegnet, das Rätsel geb' ich ihm auf; was gilt's? er hat's heraus, eh' ich ihm zweimal mit der Geißel winke.«

»Hört«, sprach ich zu dem Fuhrmann, »Ihr seid ein braver Kerl, wißt Ihr was? Vielleicht daß mir der Jude doch noch früher in die Hände läuft als Euch; laßt mir den stählernen Knopf, hier ist ein Zwölfer dafür.« Der Handel fand keinen Anstand. – Mir fiel inzwischen ein, daß noch mein Stock im Wagen liege; ich ging mit Licht hinaus und fand bei der Gelegenheit noch einen meiner goldenen Füchse zwischen dem Flechtwerk des Korbes stecken und gleich dabei ein ziemlich großes Loch im Boden. Ich wußte nicht recht, was ich davon denken sollte. Ich ließ es eben gut sein; zu holen war heut' doch nichts mehr.

Singend und pfeifend ließ ich mir meine Schlafkammer zeigen, und ruhiger schlief ich in meinem Leben nicht als diese Nacht.

Am andern Morgen nun, nach ernstlicher Erwägung aller Umstände, schien es mir keineswegs geraten, mich aus der Gegend zu entfernen. Ein jeder Schritt schien zwecklos, wo nicht bedenklich. »Jag' nit darnach!« Das war für mich eben, als wenn ein Daniel mit eigenem Mund zu mir gesprochen hätte: »Mein Sohn, bleib' Er ganz ruhig sitzen im ›Löwen‹ zu Rösheim; Er sieht, es ist ein braves Wirtshaus hier; tu' Er sich etwas gütlich auf den gehabten Schreck, und scher' Er sich den Teufel um die Sache, Er wird bald hören, was die Glocke schlägt.« Ich kam dieser Weisung gewissenhaft nach. Rösheim ist ein lustiges Städtchen, es fehlte mir nie an Gesellschaft, besonders meine Wirtin war die gute Stunde selbst. So gingen drei, sechs, sieben Tage hin. Dazwischen gab es freilich auch tiefsinnige Momente, und nachgerade ward mir doch die Zeit zu lang.

Ich stehe eines Nachmittags am Fenster und gräme mich über das köstliche Wetter, das mir so jämmerlich verloren geht; kommt eine Chaise vor das Haus gefahren, die ich sogleich für dieselbe erkenne, mit welcher ich damals von Achfurth abreiste. Ein Herr steigt aus, es war einer von jenen Kaufleuten, der nächste Nachbar meines Meisters, ein wusliger, kleiner, geschwätziger Mann. Schnell wollt' ich noch entweichen, doch eh' ich mich's versah, war er herein.

»Ah! was der Tausend – da ist ja Herr Franz! Schön, schön, da wir uns unvermutet treffen! Auf Ehre, wie bestellt! Wie sieht's in Frankfurt? gute Geschäfte gemacht?«

»O ja, so so, so ziemlich, ja.«

»Charmant. Und, mein Freund, nun fährt Er natürlich mit mir, ich gehe direkt nach Haus und bin ganz allein.«

Ich fing nun an, mich zu entschuldigen – ein guter Bekannter, den ich notwendig, Geschäfte halber, hier erwarten müsse, besondere Affären – kurz, alles was zu sagen war. Der Kaufmann stutzte, wollte nicht begreifen, sondierte, fragte, schwieg zuletzt und trank sein Schöppchen Würzburger, gelben. Ich bat mir Feder und Tinte aus und schrieb etliche Zeilen an den Vetter: daß ich Frankfurt dato noch nicht gesehen, ein kleiner Unfall habe mich verspätet, bereits sei aber alles wieder ganz auf gutem Weg, so daß ich hoffe, noch zeitig genug mit meinen Einkäufen in Achfurth einzutreffen; übrigens möge er sich ja ganz stille halten, mit niemand weiter von der Sache reden, mir aber ganz und gar vertrauen. – Der Kaufmann sprach indessen leise mit dem Wirt beiseit. Gewiß erfuhr er von diesem, wie lang ich schon hier liege, und er konnte sich denn an den Fingern abzählen, daß ich noch nicht über die Grenze kam. Ich ließ mich das weiter nichts kümmern, versiegelte den Brief, empfahl ihn dem Herrn Nachbar zur Besorgung, er steckte ihn sehr seriös zu sich und schlürfte gelassen sein Restchen. »Viel Glück *nach Frankfurt*!« rief er mir mit höhnischem Gesicht beim Abschied zu. Der Wagen rollte fort.

Jetzt war auch meines Bleibens hier nicht länger. Ich hatte weder Rast noch Ruhe mehr, obgleich ich nicht wußte wohin. Ich fragte nach der Zeche, man war sogleich bereit, und wahrlich unverschämter wurde sie nie einem Grafen gemacht; ich hätte heulen mögen wie ein Weib, als ich berechnete, daß mir nur wenige Gulden übrigblieben.

Aber mein Mut sollte noch tiefer sinken. Denn auf der Straße, als ich schon ein gutes Weilchen fortgewandert war, fiel mir auf einmal ein, daß ich von nun an nirgends mehr im Lande sicher sei. Wird sich der Vetter wohl mit meinem Brief beruhigen? muß er nicht das Ärgste befürchten? Wenn er nun fahnden läßt auf dich! wenn man dich greift! Mir wurde es schwarz vor den Augen. Ich machte mir die bittersten Vorwürfe, verfluchte abermals das Schatzkästlein, denn dies war schuld, daß ich die Sache nicht sogleich vor Amt angab, wie jeder andere, der nicht ein ganzer Esel war, getan hätte, jetzt freilich war die Katz den Baum hinauf, und alles war zu spät. Noch volle zwei Tage trieb ich mich, bald da, bald dort verweilend und mich dabei immer aufs neue wieder an meinem Osterengel aufrichtend, im gleichen Reviere umher. Zuletzt kam mir in Sinn, daß nicht gar weit von hier, über der Grenze, ein paar weitläufige Verwandte meiner Mutter, vermögende Pelzhändler, wohnten, die meinem Vater viel zu danken hatten. Glückshof, soviel ich wußte, hieß der Ort; dort war doch vorderhand Trost, Rat und Unterkunft zu hoffen. So setzte ich denn meinen Weg zum erstenmale wieder in einer entschiedenen Richtung fort, und eingedenk der Flasche des trefflichen Likörs, womit mich meine gute Base beim Abschied noch versah, bediente ich mich dieses Stärkungsmittels zu meinem Encouragement ein übers andere Mal mit solchem glücklichen Erfolg, daß ich seit langer Zeit wieder ein Liedlein summte und endlich meinen vielberühmten Baß mächtig und ungebändigt walten ließ.

Allein das wunderbare Schicksal, unter dessen Leitung ich stand, kündigte sich nunmehr auf eine höchst seltsame Weise an. Es war etwa fünf Uhr des Abends, als ich getrosten Herzens so fort schlendernd in eine gar betrübte Gegend kam. Da lag nur öde Heide weit und breit. Rechts drüben sah ein düsteres Gehölz hervor und links vom Hügel her ein langweiliger ausgedienter Galgen, so windig und gebrechlich, daß er den magersten Schneider nicht mehr prästiert haben würde. Die Pfade wurden zweifelhaft, ich stand und überlegte, marschierte noch ein Stück und traf zu meiner großen Freude jetzt auf einen hölzernen Wegweiser. O weh, dem armen Hungerleider war die Schrift hüben und drüben rein abgegangen vor Alter! Er streckte den einen Arm rechts, den andern links hinaus und ließ die Leute dann das Ihre dabei denken. »Du wärst ein Kerl«, sprach ich, »für den ewigen Juden, dem es wenig verschlägt, ob er in Tripstrill oder Herrnhut zur Kirchweih ankommt.« Nun sah ich unten einen Schäfer seine Herde langsam die Ebene herauftreiben. Dem rief ich zu: »He, alter Freund, wo geht der Weg nach Glückshof?« – Kaum ist mir das letzte Wort aus dem Mund, so klascht es dreimal hinter mir, eben als schlüge jemand recht kräftig zwei hölzerne Hände zusammen. Erschrocken seh', ich mich um – o unbegreiflicher, entsetzenvoller Anblick! Er hatte sich gedreht! der Wegweiser – gedreht, so wahr ich lebe! Mit *einem* Arm wies er schief über die Heide, den andern hatte er, damit ich ihn ja recht verstehen sollte, dicht an den Leib gezogen. Des Schäfers Antwort ging indes im Widerhall des Walds verloren. Ich starrte und staunte den Wegweiser an und hörte, wie mein Herz gleich einem Hammer schlug. Alter! sprach ich in meinem Sinn, du gefällst mir nur halb; du hältst wohl gute Nachbarschaft mit dem dreibeinigen Gesellen auf der Höhe, mich sollst du nicht dran kriegen! Damit rannt' ich davon, als wär' er schon hinter mir her. Der Schäfer kam mir entgegen: »Was gibt's? Wer ist Euch auf den Fersen? Habt Ihr etwas verloren?« – »Nichts! sagt nur, wo geht's Glückshof zu?« Der Mann mochte glauben, ich hätte gestohlen, er maß mich von Kopf bis zu Fuß; dann deutete er nach der Waldecke hin: »Von dort seht Ihr ins Tal, ein Fußpfad führt nach dem Weiler hinab, da fragt Ihr weiter.« Inmittelst hatt' ich mich etwas gefaßt. Der Mann schien mir eine ehrliche Haut, demungeachtet nahm ich Abstand, ihm mein Abenteuer zu vertrauen, und fragte nur, indem ich meinen Finger in der Richtung hielt, in der das hölzerne Gespenst gewiesen! »Was liegt denn *dahin*? – »Da? kämt Ihr schnurgerad aufs graue Schlößlein.« Bewahr' mich Gott! dacht ich, dankte dem Schäfer und folgte seiner Weisung nach dem Walde. Im Gehen macht' ich mir verschiedene Gedanken und schaute wohl noch zehnmal um nach dem verwünschten Pfahl. Er hatte seine Alltagsstellung wieder angenommen und sah wahrhaftig aus, als könnte er nicht fünfe zählen. Was wollte er doch mit dem grauen Schlößchen? Ich hatte früher mancherlei davon erzählen hören. Es gehört den Freiherrn von Rochen und war, soviel ich wußte, noch unlängst bewohnt; es stand im Rufe arger Spukereien, doch nicht sowohl das Schlößchen selbst als vielmehr seine nächste Umgebung. Die Sichel fließt unten vorbei, darin schon mancher, durch ein weibliches Gespenst, irregeführt, den Tod gefunden haben soll. Nun glaubte ich nicht anders, als der Versucher habe mich in Wegweisersgestalt nach dieser Teufelsgegend locken wollen. Jedoch, erhob sich bald ein anderes Stimmchen in mir: wenn du ihm unrecht tätest? wenn du gerade jetzt deinen Dukaten entliefst? Was also tun? kehr' ich um? geh' ich weiter? So stritt es hin und her in meiner Seele. Ermüdet und verdrossen setzt' ich mich am Waldsaum oben nieder, wo ich denn immer tiefer in mich selbst versank, ohne zu merken, wie die Dämmerung einbrach, und daß der Schäfer lange heimgetrieben. Rasch und entschlossen stand ich auf. Gut' Nacht, Wegweiser! – Ich stieg bergab, dem Weiler zu.

Ein dichter Nebel hatte sich wie eine weiße See durchs Tal ergossen, er reichte bis zu mir herauf, und ich stieg immer mehr in ihn hinein. Zum Glück war die Nacht nicht sehr finster, die Sterne taten ihre Schuldigkeit. Aber ach, ich glaubte bereits in der Tiefe zu wandeln, während ich nur auf einem fahrbaren Absatz des Berges rings um denselben herum und ganz unmerklich wieder aufwärts lief. In kurzem spazierte meines Vaters sein Sohn also wieder ganz hübsch auf der öden, verhenkerten Heide herum, ungefähr da, wo ihm vor drei Stunden zum erstenmal das Trumm verloren ging.

Sie fragen, meine Wertesten, wie mir bei dieser Entdeckung zumute gewesen? Je nun, ich dachte, jetzt säßest du besser daheim bei deiner braven Meisterin, wenn sie den Abendsegen liest, meinetwegen auch beim Storchenwirt, und Fritz der Färber gäbe die Geschichte preis, wie er Anno 70 im Kniebis verirrte. Allein, wo nun hinaus? Eine bekannte gute Regel ist: wenn einer spürt, es sei ihm angetan, tut er am klügsten, er steckt den Verstand in den Sack und läuft, wie seine Füße mögen. So tat ich auch und fing das frische Kernlied an zu singen: »Seid lustig und fröhlich, ihr Handwerksgesellen!« – Es ging jetzt unaufhörlich eben fort. Auf einmal aber schien es hell und immer heller um mich her zu werden, ich sah mich um, da ging der volle Mond sehr herrlich hinter goldnen Buchenwipfeln auf. Von Furcht empfand ich eigentlich nichts mehr, nur *Selbigem* wollt' ich nicht gern zum zweitenmal begegnen. So oft er mir einfiel, tat ich einen herzhaften Zug aus der Flasche und hub alsbald mit heller Stimme wieder an!

Hamburg, eine große Stadt,
Die sehr viele Werber hat.
Mich hat nicht gereut,
Vielmehr erfreut,
Lübeck zu sehn;
Lübeck eine alte Stadt,
Welche viel Wahrzeichen hat.

Nun schritt ich über Stoppelfeld. Gottlob, das war doch eine Menschenspur. Aber, Goldschmied, wenn es nun allgemach hinunter und ans Wasser ging und dir die bleiche Edelfrau ein kühles Bad anwiese?

Dresden in Sachsen,
Wo schöne Mädchen wachsen;
Ich denk' jetzund
Alle Stund
An Nürnberg und Frankf –

patsch! lag ich auf der Nase. Der Schmerz trieb mir die Tränen in die Augen, mir schwebte ein Fluch auf der Zunge; aber nein –

Augsburg ist ein kunstreicher Ort,
Und zuletzt nach Elsaß fort.
Alsobald mit Gewalt
Geh' ich nach Straßburg.
Es ist eine schwere Pein
Von Jungferen insgemein,
Wenn man alsdann
Nicht herzen kann
Und wieder soll mareschieren fort.

Allmittelst aber nahe an den Rand der Ebene gekommen, bemerkte ich auf gleicher Höhe mit derselben, links hin, wo sie in einem spitzen Vorsprung auslief, nur dreißig Schritt von mir, ein altes, guterhaltenes Gebäude, mehr schmal als breit, mit etlichen Türmchen und hochgestaffeltem Giebel. Ich konnte nicht mehr zweifeln, wo ich sei. Ganz sachte schlich ich näher. Es schimmerte Licht aus einem verschlossenen Laden des unteren Stocks; hier mußte der Hausschneider wohnen. Ein Hund machte Lärm, und sogleich öffnete ein Weib das Fenster.

»Wer ist da?«

»Ein Handwerksgesell, ein verirrter.«

»Welche Profession?«

Ich wagte, eingedenk meiner gefährdeten Person, nicht, die Wahrheit zu sagen. »Ein Schneider!« sagt' ich kleinlaut. Sie schien sich zu bedenken, entfernte sich vom Fenster, und ich bemerkte, daß man drin sehr lebhaft deliberierte; es wisperten mehrere Stimmen zusammen, wobei ich öfters das fatale »Schneider« nur gar zu deutlich unterscheiden konnte.

Jetzt ging die Pforte auf. Der Hausvogt stand bereits im Gang; die Frau hielt auf der Stubenschwelle und hinter ihr ein sehr hübsches Mädchen, welches jedoch auffallend schnell wieder verschwand. Die Eheleute sahen einander an und baten mich, ins Zimmer zu spazieren.

Hier war nun alles gar sauber und reinlich bestellt. Ein Korb mit dürren Bohnen und reifen Haselnüssen, zum Ausmachen bereit, wurde beiseite geschoben, man nahm mir mein Gepäcke ab und hieß mich sitzen. Es war zehn Uhr vorüber. Die Alte deckte mir den Tisch, derweil der Mann, gesprächsweise, die nächstgelegenen Fragen, nach meiner Heimat und dergleichen, ohne Zudringlichkeit und in so biederem Tone an mich tat, daß ich mein einmal angenommenes Inkognito, wobei natürlich eine Lüge aus der andern folgte, nur mit innerlichem Widerstreben, deshalb auch etwas einsilbig und unsicher, behauptete. Das Mädchen lief einige Male geschäftig von der Küche durchs Zimmer, ohne mich kecklich anzusehen. Man brachte endlich eine warme Suppe und einen guten Rahmkuchen. Ich aß und trank mit Appetit, worauf mein Wirt sich bald erbot, mir meine Schlafstätte zu zeigen. Die Frau ging mit dem Licht voran, er selbst trug meinen Ranzen die Treppe hinauf nach einem hohen geweißten Eckzimmer, worin es neben einem frischen Bette nicht an den nötigsten Bequemlichkeiten fehlte. Ich sagte dankbar gute Nacht, setzte mein Licht auf den Tisch und öffnete unter kuriosen Gedanken ein Fenster.

Der Nebel ließ mich wenig unterscheiden, doch schien die Höhe da hinab beträchtlich, und, was mir nicht das lieblichste Gefühl erregte, dem sanften Rauschen eines Wassers nach mußte die Sichel ganz unmittelbar am Fuß des Felsens, der das Schlößchen trug, vorüberziehn. Sei's drum! ich riegelte getrost die Türe und zog mich aus. Mich niederlegen und schlafen war eins. Es regnete die halbe Nacht, ich merkte nichts davon; mir träumte lebhaft von dem schönen Mädchen.

Am andern Morgen, durch und durch gestärkt, fand ich die

Sonne schon hoch am Himmel über dem engen Sicheltale stehen, welches, reichlich mit Laubwald geschmückt, die Aussicht hier zunächst sehr stille und reizend beschränkt, alsdann, mit einer kurzen Beugung um das Schloß, sich in das offene, flache Land verläuft.

Ein Glockengeläute von unten, aus dem gutsherrschaftlichen Dorf an der Seite des Berges, erinnerte mich, es sei Sonntag. Mein Herz bewegte sich dabei, ich weiß nicht wie. Doch war jetzt keine Zeit, um solchen Rührungen lang nachzuhängen; auf alles Denken aber und Grübeln über meine Lage tat ich sofort grundsätzlich ein für allemal Verzicht; nur, als ich mir den beispiellosen Spuk des gestrigen Abends zurückrief, geriet ich auf die Mutmaßung, ich könnte wohl ein bißchen beschnapst gewesen sein, denn meine Branntweinflasche fand sich beinahe leer.

Ich eilte, sauber angezogen, zu meinem Wirt hinunter, der mir mit Heiterkeit ankündigte, es sei nur noch ein Stündchen bis Mittag; sie hätten mich nicht wecken wollen, weil sie dächten, ich habe nicht besonders zu pressieren und würde vielleicht ein paar Tage bei ihnen ausruhen. Nach einigem, wiewohl nur scheinbaren Bedenken und auf wiederholtes Zureden nahm ich diese unerwartete Gastfreundschaft an und blieb geruhig in meinen Pantoffeln. »Zwar werden wir Euch leider über Tisch für diesmal nicht Gesellschaft leisten«, sagte der Schloßvogt, »der Schulmeister im Dorf läßt heute taufen, da sind wir zu Gevatter gebeten und müssen gleich fort: Josephe aber, meine Nichte, wird Euch nichts abgehen lassen.« Ich war alles zufrieden.

Das Ehepaar hatte sich in Staat begeben, und außen wartete ein Fuhrwerk. Sie baten nochmals um Entschuldigung, mit dem Versprechen, vor Abend wieder da zu sein.

Ich befand mich allein in der Stube und mit Josephen, die draußen am Herde beschäftigt sein mochte, allein im ganzen Schlosse. Die Nähe dieses Mädchens, zu dem ich von der ersten Stunde an ein stilles, unerklärliches Vertrauen hegte, obgleich wir bis jetzt kaum ein Wort miteinander gewechselt, beunruhigte mich ganz sonderbar. Es zog und zupfte mich immer, sie in der Küche aufzusuchen, allein wenn ich eben dran war, schien mir von allen den bei Handwerksburschen üblichen galanten Redensarten nicht *eine* gut genug. Auf einmal kam sie selbst herein, band sich die Küchenschürze ab, stellte sich dann mit einigem Erröten mir gerade gegenüber und sprach, nachdem sie ihre offenen braunen Augen ein ganzes Weilchen auf mir ruhen lassen: »Also Ihr kennt mich wirklich gar nicht mehr?«

Da ich betroffen schwieg und nun mit halben Worten zu erkennen gab, daß ich auf eine frühere Bekanntschaft mit einem so charmanten Frauenzimmer im Augenblick mich nicht besinnen könne, verbarg sie sehr geschickt ihre Beschämung und Empfindlichkeit hinter ein flüchtiges Lachen und tat, als hätte sie den puren Scherz mit mir getrieben. »Nein! Nein!« rief ich, sie eifrig bei der Hand nehmend, »dahinter steckt etwas – Ihr seid betreten, Ihr seid gekränkt! Um's Himmels willen, beste, schönste Jungfer! helft mir ein klein wenig darauf – wenn, wo, wie hätten wir uns denn gesehen? es wird mir gleich beifallen!« In der Tat, ihr Gesicht wollte mir nun bereits außerordentlich bekannt vorkommen, nur wußte ich es nirgend hin zu tun. Ich bat sie wiederholt um einen kleinen Fingerzeig.

»Seid erst so gut«, versetzte sie, »und nennt mir Euren Namen!« Da ich bestürzt ein wenig zauderte und eben eine ausweichende Antwort geben wollte, brach sie kurz ab, wie wenn sie ihre Frage selbst bereute: »Der Braten verbrennt mir! verzeiht, ich muß gehen.«

In kurzem kam sie wieder, schob ohne Geräusch einen Tisch in die Mitte der Stube und fing sodann, indem sie ihn sehr ruhig deckte, als wäre nichts geschehn, vom Wetter an. Als ich mich auf dergleichen nicht einließ, sondern mich nachdenkend und fast verdrießlich zeigte, nahm sie zuletzt, um dieser lächerlichen Spannung zu begegnen, das Wort: »Hört, tut mir doch den einzigen Gefallen, denkt nicht mehr an die einfältige Posse. Ich habe mich in der Person geirrt, und das ist alles! Noch einmal, ich bitte, denkt nicht mehr daran.« – Dagegen war nun freilich schicklicherweise nichts weiter zu sagen, obgleich ich ihren Worten nur halb traute.

Wir setzten uns zum Essen. Josephe tat alles, um mich zu zerstreuen. Sie war die lautere Unbefangenheit, Anmut und Herzensgüte. Zum erstenmal, ich darf beinahe so sagen, zum erstenmal in meinem Leben begriff ich, wie es möglich sei, sich in eine Weibsbild zu verlieben.

»Man sagte so viel von Eurem grauen Schlößchen«, hub ich an, nachdem sie das Essen abgetragen und die herrlichsten Äpfel zum Nachtisch aufgestellt hatte, »wie wär's, Ihr schenktet mir, weil wir gerade so beisammen sind, einmal recht reinen Wein darüber ein?«

»Das kann geschehen«, antwortete sie; »wir reden sonst nicht leicht mit jemanden davon, allein man macht wohl eine Ausnahme. Zudem seid Ihr ein verständiger Mann und werdet Euch bei uns nicht fürchten. (Hier sah sie mir scharf, wie prüfend, ins Gesicht). Auch ist noch keiner Seele seit Menschengedenken im Hause selbst das mindeste zuleid geschehn, und außerhalb, nun ja, man hütet sich. Es gab wohl schon so leichtsinnige Menschen, die mögen immer ihren Fürwitz büßten.«

Sie hatte sich gesetzt und eine kaum erst angefangene Strickerei mit grün und schwarzem Garn zur Hand genommen, der Knaul lag ihr im Schoße. »Ach mein! so seht doch, was das regnet! was das schüttet! Wie gut ist's, daß Ihr heut' nicht auf der Straße seid.« Und nun begann sie zu erzählen:

»Vor ungefähr vierhundert Jahren wohnte allhier ein Graf mit Namen Veit von Löwegilt, ein frommer und tapferer Ritter. Er ehlichte als Witwer ein junges Fräulein, Irmel von der Mähne, welche ein Ausbund von Schönheit gewesen sein muß und sehr reich. Am Hochzeitsabend, als der Tanz im kerzenhellen Saal begonnen hatte und nun die Frau bald dem, bald jenem Gast die Hand zum Reigen gab, da sah Herr Löwegilt eine ganze Zeit mit Wohlgefallen zu, bald aber kam seltsame Wehmut über ihn, wie eine böse Ahnung, davon er sich jedoch nichts merken ließ, nur gegen das Ende des Tanzes gab er der Dame einen Wink, daß sie ein wenig aus dem Saale käme. Er nahm ein Licht und führte sie in ein ander Gemach. ›Mein liebstes Herz!‹ sprach er, da sie alleine waren, ›Euren Gemahl hat wunderlich verlangt, daß er sich abgesondert von den Leuten mit einem Küßlein Eurer Lieb' versichere.‹ Damit schloß er sie in den Arm und küßte sie, und sie tat gleich also. In ihrem Innern aber war sie ungehalten, dachte: was will mir der Narr? es ziemt den Wirten schlecht, die Gäste zu verlassen. Jetzt zog Herr Veit eine schwere, goldene Kette unter dem Goller hervor mit den Worten: ›Betrachtet diese Kette. Mein Ahnherr schenkte sie einst seiner Frau, der züchtigen und edlen Richenza vom Stain; hernachmals ist das Kleinod als ein ehrenwertes Denkzeichen der glücklichsten Ehe von einem Sohn auf den andern gekommen, und jetzo, heut', da Ihr mein väterliches Erbe als Hausfrau betreten, vergönnt, daß ich Euch diesen Schmuck umhängen mag: ich weiß, Ihr werdet ihn mit Ehren tragen.‹ – ›Ich danke meinem Herrn und gütigen Gemahl‹, antwortete die schöne Frau sehr freundlich; ›dafern Ihr aber irgend Zweifel habt an mir, so sei es nicht genug an meinem

Wort, das Ihr in Marien-Kapelle empfangen, und ich gelobe nochmals hier, Euch als ein treues Weib zu dienen, so Gott mir nach dem Tode gnädig sei.‹ – So gingen sie, und Irmel war vergnügt über die gelbe Kette und zeigte das Geschenk mit Freuden der Gesellschaft vor.

Im Anfang ging alles ganz gut. Die Gräfin schenkte ihrem Mann im ersten Jahre einen Sohn. Sein Hauskreuz aber stellte sich beizeiten ein. Die Frau wurde geizig über die Maßen. Ein Sprichwort ging beim Volk, sie singe der Henne ums Ei. Es hieß: Frau Irmel ist nicht dumm; weil sie der Tropfen Öl im Lämplein dauert, läßt sie die Mägde bei Mondschein spinnen. Sonst war Gesang und Harfenspiel ihr schönster Zeitvertreib, jetzt tat sie nichts wie rechnen und ihre Leute scheren. Das Ärgste dabei war, sie fing ohne Wissen Herrn Löwegilts an, viel Geld auszuleihen auf Zins an ihre Untertanen und in der Nachbarschaft umher. Wenn nun die armen Leute nicht zu rechter Zeit bezahlten, sprach sie zum Vogt: ›Solang mein Mann daheim, mag ich nichts anfangen; er ist zu gut und dankt mir's wohl, wenn ich ihn mit dem Plack verschone. Jedoch das nächstemal, daß er mit Reisigen aus ist, auf einen Monat oder zwei, da sollt Ihr sehn, wie ich mein Zornfähnlein aufs Dach stecke! Wir schicken den Presser herum und brauchen Gewalt; man muß dem Gauchenvolk die Frucht vom Acker und die Kuh von der Raufe wegnehmen.‹ Zum Glück kam es nicht gar so weit. Herr Veit erfuhr die feine Wirtschaft der Frau Gräfin und wollte sich zu Tod darüber schämen; allein weil er die Dame Tausendschön im ganzen doch wie närrisch liebte, verfuhr er christlich mit ihr und legte ihr in aller Güte den saubern Handel nieder. Das nahm sie denn so hin, wohl oder übel. Wie aber hätte ihr auch nur im Traum einfallen sollen, ihr Veit könnte so gottlos sein und den verwünschten Bauern ihre Schuld bis auf den letzten Heller schenken? Er machte das ganz in der Stille ab, und eines Tages bei Gelegenheit bekannt er's ihr frei, auf holde Art. Frau Irmel hörte ihn nur an, verblaßte und sagte nicht ein Sterbenswort. Sie ging mit ihm denselben Tag, weil eben Ostern war, zu Gottes Tische. Da mag sie wohl ihr eigen Gift hinabgegessen haben anstatt den süßen Leib des Herrn. Von Stund an war sie wie verstockt. Es sah just aus, als hätte sie zu reden und zu lachen und zu weinen für immerdar verlernt. Wenn er so vor ihr stand und ihr zusprach mit guten klugen Worten, so sah sie unter sich wie ein demütig Muttergottesbild und wich mit falschem Seufzen auf die Seite; war der Gemahl hingegen auf der Jagd oder sonst ausgeritten, damit er einen Tag seinen Kummer vergesse, da sei der kalte Fisch daheim lauter Leben, lauter Scherz und lustige Bosheit gewesen. Wer sollte glauben, daß der Graf für eine solche Kreatur auch nur ein Fünklein Liebe haben können? Und doch, es heißt, er hing an ihren Augen trotz einem Bräutigam. Einige meinten drum, sie hab' es ihm im roten Wein gegeben.

Einst saß er allein auf dem Saal und hatte seinen Knaben, nicht gar ein jährig Kind, sein liebstes Gut, auf seinem Schoß und war sehr traurig, denn der Knabe war seit kurzer Zeit siech und elend worden und aß und trank nicht mehr, und wußte niemand, was ihm fehle. Tritt leise die Amme herein, ein braves Weib, und fängt zu weinen an: ›Ach lieber Herr, ich habe etwas auf dem Herzen, das muß heraus und wäre mir die größte Sünde, so ich's vor Euch verschwieg. Dürft aber mich um Gottes willen nicht verraten bei der gestrengen Frau.‹ – Der Knabe, da sie solches sprach, bewegte sich mit Angst in seines Vaters Arm, als hätte er verstanden und gewußt, wovon die Rede sei. Der Graf winkte der Wärterin zu reden, die denn fortfuhr: ›Neulich, Ihr wart eben verreist, geh' ich des Morgens, wie ich immer pflege, nach der Kammer zum Kind. Das hört' ich schon von weitem schrein, als hätte man's am Messer. Indem ich eintrete, Gott steh' mir bei! muß ich mit diesen meinen Augen sehn, wie die gnädige Frau den jungen Herrn, bevor sie ihm das Röcklein angezogen, glatt auf den Tisch gelegt und ihn gequält, geschlagen und gekneipt, daß es zum Erbarmen gewesen. Wie sie mein ansichtig geworden, erschrak sie fast und tat dem Söhnlein schön und kitzelt' es, daß das arm' Würmlein gelacht und geschrien untereinander. Schau, was er lacht! rief sie, ist er nicht seines Vaters Konterfei? – Herr, haltet's mir zu Gnaden, daß ich so frech vor Euer Edlen alles sage, glaubt aber nur, man hat wohl der Exempel mehr, daß eine Ehefrau ihres Mannes Fleisch und Bein im eigenen Kind hat angefeindet, und, mein' ich, solches tut der böse Geist, daß einer Mutter Herz sich so verstellen muß und wüten wider die Frucht ihres Leibes.‹

So redete Judith und sah, wie ihrem Herrn ein übers andere Mal die Flammen zu Gesichte stiegen, und wie er zitterte vor Zorn. Er sagte lange nichts und starrte vor sich nieder. Jetzt stand er auf, sprach zu dem Weib: ›Geh, sag dem Kaspar, daß er gleich drei Rosse fertighalten soll, den schönen Schimmel mit dem Weibersattel, den Rappen und sein eigen Pferd. Du selber lege dein Feierkleid an und nimm des Kindes Zeug zusammen in ein Bündlein, wir werden gleich verreisen. Fürchte dich nicht, dir soll kein Haar gekrümmt werden.‹ – Sie lief und tat, wie ihr befohlen war, derweil Herr Veit sich rüstete. Alsdann nahm er das Büblein auf und eilte nach dem Hof. Auf seinen Wink bestieg Judith ihr Pferd; es war das edelste von allen aus dem Stall. Veit nahm den Junker vor sich hin; so ritten sie zum Tor hinaus, der Knecht hinterdrein. Frau Irmel aber sah am Erkerfenster halb versteckt dem allen zu, höchlich verwundert und erbost, und bildete sich freilich ein, was es bedeute. Sie folgte dem Zug mit höhnischen Blicken den Burgweg hinunter, und als die Rößlein dann ins obere Sicheltal einlenkten, sprach Irmel bei sich selbst: Richtig! jetzt geht es nach Schloß Greifenholz zur lieben gottseligen Frau Schwägerin. – So war es auch. Dort hatte der Graf seine nächsten Verwandten, bei denen er viel Trost und für den Knaben und die Wärterin die beste Aufnahme fand. Am zwölften Morgen kehrte der bedrängte Mann um eine große Sorge leichter zu seinem Fegfeuer zurück, denn sichtbarlich gedieh das Kind fern seiner Mutter wie eine Rose an der Maiensonne. Die Gräfin fragte, wie man denken kann, mit keiner Silbe nach dem Junker, und beide Gatten lebten so fortan als ein paar stille und höfliche Leute zusammen.

Drüber geschah's einmal, daß Löwegilt in seines Kaisers Dienst mit Kriegsvolk auswärts war sechs ganze Monate, vom Frühling bis tief in den Herbst. Das wäre eine schöne Zeit zur Buße gewesen, Frau Gräfin! Es gibt ein altes Lied, da steht der Vers:

In Einsamkeit,
In Einsamkeit,
Da wächst ein Blümlein gerne,
Heißt Reu und Leid…

Das war auch des Grafen sein Hoffen und Beten, wenn er manchmal bei stiller Nacht in seinem Zelt lag und seines Weibes dachte.

Und als nun endlich Friede ward und Fürsten, Ritter, Knechte, des Siegs vergnügt, nach Hause zogen, da dachte Löwegilt: Gott gebe, daß ich auch den Frieden daheim finde! Er führte seine Mannschaft unverweilt auf den kürzesten Wegen zurück. Sie hatten noch zwei kleine Tagreisen vor sich, da sie an einem Abend ein Städtlein liegen sahen, wo man zu übernachten dachte. Begegnete ihnen ein Mönch, der betete vor einem Kreuz. ›Ei‹, rief der Graf und hielt: ›das ist ja Bruder Florian! Willkommen, frommer Mann! Ihr kommet vom Gebirg herüber?‹ – ›Ja, edler Herr.‹ – ›Da habt Ihr doch auf dem Schloß eingekehrt?‹ – ›Für diesmal nicht, Gestrenger, ich hatte Eil'.‹ – ›Das ist nicht schön von Euch. Und nicht ein Wörtlein hättet Ihr von ungefähr vernommen, wie es dort bei mir steht?‹ – ›Ach Herr‹, antwortete der Mönch, ›die Leute dichten immer viel, wer möchte alles glauben! Begehret nicht, daß Euer Ohr damit beleidigt werde.‹ – Bei solchem Wort erschrak der Löwegilt in seine Seele, er nahm den Mönch beiseite, der machte ihm zuletzt eine Eröffnung von so schlimmer Art, daß man den Grafen laut ausrufen hörte: ›Hilf Gott! hilf Gott! hast du die Schande zugelassen, so lasse nun auch zu, daß ich sie strafen mag!‹ Und hiermit spornte er sein Roß und ritt, nur von seinem getreuesten Knappen begleitet, die ganze Nacht hindurch, als wenn die Welt an tausend Enden brennte.

Frau Irmel indes glaubte ihren Gemahl noch hundert Meilen weit dem Feinde gegenüber, sonst hätte sie wohl ihre Schwelle noch zu rechter Zeit gesäubert. Seit vielen Wochen nämlich beherbergte sie einen Gast, einen absonderlichen Vogel. Derselbe kam eines Tags auf einer hinkenden Mähre geritten und fragte nach Herrn Veit, seinem sehr guten Freunde. Der Gräfin machte er viel vor: er sei ein Edelmann, landsflüchtig, so und so. Ein Knecht aber vom Schloß raunte den andern gleich ins Ohr, daß er den Kauzen da und dort auf Jahrmärkten gesehen habe, Latwerg und Salben ausschreien. Man warnte die Gräfin, sie hörte nicht drauf: der Bursche hatte gar zu schöne schwarze Haare, Augen wie Vogelbeer, und singen konnte er wie eine Nachtigall. Er wußte eine Menge welscher Lieder, die Gräfin schlug ihre Harfe dazu und ließ ihn nicht mehr von der Seite. Die Knechte aber und die Mägde unter sich hießen ihn nur den Ritter von Latwerg.

Nun saß das feine Paar, so wie gewöhnlich, nach dem Mittagmahl allein im Saal am großen Fenster und schauten unter lustigem Gespräch in die offene Gegend hinaus, wie sie im hellen Sonnenschein, mit dem Fluß in der Mitte, dalag. Frau Irmel nahm ihre goldene Kette vom Hals, spielte damit und schlang sie so um ihren weißen Arm. ›Was dünkt Euch, Lieber‹, sagte sie, ›wenn ich ein Kettlein hätte, seht! nicht länger als die kleine Strecke dort, so weit die Sichel im Bogen zwischen den Wiesen längs dem Dörflein läuft? Versteht, ein jedes Glied müßte nicht größer sein, als wie ich hier den Mittelfinger gegen den Daumen krümme, schaut.‹

›Ei‹, sagte der Galan, ›was Ihr für kurzweilige Einfäll' habt! Das hieß mir ein Geschmeide; hätten zwei Riesen genug dran zu schleppen.‹

›Nicht wahr? und nun, was meint Ihr (das sagte sie aber Herrn Veiten zum Spott, weil er von Hause aus nicht zu den Reichsten gehörte): wenn man dem Löwegilt sein Hab und Gut verkaufte, merkt wohl! nach Abzug dessen, was *mein* ist, und machte den Plunder zu Gold und schmiedet' eine Kette draus, wie ich eben gesagt, wie groß schätzt Ihr, daß die ausfallen würde?‹ – Es lachte der Galan und rief: ›Ich wollte schwören, sie reichte just hin, Frau Irmels Liebe zu Herrn Veit damit zu messen!‹ – Da klatschte Irmel lustig in die Hände und setzte sich dem Ritter auf den Schoß und küßte ihn und ließ sich von ihm herzen.

Auf einmal sprach er: ›Horcht! mir ist, ich höre jemand im Alkoven; wird doch das Gesinde nicht lauschen?‹ – ›Ihr träumt‹, sagte die Frau, ›er ist verschlossen gegen den Flur. Laßt mich sehen.‹

Aber, indem sie aufstehn will, o Höllenschreck! wer tritt hinter der Glastür vor – Graf Löwegilt, er selber, ihr Gemahl!

Die falsche Schlange, schnell bedacht, warf sich mit einem Schrei der Freuden dem Manne um den Hals; er schleuderte sie weg, daß sie im Winkel niederstürzte. Sodann griff seine starke Faust den Buhlen, wie dieser eben auf dem Sprung war auszureißen, und übergab ihn seinen Knechten zum sicheren Gewahrsam. Jetzt war er mit dem Weib allein. Da stand die arme Sünderin und deckte ihr Gesicht mit beiden Händen; er schaute sie erst lange an, dann nahm er ihr die Kette ab, riß solche mitten voneinander, sprechend: ›*Also sei es von nun an zwischen uns! Und diese Kette hier werde für dich zu einer Zentnerlast, und sollest ihr Gewicht jenseits des Grabs mit Seufzen tragen, bis ihre Enden wiederum zusammenkommen!*‹ Damit warf er die beiden Stücke durchs offene Fenster in den Fluß.

Ich mache kurz, was weiter folgt. Dem sauberen Ritter ward ein lüftig Sommerhaus gezimmert mit drei Säulen, nicht fern von hier; man nennt's am Galgenforst. Frau Irmel aber saß jetzt unten in der Burg wohl hinter Schloß und Riegel. Sie bot alles Erdenkliche auf, mit List und Gewalt zu entkommen, sogar wollte sie ihren Beichtvater bestechen, dem sie bekannt, sie hätte, weil sie vom ersten Tag an ihren Mann nicht lieben können, ein großes Unheil, wie nun leider eingetroffen, lange vorausgesehn und drum beizeiten ihr Zukunft vorgesorgt, indem sie einen Notpfennig beiseit getan und außerhalb dem Schloß verborgen. Den Wächtern sagte sie: wer ihr zur Freiheit helfe, dessen Hände würde sie mit Golde füllen. Hierauf machten auch zwei einen Anschlag, sie wurden aber auf der Flucht ergriffen samt der Frau. Am andern Morgen fand man sie in ihrem Kerker tot. Sie hatte eine große silberne Nadel, womit sie immer ihre schönen Zöpfe aufzustecken pflegte, sich mitten in das Herz gestochen.

Nicht lange darauf verließ der Graf das Schloß und die Gegend für immer. Er lebte weit von hier auf einer einsamen Burg, der Hahnenkamm genannt, davon die Trümmer noch zu sehen sein sollen. Der junge Hugo war der Trost seines Alters. Er zeigte früh die edlen Tugenden und Fähigkeiten, dadurch er nachher als treuer Vasall und tüchtiger Kriegsmann in hohe Gnaden bei dem Kaiser kam. Geschlecht und Name der von Löwegilt ward nach und nach zu den berühmtesten gezählt in deutschen Landen; es kam ja das Herzogtum Astern an sie, daher sie auch den Namen führen, und, wie Euch wohl bekannt sein wird, die schöne Prinzessin Aurora, die unser König noch dieses Jahr heimführt, ist eine Tochter des jetzt regierenden Herzogs Ernst Löwegilt von Astern.«

»Was?« rief ich voll Erstaunen, »hier also, dieses Schloß wäre das Stammschloß der von Astern? und jene Irmel eine Ahnfrau der Prinzeß?«

»Nicht anders! Warum fällt Euch dies so auf?«

»Und hat das seine Richtigkeit, daß diese Irmel noch bis auf den heutigen Tag – nun, Ihr versteht mich schon –«

Josephe nickte ja, indem sie sich ein wenig an meinem Schreck zu weiden schien. Wir schwiegen beide eine ganze Weile, und allerlei Gedanken stiegen in mir auf.

»Aber«, so fing ich, unwillkürlich leiser sprechend, wieder an: »auf welche Art erscheint sie denn? und wo?«

Mit einer unbegreiflichen Ruhe, doch ernsthaft wie billig, versetzte das Mädchen:

»Von jeher zeigt sie sich nur *bei* und *auf* dem Wasser, zunächst am Schloß, dem großen Saale gegenüber, dann abwärts eine Strecke bis gegen den Steg. Feldhüter und Schäfer versichern, sie nehme ihren Lauf auch wohl bis nahezu ans Dorf, weiter in keinem Fall. Ich selber sah sie bloß ein einzig Mal, vom Küchenfenster aus; die Küche aber liegt gerade unterm Saal. Es war um Johannis, drei Stunden vor Tag, wir hatten eben eine Wäsche und waren deshalb frühe aufgestanden. Der Mond schien ganz hell. Von ungefähr schau ich hinaus und auf die Sichel hinunter. Da steht, schneeweiß gekleidet, ein schlankes Frauenbild in einem Nachen, der drüben an den Weidenbüschen so halb aus dem Schatten des grünen Gezweigs hervorstach, und ob es wohl kein rechter Nachen war, ich meine kein natürlicher, so hörte man doch deutlich, wie die Wellen am Schifflein unten schnalzten. Sie kauerte sich erst mühsam nieder, dann beugte sie sich weit über den Bord, indem sie mit den Händen hinab ins Wasser reichte und ringsherum wie suchend wühlte. Jetzt zog sie langsam, langsam und mit dem ganzen Leib rückwärts gebeugt, etwas herauf, das schimmerte und glänzte als wie das lautre Gold und war, wie ich aufs deutlichste erkannte, eine dicke, mächtig schwere Kette. Elle um Elle zog sie herein in den Kahn, und dabei klirrt' und klang es jedesmal im Niederfallen so natürlich, als nur etwas sein kann. So ging es lange fort, es war kaum auszudauern. Ich hatte meine Leute gleich herbeigeholt; sie sahen alle nichts, und weil ich mich nach meiner Art weiter nicht ängstlich dabei anstellte, so hätten sie mir's nimmermehr geglaubt, wenn sie die sonderbaren Töne nicht so gut wie ich vernommen hätten. Auf einmal klatschte das Wasser laut auf, die Kette mußte abgerissen sein, so heftig schnellte es, und dabei, sag' ich Euch, folgte ein Seufzer so tief aus einer hohlen Brust, so langgezogen und schmerzlich, daß wir im Innersten zusammenschraken. In diesem Augenblick war aber auch Gestalt und Kahn, alles wie weggeblasen.

Und – ja, daß ich das auch noch sage – verzeih' mir Gott! noch muß ich lachen, wenn ich daran denke. Wir Weiber gingen mäuschenstill an unsere Kessel und Zuber zurück und rieben und seiften drauflos, und traute sich keine ein Wörtlein zu reden; auch dem Herrn Vetter, merkt' ich wohl, war der Schlaf für heute vergangen: er ließ sein Licht fortbrennen und ging allein die Stube auf und nieder. Kaum guckt der Tag ein wenig in die Scheiben, so sticht der Mutwill' schon eine von uns an, nämlich ein junges Weib vom Dorf, man nannte sie nur die lachende Ev'. Die zieht so ein langes gewundenes Leintuch ganz sachte, sachte aus dem Seifenwasser, Frau Irmel nachzuäffen, und macht ein paar Augen gegen uns – husch! hat sie eine Ohrfeige.«

»Eine Ohrfeige? was?«

»Ja denkt! aber nicht vom Geist. Es war mein Herr Vetter, der zufällig hinter ihr stand und ihren Frevel so von Rechts wegen bestrafte.«

Josephe lachte so herzlich, daß ich selber den Mund ein wenig verzog. Doch sogleich tadelte sie sich: man sollte nicht spaßen auf diesen Punkt.

Sie schwieg und strickte ruhig fort. Der Regen hatte aufgehört, nur die eintönige Musik der Dachtraufen klang von den Fenstern.

Was mich betrifft, mir war ganz unheimlich geworden. Die Vorstellung, daß ich jenem Gespenst so nahe sein, die Möglichkeit, daß erst meine Beraubung, alsdann meine Verirrung auf das Schlößchen das Werk dieses schrecklichen Wesens sein könne – dieses zusammen jagte mich im stillen in einem Wirbel von Gedanken und ängstlichen Vermutungen herum. Das kluge Mädchen konnte mir vielleicht einiges Licht in diesen Zweifeln geben, und wenn ich auch nicht wagte, ihr mein Unglück offen zu entdecken, so nahm ich doch Anlaß, ihr die Geschichte des bestohlenen Galanteriekrämers mit Zügen meiner eigenen Geschichte zu erzählen und so ihre Meinung darüber zu hören.

Sie ließ mich ausreden und schüttelte den Kopf. »Dergleichen hörte ich wohl auch«, erwiderte sie, »sind aber dumme Märchen, glaubt mir: Spitzbuben machen sich's zunutz, vexieren und schrecken einfältige Leute, daß sie in Todesangst ihr Hab und Gut im Stiche lassen.«

»Aber die Kette!« versetzte ich dringend. »Bedenke Sie, Jungfer, die Kette, so viele hundert Klafter lang, die wächst doch nicht von selbst so fort, das braucht Dukaten, fremdes Gold!«

»Braucht's nicht! Was Ihr doch närrisch seid! Der ganze Plunder wiegt kein Quentlein unseres Gewichts.«

»Wie? also alles eitel Schein und Dunst?«

»Nicht anders.«

»Allein« – so fragte ich nach einigem Besinnen weiter – »der Schatz, dessen Irmel im Kerker gedachte, soll der noch irgendwo vergraben liegen?«

»Man sagt es. Hättet Ihr Lust, ihn zu lösen?«

»Nicht doch; ich meine nur, weil wir gerade von so wunderbaren Räubereien reden. Wär' es nicht möglich, daß eben auch besagter Schatz von Jahr zu Jahr zulegte auf Kosten mancher Passagiere?«

»Was fällt Euch ein! Ihr meint also, daß so ein armer Geist mit

Zangen und Messern ausziehe und ordentlich wie ein gemeiner Strauchdieb den Leuten die Koffer und Taschen umkehre?«

Ich sah das Abgeschmackte meines Argwohns ein, allein ich wußte nicht, ob ich mich freuen oder grämen sollte. Denn wenn mich vorhin der Gedanke mit einem freudigen Schrecken ergriff, daß ich vielleicht nur wenig Schritte von meinen Dukaten entfernt sein möge, so schwand mir die Hoffnung, dieselben jemals wieder zu erblicken, nun abermals in eine ungewisse Ferne. Was aber den Umstand anbelangt, daß ich als ein Verirrter meine Zuflucht hier, gerade hier in dem verhängnisvollen Ahnenschlosse der Herzoge von Astern finden mußte, nachdem ich in der Absicht ausgereist war, ein Geschäft zu besorgen, welches unmittelbar mit der Verherrlichung von Irmels Enkelin, künftig der ersten gekrönten Königin aus diesem Stamm, zusammenhing, und das auf eine so höchst rätselhafte Art gestört werden sollte – dahinter schien doch wahrlich mehr als ein bloßer Zufall zu stecken, es mußte eine höhere Hand im Spiele sein, und fester als jemals war ich entschlossen, ihr alles mit der vollsten Zuversicht zu überlassen, mich, ihres weiteren Winkes gewärtig, jeder eigenen Geschäftigkeit und Sorge zu entschlagen.

»Mein Freund wird mir so still«, sagte Josephe. »Ich dächte, wir gingen ein wenig und schöpften draußen frische Luft.« Ich war bereit, denn dies fehlte mir wirklich.

Die erquickende Kühle wirkte auch sogleich auf meinen verdüsterten Sinn. Wir gingen langsam auf den breiten Platten vor dem Hause auf und nieder, während die Schöne noch stets mit ihrem sonderbaren grünen Gestricke beschäftigt blieb. Wir bogen rechts ums Schlößchen und blickten in das stille Sicheltal, am liebsten aber wandte man doch immer wieder nach der andern Seite zurück, wo man über die niedrige Schutzmauer weg am Abgrund des Felsen die köstliche Aussicht auf das tiefliegende Land und näher dann am Berg herauf den Anblick eines Teils vom Dorf genoß. Dort hafteten meine Augen zwar oft unwillkürlich auf dem berüchtigten Flüßchen, das, hinter dem Schloß vorkommend, sich weit in die Landschaft schlängelnd verlor; allein ich drängte mit Gewalt alle unerfreulichen Bilder zurück.

Die Gegenwart des unwiderstehlichen Mädchens begeisterte mich zu einer Art von unschuldigem Leichtsinn und kecker Sicherheit; ich hatte ein Gefühl, wie wenn mich unter ihrem Schutz nichts Widriges noch Feindliches antasten dürfte. Die Sonne trat soeben hinter grauen und hochgelben Wolken hervor, sie beglänzte die herrliche Gegend, das alte Gemäuer, ach, und vor allem das frische Gesicht meiner Freundin!

»Erzählt mir was aus Eurem Leben, von Eurer Wanderschaft und Abenteuern; nichts hört sich lustiger als Reisen, wenn man's nicht selbst mitmachen kann.«

Es fehlte wenig, daß ich ihr nicht auf der Stelle mein ganzes übervolles Herz eröffnete; jedoch, um ungefähr zu prüfen, wie es wohl mit dem ihrigen stehe, fing ich in hoffnungsvollem Liebesübermut verschiedenes von Frauengunst zu schwadronieren an und wußte mich als einen auf diesem edlen Felde schon ganz erfahrenen Gesellen auszulassen. Das Mädchen lächelte bei diesem allen getrost und still in sich hinein.

»Und nun, mein Kind«, sagt' ich zuletzt, »wie denkt denn Ihr in Eurer Einsamkeit hier oben von diesem bösen Männervolk?«

»Ich denke«, sagte sie mit angenehmer Heiterkeit, »wie eben jede Braut es denken muß: der Meine ist, so Gott will, noch der Beste von allen.«

Ein Donnerschlag für mich! Ich nahm mich möglichst zusammen. »Ei so?« – rief ich lachend und fühlte dabei, wie mir ein bittrer Kampf das Maul krumm zog – »So? man hat auch schon seinen Holderstock? Das hätt' ich Ihr nicht zugetraut! Wer ist denn der Liebste?«

»Ihr sollt ihn kennen lernen, wenn Ihr noch ein paar Tage bleibt«, versetzte sie freundlich und ließ den Gegenstand schnell wieder fallen. Dagegen fing sie an, ausführlich von ihrem häuslichen Leben bei den zwei alten Leuten, von den letzten Bewohnern des Guts, insonderheit von einer seligen Freifrau Sophie als ihrer unvergeßlichen Wohltäterin zu reden. Mir war längst Hören und Sehen vergangen, mir sauste der Kopf wie im Fieber. Ach Gott! ich hatte mich den lieben langen Nachmittag an diesem braunen Augenschein geweidet und gewärmt und mir so allgemach den Pelz verbrannt und weiter nichts davon gemerkt! Und jetzt, in einem Umsehn, wie war mir geworden! Unauslöschlichen heimlichen Jammer im Herzen! die tolle wilde Eifersucht durch alle Adern! Noch immer schwatzte das Mädchen, noch immer hielt ich wacker aus mit meiner sauer-süßen Fratze voll edler Teilnehmung und schweifte in Gedanken schon meilenweit von hier im wilden Wald bei Nacht durch Wind und Regen, das Bündel auf dem Rücken. Ein Blick auf meine nächste Zukunft vernichtete mich ganz: die ungeheure Verantwortung, die auf mir lag, die Unmöglichkeit meiner Rückkehr nach Hause, gerichtliche Verfolgung, Schmach und Elend – dies alles tat sich jetzt wie eine breite Hölle vor mir auf.

Josephe hatte soeben geendigt. In der Meinung, ein Fuhrwerk vom Tal her zu hören, sprang sie mit Leichtigkeit aufs nächste Mäuerchen und horchte, den Ast eines Ahorns ergreifend, ein Weilchen in die Luft. Noch einmal verschlang ich ihr liebliches Bild – Ach so, dacht' ich, in eben dieser Stellung, aber mit freudiger bewegtem Herzen, wird sie nun bald ihren Liebsten erwarten! Ich mußte das Gesicht abwenden, ich drängte mit Mühe die Tränen zurück. Ein Zug von Raben strich jetzt über unsern Häuptern hinweg, man hörte den kräftigen Schwung ihrer Flügel; es ging der Landesgrenze zu; der Anblick gab mir neue Kraft. Ja, ja – sprach ich halblaut: mit Tagesanbruch morgen wanderst du auch, du hast hier doch nichts zu erwarten als neue Täuschungen, neuen Verdruß! Ich fühlte plötzlich einen namenlosen Trost, als wenn es möglich wäre, mit Wandern und Laufen das Ende der Welt zu erreichen.

»Sie sind es nicht! des Müllers Esel waren's!« lachte Josephe und griff nach meiner Hand zum Niedersteigen.

Sie sah mich an. »Mein Gast ist ernsthaft worden – warum?« – Ich antwortete kurz und leichtsinnig. Sie aber forschte mit sinnenden munteren Blicken an mir und begann: »So wie wir uns hier gegenüberstehen, sollte man doch beinah' meinen, wir kennten uns nicht erst von heute. Ja, aufrichtig gesagt, ich selbst kann diesen Glauben nicht loswerden, und, meiner Sache ganz gewiß zu sein, war ich gleich anfangs unhöflich genug und fragt' Euch um den Namen, glaubt mir, ich brauch' ihn jetzt nicht mehr. Um Euch indes zu zeigen, daß man bei mir mit faulen Fischen nicht ausreicht, so kommt, ich sag' Euch was ins Ohr: – Männchen! wenn du ein *Schneider* bist, will ich noch heut' Frau Schneidermeisterin heißen, und, Männchen! wenn du nicht der *kalte Michel* bist, heißt das *Franz Arbogast* aus Egloffsbronn, bin ich die dumme Beth von Jünneda« – hiermit kniff sie mich dergestalt in meinen linken Ohrlappen, daß ich laut hätte aufschreien mögen, – zugleich aber fühlte ich auch so einen herzlichen, kräftigen Kuß auf den Lippen, daß ich wie betrunken dastand. »Für diesmal kommt Ihr so davon!« rief sie aus: »Adieu, ich muß jetzt kochen. Ihr bleibt nur hübsch hier und legt Euch in Zeiten auf Buße.«

Nachdem ich mich vom ersten Schrecken ein wenig erholt, empfand ich zunächst nur die süße Nachwirkung des empfangenen Kusses. All meine Sinne waren wie zauberhaft bewegt und aufgehellt; ich blickte wie aus neuen Augen rings die Gegenstände an, die ganz in Rosenlicht vor mir zu schwanken schienen. Wie gern wär' ich Josephen nachgeeilt, doch eine sonderbare Scham ließ mir's nicht zu. Dabei trieb mich ein heimliches Behagen, die angenehmste Neugierde, wohin dies alles denn noch führen möchte, unstet im Hofe auf und ab. Denn daß die unvergleichliche Dirne mehr, als ich denken konnte, von mir wisse, daß sie, vielleicht im Einverständnisse mit ihren Leuten, irgend etwas Besonderes mit mir im Schilde führe, soviel lag wohl am Tage, ja mir erschien auf Augenblicke, ich wußte nicht warum, die fröhlichste Gewißheit: all mein unverdientes Mißgeschick sei seiner glücklichen Auflösung nahe.

Leider fand sich den Abend keine Gelegenheit mehr, mit dem Mädchen ein Wort im Vertrauen zu reden. Die Alten kamen unversehens an, schwatzten, erzählten und packten Taufschmausbrocken aus. Dazwischen konnte ich jedoch bemerken, daß mich Josephe über Tisch zuweilen ernst und unverwandt, gleich als mit weitentferntem Geist, betrachtete, so wie mir nicht entgangen war, daß sie gleich bei der Ankunft beider Alten von diesen heimlich in die Kammer nebenan genommen und eifrigst ausgefragt wurde. Es mußte der Bericht nach Wunsch gelautet haben, denn eines nach dem andern kam mit sehr zufriedenem Gesicht zurück. Später, beim Gutenacht unter der Tür, drückte Josephe mir lebhaft die Hand. »Ich wünsche«, sagte sie, »daß Ihr Euch fein bis morgen auf etwas Guts besinnen mögt.« – Lang grübelte ich noch im Bett über die Worte nach, vergeblich mein Gedächtnis quälend, wo mir denn irgend einmal in der Welt diese Gesichtszüge begegnet wären, die mir bald so bekannt, bald wieder gänzlich fremde deuchten. So übermannte mich der Schlaf.

Es schlug ein Uhr vom Jünnedaer Turm, als ich, von heftigem Durste gepeinigt, erwachte. Ich tappte nach dem Wasserkrug; verwünscht! er schien vergessen. Ich konnte mich so schnelle nicht entschließen, mein Lager zu verlassen, um anderswo zu suchen, was ich brauchte. Ich sank schlaftrunken ins Kissen zurück, und nun entspann sich zwischen Schlaf und Wachen der wunderlichste Kampf in mir: Stehst du auf? bleibst du liegen? Ich suche endlich nach dem Feuerzeug, ich schlage Licht, werfe den Überrock um und schleiche in Pantoffeln durch den Gang, die Treppe hinab... ob ich dies wachend oder schlafend tat, das, meine Wertesten, getraue ich mir selbst kaum zu entscheiden; es ist das ein Punkt in meiner Geschichte, worüber ich trotz aller Mühe noch auf diese Stunde nicht ins reine kommen konnte. Genug, es kam mir vor, ich stand im untern Flur und wollte nach der Küche. Die Ähnlichkeit der Türen irrte mich, und ich geriet in ein Gemach, wo sich verschiedenes Gartengerät, gebrauchte Bienenkörbe und sonstiges Gerümpelwerk befand; auch war an der breitesten Wand eine alte, riesenhafte Landkarte von Europa aufgehängt (wie ich denn dieses alles den andern Tag gerade so beisammen fand). Schon griff ich wieder nach der Türe, als mir auf einem langen Brett bei andern Gefäßen ein voller Essigkolben in die Augen fiel. Das löscht den Durst doch besser als bloßes Wasser, dachte ich, hub den Kolben herab und trank in unmenschlichen Zügen; es wurde mir gar nicht genug. Auf einmal rief nicht weit von mir vernehmlich ein äußerst feines Stimmchen: »He! Landsmann, zünd' Er doch ein klein bißchen hierher!« Ich sah mich allenthalben um, und es rief wieder: »Da! daher, wenn's gefällig ist.« So leuchte ich gegen die Karte hin, ganz nahe, und nehme mit Verwunderung ein Männlein wahr, auf Ehre, meine Damen, nicht größer als ein Dattelkern, vielleicht noch kleiner! Natürlich also ein Elfe, und zwar der Kleidung nach ein simpler Bürgersmann aus dieser Nation; sein grauer Rock etwas pauvre und landstreichermäßig. Er hing, vielmehr er stand wie angeklebt auf der Karte, just an der südlichen Grenze von Holland. »Noch etwas näher das Licht, wenn ich bitten darf!« sagte das Kerlchen, »möchte nur gelegentlich sehen, wie weit es noch bis an den Pas de Calais ist, und unter welchem Grad der Länge und Breite ich bin.«

Nachdem er sich gehörig orientiert hatte, schien er zu einigem Diskurs nicht übel aufgelegt. Bevor ich ihn jedoch weiter zum Worte kommen ließ, bat ich ihn um den einzigen Gefallen, er möchte sich von mir doch auf den Boden niedersetzen lassen, »denn«, sagte ich in allem Ernst, »mir schwindelt, Euch in dieser Stellung zu sehen; habt Ihr doch wahrhaftig weit über Mückengröße und -gewicht und wollt so, mir nichts, dir nichts, an der Wand hinauflaufen, ohne zu stürzen! Hier ist meine Hand, seid so gut.« – Statt aller Antwort machte er mit hellem Lachen drei bis vier Sätze in die Höhe oder vielmehr, von meinem Standpunkt aus zu reden, in die Quere. »Versteht Ihr nun«, rief er aus, »was Schwerkraft heißt, Anziehungskraft der Erde? Ei Mann, ei Mann, habt Ihr so wenig Bildung? Seht her!« Er wiederholte seine Sprünge mit vieler Selbstgefälligkeit. »Indessen, wenn's Euch in den Augen weh tut, auf ein Viertelstündchen kommt mir's nicht an. Nur nehmet die Karte behutsam hüben und drüben vom Nagel und laßt sie allgemach samt mir aufs Estrich herab; denn dies Terrain zu verlassen ist gegen meine Grundsätze.« Ich tat sofort mit aller Vorsicht, wie er's verlangte. Das Blatt lag ausgebreitet zu meinen Füßen, und ich legte mich, um das Wichtlein besser vor Augen zu haben, gerade vor ihm nieder, so daß ich ganz Frankreich und ein gut Stück vom Weltmeer mit meinem Körper zudeckte. Das Licht ließ er hart neben sich stellen, wo er denn, ganz bequemlich an den untern Rand des Leuchters gelehnt, sein Pfeiflein füllte und sich von mir den Fidibus reichen ließ.

»Ich war nämlich«, fing er an, »vormals Feldmesser in königlichen Diensten, verlor durch allerlei Kabalen diesen Platz, worauf ich eine Zeitlang bei den Breitsteißlern diente.« Bei dieser Gelegenheit ließ ich mir sagen, daß es mehrere Elfenvolksstämme gebe, die sich durch Leibesgröße gar sehr unterscheiden; die kleinsten wären die Zappelfüßler, zu denen sich mein wackerer Feldmesser bekannte, dann kämen Heuschreckenritter, Breitsteißler und so fort, zuletzt die Waidefeger, welche nach der Beschreibung ungefähr die Länge eines halben Mannsarms messen mögen. »Nun«, fuhr der kleine Prahlhans fort, »treib' ich aber meine Kunst privatim aus Liebhaberei, mehr wissenschaftlich, reise daneben und verfolge noch einen besondern Zweck, den ich freilich nicht jedem unter die Nase binde.«

»Ihr habt«, bemerkte ich, »bei diesen wichtigen Geschäften doch immer hübsch trockenen Weg.«

»All gut«, versetzte er, »aber auch immer trockene Kehle. Den Mittag schien die Sonne so warm dort in dem Stich über Trier herein, daß ich beinah' verschmachtet wär'. – Apropos, guter Freund, füllt doch einmal da meine Wanderflasche!« – »Unser Wein ist aber stark«, sagt' ich, indem ich ihn mit einem Tropfen aus meinem Essigkrug bediente. »Hat keine Not«, sprach er und soff mit Macht, wobei er das Mündlein ein wenig verzog. »Was übrigens«, fuhr er nun fort, »den Weg betrifft, zum Exempel bei Nacht, ja lieber Gott, da ist einer keinen Augenblick sicher, ob er auf festem Erdreich einhergeht oder im Wasser; das wäre zwar insoweit einerlei, man macht ja keinen Fuß hier naß; hingegen ein Gelehrter, seht, es ist so eine Sache, man will sich keine Blöße geben, nicht einmal vor sich selbst. Ich lief unlängst bei hellem

Tag nicht weit von der Stadt Andernach und sah so in Gedanken vor mich nieder und dachte an nichts – auf einmal liegt der grüne breite Rhein wie'n Meer vor meinen Füßen! Um ein kleines wär' ich hineingeplumst, so lang ich bin – wie dumm! und stand doch schon eine Viertelstunde davor mit ellenlangen Buchstaben deutlich genug geschrieben: *Rhenus*. Vor Schrecken fiel ich rückwärts nieder, und dauerte zwei Stunden, bis ich mich wieder besann und erholte.« – »Aber«, fragt' ich, »habt Ihr denn das Rauschen dieses Stroms nicht schon von fern gehört?« – »Gehorsamer Diener, Mosje! so weit haben's Eure Herren Landkartenmacher noch nicht gar gebracht; all die Gewässer da, wie hübsch sie sich auch krümmen, machen nur stille Musik.« Der Feldmesser schwieg eine Zeitlang und schien etwas zu überlegen.

»Hört!« fing er wieder an, »ich muß jetzt doch mit meiner Hauptsache heraus. Ihr könntet mir einen Gefallen erweisen.« – »Recht gern.« – »So sagt einmal, es gibt ja sogenannte Osterkinder unter euch Menschen; wißt Ihr mir wohl Bescheid, wie solche ungefähr aussehn?« – »Gewiß«, versetzte ich. Der Feldmesser hüpfte vor Freuden hoch auf. »Jetzt will ich Euch denn gleich vertrauen«, sprach er weiter, »um was es mir eigentlich ist. Merket auf. Euch ist bekannt, wo Jünneda liegt; unweit vom Irmelschloß. Nun haust in diesem Gau der Waidefegerkönig, ein stolzer, habgieriger Fürst, allzeit auf Raub und Plünderung bedacht, bestiehlt sogar das Menschenvolk nächtlicherweis und schleppt, was er von Gold erwischen kann, nach seinem alten Schatzgewölb – was glotzt Ihr mich so an? es ist doch wahr; die Waidfeger wittern das Gold. Da ist neulich erst wieder so ein Streich passiert, daß die Koken[1)] sich hinter ein Fuhrwerk machten und einem reisenden Kaufmann den Goldsack zwischen den Füßen ausleerten!«

»Was? zwischen den Füßen? ein Felleisen, nicht wahr?«

»Ja, oder dergleichen. Die haben ihre Pfiffe, Herr! Wie der Blitz kommen die einem Wagen von untenher bei, ein paar setzen sich auf die Langwied[2)], durchgraben den Boden und schütteln den Dotter heraus – das Gelbe vom Ei, wie sie sagen –, was Weißes ist, Silbergeld, lassen sie liegen.«

»Wo aber tragen sie's denn hin, um's Himmels willen? wo hat der König seinen Schatz?«

1 Kok, mundartlich für ›schwieriger Geselle‹

2 Langewiede ist das lange Holz zwischen Vorder- und Hintergestell eines Leiterwagens

»Beim Sixchen, ja, das sollt' ich eben wissen. Versteht, es hat damit so seine eigene Bewandtnis. Der Grundstock ist von Menschenhand gelegt, vor etlich hundert Jahren; von der bösen Frau Irmel habt Ihr gehört. – Ich kenn' sie wohl und sie mich auch, mir tut sie nichts zuleide. Gut also, die soll noch zu ihren Lebzeiten eine Kiste mit einem braven Sparpfennig wo eingemauert haben – das war noch zu Hadelocks Zeiten, des ältesten Waidfegerkönigs. Nicht lange stand es an, so kam auch schon das Waidheer dahinter. Der König legte gleich Beschlag darauf und machte das Gewölb' zu seiner heimlichen Schatzkammer, wo man sofort alle kostbare Beute verwahrte, darunter auch die große Irmelskette, die Hadelock der Andere mit erstaunlicher Arbeit und Mühe in zweien Stücken an dem sandigen Bette der Sichel herausschaffen lassen. Der Irmel-Geist hat seitdem keine Ruhe und sucht die Kette und kann sie nicht finden. Nun geht im Volk eine uralte Sage: ein Menschenjüngling würde dereinst das Kleinod ans Tageslicht bringen und wiederum zusammenfügen, dann wäre auch der Geist erlöst; der Jüngling aber müsse als ein Osterkind geboren sein, die seien äußerst rar, und käme oft in einem Säkulo kaum eins zur Welt. Doch, unter uns gesagt, ich denke schon den rechten Mann wo aufzugabeln, und wär' es am Ende der Welt. Ich habe mich deshalb hier auf die Bahn gemacht, vorläufig einmal die Wege einzulernen und die Strapazen einer solchen Reise, Hunger und Durst in etwas zu gewöhnen. Mein Glück ist gemacht auf zeitlebens, wofern es gelingt, und Euch soll's nicht gereuen, wenn Ihr mir Rat und Beistand leisten mögt.«

Ich wollte ihm eben antworten, als er, das Köpfchen schnell zur Seite drehend und in die Ferne horchend, mir Stillschweigen zuwinkte. »Der Waidekönig gibt heute ein Fest; ich höre sie von weitem jubeln.«

»Wo denn?«

Er deutete links in die Ecke der Karte hinauf. Dort waren nämlich, wie man es auf älteren Augsburger Blättern gewöhnlich bemerkt, zu Verzierung des Titels verschiedene Schildereien angebracht, gewisse Symbole der Kunst, Zirkel und Winkelmaß, an den mächtigen Stamm einer Eiche gelehnt, hinter dem ein Stück Landschaft hervorsah, ein Tal mit Rebenhügeln und dergleichen, im Vordergrund eine gebrochene Weinbergmauer; das Ganze fabrikmäßig roh koloriert.

»Seht Ihr noch nichts?«

»Wo denn, zum Henker?«

»Unten im Tal!«

»Nicht eine Spur!«

»So seid Ihr blind, in's Kuckucks Namen!«

Jetzt kam es mir wahrhaftig vor, als wenn die Landschaft Leben annähme, die matten Farben sich erhöhten, ja alles schien sich vor mir auszudehnen, zu wachsen und zu strecken, der Länge wie der Breite nach; die Formen schwollen und rundeten sich, die Eiche rauschte in der Luft, zugleich vernahm ich ein winziges Tosen, Schwirren und Klingen von lachenden jubelnden, singenden Stimmchen, das offenbar aus der Tiefe herkam.

»Stellt Euer Licht weg!« rief mir der Feldmesser zu, »oder löschet es lieber gar aus! der Mond ist ja schon lang herauf.« Ich tat, wie er befahl, und da ließ freilich alles noch hundertmal schöner. Als ich aber vollends den Kopf übers Mäuerchen streckte – o Wunder! sah ich das lieblichste Tal sehr artig und festlich erleuchtet, mit tausend geputzten, gepützelten Leutchen bedeckt, die immerhin eine ziemlich ansehnliche Größe hatten, sehr schlank und wohlgebaute Puppen. Es war ein unendliches Drängen. Der meiste Teil bestand aus Landleuten, welche mit Kübeln und Butten geschäftig zwischen den Kufen umsprangen. Eine Weinlese also, und eine königliche zwar! Denn vorn sah man in bunten geselligen Gruppen die Vornehmen vom Hofe, nach hinten zu eine gedeckte Tafel; vor allem stach ein Zelt hervor, es schien aus blendendweißen Herbstfäden gewoben, mit grünen Atlas-Draperien behängt, welches im Mond- und Fackelschein aufs herrlichste erglänzte. Der Feldmesser war neben mir auf einen untern Ast der Eiche geklettert, wo er kommode alles übersah. Ich hatte gerade den König entdeckt, und meine Augen suchten just die Königin, da ruft mir mein Begleiter zu: »Seht! Seht!« und deutet in die Luft nach einer neuen Erscheinung, welche zugleich von der ganzen kleinmächtigen Menge mit Jubelgeschrei und aufgeworfenen Mützen begrüßt wird. Wie muß ich erstaunen, wie hüpfte mir das Herz vor kindischer närrischer Freude, als ich den goldenen Hahn vom Jünnedaer Kirchturm mit der großen Uhrtafel in seinen zwei Klauen daherfliegen sehe! Der arme Tropf flog sichtbar angestrengt, seine Flügel klirrten erbärmlich. Indessen merkt' ich bald, was daraus werden sollte: ein Festschießen galt es, und hier kam die Scheibe. Der Vogel erreichte die Erde, setzte die Tafel inmitten eines länglicht umschränkten Platzes und ließ zugleich zwei Eisen fallen (die Zeiger der Uhr ohne Zweifel), die alsbald von mehreren Edelleuten betrachtet, in der Hand gewogen und, wie es schien, verdrießlich als ein paar unförmliche Wurfspieße wieder weggelegt wurden. Die Schützen zogen dagegen ihre silbernen Bogen hervor, alles ordnete sich, das Ziel war gerichtet, der Hahn amtspflichtlich stellte sich drauf. Er krähte hell bei jedem Schuß die betreffende Zahl nach den Ringen. Die Majestät selber verschmähte nicht, die Armbrust einmal zu versuchen, und ob sie gleich ganz abscheulich fehlschoß, ja sogar den Rufer blutig verletzte, so schrie derselbe doch, anständig seinen Schmerz verbeißend, mit lauter Stimme: »Zwölf in die Minut'!«, was diesmal ausnahmsweise noch höher als das Schwarze galt. Unmäßiger Beifall erscholl aus den Reihen, derweil der Göckel sich insgeheim den Pfeil aus seinem Schwanze zog. Ich konnte mich des Lachens nicht enthalten. Mein Feldmesser raunte mir zu, auf die Scheibe sei der König nie glücklich gewesen; vor zwei Jahren sei der gleiche Fall begegnet, und man wolle wissen, es habe damals der Monarch, als ihm sein Hofnarr die wahre Bewandtnis mit dem Meisterschuß ins Ohr gesagt, die edle Delikatesse des Turmhahns so wohl vermerket, daß er desselben alleruntertänigstes Gesuch, ihm seine unscheinbar gewordene Vergoldung erneuern zu lassen, nicht nur ohne weiteres bewilligt, sondern ihm überdies Titel und Rang eines geheimen Wetter- und Kirchenrats gnädigst verliehen habe.

Nun aber setzte sich der Hof zu Tische, und da war ich es leider selbst, welcher die ganze Herrlichkeit verstörte. Ich konnte nämlich bei andauerndem entsetzlichem Durste unmöglich der Versuchung widerstehn, den Arm ins Tal hinab zu stecken und mir eine der größten, mit rotem Most gefüllten Kufen heraufzulangen, die ich auch, unbekümmert um das rasende Zetergeschrei, das in der Tiefe losbrach, geschwinde ausgetrunken hatte, nur eben wie man einen Becher leert. »Wir sind verloren!« rief der Feldmesser aus, rutschte vom Baum und war nicht mehr zu sehen. »Heidoh!! Heidoh!« scholl's aus dem Tal, »ein Menschenungeheuer auf der Höhe! Weh, weh! bei der heiligen Eiche! bei Hadelocks Baum!« – »Auf! zu den Waffen, tapfre Recken!« rief eine stärkere Stimme: »Rettet! rettet! dort ist mein Schatzgewölbe! des Königs heiliger Schatz!« Ein wütendes Getrappel kam jetzt über Stock und Stein den Berg herauf. Ich dachte an ein großes Hornisheer, ließ schnell den Becher fallen und entfloh.

Wie ich auf meine Stube, wie ich ins Bett gelangte, weiß ich nicht. Das weiß ich, daß ich mir die Augen rieb und nur geträumt zu haben glaubte.

Es war erst eben heller Tag geworden. Das sonderbare Nachtgesicht beschäftigte mich sehr. Der Leuchter stand auf meinem Tisch, die Tür war ordentlich verriegelt, hingegen fehlte der Wasserkrug richtig, und meinen Durst schien ich gestillt zu haben, denn wirklich, er war ganz verschwunden. Auf jeden Fall hat mir in meinem Leben kein Traum einen so heitern Eindruck hinterlassen; ich konnte nicht umhin, die glücklichste Vorbedeutung darin zu erblicken.

Mein Frohmut trieb mich aus dem Bette, so früh es auch noch war. Ich zog mich an und pfiff dabei vergnüglich in Gedanken. Von ungefähr kam mir mein leerer Beutel in die Hand, und in der Tat, ich konnte ihn diesmal mit größter Seelenruhe betrachten. An seinem ledernen Zugbande hing ein alter, schlichter, oben und unten offener Fingerhut, den ich als ehrwürdigen Zeugen einer kindlichen Erinnerung seit vielen Jahren aus Gewohnheit, um nicht zu sagen aus Aberglaube, immer bei mir trug. Indem ich ihn so ansah, war's, als fiel es mir wie Schuppen von den Augen; ich glaubte mit einmal zu wissen, warum mir Josephe so äußerst bekannt vorgekommen, ja was noch sonderbarer – ich wußte, wer sie sei! »Bei allen Heiligen und Wundern!« rief ich aus, und meine Knie zitterten vor Schrecken und Entzücken, »es ist Ännchen! mein Ännchen und keine Josephe!«

Es drang mich fort, hinunter: unwissend, was ich wollte oder sollte, schoß ich, barfüßig, wie von Sinnen, den kalten Gang vor meinem Zimmer auf und nieder, ich preßte, mich zu fassen, die Hand auf meine Augen – »Sie kann's nicht sein!« rief ich, »du bist verrückt! ein Zufall hat sein Spiel mit dir – und doch...« Ich hatte weder Ruhe noch Besinnung, alle die Wenn und Aber, Für und Wider bedächtig auszuklauben, nein, auf der Stelle, jetzt im Augenblick, durchs Mädchen selbst wollt' ich Gewißheit haben; mein Innerstes lechzte und brannte nach ihr, nach ihrem lebendigen Anblick! Ich war die Treppe hinabgeschlichen und hatte im Vorbeigehn einen Blick in das Gemach geworfen, wo die Landkarte hing – allein was kümmerte mich jetzt das Teufelszeug! Ich spürte nach des Mädchens Kammer: umsonst, noch rührte sich kein Laut im ganzen Hause. Ich konnte doch wahrhaftig nicht, als wäre Feuer im Dach, die Leute aus den Betten schreien, um nachher, wenn ich mich betrogen hätte, als ein Wahnsinniger vor ihnen dazustehn. Ich ging zurück nach meinem Zimmer, warf mich in voller Desperation aufs Bett und begrub mein Gesicht in die Kissen.

Doch es ist Zeit, zu sagen, was mir so plötzlich eingekommen war.

In meiner Vaterstadt, zu Egloffsbronn, als meine Mutter sich sehr knapp, nach Witwenart, mit mir in ein Oberstübchen hinterm Krahnen zusammengezogen (ich war damals zehn Jahre alt), wohnte mit uns im gleichen Haus ein Sattlermeister, ein liederlicher Kerl, der nichts zu schaffen hatte und, weil er etwas Klarinett verstand, jahraus, jahrein auf Dorfhochzeiten und Märkten herumzog. Sein junges Weib war ebenfalls der Leichtsinn selber. Sie hatten aber eine Pflegetochter, ein gar zu schönes Kind, mit welchem ich ausschließlich Kameradschaft hielt. An einem schönen Sonntagnachmittag – wir kamen eben aus der Kirche von einer Trauung her – ward von dem Pärchen ernstlich ausgemacht, daß man sich dermaleinst heiraten wolle. Ich gab ihr zum Gedächtnis dieser Stunde ein kleines Kreuz von Glas, sie hatte nichts so Kostbares in ihrem Vermögen, und heute noch kann ich es spüren, wie sie mich dauerte, als sie mir einen alten Fingerhut von ihrem Pfleger, an einem gelben Schnürchen hängend, übermachte. – Allein es sollte dieses Glück sehr bald aufs grausamste vernichtet werden. Im folgenden Winter nach unserer Verlobung brach in der Stadt eine Kinderkrankheit aus, die man in dieser Gegend zum ersten Male sah. Es war jedoch nicht mehr noch weniger als das bekannte Scharlachfieber. Die Seuche räumte greulich auf in der unmündigen Welt. Auch meine Anne wurde krank. Mir war der Zutritt in die untere Kammer, wo sie lag, bei Leib und Leben untersagt. Nun ging es eben in die dritte Woche, da kam ich eines Morgens von der Schule. Weil meine Mutter nicht daheim, der Stubenschlüssel abgezogen war, erwartete ich sie, Büchlein und Federrohr im Arm, unter der Haustür und hauchte in die Finger, denn es fror. Auf einmal stürmt die Sattlersfrau mit lautem Heulen aus der Stube: soeben hab' ihr Ännchen den letzten Zug getan! – Sie rannte fort, wahrscheinlich ihren Mann zu suchen. Ich wußte gar nicht, wie mir war. Es wimmelte just so dicke Flocken vom Himmel, ein Kind sprang lustig über die Gasse und rief wie im Triumph: »s' schneit Müllersknecht! schneit Müllersknecht! schneit Müllersknecht!« Es kam mir vor, die Welt sei närrisch geworden und müsse alles auf den Köpfen gehn. Je länger ich aber der Sache nachdachte, je weniger konnte ich glauben, daß Ännchen gestorben sein könnte. Es trieb mich, sie zu sehn, ich faßte mir ein Herz und stand in wenig Augenblicken am ärmlichen Bette der Toten, ganz unten, weil ich mich nicht näher traute. Keine Seele war in der Nähe. Ich weinte still und ließ kein Aug' von ihr und nagte hastig an meinem Schulbüchlein.

»Schmeckt's, Kleiner?« sagte plötzlich eine widrige Stimme hinter mir; ich fuhr zusammen, wie vorm Tod, und da ich mich umsehe, steht eine Frau vor mir in einem roten Rock, ein schwarzes Häubchen auf dem Kopf und an den Füßen rote Schuhe. Sie war nicht sehr alt, aber leichenblaß, nur daß von Zeit zu Zeit eine fliegende Röte ihr ganzes Gesicht überzog. »Was sieht man mich denn so verwundert an? Ich bin die Frau von Scharlach oder, wie der liebwerteste Herr Doktor sagen, die Fee Briscarlatina!«[3] Sie ging nun auf mein armes Ännchen zu, beugte sich murmelnd über sie, wie segnend, mit den Worten:

»Kurze Ware,
Roter Tod;
Kurze Not
Und kurze Bahre!

Wär Numero Dreiundsiebenzig also!« Sie schritt vornehm die Stube auf und ab, dann blieb sie plötzlich vor mir stehn und klopfte mir gar freundlich kichernd auf die Backen. Mich wandelte ein unbeschreiblich Grauen an, ich wollte entspringen, wollte laut schreien, doch keins von beiden war ich imstande. Endlich, indem sie streif und strack auf die Wand losging, verschwand sie in derselben.

Kaum war sie weg, so kam Frau Lichtlein zur Türe herein, die Leichenfrau nämlich, ein frommes und reinliches Weib, das im Rufe geheimer Wissenschaft stand. Auf ihre Frage, wer soeben dagewesen, erzählte ich's ihr. Sie seufzte still und sagte, in dreien Tagen würd' ich auch krank sein, doch soll' ich mich nicht fürchten, es würde gut bei mir vorübergehn. Sie hatte mittlerweile das Mädchen untersucht, und ach, wie klopfte mir das Herz, da sie

3 Viele Jahre nachher, als ich diese Geschichte gelegentlich vor einer Gesellschaft erzählte, tat sich ein junger Arzt nicht wenig auf die Entdeckung zugut, daß jene Worte weiter nichts als eine sonderbare Verstümmelung des lateinischen Namens *Febris scarlatina* seien. Der nämliche Gelbschnabel setzte mir dabei sehr gründlich auseinander, die ganze Erscheinung sei ein bloßes Phantasma gewesen, der fieberhafte Vorbote meiner bereits erfolgten Ansteckung; auf gleiche Weise pflege sich in Ungarn das gelbe Fieber anzukündigen. Anmerkung des Hofrats

mit einigem Verwundern für sich sagte: »Ei ja! ei ja! noch warm, noch warm! Laß sehn, mein Sohn, wir machen eine Probe.« Sie zog zwei kleine Äpfel aus der Tasche, weiß wie das schöne Wachs, ganz ungefärbt und klar, daß man die schwarzen Kern' beinah' durchschimmern sah. Sie legte der Toten in jede Hand einen und steckte sie unter die Decke. Dann nahm sie ganz gelassen auf einem Stuhle Platz, befragte mich über verschiedene Dinge: ob ich auch fleißig lerne und dergleichen; sie sagte auch, ich müßte Goldschmied werden. Nach einer Weile stand sie auf: »Nun laß uns nach den Äpfeln sehn, ob sie nicht Bäcklein kriegen, ob sich der Gift hineinziehn will!« – Ach, lieber Gott! weit weit gefehlt! kein Tüpfchen Rot, kein Striemchen war daran. Frau Lichtlein schüttelte den Kopf, ich brach in lautes Weinen aus. Sie aber sprach mir zu: »Sei wacker, mein Söhnchen, und gib dich zufrieden, es kann wohl noch werden.« Sie hieß mich aus der Stube gehn, nahm Abschied für heute und schärfte mir ein, keinem Menschen zu sagen, was sie getan.

Auf der Treppe kam mir meine Mutter entgegen. Sie schlug die Hände überm Kopf zusammen, daß ich bei Ännchen gewesen. Sie hütete mich nun aufs strengste, und ich kam nicht mehr aus der Stube. Man wollte mir am andern Tag verschweigen, daß meine Freundin gegen Abend beerdigt werden solle; allein ich sah vom Fenster aus, wie der Tischler den Sarg ins Haus brachte. (Der Tischler aber war ein Sohn der Leichenfrau.) Jetzt erst geriet ich in Verzweiflung und war auf keine Art zu trösten. Darüber stürmte die Sattlersfrau herauf, meine Mutter ging ihr vor die Tür entgegen, und jene fing zu lamentieren an, ihr liederlicher Mann sei noch nicht heimgekommen, sie habe keinen Kreuzer Geld daheim und sei in großer Not. Ich unterdessen, aufmerksam auf jeden Laut im untern Hause, hatte den Schemel vor ein kleines Guckfenster gerückt, welches nach hinten zu auf einen dunkeln Winkel sah, wohinaus auch das Fenster des Kämmerchens ging, in welchem Ännchen lag. Da sah ich unten einen Mann, dem jemand einen langen schweren Pack, mit einem gelben Teppiche umwickelt, zum Fenster hinausreichte. Ahnung durchzuckte mich, freudig und schauderhaft zugleich: ich glaubte Frau Lichtlein reden zu hören. Der Mann entfernte sich geschwind mit seinem Pack. Gleich darauf hörte ich hämmern und klopfen, ohne Zweifel wurde der Sarg zugeschlagen. Die Mutter kam herein, nahm Geld aus dem Schranke und gab es dem Weib vor der Türe. Ich weiß nicht, was mich abgehalten haben mag, etwas von dem zu sagen, was eben vorgegangen war, im stillen aber hegte ich die wunderbarste Hoffnung; ja als der Leichenzug anging und alles so betrübt aussah, da lachte ich heimlich bei mir, denn ich war ganz gewiß, daß Ännchen nicht im Sarge sei, daß ich sie vielmehr bald lebendig wiedersehen würde.

In der folgenden Nacht erkrankte ich heftig, redete irre, und seltsame Bilder umgaukelten mich. Bald zeigte mir die Leichenfrau den leeren Sarg, bald sah ich, wie sie sehr geschäftig war, den roten Rock der bösen Fee samt ihren Schuhen in den Sarg zu legen, bevor man ihn verschloß. Dann war ich auf dem Kirchhof ganz allein. Ein schönes Bäumchen wuchs aus einem Grab hervor und ward zusehends immer größer, es fing hochrot zu blühen an und trieb die prächtigsten Äpfel. Frau Lichtlein trat heran: »Merkst du?« sprach sie: »das macht der rote Rock, der fault im Boden. Muß gleich dem Totengräber sagen, daß er den Baum umhaue und verbrenne; wenn Kinder von den Früchten naschen, so kommt die Seuche wieder aus.«

Dergleichen wunderliches Zeug verfolgte mich während der ganzen Krankheit, und monatelang nach meiner Genesung verließ mich der Glaube nicht ganz, daß das Mädchen noch lebe, bis meine Mutter, welcher ich inzwischen alles anvertraute, mich mit hundert Gründen so schonend wie möglich eines andern belehrte. Auch wollte leider in der Folge wirklich kein Ännchen mehr zum Vorschein kommen. Mit erneuertem Schmerz vernahm ich nur später, das gute Kind wäre vielleicht bei einer besseren Behandlung noch gerettet worden, doch beide Pflegeeltern wären der armen Waise längst gern los gewesen.

Wir kehren zum grauen Schlößchen zurück.

Ich war so sehr in die Vergangenheit vertieft, daß ich einige Zeit die lebhafte Bewegung, die sich indes unten in der Wohnung des Schloßvogts verbreitete, ganz überhörte. Nun sprang ich auf, fuhr rasch in meine Kleider und ging hinab.

Schon von weitem vernahm ich die heftige Stimme der Alten im Innern der Stube. Es war ein lamentierendes Verwundern, Schelten und Toben, worein der Vogt zuweilen einen derben Fluch mischte. Ich stutzte, blieb stehn. »Der Spitzbub!« hieß es innen, »der keinnützige Schuft! vierhundert Dukaten! ist das erhört? Drum hat er gleich von Anfang seine Profession verleugnet! Du meine Güte, was sind wir doch Narren gewesen!«

Jetzt hatte ich genug. Mein Blut schien still zu stehen. Am

äußern Hoftor stand ein junger, gutgekleideter Mann: er kehrte mir den Rücken zu, indem er einen Buben, der draußen Ziegen hütete, mit eifrigen Gebärden zu sich winkte, er gab ihm einen Auftrag, wie es schien, sehr dringend, und rief dem Knaben, da er schon im Laufen war, noch halblaut nach: »Sie sollen doch in's Teufels Namen machen! und ja die Fußeisen mitbringen! hörst du?« – – Man denke sich meine Bestürzung! Besinnungslos klink' ich die Türe auf und trete in die Stube. Bloß beide Eheleute sind zugegen. Kein rechter Gruß, kein Blick wird mir gegönnt. Ein frisches Zeitungsblatt liegt auf dem Tisch, welches der Schloßvogt hurtig zu sich steckt; ich denke mir im Nu, was es enthält. Er geht hinaus, vermutlich dem jungen Manne zu melden, daß ich schon unten sei.

»Ihr habt Besuch bekommen?« fragte ich, um nur etwas zu reden, mit erzwungenem Gleichmut die Alte. »Meiner Nichte Bräutigam!« versetzte sie kalt und fing mit recht absichtlichem Geräusch, um jedes weitere Gespräch zu hindern, Hanfkörner zu zerquetschen an, dem Distelfinken zum Frühstück. Ich hatte in meiner Verwirrung nach einem Buch gegriffen (ein Kochbuch war's, wenn ich nicht irre): dahinter wühlten meine Blicke sich schnell durch ein Rudel von tausend Gedanken hindurch. Reiß' ich aus? Halt' ich stand? Vielleicht wäre ersteres möglich gewesen, der beiden Männer hätt' ich mich zur Not erwehrt; allein was half mir eine kurze Flucht? Und in der Tat, ich fühlte mich bereits durch die Notwendigkeit erleichtert, endlich ein offenes Geständnis abzulegen. Dessenungeachtet war mein Zustand fürchterlich. Nicht die Nähe meiner schmachvollen Verhaftung, nicht die Sorge, wie ich mich in einem so äußerst verwickelten Falle von allem Verdacht würde reinigen können – nein, einzig der Gedanke an Josephe war's, an Ännchen, was mich in diesen Augenblicken fast wahnsinnig machte, der unerträgliche Schmerz, dieses Mädchen, sie sei nun, wer sie wolle, als die Verlobte eines andern zu denken, und eines Menschen zwar, welcher das schadenfrohe Werkzeug meiner Schmach, meines Verderbens werden sollte! Wußte *sie* etwa selbst um den verfluchten Plan? Unmöglich! Doch für mein Gefühl, für meine Leidenschaft, indem ich sie mit dem verhaßten Kerl in eins zusammenwarf, war sie die schändlichste Verräterin. Liebe, Verachtung, Eifersucht goren im Aufruhr aller meiner Sinne dermaßen durcheinander, daß ich mich wirklich aufgelegt fühlte, das Mädchen mit eigener Hand aufzuopfern, den Kerker, welchem ich entgegenging, durch ein Verbrechen zu verdienen und so mein Leben zu verwirken, an welchem mir nichts mehr gelegen war.

Die Alte war inzwischen in die Kammer nebenan gegangen, soeben kam sie wieder heraus, zog die Türe still hinter sich zu und ging nach der Küche. Schnell, wie durch Eingebung getrieben, spring' ich keck auf die Kammer zu und öffne ganz leise. Niemand ist da. Ich sehe eine zweite Tür, ich trete unhörbar über die Schwelle und bin durch einen Anblick überrascht, vor dem mein ganzes Herz wie Wachs zerschmilzt. Denn in dem engen, äußerst reinlichen Gemach, das ich mit einmal überblickte, lag die Schöne in ihrem Bett halbkniend hingesunken, die Arme auf den Stuhl gelegt, die Stirn auf beide Hände gedrückt, wie schlafend, ohne Bewußtsein; Gewand und Haare ungeordnet, so daß es schien, sie hatte kaum das Bett verlassen, als jene Nachricht sie betäubend überfiel.

Ich wagte nicht, die Unglückliche anzusprechen, ich fürchtete mich, ihr ins Gesicht zu sehn. Aber Sehnsucht und Jammer durchglühten mir innen die Brust, von selber streckte mein Arm sich aus, von selbst bewegten sich die Lippen – »Ännchen!« sagt' ich – es war kein Rufen, es war nur ein Flüstern gewesen; dennoch im nämlichen Moment richtet die Schlummernde den Kopf empor; sie schaut, noch halb im Traum, nach mir herüber, der ich bewegungslos dastehe; nun aber, wie durch Engelshand im Innersten erweckt, steht sie auf ihren Füßen, schwankt – und – liegt an meinem Halse.

So standen wir noch immer fest umschlungen, als es im Hofe laut und lauter zu werden begann. Tosende Stimmen durcheinander, ein Eilen und ein Rennen hin und her – das alles hörte ich und hörte nichts von allem. Jetzt kommt man heran durch die Zimmer, jetzt reißen sie die letzte Tür auf – ein allgemeiner Ausruf des Erstaunens! Das Mädchen, wie in Todesangst, drückt mich gewaltsamer an sich, dann sinkt sie erschaudernd plötzlich zusammen, und fremde Hände fassen die Ohnmächtige auf. Vor meinen Augen wird es Nacht; ich fühle mich unsanft hüben und drüben beim Arme ergriffen und wie im Sturm hinweggeführt nach einem finstern Gange, dann abwärts einige Stufen, wo eine Tür sich öffnet und alsbald donnernd hinter mir zuschlägt.

Ich hatte mich in kurzer Zeit wieder gesammelt. Es war ein förmliches Gefängnis, worin ich mich nunmehr befand, dunkel und moderfeucht und kalt. Die Sichel, von dem Regen angeschwollen, brauste wild in der Tiefe. Ich überdachte meine Lage schnell. So schrecklich sie auch schien, sie konnte doch unmöglich lange dauern. Und was mich über alles tröstete, fürwahr ich brauchte das nicht weit in Gedanken zu suchen. Denn wenn es mir auch anfangs nur wie eine dämmernde Erinnerung vorschwebte, daß ich das geliebteste Mädchen vor wenig Augenblicken noch an diese Brust gedrückt, so gab ein nie gefühltes Feuer, das mir noch Mark und Bein heimlich durchzuckte, das seligste Zeugnis, daß dieses Wunder nicht ein eitles Blendwerk gewesen sein könne; ein Übermaß von Hoffnung und Entzücken riß mich vom Boden auf und machte mich laut jauchzen.

Bald aber, da Stunde um Stunde verging und es schon weit über Mittag geworden war, ohne daß sich ein Mensch um mich bekümmerte, stellten sich Ungeduld, Zweifel und Sorge allmählich bei mir ein. Für meinen Hunger hatte man zwar durch ein Stück schwarzes Brot, das ich nebst einem Wasserkrug in der Mauer entdeckte, hinreichend gesorgt, und ich verzehrte es mit großer Gier; doch eben diese reichliche Vorsorge ließ befürchten, daß ich für heute wenigstens aus diesem Loche nicht loskommen würde, daß ich vielleicht die Nacht hier zuzubringen hätte. Ich leugne nicht, mir war diese Aussicht entsetzlich. Denn, hatte nicht vielleicht jene verruchte Irmel in eben diesen Mauern ihr blutiges Ende genommen? Wie, wenn es ihr einfiele, diese Nacht ihr altes Quartier einmal wieder zu sehen? Es rieselte mir kalt den Rücken hinunter bei solchen Gedanken. Dabei wird man begreifen, daß es mir unter diesen Umständen keine sehr angenehme Diversion gewährte, der Frechheit zweier Ratten zuzusehen, welche sich auf den Rest meines Mittagsmahls bei mir zu Gaste luden.

Es schlug drei auf dem Schloß, ich wollte fast vergehen. Auf einmal aber rasselten die Riegel. Der Schloßvogt öffnete, Verwirrung und Verlegenheit im Blick. »Der gnädig' Herr ist angekommen; er schickt mich, Euch zu holen.«

Ich folgte dem Vogt nach der vordern Hausflur, wo er mich warten ließ. Zu meinem Ärger standen hier verschiedene gemeine Leute herum, die sich ihrem Gebieter zu präsentieren wünschten, der Pächter samt dem Schäfer und dergleichen. Sie gafften mich wie einen armen Sünder an und zischelten einander in die Ohren; ich machte aber ein Gesicht wie ein Pandurenoberst und kehrte ihnen dann den Rücken zu.

Es dauerte nicht lang, so kam, gestiefelt und gespornt, vom Stalle her ein kleiner, blasser, ältlicher Herr mit großen blauen

Augen in Begleitung einer schneeweißen Dogge, durch deren gewaltige Größe die kurze Gestalt ihres Herrn nur desto auffallender wurde. Er sah mich im Vorbeigehn scharf so von der Seite an, sprach mit den andern ein paar gütige Worte, ließ abermals den Blick auf mich herübergleiten und war schon im Begriff, die Leute zu entlassen. In diesem Augenblick gewahrte ich den jungen Mann, der sich am Morgen mit so vielem Eifer meiner Person hatte versichern wollen und den man mir als Ännchens Bräutigam bezeichnet – Aber wo nehm' ich Worte her, um mein Erstaunen, mein Entsetzen auszudrücken, als ich beim zweiten Blick meinen Juden in ihm erkannte! – – Unfühlend, wo ich stand, und des Respekts vergessend, den ich der Gegenwart des gnädigen Herrn schuldig war, warf ich mich auf den Burschen mit einer Wut, mit einer Schnelligkeit, wie kaum ein Tiger sich auf seine sichere Beute stürzt. »Vermaledeiter Dieb! so hab' ich dich!« und packt' ihn kräftig bei der Kehle. Eine Totenstille entstand. Entsetzen hielt das Gesindel gebannt. Der alte Herr sah unwillig verlegen zu dem Auftritt, und einem allgemeinen Murren folgte unmittelbar der wildeste Tumult. Man wollte mir mit Gewalt meinen Feind entreißen, von dessen Gurgel meine Hand nicht loszubringen war, und hätten sie mich in Stücke zerrissen. Die kreischende Stimme des Freiherrn allein war imstande, mich zur Vernunft zurückzubringen. In kurzem ward es ruhig.

»Faßt Euch, Herr Peter!« sagte der Patron zu meinem Gegenpart, der mich erhitzt und keuchend mit weinerlichem Lachen angrinste – »Ich hoffe, dieser allzu rasche Jüngling wird Euch seinerzeit den gröbsten Irrtum abzubitten haben, indes, Herr Schulzensohn, seid Ihr einmal entschieden angeklagt und werdet Euch gefallen lassen, inmitten dieser Leute hier Euch zu gedulden, bis ich mit jenem fertig bin.«

Der Schloßvogt führte mich nun auf Befehl des Herrn hinauf in den Saal, wo er mich alsbald wieder verließ. Ich hatte vor lauter Erwartung kaum einige Aufmerksamkeit auf das, was hier mich umgab. Uralte gewirkte Tapeten mit abenteuerlichen Schildereien, zwei lange Reihen von Porträts bedeckten die Wände; ein ungeheures Fenster umfaßte die prächtigste Aussicht. Mir wurde die Zeit unsäglich lang. Endlich ging eine Flügeltür auf, und Herr Marcell von Rochen trat herein, in feierlicher, sonderbarer Tracht. Er war in Reitstiefeln, so wie vorher, sein übriger Einband jedoch erinnerte mich auf der Stelle frappant an mein Schatzkästlein. Er hatte ein schwarzseiden Mäntelchen an, darunter ein geschlitztes spanisches Wams von meergrüner Farbe hervorstach. Sein grauer Knebelbart rieb sich an einem steifen Ringelkragen, welcher wie Pergament aussah. Wenn sich der Mann von ungefähr umdrehte, so war etwas Erkleckliches von einem Höcker zu gewahren, ein Merkmal, das gedachter Ähnlichkeit auf keine Weise Abbruch tat. Nichtsdestoweniger hatte sein ganzes Wesen etwas Ehrwürdiges, Unwiderstehliches für mich.

Er nahm nunmehr mit Anstand Platz und sprach: »Ihr seid Franz Arbogast aus Egloffsbronn, Goldschmiedsgesell bei Meister Orlt in Achfurth?«

»So ist es, Ew. Gnaden!« versetzte ich mit großer Zuversicht und erzählte sofort auf Verlangen die ganze unglückselige Historie ausführlich und gewissenhaft, wobei er sehr aufmerksam zuhörte. Am Ende zog er die Klingel und ließ mein Felleisen bringen. Hierauf begehrte der Freiherr das Büchlein zu sehen, das eine so wichtige Rolle in meiner Geschichte gespielt. Ich überreichte ihm das unschätzbare Werklein ungesäumt, das er mit einem ganz erheiterten Gesicht, ja mit unverkennbarer Rührung, wie eine wohlbekannte Reliquie, empfing. »Meiner Schwester Hand, bei Gott!« rief er halblaut, blätterte lang und schmunzelte dazwischen, sah mich dann wieder ernsthaft an, ging auf und ab, mit allen Zeichen stiller, nachdenklicher Verwunderung. Nun trat er auf mich zu und sagte: »Also just vierhundert Dukaten betrüge die Summe, die Ihr verloren?«

»Gerade soviel, Ew. Gnaden.«

»Und davon hättet Ihr nicht das geringste übrigbehalten? Besinnt Euch ja wohl!«

Auf einmal fiel mir ein, daß ja noch ein Goldstück im Wagen gewesen, und daß ich dieses in der Not bei der Zeche in Rösheim auswechseln lassen. Ich bekannte aufrichtig, wie alles gegangen.

»Da habt Ihr sehr übel getan!« versetzte der Freiherr bedenklich, mit kaum merkbarer Schalkheit. »So geht es, wenn ein Osterjüngling nicht genau nach seinem Katechismo lebt. Ihr werdet Euch des trefflichen Spruchs erinnern, worinnen gesagt ist, daß man sich fremden Eigentums unter keinerlei Umständen anmaßen möge. Genug, Ihr habt den Lockvogel hinaus gelassen, mit dessen Hilfe Ihr die ganze goldne Schar gar leichtlich wieder in Eure Hand würdet bekommen haben.«

»O Gott! ich Unglückseliger!« rief ich verzweifelnd aus und schlug mich vor die Stirne.

»Geduld, Geduld, Gesell!« sagte der alte Herr, »noch ist nicht alles verloren. Laßt Euch den Fehler für die Zukunft zu einer Warnung dienen, indes« – hier griff er in die Tasche und zog zu meinem freudigsten Erstaunen den Dukaten hervor, den er mir lächelnd mit den Worten reichte: »Er kann nun freilich die erwünschte Wirkung nicht mehr tun, der Zeitpunkt ist versäumt; dessen ungeachtet werdet Ihr vor Cyrpian Eure 399 wieder haben, da es Euch denn doch angenehm sein dürfte, auch den vierhundertsten gleich draufzulegen. Er fand sich noch zum Glück in den Zähnen des ›Goldenen Löwen‹.«

Mit Tränen küßte ich die Hände des Patrons und wußte meinem Danke keine Worte. Der unvergleichliche Mann fuhr nun fort:

»Franz Arbogast, Ihr seid von nun an frei, und die Gerechtigkeit gibt Euch hiemit durch meinen Mund und kraft dieses Papiers bis auf ein weiteres Euren ehrlichen Namen zurück. Marcell von Rochen hat Bürgschaft für Euch geleistet; ich sprach Euren wackeren Meister noch kürzlich in Achfurth. Er läßt Euch freundlichst grüßen. Auch mußte er mir das Versprechen geben, daß er die Arbeit, derenwegen Ihr nach Frankfurt reisen solltet, in keines andern Hände legen wolle. Es hat noch Zeit damit, und auf mein Wort bleibt Ihr nur vorderhand getrosten Muts hier auf dem Schlosse. Josephe wird schon sorgen, daß Ihr uns nicht entlauft; denn noch erwartet Euch ein wichtiges Geschäft. Ich kann für heute nicht bleiben, in wenig Tagen sehen wir uns wieder. Bevor ich aber scheide, nehmt meinen besten Segen für Euch und für Josephen. Gewiß, mein Freund, Euch ist nach mancher Prüfung ein selten Glück beschieden: was man dagegen von Euch fordern wird, das sollt Ihr seinerzeit von Eurer Braut vernehmen. Indes gehabt Euch wohl!« Hiemit entfernte er sich in ein Seitenzimmer, eh' ich ihm nochmals hatte danken können.

Ich blieb in einer Art von freudiger Betäubung noch eine ganze Weile auf einem Flecke stehn, halb in Erwartung, ob mein Wohltäter nicht noch einmal heraustrete. Als ich den Saal endlich verließ und die Treppe herabkam, stand der Freiherr bereits in seinen ordentlichen Kleidern unterm Tor und stieg soeben zu Pferde. Er winkte mir im Wegreiten noch ein Adieu zurück. Der Schloßvogt mußte ihn den Berg hinab, dem Dorfe zu, begleiten. Ein junger flinker Jäger, der hinterdrein ritt, gab mir durch lustige Gebärden zu verstehn, daß man »den Juden« schon vorausgeführt habe. In Gottes Namen! dachte ich und eilte in die Stube und auf Ännchen zu, die mir entgegenflog.

Die Trunkenheit der nächsten Stunden zu beschreiben, soll mir billig erlassen sein.

Josephe – so will ich sie immerhin nennen, denn dieser Name war ihr ganz eigen geworden – Josephe zog mich an ein Tischchen, auf dem ein appetitliches Abendbrot, mit frischen Herbstblumen geziert, mein wartete. Ich hatte hundert Fragen an das Mädchen, doch meine Ungeduld sprang immer nur von einer zu der andern, dergestalt, daß ich am Ende so wenig wie vorher von allem begriff. Die seligste Konfusion von gegenseitigen Erklärungen, von Tränen, Scherzen, Küssen löste sich zuletzt in das Geständnis auf: man wolle jetzt nichts wissen und nichts fassen, als daß man sich wieder besitze, daß man sich ewig so umschlungen halten würde.

Frau Base schien in großer Not, wie sie dem glücklichen Paar ihre Teilnahme ausdrücken sollte. Sie hatte in der Tat, wie ich nachher erfuhr, nicht das beste Gewissen. Denn wenn Josephe gestern, im Sinne mich zu prüfen, auf zweideutige Weise etwas von einem Bräutigam verlauten ließ, so hing dies bei der Alten ganz anders zusammen. Gedachter Schulzensohn, ein angehender Wirt, filzig und reich, doch sonst ein guter Christ, hoffte an diesem Mädchen eine tüchtige Hausfrau für sich zu erwerben und betrieb seine Absicht um so ernstlicher, da nicht verschwiegen blieb, daß sie von der seligen Freifrau von Rochen – auf welche merkwürdige Dame wir näher zurückkommen werden – mit einem Vermächtnis bedacht worden war, dessen Eröffnung bis auf ihre Hochzeit ausgesetzt sein sollte, und wovon, in Betracht, wieviel sie bei gnädiger Herrschaft gegolten, sehr übertriebene Vermutungen bestanden. Josephe, die den Menschen nicht entfernt ausstehen konnte, war überdies, durch manchen geheimnisvollen Wink ihrer verblichenen Beschützerin geleitet, mit Sinn und Herzen immerfort nur auf die Zeit gespannt, wo der Goldschmiedsgeselle von Achfurth anrücken würde. Die Base aber, insoweit auch sie in das Geheimnis eingeweiht war, hatte, als eingefleischtes Weltkind, noch nie so recht daran geglaubt und konnte endlich eine kleine Kuppelei nicht lassen. Doch ihre Künste scheiterten an der Beharrlichkeit des braven Kindes, und der gekränkte Freier blieb einige Zeit aus. Am letzten Sonntag kam er wieder, sein Heil noch einmal zu versuchen. Allein wie sehr war er erstaunt, als er noch außerhalb des Hofraumes wahrnehmen mußte, wie sich das Jüngferchen mit einem fremden Gesellen, dessen Person er sich von der Gramsener Botenfahrt her sogleich erinnerte, gar traulich auf dem Schlößchen hin und her spazierend, behagte. Er hatte auf der Stelle weg, wo das hinauszielte, zumal er an demselben Nachmittag in Jünneda mit der Gevatterschaft vom Schloß zusammengetroffen und ihm die Ängstlichkeit, womit die Base ihn für dieses Mal von einem Besuche bei Sephchen abhalten wollte, bereits verdächtig vorgekommen war. Ganz stille schlich er sich den Berg wieder hinab und sann auf Rache. In kurzem trat auch wirklich ein ganz vertrackter Zufall ein, völlig dazu gemacht, mich mit einem Schlag in die Lüfte zu sprengen.

Herr Peter hatte nämlich in folgender Nacht einige Reisende beherbergt, Handelsherren, die mit anbrechendem Tage weiter wollten. Der Wirt war aufgestanden; er reichte ihnen zwischen dem Frühstück gefällig die neueste Zeitung, und einer trug daraus das Merkwürdigste vor, unter anderm einen ellenlangen Steckbrief, der viel Aufsehen erregte. Der Wirt geht eben durch das Zimmer, steht still und spitzt die Ohren; er ist von dem Signalement frappiert, er liest mit eigenen Augen, wird plötzlich Feuer und Flamme und rennt mit dem Blatte davon – zum Schulzen, seinem Vater. Der, weil er eben unpaß ist, überträgt die Sache dem Sohn, auf den er sich verlassen kann. In weniger als einer halben Stunde war meine Aufhebung erfolgt. – Daß ich nachher denselben Menschen, welcher mit solcher Zuversicht die Schergen wider mich aufbot, noch immer als den Dieb ansehen und behandeln konnte, war freilich eine Unbesonnenheit, die nur der blinde Drang des Augenblicks verzeihlich machte. Ich meinerseits indessen war nicht einmal geneigt, mir den Irrtum so sehr zu Herzen zu nehmen, besonders da ich gar wohl merkte, daß unser guter Schatzkästleinspatron, welcher von vornherein der Sache auf den Grund gesehen, dem schadenfrohen Kauzen eine vorübergehende Demütigung – er saß zwei ganze Tage zur Untersuchung im Arrest – absichtlich nicht ersparen wollte. –

Josephe schlug noch einen Gang ins Freie vor; der Abend war so schön, die Luft außerordentlich milde.

Indem wir nun allein so Hand in Hand entlang dem Ackerfeld, am Rand des Bergs, hinwandelten, war mir's noch immer wie ein Märchen, daß ich das schönste liebste Mädchen von der Welt als meine ausgemachte Braut besitzen sollte, und daß dieselbe zwar nach Leib und Seele mein altes Schätzlein aus der Melbergasse hinterm Krahnen sei! – – »So sag' mir denn, um's

Himmels willen«, hob ich an, »wie bist du von den Toten auferstanden?«

»Mir kam es wahrlich selber vor«, versetzte sie, »als ging' es nicht mit rechten Dingen zu, da ich eines Morgens die Augen aufschlug und mich in einem fremden Zimmer, wo alles gar vornehm und lieblich aussah, in einem feinen seidenen Bettchen zum ersten Male wiederfand. Es war ein wenig dunkel in dem Zimmer, die Laden waren zu, die Vorhänge herabgelassen. Nach einer Weile kam eine ältliche Dame herein; sie war mir gleich bekannt; so ein sanftes und liebreiches Witwengesicht hatt' ich schon sonst einmal gesehen. Du mußt dich noch erinnern, zu Egloffsbronn vor dem Brückentor gegen die Landstraße hin steht einzeln ein freundliches Haus zwischen Gärten –«

»Ganz recht! es liefen immer ein paar prächtige Pfauen im Hofe herum, die wir oft halbe Stunden lang durch die Staketen beguckten –«

»Ja, und da rief uns eines Tages eine vornehme Frau in das Haus, befrug uns über dies und das und schenkte jedem einen neuen Zwanziger. Wir kamen noch einigemal, doch leider war die gute Frau nie mehr zu sehen. Nun aber kannte ich sie sogleich wieder. Sie setzte sich zu mir ans Bett, erkundigte sich nach meinem Befinden und reichte mir köstliche Bissen zur Stärkung. Dann trat Frau Lichtlein ins Gemach und gleich darauf ein schönes Frauenzimmer, das mich mit Schmeichelworten und Liebkosungen überhäufte und fast nur allzu lebhaft war. Man nannte sie Josephe, zur ältern Dame sagte sie Tante *Sophie*. Sie zeigte mir ein schönes Kleid, das sollte ich anziehen, sobald ich wieder aufstehn dürfte. Meine Frage, ob ich zu Egloffsbronn wäre, bejahte man mir, und als ich weiter forschte, ob ich denn wieder zu meinen Pflegeeltern müßte, hieß es: nein, die Tante nehme mich mit auf ihr Gut, wenn ich wollte. ›Ach ja‹, sagt' ich, ›wenn der Goldschmied-Franz auch mitgeht.‹ – ›Der kommt dir nach!‹ versetzte das Fräulein und lachte.

Kaum war ich völlig wiederhergestellt und wohl in meiner neugewachsenen Haut, so putzte mich das Fräulein so artig heraus, daß ich mich kaum mehr kannte; sie flocht mir mit eigener Hand meine Zöpfe, sie stellte Puppen und allerlei Spielwerk vor mich und ging dabei selber mit mir nur wie mit einer neuen Puppe um. ›Hören Sie, Tantchen!‹ rief sie der gnädigen Frau einmal zu, ›ich habe Lust, einen Vertrag mit Ihnen abzuschließen: hiermit verspreche ich, Ihnen nicht nur den kommenden

Monat, wie wir ausgemacht haben, sondern ein ganzes Jahr auf Ihrem verrufenen Schlößchen Gesellschaft zu leisten, mit dem Beding, daß ich das Kind nach meinem Sinn erziehen und mir es ganz aneignen darf.‹

›Schon gut‹, war die Antwort, ›wir wollen sehn, wie lang das dauern wird.‹

Am Abend fuhr ein Wagen an und kam ein kleiner munterer Herr in Reisekleidern herauf, welchen die beiden Frauen mit vieler Zärtlichkeit empfingen. Es war der Herr vom Hause, ein Bruder jener Dame, die, so wie die Nichte, sich nur gastweise bei ihm, der eben Witwer war, aufhielt. Das Fräulein präsentierte mich dem Oheim, der sogleich herzlich zu lachen anfing. ›Ich wollte wetten, Schwester‹, rief er aus, ›das ist nun wieder eins von deinen Auserwählten, ein Osterlämmchen, eine Friedensbraut nach deinem heimlichen Kalender. Ja ja, Frau Irmel mag sich freuen: die große Stunde der Erlösung muß nun allernächstens schlagen. Ich hoffe doch, die Gräfin wird so höflich sein, mir mindestens ein Drittel ihres Mammons zuzuscheiden.‹

›Du wirst‹, versetzte Frau Sophie lächelnd mit einem sanften Vorwurf, ›du wirst, Marcell, noch einst ganz anders von diesen Dingen reden.‹

So stritten sie und scherzten noch vieles hin und her, wovon ich nichts weiter verstand.

An einem heitern Wintermorgen reisten die beiden Frauen mit mir ab. Es war das erstemal in meinem Leben, daß ich in einer Kutsche fuhr; ich war vor Lust ganz außer mir. Den zweiten Tag erreichten wir das Schlößchen. Nun ging ein Leben wie im Himmel für mich an. Es war, als wäre ich nur für Josephen da; sie gab sich ganze Tage mit mir ab, und da ich sogar ihren Namen führen mußte, schien ich mir selber wie verwandelt und eine ganz neue Person. Nun sollte ich gleich tausenderlei Sachen auf einmal von dem Fräulein lernen; selbst auf der Harfe nahm ich Unterricht bei ihr. Es fand sich nämlich so ein altes Ding von Instrument aus den früheren Zeiten der Tante. Das Fräulein sagte oft: es sei die Irmels-Harpfe; ich wußte damals nicht, was mit dem Scherz gemeint war, welchen die Tante jedesmal und endlich sehr ernsthaft verwies. Wir trieben unser Wesen so drei Monate zusammen, als meine junge Gönnerin zu meinem größten Kummer von den Verwandten nach der Hauptstadt abgerufen wurde. Die Tante konnte den Wildfang wohl missen, und späterhin gestand sie mir geradezu, es hätte in der Art, wie ihre

Nichte mich behandelt, unmöglich fortgehn können; der Stand, in den ich künftig treten würde, verlange nicht etwa so ein verwöhntes Modepüppchen, wohl aber eine wackere Hauswirtin. Doch war es niemand weniger gegeben, mit Kindern umzugehen, als eben dieser guten, von mir so hochverehrten Frau; ich machte ihr nur Langeweile, störte und ärgerte sie. So mußte ich mich denn fast einzig zu des Hausschneiders halten und war froh, daß ich nur jemand hatte, zu dem ich einmal wieder, wie einst in Egloffsbronn, Vetter und Base sagen durfte. Dies wurde gegenseitig so sehr zur Gewohnheit, daß jedermann uns für Verwandte hielt.«

»Indem nun meine Braut« – so fuhr der Hofrat zu erzählen fort – »mich mit den Eigenheiten ihrer seligen Wohltäterin näher bekannt machte, bedauerte ich aufrichtig, diese Edle nicht mehr am Leben zu wissen: ihr hatte ich mein Schatzkästlein, ach und noch weit mehr zu verdanken. Aber« – mit diesen Worten wandte sich Herr Arbogast an eine ganz besonders aufmerksam zuhörende bejahrte Dame – »Sie, Frau Majorin, bringen ja den Mund nicht mehr zusammen, seit ich von Frau Sophien rede! Am Ende haben Sie die Baronesse selbst gekannt?«

»Gewiß! gewiß hab' ich! Leibhaftig steht sie wieder vor mir, wie ich sie vor vierzig und mehr Jahren in meiner Jugend sah.«

»Was ist das?« brummte hier ein treuherziger Schweizer, der während der Erzählung einigemal sehr merklich eingenickt war: »Bi Gott! ich dacht', das alles si halt numme se ne Fabel g'si, jetzt chümmt es doch anderster usi! Hätt' ich das eh' g'wüßt, hätt' es mich, bi miner Ehr', nit g'schläferet!«

Auf dies Bekenntnis folgte ein allgemeines, unauslöschliches Gelächter. Der Hofrat endlich nahm das Wort und bat gedachte Dame um eine Schilderung der Frau von Rochen: »Ein solches Zeugnis«, sagte er, »wird für meinen Kredit als Erzähler entscheiden.«

Die angenehme Frau ließ sich nicht lange bitten. »Von allen Gliedern der Familie«, fing sie an, »war Sophie die letzte, welche dem alten Rittersitz die Ehre ihrer persönlichen Gegenwart schenkte, indem sie den verstorbenen Gemahl, Anselm von Rochen, gern am Ort, wo er begraben lag, betrauern wollte. Ich sah sie dort mehrmals mit meiner Mutter und hörte auch später noch manches von ihr. Ohne gerade menschenscheu zu sein, liebte sie Einsamkeit und Stille über alles, selbst ihre Kammerfrau verweilte nur wenige Stunden des Tags in ihrer unmittelbaren

Nähe, und nicht über viermal im Jahre, an hohen Festen etwa, kam sie ins Dorf herab. Dagegen ward sie auch von groß und klein als eine Heilige verehrt, wenn nun die schlanke feingebaute Gestalt mit der ihr eigenen Freundlichkeit und, bei einem Alter von bald siebenzig Jahren, mit beinah' jungfräulichem Anstand in der Kirche den gewohnten Platz einnahm und aus dem offenen erhöhten Gitterstuhl ihre Untertanen durch ein Lächeln begrüßte, nach angehörter Predigt aber die Kranken und die Armen als freigebige Trösterin in ihren Häusern besuchte.

Dem klösterlichen Leben, das Sophie im Innern ihrer prunklosen Gemächer führte, entsprachen denn auch ihre Lieblingsbeschäftigungen ganz und gar. Von Jugend an zu einer bewunderungswürdigen Kunstfertigkeit in feiner bunter Stickerei geübt, war sie bei völlig ungeschwächten Sinnen noch immerfort imstande, dergleichen Arbeiten, wozu sie sich ehmals die reichsten Muster kommen ließ, mit gleicher Sorgfalt fortzusetzen; sie wiederholte unermüdet ihre alten Zeichnungen, um mit solchen Prachtstücken, an denen Gold und Silber glänzte, von Zeit zu Zeit die Ihrigen zu überraschen, ganz unbekümmert freilich um den Geschmack des Tags.

Bedeutend aber war ihr Ansehn bei der Familie dadurch, daß sie die Gabe der Weissagung in hohem Grade besessen haben soll; besonders wollte sie es jedem gleich ansehen, ob er Sinn und Beruf für übersinnliche Dinge besitze. Auch stand sie allezeit mit einer Anzahl Geistlichen in Briefwechsel und wußte sich – zu einem Zweck, den weiter niemand kannte, worüber wir jetzt freilich ganz im klaren sind – von den Verhältnissen aller möglichen Menschen, von Zeit und Stunde ihrer Geburt und dergleichen genaue Kenntnis zu verschaffen. In ihrer eigenen Verwandtschaft fand sie den unbedingtesten Glauben, obschon sie gerade hier am sparsamsten mit ihren Eröffnungen war. Bruder Marcell allein wagte es, den hartnäckigen Zweifler, sogar gelegentlich den Spötter gegen sie zu spielen; dessenungeachtet ist er doch ihr Liebling immer geblieben. Nach ihrem Tode mag er sich wohl bekehrt haben, ja, wie es scheint, verschmähte er nicht, Sophiens mystische Hausfarbe, grün, schwarz und weiß, zu Ehren der Schwester bei feierlichen Anlässen zu tragen.

Nun aber ist leicht zu vermuten, daß unserer guten Nonne das kleinste Verdienst dabei blieb, wenn unter ihrem frommen Regiment die Gutsökonomie, die gar nicht unbeträchtlich war, dennoch durchaus zum Vorteil der Besitzer aufrecht erhalten wurde.

Sie nahm von ihrem samtnen Armstuhl aus sehr regelmäßig Anteil an den vorkommenden Geschäften, sie hörte an bestimmten Tagen den Verwalter an, durchsah als eine gute Rechnerin die Bücher mit der Feder in der Hand, ermahnte die Dienstboten und übte mitunter auch wohl ein klein wenig die Kunst, unterrichtet zu scheinen, wo sie es nicht war. Jedoch verstand es sich bei männiglich von selbst, daß alles in der Wirtschaft hätte drunter und drüber gehn müssen ohne die Einsicht und Treue eines Verwalters, der wirklich seinesgleichen suchte. Der gute Mann nahm aber unvermutet seinen Abschied, die Güter wurden verpachtet, und die edle Matrone, den Bitten ihres Bruders jetzt nicht länger widerstrebend, entsagte diesem Aufenthalt und ließ es sich gefallen, den späten Abend ihres Lebens im Schoße der Familie zuzubringen.

Dies wäre nun alles, was ich zugunsten der Wahrhaftigkeit des Herrn Erzählers vorzubringen hatte.«

Nachdem sich die Versammlung für diese interessanten Nachrichten aufs schönste bedankt, sprach unser Hofrat weiter:

Ich werde mich nunmehr zum Schluß so kurz wie möglich fassen.

Josephens Konfirmation war in der Dorfkirche vollzogen worden. Die Nachfeier des Tages aber fand in aller Stille auf dem Schlößchen statt. Am Abend nahm Sophie das Mädchen bei der Hand und führte sie nach einem Gemache im untern Stock, zu dem niemand, sogar der Vogt nicht, Zutritt hatte. Sephchen erblickte nun hier eine vollständige Goldschmiedswerkstatt, ganz neu und sauber eingerichtet. »Mein Kind!« sagte die edle Frau: »sieh an, das ist für deinen Franz, hier führst du ihn herein, wenn er mal kommen wird; hier muß dein Liebster sein Meisterstück machen. Ist das geschehn, so findet sich das übrige von selbst. Der Werkzeug bleibt sein Eigentum; er nimmt es mit gen Achfurth, wo ihr euch niederlassen sollt. Und dann gedenket mein und habt einander lieb in Gottesfurcht und Frieden!« – Zugleich bekam Josephe ein ähnliches Büchlein wie ich, obgleich sie nach Geburt und Rang nur ein Sonntagskind war. Die Werkstatt wurde nun wieder geschlossen, und ich war in der Tat der erste, dem sie sich nach vier Jahren wieder öffnete. Josephen war der Schlüssel durch Herrn Marcell bei seiner neulichen Anwesenheit behändigt worden. Ich hatte nur zu staunen und zu preisen, als ich mit meiner Braut von diesen Sachen Einsicht nahm: da war auch nicht das Geringste vergessen, vom großen Ofen bis zum unbedeutendsten Lötrohr herab, und Stück für Stück untadelhafte Ware, so rein und einladend, daß einem gleich der Mund nach der Arbeit zu wässern anfing. Auf meine Frage, was denn wohl zunächst hier mein Geschäft sein würde, gab mir Josephe nur ganz verblümten Bescheid, indem sie mich auf Herrn von Rochens Wiederkunft verwies; allein ich hatte längst gewittert, was da werden sollte, und war gefaßt auf alles, obwohl ich gar nicht leugnen will, daß mir etwas unheimlich wurde, als mir das Mädchen bald hernach zwei sonderbar gestrickte Schärpen zeigte, worauf gewisse Chiffern und Figuren von grüner, schwarzer, weißer Farbe sich durchschlangen. »Wozu soll das, Josephe?« fragte ich.

»Die eine für dich, die andere für mich«, antwortete das Mädchen mit geheimnisvollem Lächeln, »wir tragen sie auf *eine* Nacht.«

»Aber wozu, um Gottes willen?«

Sie legte ihren Finger auf den Mund: »Für jetzt nicht weiter, Franz; du bist ein Mann, und da, wo ich mich hin getraue, wirst du dich hoffentlich nicht scheuen.« – So kamen wir stillschweigend überein, daß vorderhand nicht mehr die Rede davon sein solle.

Der nächste schöne Morgen reizte uns zu einem kleinen Ausflug in die Gegend. Wir hatten uns noch unzählige Dinge zu sagen. Unter anderem wollte ich wissen, warum sie sich mir denn nicht gleich am ersten Abend, als ich kam, entdeckte? ja wie sie es nur übers Herz bringen können, den ganzen folgenden Tag so grausam Komödie mit mir zu spielen? – »So? meint der Herr«, entgegnete sie, »man hätte nicht auch Lust gehabt, ihm etwas auf den Zahn zu fühlen? Im ganzen habe ich mir freilich all die Jahre her nie eigentliche Sorgen wegen deiner gemacht. Besonders hielt ich mich an das, was wir gelegentlich durch Reisende erfuhren. So kam einmal der Vetter, als eben Kirmes war zu Jünneda, mit einem lustigen Messerschmied an einen Tisch im ›Rößlein‹ zu sitzen, der war nicht weit von hier zu Haus, kam erst von Achfurth her und wußte gar manches von dir; darunter war mir dann das wichtigste und angenehmste, daß sie doch dort den kalten Michel hießen. Die Base wollte dies nicht eben tröstlich für mich finden, ich aber sagte gleich: bei mir wird er schon auftauen. Nun mußt du aber wissen, Freund, ausdrücklich hatte Frau Sophie mir gesagt, du müßtest mich bei unserm Wiedersehn von selbst erkennen: dies sei die erste Probe, wie tief dir Ännchen noch im Herzen sitze. Und daß ich's nur gestehe, mir wollte schon anfangen bange werden, weil du so gar vernagelt warst, ja meinen Ohren traute ich kaum, als mir der Mensch anfing, von seinen Liebschaften da vorzuprahlen! Sieh, hätt' ich mir nicht alle diese Faxen so ziemlich zurechtlegen können, es wär' ja wahrhaftig mein Tod gewesen! Etwas muß aber doch daran sein, dachte ich, so arg er auch aufschneidet, ganz leer ging es nicht ab, dafür soll er mir jetzt ein bißchen zappeln.«

Unter so fröhlichen Gesprächen waren wir, stets auf der flachen Höhe des Gebirgs fortschlendernd, bis an die gutsherrlichen Weinberge gekommen. Wir setzten uns auf eine kleine Mauer und blickten, über die Rebstöcke weg, hinunter in den sogenannten Schelmengrund. Die Gegend fiel mir auf, ja ich war ganz verblüfft – denn auf und nieder war ja hier das Tälchen wieder, das ich in jener Nacht gesehen, wo es vom Herbstvergnügen der Waidefeger widerhallte! Wie sonderbar! Alles traf zu, die Eiche abgerechnet, von welcher nichts zu sehen war. Ich säumte nicht, die Sache gleich Josephen zu erzählen, die sich höchlich darüber vernahm. Zwar hielt auch sie den Spuk in jener Rumpelkammer für einen bloßen Traum, den sie jedoch nichtsdestoweniger bedeutsam fand. Nachdem wir uns den Ort und namentlich eine gewisse rundliche, mit Gras und Disteln überwachsene Vertiefung in der Erde zunächst am Mäuerchen genau bemerkt, begaben wir uns, aller guter Hoffnung voll, nachdenklich auf den Rückweg.

Zu Hause ließ ich es mein erstes sein, die alte Karte mit dem Titelbildchen genauer zu betrachten. Die Ähnlichkeit war abermals nicht zu verkennen, obgleich sie sich bereits nicht mehr so ganz wie vorhin wollte finden lassen. – Während ich noch darüber nachdenke, reicht mir Josephe einen Brief: er sei in unserer Abwesenheit vom Dorf gebracht worden. Ich meinte Wunder was es wäre, das schlaue Mädchen aber sagte: »Gib acht, Herr Peter hat was auf dem Korn.« So war es in der Tat. Seiner gekränkten Ehre eingedenk, machte er Miene, mir einen Prozeß anzuhängen; soviel ich aus der ganz konfusen Schreibart absehen ließ, schien er jedoch nicht ungeneigt, bevor es dahin käme, Genugtuung, und zwar mit barem Gelde, privatim von mir anzunehmen. – Zu rechter Zeit erinnerte ich mich jenes stählernen Knopfs, womit der Schuft den Fuhrmann damals prellte. Ich schlug sogleich ein säuberlich Papier um das edle Schaustück und legte ein paar Zeilen bei, worin ich ihm andeutete, wie sehr man

Lieber Leser,

Sie haben diese Karte in einem Buch aus unserem Verlagsprogramm gefunden. Sollten Sie an weiteren Informationen unserer recht umfangreichen Veröffentlichungen interessiert sein, so schicken Sie uns diese Karte unter Angabe Ihrer Interessengebiete einfach zu. Wir dürfen Sie dann laufend und kostenlos über unsere Neuheiten informieren.
Vielen Dank für Ihre Mühe, die sich lohnt.

Ihr

MAGNUS VERLAG

Redaktionsbüro/Pressestelle
Im Teelbruch 60, 4300 Essen 18

Ihre Interessen:

- ☐ Werke der Weltliteratur
- ☐ Lyrik/Prosa
- ☐ Geschichte/Kulturgeschichte
- ☐ Lexika/Ratgeber
- ☐ Abenteuerbibliothek
- ☐ Jugendbücher

Sonstige Anregungen:

Name

Straße

Ort

Tel.

MAGNUS VERLAG GmbH
Redaktionsbüro/Pressestelle
Im Teelbruch 60

4300 Essen 18

sich zuweilen irren könnte, und daß ein Biedermann, der in der Eile einen glatten Knopf für einen Fünfzehner ausgab, es eben auch passieren lassen müsse, wenn ihn ein anderer einmal für einen Galgenvogel nahm. – Der Brief tat völlig die gehoffte Wirkung; Herr Peter zeigte ihn zwar keiner Seele, doch soll er sich geäußert haben, ich hätte ihm sehr anständig Abbitte getan.

Nun kämen wir an das letzte Kapitel in meiner Geschichte, von dem ich zwar versichern darf, daß es seine besondern Reize hat, allein ich habe die Geduld meiner verehrten Zuhörer längst über die Gebühr erprobt, und so mag es für heute bewenden.

»Wie? was, Herr Hofrat?« riefen mehrere Stimmen – »jetzt fällt es Ihnen plötzlich ein, Punktum zu machen, jetzt, da es auf das Ziel losgeht? da alles voll Erwartung ist? Nein, nein, das geht nicht an, wir protestieren sämtlich!«

Der Hofrat aber rückte gelassen seinen Stuhl, und da man ihn schon kannte, so sprach ihm niemand weiter zu.

»Wann werden wir denn nun das Ende hören?« fragten einige Damen.

»O morgen abend, wenn sie wollen.«

»Was? da haben wir ja Ball! Als wenn er das nicht wüßte!«

»Gut – also übermorgen.«

»Da reisen Sie ja ab!«

»Ich?«

»Freilich! Ihre Frau hat es uns selbst gesagt. Seht doch, den Schalk! Er wollte uns wahrhaftig den Rest ohne weiteres schuldig bleiben!«

»Nun« – war die Antwort – »daß ich's nur gestehe, ich pflege diesen Teil meiner Geschichte, der sich im wesentlichen übrigens von selbst ergibt, nie gerne zu erzählen.«

»Darf man wissen warum?«

»Eine Grille.«

»Das scheint geheimnisvoll.«

»Ich glaube unsern Freund beinahe zu verstehn«, sagte Kornelie, eine geistvolle, höchst liebenswürdige Blondine: »und so sehr mich selber die Neugierde plagt, es will mir doch zugleich gefallen, daß von den geisterhaften Dingen, die wir ahnen, der letzte Schleier nicht hinweggenommen werde. Sie würden einem fast, deucht mich, zu wirklich und zu nahe und wären wenigstens mit einer heitern Darstellung, wie diese doch im ganzen war, kaum zu vereinigen.«

»Ei was!« rief Oberst Mathey hier mit halb komischer Ungeduld: »was für Umstände! Wir müssen absolut jetzt irgendeinen Schluß, einen expressen Schluß bekommen, und wenn wir ihn uns selbst erzählen sollten!«

»Das möchte wohl so schwer nicht sein«, sagte Kornelie.

»*Eh bien!* ich nehme Sie beim Wort, mein schönes Kind. Geschwinde, geben Sie uns eine hübsche Skizze, damit sich unsere Imagination vor Schlafengehen beruhige.«

»Fürs erste«, fing Kornelie an, »wird Herr von Rochen, als ihm der merkwürdige Traum erzählt wurde, sogleich Anstalt zur Nachgrabung bei jenen Weinbergen getroffen haben. Gewiß geschah dies mit der größten Vorsicht, und zwar nicht anders als bei Nacht, teils um ein Aufsehn zu verhüten, teils weil der feierliche Gegenstand es so erforderte. Es war die Nacht vor Cyprian. Herr Marcell ermangelte nicht, bei Fackelschein in seiner Ostergalatracht zu Pferde den kleinen Zug geziemend anzuführen. In dessen Mitte ging Herr Arbogast als Hauptperson, dann folgten ein halb Dutzend Arbeiter mit brennenden Laternen, Spaten und Hacken wohl versehen. Diese geheimnisvolle Prozession, die Ankunft auf dem Platze, die Tätigkeit der Leute daselbst, wobei kein lautes Wort gesprochen werden durfte, sodann die immer steigende Bewegung, da man nach einem zweistündigen Graben endlich auf ein Gewölbe, zuletzt auf eine schmale Treppe stößt und nun der auserwählte Jüngling, die Fackel in der Hand, sich zwischen Schutt und Trümmerwerk hindurcharbeitend, ein enges Kellerchen betritt, wo er vor allen Dingen eine alte kleine verrostete Kiste entdeckt, hierauf, nicht weit davon, Frau Irmels unheilvolle Kette und endlich – o Entzücken! ein helles Häuflein Gold, seine Dukaten! – fürwahr, das sind köstliche Szenen, deren getreue Ausmalung sich allerdings verlohnen würde. Allein das wichtigste ist noch zurück. Der Irmelgeist, je näher die ersehnte Stunde kam, verdoppelte, wie man leicht denken kann, sein Seufzen, seine Ungeduld. Auf alle Fälle mußte der edle Jüngling noch um Mitternacht in seine Werkstatt gehn, die Kette herzustellen; ein kitzliches Geschäft, wobei er jeden Augenblick besorgte, daß ihm der Geist über die Schulter gucke, ob auch die Arbeit fördere. Das Bräutchen war ihm hier der größte Trost; sie hielt ihm vermutlich das Licht. Nachdem er fertig war, schickte das vielgetreue Paar sich an, das Letzte und Bedenklichste selbander zu bestehen. Josephe knüpfte sich und ihrem Liebsten die magische Leibbinde um, die zwar nicht jede Gänsehaut verhüten, doch sonst vor bösen Einflüssen bewahren konnte. So zog denn Bräutigam und Braut, die goldene Kette zwischen sich haltend, dem Sichelflusse zu, wo nun das Kleinod unter stillen Segenssprüchen den Wellen übergeben ward. Wie sich der Geist dabei benommen und wie Frau Irmels Danksagung gelautet, muß freilich dahingestellt bleiben; genug, daß sie zur Ruhe kam. Begierig wäre ich, was in dem eisernen Kistchen gewesen, und fast noch mehr, was für niedliche Dinge das Waidfegervolk in die Nischen und Ritzen des königlichen Schatzgewölbs versteckt haben mochte. Zuverlässig fand man auch der Waidekönigin ihr Krönlein darunter, das ich mir so geschmackvoll, so zierlich vorstelle, daß es Herrn Arbogast gleich als Modell zu seiner größern Arbeit dienen konnte, von der die Welt behauptet, sie sei ein Meisterstück der Kunst; wo aber eigentlich der Künstler die unvergleichlichen, sonst nie gesehenen Formen dazu hernahm, hat er den Leuten freilich nicht gesagt und kann auch billig unter uns bleiben.«

Der Hofrat lächelte und sprach: »Sie haben in der Tat, bis auf einige Kleinigkeiten, meine Geheimnisse so artig erraten, daß ich mich, ganz im Ernst, darüber wundern muß und kein Bedenken trage, hiermit meine Geschichte für geschlossen zu erklären.«

Sofort entspann sich unter den Zuhörern noch eine kleine Diskussion über Wahrheit und Dichtung in dem erzählten Abenteuer. »Vielleicht«, sagte einer der Herrn, ein Forstmeister, »vielleicht bin ich imstande, gerade was die Hauptfrage betrifft, einiges Licht in den Zusammenhang zu bringen. Es hatten, ungefähr vor dreißig Jahren, wirklich Nachgrabungen bei jenem Schlößchen statt. Ein alter Förster meines Schwagers, der in der Nähe dort begütert ist, erzählte viel davon. Man fand einen langen, gewölbten, teilweise noch gut erhaltenen Gang. Er zog sich unterirdisch noch eine Strecke in den Wald hinein, wo er in eine wilde, fast unzugängliche Bergschlucht auslief. An seinem andern Ende, vermutlich in der Richtung nach der Burg, wo er etwa nur eingestürzt war, entdeckte man verschiedene zum Teil kostbare Gegenstände, die schwerlich anders als durch Raub dahingekommen sein konnten. Der berüchtigte *Faligan*, der sich bekanntlich im Spessart und im Odenwald lange umhertrieb und sein Leben in einem Gefecht mit streifenden Bauern durch einen Büchsenschuß verlor, soll an mehreren Orten solche geheime Niederlagen hinterlassen haben. Auch im gedachten Falle führten gewisse Spuren auf ihn zurück. Nun war er selbst zwar zu der Zeit, in die Herrn Arbogasts Beraubung fiele, schon längst tot, allein was hindert uns anzunehmen, daß in der Zwischenzeit ein ähnliches Genie das Loch entdeckt, den vorgefundenen Schatz auf gleiche Art vermehrt und endlich auch Herrn Arbogasts Felleisen so glücklich operiert haben möge!«

Indes nun die Gesellschaft sich hierüber stritt, war der Hofrat still hinausgegangen, kam aber sehr bald wieder und sah sich rings im Saale um. Man fragte, was er suche. »Ich suche meine Frau«, versetzte er, »die ich schon längst im tiefsten Schlaf begraben glaubte. Ihr Bette ist noch unberührt.«

»Das sieht bedenklich aus!« sagte Kornelie, »wenn man sie Ihnen nur nicht entführte, Herr Hofrat! Sagt nicht Ihr Schatzkästlein etwas dergleichen?«

Eine bekannte, angenehme Stimme sprach hier auf einmal hinter dem Ofen hervor:

»Jag nit darnach, mach kein Geschrei,
Und allerdings fürsichtig sei.«

Und sogleich trat zu allgemeinem Jubel Madam Arbogast aus ihrem dunkeln Versteck. Sie dankte ihrem Manne sehr anmutig für all das Schöne und Gute, das er ihr angedichtet, bestätigte jedoch, daß er im ganzen keineswegs ein Märchen erzählt habe.

Als die Gesellschaft nun aufbrach und jedermann sein Licht ergriff, sprach Arbogast noch mit Kornelien und sagte ihr etwas ins Ohr. »Ist's möglich?« rief sie mit Verwunderung, so daß die andern in der Türe stehen blieben. »Wissen Sie auch«, fuhr sie, gegen jene gewendet, heraus: »wer der verdächtige Wegzeiger war auf der Heide? – Der Ritter von Latwerg! Er wartete auf seinen Osterengel.«

»Was Teufels!« rief der Oberst. »Nun denn – Gutnacht, Herr Ritter! Die Hähne krähen schon, mich verlangt nach dem Bette!«

Der Bauer und sein Sohn

Morgens beim Aufstehn sagt einmal der Peter ganz erschrocken zu seinem Weib: »Ei, schau doch, Ev', was hab' ich da für blaue Flecken! Am ganzen Leib schwarzblau! – und denkt mir doch nicht, daß ich Händel hatte!« – »Mann!« sagte die Frau, »du hast gewiß wieder den Hansel, die arme Mähr', halb lahm geschlagen? Vom Ehni hab' ich das wohl öfter denn hundertmal gehört: wenn einer sein Vieh malträtiert, sei's Stier, sei's Esel oder Pferd, da schickt es seinem Peiniger bei Nacht die blauen Mäler zu. Jetzt haben wir's blank.« Der Peter aber brummte: »Hum, wenn's nichts weiter zu bedeuten hat!« schwieg still und meinte, die Flecken möchten ihm den Tod ansagen; deshalb er auch etliche Tage zahm und geschmeidig war, daß es dem ganzen Haus zugut' kam. Kaum aber ist ihm die Haut wieder heil, da ist er wie immer der grimmige Peter mit seinem roten Kopf und lauter Flüchen zwischen den Zähnen. Der Hansel sonderlich hatte sehr böse Zeit, dazu noch bittern Hunger, und wenn ihm oft im Stall die Knochen alle weh taten von allzu harter Arbeit, sprach er wohl einmal vor sich hin: »Ich wollt', es holte mich ein Dieb, den würd' ich sanft wegtragen!«

Es hatte aber der Bauer einen herzguten Jungen, Frieder mit Namen, der tat dem armen Tier alle Liebe. Wenn die Stalltür aufging, etwas leiser wie sonst, drehte der Hansel gleich den müden Kopf herum, zu sehn, ob es der Frieder sei, der ihm heimlich sein Morgen- oder Vesperbrot brachte. So kommt der Junge auch einmal hinein, erschrickt aber nicht wenig; denn auf des Braunen seinem Rücken sitzt ein schöner Mädchenengel mit seinem silberhellen Rock und einem Wiesenblumenkranz im gelben Haar und streicht dem Hansel die Bückel und Beulen glatt mit seiner weißen Hand. Der Engel sieht den Frieder an und spricht:

»Dem wackern Hansel geht's noch gut,
Wenn ihn die Königsfrau reiten tut.
Arm Frieder
Wird Ziegenhüter,
Kriegt aber Überfluß,
Wenn er schüttelt die Nuß,
Wenn er schüttelt die Nuß!«

Solches gesagt, verschwand der Engel wieder und war nicht mehr da. Den Knaben überlief's, er huschte hurtig aus der Tür. Als er aber den Worten, die er vernommen, weiter nachsann, ward er fast traurig. Ach! dachte er, der Ziegenbub vom Flecken sein, das ist doch gar ein faul und ärmlich Leben, da kann ich meiner Mutter nicht das Salz in die Suppe verdienen. Aber Nüss'? woher? In meines Vaters Garten wachsen keine; und wenn ich sie auch ganzer Säcke voll schütteln sollte, wie der Engel verheißt, davon wird niemand satt. Ich weiß, was ich tun will, wann ich die Ziegen hüten muß: ich sammle Besenreisig nebenher und lerne Besen binden, da schafft sich doch ein Kreuzer. Solche Gedanken hatte Frieder jenen ganzen Tag, sogar in der Schule, und schaute darein wie ein Träumer. »Wieviel ist sechs mal sechs?« fragte der Schulmeister beim Einmaleins. »Nun, Frieder, was geht dir heut' im Kopf herum? schwätz!« Der Bub, voll Schrecken, wußte nicht, sollt' er sagen: »Besenreisig« oder »sechsunddreißig«, denn eigentlich war beides richtig; er sagte aber: »Besenreisig!« Da gab es ein Gelächter, daß alle Fenster klirrten, und blieb noch lang ein Sprichwort in der Schule, wenn einer in Gedanken saß: der hat Besenreisig im Kopf.

In der Nacht konnte Frieder nicht schlafen. Einmal kam es ihm vor, als sei es im Hof nicht geheuer; er richtete sich auf und sah durchs Fenster über seinem Bett. Sieh da! drang eine Helle aus dem Stall und kam der Hansel heraus und der Engel auf ihm, der ritt ihn aus dem Hof so sachten Tritts, als ging' es über Baumwolle weg. Im ersten Augenblick will Frieder schreien, doch gleich besinnt er sich und denkt, es ist ja Hansels Glück – legt sich also geruhig wieder hin und weint nur still in die Kissen, daß jetzt der Hansel fort sein soll und nimmer wiederkommen.

Wie nun die zwei auf offener Straße waren und der Gaul im

hellen Mondschein seinen Schatten sah, sprach er für sich: »Ach! bin ich nicht ein dürres Bein! eine Königin säße mir nimmermehr auf.« Der Engel sagte weiter nichts hiegegen und lenkte bald seitwärts in einen Feldweg ein, wo sie nach einer guten Strecke an eine schöne Wiese kamen; sie war voll goldener Blumen und hieß die *unsichtbare*, denn sie von ordinären Leuten nicht gesehen ward und ging bei Tage immer in einen nahen Wald hinein, daß sie kein Mensch ausfand. Kam aber guter armer Leute Kind mit einem Kühlein oder Geiß daher, dem zeigte der Engel die Wiese; es wuchs ein herrliches Futter auf ihr, auch mancherlei seltsame Kräuter, davon ein Tier fast wunderbar gedieh. Auf demselbigen Platz stieg der Engel jetzt ab, sprach: »Weide, Hans!« lief dann am Bach hinunter und schwand in die Lüfte, nur wie ein Stern am Himmel hinzückt. Der Hansel seinerseits fraß aber tapfer zu; und als er satt war, tat's ihm leid, so fett und milchig war das zarte Gras. Endlich kommt ihm der Schlaf, also legt er sich stracks an den Hügel dort bei den runden Buchen und ruht bei vier Stunden. Weckt ihn mit eins ein Jägerhorn, da war es Tag und stund die Sonne hell und klar am Himmel. Risch, springt er auf, sieht seinen Schatten auf dem grünen Rasen, verwundert sich und spricht: »Ei! was bin ich für ein schmucker Kerl geworden! unecket, glatt und sauber!« So war es auch, und glänzte seine Haut als wie in Öl gebadet.

Nun aber jagte der König des Landes schon etliche Tage in selbiger Gegend und ging just aus dem Wald hervor mit seinen Leuten. »Ah schaut! ah schaut!« rief er: »was für ein schönes Roß! wie es die stolzen Glieder übt in Sprüngen und luftigen Sätzen!« So sprechend trat er nahe herzu mit den Herren vom Hofe, die vernahmen sich alle über das Pferd und klopften ihm liebkosend auf den Hals. Sagte der König: »Reit', Jäger, in das Dorf hinein, zu fragen, ob dieses Tier nicht feil! Sag' ihnen, es käm' an keinen schlechten Herrn!« Derselbe Jägersmann ritt eine Schecke, welche dem Hansel wohlgefiel, derhalben er von selbst mit in den Flecken trabte, wo die Bauern alsbald neugierig die Köpfe aus den Fenstern streckten. »Hört, Leute! wessen ist der feine Braun'?« ruft der Jäger durch die Gassen. »Mein ist er nicht! – Das ist kein hiesiger!« hieß es von allen Seiten. »Sieh, Frieder, guck!« sagte der Peter, »das ist ein ungrischer. Ich wollt', der wär' mein.« Zuletzt beteuerte der Hufschmied, ein solches Tier sei auf sechs Meilen im Revier gar nicht zu Hause. Da ritt der Jäger samt dem Hansel zum König zurück, vermeldend:

»Das Roß ist herrenlos.« – »Behalten wir's denn!« versetzte der König, und ging der Zug also weiter.

Indessen meint der Peter, es wäre Zeit, sein Vieh zu füttern, und stößt mit Gähnen die Stalltür auf. Hu! macht der Rüpel Augen, wie er den leeren Stand der Mähre sieht. Lang waren ihm alle Gedanken wie pelzen. »Zum Kuckuck!« fuhr er endlich auf, »wird nicht viel fehlen, war da vorhin der fremde Gaul mein Hansel, und ist's mit des Teufels Blendwerk geschehen, daß ihn kein Mensch dafür erkannte!« Der Peter wollte sich die Haar' ausraufen: allein was konnte er machen? Der Gaul war fort. Es haben mich nur die zwei Öchslein gedauert. An denen ließ der Unmensch seinen Grimm in diesen Tagen aus, und mußten sie für ihrer drei arbeiten. Was ihnen aber, nächst Püffen, Schlägen, Hungerleiden, das Leben vollends ganz verleidete, das war das Heimweh nach dem braven Hans. Sie trauerten und wurden wie verstockt und taten alles hinterstfür; deshalb der Peter leis zu seinem Weibe sprach: »Es ist schon nicht anders, die Ochsen sind mir auch verhext.« Bald wurden die Ehleute eins, daß sie das Paar für ein Spottgeld dem Metzger abließen; der schlachtete sie in der Stadt. Allein was geschieht? In einer Nacht, da alles schlief, klopft es dem Peter am Laden; schreit er: »Wer ist da drauß?« Antworten ihm zwei tiefe Baßstimmen·

»Der Walse und der Bleß
Müssen wandeln deinetwegen,
Wollen zu fressen, fressen in ihre kalten Mägen!«

Dem Peter schauerte die Haut, er zupfte sein Weib: »Steh' du auf, Ev'!« – »Ich nicht!« antwortete die Frau, »sie wollen halt ihr' Sach von *dir*.« So stund der Großmaul auf mit Zittern, warf ihnen Futter hinaus, und wie sie damit fertig waren, gingen sie wieder.

Nun kam das Unglück Schlag auf Schlag. Der Peter brachte zwar vom nächsten Markt wieder zwei Stiere heim, allein da zeigte sich's, es wollte mit aller Lieb' kein Vieh mehr in dem Stalle bleiben: die beiden Stiere samt der Kuh wurden krank, man mußte sie mit Schaden aus dem Hause tun. Der Peter läuft zu einem Hexenbanner, will sagen Erzspitzbuben, legt ihm gutwillig einen Taler hin, dafür kriegt er ein Pulver, mit dem soll er den Stall durchräuchern, Schlag zwölfe um Mittag. Er räucherte auch wirklich so handig, daß er die Glut ins Stroh brachte, und schlug der rote Hahn alsbald die Flügel auf dem Dach, das heißt,

Stallung und Scheuer ging in lichten Flammen auf; mit knapper Not konnte die Löschmannschaft das Wohnhaus retten. Peter, wo will's mit dir hinaus? – Die nächste Nacht klopft es am Kammerladen. »Wer ist da?«

»Der Walse und der Bleß
Kommen in Wind und Regen,
Wollen zu fressen, fressen in ihre kalten Mägen!«

Da fuhr der Peter in Verzweiflung aus dem Bett, schlug die Hände überm Kopf zusammen und rief: »Ach mein! ach mein! soll ich die Toten füttern und hab' doch bald für die Lebendigen nichts mehr!« Das erbarmte die Tiere, sie gingen fort, kamen auch nimmermehr.

Anstatt daß der Peter jetzt in sich geschlagen hätte und seinen Frevel gutgemacht, bot er dem Jammer Trutz im Wirtshaus unter lustigen Gesellen. Je mehr sein Weib ihn schalt und lamentierte, um desto weniger schmeckt's ihm daheim; er machte dabei Schulden, kein General hätt' sich dran schämen dürfen, und bald kam es so weit, daß man ihm Haus und Gut verkaufte. Jetzt mußte er taglöhnen, und auch sein armes Weib spann fremder Leute Faden. Der Frieder aber, der saß richtig vor dem Dorf, hielt einen Stecken in der Hand und wartete der Ziegen oder band Besenreis auf den Verkauf.

Drei Jahre waren so vergangen, begab sich's einmal wieder, daß der König das Wildschwein jagte, und war auch die Königin diesmal dabei. Weil es aber Winterszeit war und sehr kalt, wollten die Herrschaften das Mittagsmahl nicht gern im Freien nehmen, sondern die königlichen Köche machten ein Essen fertig im Greifenwirtshaus, und speiste man im obern Saal vergnüglich, dazu die Spielleute bliesen. Das Volk aber stund auf der Gasse, zu horchen. Als nunmehr nach der Tafel die Pferde wieder vorgeführt wurden und man auch das Leibroß der Königin zäumte, stund vornean der Ziegenbub, der sprach gar keck zum Reitknecht hin: »Das Roß ist meines Vaters Roß, daß Ihr's nur wißt!« Da lachte alles Volk laut auf; der Braune aber wieherte dreimal für Freuden und strich mit seinem Kopf an Frieders Achsel auf und nieder. Dies alles sah und hörte die Königin vom Fenster hochverwundert und sagt' es gleich ihrem Gemahl. Derselbe läßt den Ziegenbuben rufen, und dieser tritt bescheidentlich, doch munter in den Saal, mit Backen rosenrot, und war er auch sonst ein sauberer Bursche mit lachenden Augen, ging aber barfuß. Red't ihn der König an: »Du sagtest ja, das schöne Pferd da unten wär' deines Vaters, nicht?« – »Und ist auch wahr, Herr, mit Respekt zu melden.« – »Wie willst du das beweisen, Bursch'?« – »Ich will es wohl, wenn Ihr's vergönnt. Den Reitknecht hört' ich rühmen, das Roß ließe niemand aufsitzen außer die Königin, der es gehöre. Nun sollt Ihr aber sehn, ob mir's nicht stille hält und nachläuft, wenn ich ihm Hansel rufe: darnach mögt Ihr denn richten, ob ich die Wahrheit sprach.« Der König schwieg ein Weilchen, sprach dann zu einem seiner Leute: »Bringt mir drei wackre Männer aus der Gemeine her, damit wir hören, was sie dem Knaben zeugen.« Als nun die Männer kamen und über das Pferd gefragt wurden, so fiel ihr Ausspruch nicht zu Frieders Gunsten aus. Da tät der Knabe seinen Mund selbst auf und hub an, treu und einfältig die Geschichte vom Engel zu erzählen, wie er den Hansel entführte, auch wie er ihm unlängst wieder erschienen sei und ihm die unsichtbare Wiese gezeigt habe, welche den Hansel so stattlich gemacht. Darüber waren freilich die Anwesenden hoch erstaunt, etliche blickten schelmisch, allein die Königin sagte: »Gewiß, das ist ein frommer Sohn und steht ihm die Wahrheit an der Stirn geschrieben.« Der König selber schien dem Buben wohlgesinnt, doch, weil er guter Laune war, sprach er: »Das Probestück wollen wir ihm nicht erlassen.« Hiermit rief er den Frieder an ein Seitenfenster, das nach dem Freien ging auf einen Grasplatz, weit und flach, in dessen Mitte stand ein großer Nußbaum, wohl hundert Schritt vom Haus; es lag aber alles dicht überschneit, denn es im Christmond war. »Du siehst«, sagte der König, »die große Wiese hier.« – »O ja, warum denn nicht?« rief ein Hofmann, des Königs Spaßmacher, halblaut dazwischen: »es ist zwar eine von den unsichtbaren, denn sie ist über und über mit Schnee zugedeckt.« Die Hofleute lachten; der König aber sprach zum Knaben: »Laß dich ein loses Maul nicht irren! Schau, du sollst mir auf dem Hansel einen Ring rund um den Nußbaum in den Schnee hier reiten, und wenn es gut abläuft, soll aller Boden innerhalb des Rings dein eigen sein!« Da freuten sich die Schranzen, meinend, es gäbe einen rechten Schnack; der Frieder wurde aber so freundlich, daß er die weißen Zähne nicht wieder unterbringen konnte. Das Roß ward vorgeführt (nachdem man ihm zuvor den goldnen Frauensattel abgenommen), es jauchzte hellauf und alles Volk mit ihm, und Frieder saß oben mit einem Schwung. Erst ritt er langsam bis zur Wiese vor, hielt an und maß mit dem Aug' nach allen Seiten den Abstand vom Baum, dann setzt' er den Hansel in Trab und endlich in gestreckten Lauf, das ging wie geblasen, und war es eine Lust ihm zuzusehen, wie sicher und wie leicht der Bursche saß. Er war aber nicht dumm und nahm den Kreis so weit, als er nur konnte; gleichwohl lief derselbe am Ende so schön zusammen, als wär' er mit dem Zirkel gemacht. Mit Freudengeschrei ward der Frieder empfangen, im Nu saß er ab, küßte den Hansel auf den Mund, und der König am Fenster winkt' ihm herauf in den Saal. »Du hast«, sprach er zu ihm, »dein Probstück wohl gemacht; die Wiese ist dein. Den Hansel anbelangend, den kann ich dir nicht wiedergeben: ich hab' ihn meiner Königin geschenkt; soll aber dein Schade nicht sein.« Mit diesen Worten drückte er ihm ein Beutelein in die Hand, gespickt voll Dublonen. Des war der Knabe sehr zufrieden, zumal die Königin hinzusetzte: er möge alle Jahr' zur Stadt kommen, in ihrem Schloß vorsprechen und den Hansel besuchen. »Ja«, rief der Frieder, »und da bring' ich Euch zur Kirchweih' allemal ein Säcklein grüne Nüss' vom Baum!« – »Bleib' es dabei!« sagte die Königin; so schieden sie. Der Frieder lief heim durch all das Volksgewühl und Gejubel hindurch, zu seinen Eltern. Der Peter hatte den Ritt von weitem heimlich mit angesehen, und jetzt tat er in seinem Herzen ein Gelübde – ich brauche ja wohl nicht zu sagen, worin das bestand. Genug, der Hansel und der Frieder hatten ihm wieder auf einen grünen Zweig geholfen; er wurde ein braver, ehrsamer Mann, dazu ein reicher, der einen noch reichern Sohn hinterließ. Seit dieser Zeit hat sich im ganzen Dorf kein Mensch an einem Tier mehr versündigt.

Die Hand der Jezerte

In des Königs Garten, eh' das Frühlicht schien, rührte der Myrtenbaum die Blätter, sagend:

»Ich spüre Morgenwind in meinen Zweigen; ich trinke schon den süßen Tau: wann wird Jezerte kommen?«

Und ihm antwortete die Pinie mit Säuseln:

»Am niedern Fenster seh' ich sie, des Gärtners Jüngste, schon durchs zarte Gitter. Bald tritt sie aus dem Haus, steigt nieder die Stufen zum Quell und klärt ihr Angesicht, die Schöne.«

Darauf antwortete der Quell:

»Nicht Salböl hat mein Kind, nicht Öl der Rose, es tunkt sein Haar in meine lichte Schwärze, mit seinen Händen schöpft es mich. Stille! ich höre das Liebchen.«

Da kam des Gärtners Tochter zum Born, wusch sich und kämmte sich und flocht ihre Zöpfe.

Und sieh, es traf sich, daß Athmas, der König, aus dem Palaste ging, der Morgenkühle zu genießen, bevor der Tag anbrach; und wandelte den breiten Weg daher auf gelbem Sand und wurde der Dirne gewahr, trat nahe zu und stand betroffen über ihre Schönheit, begrüßte die Erschrockene und küßt' ihr die Stirn.

Seit diesem war sie Athmas lieb und kam nicht mehr von seiner Seite Tag und Nacht; trug köstliche Gewänder von Byssus und Seide und war geehrt von den Vettern des Königs, weil sie sich hold und demütig erwies gegen Große und Kleine und gab den Armen viel.

Übers Jahr aber wurde Jezerte krank, und half ihr nichts, sie starb in ihrer Jugend.

Da ließ der König ihr am Garten des Palasts ein Grabgewölbe bauen, wo der Quell entsprang, darüber einen kleinen Tempel, und ließ ihr Bildnis drin aufstellen aus weißem Marmor, ihre ganze Gestalt, wie sie lebte, ein Wunderwerk der Kunst. Den Quell aber hielt das Volk heilig.

Alle Monden einmal ging der König dahin, um Jezerte zu

weinen. Er redete mit niemand jenen Tag, man durfte nicht Speise noch Trank vor ihn bringen.

Er hatte aber eine andere Buhle, Naïra; die ward ihm gram darob und eiferte im stillen mit der Toten; gedachte, wie sie ihrem Herrn das Andenken an sie verkümmere und ihm das Bild verderbe.

Sie beschied insgeheim Jedanja zu sich, einen Jüngling, so dem König diente; der trug eine heimliche Liebe zu ihr, das war ihr nicht verborgen. Sie sprach zu ihm: »Du sollst mir einen Dienst erzeigen, dran ich erkennen will, was ich an dir habe. Vernimm. Ich höre von Jezerten immerdar, wie schön sie gewesen, so daß ich viel drum gäbe, nur ihr Bildnis zu sehn, und ob ich zwar das nicht vermag, weil mein Herr es verschworen, will ich doch eines von ihr sehen, ihre Hand, davon die Leute rühmen, es sei ihresgleichen nicht mehr zu finden. So sollst du mir nun dieses Wunder schaffen und mir vor Augen bringen, damit ich es glaube.«

»Ach, Herrin«, sagte er, »ich will dich selbst hinführen, daß du Jezerte beschauest, bei Nacht.«

»Mitnichten!« antwortete sie: »wie könnte ich aus dem Palaste gehen? Tu, wie ich sagte, Lieber, und stille mein Gelüste. –«

Und sie verhieß ihm große Gunst, da versprach es der Knabe.

Auf eine Nacht ersah er die Gelegenheit durch Pforten und Gänge und kam zum Grabmal unbeschrien, denn die Wache stand in den Höfen. Er hatte aber einen künstlichen Haken, der öffnete das Schloß, und wie er eintrat, sah er das Bildnis stehn im Schein der Lampen; die brannten Tag und Nacht.

Er trat herzu, faßte die eine Hand und brach sie ab, hart über dem Gelenke, barg sie in seinen Busen, eilte und zog die Tür hinter sich zu.

Wie er nun längs der Mauer hinlief, vernahm er ein Geräusch und deuchte ihm, als käme wer. Da nahm er in der Angst die Hand und warf sie über die Mauer hinweg in den Garten und floh. Die Hand fiel aber mittein in ein Veilchenbeet und nahm keinen Schaden. Alsbald gereuete den Jüngling seine Furcht, denn sie war eitel, und schlich in den Garten, die Hand wieder zu holen; er fand sie aber nicht und suchte, bis der Tag anfing zu grauen, und war wie verblendet. So machte er sich fort und kam in seine Kammer.

Am andern Morgen, als die Sonne schien, lustwandelte Athmas unter den Bäumen. Er kam von ungefähr an jenes Beet und sah die weiße Hand in den Veilchen und hob sie auf mit Schrekken, lief hinweg, und es entstand ein großer Lärm durch den Palast. Kamen auch alsbald Knechte des Königs und sagten ihm an: »Wir haben in der Dämmerung Jedanja gesehn durch den Garten hin fliehen und haben seine Fußstapfen verfolgt.« Darauf ward der Jüngling ergriffen und in das Gefängnis geworfen.

Naïra mittlerweile bangte nicht, denn sie war keck und sehr verschlagen. Berief in der Stille Maani zu sich, Jedanjas Bruder, und sagte: »Mich jammert dein Bruder, ich möchte ihm wohl heraushelfen, wenn er den Mut hätte, zu tun, wie ich ihn heiße, und du mir eine Botschaft an ihn brächtest.«

Maani sprach: »Befiehl und nimm mein eigen Leben, daß ich nur den Knaben errette!«

Da hieß Naïra ihn schnell einen Pfeil herbeiholen. Sie aber nahm einen Griffel und schrieb der Länge nach auf den Schaft diese Worte:

»Verlange vor den König und sprich: ›Jedanja liebte Jezerten und war von ihr geliebt, und hängt sein Herz noch an der Toten, also daß er im blinden Wahn die Übeltat verübte‹ So spreche mein Freund und fürchte nicht, daß ihn das Wort verderbe! Die dieses rät, wird alles gutmachen.«

Nachdem sie es geschrieben, sagte sie: »Nimm hin und schieße diesen Pfeil zu Nacht durchs Gitter, wo dein Bruder liegt im Turm!«

Maani ging und richtete es kühnlich aus.

Den andern Tag rief Athmas den Gefangenen vor sich und redete zu ihm: »Du hast das nicht von selbst getan. So bekenne denn, wer dich gedungen!«

Der Jüngling sagte: »Herr, niemand.«

Und als er Grund und Anlaß nennen sollte seines Frevels, verweigert' er's und schwieg, so hart man ihn bedrohte, und mußten ihn die Knechte wieder wegführen. Sie schlugen ihn und quälten ihn im Kerker, drei Tage nacheinander, solchermaßen, daß er nahe daran schien zu sterben. Dies litt er aber listigerweise, der Absicht, daß er Glauben finden möge, wenn er nunmehr zu reden selbst begehrte. Ließ sich also am vierten Morgen, da die Peiniger aufs neue kamen, zu dem König bringen, fiel zitternd auf sein Angesicht, schien sprachlos, wie vor großer Angst und Reue, bis ihm verheißen ward, das Leben zu behalten, wofern er die Wahrheit bekenne. Da sagte er:

»So wisse, Herr! Bevor des Gärtners Tochter meinem Herr

gefiel, daß er sie für sich selbst erwählte, war sie von Jedanja geliebt, und sie liebte ihn wieder. Hernach floh ich hinweg aus Kummer und kehrte nicht zur Stadt zurück, bis ich vernahm, Jezerte sei gestorben. Die ganze Zeit aber habe ich nicht aufgehört, das Kind zu lieben. Und da ich jüngst bei Nacht, von Sehnsucht übernommen, wider dein Gebot in das Gewölbe ging und sah das Bild, trieb mich unsinniges Verlangen, den Raub zu begehn.«

Der König hatte sich entfärbt bei dieser Rede und stand verworren eine Zeitlang in Gedanken; dann hieß er die Diener Jedanja frei lassen, denn er zweifelte nicht mehr, daß dieser wahr gesprochen. Doch befahl er dem Jüngling und allen, die jetzo zugegen gewesen, bei Todesstrafe, nicht zu reden von der Sache.

Athmes war aber fortan sehr bekümmert, denn er dachte, Jezerte habe ihm gelogen, da sie ihm schwur, sie habe keinen Mann gekannt, bis sie der König gefunden, also daß er nicht wußte, sollt' er die Tote ferner lieben oder hassen.

Einsmals, da Naïra sich bei ihm befand wie gewöhnlich, erblickte sie an seinem Sitz ein Kästchen von dunklem Holz, mit Perlen und Steinen geziert. Daran verweilten ihre Augen, bis Athmas es bemerkte und ihr winkte, das Kästchen zu öffnen. Sie lief und hob den Deckel auf, da lag Jezertes Hand darin auf einem Kissen. Sie sah dieselbe mit Verwunderung an und pries sie laut mit vielem Wesen vor dem König. Und er, indem er selber einen Blick hintat, sprach ohne Arg: »Schaut sie nicht traurig her, gleich einer Taube in der Fremde? Siehe, es war ein weißes Taubenpaar, nun hat der Wind die *eine* verstürmt von ihrer Hälfte weg. Ich will, daß sie der Grieche wieder mit dem Leib zusammenfüge.«

Diese Rede empfand Naïra sehr übel. Sie fing aber an, mit falschen Worten ihren Herrn zu trösten, und sagte arglistig dabei, Jezerte möge wohl vor Gram um ihren Knaben krank geworden und gestorben sein. Hiemit empörte sie des Königes Herz und schaffte sich selbst keinen Vorteil, vielmehr ward er mißtrauisch gegen sie.

Er ging und sprach bei sich: Sollte es sein, wie dies Weib mir sagt, so will ich doch nimmer das Bildnis vertilgen. Wann jetzt die Zeit der heiligen fünf Nächte kommt, will ich's versenken in das Meer, nicht allzufern der Stadt. Es sollen sich ergötzen an seiner Schönheit holde Geister in der Tiefe, und der Mond mit täuschendem Schein wird es vom Grund herauf heben. Dann werden die Schiffer dies Trugbild sehn und werden sich des Anblicks freuen.

Nicht lang hernach, da der König vor solchen Gedanken nicht schlief, erhob er sich von seinem Lager und ging nach dem Grabmal, sah das Bild, daran das abgebrochene Glied vom Künstler mit einer goldenen Spange wieder wohl befestigt war, daß niemand hätte einen Mangel finden können, der es nicht wußte. Er kniete nieder, abgewendet von Jezerte, mit dem Gesicht gegen die Wand und flehte Gott um ein gewisses Zeichen, ob das Kind unschuldig war oder nicht; wo nicht, so wollt' er Jezerte vergessen von Stund' an. Er hatte aber kaum gebetet, so ward der ganze Raum von süßem Duft erfüllt, als von Veilchen; als hätte Jezertes Hand von jenem Gartenbeet allen Wohlgeruch an sich genommen und jetzo von sich gelassen mit eins. Da wußte Athmas gewiß, sie sei ohne Tadel, wie er und jedermann sie immerdar gehalten, sprang auf, benetzte ihre Hand mit Tränen und dankte seinem Gott. Zugleich gelobte er ein großes Opfer und ein zweites mit reichen Gaben an das arme Volk, wenn ihm der Täter geoffenbart würde.

Und sieh, den andern Morgen erschien Naïra zur gewohnten Stunde nicht in des Königs Gemächern und ließ ihm sagen, sie sei krank, er möge auch nicht kommen, sie zu besuchen. Sie lag im Bette, weinte sehr vor ihren Frauen und tobte, stieß Verwünschungen aus und sagte nicht, was mit ihr sei; auch schickte sie den Arzt mit Zorn von sich.

Da sie nach einer Weile stiller geworden, rief sie herzu ihre Vertrauteste und wies ihr dar ihre rechte Hand, die war ganz schwarz, wie schwarzes Leder, bis an das Gelenk. Und sprach mit Lachen zu der ganz entsetzten Frau: »Diesmal, wenn du nicht weißt zu schmeicheln und ein Bedenken hast zu sagen, sie ist viel weißer als das Elfenbein und zärter als ein Lotosblatt, will ich dir nicht feind sein!« – Dann weinte sie von neuem, besann sich und sagte mit Hast: »Nimm allen meinen Schmuck, Kleider und Gold zusammen und schaffe, daß wir heute in der Nacht entkommen aus dem Schloß! Ich will aus diesem Lande.«

Das letzte Wort war ihr noch nicht vom Munde, da tat sich in der Wand dem Bette gegenüber eine Tür auf ohne Geräusch, die war bis diese Stunde für jedermann verborgen, und durch sie trat der König ein in das Gemach.

In ihrem Schrecken hielt Naïra beide Hände vors Gesicht, alsdann fuhr sie zurück und barg sich in die Kissen. Er aber rief:

»Bei meinem Haupt, ich wollte, daß meine Augen dieses nicht gesehen hätten!« – So zornig er auch schien, man konnte doch wohl merken, daß es ihm leid tat um das Weib.

Er ging indes, wie er gekommen war, und sagte es den Fürsten, seinen Räten, an, alles, wie es gegangen. Diese verwunderten sich höchlich, und einer, Eldad, welcher ihm der nächste Vetter war, frug ihn: »Was will mein Herr, daß Naïra geschehe, und was dem Buben, den du losgelassen hattest?« – Der König sagte: »Verbannet sei die Lügnerin an einen wüsten Ort. Ihr Blut begehre ich nicht; sie hat den Tod an der Hand. Jedanja mögt ihr fangen und verwahren.«

Es war aber im Meer, zwei Meilen von dem Strand, an dem die Stadt gelegen, eine Insel, von Menschen nicht bewohnt, nur Felsen und Bäume. Dahin beschloß Eldad sie bringen zu lassen, denn beide hatten sich immer gehaßt. Als ihr nun das verraten ward, obwohl es annoch geheim bleiben sollte, sprach sie sogleich zu ihren Frauen: »Nicht anderes hat er im Sinn, denn daß ich dort umkomme. Ihr werdet Naïra nicht sehen von dieser Insel wiederkehren.«

Fortan hielt sie sich still und trachtete auf keine Weise dem zu entgehn, das ihrer wartete. Sie machte sich vielmehr bereit zur Reise auf den andern Morgen. Denn schon war bestellt, daß ein Fahrzeug drei Stunden vor Tag sie an der hintern Pforte des Palasts empfange.

Und als sie in der Frühe völlig fertig war und angetan mit einem langen Schleier und schaute durchs Fenster herab in die Gärten, da der Mond hell hinein schien, sprach sie auf einmal zu den Frauen: »Hört, was ich jetzo dachte, indem ich also stand und mir mein ganz Elend vor Augen war. Ich sagte bei mir selbst: du möchtest dies ja wohl erdulden, alles, die Schmach, den Bann und den Tod, wenn du nicht müßtest mit dir nehmen das böse Mal an deiner Hand; denn es grauete mir vor mir selbst. In meinem Herzen sprach es da: Wenn du die Hand eintauchtest in Jezertes Quell beim Tempel, mit Bitten, daß sie dir vergebe, da wärest du rein. – Wer ginge nun gleich zu dem Hauptmann der Wache, daß er den Fürsten bitte, mir so viel zu gestatten?«

Und eine der Frauen lief alsbald. Der Hauptmann aber wollte nicht. Naïra sagte: »So gehe du selbst an den Quell, es wird dir niemand wehren, und tauche dieses Tuch hinein und bring es mir!«

Doch keine traute sich, ihr diesen Liebesdienst zu tun. Naïra rief und sah auf ihre Hand: »O wenn Jezertes Gottheit wollte, ein kleiner Vogel machte sich auf und striche seinen Flügel durch das Wasser und käme ans Fenster, daß ich ihn berühre!« – Dies aber mochte nicht geschehen; und kamen jetzt die Leute, Naïra abzuholen. Sie fuhr auf einem schlechten Boot, mit zwei Schergen und acht Ruderknechten, schnell dahin; saß auf der mittlern Bank allein, gefesselt; zu ihren Füßen etwas Vorrat an Speisen und Getränk, nicht genug für fünf Tage. Und saß da still, in dichte Schleier eingewickelt, daß die Blicke der Männer sie nicht beleidigten, auch daß sie selbst nicht sehen mußte, und war, als schiffte sie schon jetzo unter den Schatten.

Bei jenem Eiland, als sie angekommen waren, lösten die Begleiter ihre Bande und halfen ihr aussteigen, setzten drei Krüge und einen Korb mit Brot und Früchten auf den Stein und stießen wieder ab ungesäumt.

Die Männer behielten den Ort im Gesicht auf der Heimfahrt, so lange sie vermochten, und sahen die Frau verhüllt dort sitzen, im Anfang ganz allein, so wie sie dieselbe verlassen, darnach aber gewahrten sie eine andere Frauengestalt, in weißen Gewändern, sitzend neben ihr.

Da hielten die Ruderer inne mit rudern, und die Schergen berieten sich untereinander, ob man nicht umkehren solle. Der eine aber sagte: »Es gehet nicht natürlich zu, es ist ein Geist. Fahrt immer eilig zu, daß man's dem Fürsten anzeige. –« So taten sie und meldeten's Eldad; der aber verlachte und schalt sie sehr.

Jedanja unterdessen, nachdem er zeitig inne geworden, daß möchte seine Unwahrheit an Tag gekommen sein, hatte sich außer den Mauern der Stadt, unter dem Dach einer Tenne, versteckt. Und seine Brüder verkündigten ihm, Naïra sei heut' nach dem Felsen gebracht. Alsbald verschwor er sich mit ihnen und etlichen Freunden, sie zu befrein, und wenn es alle den Hals kosten sollte.

Um Mitternacht bestiegen sie ein kleines Segelschiff, sechs rüstige Gesellen, mit Waffen wohl versehen. Sie mußten aber einen großen Umweg nehmen, weil Wächter waren am Strand verteilt und weithin hohes Felsgestad', da kein Schiff an- und abgehen konnte.

Dennoch am Abend des zweiten Tags, nach Ankunft der Naïra auf der Insel, erreichten sie dieselbige und erkannten bald den rechten Landungsplatz; sahen allda die Krüge und den Korb und fanden alles unberührt. Es überkam Jedanja große Angst um das Weib, das er liebte. Und suchten lang nach ihr und fanden sie zuletzt auf einem schönen Hügel unter einem Palmbaum liegen, tot, der Schleier über ihr Gesicht mit Fleiß gelegt, die Hände bloß und alle beide weiß wie der Schnee.

Da kamen die Jünglinge bald überein, es sollten ihrer vier auf geradem Weg zur Stadt zurücksteuern, derweil zwei andere bei der Leiche blieben. Jedanja selber wollte sich freiwillig vor den König stellen, ihm alles redlich zu gestehn und zu berichten, denn er kannte ihn für gut und großmütig und wußte wohl, es sei mit seinem Willen nicht also verfahren gegen Naïra. Auch kam er glücklich vor Athmas zu stehen, obwohl Eldad es verhindern wollte.

Wie nun der König alle diese Dinge, teils von dem Jüngling, teils von andern, aus dem Grund erforscht, auch jetzt erfahren hatte, was die Männer auf dem Boot gesehen, daraus er wohl merkte, Jezerte sei mit Naïra gewesen, da war er auf das äußerste bestürzt und so entrüstet über seinen Vetter, daß er ihn weg für immer jagte von dem Hof.

Zugleich verordnete der König, Naïra auf der Insel mit Ehren zu bestatten, ließ die Wildnis lichten und Gärten anlegen. In deren Mitte auf dem Hügel erbaute man das Grab bei dem Palmbaum, wo sie verschieden war.

Das Stuttgarter Hutzelmännlein

Vorwort

Die gegenwärtige Erzählung war schon längst, als Seitenstück zu einer ähnlichen, entworfen und blieb unausgeführt, bis dem Verfasser neuerdings die Skizze wieder in die Hände fiel und ihn zur guten Stunde an eine fast vergessene kleine Schuld erinnerte.

Indem dies Märchen ganz den schwäbischen Charakter tragen, und dieser seinen Ausdruck so viel möglich auch in der Sprache finden sollte, kam dem Verfasser der Umstand zugute, daß ihm von einem frühern, mehrjährigen Verkehr mit unserm Volke viele Eigentümlichkeiten derselben, einzelne Wörter und Redensarten vollkommen gegenwärtig geblieben waren. Manches floß ihm auf anderm Wege zu, vornehmlich aus einer genauern Bekanntschaft mit Joh. Chr. *v. Schmid's* schwäbischem Wörterbuch, einer in Schwaben viel zu wenig verbreiteten, unschätzbaren Arbeit. Die Worterklärungen und was dazu gehört, im Anfang der Erzählung, sind, mit wenigen Ausnahmen, dem eben genannten Werke entnommen.

Stuttgart, im Dezember 1852.

Mörike

Ein Kobold gut bin ich bekannt
In dieser Stadt und weit im Land,
Meines Handwerks ein Schuster war
Gewiß vor siebenhundert Jahr.
Das Hutzelbrot ich hab' erdacht,
Auch viel seltsame Streich gemacht.

Wohl vor fünfhundert und mehr Jahren, zu denen Zeiten, als Graf Eberhard von Württemberg, ein tapferer Kriegsheld und ruhmvoller Herr, nach langen, schrecklichen Fehden mit des Deutschen Reichs Häuptern, mit dem Habsburger Rudolf und dessen Nachfolgern, zumal auch mit den Städten, das Schwabenland nun wieder zu Ruh' und Frieden kommen ließ, befand sich in Stuttgart ein Schustergesell' namens Seppe bei einem Meister, der ihm nicht gefiel, deshalb er ihm aufsagte; und weil er nie gar weit vor seine Vaterstadt hinaus gekommen, nicht Eltern noch Geschwister mehr hatte, so war er jetzt willens zu wandern.

Die letzte Nacht, bevor er reiste, saß er allein in der Gesellenkammer auf (die andern waren noch beim Wein oder sonst zum Besuch), sein Ranzen lag geschnürt vor ihm, sein Wanderstab daneben, der hübsche Bursche aber hing den Kopf, er wußte nicht so recht warum, und auf dem Tisch die Ampel brannte einen großen großen Butzen. Indem er jetzt aufschaute und nach dem Klämmchen griff, dem Zochen zu helfen, sah er auf seiner leeren Truhe ein fremdes Männlein sitzen, kurz und stumpig, es hätte ihm nicht bis zum Gürtel gereicht. Es hatte ein schmutziges Schurzfell um, Pantoffeln an den Füßen, pechschwarze Haare, dazu aber hellblaue, freundliche Augen.

»Gott grüß' dich, Seppe! Kennst mich nit? Ich bin der Pechschwitzer, das Hutzelmännlein, der Tröster. Ich weiß, du bist ein braves Bürgerskind, sorgst immerdar für anderer Leute Fußwerk und gehst doch selbst nicht auf dem besten Zeug. Da du nun morgen reisen willst, so hab' ich dir statt einem Wanderpfennig etwas mitgebracht von meiner eignen Arbeit: sind Glücksschuh', zwei Paar, schau her. Die einen legst du an, gleich morgen; sie ziehen sich nach dem Fuß und reißen nicht dein Leben lang; die andern aber nimm und stell' sie unterwegs an eine Straße, versteh' mich, unbeschrien, wo niemand zusieht. Vielleicht daß dir dein Glück nach Jahr und Tag einmal auf Füßen begegnet. Auch hast du hier noch obendrein etwas zum Naschen, ein Laiblein Hutzelbrot. So viel du davon schneid'st, so viel wachst immer wieder nach im Ranzen oder Kasten, wenn du auch nur ein

Ränftlein fingersbreit übrig behältst. Ganz sollst du's nie aufzehren, sonst ist es gar. Behüt' dich Gott, und tu in allem, wie ich sagte. Noch eins: kommst du etwa ins Oberland, Ulm zu und gen Blaubeuren, und findst von ungefähr ein Klötzlein Blei, nimm es zuhanden und bring's mir.« – Der Seppe versprach's und dankte geziemend für alles; das Männlein aber war in einem Hui verschwunden.

Nun jauchzte der Geselle überlaut, beschmeckte bald das Brot, beschaute bald die zwei Paar Schuhe. Sie sahen ziemlich aus, wie er sie selber machte, nur daß sie feine wunderliche Stiche hatten und hübsch mit einem zarten, roten Leder ausgefüttert waren. Er zog sie an, spazierte so ein dutzendmal die Kammer auf und ab, da ihm denn in der Kürze freilich nichts Besonderes von Glück passieren wollte. Darnach ging er zu Bett und schlief, bis der Morgen rot wurde. Da deucht' es ihn, als wenn ihm jemand klopfte, zwei-, dreimal, recht vernehmlich, daß er jählings erwachte. Die andern hörten's auch, doch schliefen sie gleich wieder ein. Das haben meine vier Rappen getan! dachte er und horchte hin, allein es rührte und regte sich nichts mehr.

Als er nun fix und fertig angezogen stand und gar vergnügt auf seine Füße niedersah, sprach er: »Jetzt laufen wir dem Teufel ein Bein weg! jetzt tausche ich mit keinem Grafen!« – Wohl und gut; nur eine Kleinigkeit hat er versehen: er hat den einen Schuh von seinem Paar mit dem einen vom andern verwechselt. Ach wer ihm das gesagt hätte!

So schlich er denn leis die Stiege hinunter, die Meistersleute nicht zu wecken; denn Abschied hatte er gestern genommen, und statt der Suppe aß er gleich ein tüchtiges Stück Schnitzbrot in währendem Gehen. So etwas hatte er noch niemals über seinen Mund gebracht, wohl aber oft von seiner Großmutter gehört, daß sie einmal in ihrer Jugend bei einer Nachbarsfrau ein Stükklein vom echten bekommen, und daß es eine Ungüte vom Brot drum sei.

Wie er jetzt vor dem oberen Tor draußen war, zween Bogenschüsse oder drei, kam er an eine Brücke: da mußte er ein wenig niedersitzen, die Türme seiner Vaterstadt, das Grafenschloß, die Häuser und Mauern noch einmal in der Morgensonne besehen; dann, eh' er weiterging, fiel ihm noch ein: hier könnt' ich das Paar Schuh auf den Brückenrand stellen. Er tat's und zog fürbaß. – Eine Stunde über die Weinsteig hinaus kommt er in einen grünen Wald. Von ungefähr hört er auf einer Eiche den blauen

Montag schreien, welches ein kurzweiliger Vogel ist, der seinen Namen davon hat, daß er immer einen Tag in der Woche mit der Arbeit aussetzt; da singt er nichts als Schelmenlieder und schaut gemächlich zu, wie andere Vögel ihre Nester richten, brüten und ihre Jungen ätzen; die seinigen krepieren ihm auch ordinär, deswegen er ein Raritätsvogel ist. So einen muß ich haben! denkt der Seppe: ich biet' ihn einem großen Herrn an unterwegs. Ein sonderer Vogel ist oft gern zwei Kälber wert, die Hepsisauer haben ihre Kirchweih um einen Guckigauch verkauft: wenn ich nur einen Taler löse, tut mir's wohl. Wie komm' ich nur gleich da hinauf? – Seiner Lebtage hat er nie klettern können, diesmal aber ging's, als hätten ihrer sechs an ihm geschoben, und wie er droben ist, da sieht er sieben Junge flügg', mit blauen Köpfen im Nest! Er streckt schon eine Hand darnach – krach! bricht ein fauler Ast, und drunten liegt der Schuster – daß er nicht Hals und Bein brach, war ein Wunder. »Ich weiß nicht«, sagte er, indem er aufstand und die Platte rieb, »was ich von dem Pechschwitzer denken soll; das ist kein mutiger Anfang!«

Zu seinem Trost zog er sein Schnitzbrot aus dem Ranzen und fand dasselbe wahrlich beinah' schon wieder rund und ganz gewachsen. Er sprach dem Laiblein aber im Marschieren so lang zu, bis ihm ganz übel ward, und deuchte ihn, er habe sich für alle Zeit Urdrutz daran gegessen. Sei's drum! ein Sprüchlein sagt: »es ist nur geschlecket, das nimmer klecket.«

Sein Sinn war allermeist auf Augsburg oder Regensburg gerichtet, denn diese Städte hatte er vor manchen andern rühmen hören; zuvörderst wollte er aber nach Ulm.

Mit großen Freuden sah er bald von der Bempflinger Höhe die Alb als eine wundersame blaue Mauer ausgestreckt. Nicht anders hatte er sich immer die schönen blauen Glasberge gedacht, dahinter, wie man ihm als Kind gesagt, der Königin von Saba Schneckengärten liegen. Doch war ihm wohl bekannt, daß oben weithin wieder Dörfer seien, als: Böhringen, Zainingen, Feldstetten, Suppingen, durch welche sämtliche nacheinander er passieren mußte.

Jetzt hing sich auf der Straße ein Schönfärbergesell' an ihn, gar sehr ein naseweises Bürschchen, spitzig und witzig, mit Bakken rosenrot, Glitzäugelein, ein schwarzes Kräuselhaar dazu, und schwatzte oder pfiff in einem weg. Der Seppe achtete nicht viel auf ihn, zumal ihm eben jetzt etwas im Kopf umging, das hätte er sich gern allein im stillen überlegt. Am Weg stand eine Kelter, mit einem umgelegten Trog davor, auf diesen setzt' er sich, der Meinung, sein Weggenoss' soll weiter gehen. Der aber warf sich seitwärts hinter ihm ins Gras und schien bald eingeschlafen, von der Hitze müd'. Da war es still umher; ein einziges Heimlein sang am staubigen Rain so seine Weise ohn' Aufhören fort.

Endlich da fing der Seppe vor sich selbst, doch laut genug, zu sprechen an: »Jetzt weiß ich, was ich tu': ich werd' ein Scherenschleifer! Wo ich halt geh' und steh', juckt's mich, ein Rad zu treten, und sollt's ein Spinnrad sein!« (Dem war auch richtig so und konnte gar nicht anders sein, denn einer seiner Schuhe war für ein Mädchen gefeit und gesegnet,) »*Die* Art von Schleiferei« – so sprach der Seppe weiter – »muß einer doch bald können, und so ein Kerl führt seine Werkstatt lustig auf einem Schubkarrn durch die Welt, sieht alle Tage eine andre Stadt, da pflanzt er sich im Schatten an einem Markteck auf und dreht seinen Stein, daß die Funken wegfliegen. Die Leute mögen sprechen, was sie wollen, das ist jetzt einmal mein Beruf und mein Genie, ich spür's in allen Gliedern; und wo mir recht ist, hat mein Ehni seliger einmal gesagt: ›der Seppe ist unter dem Zeichen des Wetzsteins geboren‹.«

Bei diesen Reden richtete sich das Färberlein halb in die Höh': der ist ein Letzkopf, dachte es: und ich bin meines Lebens neben ihm nicht eines Glaubens Länge sicher; – stand sachte auf, schlich sich hinweg, in einem guten Bogen über das Ackerfeld, und fußete sodann der graden Straße nach, als brennte ihm der Steiß, Metzingen zu. Der Schuster, welcher endlich auch aufbrach, sah ihn von weitem rennen, argwöhnte aber nichts und zog, seines Vorsatzes herzlich vergnügt, demselben Flecken zu. Allein wie schaute er hoch auf, da alle Leute dort die Köpfe nach ihm aus den Fenstern streckten und ihm die Kinder auf der Gasse, an zwanzig mit Geschrei nachsprangen und sangen:

Scheraschleifer, wetz, wetz, wetz,
Laß dei' Rädle schnurra!
Stuagart ist a grauße Stadt,
Lauft a Gänsbach dura.

Der Seppe hatte einen Stiefelszorn, schwang öfter seinen Knotenstock gegen den Schwarm, sie schrien aber nur um desto ärger, und also macht' er sich, so hurtig er nur konnte, aus dem Wespennest hinaus. Noch vor der letzten Hütte draußen hörte er ein Stimmlein verhallend im Wind:

Scheraschleifer, wetz, wetz, wetz!

Er hätte für sein Leben gern den Färber, welcher ihm den Possen spielte, da gehabt und ihm das Fell geruckt, wie er's verdiente, der aber blieb im Ort zurück, wo er in Arbeit stand. Sonst war der Wicht in Büßingen daheim, wie er dem Seppe sagte.

Derselbe ließ sich den erlittenen Schimpf nicht allzulang anfechten noch seinen Vorsatz dadurch beugen. Er machte seinen Trott so fort, und widerfuhr ihm diesen Tag nichts weiter von Bedeutung, als daß er etlichmal rechts ging, wo er links gesollt hätte, und hinwiederum links, wo es rechts gemeint war; das freilich nach dem Zeugnis aller Reis'beschreiber schon gar die Art nicht ist, um zeitig und mit wenig Kosten an einen Ort zu kommen.

Einstweilen langte es doch eben noch bis Urach, wo er zur Nachtherberge blieb. Am Morgen ging's hinauf die hohe Steige auf das Gebirg', nicht ohne vieles Stöhnen, denn sein einer Schuh – er merkte es schon gestern – hatte ihm ein Hühneraug' gedrückt, das machte ihm zu schaffen. Da, wo die Steig am End' ist, holte er zum Glück ein gutes Bäuerlein aus Suppingen auf einem Wagen mit etwas Schreinwerk ein, das hieß ihn ungebeten bei ihm aufsitzen.

Als sie nun eine Weile so, die große Ebene hinfahrend, beieinander saßen, fing der Bauer an: »Mit Vergunst, i muaß jetzt doch fürwitzig froga: gelt, Ihr sind g'wiß a Drehar!« – »Warum?« – »Ei«, sprach das Bäuerlein und sah auf des Gesellen Fuß, »do der Kamrad arbeit't allfort, ma moint, er müaß all' mei' vier Räder tretta!«

Der Seppe schämte sich ein wenig, im Herzen war er aber selig froh und dachte: hat mir der Bauer da ein Licht aufstecken müssen! Auf einen Drehstuhl will's mit dir hinaus und anderst nirgends hin!

Von nun an war der Schuster wie ein umgewend'ter Handschuh, ganz ein andrer Mensch, gesprächig, lustig, langte den Schnitzlaib heraus, gab ihn dem Bäuerlein bis auf den Anschnitt, sagend: »Lieber Mann, des bin ich froh, daß Ihr mir angesehen, daß ich ein Dreher bin!« – »Ha«, sprach der andere, »sell ist guat merka.« – Der Alte kaute einen Bissen und machte ordentlich die Augen zu dabei, so gut schmeckte es ihm; das übrige hob er als Heimbringens auf für Weib und Kinder. Darnach ward er redselig, erzählte dem Gesellen allerlei; vom Hanf- und Flachsbau auf der Alb; wie sie im Winter gut in ihren strohgedeckten Hütten säßen, ingleichen wie man solche Dächer mit besonderer Kunst verfertigte. Auch wußte er ihm viel zu sagen von Blaubeuren, einem Städtlein und Kloster im Tal, zwischen mächtigen Felsen gelegen; da komme er hindurch, und möge er sich ja den Blautopf auch beschauen, wie alle Fremde tun.

Du aber, wohlgeneigter Leser, lasse dich, derweil die beiden so zusammen diskurrieren, auch etlicher Dinge besonders berichten, die, ob sie sich zwar lang vor Seppes Zeit begeben, nichtsdestominder zu dieser Geschichte gehören. Vernimm hienach die wahre und anmutige

Historie von der schönen Lau.

Der Blautopf ist der große runde Kessel eines wundersamen Quells bei einer jähen Felsenwand gleich hinter dem Kloster. Gen Morgen sendet er ein Flüßchen aus, die Blau, welche der Donau zufällt. Dieser Teich ist einwärts wie ein tiefer Trichter, sein Wasser von Farbe ganz blau, sehr herrlich, mit Worten nicht wohl zu beschreiben; wenn man es aber schöpft, sieht es ganz hell in dem Gefäß.

Zu unterst auf dem Grund saß ehmals eine Wasserfrau mit langen fließenden Haaren. Ihr Leib war allenthalben wie eines schönen, natürlichen Weibs, dies eine ausgenommen, daß sie zwischen den Fingern und Zehen eine Schwimmhaut hatte, blühweiß und zärter als ein Blatt vom Mohn. Im Städtlein ist noch heutzutag ein alter Bau, vormals ein Frauenkloster, hernach zu einer großen Wirtschaft eingerichtet, und hieß darum der Nonnenhof. Dort hing vor sechzig Jahren noch ein Bildnis von dem Wasserweib, trotz Rauch und Alter noch wohl kenntlich in den Farben. Da hatte sie die Hände kreuzweis auf die Brust gelegt, ihr Angesicht sah weißlich, das Haupthaar schwarz, die Augen aber, welche sehr groß waren, blau. Beim Volk hieß sie die arge *Lau* im Topf, auch wohl die schöne Lau. Gegen die Menschen erzeigte sie sich bald böse, bald gut. Zuzeiten, wenn sie im Unmut den Gumpen übergehen ließ, kam Stadt und Kloster in Gefahr, dann brachten ihr die Bürger in einem feierlichen Aufzug oft Geschenke, sie zu begütigen, als: Gold- und Silbergeschirr, Becher, Schalen, kleine Messer und andre Dinge, dawider zwar, als einen heidnischen Gebrauch und Götzendienst, die Mönche redlich eiferten, bis derselbe auch endlich ganz abgestellt worden. So feind darum die Wasserfrau dem Kloster war, geschah es doch nicht selten, wenn Pater Emeran die Orgel drüben schlug und kein Mensch in der Nähe war, daß sie am lichten Tag mit halbem Leib heraufkam und zuhorchte; dabei trug sie zuweilen einen Kranz von breiten Blättern auf dem Kopf und auch dergleichen um den Hals.

Ein frecher Hirtenjung' belauschte sie einmal in dem Gebüsch und rief: »Hei, Laubfrosch! git's guat Wetter?« Geschwinder als ein Blitz und giftiger als eine Otter fuhr sie heraus, ergriff den Knaben beim Schopf und riß ihn mit hinunter in eine ihrer nassen Kammern, wo sie den ohnmächtig gewordenen jämmerlich verschmachten und verfaulen lassen wollte. Bald aber kam er wieder zu sich, fand eine Tür und kam, über Stufen und Gänge, durch viele Gemächer in einen schönen Saal. Hier war es lieblich, glusam mitten im Winter. In einer Ecke brannte, indem die Lau und ihre Dienerschaft schon schlief, auf einem hohen Leuchter mit goldenen Vogelfüßen als Nachtlicht eine Ampel. Es stand viel köstlicher Hausrat herum an den Wänden, und diese waren samt dem Estrich ganz mit Teppichen staffiert, Bildweberei in allen Farben. Der Knabe hurtig nahm das Licht herunter von dem Stock, sah sich in Eile um, was er noch sonst erwischen möchte, und griff aus einem Schrank etwas heraus, das stak in einem Beutel und war mächtig schwer, deswegen er vermeinte, es sei Gold; lief dann und kam vor ein erzenes Pförtlein, das mochte in der Dicke gut zwo Fäuste sein, schob die Riegel zurück und stieg eine steinere Treppe hinauf in unterschiedlichen Absätzen, bald links, bald wieder rechts, gewiß vierhundert Stufen, bis sie zuletzt ausgingen und er auf ungeräumte Klüfte stieß; da mußte er das Licht dahinten lassen und kletterte so mit Gefahr seines Lebens noch eine Stunde lang im Finstern hin und her, dann aber brachte er den Kopf auf einmal aus der Erde. Es war tief Nacht und dicker Wald um ihn. Als er nach vielem Irregehen endlich mit der ersten Morgenhelle auf gänge Pfade kam und von dem Felsen aus das Städtlein unten erblickte, verlangte ihn am Tag zu sehen, was in dem Beutel wäre; da war es weiter nichts als ein Stück Blei, ein schwerer Kegel, spannenlang, mit einem Öhr an seinem obern Ende, weiß vor Alter. Im Zorn warf er den Plunder weg, ins Tal hinab, und sagte nachher weiter niemand von dem Raub, weil er sich dessen schämte. Doch kam von ihm die erste Kunde von der Wohnung der Wasserfrau unter die Leute.

Nun ist zu wissen, daß die schöne Lau nicht hier am Ort zu

Hause war; vielmehr war sie, als eine Fürstentochter, und zwar, von Mutterseiten her halbmenschlichen Geblüts, mit einem alten Donaunix am Schwarzen Meer vermählt. Ihr Mann verbannte sie, darum, daß sie nur tote Kinder hatte. Das aber kam, weil sie stets traurig war, ohn' einige besondere Ursach'. Die Schwiegermutter hatte ihr geweissagt, sie möge eher nicht eines lebenden Kindes genesen, als bis sie fünfmal von Herzen gelacht haben würde. Beim fünften Male müßte etwas sein, das dürfe sie nicht wissen, noch auch der alte Nix. Es wollte aber damit niemals glücken, soviel auch ihre Leute deshalb Fleiß anwendeten; endlich da mochte sie der alte König ferner nicht an seinem Hofe leiden und sandte sie an diesen Ort, unweit der obern Donau, wo seine Schwester wohnte. Die Schwiegermutter hatte ihr zum Dienst und Zeitvertreib etliche Kammerzofen und Mägde mitgegeben, so muntere und kluge Mädchen, als je auf Entenfüßen gingen (denn was von dem gemeinen Stamm der Wasserweiber ist, hat rechte Entenfüße); die zogen sie, pur für die Langeweile, sechsmal des Tages anders an – denn außerhalb dem Wasser ging sie in köstlichen Gewändern, doch barfuß –, erzählten ihr alte Geschichten und Mären, machten Musik, tanzten und scherzten vor ihr. An jenem Saal, darin der Hirtenbub gewesen, war der Fürstin ihr Gaden oder Schlafgemach, von welchem eine Treppe in den Blautopf ging. Da lag sie manchen lieben Tag und manche Sommernacht, der Kühlung wegen. Auch hatte sie allerlei lustige Tiere, wie Vögel, Küllhasen und Affen, vornehmlich aber einen possigen Zwerg, durch welchen vormals einem Ohm der Fürstin war von ebensolcher Traurigkeit geholfen worden. Sie spielte alle Abend Damenziehen, Schachzagel oder Schaf und Wolf mit ihm; so oft er einen ungeschickten Zug getan, schnitt er die raresten Gesichter, keines dem andern gleich, nein, immer eines ärger als das andere, daß auch der weise Salomo das Lachen nicht gehalten hätte, geschweige denn die Kammerjungfern oder du selber, liebe Leserin, wärst du dabei gewesen; nur bei der schönen Lau schlug eben gar nichts an, kaum daß sie ein paarmal den Mund verzog.

Es kamen alle Jahr um Winters Anfang Boten von daheim, die klopften an der Halle mit dem Hammer, da frugen dann die Jungfern:

Wer pochet, daß einem das Herz erschrickt?

Und jene sprachen:

Der König schickt!
Gebt uns wahrhaftigen Bescheid,
Was Guts ihr habt geschafft die Zeit.

Und sie sagten:

Wir haben die ferndigen Lieder gesungen
Und haben die ferndigen Tänze gesprungen,
Gewonnen war es um ein Haar! –
Kommt, liebe Herren, übers Jahr.

So zogen sie wieder nach Haus. Die Frau war aber vor der Botschaft und darnach stets noch einmal so traurig.

Im Nonnenhof war eine dicke Wirtin, Frau Betha Seysolffin, ein frohes Biederweib, christlich, leutselig, gütig; zumal an armen reisenden Gesellen bewies sie sich als eine rechte Fremdenmutter. Die Wirtschaft führte zumeist ihr ältester Sohn, Stephan, welcher verehlicht war; ein anderer, Xaver, war Klosterkoch, zwo Töchter noch bei ihr. Sie hatte einen kleinen Küchengarten vor der Stadt, dem Topf zunächst. Als sie im Frühjahr einst am ersten warmen Tag dort war und ihre Beete richtete, den Kappis, den Salat zu säen, Bohnen und Zwiebel zu stecken, besah sie sich von ungefähr auch einmal recht mit Wohlgefallen wieder das schöne blaue Wasser überm Zaun und mit Verdruß daneben einen alten garstigen Schutthügel, der schändete den ganzen Platz; nahm also, wie sie fertig war mit ihrer Arbeit und das Gartentürlein hinter sich zugemacht hatte, die Hacke noch einmal, riß flink das gröbste Unkraut aus, erlas etliche Kürbiskern' aus ihrem Samenkorb und steckte hin und wieder einen in den Haufen. (Der Abt im Kloster, der die Wirtin, als eine saubere Frau, gern sah – man hätte sie nicht über vierzig Jahre geschätzt, er selber aber war gleich ihr ein starkbeleibter Herr – stand just am Fenster oben und grüßte herüber, indem er mit dem Finger drohte, als halte sie zu seiner Widersacherin.) Die Wüstung grünte nun den ganzen Sommer, daß es eine Freude war, und hingen dann im Herbst die großen gelben Kürbis an dem Abhang nieder bis zu dem Teich.

Jetzt ging einsmals der Wirtin Tochter, Jutta, in den Keller, woselbst sich noch vor alten Zeiten her ein offener Brunnen mit einem steinernen Kasten befand. Beim Schein des Lichts erblickte sie darinne mit Entsetzen die schöne Lau, schwebend bis an die Brust im Wasser; sprang voller Angst davon und sagt's der Mutter an; die fürchtete sich nicht und stieg allein hinunter, litt auch nicht, daß ihr der Sohn zum Schutz nachfolge, weil das Weib nackt war.

Der wunderliche Gast sprach diesen Gruß:

»Die Wasserfrau ist kommen
Gekrochen und geschwommen,
Durch Gänge steinig, wüst und kraus,
Zur Wirtin in das Nonnenhaus.
Sie hat sich meinethalb gebückt,
Mein' Topf geschmückt
Mit Früchten und mit Ranken,
Das muß ich billig danken.«

Sie hatte einen Kreisel aus wasserhellem Stein in ihrer Hand, den gab sie der Wirtin und sagte: »Nehmt dieses Spielzeug, liebe Frau, zu meinem Angedenken! Ihr werdet guten Nutzen davon haben. Denn jüngsthin habe ich gehört, wie Ihr in Eurem Garten der Nachbarin klagtet, Euch sei schon auf die Kirchweih angst, wo immer die Bürger und Bauern zu Unfrieden kämen und Mord und Totschlag zu befahren sei. Derhalben, liebe Frau, wenn wieder die trunkenen Gäste bei Tanz und Zeche Streit beginnen, nehmt den Topf zur Hand und dreht ihn vor der Tür des Saals im Öhrn, da wird man hören durch das ganze Haus ein mächtiges und herrliches Getöne, daß alle gleich die Fäuste werden sinken lassen und guter Dinge sein, denn jählings ist ein jeder nüchtern und gescheit geworden. Ist es an dem, so werfet Eure Schürze auf den Topf, da wickelt er sich alsbald ein und lieget stille.«

So redete das Wasserweib. Frau Betha nahm vergnügt das Kleinod samt der goldenen Schnur und dem Halter von Ebenholz, rief ihrer Tochter Jutta her (sie stand nur hinter dem Krautfaß an der Staffel), wies ihr die Gabe, dankte und lud die Frau, so oft die Zeit ihr lang wär', freundlich ein zu fernerem Besuch, darauf das Weib hinabfuhr und verschwand.

Es dauerte nicht lang, so wurde offenbar, welch einen Schatz die Wirtschaft an dem Topf gewann. Denn nicht allein, daß er durch seine Kraft und hohe Tugend die übeln Händel allezeit in einer Kürze dämpfte, er brachte auch dem Gasthaus bald erstaunliche Einkehr zuwege. Wer in die Gegend kam, gemein oder vornehm, ging ihm zulieb'; insonderheit kam bald der Graf von Helfenstein, von Wirtemberg und etliche große Prälaten; ja ein berühmter Herzog aus Lombardenland, so bei dem Herzoge von Bayern gastweis war und dieses Wegs nach Frankreich reiste, bot vieles Geld für dieses Stück, wenn es die Wirtin lassen wollte. Gewiß auch war in keinem andern Land seinesgleichen zu sehen und zu hören. Erst, wenn er anhub sich zu drehen, ging es doucement her, dann klang es stärker und stärker, so hoch wie tief, und immer herrlicher, als wie der Schall von vielen Pfeifen, der quoll und stieg durch alle Stockwerke bis unter das Dach und bis in den Keller, dergestalt, daß alle Wände, Dielen, Säulen und Geländer schienen davon erfüllt zu sein, zu tönen und zu schwellen. Wenn nun das Tuch auf ihn geworfen wurde und er ohnmächtig lag, so hörte gleichwohl die Musik sobald nicht auf, es zog vielmehr der ausgeladene Schwall mit starkem Klingen, Dröhnen, Summen noch wohl bei einer Viertelstunde hin und her.

Bei uns im Schwabenland heißt so ein Topf aus Holz gemeinhin eine Habergeis; Frau Betha ihrer ward nach seinem vornehmsten Geschäfte insgemein genannt der Bauren-Schwaiger. Er war gemacht aus einem großen Amethyst, des Name besagen will: wider den Trunk, weil er den schweren Dunst des Weins geschwinde aus dem Kopf vertreibt, ja schon von Anbeginn dawider tut, daß einen guten Zecher das Selige berühre; darum ihn auch weltlich und geistliche Herren sonst häufig pflegten am Finger zu tragen.

Die Wasserfrau kam jeden Mond einmal, auch je und je unverhofft zwischen der Zeit, weshalb die Wirtin eine Schelle richten ließ, oben im Haus, mit einem Draht, der lief herunter an der Wand beim Brunnen, damit sie sich gleichbald anzeigen konnte. Also ward sie je mehr und mehr zutunlich zu den wackeren Frauen, der Mutter samt den Töchtern und der Söhnerin.

Einsmals an einem Nachmittag im Sommer, da eben keine Gäste kamen, der Sohn mit den Knechten und Mägden hinaus in das Heu gefahren war, Frau Betha mit der Ältesten im Keller Wein abließ, die Lau im Brunnen aber Kurzweil halben dem Geschäft zusah und nun die Frauen noch ein wenig mit ihr plauderten, da fing die Wirtin an: »Mögt Ihr Euch denn einmal in meinem Haus und Hof umsehn? Die Jutta könnte Euch etwas von Kleidern geben; ihr seid von *einer* Größe.«

»Ja«, sagte sie, »ich wollte lange gern die Wohnungen der Menschen sehn, was alles sie darin gewerben, spinnen, weben, ingleichen auch wie Eure Töchter Hochzeit machen und ihre kleinen Kinder in der Wiege schwenken.«

Da lief die Tochter fröhlich mit Eile hinauf, ein rein Leintuch zu holen, bracht' es und half ihr aus dem Kasten steigen, das tat sie sonder Mühe und lachenden Mundes. Flugs schlug ihr die Dirne das Tuch um den Leib und führte sie bei ihrer Hand eine schmale Stiege hinauf in der hintersten Ecke des Kellers, da man durch eine Falltür oben gleich in der Töchter Kammer gelangt. Allda ließ sie sich trocken machen und saß auf einem Stuhl, indem ihr Jutta die Füße abrieb. Wie diese ihr nun an die Sohle kam, fuhr sie zurück und kicherte. »War's nicht gelacht?« frug sie selber sogleich. – »Was anders?« rief das Mädchen und jauchzte: »gebenedeiet sei uns der Tag! ein erstes Mal wär' es geglückt!« – Die Wirtin hörte in der Küche das Gelächter und die Freude, kam herein, begierig, wie es zugegangen, doch als sie die Ursach' vernommen – du armer Tropf, so dachte sie, das wird ja schwerlich gelten! – ließ sich indes nichts merken, und Jutta nahm etliche Stücke heraus aus dem Schrank, das Beste was sie hatte, die Hausfreundin zu kleiden. »Seht«, sagte die Mutter: »sie will wohl aus Euch eine Susann Preisnestel machen.« – »Nein«, rief die Lau in ihrer Fröhlichkeit, »laß mich die Aschengruttel sein in deinem Märchen!« – nahm einen schlechten runden Faltenrock und eine Jacke; nicht Schuh noch Strümpfe litt sie an den Füßen, auch hingen ihre Haare ungezöpft bis auf die Knöchel nieder. So strich sie durch das Haus von unten bis zu oberst, durch Küche, Stuben und Gemächer. Sie verwunderte sich des gemeinsten Gerätes und seines Gebrauchs, besah den rein gefegten Schenktisch und darüber in langen Reihen die zinnenen Kannen und Gläser, alle gleich gestürzt, mit hängendem Deckel, dazu den kupfernen Schwenkkessel samt der Bürste und mitten in der Stube an der Decke der Weber Zunftgeschmuck, mit Seidenband und Silberdraht geziert, in dem Kästlein von Glas. Von ungefähr erblickte sie ihr eigen Bild im Spiegel, davor blieb sie betroffen und erstockt eine ganze Weile stehn, und als darauf die Söhnerin sie mit in ihre Stube nahm und ihr ein neues Spiegelein, drei Groschen wert, verehrte, da meinte sie Wunders zu haben; denn unter allen ihren Schätzen fand sich dergleichen nicht.

Bevor sie aber Abschied nahm, geschah's, daß sie hinter den Vorhang des Alkoven schaute, woselbst der jungen Frau und ihres Mannes Bett sowie der Kinder Schlafstätte war. Saß da ein Enkelein mit rotgeschlafenen Backen, hemdig und einen Apfel in der Hand, auf einem runden Stühlchen von guter Ulmer Hafnerarbeit, grünverglaset. Das wollte dem Gast außer Maßen gefallen; sie nannte es einen viel zierlichen Sitz, rümpft' aber die Nase mit eins, und da die drei Frauen sich wandten zu lachen, vermerkte sie etwas und fing auch hell zu lachen an, und hielt sich die ehrliche Wirtin den Bauch, indem sie sprach: »Diesmal fürwahr hat es gegolten, und Gott schenk' Euch so einen frischen Buben, als mein Hans da ist!«

Die Nacht darauf, daß sich dies zugetragen, legte sich die schöne Lau getrost und wohlgemut, wie schon in langen Jahren nicht, im Grund des Blautopfs nieder, schlief gleich ein, und bald erschien ihr ein närrischer Traum.

Ihr deuchte da, es war die Stunde nach Mittag, wo in der heißen Jahreszeit die Leute auf der Wiese sind und mähen, die Mönche aber sich in ihren kühlen Zellen eine Ruhe machen, daher es noch einmal so still im ganzen Kloster und rings um seine Mauern war. Es stund jedoch nicht lange an, so kam der Abt herausspaziert und sah, ob nicht etwa die Wirtin in ihrem Garten sei. Dieselbe aber saß als eine dicke Wasserfrau mit langen Haaren in dem Topf, allwo der Abt sie bald entdeckte, sie begrüßte und ihr einen Kuß gab, so mächtig, daß es vom Klostertürmlein widerschallte, und schallte es der Turm ans Refektorium, das sagt' es der Kirche, und die sagt's dem Pferdstall, und der sagt's dem Fischhaus, und das sagt's dem Waschhaus, und im Waschhaus da riefen's die Zuber und Kübel sich zu. Der Abt erschrak bei solchem Lärm; ihm war, wie er sich nach der Wirtin bückte, sein Käpplein in Blautopf gefallen; sie gab es ihm geschwind, und er watschelte hurtig davon.

Da aber kam aus dem Kloster heraus unser Herrgott, zu sehen, was es gebe. Er hatte einen langen weißen Bart und einen roten Rock. Und frug den Abt, der ihm just in die Hände lief:

»Herr Abt, wie ward Euer Käpplein so naß?«

Und er antwortete:

»Es ist mir ein Wildschwein am Wald verkommen,
Vor dem hab' ich Reißaus genommen;
Ich rannte sehr und schwitzet' baß,
Davon ward wohl mein Käpplein so naß.«

Da hob unser Herrgott, unwirs ob der Lüge, seinen Finger auf, winkt' ihm und ging voran, dem Kloster zu. Der Abt sah hehlings noch einmal nach der Frau Wirtin um, und diese rief: »Ach liebe Zeit, ach liebe Zeit, jetzt kommt der gut' alt' Herr in die Prison!«

Dies war der schönen Lau ihr Traum. Sie wußte aber beim Erwachen und spürte noch an ihrem Herzen, daß sie im Schlaf sehr lachte, und ihr hüpfte noch wachend die Brust, daß der Blautopf oben Ringlein schlug.

Weil es den Tag zuvor sehr schwül gewesen, so blitzte es jetzt in der Nacht. Der Schein erhellte den Blautopf ganz, auch spürte sie am Boden, es donnere weitweg. So blieb sie mit zufriedenem Gemüte noch eine Weile ruhen, den Kopf in ihre Hand gestützt, und sah dem Wetterblicken zu. Nun stieg sie auf, zu wissen, ob der Morgen etwa komme: allein es war noch nicht viel über Mitternacht. Der Mond stand glatt und schön über dem Rusenschloß, die Lüfte aber waren voll vom Würzgeruch der Mahden.

Sie meinte fast der Geduld nicht zu haben bis an die Stunde, wo sie im Nonnenhof ihr neues Glück verkünden durfte, ja wenig fehlte, daß sie sich jetzt nicht mitten in der Nacht aufmachte und vor Juttas Türe kam (wie sie nur einmal, Trostes wegen, in übergroßem Jammer nach der jüngsten Botschaft aus der Heimat tat), doch sie besann sich anders und ging zu besserer Zeit.

Frau Betha hörte ihren Traum gutmütig an, obwohl er ihr ein wenig ehrenrührig schien. Bedenklich aber sagte sie darauf: »Baut nicht auf solches Lachen, das im Schlaf geschah; der Teufel ist ein Schelm. Wenn Ihr auf solches Trugwerk hin die Boten mit fröhlicher Zeitung entließet, und die Zukunft strafte Euch Lügen, es könnte schlimm daheim ergehen.«

Auf diese ihre Rede hing die schöne Lau den Mund gar sehr und sagte: »Frau Ahne hat der Traum verdrossen!« – nahm kleinlauten Abschied und tauchte hinunter.

Es war nah bei Mittag, da rief der Pater Schaffner im Kloster dem Bruder Kellermeister eifrig zu: »Ich merk', es ist im Gumpen letz! die Arge will Euch Eure Faß wohl wieder einmal schwimmen lehren. Tut Eure Läden eilig zu, vermachet alles wohl!«

Nun aber war des Klosters Koch, der Wirtin Sohn, ein lustiger Vogel, welchen die Lau wohl leiden mochte. Der dachte ihren Jäst mit einem Schnak zu stillen, lief nach seiner Kammer, zog die Bettscher' aus der Lagerstätte und steckte sie am Blautopf in den Rasen, wo das Wasser auszutreten pflegte, und stellte sich mit Worten und Gebärden als einen viel getreuen Diener an, der mächtig Ängsten hätte, daß seine Herrschaft aus dem Bette fallen und etwa Schaden nehmen möchte. Da sie nun sah das Holz so recht mit Fleiß gesteckt und über das Bächlein gespreizt, kam ihr in ihrem Zorn das Lachen an, und lachte überlaut, daß man's im Klostergarten hörte.

Als sie hierauf am Abend zu den Frauen kam, da wußten sie es schon vom Koch und wünschten ihr mit tausend Freuden Glück. Die Wirtin sagte: »Der Xaver ist von Kindesbeinen an gewesen als wie der Zuberklaus, jetzt kommt uns seine Torheit zustatten.«

Nun aber ging ein Monat nach dem andern herum, es wollte sich zum dritten- oder viertenmal nicht wieder schicken. Martini war vorbei, noch wenig Wochen, und die Boten standen wieder vor der Tür. Da ward es den guten Wirtsleuten selbst bang, ob heuer noch etwas zustande käme, und alle hatten nur zu trösten an die Frau. Je größer deren Angst, je weniger zu hoffen war.

Damit sie ihres Kummers eher vergesse, lud ihr Frau Betha einen Lichtkarz ein, da nach dem Abendessen ein halb Dutzend muntre Dirnen und Weiber aus der Verwandtschaft in einer abgelegenen Stube mit ihren Kunkeln sich zusammensetzten. Die Lau kam alle Abend in Juttas altem Rock und Kittel und ließ sich weit vom warmen Ofen weg in einem Winkel auf den Boden nieder und hörte dem Geplauder zu, von Anfang als ein stummer Gast, ward aber bald zutraulich und bekannt mit allen. Um ihretwillen machte sich Frau Betha eines Abends ein Geschäft daraus, ihr Weihnachtskripplein für die Enkel beizeiten herzurichten: die Mutter Gottes mit dem Kind im Stall, bei ihr die drei Weisen aus Morgenland, ein jeder mit seinem Kamel, darauf er hergereist kam und seine Gaben brachte. Dies alles aufzuputzen und zu leimen, was etwa lotter war, saß die Frau Wirtin an dem Tisch beim Licht mit ihrer Brille, und die Wasserfrau mit höchlichem Ergötzen sah ihr zu, sowie sie auch gerne vernahm, was ihr von heiligen Geschichten dabei gesagt wurde, doch nicht, daß sie dieselben dem rechten Verstand nach begriff oder zu Herzen nahm, wie gern auch die Wirtin es wollte.

Frau Betha wußte ferner viel lehrreicher Fabeln und Denkreime, auch spitzweise Fragen und Rätsel; die gab sie nacheinander im Vorsitz auf zu raten, weil sonderlich die Wasserfrau von

Haus aus dergleichen liebte und immer gar zufrieden schien, wenn sie es ein und das andre Mal traf (das doch nicht allzu leicht geriet). Eines derselben gefiel ihr vor allen, und was damit gemeint ist, nannte sie ohne Besinnen:

»Ich bin eine dürre Königin,
Trag' auf dem Haupt eine zierliche Kron',
Und die mir dienen mit treuem Sinn,
Die haben großen Lohn.

Meine Frauen müssen mich schön frisiern,
Erzählen mir Märlein ohne Zahl,
Sie lassen kein einzig Haar an mir,
Doch siehst du mich nimmer kahl.

Spazieren fahr' ich frank und frei,
Das geht so rasch, das geht so fein;
Nur komm' ich nicht vom Platz dabei –
Sagt, Leute, was mag das sein?«

Darüber sagte sie, in etwas fröhlicher denn zuvor: »Wenn ich dereinstens wiederum in meiner Heimat bin und kommt einmal ein schwäbisch Landeskind, zumal aus eurer Stadt, auf einer Kriegsfahrt oder sonst durch der Walachen Land an unsere Gestade, so ruf' er mich bei Namen, dort wo der Strom am breitesten hineingeht in das Meer – versteht, zehn Meilen einwärts in dieselbe See erstreckt sich meines Mannes Reich, soweit das süße Wasser sie mit seiner Farbe färbt –, dann will ich kommen und dem Fremdling zu Rat und Hilfe sein. Damit er aber sicher sei, ob ich es bin und keine andere, die ihm schaden möchte, so stelle er dies Rätsel. Niemand aus unserem Geschlechte außer mir wird ihm darauf antworten, denn dortzuland sind solche Rocken und Rädlein, als ihr in Schwaben führet, nicht gesehn, noch kennen sie dort eure Sprache; darum mag dies die Losung sein.«

Auf einen andern Abend ward erzählt vom Doktor Veylland und Herrn Konrad von Wirtemberg, dem alten Gaugrafen, in dessen Tagen es noch keine Stadt mit Namen Stuttgart gab. Im Wiesental, da wo dieselbe sich nachmals erhob, stund nur ein stattliches Schloß mit Wassergraben und Zugbrücke, von Bruno, dem Domherrn von Speyer, Konradens Oheim, erbaut, und nicht gar weit davon ein hohes steinernes Haus. In diesem wohnte dazumal mit einem alten Diener ganz allein ein sonderlicher Mann, der war in natürlicher Kunst und in Arzneikunst sehr gelehrt und war mit seinem Herrn, dem Grafen, weit in der Welt herumgereist, in heißen Ländern, von wo er manche Seltsamkeit an Tieren, vielerlei Gewächsen und Meerwundern heraus nach Schwaben brachte. In seinem Öhrn sah man der fremden Sachen eine Menge an den Wänden herum hangen: die Haut vom Krokodil sowie Schlangen und fliegende Fische. Fast alle Wochen kam der Graf einmal zu ihm; mit andern Leuten pflegte er wenig Gemeinschaft. Man wollte behaupten, er mache Gold; gewiß ist, daß er sich unsichtbar machen konnte, denn er verwahrte unter seinem Kram einen Krackenfischzahn. Einst nämlich, als er auf dem Roten Meer das Bleilot niederließ, die Tiefe zu erforschen, da zockt' es unterm Wasser, daß das Tau fast riß. Es hatte sich ein Krackenfisch im Lot verbissen und zween seiner Zähne darinne gelassen. Sie sind wie eine Schustersahle spitz und glänzend schwarz. Der eine stak sehr fest, der andre ließ sich leicht ausziehen. Da nun ein solcher Zahn, etwa in Silber oder Gold gefaßt und bei sich getragen, besagte hohe Kraft besitzt und zu den größten Gütern, so man für Geld nicht haben kann, gehört, der Doktor aber dafür hielt, es zieme eine solche Gabe niemand besser als einem weisen und wohldenkenden Gebieter, damit er überall, in seinen eigenen und Feindes Landen, sein Ohr und Auge habe, so gab er einen dieser Zähne seinem Grafen, wie er ja ohnedem wohl schuldig war, mit Anzeigung von dessen Heimlichkeit, davon der Herr nichts wußte. Von diesem Tage an erzeigte sich der Graf dem Doktor gnädiger als allen seinen Edelleuten oder Räten und hielt ihn recht als seinen lieben Freund, ließ ihm auch gern und sonder Neid das Lot zu eigen, darin der andere Zahn war, doch unter dem Gelöbnis, sich dessen ohne Not nicht zu bedienen, auch ihn vor seinem Ableben entweder ihm, dem Grafen, erblich zu verlassen oder auf alle Weise der Welt zu entrücken, wo nicht ihn gänzlich zu vertilgen. Der edle Graf starb aber um zwei Jahre eher als der Veylland und hinterließ das Kleinod seinen Söhnen nicht; man glaubt, aus Gottesfurcht und weisem Vorbedacht hab' er's mit in das Grab genommen oder sonst verborgen.

Wie nun der Doktor auch am Sterben lag, so rief er seinen treuen Diener Kurt zu ihm ans Bett und sagte: »Lieber Kurt! es gehet diese Nacht mit mir zum Ende, so will ich dir noch deine guten Dienste danken und etliche Dinge befehlen. Dort bei den Büchern, in dem Fach zu unterst in der Ecke, ist ein Beutel mit hundert Imperialen, den nimm sogleich zu dir; du wirst auf

Lebenszeit genug daran haben. Zum zweiten, das alte geschriebene Buch in dem Kästlein daselbst verbrenne jetzt vor meinen Augen hier in dem Kamin. Zum dritten findest du ein Bleilot dort, das nimm, verbirg's bei deinen Sachen, und wenn du aus dem Hause gehst in deine Heimat, gen Blaubeuren, laß es dein erstes sein, daß du es in den Blautopf wirfst.« – Hiermit war er darauf bedacht, daß es, ohne Gottes besondere Fügung, in ewigen Zeiten nicht in irgendeines Menschen Hände komme. Denn damals hatte sich die Lau noch nie im Blautopf blicken lassen und hielt man selben überdies für unergründlich.

Nachdem der gute Diener jenes alles teils auf der Stelle ausgerichtet, teils versprochen, nahm er mit Tränen Abschied von dem Doktor, welcher vor Tage noch das Zeitliche gesegnete.

Als nachher die Gerichtspersonen kamen und allen kleinen Quark aussuchten und versiegelten, da hatte Kurt das Bleilot zwar beiseit' gebracht, den Beutel aber nicht versteckt, denn er war keiner von den Schlauesten, und mußte ihn da lassen, bekam auch nach der Hand nicht einen Deut davon zu sehen, kaum daß die schnöden Erben ihm den Jahreslohn auszahlten.

Solch Unglück ahnete ihm schon, als er, auch ohnedem betrübt genug, mit seinem Bündelein in seiner Vaterstadt einzog. Jetzt dachte er an nichts, als seines Herrn Befehl vor allen Dingen zu vollziehen. Weil er seit dreiundzwanzig Jahren nimmer hier gewesen, so kannte er die Leute nicht, die ihm begegneten, und da er gleichwohl einem und dem andern Guten Abend sagte, gab's ihm niemand zurück. Die Leute schauten sich, wenn er vorüber kam, verwundert an den Häusern um, wer doch da gegrüßt haben möchte, denn keines erblickte den Mann. Dies kam, weil ihm das Lot in seinem Bündel auf der linken Seite hing; ein andermal, wenn er es rechts trug, war er von allen gesehen. Er aber sprach für sich: »Zu meiner Zeit sind dia Blaubeuramar so grob ett gwä!«

Beim Blautopf fand er seinen Vetter, den Seilermeister, mit dem Jungen am Geschäft, indem er längs der Klostermauer, rückwärts gehend, Werg aus seiner Schürze spann, und weiterhin der Knabe trillte die Schnur mit dem Rad. – »Gott grüaß di, Vetter Seiler!« rief der Kurt und klopft' ihm auf die Achsel. Der Meister guckt sich um, verblaßt, läßt seine Arbeit aus den Händen fallen und lauft, was seine Beine mögen. Da lachte der andere, sprechend: »Der denkt, mei' Seel, i wandele geistweis!

D'Leut hant g'wiß mi für tot hia g'sagt, anstatt mein' Herra – ei so schlag!«

Jetzt ging er zu dem Teich, knüpfte sein Bündel auf und zog das Lot heraus. Da fiel ihm ein, er möchte doch auch wissen, ob es wahr sei, daß der Gumpen keinen Grund noch Boden habe (er wär' gern auch ein wenig so ein Spiriguckes wie sein Herr gewesen), und weil er vorhin in des Seilers Korb drei große starke Schnürbund liegen sehn, so holte er dieselben her und band das Lot an einen. Es lagen just auch frischgebohrte Teichel, eine schwere Menge, in dem Wasser bis gegen die Mitte des Topfs, darauf er sich Posto fassen konnte, und also ließ er das Gewicht hinunter, indem er immer ein Stück Schnur an seinem ausgestreckten Arm abmaß, drei solcher Längen auf ein Klafter rechnete und laut abzählte: »– 1 Klafter, 2 Klafter, 3, 4, 5, 6, 7, 8, 9, 10;« – da ging der erste Schnurbund aus und mußte er den zweiten an das Ende knüpfen, maß wiederum ab und zählte bis auf 20. Da war der andere Schnurbund gar. – »Heidaguguk, ist dees a Tiafe!« – und band den dritten an das Trumm, fuhr fort zu zählen: »21, 22, 23, 24 – Höll-Element, mei' Arm will nimme! – 25, 26, 27, 28, 29, 30 – Jetzet guat Nacht, 's Meß hot a End! Do heißt's halt, mir nex, dir nex, rappede kappede, so isch usganga!« – Er schlang die Schnur, bevor er aufzog, um das Holz, darauf er stand, ein wenig zu verschnaufen, und urteilte bei sich: der Topf ist währle bodalaus.

Indem der Spinnerinnen eine diesen Schwank erzählte, tat die Wirtin einen schlauen Blick zur Lau hinüber, welche lächelte; denn freilich wußte sie am besten, wie es gegangen war mit dieser Messerei; doch sagten beide nichts. Dem Leser aber soll es unverhalten sein.

Die schöne Lau lag jenen Nachmittag auf dem Sand in der Tiefe, und, ihr zu Füßen, eine Kammerjungfer, Aleila, welche ihr die liebste war, beschnitte ihr in guter Ruh die Zehen mit einer goldenen Schere, wie von Zeit zu Zeit geschah.

Da kam hernieder langsam aus der klaren Höh' ein schwarzes Ding, als wie ein Kegel, des sich im Anfang beide sehr verwunderten, bis sie erkannten, was es sei. Wie nun das Lot mit neunzig Schuh den Boden rührte, da ergriff die scherzlustige Zofe die Schnur und zog gemach mit beiden Händen, zog und zog, so lang, bis sie nicht mehr nachgab. Alsdann nahm sie geschwind die Schere und schnitt das Lot hinweg, erlangte einen dicken Zwiebl, der war erst gestern in den Topf gefallen und war fast eines Kinderkopfes groß, und band ihn bei dem grünen Schossen an die Schnur, damit der Mann erstaune, ein ander Lot zu finden, als das er ausgeworfen. Derweile aber hatte die schöne Lau den Krackenzahn im Blei mit Freuden und Verwunderung entdeckt. Sie wußte seine Kraft gar wohl, und ob zwar für sich selbst die Wasserweiber oder -männer nicht viel darnach fragen, so gönnen sie den Menschen doch so großen Vorteil nicht, zumalen sie das Meer und was sich darin findet, von Anbeginn als ihren Pacht und Lehn ansprechen. Deswegen denn die schöne Lau mit dieser ungefähren Beute sich dereinst, wenn sie zu Hause käme, beim alten Nix, ihrem Gemahl, Lobs zu erholen hoffte. Doch wollte sie den Mann, der oben stund, nicht lassen ohn' Entgelt, nahm also alles, was sie eben auf dem Leibe hatte, nämlich die schöne Perlenschnur an ihrem Hals, schlang selbe um den großen Zwiebel, gerade als er sich nunmehr erhob; und daran war es nicht genug: sie hing zuteuerst auch die goldne Schere noch daran und sah mit hellem Aug', wie das Gewicht hinaufgezogen ward. Die Zofe aber, neubegierig, wie sich das Menschenkind dabei gebärde, stieg hinter dem Lot in die Höhe und weidete sich zwo Spannen unterhalb dem Spiegel an des Alten Schreck und Verwirrung. Zuletzt fuhr sie mit ihren beiden aufgehobenen Händen ein maler viere in der Luft herum, die weißen Finger als zu einem Fächer oder Wadel ausgespreizt. Es waren aber schon zuvor auf des Vetters Seilers Geschrei viel Leute aus der Stadt herausgekommen, die standen um den Blautopf her und sahn dem Abenteuer zu, bis wo die grausigen Hände erschienen; da stob mit eins die Menge voneinander und entrann.

Der alte Diener aber war von Stund an irrsch im Kopf ganzer sieben Tage und sah der Lau ihre Geschenke gar nicht an, sondern saß da, bei seinem Vetter, hinterm Ofen, und sprach des Tags wohl hundertmal ein altes Sprüchlein vor sich hin, von welchem kein Gelehrter in ganz Schwabenland Bescheid zu geben weiß, woher und wie oder wann erstmals es unter die Leute gekommen. Denn von ihm selber hatte es der Alte nicht; man gab es lang vor seiner Zeit, gleichwie noch heutigestags, den Kindern scherzweis auf, wer es ganz hurtig nacheinander ohne Tadel am öftesten hersagen könne; und lauten die Worte:

»'s leit a Klötzle Blei glei bei Blaubeura,
glei bei Blaubeura leit a Klötzle Blei.«

Die Wirtin nannt' es einen rechten Leirenbendel und sagte: »Wer hätte auch den mindesten Verstand da drin gesucht, geschweige eine Prophezeiung!«

Als endlich der Kurt mit dem siebenten Morgen seine gute Besinnung wiederfand und ihm der Vetter die kostbaren Sachen darwies, so sein rechtliches Eigentum wären, da schmunzelte er doch, tat sie in sicheren Verschluß und ging mit des Seilers zu Rat, was damit anzufangen. Sie achteten alle fürs beste, er reise mit Perlen und Schere gen Stuttgart, wo eben Graf Ludwig sein Hoflager hatte, und biete sie demselben an zum Kauf. So tat er denn. Der hohe Herr war auch nicht karg und gleich bereit, so seltene Zier nach Schätzung eines Meisters für seine Frau zu nehmen; nur als er von dem Alten hörte, wie er dazu gekommen, fuhr er auf und drehte sich voll Ärger auf dem Absatz um, daß ihm der Wunderzahn verloren sei. Ihm war vordem etwas von diesem Kund geworden, und hatte er dem Doktor, bald nach Herrn Konrads Hintritt, seines Vaters, sehr darum angelegen, doch umsonst.

Dies war nun die Geschichte, davon die Spinnerinnen damals plauderten. Doch ihnen war das Beste daran unbekannt. Eine Gevatterin, so auch mit ihrer Kunkel unter ihnen saß, hätte noch gar gern gehört, ob wohl die schöne Lau das Lot noch habe, auch was sie damit tue? und red'te so von weitem darauf hin; da gab Frau Betha ihr nach ihrer Weise einen kleinen Stich und sprach zur Lau: »Ja, gelt, jetzt macht Ihr Euch bisweilen unsichtbar, geht herum in den Häusern und guckt den Weibern in die Töpfe, was sie zu Mittag kochen? Eine schöne Sach' um so ein Lot für fürwitzige Leute!«

Inmittelst fing der Dirnen eine an, halblaut das närrische Gesetzlein herzusagen; die andern taten ein gleiches, und jede wollt' es besser können, und keine brachte es zum dritten oder viertenmal glatt aus dem Mund; dadurch gab es viel Lachen. Zum letzten mußte es die schöne Lau probieren, die Jutta ließ ihr keine Ruhe. Sie wurde rot bis an die Schläfe, doch hub sie an und klüglicherweise gar langsam:

»'s leit a Klötzle Blei glei bei Blaubeuren.«

Die Wirtin rief ihr zu, so sei es keine Kunst, es müsse gehen wie geschmiert! Da nahm sie ihren Anlauf frisch hinweg, kam auch alsbald vom Pfad ins Stoppelfeld, fuhr buntüberecks und wußte nimmer gicks noch gacks. Jetzt, wie man denken kann, gab es

Gelächter einer Stuben voll, das hättet ihr nur hören sollen, und mitten draus hervor der schönen Lau ihr Lachen, so hell wie ihre Zähne, die man alle sah!

Doch unversehens, mitten in dieser Fröhlichkeit und Lust, begab sich ein mächtiges Schrecken.

Der Sohn vom Haus, der Wirt, – er kam gerade mit dem Wagen heim von Sonderbuch und fand die Knechte verschlafen im Stall – sprang hastig die Stiege herauf, rief seine Mutter vor die Tür und sagte, daß es alle hören konnten: »Um Gottes willen, schickt die Lau nach Haus! Hört Ihr denn nicht im Städtlein den Lärm? der Blautopf leert sich aus, die untere Gasse ist schon unter Wasser, und in dem Berg am Gumpen ist ein Getös und Rollen, als wenn die Sündflut käme!« – Indem er noch so sprach, tat innen die Lau einen Schrei: »Das ist der König, mein Gemahl, und ich bin nicht daheim!« – Hiermit fiel sie von ihrem Stuhl sinnlos zu Boden, daß die Stube zitterte. Der Sohn war wieder fort, die Spinnerinnen liefen jammernd heim mit ihren Rocken, die andern aber wußten nicht, was anzufangen mit der armen Lau, welche wie tot da lag. Eins machte ihr die Kleider auf, ein anderes strich sie an, das dritte riß die Fenster auf, und schafften doch alle miteinander nichts.

Da streckte unverhofft der lustige Koch den Kopf zur Tür herein, sprechend: »Ich hab' mir's eingebildet, sie wär' bei euch! Doch, wie ich sehe, geht's nicht allzu lustig her. Macht, daß die Ente in das Wasser kommt, so wird sie schwimmen!« – »Du hast gut reden!« sprach die Mutter mit Beben: »*hat* man sie auch im Keller und im Brunnen, kann sie sich unten nicht den Hals abstürzen im Geklüft?« – »Was Keller!« rief der Sohn: »was Brunnen! das geht ja freilich nicht – laßt mich nur machen! Not kennt kein Gebot – ich trag' sie in den Blautopf.« – Und damit nahm er, als ein starker Kerl, die Wasserfrau auf seine Arme. »Komm, Jutta – nicht heulen! – geh mir voran mit der Latern'!« – »In Gottes Namen!« sagte die Wirtin: »doch nehmt den Weg hinten herum durch die Gärten: es wimmelt die Straße mit Leuten und Lichtern.« – »Der Fisch hat sein Gewicht!« sprach er im Gehn, schritt aber festen Tritts die Stiege hinunter, dann über den Hof und links und rechts, zwischen Hecken und Zäunen hindurch.

Am Gumpen fanden sie das Wasser schon merklich gefallen, gewahrten aber nicht, wie die drei Zofen, mit den Köpfen dicht unter dem Spiegel, ängstig hin und wieder schwammen, nach ihrer Frau ausschauend. Das Mädchen stellte die Laterne hin, der Koch entledigte sich seiner Last, indem er sie behutsam mit dem Rücken in den Kürbishügel lehnte. Da raunte ihm sein eigener Schalk ins Ohr: wenn du sie küßtest, freute dich's dein Leben lang, und könntest du doch sagen, du habest einmal eine Wasserfrau geküßt. – Und eh' er es recht dachte, war's geschehen. Da löschte ein Schuck Wasser aus dem Topf das Licht urplötzlich aus, daß es stichdunkel war umher, und tat es dann nicht anders, als wenn ein ganz halb Dutzend nasser Hände auf ein paar kernige Backen fiel, und wo es sonst hintraf. Die Schwester rief: »Was gibt es denn?« – »Maulschellen, heißt man's hier herum!« sprach er: »ich hätte nicht gedacht, daß sie am Schwarzen Meer sottige Ding' auch kenneten!« – Dies sagend, stahl er sich eilends davon, doch weil es vom Widerhall drüben am Kloster auf Mauern und Dächern und Wänden mit Maulschellen brazzelte, stund er bestürzt, wußte nicht recht wohin, denn er glaubte den Feind vorn und hinten. (Solch einer Witzung brauchte es, damit er sich des Mundes nichts berühme, den er geküßt, unwissend zwar, daß er es *müssen* tun der schönen Lau zum Heil.)

Inwährend diesem argen Lärm nun hörte man die Fürstin in ihrem Ohnmachtsschlaf so innig lachen, wie sie damals im Traum getan, wo sie den Abt sah springen. Der Koch vernahm es noch von weitem, und ob er's schon auf sich zog und mit Grund, erkannte er doch gern daraus, daß es nicht weiter Not mehr habe mit der Frau.

Bald kam mit guter Zeitung auch die Jutte heim, die Kleider, den Rock und das Leibchen im Arm, welche die schöne Lau zum letztenmal heut' am Leibe gehabt. Von ihren Kammerjungfern, die sie am Topf in Beisein des Mädchens empfingen, erfuhr sie gleich zu ihrem großen Trost, der König sei noch nicht gekommen, doch mög' es nicht mehr lang anstehn, die große Wasserstraße sei schon angefüllt. Dies nämlich war ein breiter hoher Felsenweg, tief unterhalb den menschlichen Wohnstätten, schön grad und eben mitten durch den Berg gezogen, zwo Meilen lang von da bis an die Donau, wo des alten Nixen Schwester ihren Fürstensitz hatte. Derselben waren viele Flüsse, Bäche, Quellen dieses Gaus dienstbar; die schwellten, wenn das Aufgebot an sie erging, besagte Straße in gar kurzer Zeit so hoch mit ihren Wassern, daß sie mit allem Seegetier, Meerrossen und Wagen füglich befahren werden mochte, welches bei festlicher Gelegenheit zuweilen als ein schönes Schaugepräng' mit vielen Fackeln und Musik von Hörnern und Pauken geschah.

Die Zofen eilten jetzo sehr mit ihrer Herrin in das Putzgemach, um sie zu salben, zöpfen und köstlich anzuziehen; das sie auch gern zuließ und selbst mithalf, denn sie in ihrem Innern fühlte, es sei nun jegliches erfüllt zusamt dem Fünften, so der alte Nix und sie nicht wissen durfte.

Drei Stunden wohl nachdem der Wächter Mitternacht gerufen, es schlief im Nonnenhof schon alles, erscholl die Kellerglocke zweimal mächtig, zum Zeichen, daß es Eile habe, und hurtig waren auch die Frauen und die Töchter auf dem Platz.

Die Lau begrüßte sie wie sonst vom Brunnen aus, nur war ihr Gesicht von der Freude verschönt, und ihre Augen glänzten, wie man es nie an ihr gesehen. Sie sprach: »Wißt, daß mein Ehgemahl um Mitternacht gekommen ist. Die Schwieger hat es ihm voraus verkündigt ohnelängst, daß sich in dieser Nacht mein gutes Glück vollenden soll, darauf er ohne Säumen auszog, mit Geleit der Fürsten, seinem Ohm und meinem Bruder Synd und vielen Herren. Am Morgen reisen wir. Der König ist mir hold und gnädig, als hieß' ich von heute an erst sein Gespons. Sie werden gleich vom Mahl aufstehn, sobald sie den Umtrunk gehalten. Ich schlich auf meine Kammer und hierher, noch meine Gastfreunde zu grüßen und zu herzen. Ich sage Dank, Frau Ahne, liebe Jutta, Euch Söhnerin und Jüngste dir. Grüßet die nicht zugegen sind, die Männer und die Mägde. In jedem dritten Jahr wird euch Botschaft von mir; auch mag es wohl geschehn, daß ich noch bälder komme selber, da bring' ich mit auf diesen meinen Armen ein lebend Merkmal, daß die Lau bei euch gelacht. Das wollen euch die Meinen allezeit gedenken, wie ich selbst. Für jetzo, wisset, liebe Wirtin, ist mein Sinn, einen Segen zu stiften in dieses Haus für viele seiner Gäste. Oft habe ich vernommen, wie Ihr den armen wandernden Gesellen Gut's getan mit freuer Zehrung und Herberg'. Damit Ihr solchen fortan mögt noch eine weitere Handreichung tun, so werdet Ihr zu diesem Ende finden beim Brunnen hier einen steinernen Krug voll guter Silbergroschen: davon teilt ihnen nach Gutdünken mit, und will ich das Gefäß, bevor der letzte Pfennig ausgegeben, wieder füllen. Zudem will ich noch stiften auf alle hundert Jahr fünf Glückstage (denn dies ist meine holde Zahl), mit unterschiedlichen Geschenken, also, daß, wer von reisenden Gesellen der erste über Eure Schwelle tritt am Tag, der mir das erste

Lachen brachte, der soll empfangen, aus Eurer oder Eurer Kinder Hand, von fünferlei Stücken das Haupt. Ein jeder, so den Preis gewinnt, gelobe, nicht Ort noch Zeit dieser Bescherung zu verraten. Ihr findet aber solche Gaben jedesmal hier nächst dem Brunnen. Die Stiftung, wisset, mache ich für alle Zeit, solang ein Glied von Eurem Stammen auf der Wirtschaft ist.«

Nach diesen Worten redete sie noch manches leise mit der Wirtin und sagte zuletzt: »Vergesset nicht das Lot! der kleine Schuster soll es nimmermehr bekommen.« – Da nahm sie nochmals Abschied und küßte ein jedes. Die beiden Frauen und die Mädchen weinten sehr. Sie steckte Jutta einen Fingerreif mit grünem Schmelzwerk an und sprach dabei: »Ade, Jutta! Wir haben zusammen besondere Holdschaft gehabt, die müsse fernerhin bestehen!« – Nun tauchte sie hinunter, winkte und verschwand.

In einer Nische hinter dem Brunnen fand sich richtig der Krug samt den verheißnen Angebinden. Es war in der Mauer ein Loch mit eisernem Türlein versehen, von dem man nie gewußt, wohin es führe; das stand jetzt aufgeschlagen und war daraus ersichtlich, daß die Sachen durch dienstbare Hand auf diesem Weg seien hergebracht worden, deshalb auch alles wohl trocken verblieb. Es lag dabei: ein Würfelbecher aus Drachenhaut, mit goldenen Buckeln beschlagen, ein Dolch mit kostbar eingelegtem Griff, ein elfenbeinen Weberschifflein, ein schönes Tuch von fremder Weberei und mehr dergleichen. Aparte aber lag ein Kochlöffel aus Rosenholz mit langem Stiel, von oben herab fein gemalt und vergoldet, den war die Wirtin angewiesen, dem lustigen Koch zum Andenken zu geben. Auch keins der andern war vergessen.

Frau Betha hielt bis an ihr Lebensende die Ordnung der guten Lau heilig, und ihre Nachkommen nicht minder. Daß jene sich nachmals mit ihrem Kind im Nonnenhof zum Besuch eingefunden, davon zwar steht nichts in dem alten Buch, das diese Geschichten berichtet, doch mag ich es wohl glauben.

* * *

Es waren seit der Fürstin Abschied nah bei hundert Jahr vergangen, als unser Seppe, der Schuster, im Dörflein Suppingen vom Wagen stieg, dem Bäuerlein noch vielmals dankte und sich von ihm den Weg Blaubeuren zu nachweisen ließ. Bis Mittag, sagte der Mann, könne er gar wohl dort sein.

Das hätte sich auch nicht gefehlt, bald aber fing sein Hühneraug' ihn wieder zu buksieren an. Er mußte alle fünfzig Schritt hinsitzen, und wenn er einmal saß, trat er das Rad so fleißig, als wenn er auf Bestellung zu arbeiten hätte. Endlich zum letztenmal riß er sich auf und hinkte vollends die Steig hinab.

Sie läuteten im Kloster drei, da er ins Städtlein kam.

Während er nun auf die Herberge zu ging, lief eben Jörg Seysolff, der Wirt und Bräumeister, über den Hof und sprach zu seinem Weib, die auf der Hausbank saß und ihren Salat zum Abendessen putzte: »Schau, Emerenz, da kommt auch schon der dritt'!« – »Ei, weiß Gott!« sagte sie, »und ist ein Unterländer« – »Ach mein, knappt der daher! dem sei es 'gunnt.«

Der Seppe sah hoch auf, als ihn die Leute so mit sonderlicher Freundlichkeit begrüßten. Sie gingen alle beide gleich mit ihm hinauf. Er ließ sich eine Halbe geben, ein Sauerkraut mit Schweinefleisch aufwärmen.

Der Wirt, wie er vernahm, daß er von Stuttgart käme, frug ihn nach dem und jenem: ob sie auch Hagelwetter drunten hätten, was jetzt die Gerste gelte, bis wann des Grafen Jüngste Hochzeit habe, von deren Schönheit man überall höre. Der Seppe diente ihm auf alles ordentlich, dagegen er sich übers Essen manches von hiesigen Geschichten, besonders von dem Wasserweib, erzählen ließ. Auch zeigte ihm der Wirt das alte Konterfei von ihr im Hausgang an der Stiege sowie das herrliche Kunstwerk, den Bauren-Schwaiger, an welchem er sich nicht satt sehn und hören konnte. »Das laßt mir«, sagte er, »doch einmal einen Dreher heißen, wo den gemacht hat!« – »Ja«, meinte Jörg, »die Arbeit ist auch nicht an einem Tag gemacht.« – »Will's glauben«, sagte der Seppe und seufzte, denn er gedachte an seine Dreherei.

Nachdem er nun gegessen und getrunken, frug er nach seiner Schuldigkeit. »Zween Batzen!« war die Antwort. Die legt' der Seppe auf den Tisch. »Bekämt Ihr sechzehn Kreuzer 'naus«, sagte der Wirt, zählte sie hin und steckte die zween Batzen ein, wie wenn es sich so in der ganzen Welt von selbst verstünde. Es war jedoch ein alter Brauch von der Frau Betha Zeiten her, den Reisenden auf solche Weise ihren Zehrpfennig zu reichen. Der Schuster lächelte, als wollt' er fragen, wie ist das gemeint? – »Laßt's gut sein, lieber Gesell«, sprach Jörg Seysolff: »kommt mit zu meinem Ehni, der sagt Euch schon mehr.«

Er führte ihn durch einen langen Gang an eine stille Tür, die tat er vor ihm auf. Da saß in einer säuberlichen Stube ein gar schöner Greis von achtzig Jahr in einem Sorgenstuhl beim Fenster. Die Sonne fiel eben ein wenig zwischen den Vorhänglein durch auf einen kleinen Tisch, so vor ihm stand, schneeweiß gedeckt, darauf nichts weiter denn ein blauer Topf mit Wasser und noch etwas in einem Tuche war. Der Alte aber war der kleine Hans, Frau Bethas Herzblatt, gewesen. Er redete den Schuster in Gegenwart des Wirtes also an:

»Hab Gott zum Gruß auf dieser Schwell'!
Obwohl das Glück dein Reis'gesell',
Ob solches mit dir in der Wiegen
Von Mutterleib aus kam zu liegen,
Ob du es in dem Gürtel hegest,
Ob du es in den Sohlen trägest.«

Hierauf behändigte der Greis dem Seppe das Tüchlein und sprach: »Du magst es einmal, wenn du Meister bist und gründest deinen eignen Herd, deiner Liebsten verehren, am Heiratstag, dazu dir aller Segen werden.«

Was aber war im Tuch? Eine silberne Haube, – man konnte nichts Schöneres sehen. Der Seppe wäre deckenhoch gesprungen, wenn sich's geschickt hätte.

Nun sagte ihm der Alte, wem er das Angebind' verdanke; dann ließ er ihn Verschwiegenheit geloben, zu dessen sichtlicher Bekräftigung er einen Finger in dem Topfe netzen und auf den Mund legen mußte. Auch gab er dem Gesellen noch eine christliche Vermahnung, empfing den Dank desselben, und ganz am End' empfahl er ihm, wenn er ein Klötzlein Blei von ungefähr wo finde hier herum, so möge er solches daher in den Nonnenhof bringen. In seines Herzens Freude fast hätte er's versprochen, da fiel ihm zum Glück noch der Pechschwitzer ein; deswegen er nur sagte: »Ich will sehn.«

Jetzt machte er sich auf die Bahn und lenkte seine Schritte zuvörderst hinter das Kloster, wo ihm der Quell gleich in die Augen strahlte. So viel man ihm davon gerühmt, doch hätte er sich solche Wunderpracht in seinem Sinn nicht eingebildet, und meinte er bei sich, es ist nicht anders denn als wenn zum wenigsten ein Stücker sechs Blaufärber samt einem vollen Kessel eben erst darin ersoffen wären.

Wie er sich recht daran ersättigt und im Andenken an das Wasserweib etliche Vaterunser aus gutem Herzen für ihr Heil gebetet hatte (denn er der Meinung war, sie sitze schon bei hundert Jahr samt andern armen Heidenseelen auf der hellen

Wiese, da sie in Wahrheit jung und schön wie ehedem noch bei den Ihren lebte), vergaß er auch das Klötzlein nicht, nach welchem so viel Fragens war. Er hatte von dem Doktor Veylland und dem Lot schon als ein kleiner Bube den Urgroßvater hören erzählen. Der Bauer wußte nichts davon; den Wirt im Nonnenhof befrug er aber nicht, weil ihm erst jetzt einkam, es seie mit dem Blei wohl gar dasselbe Lot gemeint. Nun sah er hinter manchen Busch und Baum und weiterhin an seiner Straße hier und dort in einen Graben, fand aber nichts dergleichen und ließ sich endlich deshalb keine grauen Haare wachsen.

Der Schmerzen seines Fußwerks ganz und gar vergessen und nichts als Glücksgedanken und Habergeisen in dem Kopf, hinkt' er so immerfort das Blautal hinunter. Bisweilen, wenn es ihm sein Linker zu arg machte, hockt' er auf einen Stein, packte die silberne Haube heraus und legte sie vor sich aufs Knie, an seinen zukünftigen Schatz dabei denkend. Es war nur gut, daß ihm nicht wissend, was schon zween andere Gesellen, ein Feilenhauer und ein Nagelschmied, nur eine halbe Stunde, eh' er kam, aus dem Nonnenhof davongetragen, er hätte seine Haube nur noch mit halben Freuden angesehen. Die beiden Burschen waren auf der Steig hinter der Stadt an dem Schuster vorübergekommen und hatten ihn gegrüßt, doch weil er eben saß und in Gedanken mit dem Rad im besten Werken war, so sah er gar nicht auf und brummte nur so für sich hin: »Schön guten Morgen!« – obzwar die Sonne ihm von Abend auf den Buckel schien. »Ja, morgen nach dem Bad!« sagte der eine, und lachten sich beide die Haut voll darüber.

Mit sinkender Nacht kam er wohl- oder übelbehalten nach Ulm.

Es war gerade Markt und hie und da Musik und Tanz. Er trat in eins der nächsten Wirtshäuser, wo ihrer sechs Gesellen beim Wein an einem Tisch beisammen saßen und einen Rundgesang anstimmten. Mann für Mann sang einzeln sein Gesetz, darauf mit Macht der Chor einfiel und sie alle die Gläser anstießen. Der Leser mag wohl so viel Verse vernehmen, als sie eben jetzt sangen; das Lied im ganzen ist viermal so lang.

Erster Gesell
Seid ihr beisammen all?
Ihr Freund', auf allen Fall
Zeigt eure Professionen an,

Daß wir nach Sitten stoßen an,
Mit großem Freudenschall!

Chor
Zeigt eure Professionen an,
Daß wir nach Sitten stoßen an!

Zweiter
Eine Wiege vor die Freud',
Eine Bahre vor das Leid:
Meinem Hobel ist das alles gleich,
Der denkt, ich mach' den Meister reich,
Spän' gibt es allezeit.

Chor
Seinem Hobel ist etc.

Dritter
Meine Arbeit ist wohl fein,
Von Gold und Edelstein;
Allein das kriegt man bald gar satt,
Zumal man es nicht eigen hat:
Gebt mir so güldnen Wein!

Chor
Ich glaub's ihm schon, das wird man satt etc.

Vierter
Wen freut ein kecker Mut,
Nicht dau'rt sein junges Blut,
Ich schaff' ihm Wehre mannigfalt,
Zu Scherz und Ernst, wid'r Feindsgewalt;
Mein Zeug ist allweg gut.

Chor
Und gilt es wider Feindsgewalt,
Ein Spieß und Schwert uns auch gefallt.

Fünfter
Der Schneider sitzt am Glas;
Vom Wirt nehm' ich die Maß,
Zu Hause schaff' ich gar nicht viel,
Meine Stich' mach' ich beim Kartenspiel,
Da weiß ich doch, für was.

Chor
Ei, Bruder Leipziger, beßr' Er sich,
Denn, sieht Er, das ist liederlich.

Sechster
Meine Kunst, das glaubt gewiß,
Schreibt sich vom Paradies.
Von Mägdlein bin ich wertgeschätzt,
Ich hab' ja, was ihr Herz ergetzt,
Veiel und Röslein süß.

Chor
Von Mägdlein ist er etc.

Jetzt kam die Reihe an den Schuster, und da derselbe sein Gesetzlein so aus froher Kehle sang, ward es dem Seppe um den Brustfleck weh, daß er sein gutes Handwerk lassen sollte. Dabei vermerkte er, wie ihn sein rechter Schuh zweimal ganz weidlich vor Vergnügen zwickte, so zwar, wie wenn er sagen wollte: hörst du, Narr?

Erster
Gebt meinem Stand die Ehr'!
Den Schuster braucht man sehr.
Zwar führ' ich nicht den besten Gout,
Allein wer macht euch Hochzeitschuh',
Wenn ich kein Schuster wär'?

Chor
Zwar führt er nicht etc.

Dem Seppe quoll bereits das Wasser in den Augen; er sprach bei sich mit ingrimmigen Schmerzen: du bist kein Schuster und bist auch kein Dreher, du bist der wirtenbergisch Niemez! Und schwur in seiner Seele, hinfort zu bleiben, was er war.

Zweiter
Und wer kein Pietist
Und auch kein Hundsfott ist,
Der mag sich wohl beim Wein erfreun –
Mein letzter Schluck soll ehrlich sein!
So meint's ein guter Christ.

Chor
Stoßt an, Kameraden, stimmet ein:
Mein letzter Schluck soll ehrlich sein!

Hier stand der Seppe auf, trat hin zu den Kompanen und grüßte mit bescheidener Ansprache. Da machten sie ihm Platz an ihrem Tisch, tranken ihm zu und hörten, was für ein Landsmann er sei, welches Gewerbs, wohin er wollte. »Warum bleibt Ihr nicht hier?« sagte Vinzenz, der Schuster: »in Ulm ist es schön, und Arbeit findet Ihr dermal genug.« – Er ließ sich nicht schwer überreden, und schon den andern Tag stand er bei einer jungen Witwe ein, von welcher ihm der Herbergvater sagte.

Als er das erstemal in deren Haus einging, empfing er eine Warnung: sein Rechter wollte nicht über die Schwelle; doch achtete er weiter nicht darauf.

Die Witwe war eine schöne Person, und wie der Seppe schon nicht leicht mehr eine ansah, daß ihm nicht einfiel, was der Pechschwitzer sagte: »vielleicht begegnet dir dein Glück einmal auf Füßen«: so prüfte er auch jetzt, obwohl mit schüchternen Blicken, die stattliche Frau. Sie sah sehr blaß, nicht gar vergnügt und sparte ihre Worte gegen jedermann. Ihr Tun in allen Dingen war aber sanft und klug, so daß sie einen jungen Mann wohl locken konnte.

Es mag zuvor schon manchem so mit ihr gegangen sein, beim Seppe blieb es auch nicht aus, und desto minder, da ihm nach den ersten Wochen deuchte, er gelte vor den andern etwas bei der Meisterin. Geschah es, daß sie ihrer einen nötig hatte, zu einer kleinen Hilfe außerhalb der Werkstatt, dann rief sie immer zehnmal gegen eines ihn vom Stuhl hinweg, und wenn er samstags für die Küche Holz klein sägte, sie aber backte eben Zwiebelkuchen, da trug sie ihm gewiß ein Stück, warm von dem Ofen weg, zum voraus in den Schopf hinaus; das schmeckte zu solchem Geschäft aus der Faust ganz außer Maßen.

Von dort an aber gebärdeten sich des Hutzelmanns lederne Söhne sehr übel; insonderheit auf der Gesellenkammer war oft die halbe Nacht in Seppes Kasten, wo sie standen, ein Gepolter und Gerutsch, als hätten sie die ärgsten Händel miteinander, und die Gesellen schimpften und fluchten nicht wenig deshalb. »Es ist der Marder«, sagten sie. »Er hat den alten Schlupf zwischen den Dielen wieder gefunden; wird nicht viel fehlen, hat er Junge; wir brechen morgen auf und bescheren ins Kindbett.« – Der Seppe schwieg dazu; am andern Morgen aber holt' er in der Stille einen schweren platten Stein aus einem Bühnenwinkel vor, den stellte er bedachtsam mit dem Rand auf sie, quer über den Reihen. »So«, sprach er, »jetzt, ihr Ketzer, ihr schwernötige, jetzt bocket, gampet und durnieret, wenn ihr könnt!« – Da molestierten sie hinfort auch niemand mehr.

* * *

Nun, lieber Leser, ist es Zeit, daß du erfahrest, wie es derweil ergangen mit dem andern Paar, das der Gesell' an jenem Morgen auf der Brücke ließ, als er aus Stuttgart wanderte.

Nicht tausend Schritte war er hinweg, kam eine Bäuerin von Häslach her und sah die Schuh'. Die hat der Böse hingestellt, mir zur Versuchung! dachte sie, bekreuzte sich und lief ihrer Wege. Spazierte drauf – denn es war ein Feiertag – ein Seifensieder aus der Stadt gemächlich, nach seinem Weinberg zu schauen. Derselbe aber war ein Frommer. Wie er die herrenlose Ware sieht, denkt er, »wie geht das zu? die wären meiner Frau wie angemessen! Ich will mich nicht vergreifen, das sei fern: nur wenn ich wiederkomme und sie stehn noch da, mag mir's ein Zeichen sein, daß sie der liebe Gott mir schenkt für meine Christel.« Damit das Pärlein aber nicht etwa von der Sonnenhitze leide, nahm es der kluge Mann und stellte es unter die Brücke in Schatten, wo es nicht leicht ein Mensch entdecken mochte.

Bald drauf kommt aus dem Tor ein sauberes Bürgermädchen, Vrone Kiderlen, einer Witfrau Tochter; trug ein Grättlein am Arm und wollte Himbeern lesen im Bupsinger Wald.(Der hatte seinen Namen von einer Ortschaft auf dem Berg, von welcher heutzutag die Spur nicht mehr vorhanden ist, doch heißt der Wald daher noch jetzo der Bopser.) Indem sie nun über das Brücklein geht, patscht etwas unten, und so ein paarmal nacheinander. Was mag das sein? denkt sie und steigt hinunter an den Bach. »Heilige Mutter! nagelneue Schuh'!« ruft sie und schaut sich um, ob sie nicht jemand sehe, der sie vexieren wollte oder ihr den schönen Fund tun ließ, weil eben heut' ihr Wiegentag war. Sie nahm das Paar, zog es zur Probe einmal an und freute sich, wie gut es ihr paßte, und wie gar leicht sich darin gehen ließ. Bald aber kam ihr ein Bedenken an, und schon hat sie den einen wieder abgestreift; der andere hingegen wollte ihr nicht mehr vom Fuß. Sie drückte, zog und preßte, daß ihr der Schweiß ausbrach, half nichts – und war sie doch so leicht hineingekommen!

Je mehr sie diesem Ding nachdachte, desto verwunderlicher kam's ihr vor. So eine verständige Dirne sie war, am Ende glaubte sie gewiß, die Schuhe seien ihr von ihrer Namensheiligen

Veronika auf diesen Tag beschert und dankte alsbald der Patronin aus ehrlichem Herzen. Dann zog sie ohne weiters auch den andern wieder an, schob ihre alten in den Deckelkorb und stieg getrost den Berg hinauf.

Im Wald traf sie ein altes Weib bereits im Himbeerlesen an. Diese gesellte sich zu ihr, obwohl sie einander nicht kannten. Während aber nun beide so hin und her suchten, geschah's, daß sich der Vrone an dem linken Fuß eine kostbare Perlenschnur hing, die da im Moose verloren lag. Das Mädchen merkt' es nicht und trat beim nächsten Schritt von ungefähr sich mit dem andern Schuh die Schnur vom linken los; das sah das Weib von hinten, hob heimlich das Geschmeide auf und barg's in ihrem Rock.

Die Schnur war aber keine andere denn jene von der schönen Lau und war an die Tochter des jetzigen Grafen, die schöne Irmengard, von dessen Frau Ahne vererbt.

Als endlich die zwei nacheinander heimgingen, verkündigte just in den Straßen des Grafen Ausrufer, daß gestern im Bupsinger Forst, unfern dem Lusthaus, ein Nuster mit Perlen verloren gegangen, und wer es wieder schaffe, dem sollten fünfzehn Goldgulden Finderlohn werden. Da freute sich das Weib, zog eilig ihre besten Kleider daheim an, kam in das Schloß und ward sogleich vor die junge Gräfin gelassen. »Ach Frau, ach liebe Frau!« rief diese ihr schon in der Tür entgegen, »Ihr habt wohl mein Nuster gefunden? gebt her, ich will es Euch lohnen!« –

Nun zog das Weib ein Schächtelchen hervor, und wie das Fräulein es aufmachte, lagen sechs oder sieben zierliche Mausschwänze drin, nach Art eines Halsbands künstlich geschlungen. Das Fräulein tat einen Schrei und fiel vor Entsetzen in Ohnmacht. Das Weib in Todesängsten lief davon, ward aber von der Wache auf den Gängen festgenommen und in Haft zu peinlichem Verhör gebracht. Darin bekannte sie nichts weiter, als daß sie da und da den Perlenschmuck vom Boden aufgehoben und ihn, so schön, wie er gewesen, daheim in die Schachtel getan, der guten und ehrlichen Meinung, das gnädige Fräulein damit zu erfreuen. Im Wald sei aber eine Dirn' an sie geraten, die müss' es mit dem Bösen haben, von dieser sei der Streich. – Weil nun der Graf nicht wollte, daß man bei so bewandten Sachen viel Aufhebens mache, da mit Gewalt hier nichts zu richten sei, ließ man das Weib mit Frieden. Zum Glück kam nichts von ihren Reden an die Vrone, sie wäre ihres guten Leumunds wegen drob verzweifelt.

Auch anderweits erlebte sie in ihren Wunderschuhen viel Unheil, obschon der Segen nicht ganz mangelte. Als zum Exempel ging sie Sonntag nachmittag gern über einen Wiesplatz hinter ihrem Haus, eine Gespielin zu besuchen, da stieß sie sich ein wie das anderemal an so ein kleines verwünschtes Ding von einem Stotzen, wie sie pflegen auf Bleichen im Wasen zu stecken, fiel hin, so lang sie war, hub aber sicher einen Fund vom Boden auf: nicht allemal ein Stücklein altes Heidengold, einen silbernen Knopf oder Wirtel, dergleichen oft der Maulwurf aus der Erde stößt, doch war ihr ein ehrliches Gänsei, noch warm vom Legen, gewiß. Besonder ging es ihr beim Tanz: da sah man sie zuweilen so konträre, wiewohl kunstreiche Sprünge tun, daß alles aus der Richte kam und sie sich schämen mußte. Als ein gutes und fröhliches Blut zwar zog sie sich's nicht mehr als billig zu Gemüt und lachte immer selbst am ersten über sich, nur hieß es hinterdrein: »Schad' um die hübsche Dirne, sie wird mit *einem* Mal ein ganzer Dapp!« Die eigne Mutter schüttelte den Kopf bedenklich, und eines Tages sagte sie, als ginge ihr ein Licht wie eine Fackel auf, zur Tochter: »Ich wette, die vertrackten Schuh' allein sind schuld! Der Alfanz hat mir gleich nur halb gefallen; wer weiß, was für ein Rauner sie hingestellt hat.« – Das Mädchen hatte selber schon an so etwas gedacht, jedoch verstand sie sich nicht leicht dazu, sie gänzlich abzuschaffen, sie waren eben gar zu gut und dauerhaft. Indes ging sie noch jenen Tag zum Meister Bläse, sich ein Paar neue zu bestellen. Es war derselbige, bei welchem es der Seppe nicht aushalten mögen. Die Vrone sah auf dessen Stühlchen ungern einen andern sitzen; sie hatte ihn gekannt und gar wohl leiden können.

Wie nun der alte Bläse ihr das Maß am Fuß nahm, stachen ihm die fremden Schuhe alsbald in die Augen. Er nahm den einen so in seine feste Hand, betrachtete ihn stillschweigend lang und sagte: »Da hat Sie was Apartes: darf man fragen, wo die gemacht sind?« – Das Mädchen, welches bis daher von ihrem Fund noch weiter niemand hatte sagen wollen, gab scherzweis zur Antwort: »Ich hab' sie aus dem Bach gezogen.« – Die fünf Gesellen lachten, der Alte aber brummte vor sich hin: »Das könnt' erst noch wahr sein.«

Am Abend in der Feierstunde sprach er zu seinem Weib und seiner Tochter Sara: »Ich will euch etwas offenbaren. Die Kiderlen hat ein Paar Glücksschuh' am Fuß; ich kenne das Wahrzeichen.« – »Ei«, meinte die Tochter aus Neid, »sie haben ihr noch keinen Haufen Geld und auch noch keinen Mann gebracht.« – »Es kann noch kommen«, versetzte der Alte. – »Wohl«, sagte die Mutter, »wenn man sie ihr nur abführen könnt'! ich wollte so etwas der Sare gönnen.« – Da beschlossen sie dann miteinander, der Vater solle ein Paar Schuh' wie diese machen und die Sare sie heimlich verwechseln.

Der Mann begab sich gleich den andern Morgen an die Arbeit. So häkelig sie war, dennoch, die feinen, wundersam gezackten Nähte, die rote Fütterung mit einem abgetragenen Stück Leder, alles zumal geriet so wohl, daß er selbst sein Vergnügen dran hatte. Die böse List ins Werk zu setzen, ersannen sie bald auch Mittel und Wege.

Dicht bei der Stadt, wo man herauskommt bei dem Tor, welches nachmals, von dortiger Schießstatt her, das Büchsentor hieß, sah man zu jener Zeit noch einen schönen ansehnlichen Weiher, ähnlich dem Feuersee, der eine gute Strecke weiter oben dermalen noch besteht. Am Ufer war ein Balken- und Brettergerüst mit Tischen und Bänken hinein in das Wasser gebaut, wo die Frauen und Dirnen der Stadt ihre Wäsche rein zu machen pflegten. Hier stunden sie manchmal zu vierzig oder fünfzig, seiften und rieben um die Wette und hatten ein Gescherz und Geschnatter, daß es eine Lust war, alle mit bloßen Armen und Füßen. Nun paßten des Schusters wohl auf, bis die Vrone das nächstemal wusch; denn Bläses Haus lag hart am See, und stieß das Wasser unten an die Mauer. Auf einen Mittwoch Morgen, da eben schönes warmes Wetter war, kam denn die junge Kiderlen mit einer Zaine: geschwind sprang auch die Sare mit der ihren und traf es glücklich, neben sie an einen Tisch zu kommen. Da stellten beide ihre Schuh', wie es der Brauch war, unter die Bank. Die Vrone hatte seit achten Tagen heut' das erstemal ihr Glückspaar wieder angelegt, mit Fleiß: denn weil sie richtig dieser ganzen Zeit das Melkfaß nimmer umgestoßen, das Spinnrad nimmer ausgetreten noch sonst einen bösen Tritt getan, so wollte sie, des Dinges ganz gewiß zu sein, jetzo die Gegenprobe machen. Die falsche Diebin war mit den paar Laken, so sie mitgenommen, in einer Kürze fertig, schlug sie zusammen, bückte sich, stak in einem Umsehn in des Pechschwitzers Schuhen, schob ihres Vaters Wechselbälge dafür hin und: »B'hüt' Gott, Vronele! mach' au bald ein End'!« – mit diesen Worten lief sie fort, frohlockend ihrer wohlvollbrachten Hinterlist. Und als die andre nach drei Stunden, um die Essenszeit, vergnügt auch heimging unter den letzten, nahm sie der Täuscherei nicht im geringsten wahr.

Der Pechschwitzer aber, der wußte den Handel haarklein und dachte jetzt darauf, wie er dem Bläse gleich die nächste Nacht den Teufel im Glas zeigen wolle.

Derselbe hatte allezeit, besonders auf die Krämermärkte, dergleichen eben wieder einer vor der Türe war, einen großen Vorrat seiner Ware in einer obern Kammer, die nach dem See hinausging, liegen. Nach Zwölfe in der Nacht vernahm die Schusterin ein seltsamliches Pflatschen auf dem Wasser, stieß und erweckte ihren Mann, damit er sehe, was sei. – »Ei, was wird's sein! Die Fisch' hant öfters solche Possen.« – Er war nicht wohl bei Mute, hatte gestern beim Wein einen Bösen getan und hub gleich wieder an zu schnarchen und zu raunsen. Sie ließ ihm aber keine Ruh', bis er herausfuhr und ein Fenster auftat. Erst rieb er sich die Augen, alsdann sprach er verwundert: »Der See ist schwarz und g'runzelt voll mit Wasserratten! weit hinein, wohl fünfzehn Ellen von der Mauer. Junge und alte, Kerl wie die Ferkel sind darunter! man sicht's perfekt, es ist sternhell. Ei, ei, sieh, sieh! die garstige Kogen! Wie sie die Schwänz' für Wohlsein schwenken, schlurfen, rudern und schwimmen. Ursach' ist aber, weil es diese Zeit so heiß gewesen, da bad't das Schandvolk gern.«

Dem Bläse kam es so besonder und kurzweilig vor, daß er sich einen Stuhl ans Fenster ruckte, die Arme auf den Simsen legte und das Kinn darauf. So wollte er der Sache noch eine Weile warten. Die Augen wurden ihm allgemach schwer und fielen ihm gar zu, doch fuhr er fort zu seinem Weib zu sprechen, welches inmittelst wieder eingedoset war, unsinnige verkehrte Reden, wie einer führt im Traum und in der Trunkenheit. »Du Narr«, sprach er, »was Armbrust, Bolz und Spieß in solchen Haufen! das würd' viel batten!... Mordsakerlot, ich wollt', das Bulver wär' erfunden allbereits! Mit drei, vier Traubenschuß aus einer Quartanschlang' oder Tarras wollt' ich nicht schlecht aufräumen da unter der Bagasche!«

Jetzt aber tat es wiederum Patsch auf Patsch. Der Schuster streckte seinen Kopf hinaus und wußte nicht, woran er sei mit allen seinen fünf Sinnen. Denn es flog nur so mit denen Tierern aus dem Kammerladen über ihm, ja unversehens fuhr ihm deren eines an den Schädel, und wie er's packt in seiner Faust, da sah es wahrlich einem schweren Bauernstiefel von seiner eigenen Arbeit gleich aufs Haar! Voll Schrecken rief er seinem Weib, schrie die Gesellen aus dem Schlaf, und bis sie kamen, pflanzet' er sich selbst mit einem Prügel an die Tür der obern Bodenstiege, damit ihm der Spitzbuben keiner entkomme. Allein es ließ sich niemand sehn noch hören, und als die Gesellen erschienen, die Bühne wohl umstellten und der beherzteste von ihnen die Kammertür aufriß und keine Menschenseele zu verspüren war, fiel dem Bläse das Herz in die Hosen. Er sagte leis zu seiner Frau: »Die Sach' steht auf Saufedern, Weib – es steckt, schätz' ich, ein anderer dahinter, der ist mir zu gewaltig!« Und nannt' ihr den Pechschwitzer. Die Schusterin, die sonst ein Maul als wie ein Scharsach führte, war da auf einmal zahm, bebte an allen Gliedern, und so die Tochter auch. Der Bläse aber sprach zu den Gesellen: »Macht keinen Lärm! geht vor in Nachbar Lippens Hof, des Fischers, macht in der Stille ein paar Nachen los, nehmt, was ihr findet an Stangen und Netzen: wir müssen alle Ware noch vor Tage zusammenbringen, sonst hab' ich Schand und Spott der ganzen Stadt.«

Indem sie gingen, rannte schon der Fischer über die Gasse und auf sie zu. Der hatte eben auf den See gehen wollen etlicher Karpfen wegen auf die Freitagsfasten, sah das wunderliche Wesen und lief, es dem Schuster zu melden. Indem sie nun zu sieben samt dem Lipp, in zwei Schifflein verteilt, bald hier, bald dorthin stachen, faheten und suchten, begann es von neuem zu werfen, und war es damit merklich auf ihre Köpfe abgezielt. Zwar kamen weder Schuh' noch Stiefel mehr, dafür aber Leisten, deren auch eine Last droben lag; nicht alte garstige Klötze allein, vernutzet und vom Wurm zerstochen, auch schöne neue zum Verkauf, sämtlich von gutem hartem Holz, und kamen tapfer nacheinander durch die Luft daher. Da schrie denn einer bald in dem, bald in dem andern Schifflein: »Hopp! Schaut auf!« – und schlug doch links und rechts ein mancher Donnerkeil nicht unrecht ein.

Der Fischer sagte zu dem Bläse: »Auf solche Weis', Gevatter, möcht' ich mein Handwerk nicht das ganz' Jahr treiben. In allweg aber sei's bezeugt, Ihr wisset mit dem Netz wohl umzugehn. Von heut' an möget Ihr als Obermeister einer ehrsamen Stuagarter Schuhmacherzunft ganz kecklich einen Hecht so kreuzweis übern Leist in Euer Zeichen lassen malen, dem Sprichwort zum Trutz.«

Der Morgen kam schon hell herbei, als sie nach vielem

Schweiß, Angst, Not und Schrecken den Weiher wieder glatt und sauber hatten. Der größte Nachen wurde voll des nassen Zeuges, auch war wieder ziemlich alles beisammen, nur da und dort fand man am Tag ein und das andre Stück noch im Röhricht versteckt.

Von dieser Geschichte erging das Gerücht natürlicherweise gar bald an die Einwohnerschaft. Die mehrsten achteten's für Satanswerk, und schwanete es dem Meister schon, daß sich ein manches scheuen werde, ihm seine Ware abzunehmen, wie sich's in Wahrheit auch nachher befand. Nach einem Scherzwort etlicher Fazvögel aber ward von dort an lange Zeit eine besondere Gattung grober Schuhe, so hier gemacht und weit und breit versendet wurden, nicht anderst mehr verschrieben oder ausgeboten als mit dem Namen: echte, genestelte Stuttgarter Wasserratten.

Jetzt war des Meisters erste Sorge, daß das gestohlene Gut nur wieder fort aus seinem Haus und an die Eigentümerin komme. Zwar seiner Frauen war am lichten Tag der Mut wieder gewachsen; ja, meinte sie, es sollte lieber alles, Kundschaft und Haus und Hof, hinfahren, nur diese Schuh' wenn sie behielten, da rindere ihnen (wie ein Sprichwort sagt) der Holzschlegel auf der Bühne. Der Bläse aber schüttelte das Haupt: »Meinst du, er könne uns nicht auch am Leib was schaden? Behüt' uns Gott vor Gabelstich, dreimal gibt neun Löcher!« – Er drohte seinem Weib mit Schlägen, wenn sie noch etwas sage, ging unmüßig im ganzen Haus herum, von einem Fenster zum andern, und wollte fast verzwatzeln, bis es dunkel ward, wo seine Tochter die vermaledeiten Schuhe unter den Schurz nahm und forttrug.

Sie schlich sich damit an der Kiderlen Scheuer von hinten und stellte sie in eine Fensterluke, wo sie die Vrone, als sie früh in Stall ging, ihre Kuh zu futtern, auch sicherlich gefunden hätte, wenn sie vom Pechschwitzer nicht über Nacht wären wegstipitzt worden.

Indessen trug die gute Dirne das falsche Gemächt sonder Schaden, und wenn ein Tag herum war, hieß es beim Bettgehn allemal: »Jetzt aber, Mutter, glaubt Sie doch, daß es nicht Not gehabt hat selletwegen?« – Die Mutter sprach: »Beschrei' es nicht.« – Auf solche Weise kam denn alles wiederum in sein Geleis und galt die Vrone wie vordem für ein kluges, anstelliges Mädchen.

Geraume Zeit, nachdem sich dieses zugetragen, saß der Bläse

in seinem Weinberg draußen beim Herdweg auf der Bank am Gartenhaus, bekümmerten Gemüts, weil es die Zeit her stark hinter sich ging in seinem Geschäft. Indem er nun so in Gedanken den heurigen Herbst überschlug, was er ertragen könne, samt den Zwetschgen, davon die Bäume schwer vollhingen – horch! vispert etwas hinter ihm, und wer steht da? der Pechschwitzer, der Hutzelmann, der Tröster. Mein Schuster wurde käsebleich. »Erschrecket nicht, Zunftmeister! ich komme nicht in Bösem. Wir haben einen Stuß miteinander gehabt, das ist ja wieder gut, und wär' es nicht, will ich's vergüten, soviel an mir ist. Jetzt aber hätte ich ein klein's Anliegen, Obermeister.« – »Und in was Stücken, liebes Herrlein, kann ich Euch dienstlich sein?« – »Mit Erlaubnis«, sprach der Hutzelmann und nahm Platz auf der Bank und hieß den andern zu ihm sitzen: »Seht! jensmal in der Nacht, da ich auf Eurem obern Boden war und Ihr am Fenster unten, hörte ich Euch ein Wörtlein sprechen, das will mir nimmer aus dem Sinn. Ihr habt gesagt: ich wollt' nur, daß das Bulver schon erfunden wär'! Was meintet Ihr damit?«

Der Bläse, sich besinnend, machte ein Gesicht, als wenn ein Mensch aufwacht bei Nacht in einem Kuhstall, darein er seines Wissens mit eigenen Füßen nicht gekommen ist, lachte und sprach: »Herrlein – das hätte der Bläse gesagt? nun, wenn ich es noch weiß, soll mich der Teufel holen!« – »Ei, schwöret nicht, mein Freund!« entgegnet ihm der andere, »warum wollt Ihr es leugnen? Vertrauet mir's; nur so beim Beilichen, was das Bulver ist. Ich bin einmal in derlei Heimlichkeit ein stiegelfizischer, seht. Euer Schaden soll's nicht sein, und möget Ihr dafür etwas von meinen Künsten lernen.« – Da stellte sich der Bläse an, als wenn er freilich etwas wüßte, und sprach: »Weil Ihr es seid, Pechschwitzer, so möcht' ich Euch wohl gern zu Willen sein; vergönnt mir nur Bedenkfrist einen Tag, damit ich doch mein Weib auch erst darum befrage.« – Der andre fand das nicht unbillig, bat ihn beim Abschied inständig nochmals, gelobte ihm Verschwiegenheit und wollte morgen wiederkommen.

»Jetzt, Sante Blasi, hilf!« – so rief der Alte aus, wie er allein war: »jetzt muß das Bulver raus aus meinem dicken Schustergrind, und wenn's die halb' Welt kostet!« – Da saß er, hatte beide Ellenbogen auf den Knien und beide Fäuste an den Bakken. »Vor die Ratten«, sprach er, »kann's nicht sein. Warum? sotts Bulver hat man lang. Selle Nacht aber ist es mir wampel gewesen, mag leicht sein, hat mir's traumt vom güldnen Magen-

Triet, so allein der König in Persia hat. – – Es gibt ein Kräutlein, heißt Allermanns-Harnisch, und gibt ein anders, das heißt Dierletey, und wieder eins, *Mamortica:* kein Wurzler hat's noch Krämer. Daraus hat meiner Mutter selig ihre G'schwey eine Salben gemacht, die war vor alles gut. – – Ich will halt einmal gehn und schauen, was zu machen ist, und will erst Spezies kaufen; Probieren ist über Studieren.«

Auf seinem Weg zur Stadt sann er scharf nach. Auf einmal schnellt' er mit dem Finger in die Luft, und – »Wetter!« rief er aus, »kann einer so ein Stier sein und noch lang sinnieren hin und her, wo doch ein Ding glatt auf der Hand liegt! Was mag ein Schuster bei dem andern sonst für einen Vorteil suchen zu erfahren, wenn es nichts aus dem Handwerk ist? Da laß ich mich schon finden.«

Er lief zum Krämer stracks, zu holen, was er brauchte. Daheim in einer hintern Stube setzte er sich an einen langen Tisch mit einer Halbmaß Wein, macht allda unterschiedliches Gemeng mit seinem besten Essig an zu einem schwarzen Quatsch, knetet und knauzet's wohl unter dem Daum, probiert's auf alle Weise, und war ihm lang nicht fein genug. Das dauerte bis an den andern Abend.

Wie nun der Hutzelmann auf die gesetzte Stunde pünktlich kam und ihm der Bläse mit Geschmunzel seinen Teig hinhielt, roch der daran und sagte: »Lieber Mann, da hätten wir halt eine neue Schuhwichs?« – »Aufzuwarten, ja.« – »Mich will bedünken«, sprach lächelnder Miene der Kleine: »Ihr habt selbst noch weit hin, bis Ihr das Bulver find't, und habt jetzt nur viel Arbeit, Müh' und Kösten unnötigerweis gehabt mit mir. Dafür wie auch um andrer Einbuß' willen soll Euch indes Vergütung werden. Ich will Euch das Rezept zu meiner Fett-Glanz-Stiefelwichsen geben, die mögt Ihr schachtelweis mit gutem Vorteil verkaufen.«

Das Männlein wußte wohl, was es hiermit verhieß: denn Meister Bläse ward ein reicher Mann mit solcher Handelschaft in wenig Jahren. Seine Erben bewahren annoch das Geheimnis, und allen feinen Leuten unserer Tage (da zwar ein mehr belobtes Pulver zeither gefunden ist) wüßt' ich fürwahr eine bessere Wichs nicht zu nennen, obwohl ich nicht verschweigen darf, was der Pechschwitzer dazumal eben dem Bläse gar ehrlich bekannte: »Ein Ledder, wohl zu halten nach Ledders Natur, ist das fürnehmst' der Schmer allezeit, und hat er Glanzes genug an ihm selbsten.« Welcher Ausspruch indes hier dahingestellt bleibe.

* * *

Laßt aber sehn, was seither der Gesell in Ulm für Glückssprünge mag gemacht haben.

Zween Monat – eher drunter als drüber – kann er daselbst gewesen sein, da war er mürb und gar bereits vor Liebe zu der Meisterin; und wenn er wohl bisweilen meinte, ein wenig mehr Gespräch und Fröhlichkeit stünd' ihr gut an, so dachte er doch immer gern eines alten wahrhaften Worts: Stille Schaf seind mille- und wollereich, wird ihnen gewartet. Alle Samstag nacht, wenn er auf seine Kammer ging, sprach er bei sich: »jetzt morgen tragst du ihr die Heirat an«, und wenn er eben drauf und dran war, ließ er's wieder, aus Blödigkeit und Sorge, sie möchte ihn zuletzt doch stolz ablaufen lassen.

Nun hatten sie einstmals ein Schweinlein gemetzelt, das zweite, seitdem man den Lichtbraten hatte – es war schon im Hornung und schien ein vorzeitiger Frühling zu werden – da befand sich der Seppe am Morgen allein mit ihr in der Küche, das Fleischwerk in den Rauch zu hängen. Inmittelst, als er sich die Leiter unter dem Schlot zurechtstellte, die Würste sich in Ringen um die Arme hing, erzählte er ihr von Regensburg und Regensburger Würsten, was er vom Hörensagen wußte; und wie er so mit seiner Tracht aufstieg in das Kamin, sie aber unten stand beim Herd, sprach sie: »Nach Regensburg geht Ihr doch noch; es liegt Euch allfort in Gedanken.«

Der Seppe, weil sie ihm nicht ins Gesicht sehn konnte – denn oberhalb stak er im Finstern – nahm sich ein Herz und sagte: »Wenn es auf mich ankäm', ich wollte leben und sterben bei Euch.«

»Ihr sollt auch unvertrieben sein!« gab sie zur Antwort.

»Ja«, sagte er und stockte: »es mag halt einer doch auch nicht sein Leben lang ledig verbleiben.«

Sie sagte nichts darauf. Da fing er wieder an: »Nach einem rechten Weibe kann ein armer Teufel heutigstags weit suchen.«

Darauf sie ihm entgegnete: »Man sucht erst einmal in der Nähe.«

Dem Seppe schossen bei dem Wort die Flammen in die Backen, als wollten sie oben zum Schornstein ausschlagen.

Die Stangen hingen alle voll, er hätte können gehn; allein der Angstschweiß brach ihm aus: er wußte nicht, wie er am hellen Tagslicht vor die Frau hintreten, noch was er weiter sagen solle.

Drum nestelt' er und ruckt' und zappelte noch eifrig eine Weile an den Würsten hin und wieder. Auf einmal aber sprach er: »Meisterin, ich habe je und je schon oftmals gedacht, wir wären füreinander. Ich hätte eine Lieb' zu Ihr und groß Zutrauen.«

»Davon läßt sich schon reden!« sagte sie. – Nun stieg er flugs herab und stand vor ihr mit einem schwarzen Rußfleck um die Nase, darüber sie ein wenig lächelte und einen Zipfel ihrer weißen Schürze nahm und ihn abwischte. Das tat ihm ganz im Herzen wohl, er faßte ihre Hand und hatte ihren Mund geküßt, eh' sie sich des versah. Sie aber gab ihm ein Gleiches zurück. – »So seid Ihr nicht mehr meine Meisterin, Ihr seid jetzt meine Braut!« – Sie bejaht' es, und waren sie beide vergnügt, schwatzten und kosten noch lang miteinander.

Bevor er wieder in die Werkstatt ging, sagte sie noch: »Wir wollen niemand etwas merken lassen, bis Ihr das Meisterrecht habt und wir bald fürsche machen können.«

Selbigen Abend eilte es dem Seppe nicht wie sonst nach dem Essen zum Bier. Er freute sich schon seit dem Morgen auf diese gute Stunde. Sobald die andern aus dem Haus, begab er sich auf seine Kammer, wusch und kämmte sich, legte ein sauberes Hemd und sein Sonntagswams an, zu Ehren dem Verspruch, und als er dann neben der Frau so recht in Ruh' und Frieden saß, die Läden und die Haustür zugeschlossen waren, ein frisches Licht im Leuchter angesteckt, so legt' er ihr zuvörderst die silberne Haube, seine Brautschenke, hin. Ja da empfing er freilich Lobs und Danks mit Haufen. Wo bringt's der Fantel her? mochte sie denken: da er es nicht gekauft noch hoffentlich vom Markt gestohlen hat! – Sie hätte es gar gern gewußt, doch band er sich die Zunge fest und lachte nur so.

Sie holte Wein herauf vom Keller, und er brachte den Schnitzlaib herunter. Der Leser bildet sich schon selber ein, sie werde heute schwerlich das erstemal davon gekostet haben: o nein, den Seppe kränkte nur, daß er nicht füglich alle Tage mit einem neuen Stück bei ihr ankommen konnte, indem die Meisterin schon ohnedas sich wunderte, was doch der Bursch für einen guten Döte habe an dem Stuttgarter Hofzuckerbäcken (wie er ihr weiß gemacht), dem's auf ein Laiblein alle acht Tag' nicht ankomme. Denn ob es ihm schon nicht verboten war, zu offenbaren, wie es damit bewandt, so scheute er sich doch. Jetzt fühlte sie ihm besser auf den Zahn und sagte: »Gesteht's nur, Seppe, gelt, Brot und Haube sind aus *einem* Haus?« – »Das nicht«, erwidert' er: »das eine anbelangend, so will ich meine herzliebe Braut von Grund der Wahrheit berichten; denn mit dem Zuckerbäck, das war gespaßt. Habt Ihr in Ulm auch schon gehört vom Hutzelmann?« – »Kein Wort.« – »Vom Pechschwitzer? vom Tröster?« – »Nichts.« – »Gut denn.« – Er nahm sein Glas, tat ihr Bescheid, fing an, der Frau treuherzig zu eröffnen alles, was ihm die Nacht vor seiner Reise widerfahren. Im Anfang schaute sie ihm so in das Gesicht dabei, als gält' es eben Scherz, doch weil er gar zu ernsthaft drein sah, dachte sie: er ist ein Wunderlecker und ein Träumer. Je mehr sie aber zweifelte, je mehr ereiferte er sich. »Da will ich meiner Liebsten zum Exempel vom Doktor Veylland eine Geschichte erzählen, die ist gewiß und wahr, ich hab' sie von meinem Großvater. Ihr höret sie einmal zum Zeitvertreib, nachher mögt Ihr dran glauben oder nicht.«

»Der Veylland war ein guter Freund vom Graf Konrad von Wirtemberg, demselbigen, welcher den Grund zu meiner Vaterstadt gelegt, und trieb sein Wesen als ein stiller alter Herr in einem einzechten Gebäu, das stand daselbst im Tal unweit dem Platz, wo dermalen das Schloß zu sehen ist. Des Doktors vornehmstes Vergnügen war ein großer Garten hinter seinem Haus, drin pflanzte er das schönste Obst im ganzen Gau; nur daß ihm alle Herbst die Bupsinger Bauern die Hälfte wegstahlen, trotz einer hohen Mauer, so rings um das Haus und den Garten her lief. Dies ärgerte den Herrn, daß er oft krank darüber ward. Jetzt kommt einmal am lichten Tag, indem er eben bei verschlossener Tür in einem alten Buch studiert, der Hutzelmann zu ihm, der Pechschwitzer, der Tröster (welchen zuvor der Doktor noch nicht kannte) und bietet ihm ein Mittel wider diese Gauchen, mit dem Beding, daß er ihm alljährlich einen Scheffel gute Wadelbiren liefere zu Hutzeln. Der Doktor ging das unschwer ein. Da brachte jener unter seinem Schurzfell einen Stiefelknecht hervor von ordentlichem Buchenholz, noch neu und als ein wundersamer Krebs geschnitzt, mit einem platten Rücken und kurzen starken Scheren; am Bauch untenher war er schwarz angestrichen, darauf mit weißer Farbe ein Drudenfuß gemacht. ›Nehmt diesen meinen Knecht‹, sagte der Hutzelmann: ›und stellet ihn, wohin Ihr wollt im Haus, doch daß er freien Paß im Garten habe, etwa durch einen Kandel oder Katzenlauf. Im übrigen laßt ihn nur machen und kümmert Euch gar nichts um ihn. Es kann geschehen, daß Ihr mitten in der Nacht hört einen Menschen schreien, winslen und girmsen, da springet zu, greifet den Dieb und stäupet ihn; dann sprechet zu dem Knecht die Wort':

Zanges, Banges, laßt ihn gahn,
Wohl hast du dein Amt getan.

Doch ehe Ihr den Bauern oder Nachtschach laufen laßt, sollt Ihr ihn heißen seine Stiefel oder Schuh' abtun, dabei mein Knecht ihm trefflich helfen wird, und diese Pfandstück' möget Ihr behalten, auch seinerzeit nach Belieben verschenken. Dafern mein Krebs in seiner Pflicht saumselig würde oder sonst sich unnütz machte, schenkt ihm nur etlich' gute Tritt' keck auf die Aberschanz; ich hoff', es soll nicht nötig sein. Sonst ist er ganz ein frommes Tier und zäh, man kann Holz auf ihm spalten; nur allein vor der Küchen sollt Ihr ihn hüten: er steigt gern überall herum und fällt einmal in einen Kessel mit heiß Wasser; das vertragt er nicht. Aber ich komme schon wieder und sehe selbst nach, lieber Herr. Gehabt Euch wohl. –‹

Der Doktor Veylland stellte jetzt den Stiefelknecht vor seine Stubentür. Da blieb er stehen bis zum Abend unverregt und sah so dumm wie ein ander Stück Holz. Im Zwielichten aber, wie man just an nichts dachte, ging er auf einmal Holterpolter, Holterpolter die Stiege hinab und durchs Gußloch hinaus in den Garten. Da sahen Herr und Diener ihn vom Fenster aus durchs grüne Gras an der Mauer hin schleichen und kratteln, an allen vier Seiten herum und immer so fort, die ganze liebe lange Nacht.

Der alte Diener hatte seine Lagerstatt im untern Stock gegen den Garten; nun streckt' er sich in Kleidern auf sein Lotterbett. Eine Stunde verstrich nach der andern, der Alte hörte nichts, als hin und wieder wie durch das Geäst ein reifes Obst herunterrauscht' und plumste. Doch gegen Morgen, eben da er sich aufs andre Ohr hinlegte und seine Zudeck' besser an sich nahm, denn es war frisch, erscholl von fernen her ein Zetermordgeschrei, als wenn es einem Menschen an das Leben geht. Der Diener sprang hinaus und sah auf sechzig Schritt, wie des Hutzelmanns Knecht einen baumstarken Kerl am Fersen hatte und mit Gewalt gegen das Haus herzerrte, also daß beide Teile rückwärts gingen, Dieb und Büttel (wie ja der Krebse Art auch ohnedem so ist), und war ein Zerren, Würgen, Sperren, Drängen und Reißen, dazu viel Keuchens und Schnaufens, Wimmerns und Bittens, daß es erbärmlich war zu hören und sehen.

Der arme Schächer, so ein Bupsinger Weinschröter war, trachtet' im Anfang wohl mitsamt dem Schergen durchzugehn, der aber hatte gut zwo Ochsenstärken und strafte ihn mit Kneipen jedesmal so hart, daß er sich bald gutwillig gab. Auf solche Weise kamen sie bis an das Haus, da hielt der Krebs gerade vor der Tür und stand der Doktor schon daselbst in seinem Schlafrock, lachend; sprach:

›Zanges, Banges, laß ihn gahn,
Wohl hast du dein Amt getan!‹

Dann ließ er den Bauern die Bundschuh' austun, und mochte der laufen.

Die andre Nacht gleich wurden ihrer zween nacheinander eingebracht, die dritte wieder einer und alsfort bis auf die dreißig, lauter Bupsinger. Denn weil sich jeder schämte, sagt's keiner, die andern zu warnen. Der gute Knecht verfehlte nicht leicht seinen Mann; ein einzigmal kam er mit einem leeren Stiefel angerutscht und hielt denselben bis zum Morgen unverruckt mit großer Kraft in seinen Zangen, bis ihn von ungefähr der Herr vom Haus erblickte. Das Schuhwerk aber nagelte der Diener alles nach der Reih' im leeren Pferdstall an der Wand herum. – Es gibt noch ein liebliches Stücklein davon: wie nämlich einst der Graf mit seiner Frauen und zwei Söhnlein auf Besuch bei dem Veylland gewesen. Herr Konrad bauete bei dessen Garten eine Stuterei – daher nachmals die Stadt Stuttgarten hießen –, beschied seinen Werkmeister her auf den Platz und zeigte selbst, wie alles werden sollte. Es wollte aber gern der Doktor denen kleinen Junkherrn eine Kurzweil schaffen und bat den Hutzelmann derhalben, um daß er ein unschuldig Zinselwerk bereite; der versprach's. Als nun die Knaben nach der Mahlzeit in dem Garten spielten, da ward's lebendig in dem Stall, und kam bald aus der Tür hervor ein ganzer Zug von kleinen zierlichen Rößlein, lauter Rappen mit Sattel und Zeug, und das waren die Stiefel gewesen; sie gingen zwei und zwei und wurden von kleinen Roßbuben geführt, und das waren die Bundschuh'. Die Junker hatten ihre Freude mit den ganzen Abend. Auf *einmal* tat es außen an dem Garten einen Pfiff, der ganze Troß saß wie der Blitz ein jeder in seinem Sattel, die Rößlein aber waren zumal Heupferde geworden, grasgrün, einen Schuh lang, mit Flügeln, die setzten all' über die Mauer hinweg und kamen nicht mehr. Doch nachderhand fand man so Stiefel als Schuh' wie zuvor an die Stallwand genagelt.

Vor Jahren habe ich zu Stuttgart auf dem Markt ein Spiel gesehen in einem Dockenkasten, so auch von diesem handelte. Hätt' ich nur alles noch so recht im Kopf! Da wird gesagt zum Vorbericht in wohlgesetzten Reimen, was ich Euch erst erzählt, und sonst noch was voraus zu wissen nötig ist, von Bernd Jobsten, dem Hofnarrn. Der ward denselben Spätling fortgejagt vom Grafen, weil er nicht wollte seiner bösen Zunge Zaum und Zügel anlegen, absonderlich gegen die fremden Herrschaften und Gäste. Nun klagte er sein Mißgeschick dem Doktor, als welcher ihm schon einmal Gnade beim Herrn derhalben ausgewirkt, jetzt aber sich dessen nicht mehr unterstand; doch steuert' er ihm etwas auf den Weg und hieß ihn auch die Schuh' im Stall mitnehmen, wofern er etwa meinte, sich ein Geldlein mit zu machen. ›Ja‹, sagte der Narr: ›das kommt mir schon recht – vergelt' es Gott!‹ – und holte sie gleich ab in einem großmächtigen Kräben und trug sie auf dem Rücken weg, talabwärts, wußte auch schon, was anfangen damit.

Am Necker unterm Kahlenstein fand er des Grafen Schäfer auf der Weid' und stellte seine Bürde ein wenig bei ihm ab, erzählte ihm, wie er den Dienst verscherzt, und was er da trage. Hiermit hebt denn die Handlung an, und spricht sofort der Narr:

Ich bin jetzt alt und gichtbrüchig,
Und meine Sünden beißen mich;
Drum will ich bau'n ein Klösterlein
Und selber gehn zuerst hinein,
In angenehmer Schauenlichkeit
Verdrönsgen dieses Restlein Zeit.

Spricht der *Schäfer*
Klöster bauen kost't halt viel Geld.

Der Narr
Just darauf ist mein Sinn gestellt.
Hiezu bedarf es ein Heiltum,
Daß alle Leut' gleich laufen drum.
Ein Armes bringt sein Scherflein her,
Der Reich' schenkt Äcker, Hof, Wald und mehr.

Der Schäfer
Solch Heiltum kriegen ist nichts Klein's.

Der Narr
Hat mancher keins, er schnitzet eins.
Ich, Gott sei Dank, bin wohl versehn,
– Diese Schuh', mußt du verstehn,
Der vielberühmt' Doktor Veylland
Nächst an der Stadt Jerusalem fand
Unterm Schutt in einer eisen Truh',
Ein gar alt Pergament dazu
Mit Judeng'schrift. Selbes bekennt:
Als Mose nun hätt' Israels Heer
Geführet durch das Rote Meer
Und König Pharao, Reiter und Wagen
Ersäufet in der Tiefe lagen,
Frohlockt das Volk auf diesen Strauß,
Zog weinend Schuh' und Stiefel aus,
Am Stecken sie zu tragen heim,
Ins Land, wo Milch und Honigseim,
In ihren Häusern sie aufzuhenken
Zu solches Wunders Angedenken.
Aus sechshunderttausend ohngefahr
Erlas man diese dreißig Paar
Und brachte sie an sichern Ort
Als einen künftigen Segenshort,
Daß, wer das Leder küssen mag,
Sei ledig seiner Lebetag'
Von Allerweltsart Wassersnot,
Auch Wassersucht und sottem Tod.

Der Schäfer
Hast du das G'schrift auch bei der Hand?

Der Narr
Das, meint' ich, gäb' dir dein Verstand.
Es liegt im Kräben unterst drin;
Und hätt' ich's nicht, gält's her wie hin.
Die War' blieb trocken auf Meeres Grund
Und ist brottrocken auf diese Stund'!

Nun kenn' ich einen guten Pfaffen,
Der soll mir helfen mein Ding beschaffen,
Soll es anrühmen dem Provinzial,
Der meld't's gen Rom dem General.
Da wird sehr bald Bescheid ergehn,

Man wöll' der Sach' nit widerstehn,
Sie soll'n nur forschen bei diesem Jobst,
Was er lieber wär', Prior oder Propst.

Als denn der Narr zum Pater in seine Zelle kommt und ihm den Antrag stellt, begehrt derselbe allererst das Pergament zu sehen. Ja, sagt der Schelm, vorm Jahr noch hätt' er's ihm wohl weisen können, allein, ganz schrumpflich, mürb und brüchig, wie er es überkommen, sei es ihm nach und nach zuschanden gegangen. Dafür zieht er aus seinem Korb hervor ein alt schwer eisen Marschloß, vorgebend, es sei vor der Truchen gelegen. Der Mönch, wie leicht zu denken, hält ihm nichts drauf, verachtet ihm sein ganzes Beginnen, verwarnet und bedrohet ihn gar. Der Narr, weil er vermeint, die Sach' an ihr selbsten gefiel' ihm schon, sie möchte wahr sein oder nicht, er scheue minder den Betrug als den Genossen – erboset er sich sehr in anzüglichen Reden und spricht mit der Letzt:

Sag, Pfaff', tust du die Bibel les'n?

Der Pater
War die ganz Wuch'n drüber g'sess'n.

Der Narr
Ich dacht nur, weil sie in Latein.

Der Pater
Wohl! daß nit jed's Vieh stört hinein.

Der Narr
Wohlan, so weißt du baß dann ich,
Was dort geweissagt ist auf dich
Und die Frau Mutter der Christenheit,
Wie ihr es nämlich treibt die Zeit.
Zum Exempel *Proverbia*[1]
Im dreiß'gisten, was steht allda?
Die Eigel hat zwo Töchter schnöd:
Bringher, Bringher, heißen alle beed'.
Die ein' hat einen Ablaßkram,
Die ander heischet sonder Scham.
– Ei, das hofft' ich nur auch zu nutzen.

1 [Sprüche Salomonis, Kap. 30, V. 15: »Der Igel hat zwo Töchter: bring her, bring her!«]

Pfaff', du tät'st mit, hätt's nit sein' Butzen.

So zieht er ab mit seinem Kräben, unter heftigem Schelten und Drohen des Mönchs. Noch aber läßt er sein Vorhaben nicht, ein Kloster zu erbauen, und sollen ihm die Bundschuh' und die Stiefel in allweg dazu helfen. Sobald er wieder auf der Straßen ist, spricht er:

Jetzt, wüßt' ich nur's Pechfisels Haus!
Der macht' mir ein' Trupp Münchlein draus;
Die schicket' ich dann in die Welt,
Zu kollektier'n ein Gottesgeld.
Vielleicht er macht sie mir gleich beritten
Auf Saumrößlein mit frommen Sitten:
Sie kämen doch viel 'ringer so 'rum,
Als wie *per pedes apostolorum*.

Nachdem er lang vergebens überall dem kleinen Schuster nachgefragt, so findet er denselben von ungefähr beim Bupsinger Brünnlein sitzen, an dem Berg, darin seine Wohnung und Werkstatt ist, und wo er eben einen Becher Wassers schöpfte. Der Narr mit großer Scheinheiligkeit entdeckt ihm sein Anliegen, doch der Pechschwitzer antwortet ihm:

Ich dient' Euch gern, mein guter Freund,
Aber was geistlich Sachen seind,
Laßt meine Kunst mit unverworr'n;
Es brächt' mir eitel Haß und Zorn.
Mein Rat ist darum: geht zur Stund',
Verkauft so gut Ihr könnt den Schund.
Bei die Bupsinger droben, hör' ich, wär'
Großer Mangel eine Weil' schon her.
So brauchet es kein lang' Hausieren.
Doch müßt Ihr nicht Eu'r Geld verlieren,
Woll'n sie mit dem Beutel nit schier heraus,
Droht, es käm' ihnen der Werr ins Haus,
Der Presser; das werden sie schon verstehn.

Darauf der *Narr*
Ich folg' Euch, Meister, und dank' Euch schön.

Jetzt kommt das Lustigste, das aber muß man sehen: wie nämlich Bernd Jobst in dem Dorf seinen Korb auf der Gasse ausschüttet, die Bauren aus den Häusern kommen und gleich ein groß Geriß anhebt, da jeder mit Geschrei sein Eigentum aussucht und alle sich untereinander als Diebe verraten. Sie weigern sich der Zahlung gar hartselig, bis sich der Jobst anstellt zu gehen und sich etwas verlauten läßt vom Werr, daß er ihn schikken wolle. Auf dieses ist mit eins ein jeder willig und bereit, ja auch der gröbst' Torangel zahlt, was ihn ein neues Paar vom Krämermarkt nicht kostete.

Allmittelst hat der Schäfer bei Gelegenheit dem Grafen erzählt, was Wunderlichs der Jobst vorhabe, der Doktor aber es bestätiget nach dem, was er vom Pechschwitzer vernommen, und ist das Ende von dem Lied, daß Herr Konrad dem Narren für diesmal Vergebung erteilt, weil ihm der Schwank gefallen.«

So erzählte der Seppe. Die Meisterin hörte ihm nur so aus Höflichkeit zu und insgeheim mit Gähnen. »Ja, ja«, sprach sie am Ende, »das sind mir einmal Sachen!« und nahm das Ränftlein in die Hand, das er von seinem Brot übriggelassen. Nun, muß man wissen, hatte sie am Fenster einen schönen großen Vogel, der saß in seinem Ring frei da. Ihr erster Mann nahm ihn einmal an Zahlungs Statt von einem bösen Kunden an; es war ein weißer Sittich mit einem schwarzen Schnabel und auch dergleichen Füßen. Er sollte, hieß es, alles sprechen, wenn er das rechte Futter bekäme, und ob er zwar die ganze Zeit nicht sprach und sich der Schuster dessenthalb betrogen fand, so ward er doch der Frau Liebling.

Derselbe schaute jetzt der Meisterin, wie sie das Restlein Brot so hielt, mit einem krummen Kopf begierig auf die Finger. Da sagte sie zu ihrem Bräutigam: »Soll es der Heinz nicht haben?« – Der Seppe dachte freilich: damit geht manches Hundert schöner Laiblein ungesehn zuschanden; doch gab er ihr zur Antwort: »Was mein ist, das ist Euer, und was Euch hin ist, soll auch mir hin sein.« – So schnellte sie den Brocken ihrem Heinz hinauf, der schnappte ihn, zerbiß und schluckt' ihn nieder. Kaum aber war's geschehn, so hub der Sittich an zu reden und brachte laut und deutlich diese Worte vor:

»Gut, gut, gut – ist des Hutzelmanns sein Brot.
Wer einen hat umbracht und zween, schlägt auch den dritten tot.«

Die Meisterin saß bleich als wie die Wand auf ihrem Stuhl, der Gesell aber, wähnend, sie sei darob verwundert vielmehr denn entsetzt, lachte und rief: »Der ist kein Narr! er meint, wenn man es einmal recht verschmeckte, fräß einer leicht auf einen Sitz drei

Laib!« – Darauf die Frau zwar gleichermaßen groß Ergötzen an dem Tier bezeugte; doch mochte es ihr wind und weh inwendig sein, und als der Bräutigam, nachdem er lang genug von dem närrischen Vogel gered't und Scherz mit ihm getrieben, jetzo von andern, nötigen Dingen zu handeln begann: wie sie es künftighin im Haus einrichten wollten, wen von den Gesellen behalten, wem kündigen und so mehr, war sie mit den Gedanken unstet immer nebenaus; das wollten sie bei guter Zeit ausmachen, sagte sie, tat schläfrig, besah die Haube noch einmal und setzte sie auf vor dem Spiegel. – »Puh! friert's mich in der Hauben!« rief sie zumal und schüttelte sich ordentlich: »Das Silber kältet so.« – Dann sagte sie: »Wenn schwarze Band dran wären, mein! es wär' recht eine Armesünderhaube für eine fürstliche Person!« – und lachte über diese ihre Rede einen Schochen, daß den Gesellen ein Gräusel ankam. Gleich aber war sie wieder recht und gut, gespräch, liebkoste dem Gespons und machte ihn vergnügt, wie er nur je gewesen. Darnach so gaben sie einander küssende Gutenacht und ging er aller guten Dinge voll auf seine Kammer.

Den andern Morgen, es war Sonntag, sah er den schönen Sittich nicht mehr sitzen in dem Ring, und die Meisterin sagte mit unholder Miene: »Das Schnitzbrot hat ihm schlecht getan, ich fand ihn unterm Bank da tot und steif und schafft' ihn mir gleich aus den Augen.«

Das deuchte dem Gesellen doch fast fremde, auch sah er einen Blutfleck am Boden. Am meisten aber wunderte und kränkte ihn, daß ihm die Frau so schnorzig war.

Am Nachmittag, weil seine Braut nicht heimkam von der Kirche aus, spazierte er mit seinen Kameraden um den Wall nach einer neuen Schenke gegen Söflingen. Einer von ihnen schlug ein paarmal bei ihm auf den Busch und stichelte auf seine Liebste; da denn ein anderer, ein loser Hesse, den Scherz aufnahm und sagte: »Der Fang wär' recht für einen Schwaben, die haben gute Mägen, Schuhnägel zu verdauen.«

Weil nun der Seppe nicht verstand, wie das gemeint sei, blieb er mit seinem Nebenmann, einem ehrlichen Sindelfinger, ein wenig dahinten und frug ihn darum. »Das ist dir eine neue Mär?« sprach der gar trocken: »deine Meisterin, sagt man, hab' in Zeit von drei Jahr ihren zween Männern mit Gift vergeben. Vom letzten soll es sicher sein, vom ersten glaubt's darum ganz Ulm. Den zweiten hat man erst verwichenes Frühjahr begraben. Die Richter hätten ihr das Urtel gern zum Tod gesprochen, konnten aber nichts machen, denn auf dem Sterbbett sagte ihr Mann, er habe Schuhnägel gefressen. Dergleichen fanden sich nachher auch richtig in dem Leib, allein man glaubt, er habe sie in Schmerzen und Verzweiflungswut, als er das Gift gemerkt, nur kurze Zeit vor seinem End' geschluckt.«

Dem Seppe verging das Gesicht. Er schritt und schwankte nur noch so wie auf Wollsäcken bis in die Schenke. Dort stahl er sich hinweg und ließ sein volles Glas dahinten.

Abwegs in einem einsamen Pfad saß er auf einer Gartenstaffel nieder, seine Lebensgeister erst wieder zu sammeln. Alsdann dankte er Gott mit gefalteten Händen, daß er ihn noch so gnädig errettet, überlegte und kam bald zu dem Beschluß, gleich in der nächsten Nacht das Haus der schlimmen Witwe, ja Ulm selbst insgeheim zu verlassen. Er blieb dort sitzen auf dem gleichen Fleck, bis die Sonne hinab und es dunkel war. Dann ging er in die Stadt, strich, wie ein armer Sünder und Meineider, lang in den Straßen hin und her, und suchte zuletzt, von Durst und Hunger angetrieben, eine abgelegene Trinkstube, wo viele Gäste zechten, ihn aber niemand kannte. Dort barg er sich in einem dunklen Sorgeneck bei einem Fenster nach den Gärten und der Donau zu.

Er konnte, wie man spricht, von keinem Berg sein Unglück übersehen. Zu allem Herzleid hin nicht gar sechs Batzen im Vermögen – denn einen Rest Guthabens bei der Frau, wie hätte er ihn fordern mögen? – dazu sein gutes Hutzelbrot verheillost, das ihm jetzt auf der Reise für Hungersterben hätte dienen können, und endlich Spott und Schande vor und hinter ihm!

Er ging bei sich zu Rat, ob er in seine Heimat solle oder weiterziehen. Das eine kam ihn schier so sauer wie das andre an. Was werden deine Freunde sagen, wenn du schon wieder kommst, als wie der Brogel-Wenz vom welschen Krieg? (derselbe nämlich grüßte die Weinsteig schon wieder am siebenten Tag) – so dachte er; allein die Welt, soweit es in der Fremde heißt, kam ihm jetzt giftig, greulich vor, so öd' und traurig wie das Ulmer Elend, das er dort unten in den Gärten liegen sah; aus einem Fenster dämmerte der kleine Schein vom Licht des Siechenwärters, dabei vielleicht ein armer Tropf, fern von dem lieben Vaterland, jetzt seinen Geist aufgab. Darum, es koste was es wolle, heim ging sein Weg, nur Stuttgart zu! Von keinem Menschen gedachte er Abschied zu nehmen, am wenigsten von ihr, deren Gestalt und Mienen er mit Grauen immer vor sich sah.

Deshalb er auch nicht eher aus dem Wirtshaus ging, als bis er sicher war, ihr nicht mehr zu begegnen, und seine Mitgesellen ebenfalls schon schliefen. Es war schon zwölfe, und die Scharwich kam zum zweitenmal, den letzten Gästen abzubieten.

Wie er nun langsam durch die leeren Gassen nach seinem Viertel lenkte, vernahm er oben in dem Giebel eines kleinen Hauses den Gesang von zwo Dirnen, deren eine, eines Kürschners Tochter, Kunigund, er wohl kannte, ein braves und sehr schönes Mädchen, mit welchem er im »Pflug« manchen Schleifer herumgetanzt hatte. Wär' er nicht gleich im Anfang so tief in die Witwe verschossen gewesen, die hätte ihm vor allen Ulmer Bürgerskindern wohl gefallen und er ihr auch.

Die Dirnen plauderten, wie es ihm vorkam, finsterlings im Bett und sangen das Lied von dem traurigen Knaben, dem sein Schatz verstarb, das hatte zum Titel: »Lieb' in den Tod« und eine so herrliche Weise als sonst vielleicht kein anderes. Da sie es noch einmal von vorn anfingen, stand er still und horchte hinter einer Beuge Faßholz stille zu.

Ufam Kirchhof, am Chor
Blüeht a Blo-Holder Strauß,
Do fleugt a weiß Täuble,
Vor's taga tuet, aus.

Es streicht wohl a Gässale
Nieder und zwua,
Es fliegt mer ins Fenster,
Es kommt uf mi zua.

Jetzt kenn' i mein' Schatz
Und sei linneweiß G'wand
Und sei silberes Ringle
Von mir an der Hand.

Es nickt mehr en Grueß,
Setzt se nieder am Bett,
Frei luegt mer's ins G'sicht,
Aber anrüehrt me's net.

Drei Wocha vor Ostra,
Wann's Nachthüehle schreit,
Do macha mer Hochzig,
Mei Schatz hot mer's g'sait.

Mer macha kein' Lebtag,
Mer halta kein' Tanz.
Wer goht mit zur Kircha?
Wer flicht mer da Kranz?

In währndem Zuhören dachte der Seppe: die wird sich auch wohl wundern, wenn sie hört, ich sei bei Nacht und Nebel fort als wie ein Dieb! – und dachte ferner: wenn diese Gundel deine Liebste hätte werden sollen und wär' dir heut' gestorben, ob du jetzt übler dran wärest denn so oder besser? – Er wußte in der Kürze sich selbst keinen Bescheid darauf, stöhnte nur tief aus der Brust und ging weiter.

Beim Haus der Witwe angekommen, drehte er den Schlüssel in der Tür so leis er konnte um, schlich auf den Zehen an ihrer Schlafkammer vorbei, kam in die seinige, von den Gesellen unberufen, und packte seine Sachen ein, nachdem er erst die guten Kleider aus- und andere angezogen, auch mit herzlicher Reue des Hutzelmanns Schuhe, die es so gut mit ihm gemeint, unter dem Stein hervorgenommen und sie nach langer Zeit das erstemal wieder an die Füße getan.

Und also schied er auf zeitlebens aus dem Haus, darin er sich vor wenig Stunden noch als wie in seinem Eigentum vergnüglich umgeschaut hatte. Er kam an das Liebfrauentor und schellte dem Wächter; der ließ ihn hinaus und war der einzige Mensch in ganz Ulm, welcher ihm Glück auf die Reise gewünscht.

Als er so in der Nacht, auf trockener Landstraße und bei gelinder Luft, nicht völlig eine halbe Stunde weit gewandert war, so regte sich sein Linker allbereits mit Jucken, Treten, Hopsen und sonst viel Ungebühr. »So«, rief der Seppe grimmig: »moinst, dia Gugelfuahr gang wieder an? I will d'r beizeit d'rfür tua!« – saß nieder, riß den linken ab und faßte auch den rechten – da fiel ihm ein: Den könntst du anbehalten: mit *einem* Fuß im Glück ist besser denn mit keinem; zog also einen Stiefel an zum andern Schuh, probiert' es eine Strecke, und wahrlich, es tat gut.

In seinem Innern aber, so arg es auch darin noch durcheinander ging, daß ihm das Heulen näher als das Pfeifen lag, so gab er sich doch selbst schon kühnlicheren Zuspruch mit Vernunft, nahm sein versehrtes Herz, drückt' es, gleich wie die Hausfrauen pflegen mit einem zertretenen Hühnlein zu tun, in sanften Händen wieder zurecht, und endlich ging sein Trost und letzter Schluß dahin, wie sein Vetter als sagte: »es hat nur drei gute

Weiber gegeben: die eine ist im Bad ersoffen, die ander' ist aus der Welt geloffen, die dritte sucht man noch.«

Unweit Gerhausen kam schon allgemach der Tag; bald sah er auch Blaubeuren liegen, und auf den Dächern rauchte hie und da schon ein Kamin.

Eine Ackerlänge vor dem Tor geschah ihm etwas unverhofft.

Dort zog der Weg sich unter den Felsen linkerhand an einer Steile hin. Der Seppe dachte eben, wenn er jetzt in das Städtlein käme, ein warmes Frühstück täte seinem Magen wohl, und rechnete, wie weit er damit komme, denn sein Beutel mochte nicht viel leiden. Bei dem Bräumeister konnte er aber mit Ehren nicht wieder einsprechen; er meinte, die Leute möchten sagen: »dem hat das Handwerksburschen-Einmaleins im Nonnenhof gefallen und mag ihm ganz eine kommode Rechnung sein!« Dies denkend, schritt er hitziger fürbaß – mit eins aber kann er nicht weiter, und ist er mit dem Schuh wie angenagelt an den Boden, zieht, reißt und schnellt, zockt noch einmal aus Leibeskräften, da fuhr er endlich aus dem Schuh – der aber flog zugleich den Rain hinunter, wohl eines Hauses Höhe, in einen Felsenspalt!

Gern oder ungern mußte ihm der Seppe nach. Als er nun mit Gefahr den Fleck erreicht, wo er ihn hatte fallen sehen, und in dem Steinriß mit der Hand herumsuchte, auch alsbald ihn erwischte, indem so stieß er an ein fremdes Ding, das zog er mit ans Licht: – »Hoho! *davon* kam dir die Witterung!?« rief er und hielt das Bleilot in der Hand, betrachtet' es mit Freuden, schlupft in den Schuh und ist wie der Wind wieder oben. Nachdem er den Fund in den Ranzen gesteckt, der jetzo freilich das Zwiefache wog, ging er nicht wenig getröstet hinein in die Stadt.

Die Leute machten erst die Läden auf und trieben das Vieh an die Tränke. Er kam an einem Bäckerhaus vorbei, da roch gerade so ein guter warmer Dunst heraus, daß es ihn recht bei der Nase hineinzog. Er ließ sich einen Schnaps und keinen kleinen Ranken Brot dazu geben; das hielt dann wieder Leib und Seele auf etliche Stunden zusammen.

Sofort auf seinem Weg probierte er das Lot auf alle Weise, wenn hin und wieder ein Metzger oder sonst ein Mensch bei ihm vorüberkam, und als er nur den Vorteil erst mit rechts und links weghatte, vertrieb er sich die Zeit, samt seinem Herzensbrast, auf das anmutigste und beste.

Auf der Höhe der Feldstätter Markung fuhr hinter ihm daher mit einem leeren Wagen und zween starken Ochsen ein Böhringer Bauer. Der Seppe wollte gern ein Stück weit von ihm mitgenommen sein und sprach ihn gar bescheiden und ziemlich darum an; der aber war ein grober Knollfink, tat, als hört' er ihn nicht. Ei, denkt mein Schuster: hörest du mich nicht, so hab' mich auch gesehn, und sollst mich dennoch führen! – verschwand wie ein Luftgeist im Rücken des Manns und setzte sich hinten aufs Brett. Da sprach der Bauer mit sich selbst und maulte: »Hätt' i viel z'taun, wenn i dia Kerle äll uflada wött – Hott ane, Scheck! – dia Scheuraburzler do! äll Hunds-Odam lauft oar d'rher. Miar kommt koar über d' Schwell und uf da Waga, miar ett!« – Das hörte der Gesell mit großem Ergötzen und hielt sich immer still, gleichwie der andre auch still ward. Nach einer Weile holt der Böhringer just aus, auf schwäbische Manier die Nas' zu putzen, hielt aber jäh betroffen inn', denn hinter ihm sprach, als wie aus einem hohlen Faß heraus, die Wort':

»Zehn Ochsen und ein Bauer sind zwölf Stück Rindvieh.«

Der Bauer, mit offenem Maul, schaut um, schaut über sich gen die Sperlachen, horcht, ruft Oha dem Gespann, steigt ab dem Wagen, guckt unterhalb zwischen die Räder, und da kein Mensch zu sehen war und auf der Ebene weit und breit kein Baum oder Grube noch sonst des Orts Gelegenheit darnach gewesen wäre, daß sich ein Mensch verbergen mochte: stand ihm das Haar gen Berg, saß eilends auf und trieb die Tiere streng in *einem* Trott, was sie erlaufen mochten, bis vor seinen Ort; denn er vermeinte nicht anders, als der Teufel habe ihm Spitzfündiges aufgegeben, und wenn er den Verstand nicht dazu habe, so gehe es ihm an das Leben.

Der Seppe stieg nicht bälder von dem Wagen, als bis der Bauer in seiner Hofrait hielt, dann wandelte er durchs Dorf, unsichtbarlich, und hatte mit diesem Abenteuer, die schöne Kurzweil ungerechnet, wohl ein halbe Meil' Weges Profit.

Er kam ins Tal hinunter und auf Urach, er wußte nicht wie.

Vor dem Gasthaus, demselben, wo er im Herweg übernachtet war, stiegen etliche reisende Herren von Adel samt ihren Knechten gerade zu Roß; er hörte, sie ritten auf Stuttgart. Herrn Eberhards Tochter hatte Hochzeit, als gestern, gehabt mit Graf Rudolf von Hohenberg; auf ebendiese Zeit beging ihr Herr Vater, der Graf, seine silberne Hochzeit. Es dauerten die Lustbarkeiten noch drei Tage lang am Hof und in der Stadt, Turnier und andre Spiele. Das hörte der Geselle gern; er dachte, da hat man deiner nicht viel acht, und mögen deine Freunde glauben, du kamst des

Lebtags wegen heim. Ihn lüstete nicht sehr darnach, demungeachtet säumte er sich nicht auf seinem Weg, und als er sich um die drei Groschen und etliche Heller, so er aus allen Taschen elendiglich zusammenzwickte, noch einmal wacker satt gegessen und getrunken, so setzt' er seinen Stab gestärkt und mutig weiter. Stets einem flinken Wässerlein, der Erms, nachgehend, befand er sich gar bald vor Metzingen.

Er dachte trutzig und getrost vor jedermanns Augen den Ort zu passieren, wo er vor einem halben Jahr den Schabernack erlitten, und war auf Schimpf und Glimpf gefaßt, nur wollte er zuvor den zweiten Stiefel noch außen vor dem Ort antun, damit er doch nicht mit Gewalt den Spott der Gaffer auf sich ziehe. Aber wie er sich dazu anschicken will, kommt ihm ein anderes dazwischen, das ließ ihm keine Zeit.

Gleich vor dem Flecken, frei auf einem Gutstück, lag eines Schönfärbers Haus; an dessen einer Seite hingen allerhand Stück Zeug, in Rot, Blau, Gelb und Grün gefärbt, auf Stangen und im Rahmen aufgezogen, davor ein grüner Grasplatz war. Dort nun, doch näher bei der Straße, sah der Seppe, nur einen Steinwurf weit von ihm, das nasenweise Färberlein stehn, das Gesicht nach dem Flecken gekehrt. Das Bürschlein hatte Gähnaffen feil, weil seine Meisterleute nicht daheim, oder paßte es auf eine hübsche Dirne, sah und hörte deshalb weiter nichts.

»Wohl bei der Heck', du Laff!« sagte der Seppe frohlockend vor sich, indem er risch seitab der Straße sprang: »jetzt will ich dir den Plirum geigen!« – warf seinen Ranzen links herum, lief eilig zu und stand unsichtbar auf dem Wasen, ein Dutzend Schritte hinter dem Färber. Geschwind besann er sich, was er zuerst beginne, trat an das Lattenwerk, zog wie der Blitz einen trockenen Streif des roten Zeugs herab und breitete denselben glatt aufs Gras; alsdann stellte er sich in leibhafter Gestalt, ohne Willkomm und Gruß nicht in gutem noch bösem ganz dichte vor den Färber hin. Der, seinen Feind erkennend, macht' ein Gesicht als wie der Esel, wenn er Teig gefressen hat; und plötzlich wollte er auf und davon. Der Schuster aber hatt' ihn schon gefaßt – kein Schraubstock zwängt ein Werkholz fester, denn unser Geselle das Büblein hielt bei seinen zween Armstecken. Er hieß ihn stille schweigen, so wolle er ihm aus Barmherzigkeit an seinem Leib nichts tun; nahm ihn sodann gelinde, legt' ihn aufs eine Tuchend überzwerch, drückt' ihm die Ellenbogen grad' am Leib und wergelt' ihn mit Händen geschickt im Tuch hinab, wie man ein

Mangholz wälzet, daß er schön glatt gewickelt war bis an das Kinn. Darauf band er ihm ein grünes Band, das er auch von der Latte gezogen, kreuzweis von unten bis hinauf und knüpft's ihm auf der Brust mit einer schönen Schlaufe. Nach allem diesem aber nahm und trug er ihn, nicht anders als ein Pfätschenkind dahingetragen wird, auf seinen Armen weg (in deren einem er den Wanderstock am Riemen hangend hatte). Weil er jedoch bei diesem ganzen Vornehmen das Lot links trug, und weil der Krackenzahn mehr nicht kann ungesehen machen, als das zum Mann gehört, so war es wunderbarlich, ja grausig, fremd und lustig gleichermaßen anzusehn, wie auf der breiten Straße, mitten inne, ein gesunder Knab', wie Milch und Blut, mit schwarzem Kräuselhaar, in Wickelkindsgestalt frei in der Luft herschwebete und schrie.

Das Volk lief zu aus allen Gassen, ein jedes lacht' und jammerte in *einem* Atem, die Weiblein schrien Mirakel und: »Hilf Gott! es ist des Färbers Knab', der Vite! Springt ihm denn keiner bei von euch Mannsnamen?« – Doch niemand traute sich hinzu.

Da fing der Seppe an, sangweis mit heller Stimme:

Scheraschleifer, wetz, wetz, wetz,
Laß dei' Rädle schnurra!
Stuagart ist a grauße Stadt,
Lauft a Gänsbach dura.

Und als das Kind sich ungebärdig stellte, schwang er's und flaigert's hin und her und sang:

Färberbüable, schrei net so,
Mach mehr keine Mändla!
D'Büasinger mit zwanzig Johr
Trait mer en de Wendla.
Heisasa! Hopsasa!
Wia de kleine Kendla.

Die Leute fanden ihrem Staunen, Schrecken, Dattern und Zagen nicht Worte noch Gebärden mehr. Eins schob und stieß und drängte nur das andere dem Abenteuer immer nach oder voraus. Bei dem Gemeindehaus aber schwenkte sich der Seppe seitwärts nach dem Kirchplatz unversehens, daß alles vor ihm schreiend auseinanderfuhr.

Dort, mitten auf dem Platz, sah man den Vite sänftlich an die Erde niederkommen. Da lag denn ein seltsamer Täufling, zornheulend, sonder Hilfe, derweil der Schuster flüchtig durch die Menge wischte. Weit draußen vor dem Ort noch hörte er das Lärmen und Brausen der Leute.

Bei Tolfingen am Neckar spürte er anfangen in den Beinen, daß er verwichene Nacht in keinem Bett gewesen, jetzt fünfzehn Stunden Wegs in *einem* Strich gemacht, daneben ihn der letzte Possen auch manchen Tropfen Schweiß gekostet haben mag. Der Abend dämmerte schon stark, und er hatte noch fünf gute Stunden heim. Bei frischen Kräften hätte er Stuttgart nicht füglich vor Mitternacht können erlaufen, so schachmatt aber, wie er war, und mit vier Pfennigen Zehrgeld im Sack, schien ihm nicht ratsam, es nur zu probieren. Wo aber bleiben über die Nacht und doch kein Scheurenburzler sein? – Halt! dachte er, dient nicht in der Stadt Nürtingen, nur anderthalb Stund' von da, der Kilian aus Münster als Mühlknapp? Das ist die beste Haut von der Welt, der läßt dich nicht auf der Gasse liegen und borgt dir leicht ein Weniges auf den Weg – Jetzt ist lang Tag! – Er tat erst einen frischen Trunk in Tolfingen, wo das Wasser nichts kostet, dann kaufte er sich ein Brot für seinen letzten Kreuzer, verzehrt' es ungesäumt und lotterte, indem es finster ward, gemächlich die Straße am Neckar hinauf. Mit der Letzte erschleppt' er sich fast nicht mehr, doch endlich erschienen die Lichter der Stadt und hörte er das große Wuhr ob der Brücke schon rauschen, hart neben welcher jenseits die vielen Werke klapperten.

Der Müller aß eben zu Nacht mit seinen Leuten und Gesind, darunter nur kein Kilian zu sehen war. Man sagte dem Schuster, der sei vor einem Vierteljahr gewandert. Da stand der arme Schlucker mit seinem gottigen Glücksschuh und seinem Stiefel! wußte nicht, was er jetzt machen sollte. Indes hieß ihn die Müllerin ablegen und mitessen; und nach dem Tischgebet, dieweil der Mann leicht merken mochte, es sei ein ordentlicher Mensch und habe Kummer, bot er ihm an, über Nacht im Wartstüblein, wo die Mahlknechte rasten, auf eine der Pritschen zu liegen. Das ließ er sich nicht zweimal sagen und machte sich alsbald hinunter, ein Jung wies ihm den Weg zwischen sechs Gängen hindurch, die gellten ihm die Ohren im Vorbeigehn nicht schlecht aus. Zwei Stieglein hinunter und eins hinauf, kam er in ein gar wohnliches, vertäfertes Gemach und streckte sich auf so ein schmales Lager hin. Wie grausam müd' er aber war, ein Schlaf kam nicht in seine Augen; Fenster und Boden zitterten in einem fort, es schellte bald da, bald dort, die Knechte tappten aus und ein, und die ganze Nacht brannte das Licht.

Um eins, da ihn der Oberknecht noch wachen sah, sprach der zu ihm: wenn er auf Nachruh' halte, hier sei er in die unrechte Herberg' geraten, das Schlafen in der Mühle woll' gelernt sein wie das Psalmenbeten in der Hölle; er soll' aufstehn, sie wollten sich selbdritt die Zeit vertreiben mit Trischacken: langte die Karten vom Wandbrett herunter und stellte einen vollen Bierkrug auf den Tisch. Der Seppe wollte nicht, bekannte auch, daß er Gelds ohne sei; allein da hieß es: »Schuster! dein Schnappsack hat ein leidlich Gewicht, und Stein' hast du keinswegs darin, wenn aber, so sei uns ein ehrlicher Schuldner.« So gab er endlich nach und nahm sein Spiel vor sich. Wetter! wie paßten gleich die Kerl' da auf! Was er nur zog und hinwarf, allemal die besten Stiche! Jetzt wurden seine Sinne hell und wach zumal, er dachte: hei, da springt ein Wandergeld heraus! Das erste Spiel gewonnen, das zweite desgleichen. Beim dritten und beim vierten zog er heimlich den Schuh aus unter dem Tisch, daß es nicht merklich würde, und verspielt's damit hintereinander, doch brachte er es vier- und sechsfach wieder ein, und pünktlich machte einer jedesmal die Striche auf die Tafel, daß man's nachher zusammenrechnen könne. Es war ihm über einen Gulden gutgeschrieben, und als den andern endlich so die Lust verging, war es ihm eben recht und legte er sich noch auf ein Stündlein nieder. Da fiel der Schlaf auch bald auf ihn als wie ein Maltersack, doch ohne Letzung. Er war mit seinem Geist in Ulm und träumte nur von Greuel, Gift und peinlichem Gericht. Ein Mahljung', welcher durch das Stüblein lief, vernahm von ungefähr, wie er im Schlaf die Worte redete: »Für'n Galgen hilft kein Goller und fürs Kopfweh kein Kranz!« – ging hin und hinterbracht's den Knechten; die kamen juxeshalber und standen um den Schlafenden, sein bitterlich Gesicht bescherzend. Auch nestelten sie ihm den Ranzen auf, aus Fürwitz, was er Schatzwerts darin habe, zogen das schwere Blei heraus und lachten ob des Knaben Einfalt solchermaßen, daß ihnen gleich das Schiedfell hätte platzen mögen. »Tropf!« sprach der eine, »hast du sonst nichts gestohlen, darum springt dir der Strick nicht nach!« – und packten's ihm wieder säuberlich ein.

Als nun der Seppe endlich am lichten Tag erwacht war, gürtete er sich gleich, nahm Hut und Stock und fand die beiden Spielgesellen in der Mühle am Geschäft. Er hätte gern sein Geld gehabt, wenn es auch nur die Hälfte oder ein Drittel sein sollte. Sie aber, lachend mit Faxen und Zeichen, bedeuteten ihm, sie verstünden nicht über dem Lärm, was er wolle, und hätten unmöglich der Zeit. Nun sah er wohl, er sei betrogen, kehrte den seellosen Schelmen den Rücken und ging hinauf, dem Müller seinen schuldigen Dank abzustatten. Dort in der Küche gab man ihm noch einen glatt geschmälzten Hirsenbrei; damit im Leibe wohl verwarmt, zog er zum Tor hinaus und über die Brücke, dann rechts Ober-Ensingen zu. Gern hätte er zuvor den Herbergvater in der Stadt um eine Wegspend' angegangen, er traute aber nicht, weil er in Ulm sich keinen Abschied in sein Büchlein hatte schreiben lassen.

Auf dem Berg, wo der Wolfschluger Wald anfangt, sah man damals auf einem freien Platz ein paar uralte Lindenbäume, ein offen Bethäuslein dabei, samt etlichen Ruhbänken. Allhie beschaute sich der Seppe noch einmal die ausgestreckte blaue Alb, den Breitenstein, den Teckberg mit der großen Burg der Herzoge, so einer Stadt beinah' gleichkam, und Hohen-Neuffen, dessen Fenster er von weitem hell her blinken sah. Er hielt dafür, in allen deutschen Landen möge wohl Herrlicheres nicht viel zu finden sein als dies Gebirg, zur Sommerszeit, und diese weite gesegnete Gegend. Uns hat an dem Gesellen wohl gefallen, daß er bei aller Übelfahrt und Kümmernis noch solcher Augenweide pflegen mochte.

Von ungefähr, als er sich wandte, fand er auf einem von den Ruhebänken ein Verslein mit Kreide geschrieben, das konnte er nicht sonder Müh' entziffern, denn sichtlich stand es nicht seit jüngst, und Schnee und Regen waren darüber ergangen. Es hieß:

Ich habe Kreuz und Leiden,
Das schreib' ich mit der Kreiden,
Und wer kein Kreuz und Leiden hat,
Der wische meinen Reimen ab!

Der Seppe ruhte lang mit starren Blicken auf der Schrift. Er dachte: Dem, welcher dies geschrieben, war der Mut so weit herunter als wie dir, kann sein noch weiter – tröst' ihn Gott! – Nachdenksam kehrte er sich zur Kapelle, legte Ranzen, Hut und Stock, wie sich gebührte, haußen ab und ging, seine Andacht zu halten, hinein; nach deren Verrichtung er sich bei den Namen und Sprüchen verweilte, so von allerhand Volk, von frommen Pilgrimen und müßigen Betern, an den Wänden umher mit Rotstein oder dem Messer angeschrieben waren. In einem Eck ganz hinten stund zu lesen dieser Reim:

Bitt', Wandrer, für mich,
So bittst du für dich.
Mit Schmerzen ich büße,
In Tränen ich fließe.
Das *Erbe der Armen*,
Das heißet *Erbarmen*.

Recht wie ein Blitzstrahl zückten die Worte in ihn, und war ihm eben, als flehet' es ihn aus den Zeilen an mit gerungenen Händen um sein Fürbitte, als eine letzte Guttat an der Frau, so ihrer vor allen den lebenden Menschen bedürfe. Seit jener Stunde, wo er sich im stillen von ihr schied, war ihm noch kein Bedenken oder Sorge angekommen um das verderbte und verlorene Weib; nun aber fiel das treue Schwabenherz gleich williglich auf seine Knie, vergab an seinem Teil und wünschte redlich, Gott möge ihren bösen Sinn zur Buße kehren und ihr dereinstens gnädig sein; für sich insonderheit bat er, Gott wolle seiner schonen und ihn kein blutig Ende an ihr erleben lassen. Hierauf erhob er sich, die Augen mit dem Ärmel wischend, und setzte seine Reise fort.

Nach dreien Stunden, um Bernhausen auf den Fildern, hub sein Magen an mit ihm zu hadern und zu brummen. Er hätte sich mit seinem Lot in manches reichen Bauern Haus und Küche leichtlich wie Rolands Knappe helfen können, welcher vermittelst seines Däumerlings dem Sultan sein Leibessen samt der Schüssel frei vor dem Maul wegnahm. Ihm kam jedoch vor Traurigkeit dergleichen gar nicht in den Sinn: auch hatte er sein Leben lang weder gestohlen noch gebettelt. Kein leiderer Weggenoß ist aber denn der Hunger. Er rauft, wenn er einmal recht anfangt, einem Wandersmann schockweis die Kraft aus dem Gebein, nimmt von dem Herzen Trost und Freudigkeit hinweg, schreit allen alten Jammer wach, recht wie bei Nacht ein Hund den andern aufweckt, daß ihrer sieben miteinander heulen. Das dauerte bei dem Gesellen, bis endlich Degerloch da war und er nun um die Mittagszeit seine Vaterstadt im lichten Sonnenschein und Rauch vom Berg aus liegen sah. Da brannten ihm die salzigen Tropfen vor Freuden im Aug' und waren seine Füße alsbald wie neugeboren.

Von weitem hörte er Trompetenschall und sah es vor dem Tor und in den Straßen blinken und wimmeln. Die Ritter kamen in

Harnisch und Wehr zurück vom großen Stechen; Roß und Mann bis an den Helmbusch voller Staub. Es wogte bunt von Grafen, Edelherrn und Knappen, von Bürgersleuten und vielem Landvolk.

Der Seppe drückte sich, wie er zur Stadt hineinkam, scheu nur an den Häusern hin: denn ob er gleich unsichtbar ging, um seiner schlechten Kleidung willen, auch weil er übel, schwach und schwindlig war vor übergroßer Anstrengung, weshalb er nicht viel Grüßens oder Redens brauchen konnte, so war ihm doch bei jedem Schritt, wie wenn die Blicke aller Leute auf ihn zielten, und wurde rot und blaß, so oft als ein guter Bekannter oder ein Mädchen seiner alten Nachbarschaft bei ihm vorüber lachte. Er strebte einem engen Gäßlein zu im Bohnenviertel, wo eine alte Base von ihm wohnte. Am Eck schob er den Ranzen rechts herum, und schon von ihrem Fenster aus begrüßte ihn das gute Fräulein, seine Dote. Er sprang mit letzten Kräften die Stiege noch hinauf, aber unter der Tür knickt' er in den Knien zusammen und schwanden ihm zumal die Sinne. Die Frau rief ihren Hausmann, holte Wein und was sonst helfen mochte. In Bälde hatten sie den armen Lungerer so weit zurecht gebracht, daß er auf seinen Füßen stehn, sich hinter den Tisch setzen, essen und trinken konnte.

Dabei erzählte ihm das Mütterlein, was sich alle die Zeit her begeben; vom großen Beilager im Schloß, wie auch, daß morgen noch ein Haupttag sei. Weil nämlich eben Faßnacht in der Nähe war und die erlauchte Braut nichts lieber sah als einen schönen Mummenschanz, so wurde von dem Rat der Stadt beschlossen, daß ein solcher mit ausnehmender Pracht auf dem Markt gehalten werde. Der Graf dagegen wollte zu Mittag die Bürgerschaft in den Straßen bewirten, welches der Jahreszeit halben wohl geschehen mochte, indem der Winter so gelind und kurz ausfiel, daß wahrlich im Stuttgarter Tal fast die Bäume ausschlugen. »Auf diesen Tag nun, siehst du«, sprach die Base, »tut jung und alt sein Bestes, der Arme wie der Reiche; wer keinen Heiden oder Mohren machen kann, der findet einen bunten Lappen zum Zigeuner, und wem die Larve fehlt, der färbt sich im Gesicht. Da hat vorhin die Kiderlen, die Vrone, die du kennst, sich Feierwams und Hosen von ihrem Vetter, meines Hausmanns Buben, abgeholt, und er verbutzet sich mit seiner Ahne ihrem Hochzeitstaat. Seppe, wir müssen uns für dich beizeiten auch nach was umtun. Für jetzo, schätz' ich aber, hast du das Bett am nötigsten.« – »Ach, wohl, Frau Dot!« sprach er: »und ich wollt' nur, die Nacht hätt' ihre achtundvierzig Stund'!« – »Nun«, meinte sie, »vier hast du, bis wir essen, da läßt sich schon ein schön Stück Schlafs vorweg herunterspinnen«; – und führte ihn hinauf in eine kleine Kammer, in welcher allezeit ein gutes Gastbett aufgemacht war.

Kaum hatte er sich ausgezogen und sein zerschelltes, brechliches und ganz vermürbtes Knochenrüstwerk behutsam ausgestreckt, da schlief er auch schon wie ein Dachs und so in *einem* fort bis abends spät, wo ihm die Frau eine Suppe mit Fleisch hinaufbrachte und noch ein wenig mit ihm diskurrierte. Nun wünschte sie ihm Gutenacht und ging mit ihrem Licht.

Sie war aber die Stiege noch nicht gar hinunter, so ruckt etwas an seinem Stuhl, ein Lämplein macht die Kammer klar, und eine Stimme sagte: »Grüß dich Gott, Seppe! verschrick nit, der Pechschwitzer ist es, der Hutzelmann, der Tröster. So, so, auch wieder hiesig? Sorg' nit, ich plag' dich lang – du brauchst der Ruh' – nur auf ein Wort: sag an, gelt, Bursch, hasts Klötzle?«

»Jo freile, han i's, Meister.«

»Laß sehn! wo steckt's? im Bündel? – hab' es schon! bei meinem Leisten! ja, da glotzt er 'raus, der Krackenzahn. Du erzigs Narrenglückskind du! Und hast fein nur mit *einem* Hund gejagt! Du Malefizglücksspitzbub du!« – Mit diesen und viel andern närrischen Ausrufungen bewies das Männlein seine Freude. Drauf sagte es mit Ernst: »Mein Sohn, du hast dies teuere Stück, wie du zwar schuldig warst, deinem Patron getreulich überliefert, da du es nicht allein im Nonnenhof können vertrumpeln, um einen Pfifferling aus des Wasserweibs Hafen, sondern konntest vor Kaiser und Könige gehen damit, die hätten dir dies schlechte Blei gern sechsmal und mehr mit Gold aufgewogen – nun, Seppe, denk' an mich, das sollst du nicht bereuen. Hab' Gutenacht.« – Im Gehen frug er noch: »Wie sicht's mit dem Laiblein?«

»Ja Meister, um sell bin i komma, sell ist –«

»Gfressen?«

»Jo, aber ett vo mir!«

»Ei daß dich! hat das auch müssen verhansleardlet sein! Nu, wenn's nur gfressen ist; gibt wieder einmal ein anders vielleicht. B'hüt Gott! Morgen bei rechter Zeit siehst mich wieder.«

* * *

Die Sonne ging am andern Morgen glatt und schön herauf am Himmel und hatte die Nebel über der Stadt mit Macht in der Früh' schon vertrieben. Man hörte die Gassen aus und ein vielfach Geläufe, Lachen und Gesprang; es war schon um die Achte, in einer halben Stunde ging der Aufzug an. Da hielt es die Base nun hoch an der Zeit, daß sie ihr Patlein wecke, denn, meinte sie, auf allen Fall muß er die Herrlichkeit mitmachen und soll so gut wie jeder andere Bürgersohn an der Gesellentafel speisen auf des Herrn Grafen Kosten. Mit Mühe hatte sie noch gestern abend einen langen weißen Judenbart samt Mantel und Mütze für ihn bei einer Trödlerin mietweis erlangt. Sie nahm den Plunder auf den Arm, den guten Burschen gleich auf seiner Kammer damit zu erfreuen: da klopfte es und kam ein junger Gesell herein, wenig geringer als ein Edelknabe angezogen, mit einem krachneuen, rotbraunen Wammes von Sammet, schwarzen Pluderhosen, Kniebändern von Seide und gelben Strümpfen. Er hielt sein Barett vors Gesicht gedeckt, und als er es wegnahm, stand da vor seiner lieben Dot der Schuster Seppe mit Blicken, halb beschämt und halb von Freude strahlend. Die Frau schlug in die Hände, rief: »Jemine! was soll das heißen? Bub, sag, wo hast du das geborgt?« – »Ihr sollt's schon heut noch hören, Base: es ist eine weitläufe Sach', und ich muß gleich fort.« – »Nun, sei's, woher es wolle; aus einem vornehmen Schrank muß es sein. Nein, aber Seppe, wie gut dir's steht, alles, bis auf den feinen Hemdkragen hinaus! Ich sag' dir, es wär' Sünd' und Schad', wenn du eine Larve umbändest. Mein Jud', so viel ist ausgemacht, darf seinen Spieß jetzt nur wo anders hintragen. Da, schau einmal, was ich dir Schönes hatte!« – Und hiermit lief sie in die Küche, dem Knaben eine gute Eiergerste zum Morgenatz zu bringen.

Derweil er seine Schüssel leerte, zog sich die Base im Alkoven festtägig an. Sie wollte des Getreibes gern auch Zeuge sein, von einem obern Fenster aus bei einem Schneider auf dem Markt. Der Seppe aber eilte ihr voraus, Sankt Leonhards Kapelle und der Wette zu, stracks auf den Platz.

Von keiner Seele unterwegs ward er erkannt noch auch gesehn. Warum? er wird doch nicht das Lot mitschleppen? Nein, aber seine linke Brusttasche barg eine zierliche Kapsel, darinne lag der ausgezogene Krackenzahn, gefaßt in Gold und überdies in ein goldenes Büchslein geschraubt, samt einer grünen Schnur daran. Der Hutzelmann ließ alles über Nacht von einem Meister in der Stadt, mit welchem er gut Freund war, fertigen und übergab dem Seppe das Kleinod mit der Weisung, dasselbe seinem Landesherrn, dem Grafen, zu Ehren seines Jubeltags nachträglich zu behändigen, sobald er merke, daß der Scherz zu Ende gehe und die Herrschaft am Aufstehen wäre.

Wie der Gesell nunmehr an Ort und Stelle kam, sah er den weiten Markt bereits an dreien Seiten dicht mit Volk besetzt und Kopf an Kopf in allen Fenstern. Er nahm seinen Stand beim Gasthof zum Adler, und zwar zuvörderst unsichtbar, außer den Schranken. Etliche Schritt weit von den Häusern nämlich liefen Planken hin, dahinter mußten sich die Schaulustigen halten, daß innerhalb der ganze Raum frei bleibe für die Faßnachtsspiele sowie auch für die fremden Tänzer und Springer, welche ihr großes Seil ganz in der Mitte querüber vom Rathaus aufgespannt hatten, dergestalt, daß es an beiden Seiten gleich schräg herunterlief und hüben und drüben noch ein breiter Weg für den Maskenzug blieb.

Am Rathaus auf der großen Altane erhub sich ein Gezelt von safranfarbigem Sammet mit golddurchwirkten Quasten, den gräflichen Wappen und prächtigen Bannern geschmückt. Den Eingang schützten sechs Hellebardierer aus der Stadtbürgerschaft. Es hingen aus den Fenstern aller Häuser bunte Teppiche heraus, und an den Schranken standen, gleichweit voneinander, grüne Tännlein aufgerichtet. Von den sechs Straßen am Markt waren viere bewacht: darin sah man die Tische gedeckt für das Volk, Garküchen und Schankbuden, wo nachher Bier und Wein gezapft wurde und fünfzig Keller- und Hof-Bartzefanten die Speisen empfingen.

Gegen dem Rathaus über sodann, am andern Ende des Markts, war der Spielleute Stand. Dieselben machten jetzo einen großen Tusch: denn aus der Gasse hinter ihnen nahete der Hof; nämlich: Graf Eberhard mit dem von Hohenberg, dem Vater, das jüngst vermählte Paar, wie auch des Grafen Sohn, Herr Ulrich, auf weißen, köstlich geschirrten Rossen; die Gemahlin des Grafen und andre hohe Frauen aber in Sänften getragen; zu deren beiden Seiten gingen Pagen und ritten Kavaliere hinterdrein.

Sobald die Herrschaften, vom Schultheiß gebührend empfangen und in das Rathaus geleitet, auf der Altane Platz genommen, einige vornehme Gäste jedoch an den Fenstern, begann sogleich der Mummenschanz.

In guter Ordnung kamen aus der Gasse an dem Rathauseck

beim Brunnen mit dem steinernen Ritter so einzelne wie ganze Rotten aufgezogen.

Zum Anfang wandelte daher: der Winter als ein alter Mann, den lichten Sommer führend bei der Hand als eine hübsche Frau. Sie hatte einen Rosenkranz auf ihrem ungeflochtenen gelben Haar, ein Knäblein trug den Schlepp ihres Gewands samt einem großen Blumenstrauß, ein anderes trug ihm ein Kohlenbecken nach und einen dürren Dornbusch. Auf seinem Haupt und Pelz war Schnee vom Zuckerbäcken; sie raubte ihm bisweilen einen Bissen mit zierlichem Finger davon, zur Letzung bei der Hitze, das er aus Geiz ihr gern gewehrt hätte.

Nun ritt der hörnene Siegfried ein mit einer großen Schar, auch der schreckliche Hagen und Volker.

Dann gingen zwanzig Schellennarren zumal an einer Leine, die stellten sich sehr weise an, da jeder blindlings mit der Hand rückwärts den Hintermann bei seiner Nase zupfen wollte, der letzte griff gar mühlich immer in der Luft herum, wo niemand mehr kam. Auf einem höllischen Wagen, gezogen von vier schwarzen Rossen, fuhr der Saufteufel, der Spielteufel und ihr Geschwisterkind, Frau Hoffahrt, mit zweien Korabellen, und hatten zum Fuhrmann den knöchernen Tod.

Jetzt segelte ein großes Schiff daher auf einem niederen Gestell; dies war mit wasserblauem Zeug bedeckt, und sah man daran keine Räder noch solche, die es schoben. Auf dem Verdeck stund der Patron, ein Niederländer Kaufherr, beschaute sich die fremde Stadt so im Vorüberziehn.

Dahinter kam ein Kropfiger und Knegler, mit jämmerlichen dünnen Beinen, und führte seinen wundersamen Kropf auf einem Schubkarrn vor sich her mit Seufzen und häufigen Zähren, daß er der Ware keinen Käufer finde, und rief dem Schiffsherrn nach, sein Fahrzeug hänge schief und mangele Ballasts, er wolle ihm den Kropf um ein Billiges lassen. Gar ehrlich beteuerte jener, desselben nicht benötigt zu sein; doch als ein mitleidiger Herr hielt er ein wenig an und gab dem armen Sotterer viel Trost und guten Rat: er möge seines Pfundes sich nicht äußern, vielmehr sein hüten und pflegen, es sollte ihm wohl wuchern, wenn er nach Schwaben führ' auf Cannstatt, zum ungeschaffenen Tag; es möge leicht für ihn den Preis dort langen. Da dankte ihm der arm' Gansgalli tausendmal und fuhr gleich einen andern Weg; der Kaufmann aber schiffte weiter.

Mit andern Marktweibern, ausländischer Mundart und Tracht,

kam auch ein frisches Bauernmägdlein, rief: »Besen, liebe Frauen! Besen feil!« – Sogleich erschien auf dem Verdeck des Schiffs ein leichtfertiger Jüngling in abgerissenen Kleidern, eine lange Feder auf dem Hut und eine Laute in der Hand. Sein Falkenauge suchte und fand die Verkäuferin flugs aus dem Haufen der andern heraus, und zum Patron hinspringend, sagte er mit Eifer: in dieser Stadt sei er zu Haus, er habe gerade geschlafen und hätte schier die Zeit verpaßt; er wolle da am Hafendamm aussteigen, wofern der Patron es erlauben und ein wenig anlegen möchte. Der gute Herr rief dem Matrosen, es ward ein Brett vom Schiff ans Land gelegt, der Jüngling küßte dem Kaufmann die Hände mit Dank, daß er ihn mitgenommen, sprang hinüber und auf das Bauermägdlein zu. Nun führten sie ein Lied auf im Wechselgesang, dazu er seine Saiten schlug. Während desselben hielt der ganze Zug, und alles horchte still.

»Grüß dich Gott, herzlieber Schatz,
Dich und deine Besen!« –
»Grüß dich Gott, du schlimmer Wicht!
Wo bist du gewesen?« –

»Schatz, wo ich gewesen bin,
Darf ich dir wohl sagen:
War in fremde Lande hin,
Hab' gar viel erfahren.

Sah am Ende von der Welt,
Wie die Bretter paßten,
Noch die alten Monden hell
All' in einem Kasten:

Sahn wie schlechte Fischtuch aus,
Sonne kam gegangen,
Tupft' ich nur ein wenig drauf,
Brannt' mich wie mit Zangen.

Hätt' ich noch ein' Schritt getan,
Hätt' ich nichts mehr funden.
Sage nun, mein Liebchen, an,
Wie du dich befunden.« –

»In der kalten Wintersnacht
Ließest du mich sitzen:
Ach mein' schwarzbraun' Äugelein

Mußten Wasser schwitzen!

Darum reis' in Sommernacht
Nur zur all'r Welt Ende;
Wer sich gar zu lustig macht,
Nimmt ein schlechtes Ende.«

Mit diesem Abschiedsgruß ließ sie ihn stehen. Er spielte, der Dirne gelassen nachschauend, seine Weise noch vollends hinaus, stieß sich den Hut aufs linke Ohr und lief hinweg.

Es traten ferner ein fünf Wurstelmaukeler. Das waren von alters her bei der Stuttgarter Faßnacht fünf Metzgerknechte, mit Kreuzerwürsten über und über behangen, daß man sonst nichts von ihnen sah. Sie hatten jeder über das Gesicht eine große Rindsblase gezogen, mit ausgeschnittenen Augen, das Haupt bekränzt mit einem Blunzen-Ring. Wenn es nachher zur Mahlzeit ging, dann durften die Kinder der Stadt, für die kein Platz war an den Tischen, kommen und durfte sich jedes ein Würstlein abbinden, der Maukeler hielt still und bückte sich, wenn es nötig war; dazu wurden Wecken in Menge verteilt.

Noch gab es viel mutwillige und schöne Stampaneyen, deren ich ungern geschweige.

Nachdem der ganze Mummenschanz an den drei Seiten des Markts langsam herumgekommen und links vom Rathaus abgezogen war, dem Hirschen zu, bestiegen die Springer und Tänzer das Seil.

Der Seppe war die ganze Zeit an seinem Platz verharrt; auch hatte er sich lang nicht offenbar gemacht, doch endlich tat er dies, auf schlaue Art, indem er sich geheim zur Erde bückte und sichtbarlich aufstand, dadurch es etwa denen, so zunächst an ihm gestanden, schien, als schlupfet' er unter den Planken hervor. Von wegen seiner edlen Kleidung wiesen ihn die Wärtel auch nicht weg, deren keiner ihn kannte; nur seine alten guten Freunde grüßten ihn von da und dort mit Winken der Verwunderung.

Der Seppe hatte bis daher alles und jedes, die ganze Mummerei, geruhig, obwohl mit unverwandtem Aug' und Ohr an ihm vorbeiziehen lassen. Wie aber jetzt die fremden Gaukler, lauter schöne Männer, Frauen und Kinder, in ihrer lüftigen Tracht ihre herrliche Kunst sehen ließen und ihnen jegliche Verrichtung, als Tanzen, Schweben, Sichverwenden, Niederfallen, Knien, so gar unschwer vonstatten ging, als wär' es nur geblasen, kam ihn auf einmal große Unruh' an, ja ein unsägliches Verlangen, es ihnen gleichzutun. Er merkte aber bald, daß solche Lust ihm von den Füßen kam, denn alle beede, jetzt zum erstenmal einträchtig, zogen und drängten ihn sanft mit Gewalt nach jenem Fleck hin, wo das Seil an einem starken Pflock am Boden festgemacht war und schief hinauflief bis an die vordere Gabel. Der Seppe dachte, dieses ist nur wieder so ein Handel wie mit der Dreherei, und fiel ihm auch gleich ein, daß Meister Hutzelmann, auf dessen Geheiß er heut' die Glücksschuh' alle zween anlegen müssen, das Lachen habe fast nicht bergen können. Er stieß die Zehen hart wider das Pflaster, strafte sich selbst mit innerlichem Schelten ob solcher törichten, ja gottlosen Versuchung und hielt sich unablässig vor im Geist Schmach, Spott, Gelächter dieser großen Menge Menschen, dazu Schwindel, jähen Sturz und Tod, so lang, bis ihm der Siedig auf der Haut ausging und er seine Augen hinwegwenden mußte.

Nun aber zum Beschluß der Gauklerkünste erschien in Bergmannshabit, mit einer halben Larve im Gesicht, ein neuer Springer, ein kleiner stumpiger Knorp; der nahte sich dem Haupt der Tänzer, bescheidentlich anfragend, ob ihm vergönnt sei, auch ein Pröblein abzulegen? Es ward ihm mit spöttischer Miene verwilligt, und alsbald beschritt er das Seil, ohne Stange. Er trug ein leinen Säcklein auf dem Rücken, das er an eines der gekreuzten Schraghölzer hing, dann prüfte er mit einem Fuß die Spannung, lief vor bis in die Mitte und hub jetzt an so wunderwürdige und gewaltige Dinge, daß alles, was zuvor gesehen war, nur Stümperarbeit schien. Kopfunter hing er plötzlich, der kurze Zwagstock, an dem Seil herab und zangelte sich so daran vorwärts auf das behendeste und wiederum zurück, schwang sich empor und stand bolzgrad; fiel auf sein Hinterteil, da schnellte ihn das Seil hinauf mit solcher Macht, daß er dem Rathausgiebel um ein kleines gleichgekommen wär', und dennoch kam er wieder jedesmal schön auf denselben Fleck zu stehen und zu sitzen. Zuletzt schlug er ein Rad von einem End' des Seils zum andern, das ging – man sah nicht mehr, was Arm oder Bein an ihm sei! So oft auch schon seit dreien Stunden der Beifallsruf erschollen war, solch ein Gejubel und Getöbe, wie über den trefflichen Bergmann, war noch nicht erhört. Die Gaukler schauten ganz verblüfft darein, fragten und rieten untereinander, wer dieser Satan wäre? indes die andern Leute alle meinten, dies sei nur so ein Scherz, und das Männlein gehöre zu ihnen. Hanswurst insonderheit stand als ein armer ungesalzener Tropf mit seinem Gugel da, sein Possenwerk war alles Läuresblosel neben solchem Meister, ob dieser schon das Maul nicht dabei brauchte.

Nachdem der Bergmann so geendigt und sich mit unterschiedlichen Scharrfüßen allerseits verneigt, sprang er hinab aufs Pflaster. Auf seinen Wink kam der Hanswurst mit Schalksehrfurcht zu ihm gesprungen, fing einen Taler Trinkgeld auf in seinem spitzigen Hut und nahm zugleich, höflich das Ohr herunter zu dem Männlein neigend, einen Auftrag hin, welchen er gleichbald vollzog, indem er rund herum mit lauter Stimme rief: »Wer will von euch noch, liebe Leut', den hänfenen Richtweg versuchen? Es ist ein jeder freundlich und sonder Schimpf und Arges eingeladen, wes Standes und Geschlechts er sei, das Säcklein dort am Schragen für sich herabzuholen! es sind drei Hutzellaib darin. Er möge aber, rat' ich ihm, in der Geschwindigkeit sein Testament noch machen – des Säckleins wegen, mein' ich nur – denn der Geschickteste bricht oftermals den Hals am ersten; es ist mir selbst einmal passiert, in Bamberg auf dem Domplatz – ja lacht nur!«

Jetzt aber, liebe Leser, möget ihr euch selbst einbilden, was für Gemurmel, Staunen und Schrecken unter der Menge entstund, als der Seppe vortrat bei den Schranken und sich zu dem Wagstück anschickte! Mehr denn zehn Stimmen mahnten eifrig ab, ernsthafte Männer, mancher Kamerad, zumal einige Frauen setzten sich dawider: allein der Jüngling, dem der Mut und die Begier wie Feuer aus den Augen witterte, sah fast ergrimmt und achtete gar nicht darauf. Hanswurst sprang lustig herzu mit der Kreide, rieb ihm die Sohlen tüchtig ein und wollt' ihm die Bleistange reichen, doch wies der Gesell sie mit Kopfschütteln weg. Bereits aber wurden die Dienste des Narren am andern Ende des Seils auch nötig. Denn zum größten Verwundern der Zuschauer trat dort auch eins aus den Reihen hervor: man wußte nicht, sei es ein Knabe oder eine Dirne. Es trug ein rosenrotes weißgeschlitztes Wams von Seiden zu dergleichen lichtgrünen Beinkleidern, samt Federhut und hatte eine feine Larve vor.

Die Spielleute, Bläser und Pauker, die Gaffens wegen ihres Amtes gar vergessend saßen, griffen an und machten einen Marsch, nicht zu gemach und nicht zu flink, nur eben recht. Da traten die beiden zugleich auf das Seil, das nicht zu steil anstieg, setzten die Füße, fest und zierlich, einen vor den andern, vorsichtig, doch nicht zaghaft, die freien Arme jetzt weit ausgereckt, jetzt schnelle wieder eingezogen, wie es eben dem Gleichgewicht diente.

Kein Laut noch Odemzug ward unter den tausend und tausend Zuschauern gehört, ein jedes fürchtete wie für sein eigen Leben; es war, als wenn jedermann wüßte, daß sich dies Paar jetzo das erstemal auf solche Bahn verwage.

Die junge Gräfin bedeckte vor Angst das Gesicht mit der Hand; den Grafen selber, ihren Vater, den eisenfesten Mann, litt es nicht mehr auf seinem Sitz, gar leise stand er auf. Auch die Musik ging stiller, wie auf Zehen, ihren Schritt, ja, wer nur acht darauf gegeben hätte, der Rathausbrunnen mit seinen acht Rohren hörte allgemach zu rauschen und zu laufen auf, und der steinerne Ritter krümmte sich merklich. – – – Nur stet! nur still! drei Schritt noch und – juchhe! scholl's himmelhoch: das erste Ziel war gewonnen! Sie faßten beiderseits zumal, jedes an seinem Ort, die Stangen an, verschnauften, gelehnt an die Gabel.

Der unbekannte Knabe wollte sich die Stirne wischen mit der Hand, uneingedenk der Larve: da entfiel ihm dieselbe zusamt dem Hut und – ach! ein Graus für alle Gefreundte, Vettern und Basen, Gespielen, Bekannte, so Buben als Mädchen – die Vrone ist's! »Die Vrone Kiderlen, einer Witwe Tochter von hier!« – so ging's von Mund zu Mund. »Ist es denn eine Menschenmöglichkeit?« rief eine Bürstenbindersfrau. »Das Vronele, meiner nächsten Nachbarin Kind? Nu, Gott sei Dank, bärig vor einer halben Stund' ist ihre Mutter heim – es ward ihr übel schon über den vorigen Künsten – und jetzt das eigne Kind – der Schlag hätt' sie gerührt, wenn sie das hätte sehen sollen!« – Schon erhoben sich wiederum Stimmen im Kreis, und noch lauter als vorhin beim Seppe, mit Drohen, Bitten und Flehn an die Dirne, nicht weiter zu gehen. Sie aber, ganz verwirrt, flammrot vor Scham, nicht wissend selbst, wie ihr geschehn, wie sie's vermocht, stand da wie am Pranger, die Augen schwammen ihr, und ihre Knie zitterten. Ein Mann lief fort, eine Leiter zu holen.

Derweil war aber schon der flinke Bergmann an der andern Seite zum Seppe auf das Seil gekommen und hatte ihm etwas ins Ohr geraunt, worauf der ungesäumt den linken Schuh abzog und seiner Partnerin mutig die Worte zurief: »Komm, Vrone, es hat keine Not! trau auf mein Wort, fass' dir ein Herz und tu mit deinem rechten Schuh, wie du mich eben sahst mit meinem linken tun, und wirf ihn mir keck zu!«

Sie folgte dem Geheiß, mit Lächeln halb, und halb mit Weinen, warf – da flog der Schuh dem Burschen wie von selber an seinen ausgestreckten Fuß. Nun warf er ebenfalls, und ihr geschah dasselbe.

»Jetzt, Vrone, mir entgegen! Es ist nur, bis ich dich einmal beim kleinen Finger habe, und wenn du mit der Patschhand einschlägst, dann soll es mir und dir etwas Gutes bedeuten! Frisch dran, ihr Spielleut', macht uns auf, und einen lustigen!«

Das fehlte nicht. Die vier Füße begannen sich gleich nach dem Zeitmaß zu regen, nicht schrittweis wie zuvor und bedächtig, vielmehr im kunstgerechten Tanz, als hätten sie von klein auf mit dem Seil verkehrt, und schien ihr ganzes Tun nur wie ein liebliches Gewebe, das sie mit der Musik zustand' zu bringen hätten. Von nun an waren alle Blicke sorglos und wohlgefällig auf das hübsche Paar gerichtet und gingen immer von einem zum andern. Der Mann auf dem Brunnen hatte längst wieder den Atem gefunden, und das Wasser sprang aus den acht Rohren noch einmal so begierig als sonst. Auf jedem Mädchenantlitz, unten auf dem Platz und oben in den Fenstern, war aber recht der Widerschein der Anmut zu erblicken, die man vor Augen hatte. Kein Kriegsmann war so trutzig und kein Graubart von der Ratsherrnbank so ernsthaft und gestreng, daß ihm das Herz dabei nicht lachte, und die Handwerksgesellen der Stadt waren stolz, daß einer von den Ihren vor all den fremden Gästen so herrlichen Ruhm davontrage.

Der Seppe sah im Tanz nicht mehr auf seinen schmalen Pfad noch minder nach den Leuten hin: er schaute allein auf das Mädchen, welches in unverstellter Sittsamkeit nur je und je seine Augen aufhob.

Als beide in der Mitte jetzt zusammenkamen, ergriff er sie bei ihren Händen. Sie standen still und blickten sich einander freundlich ins Gesicht; auch sah man ihn ein Wörtlein heimlich mit ihr sprechen. Darnach auf einmal sprang er hinter sie und schritten beide, sich im Tanz den Rücken kehrend, auseinander. Bei der Kreuzstange machte es Halt, schwang seine Mütze und rief gar herzhaft: »Es sollen die gnädigsten Herrschaften leben!« – Da denn der ganze Markt zusammen Vivat rief, dreimal, und einem jeden Teil besonders. Inwährend diesem Schreien und Tumult unter dem Schall der Zinnken, Pauken und Trompeten lief der Seppe zur Vrone hinüber, die bei der andern Gabel stand, umfing sie mit den Armen fest und küßte sie vor aller Welt! Das kam so unverhofft und sah so schön und ehrlich, daß manchem vor Freude die Tränen los wurden, ja die liebliche Gräfin erfaßte in jäher Bewegung den Arm ihres Manns und drückt' ihn an sich. Nun wandte sich die Vrone, und unter dem Jauchzen der Leute, dem Klatschen der Ritter und Damen, wie hurtig eilte sie mit glutroten Wangen das Seil hinab! der Seppe gleich hinter ihr drein, das leinene Säcklein mitnehmend.

Kaum daß sie wiederum auf festem Boden waren, kam schon ein Laufer auf sie zu und lud sie ein, auf die Altane zu kommen, das sie auch ohnedem zu tun vorhatten.

Sämtlich hohe Herrschaften empfingen sie im Angesicht des Volks mit Glückswünschen und großen Lobsprüchen, dabei sie sich mit höflicher Bescheidung annoch alles weiteren Fragens enthielten, indem sie zwar nicht zweifelten, daß es mit dem Gesehenen seine gesondere Bewandtnis haben müsse, doch aber solchem nachzuforschen nicht dem Ort und der Zeit gemäß hielten. Der Seppe nahm bald der Gelegenheit wahr, ein wenig rückwärts der Gesellschaft den zwilchenen Sack aufzumachen, nahm die Laiblein heraus und legte sie, höfischer Sitte unkundig, nur frei auf die Brüstung vor die Frau Gräfin-Mutter als eine kleine Verehrung für sie, vergaß auch nicht dabei zu sagen, daß man an diesem Brot sein ganzes Leben haben könne. Sie bedankte sich freundlich der Gabe, obwohl sie, des Gesellen Wort für einen Scherz hinnehmend, den besten Wert derselben erst nachderhand erfuhr. Dann zog er sein Geschenk für den erlauchten Herrn heraus. Wie sehr erstaunte dieser nicht bei Eröffnung der Kapsel! und aber wieviel mehr noch, als er das goldene Büchslein aufschraubte! Denn er erriet urplötzlich, was für ein Zahn das sei, bemeisterte jedoch in Mienen und Gebärden Verwunderung und Freude. Er wollte den Gesellen gleichwohl seines Danks versichern, tat eben den Mund dazu auf, als an der andern Seite drüben der schönen Irmengard ein Freudenruf entfuhr, daß alles auf sie blickte. Die Vrone nämlich hatte ihr ein kleines Lädlein dargebracht, worin die verlorene Perlenschnur lag. (Der kluge Leser denkt schon selbst, wer früh am Morgen heimlich bei der Dirne war.) Nicht aber könnte ich beschreiben das holde Frohlocken der Dame, mit welchem sie den Schmuck ihrem Gemahl und den andern der Reihe nach wies. Er war unverletzt, ohne Makel geblieben, und jedermann beteuerte, so edle große Perlen noch niemals gesehen zu haben. Nunmehr verlangte man zu wissen, was Graf Eberhard bekam. »Seht an«, sprach er: »ein Reliquienstück, mir werter als manch köstliche Medey an einer

Kleinodschnur: des Königs Salomo Zahnstocher, so er im täglichen Gebrauch gehabt. Mein guter Freund, der hochwürdige Abt von Kloster Hirschau, sendet ihn mir zum Geschenk. Er soll, wenn man bisweilen das Zahnfleisch etwas damit ritzet, den Weisheitszahn noch vor dem Schwabenalter treiben. Da wir für unsere Person, so Gott will, solcher Fördernis nicht mehr bedürfen, so denken wir dies edle Werkzeug, auf ausdrücklich Begehren, hie und da in unserer Freundschaft hinzuleihen, es auch gleich heut', da wir etliche Junker zu Gast haben werden, bei Tafel mit dem Nachtrunk herumgehen zu lassen.« – So scherzte der betagte Held, und alles war erfreut, ihn so vergnügt zu sehen.

Jetzt wurde den Bürgern das Zeichen zum Essen gegeben. Für jede Gasse, wo gespeist ward, hatte man etliche Männer bestellt, welche dafür besorgt sein mußten, daß die Geladenen in Ordnung ihre Sitze nahmen. Solang bis dies geschehn war, pflogen die Herren und Damen heiteren Gesprächs mit dem Gesellen und der Vrone. Ein Diener reichte Spanierwein in Stotzengläsern, Hohlippen und Krapfen herum, davon die beiden auch ihr Teil genießen mußten. – »Ihr seid wohl Bräutigam und Braut?« frug die Frau Mutter. – »Ja, Ihro Gnaden«, sprach der Seppe: »dafern des Mädchens Mutter nichts dawider hat, sind wir's, seit einer halben Stunde.« – »Was?« rief der Graf: »Ihr habt euch auf dem Seil versprochen? Nun, bei den Heiligen zusammen, der Streich gefällt mir noch am allerbesten! So etwas mag doch nur im Schwabenland passieren. Glückzu, ihr braven Kinder! Auf einem Becher lieset man den Spruch: ›Lottospiel und Heiratstag Ohn' groß' Gefahr nie bleiben mag.‹ Ihr nun, nach solcher Probe, seid quitt mit der Gefahr euer Leben lang.« – Dann sprach er zu seinem Gemahl und den andern: »Jetzt laßt uns in die Gassen gehn, unsern wackeren Stuttgarter Bürgern gesegnete Mahlzeit zu wünschen, drauf wollen wir gleichfalls zu Tisch. Das Brautpaar wird dabei sein, hört ihr? Kommt in das Schloß zu uns. Ihr habt Urlaub auf eine Stunde; das mag hinreichen, euch den mütterlichen Segen zu erbitten; wo nicht, so will ich selbst Fürsprecher sein.«

* * *

Begehrte nun der Leser noch Weiteres zu wissen, als da ist: wie sich das Brautpaar heimgefunden; ob sie von Freunden und Neugierigen nicht unterwegs erdrückt, zerrissen und gefressen worden? was Mutter Kiderlen und was die Base sagte? wie es denn bei der gräflichen Tafel herging? auch was nachher der Graf mit dem Seppe besonders verhandelt und so mehr – so würde ich bekennen, daß meine Spule abgelaufen sei bis auf das wenige, das hier nachfolgt.

Am Markt, gegen dem Adler über, sieht man dermalen noch ein merkwürdiges altes Haus, vornher versehen mit drei Erkern, davon ein paar auf den Ecken gar heiter wie Türmlein stehn, mit Knöpfen und Windfahnen; hüben und drüben unterhalb der Eckvorsprünge zwei Heiligenbilder aus Stein gehauen, je mit einem kleinen Baldachin von durchbrochener Arbeit gedeckt: Maria mit dem Kind samt dem jungen Johannes einerseits und St. Christoph der Riese andererseits, wie er den Knaben Jesus auf seiner Schulter über das Waser trägt, einen Baumstamm in der Faust zum Stab. Dies Haus – in seinen Grundfesten samt dem Warengewölb' vermutlich noch dasselbige – gehörte von Voreltern her dem Grafen eigentümlich und ward von ihm auf jenen Tag unserem Schuster in Erkenntlichkeit für seine kostbare Gabe und zum Beweis besonderer Gnade als freie Schenkung überlassen, nebst einem Teil des inbefindlichen Hausrats, welchem der Graf schalkhaftigerweise noch einen neuen Schleifstein mit Rad beifügte. Die Vrone bekam von den gnädigen Frauen einen künstlich geschnitzten Eichenschrank voll Linnenzeug zu ihrer Aussteuer.

Am Hochzeittag gaben sich beide das Wort, ihre Glücksschuh' zwar zum ewigen Gedächtnis dankbar aufzuheben, doch nie mehr an den Fuß zu bringen, indem sie alles hätten, vornehmlich aneinander selbst, was sie nur wünschen könnten, auch überdies hofften, mit christlichem Fleiß ihr Zeitliches zu mehren.

Der Seppe, jetzt Meister Joseph geheißen, blieb seinem Gewerbe getreu noch über achtundzwanzig Jahre; dann lebte er als ein wohlhabender Mann und achtbarer Ratsherr, mit Kindern gesegnet, seine Tage in Ruh' mit der Vrone.

Unter seinen Hausfreunden war einer, man hieß ihn den Datte, der kam an jedem dritten Samstagabend auf ein Glas Wein und einen guten Käs zu ihm, mit dem Beding, daß niemand sonst dabei sei als die liebwerte Frau und die Kinder (diese hatte er gern, und sie taten und spielten als klein mit ihm, wie wenn er ihresgleichen wäre). Da ward alsdann geschwatzt von Zunftgeschäften und von den alten Zeiten, ingleichem gern von einem und dem andern ein starker Schwank erzählt. Derselbe Hausfreund brachte den werten Eheleuten an ihrem goldenen Jubeltag ein silbernes Handleuchterlein, vergoldet, in Figur eines gebückten Männleins, so einen schweren Stiefel auf dem Haupte trägt und einen Laib unter dem Arm. Rings aber um den Fuß des Leuchters waren eingegraben diese Reime:

Will jemand sehn mein frazzengsicht
ich halt ihm selbs darzu das licht.
mich kränket nur daß noch zur stund
mich geküßt kein frauenmund.
die mir allein gefallen hat
ein cron und schaufalt dieser stadt
hab ich vor funfzig jaren heunt
müeßen lassen meinem freund.
zum datte hant sie mich erkorn
zu schlichten zwilauf hadder zorn.
deß gieng ich müeßig all die jar
mag es auch bleiben immerdar.

Und nun, mein Leser, liebe Leserin, leb' wohl! Deucht dir etwa, du habest jetzt genug auf eine Weile an Märchen, wohl, ich verspreche, dergleichen sobald nicht wieder zu Markte zu bringen; gefiel dir aber dieser Scherz, will ich es gleichwohl also halten. Es gelte, wie geschrieben steht zum Schluß des andern Buchs der Makkabäer: »allezeit Wein oder Wasser trinken ist nicht lustig; sondern zuweilen Wein, zuweilen Wasser trinken, das ist lustig; also ist es auch lustig, so man mancherlei lieset. Das sei das Ende.«

Heyse:

G. Keller

Spiegel das Kätzchen 199 - 232
Dietegen 233 - 284

E. Mörike

ARKANA